KARL MAY'S GESAMMELTE WERKE IM TASCHENBUCH

BAND 35

UNTER GEIERN

KARL-MAY-VERLAG
BAMBERG · RADEBEUL

UNTER GEIERN

ERZÄHLUNGEN
AUS DEM WILDEN WESTEN
VON
KARL MAY

KARL-MAY-VERLAG
BAMBERG · RADEBEUL

INHALT

DER SOHN DES BÄRENJÄGERS

DER GEIST DES LLANO ESTACADO

Die vorliegenden Erzählungen spielen Mitte der 60er-Jahre des 19. Jahrhunderts.

Herausgegeben von Dr. Euchar Albrecht Schmid
Der Inhalt dieses Buches entspricht dem Band 35 der echten grünen Bände „Karl Mays Gesammelte Werke".

Taschenbuchausgabe 2019, 2. Auflage 2024

Deckelbild: Carl Lindeberg

Druck: CPI
ISBN 978-3-7802-1135-4

www.karl-may.de

DER SOHN
DES BÄRENJÄGERS

1. Auf der Fährte

Nicht viel westwärts von der Gegend, wo die Ecken der drei nordamerikanischen Staaten Dakota, Nebraska und Wyoming zusammenstoßen, ritten zwei Männer, deren Erscheinen anderswo berechtigtes Aufsehen erregt hätte.

Sie waren von recht verschiedener Körpergestalt. Der eine maß mehr als zwei Meter und die Figur war fast beängstigend dürr, während der andere bedeutend kleiner, dabei aber so dick war, dass sein Leib beinahe die Gestalt einer Kugel hatte.

Dennoch befanden sich die Gesichter der beiden Jäger in gleicher Höhe, denn der Kleine ritt einen hoch gebauten, starkknochigen Klepper und der andere saß auf einem niedrigen, scheinbar schwachen Maultier. Daher kam es, dass die Lederriemen, die dem Dicken als Steigbügel dienten, nicht einmal die Bauchlinie des Pferdes erreichten, während der Lange gar keiner Bügel bedurfte, denn seine großen Füße hingen so weit herab, dass er nur eine kleine Bewegung seitwärts zu machen brauchte, um mit dem einen oder dem anderen Fuß den Boden zu erreichen, und zwar ohne dabei aus dem Sattel zu rutschen.

Freilich war von einem wirklichen Sattel bei beiden keine Rede. Der des Kleinen bestand einfach aus dem Rückenstück eines erlegten Wolfs, an dem das Fell gelassen worden war, und der Dürre hatte eine alte Santillodecke untergelegt, die aber so arg zerfetzt und zerrissen war, dass er eigentlich auf dem bloßen Rücken seines Maultiers saß.

Auch die Anzüge der beiden hatten ein recht seltsames Aussehen. Der Lange trug eine Lederhose, die jedenfalls für einen viel stärkeren Mann zugeschnitten und gefertigt sein musste.

Sie war ihm viel, viel zu weit. Unter dem abwechselnden Einfluss von Wärme und Kälte, von Trockenheit und Regen war sie beträchtlich zusammengeschrumpft, und so kam es, dass die unteren Säume der Hosenbeine dem Träger kaum bis über die Knie reichten. Dabei zeigte die Hose einen fettigen Schimmer, was einfach darin begründet war, dass sie der Lange bei jeder Gelegenheit als Handtuch und Tischtuch benutzte und alles, was er nicht an den Fingern dulden mochte, am Beinkleid abzuwischen pflegte.

Die nackten Füße steckten in ganz unbeschreiblichen Lederschuhen. Sie hatten das Aussehen, als seien sie bereits von Methusalem getragen worden und als habe seitdem jeder Besitzer einige Lederstücke aufgeflickt. Ob sie jemals Schmiere oder gar Wichse gesehen hatten, das war unmöglich zu bestimmen, da sie in allen sieben Regenbogenfarben schimmerten.

Der hagere Leib des Reiters steckte in einem ledernen Jagdhemd, das weder Knopf noch Heftel hatte und die braune Brust unbedeckt ließ. Die Ärmel reichten nur wenig bis über die Ellbogen vor, von wo aus die sehnigen, fleischlosen Vorderarme zu sehen waren. Um den langen Hals hatte der Mann ein baumwollenes Tuch geschlungen. Ob es früher einmal weiß oder schwarz, grün oder gelb, rot oder blau gewesen war, das wusste der Reiter selbst nicht mehr.

Das Pracht- und Prunkstück des Anzugs war jedenfalls der Hut, der auf dem hohen, spitzen Kopf saß. Er hatte früher einmal grau ausgesehen und diejenige Gestalt gehabt, die von unehrerbietigen Leuten ‚Angströhre' genannt wird. Vielleicht hatte er vor undenkbaren Zeiten den Kopf eines englischen Lords gekrönt. Dann aber war er auf der Schicksalsleiter unaufhörlich abwärts gestiegen und endlich in die Hände des Präriejägers gekommen. Dieser Mann besaß nun keineswegs den Geschmack eines Lords. Er hielt die Krempe für überflüssig und hatte sie daher einfach abgerissen. Nur vorn hatte er ein Stück gelassen, teils zur Beschattung seiner Augen, teils als Handhabe, um die Kopfbedeckung bequem abnehmen zu können. Außerdem war er anscheinend der Meinung, dass der Kopf eines Präriemannes auch der Luft bedürfe, und so hatte er mit seinem Bowiemesser verschiedene Stiche in den Deckel und die Seiten gemacht, sodass nun im Innern des Hutes der West- und Ost-, der Nord- und Südwind einander ‚Guten Tag' sagen konnten.

Als Gürtel diente dem Langen ein dicker Strick, den er einige Male um seine Hüften geschlungen hatte. Darin steckten zwei Revolver und das Bowiemesser. Außerdem hingen daran der Kugelbeutel, das Pulverhorn, eine Tabaksblase, eine zusammengenähte Katzenhaut zur Aufnahme des Mehls, das Präriefeuerzeug und noch verschiedene andere Gegenstände, deren Bestimmung für jeden Uneingeweihten ein Rätsel war. Auf der Brust ruhte, an einem Riemen hängend, die Tabakpfeife – aber was für eine! Sie war das eigene Kunstwerk des Jägers, und da er sie schon längst bis vor an den Kopf abgebissen hatte, bestand sie jetzt nur noch aus diesem Kopf und einem ausgehöhlten Holunderstängel. Der Lange hatte nämlich als leidenschaftlicher Raucher die Gewohnheit, das Rohr zu kauen, wenn ihm einmal der Tabak ausgegangen war.

Zu seiner Ehrenrettung muss bemerkt werden, dass sein Anzug nicht etwa nur aus den Schuhen, der Hose, dem Jagdhemd und dem Hut bestand. O nein! Er trug außerdem noch ein Stück, das sich nicht jedermann beschaffen kann: einen Gummimantel; und zwar einen echt amerikanischen, nämlich von jener Sorte, die gleich beim ersten Regen auf die halbe ursprüngliche Länge und Weite zusammenschrumpft. Weil er ihn aus diesem Grund nicht mehr anziehen konnte, hatte er ihn wie eine Husarenjacke an einer Schnur malerisch um die Schulter gehängt. Außerdem trug er ein zusammengeschlungenes Lariat[1], das von seiner linken Schulter nach der rechten Hüfte herabhing. Vor sich, quer über die Beine gelegt, hielt er eine Büchse, eine jener langen Rifles, mit denen der erfahrene Jäger fast nie sein Ziel verfehlt.

Wie alt dieser Mann war, konnte man ihm unmöglich

[1] Lasso

ansehen. Sein hageres Gesicht zeigte unzählige Falten und Fältchen und doch hatte es einen beinahe jugendlichen Ausdruck. Aus jedem Fältchen schien ein Schälkchen, aus jeder Falte ein Schalk herauszublicken. Das Gesicht war trotz dieser Runzeln und Runzelchen und trotz der unwirtlichen Gegend, in der er sich befand, glattrasiert, denn es gibt viele, sehr viele Westmänner, die gerade darin ihren Stolz suchen. Die großen, himmelblauen, weit geöffneten Augen hatten jenen scharfen Blick, den man bei Seeleuten und Bewohnern weiter Ebenen beobachten kann, und doch hätte man diesen Blick gern mit dem Ausdruck ‚kindlichtreu' bezeichnen mögen.

Das Maultier war, wie bereits erwähnt, nur scheinbar schwach. Es trug den langen, knochigen Reiter mit Leichtigkeit und zeigte zuweilen sogar Lust, gegen den Willen seines Herrn einen kurzen Streik zu versuchen, wurde dann aber allemal so kräftig zwischen die ewig langen Schenkel des Gebieters genommen, dass es den Widerstand schnell aufgab. Diese Tiere sind wegen ihres sicheren Schritts beliebt, aber auch bekannt wegen ihrer Neigung zu störrischen Widersetzlichkeiten.

Was nun den anderen Reiter betrifft, so musste es bei der Glut, mit der die Sonne niederbrannte, auffallen, dass er einen Pelz trug. Freilich zeigte es sich, wenn durch irgendeine Bewegung des Dicken der Pelz einmal zurückgeschlagen wurde, dass diese Hülle an hochgradiger Haarlosigkeit litt. Es gab nur stellenweise ein kleines, lichtes Büschel, etwa so wie in der unendlichen Wüste nur hier und da eine arme Oase anzutreffen ist. Selbst Kragen und Aufschläge waren so sehr gelichtet, dass man daran talergroße nackte Stellen fand. Unter diesem Pelz blickten rechts und links riesige Aufschlagstiefel hervor. Auf dem Kopf trug der Mann einen breitrandigen Panamahut, der ihm viel zu weit war, sodass er ihn, um aus den Augen sehen zu können, weit ins Genick hinunterschieben musste. Die Ärmel des Pelzes waren so lang, dass man die Hände nicht sehen konnte. So war denn das Gesicht des Reiters das Einzige, was man von ihm selbst erblickte. Aber dieses Gesicht war es auch wert, genau betrachtet zu werden.

Es war ebenfalls glattrasiert, ohne eine Spur von Bart. Die roten Wangen waren so voll, dass das Näschen nur einen fast erfolglosen Versuch machen konnte, zwischen ihnen zur Geltung zu kommen. Ebenso erging es den kleinen, dunklen Äuglein, die zwischen Brauen und Wangen tief versteckt lagen. Ihr Blick hatte einen gutherzig-listigen Ausdruck. Überhaupt stand auf dem ganzen Gesicht geschrieben: ‚Schau mich mal an! Ich bin ein kleiner, prächtiger Kerl und mit mir ist sehr gut auszukommen. Aber brav und verständig musst du sein, sonst hast du dich in mir verrechnet.'

Jetzt kam ein Windstoß und trieb dem Kleinen den Pelz vorn auseinander. Da konnte man sehen, dass er darunter eine blauwollene Hose und eine ebensolche Bluse trug. Um seine starken Hüften war ein Ledergürtel geschnallt, worin außer den Gegenständen, die auch der Lange besaß, noch ein indianischer Tomahawk steckte. Den Lasso hatte er vorn am Sattel hängen und daneben eine kurze, doppelläufige Kentuckybüchse, der man es ansah, dass sie schon in gar manchem Kampf als Angriffs- oder Verteidigungswaffe gedient hatte.

Und wer waren diese beiden Männer? Nun, der Kleine hieß Jakob Pfefferkorn und der Lange führte den Namen David Kroners. Hätte man irgendeinem Westmann, einem Squatter oder Trapper diese beiden Namen genannt, so hätte er kopfschüttelnd gesagt, dass er von den zwei Jägern noch nie ein Wort gehört habe. Und doch wäre das gegen die Wahrheit gewesen, denn sie waren gar berühmte Pfadfinder und an manchem Lagerfeuer erzählte man sich seit Jahren von ihren Taten. Es gab kaum einen Ort von New York bis Frisco[1] und von den Seen im Norden bis an den mexikanischen Meerbusen, wo nicht das Lob

[1] San Francisco

dieser beiden Savannenmänner erschollen war. Freilich, die Namen Jakob Pfefferkorn und David Kroners waren nur ihnen selbst geläufig. In der Prärie, im Urwald und besonders bei den Rothäuten wird nicht nach dem Geburts- oder Taufschein gefragt. Da erhält ein jeder sehr bald einen Namen, der seinen Erlebnissen oder Eigenschaften entspricht und rasch weiter verbreitet wird.

Kroners war ein Vollblut-Yankee und wurde nicht anders als der Lange Davy genannt. Pfefferkorn stammte aus Deutschland und wurde nach seinem Vornamen Jakob und seiner Körperform nur als der Dicke Jemmy bezeichnet. Jemmy ist nämlich der englische Ausdruck für Jaköbchen.

Als Davy und Jemmy waren sie überall bekannt, und man hätte im fernen Westen wohl selten einen Menschen getroffen, der nicht im Stande gewesen wäre, die eine oder andere Heldentat von ihnen zu erzählen. Sie galten als unzertrennlich. Wenigstens gab es keinen, der sich hätte besinnen können, einen von ihnen jemals allein gesehen zu haben. Trat der Dicke an ein fremdes Lagerfeuer, so schaute man unwillkürlich nach dem Langen aus, und kam Davy in einen Store[1], um sich Pulver und Tabak zu kaufen, so wurde er sicherlich gefragt, was er für Jemmy mitnehmen wollte.

Ebenso unzertrennlich fühlten sich auch die beiden Tiere dieser Westmänner. Der große Klepper hätte wohl trotz allen Durstes an keinem Bach oder Fluss getrunken, wenn nicht zugleich mit ihm das kleine Maultier den Kopf zum Wasser niedergebeugt hätte. Und das Maultier wäre selbst im schönsten, saftigsten Gras mit erhobenem Kopf stehen geblieben, wenn es nicht der Klepper vorher leise angeschnaubt hätte, als ob er flüstern wolle: ‚Du, sie sind abgestiegen und braten sich ihre Büffellende. Nun wollen auch wir frühstücken, denn vor dem späten Abend gibt es ganz gewiss nichts mehr!'

Und dann sich gar in irgendeiner Not verlassen, das fiel den beiden Tieren überhaupt nicht ein. Ihre Herren hat-

[1] Laden

ten einander schon viele Male das Leben gerettet. Einer stürzte sich für den anderen ohne Bedenken in die größte Gefahr. So hatten auch die beiden Tiere einander oft beigestanden, wenn es galt, den Kameraden herauszubeißen oder mit den kräftigen, scharfen Hufen gegen einen Feind zu verteidigen. Die vier, Menschen sowohl als Tiere, gehörten zusammen; sie wussten es gar nicht anders.

Jetzt trabten sie fröhlich in nördlicher Richtung dahin. Am Morgen hatte es für Pferd und Maultier Wasser und saftige Weide gegeben und für die beiden Jäger Wasser und die Keule eines Hirsches. Den Rest des Fleisches trug der Klepper, sodass an Hungersnot nicht zu denken war.

Unterdessen hatte die Sonne ihren höchsten Stand erreicht gehabt und war dann langsam tiefer gesunken. Es war zwar sehr heiß, doch wehte ein erfrischender Windhauch über die Prärie und der von zahllosen Blumen durchwirkte Büffelgrasteppich zeigte noch lange nicht die braune, verbrannte Farbe des Herbstes, sondern sein frisches Grün erquickte das Auge. Die über die unendlich weite Ebene verstreuten, in Form von einzelnen, riesigen Kegeln sich erhebenden Felsenberge wurden von den schräg herabfallenden Strahlen der Sonne beleuchtet und glänzten auf ihren westlichen Seiten in glühender Farbenpracht, die nach Osten hin in immer tiefere, dunklere Töne verlief.

„Wie weit reiten wir heute noch?", fragte der Dicke, nachdem sie stundenlang kein Wort gesprochen hatten. – „So weit wie alle Tage", antwortete der Lange. – „Well!", lachte der Dicke. „Also bis zum Lagerplatz." – „Ay!" Mister Davy hatte nämlich die Eigentümlichkeit, anstatt Yes stets die altertümliche Bejahung ‚Ay' zu verwenden. Ja, er war immer originell, der Lange Davy!

Wieder verging eine Weile. Jemmy hütete sich sehr, sich durch eine weitere Frage abermals eine solche Antwort zu holen. Er betrachtete den Kameraden zuweilen mit seinen listigen Äuglein und wartete die Gelegenheit zur Rache ab. Endlich wurde die Stille dem Langen doch zu drückend.

Er deutete mit der Rechten hinaus in die Richtung, der sie folgten, und fragte: „Kennst du diese Gegend?“ – „Sehr gut!“ – „Nun? Was ist's?“ – „Amerika!“
Der Lange zog unmutig die langen Beine empor und gab seinem Maultier einen Hieb. Dann meinte er: „Schlechter Kerl!“ – „Wer?“ – „Du!“ – „Ah! Ich? Wieso?“ – „Rachsüchtig!“ – „Gar nicht. Gibst du mir dumme Antworten, so sehe ich nicht ein, warum ich geistreich sein soll, wenn du mich fragst.“ – „Geistreich? O weh! Du und geistreich! Du bestehst so sehr aus Fleisch, dass der Geist überhaupt keinen Platz haben würde.“ – „Oho! Hast du vergessen, was ich durchgemacht habe, drüben im alten Land?“ – „Ay! Eine Klasse des Gymnasiums! Ja, das weiß ich noch. Das kann ich überhaupt niemals vergessen, denn du erinnerst mich täglich wenigstens dreißigmal daran.“
Der Dicke warf sich in die Brust. „Das ist auch notwendig“, meinte er. „Eigentlich sollte ich es täglich vierzig- oder fünfzigmal erwähnen, da ich ein Mann bin, vor dem du gar nicht genug Hochachtung haben kannst. Übrigens habe ich nicht nur eine Klasse durchgemacht, sondern drei!“ – „Für das Weitere reichte aber der Verstand nicht aus...“ – „Sei still! Das Geld wurde alle. Verstand hätte ich mehr als genug gehabt. Übrigens weiß ich sehr wohl, was du vorhin meintest. Diese Gegend werde ich nicht vergessen. Weißt du, da drüben hinter den Höhen lernten wir uns kennen.“ – „Ay! Das war ein schlimmer Tag. Ich hatte all mein Pulver verschossen und wurde von den Sioux[1] gejagt. Schließlich konnte ich nicht weiter und sie schlugen mich nieder. Am Abend aber kamst du.“ – „Ja, die dummen Kerle hatten ein Feuer angebrannt, das man droben in Kanada hätte sehen können. Ich bemerkte es und schlich mich hinzu. Da gewahrte ich fünf Sioux, die einen Weißen gefesselt hatten. Na, ich hatte mich nicht verschossen wie du. Zwei wurden von meinen Kugeln getroffen und drei entflohen, weil sie nicht ahnten, dass sie

[1] Sprich: Ssu

es nur mit einem Einzelnen zu tun hatten. Du warst frei!" – „Frei war ich allerdings, aber auch zornig auf dich!" – „Darüber, dass ich die beiden Indsmen nicht erschossen, sondern nur verwundet hatte, ja. Aber ein Indsman ist auch ein Mensch und ich töte niemals einen Menschen, wenn es nicht unbedingt notwendig ist. Ich bin eben ein Deutscher und kein Kannibale!" – „Bin ich etwa einer?" – „Hm!", brummte der Dicke. „Jetzt bist du freilich anders als früher. Da hattest du, wie so viele andere, die Ansicht, dass man die Roten nicht schnell genug ausrotten könne. Ich habe dich geradezu zu meiner Meinung bekehren müssen." – „Ja, ihr Deutschen seid eigenartige Kerle. Mild, weich wie Butter! Wenn es aber sein muss, stellt ihr euern Mann wie sonst einer. Ihr möchtet alle Welt mit Samthandschuhen anfassen und doch schlagt ihr gleich mit dem Kolben drein, wenn ihr meint, dass ihr euch endlich wehren müsst. So seid ihr alle und so bist auch du." – „Und ich freue mich, dass es so ist. Aber schau, dort scheint ein Strich durch das Gras zu gehen!"

Jemmy hielt sein Pferd an und deutete zu einem Felsen hinüber, an dessen Fuß eine lange, dunkle Linie durch das Gras lief.

Auch Davy zügelte sein Tier, beschattete die Augen mit der einen Hand und musterte die betreffende Stelle. Dann sagte er: „Du sollst mich zwingen dürfen, einen Zentner Büffelfleisch ungebraten zu essen, wenn das nicht eine Fährte ist." – „Auch ich halte es dafür. Wollen wir uns das Ding einmal genauer betrachten, Davy?" – „Wollen? Wer spricht vom Wollen, wenn man muss? In dieser alten Prärie ist man gezwungen, an keiner Spur leichtsinnig vorüberzugehen. Man muss stets wissen, wen man vor oder hinter sich hat, sonst kann es leicht geschehen, dass man früh tot aufsteht, wenn man sich am Abend lebendig ins Gras gelegt hat. Vorwärts also!"

Sie ritten bis an den Felsen heran und musterten die Fährte mit Kenneraugen. Jemmy sprang vom Pferd und kniete im Gras nieder. Sein alter Klepper hielt, als ob er Menschenverstand besitze, das Maul in das niedergetretene Grün und schnaubte leise. Auch das Maultier trat herbei, wedelte mit dem Schwanz und den beiden langen Ohren und schien sich die Fährte zu betrachten.

„Nun?", frage Davy, dem die Untersuchung zu lange dauerte. „Ist's gar so wichtig?" – „Ja. Hier ist ein Indianer geritten." – „Meinst du? Das wäre freilich auffallend, da wir uns nicht auf dem Jagd- oder Weidegrund eines Stammes befinden. Warum vermutest du, dass es ein Indsman war?" – „Ich sehe an den Hufspuren, dass das Pferd auf indianische Weise geschult ist." – „Dennoch kann es von einem Weißen geritten werden." – „Das sage ich mir auch, aber... aber..."

Jemmy schüttelte nachdenklich den Kopf und verfolgte die Spur eine kurze Strecke weiter. Dann rief er zurück: „Komm nach! Das Pferd war nicht beschlagen. Ferner war es müde und dennoch hat es galoppieren müssen. Der Reiter hat es also sehr eilig gehabt."

Jetzt stieg auch Davy ab. Was er gehört hatte, war wichtig genug, um sich eingehend damit zu befassen. Er schritt dem Dicken nach und die beiden Tiere liefen unaufgefordert hinter ihm her. Bei Jemmy angekommen, ging er mit ihm noch weiter an der Fährte entlang.

„Du", meinte er, „das Pferd war wirklich übermüdet. Es ist oft gestrauchelt. Wer sein Tier derart anstrengt, muss triftige Veranlassung dazu haben. Entweder wurde der Mann verfolgt oder er hatte Grund, sein Ziel so schnell wie möglich zu erreichen." – „Das Zweite ist der Fall, das Erste nicht." – „Wieso?" – „Wie alt ist diese Fährte?" – „Zwei Stunden ungefähr." – „Das sage ich auch. Noch gibt es keine Spur eines Verfolgers, und wer einen Vorsprung von zwei Stunden hat, reitet sein Pferd nicht zu Tode. Übrigens gibt es hier so viele zerstreute Felsen, dass es ihm leicht gewesen wäre, einen Verfolger irrezuführen. Der Verfolgte brauchte nur unbemerkt einen Bogen zu schlagen oder im Kreis zu reiten. Meinst du nicht auch?" – „Ja.

Uns beiden zum Beispiel würde ein Vorsprung von zwei Minuten genügen, um die Verfolger mit einer ganz gehörigen Nase heimzuschicken. Also stimme ich dir bei. Der Mann hat schnell an sein Ziel gewollt. Aber wo mag das liegen?" – „Jedenfalls nicht weit von hier."

Der Lange blickte dem Dicken erstaunt ins Gesicht.

„Du scheinst heute allwissend zu sein!", sagte er. – „Um das zu erraten, bedarf es keiner Allwissenheit, sondern nur eines Nachdenkens." – „So! Nun, ich denke ja soeben auch darüber nach, nur leider vergeblich." – „Das ist bei dir kein Wunder." – „Wieso?" – „Du bist zu lang. Ehe bei dir die Überlegung von der Fährte hier unten bis hinauf in deinen Verstand kommt, können Jahre vergehen. Ich sage dir, dass das Ziel dieses Reiters gar nicht weit von hier zu suchen ist, sonst hätte er sein Pferd geschont." – „So! Den Grund höre ich, aber begreifen kann ihn nicht." – „Nun, ich schätze: Hätte der Mann noch einen Tagesritt zu machen gehabt, so hätte er das erschöpfte Pferd unbedingt erst einige Stunden lang ausruhen lassen müssen und sodann die Versäumnis nachholen können. Weil er aber den Ort, den er erreichen will, nahe wusste, hat er geglaubt, diese Strecke trotz der Müdigkeit seines Pferdes heute noch zurücklegen zu können." – „Höre, mein alter Jemmy, das, was du da sagst, klingt nicht so uneben. Ich gebe dir abermals Recht."

„Dieses Lob ist überflüssig. Wer fast dreißig Jahre lang in der Savanne herumgestolpert ist, kann wohl auch einmal auf einen klugen Gedanken kommen. Der Mann ist jedenfalls ein Bote. Er hat es eilig gehabt, seine Angelegenheit war von großer Wichtigkeit. Ein Indsman ist aller Wahrscheinlichkeit nur der Bote zwischen Indianern, und so möchte ich fast behaupten, dass sich Rothäute hier in der Nähe befinden."

Der Lange Davy stieß einen leisen Pfiff zwischen den Zähnen hervor und ließ seinen Blick nachdenklich rundum schweifen.

„Unangenehm, recht unangenehm!“, brummte er. „Der Kerl kommt von Indianern und geht zu Indianern. Wir befinden uns demnach zwischen ihnen, ohne zu wissen, wo sie stecken. Also können wir leicht auf die eine Horde stoßen und unsere Skalpe zum Jahrmarkt tragen.“

„Das ist freilich zu befürchten. Wir müssen der Fährte folgen.“ – „Richtig! Dann wissen wir, dass sich die eine Schar der Roten vor uns befindet, und sie hat keine Ahnung von uns. Wir sind also im Vorteil. Aber neugierig bin ich doch, zu welchem Stamm der Bote gehören mag.“ – „Ich ebenso. Erraten lässt es sich nicht. Da oben im nördlichen Montana gibt es die Schwarzfuß-, Pigan- und Blutindianer. Die kommen nicht herüber. Am Knie des Missouri lagern die Riccarees, die ebenso wenig hier etwas zu suchen haben. Die Sioux? Hm! Hast du etwa gehört, dass sie in neuerer Zeit das Kriegsbeil ausgegraben haben?“ – „Nein.“ – „So wollen wir uns jetzt den Kopf nicht zerbrechen, aber vorsichtig müssen wir sein. Wir befinden uns in einer Gegend, die uns gut bekannt ist, und wenn wir nicht geradezu Dummheiten machen, kann uns nichts geschehen. Komm!“

Sie saßen wieder auf und folgten der Fährte, die sie genau im Auge behielten, dabei aber auch scharf nach vorn und den Seiten ausschauend, um ja irgendetwas Feindseliges sofort zu entdecken.

Es verging wohl eine Stunde und die Sonne sank immer tiefer. Der Wind erhob sich mehr und mehr und die Hitze des Tages ließ schnell nach. Bald bemerkten sie, dass der Indianer nur noch im Schritt geritten war. An einer unebenen Stelle schien sein Pferd vor Übermüdung gestolpert und in die Knie gesunken zu sein. Jemmy stieg sofort ab und untersuchte die Stelle.

„Ja, es ist ein Indsman“, erklärte er. „Er ist abgesprungen. Seine Mokassins sind mit Stachelschweinborsten verziert. Hier liegt eine abgebrochene Spitze davon. Und hier... ah, der Kerl muss noch sehr jung sein!“ – „Warum?“, fragte der Lange, der auf seinem Tier sitzen geblieben war. – „Die Stelle ist sandig und sein Fuß hat sich genau abgezeichnet. Wenn ich nicht annehmen soll, dass es eine Squaw war, so…" – „Unsinn! Eine Frau kommt nicht allein hierher." – „…so ist er ein junger Mensch, wahrscheinlich höchstens achtzehn Jahre alt." – „So, so! Das klingt gefährlich. Es gibt Stämme, bei denen gerade diese jungen Krieger als Kundschafter benutzt werden. Sehen wir uns also vor!"

Die beiden ritten wieder weiter. Während sie bisher durch eine Blumenprärie gekommen waren, tauchte jetzt hier und da ein Gebüsch auf, erst vereinzelt, dann in zusammenstehenden Gruppen. In der Ferne schien es Bäume zu geben.

Endlich kamen sie an eine Stelle, wo der Reiter kurze Zeit abgestiegen war, um seinem Pferd eine freilich nur kurze Ruhe zu gönnen. Dann war er zu Fuß weitergeschritten, das Tier am Zügel führend.

Die vorliegenden Büsche hemmten jetzt zuweilen die Aussicht so, dass Vorsicht doppelt nötig wurde. Davy ritt voran und Jemmy folgte. Auf einmal sagte der Dicke: „Du Langer, hier am Busch hing ein Schwanzhaar, das dem müden Gaul ausgerissen wurde." – „Ay! Aber sprich nicht so laut! Hier können wir jeden Augenblick auf Leute stoßen, die wir erst sehen, wenn sie uns bereits erschossen haben!" – „Das fürchte ich nicht. Ich kann mich da auf mein Pferd verlassen. Es schnaubt, sobald es einen Feind wittert. Also nur immer getrost weiter!"

Der Lange Davy folgte wohl dieser Aufforderung, blieb aber im nächsten Augenblick bereits wieder halten. „Alle Teufel!", sagte er. „Da ist etwas vorgegangen!"

Der Dicke trieb sein Pferd an und gelangte nach wenigen Schritten durch die Büsche auf einen freien Platz. Vor ihnen erhob sich einer jener kegelförmigen Felsen, deren es in dieser Prärie so viele gibt. Die Fährte führte hart an ihm vorüber und sprang sodann in einem scharfen Winkel nach rechts ab. Das sahen die beiden deutlich, aber sie gewahrten noch etwas. Von der anderen Seite des Felsens her zogen sich nämlich Spuren zu der genannten Fährte hinüber, um sich mit ihr zu vereinigen.

„Was meinst du dazu?“, fragte der Lange. – „Dass da hinter diesem Felsen Menschen lagerten, die den Indsman vorüberließen und dann verfolgten.“ – „Vielleicht sind sie bereits wieder fort.“ – „Oder es sind welche zurückgeblieben. Warte hier hinter den Büschen! Ich will einmal meine Nase um die Ecke stecken.“ – „Steck sie nur nicht etwa in einen geladenen Flintenlauf, der im Losgehen ist!“ – „Nein, dazu wäre die deinige besser geeignet.“

Jemmy stieg ab, überreichte dem Langen die Zügel seines Kleppers und rannte in vollem Lauf auf den Felsen zu.

„Schlauer Fuchs!“, brummte Davy befriedigt vor sich hin. „Hier würde das Anschleichen zu viel Zeit erfordern. Man sollte gar nicht glauben, dass der Dicke so springen kann!“

An der Rückseite des Felsens angekommen, schlich sich der Kleine langsam und vorsichtig nach vorn und verschwand hinter einer vorspringenden Kante. Bald jedoch erschien er wieder und gab dem Langen einen Wink, indem er mit dem Arm einen Bogen beschrieb. Davy verstand richtig, dass er nicht geradewegs nach dem Felsen reiten solle, und schlug zwischen den Büschen hindurch einen Bogen, bis er auf die neue Fährte traf und auf ihr zu Jemmy an den Felsen gelangte.

„Was sagst du dazu?“, fragte der Dicke, indem er auf den Platz zeigte, der vor ihnen lag.

Hier hatte sich ein Lager befunden. Einige eiserne Kessel lagen noch am Boden, mehrere Hacken und Schaufeln, eine Kaffeemühle, ein Mörser, verschiedene kleine und größere Pakete – die Spur eines Lagerfeuers aber war nicht zu sehen.

„Na“, entgegnete der Gefragte kopfschüttelnd. „Diejenigen, die sich hier so häuslich niedergelassen hatten, mögen sehr unvorsichtige Leute oder noch ganz grün im Westen sein. Man sieht die Spuren von wenigsten fünfzehn Pferden, aber kein einziges war angepflockt oder auch nur angehobbelt. Wie es scheint, waren mehrere Packtiere darunter. Auch die sind fort. Wohin? Das ist eine ganz heillose Wirtschaft! Man sollte diesen Leuten einen tüchtigen Stock auf den Rücken geben!" – „Ja, das haben sie verdient. So wenig Erfahrung, und machen sich nach dem fernen Westen herbei! Es kann freilich nicht ein jeder auf dem Gymnasium gewesen sein..." – „Wie du", fiel der Lange schnell ein. – „Ja, wie ich! Aber ein wenig Mutterwitz und Überlegung sollte doch ein jeder besitzen. Der Indianer ist ganz ahnungslos hier um die Ecke gekommen und hat, sobald er sie erblickte es vorgezogen, schnell davon zu reiten anstatt umzukehren. Da ist ihm die ganze Rotte spornstreichs nach." – „Ob sie ihm feindlich gesinnt waren?" – „Natürlich, sonst hätten sie ihn doch nicht verfolgt. Und für uns kann das verhängnisvoll werden. Den Roten ist es ganz gleich, ob hinterher ihre Rache den wirklich Schuldigen oder einen anderen trifft." – „So müssen wir schleunigst nach, um Unheil zu verhüten." – „Ja, lange werden wir nicht zu reiten habe, denn weit ist der Indsman mit seinem abgematteten Pferd doch nicht gekommen."

Sie stiegen wieder auf und folgten im Galopp der Fährte, von der nach rechts und links einige Hufspuren abzweigten, jedenfalls von den durchgegangenen Packpferden herrührend. Nach einer Weile hielt Jemmy plötzlich sein Tier an. Er hatte laute Stimmen vernommen und lenkte rasch zur Seite in ein Gesträuch hinein, wohin Davy ihm folgte. Beide horchten. Sie hörten mehrere Menschen durcheinander sprechen.

„Das sind sie jedenfalls", meinte der Dicke. „Die Stimmen kommen nicht näher, sie scheinen sich also noch nicht auf dem Rückweg zu befinden. Wollen wir sie belauschen, Davy?" – „Gewiss. Die Pferde hobbeln wir einstweilen an." – „Nein, das könnte uns verraten. Wir müssen sie festbinden, damit sie nicht weiter fort können, als wir erlauben."

‚Anhobbeln' ist ein Trapperausdruck und heißt, den Pferden die Vorderbeine so zusammenfesseln, dass sie nur kleine Schritte machen können. Das tut man, wenn man sich in Sicherheit weiß, sonst aber werden die Tiere an Bäumen festgebunden oder an kurzen Pfählen, die man in die Erde schlägt. Gewöhnlich führen die Jäger in der holzarmen Prärie zu diesem Zweck spitze Pflöcke mit sich.

Die beiden Unzertrennlichen banden also ihre Tiere an den Sträuchern fest und schlichen sich dann nach der Richtung hin, woher die Stimmen zu hören waren. Sie kamen bald an ein kleines Flüsschen oder vielmehr an einen Bach, der jetzt nicht viel Wasser hatte, dessen hohe Ufer aber zeigten, dass er im Frühjahr eine ganz ansehnliche Wassermenge mit sich führe. Er machte hier eine Krümmung, in der neun wild aussehende Männer teils standen, teils im Gras hockten. In ihrer Mitte lag ein junger Indianer, der an Händen und Füßen so gefesselt war, dass er kein Glied rühren konnte. Jenseits des Wasser aber, unterhalb des hohen Ufers, das es nicht mehr zu erklimmen vermocht hatte, lag das Pferd des Roten mit schlagenden Flanken und laut schnaubend. Die Tiere der anderen standen bei ihren Herren.

Die Männer machten sämtlich keinen guten Eindruck. Ein echter Westmann sagte sich bei ihrem Anblick wohl sofort, dass er eine Rotte jenes Gesindels vor sich habe, über das im fernen Westen nur Richter Lynch die Oberhand behält.

Jemmy und Davy kauerten hinter einem Busch und betrachteten die Gruppe. Die Männer flüsterten eifrig miteinander. Sie schienen über das Schicksal des Gefangenen zu beraten.

„Wie gefallen sie dir?", fragte der Dicke leise. – „Ganz so wie dir, nämlich gar nicht." – „Ohrfeigengesichter! Der arme rote Junge kann mir Leid tun. Zu welchem Stamm zählst du ihn?" – „Darüber bin ich mir noch nicht klar. Er ist nicht bemalt und trägt auch sonst kein Abzeichen. So viel aber ist sicher, dass er sich nicht auf dem Kriegspfad befunden hat. Wollen wir ihn in unseren Schutz nehmen?" – „Versteht sich, denn ich glaube nicht, dass er diesen Präriegeiern Veranlassung zu ihrem feindseligen Verhalten gegeben hat. Komm, wir wollen einige Worte mit ihnen reden!" – „Und wenn sie nicht auf uns hören?" – „So haben wir die Wahl, mit Gewalt oder auch mit List unseren Willen durchzusetzen. Ich fürchte diese Kerle nicht. Aber eine Kugel trifft auch dann, wenn sie von einem feigen Schurken abgeschossen wird. Wollen sie gar nicht wissen lassen, dass wir beritten sind, und besser ist's auch, wir kommen von der anderen Seite des Wassers, damit sie nicht merken, dass wir bereits ihr Lager gesehen haben."

2. Der Hobble-Frank

Die beiden Jäger nahmen ihre Gewehre und schlichen sich auf einem Umweg an den Bach. Dort gingen sie das diesseitige Ufer hinab, sprangen über das schmale Wasser und stiegen jenseits wieder hinauf. Nun schlugen sie einen kurzen Bogen und erreichten den Bach gerade an der Stelle, wo sich am anderen Ufer die neun Männer mit dem Gefangenen befanden. Dort taten sie, als ob sie über die Anwesenheit von Menschen mächtig erstaunt seien.

„Hallo", rief der Dicke Jemmy. „Was ist denn das? Ich habe gemeint, wir wären ganz allein hier auf dieser gesegneten Prärie, und da treffen wir ein ganzes Meeting[1] beisammen. Hoffentlich ist es erlaubt, teilzunehmen?"

Diejenigen, die im Gras hockten, sprangen auf und alle richteten ihre Augen auf die beiden Ankömmlinge. Sie mochten im ersten Augenblick durch deren Erscheinen nicht sehr angenehm überrascht sein. Aber als sie die Gestalten und Anzüge der beiden bemerkten, erhoben sie ein schallendes Gelächter.

„Bounce!", rief einer, der ein ganzes Lager von Waffen an seinem Leib trug. „Was geht hier los? Haltet ihr zu dieser Jahreszeit Fastnacht und Maskenspiel?" – „Ay!", nickte der Lange. „Es fehlen uns noch einige Narren dazu, darum kommen wir zu euch." – „Da kommt ihr freilich an die unrechte Adresse." – „Das glaube ich nicht."

Bei diesen Worten machte Davy mit seinen ewig langen Beinen einen einzigen Schritt über das Wasser hinüber, einen zweiten das Ufer hinauf und stand nun vor dem Sprecher. Der Dicke tat zwei Sprünge, nach denen er neben Davy stand und meinte:

„So, da sind wir. Good day, Mesch'schurs[2]. Habt ihr nicht irgendeinen guten Schluck zu trinken?" – „Dort ist Wasser!", lautete die Antwort des Sprechers, der dabei auf den Bach deutete. – „Fie! Meint Ihr, ich habe Lust, mich in-

[1] Versammlung [2] Verballhornung des französischen ‚messieurs'

wendig mit Wasser nass zu machen? Das fällt meines Großvaters Enkel nicht ein. Wenn ihr nichts Besseres bei euch habt, so mögt ihr ruhig nach Hause gehen, denn da ist diese hübsche Wiese kein passender Ort für euch!" – „Ihr scheint die Prärie für eine Frühstücksstube zu halten?" – „Freilich! Die Braten laufen einem ja vor der Nase herum. Man braucht sie nur ans Feuer zu bringen." – „Und Euch scheint das recht gut zu bekommen!" – „Will's meinen!", lachte Jemmy, indem er sich behaglich über den Bauch strich. – „Und was ihr zu viel habt, das fehlt Eurem Kameraden da." – „Weil er nur halbe Beköstigung erhält. Ich darf nicht zugeben, dass seine Schönheit verdorben wird, denn ich habe ihn als Scheuche mitgenommen, damit mir kein Bär oder Indsman zu nahe kommt. Aber, mit Eurer Erlaubnis, Sir – was führt Euch denn eigentlich an dieses hübsche Wasser hier?" – „Niemand hat uns hergeführt. Haben den Weg selbst gefunden."

Seine Gefährten lachten über diese Antwort, die sie für eine geistreiche Abfertigung hielten. Der Dicke Jemmy aber meinte ernsthaft:

„So? Wirklich? Das hätte ich Euch nicht zugetraut, denn Euer Gesicht lässt nicht vermuten, dass Ihr im Stande seid, irgendeinen Weg ohne Hilfe zu finden." – „Und das Eurige lässt erwarten, dass ihr den Weg nicht sehen würdet, selbst wenn man Euch mit der Nase darauf drückte. Seit wann seid Ihr denn eigentlich aus der Schule?" – „Ich bin noch gar nicht hineingekommen, weil ich das richtige Maß noch nicht habe, doch hoffe ich, von Euch so viel zu lernen, dass ich wenigstens das Einmaleins des Westen leidlich aufsagen kann. Wollt Ihr mein Schulmeister sein?" – „Habe keine Zeit dazu. Habe überhaupt Notwendigeres zu tun, als anderen die Dummheit auszuklopfen." – „So! Was sind denn das für notwendige Dinge?"

Jemmy sah sich um, tat, als ob er erst jetzt den Indianer erblickte, und fuhr dann fort: „Behold! Ein Gefangener und noch dazu ein roter!"

Dabei fuhr er zurück, als sei er über den Anblick des Roten erschrocken. Die Männer lachten und derjenige, der bisher gesprochen hatte und ihr Anführer zu sein schien, sagte:

„Fallt nicht in Ohnmacht, Sir! Wer noch keinen solchen Kerl gesehen hat, kann leicht einen gefährlichen Schreck davontragen. Ich wette, dass Euch noch nie ein Indsman begegnet ist." – „Einige zahme habe ich wohl gesehen. Aber der hier scheint wild zu sein." – „Gewiss, kommt ihm ja nicht zu nahe!" – „Ist's so schlimm? Er ist ja gefesselt!"

Der Dicke wollte sich dem Gefangenen nähern, aber der Anführer stellte sich ihm entgegen:

„Bleibt weg von dem Indsman! Er geht Euch gar nichts an. Übrigens muss ich Euch nun endlich fragen, wer Ihr seid und was Ihr hier bei uns wollt." – „Das könnt Ihr sofort erfahren. Mein Kamerad heißt Kroners und mein Name ist Pfefferkorn. Wir..." – „Pfefferkorn?", wurde er unterbrochen. „Ist das nicht ein deutscher Name?" – „Mit Eurer Erlaubnis, ja." – „So hole Euch der Teufel! Ich kann Leute Eures Gelichters nicht riechen." – „Das liegt jedenfalls nur an Eurer Nase, die an Feineres nicht gewöhnt ist. Und wenn Ihr von Gelichter sprecht, so messt Ihr mich wohl mit Eurer eigenen Elle."

Jemmy hatte das nicht mehr in dem bisherigen leichten Ton gesprochen. Der andere zog die Brauen zornig hoch und fragte drohend: „ Was wollt Ihr damit sagen?"

„Die Wahrheit, weiter nichts."

„Wofür haltet Ihr uns? Heraus damit!"

Der Mann griff zum Messer, das er im Gürtel stecken hatte. Jemmy machte eine verächtliche Handbewegung. „Lasst Euer Messer stecken, Sir! Damit schreckt Ihr uns nicht. Ihr seid grob gegen mich gewesen und durftet nicht erwarten, dass ich Euch mit Kölnisch Wasser anspritze. Ich kann nichts dafür, dass ich Euch nicht gefalle, und es kommt mir auch gar nicht in den Sinn, Euch zuliebe im fernen Westen einen Frack und Handschuhe anzuziehen.

Hier gilt nicht der Rock, sondern der Mann! Ich habe Eure Frage beantwortet und will nun auch erfahren, wer ihr seid."

Die Leute machten große Augen, als der Dicke in einem solchen Ton zu ihnen sprach. Zwar griffen noch einige Hände in die Gürtel, aber das mannhafte Auftreten des dicken Männchens hatte doch zur Folge, dass der Anführer Bescheid gab: „Ich heiße Brake, das genügt. Die acht anderen Namen könntet Ihr Euch doch nicht merken."

„Merken gar wohl. Aber wenn Ihr meint, dass ich sie nicht zu wissen brauche, so habt Ihr Recht. Der Eurige genügt vollauf, denn wer Euch ansieht, der weiß auch schon, wes Geistes Kind die anderen sind."

„Mann! Ist das eine Beleidigung?", fuhr Brake auf. „Wollt Ihr, dass wir zu den Waffen greifen?"

„Das rate ich euch nicht. Wir haben vierundzwanzig Revolverschüsse und wenigstens die Hälfte würdet ihr bekommen, ehe es euch gelänge, eure Schießhölzer auf uns zu richten. Ihr haltet uns für Neulinge, aber die sind wir nicht. Wollt ihr es auf eine Probe ankommen lassen, so haben wir nichts dagegen."

Jemmy hatte blitzschnell seine beiden Revolver gezogen. Auch der Lange Davy hielt die seinigen bereits in den Händen, und als Brake sein Gewehr vom Boden aufheben wollte, warnte Jemmy: „Lasst das Gewehr liegen! Sobald Ihr es berührt, habt Ihr meine Kugel. Das ist das Gesetz der Prärie. Wer zuerst losdrückt, hat das Recht und ist der Sieger!"

Die Leute waren beim Erscheinen der beiden so unvorsichtig gewesen, ihre Gewehre im Gras liegen zu lassen. Jetzt durften sie es nicht wagen, danach zu greifen.

„'s death!", fluchte Brake. „Ihr tut ja ganz so, als wolltet ihr uns alle verschlingen!" – „Das fällt uns nicht ein, dazu seid ihr uns nicht appetitlich genug. Wir wollen von euch weiter nichts wissen, als was euch dieser Indianer getan hat." „Geht das euch etwas an?" – „Ja. Wenn ihr euch ohne Grund an ihm vergreift, so befindet sich dann jeder andere Weiße ohne Schuld in der Gefahr, von der Rache der Seinigen getroffen zu werden. Also, warum habt ihr ihn gefangen genommen?" – „Weil es uns so gefiel. Er ist ein roter Schurke, das ist Grund genug." – „Diese Antwort genügt. Wir wissen nun, dass euch der Mann keinen Anlass zu Feindseligkeit gegeben hat. Aber ich werde ihn auch selbst noch fragen."

„Den fragen?", lachte Brake höhnisch und seine Gefährten stimmten in das Gelächter ein. „Der versteht kein Wort Englisch. Er hat uns trotz aller Prügel mit keiner Silbe geantwortet." – „Geprügelt habt ihr ihn?", rief Jemmy. „Seid ihr von Sinnen? Einen Indianer prügeln! Wisst ihr nicht, dass dies eine Beleidigung ist, die nur mit Blut gesühnt werden kann?" – „Er mag sich unser Blut holen. Bin nur neugierig, wie er das anfangen wird." – „Sobald er frei ist, wird er es euch zeigen." – „Frei wird er niemals wieder sein." – „Wollt ihr ihn töten?" – „Was wir mit ihm tun werden, das geht euch nichts an, verstanden? Die Rothäute muss man zertreten, wo man sie nur immer findet. Jetzt habt ihr unseren Bescheid. Wollt ihr, bevor ihr euch von dannen macht, mit dem Kerl einmal sprechen, so habe ich nichts dagegen. Er versteht euch nicht und ihr seht beide nicht so aus, als ob man euch für Professoren der Indianersprache halten müsse. Ich bin neugierig, der Unterhaltung beizuwohnen."

Jemmy zuckte verächtlich die Schultern und wendete sich an den Indianer.

Der Rote hatte mit halb geschlossenen Augen dagelegen und mit keinem Blick, keiner Miene verraten, ob er dem Gespräch zu folgen vermochte. Er war noch jung, ganz so, wie der Dicke gesagt hatte, vielleicht achtzehn Jahre alt.

Sein dunkles, schlichtes Haar war lang. Nichts zeigte an, zu welchem Stamm er gehörte. Das Gesicht war unbemalt und sogar die Scheitellinie seines Kopfes war nicht mit

Ocker oder Zinnober gefärbt. Er trug ein weichledernes Jagdhemd und hirschlederne Leggins, beide an den Nähten ausgefranst. Zwischen diesen Fransen war kein einziges Menschenhaar zu sehen, ein Zeichen, dass der junge Mann noch keinen Feind getötet hatte. Die zierlichen Mokassins waren mit Stachelschweinsborsten geschmückt, wie es Jemmy vorher vermutet hatte. Drüben am jenseitigen Ufer, wo sich das Pferd jetzt wieder aufgerichtet hatte und mit Wohlbehagen das Wasser des Baches zu schlürfen begann, lag ein langes Jagdmesser. Am Sattel des Tieres hing ein aus den Hörnern des Bergschafes verfertigter Bogen, der vielleicht den Wert von zwei oder drei Mustangs besaß. Diese einfache Bewaffnung war ein sicherer Beweis, dass der Indianer nicht in feindlicher Absicht in diese Gegend gekommen war.

Sein Gesicht war in diesem Augenblick gänzlich regungslos. Der Indsman ist zu stolz, vor Fremden oder gar Feinden seine Gefühle merken zu lassen. Seine Züge waren noch jugendlich weich. Die Backenknochen traten zwar ein klein wenig hervor, doch tat dies der Ebenmäßigkeit nicht den mindesten Eintrag. Als Jemmy jetzt zu ihm trat, öffnete er zum ersten Mal die Augen ganz. Sie waren schwarz wie glänzende Kohle und ein freundlicher Blick traf den Jäger.

„Mein junger, roter Bruder versteht die Sprache der Bleichgesichter?“, fragte Jemmy in englischer Sprache. – „Ja“, erwiderte der Gefragte. „Woher weiß dies mein älterer weißer Bruder?“ – „Ich sehe an dem Blick deines Auges, dass du uns verstanden hast.“ – „Ich habe gehört, dass du ein Freund der roten Männer bist. Ich bin dein Bruder.“ – „Will mir mein Bruder sagen, ob er einen Namen hat?“

Eine solche Frage ist für einen älteren Indianer eine schwere Beleidigung, denn wer noch keinen Namen hat, der hat noch nicht durch irgendeine Tat seinen Mut bewiesen und wird nicht zu den Kriegern gerechnet. Bei der

Jugend dieses Gefangenen aber konnte sich Jemmy die Frage erlauben. Dennoch entgegnete der Jüngling: „Meint mein guter Bruder, dass ich feige bin?“ – „Nein, aber noch sehr jung.“ – „Die Bleichgesichter haben die roten Männer gelehrt, bereits jung zu sterben. Mein Bruder mag mir das Jagdhemd auf der Brust öffnen, um zu erfahren, dass ich einen Namen besitze.“

Jemmy bückte sich und nestelte das Jagdhemd auf. Er zog drei rot gefärbte Federn des Kriegsadlers hervor. „Ist's möglich?“, rief er aus. „Ein Häuptling kannst du doch noch nicht sein!“

„Nein“, lächelte der Jüngling. „Ich darf die Federn des Mah-sisch tragen, weil ich Wohkadeh heiße.“

Diese beiden Worte gehören der Mandan-Sprache an. Das erste heißt Kriegsadler und das zweite ist der Name für die Haut eines weißen Büffels. Da die weißen Büffel höchst selten sind, so gilt das Erlegen eines solchen Tieres bei manchen Stämmen mehr als der Sieg über mehrere Feinde und berechtigt sogar zum Tragen der Federn des Kriegsadlers. Der junge Indianer hatte einen solchen Büffel erlegt und infolgedessen den Namen Wohkadeh erhalten.

Das war an und für sich nichts Seltsames, nur staunten Davy und Jemmy darüber, dass der Name der Mandan-Sprache entnommen war. Die Mandans gelten für ausgestorben. Darum fragte der Kleine: „Welchem Stamm gehört mein roter Bruder an?“

„Ich bin ein Numangkake und zugleich ein Dakota.“

Numangkake nannten sich die Mandans selbst und Dakota ist der Sammelname aller Siouxstämme.

„So bist du von den Dakota angenommen worden?“

„Wie mein weißer Bruder sagt, so ist es. Der Bruder meiner Mutter war der große Häuptling Mah-to-toh-pah[1]. Er trug diesen Namen, weil er vier Bären auf einmal getötet hatte. Die weißen Männer kamen und brachten uns

[1] Vier Bären

die Blattern. Mein ganzer Stamm siechte dahin, bis auf wenige, die den Vorangegangenen nach den ewigen Jagdgründen folgten, als sie die Sioux reizten und von ihnen erschlagen wurden. Mein Vater, der tapfere Wah-kih[1], wurde nur verwundet und später gezwungen, ein Sohn der Sioux zu werden. So bin ich ein Dakota, doch mein Herz gedenkt der Ahnen, die der Große Geist zu sich gerufen hat."

„Die Sioux befinden sich jetzt jenseits der Berge. Weshalb kommst du herüber?"

„Wohkadeh kommt nicht von den Bergen, die mein Bruder meint, sondern vom hohen Gebirge im Westen herab und hat einem kleinen weißen Bruder eine wichtige Botschaft zu bringen."

„Dieser weiße Bruder wohnt hier in der Nähe?"

„Ja. Woher weiß das mein älterer weißer Bruder?"

„Ich folgte deiner Spur und habe gesehen, dass du dein Pferd antriebst wie einer, der sich nahe am Ziel befindet."

„Du hast richtig gedacht. Wohkadeh wäre jetzt am Ziel, aber diese Bleichgesichter verfolgten ihn. Sein Pferd war zu ermattet und konnte den Sprung über dieses Wasser nicht tun, es stürzte. Wohkadeh kam darunter zu liegen und verlor die Besinnung. Als er erwachte, war er mit Riemen gebunden." Und in der Siouxsprache fügte er knirschend hinzu: „Sie sind Feiglinge! Neun Männer fesseln einen Knaben, dessen Seele von ihm gewichen war! Hätte ich mit ihnen kämpfen können, so gehörten jetzt ihre Skalpe mir."

„Sie haben dich sogar geschlagen?"

„Sprich nicht davon, denn dieses Wort riecht nach Blut! Mein weißer Bruder wird mir die Fesseln abnehmen und dann wird Wohkadeh als Mann an ihnen handeln."

Er sagte das mit solcher Zuversicht, dass der Dicke Jemmy lächelnd fragte. „Hast du nicht gehört, dass ich ihnen nichts zu befehlen habe?"

[1] Schild

„Oh, mein weißer Bruder fürchtet sich vor hundert solchen Männern nicht. Ein jeder von ihnen ist Wingkan[1]."

„Meinst du? Woher willst du wissen, dass ich mich vor ihnen nicht fürchte?"

„Wohkadeh hat offene Augen und Ohren. Er hörte oft von den beiden berühmten weißen Kriegern sprechen, die Davy-honskeh und Jemmy-petahtscheh[2] genannt werden, und hat sie an ihren Gestalten und Worten erkannt."

Der kleine Jäger wollte antworten, wurde aber von Brake unterbrochen. „Halt, Mann! So haben wir nicht gewettet! Ich habe Euch zwar erlaubt, mit dem Kerl zu reden; aber das muss in englischer Sprache geschehen. Euer Kauderwelsch kann ich nicht dulden, denn ich muss da gewärtig sein, dass ihr miteinander gegen uns Pläne schmiedet. Übrigens genügt es uns, erfahren zu haben, dass der Indsman des Englischen mächtig ist. Wir brauchen euch nicht mehr und ihr könnt dahin gehen, woher ihr gekommen seid. Und wenn das nicht schnell geschieht, so werde ich euch Beine machen."

Jemmys Blick flog zu Davy hinüber und der gab ihm mit einer Wimper einen verstohlenen Wink, den niemand bemerkte. Für den Dicken aber war dieses blitzschnelle Zucken des Augenlides verständlich. Der Lange hatte ihn auf die Büsche aufmerksam gemacht, die seitwärts von ihm standen. Jemmy richtete einen kurzen, aber scharf forschenden Blick hinüber und bemerkte, dass nahe am Boden die Läufe zweier Doppelgewehre ein wenig zwischen den Zweigen hervorragten. Dort lagen also zwei Männer im Anschlag. Wer waren sie? Freunde oder Feinde? Die Sorglosigkeit, die Davy zeigte, beruhigte ihn. Er antwortete Brake:

„Die Beine, die Ihr mir machen wollt, möchte ich wohl sehen! Ich habe keine solche Veranlassung zum schnellen Davonlaufen wie ihr."

„Wie wir? Wem sollten wir davonlaufen?"

[1] Siouxsprache: ein altes Weib [2] Siouxsprache: Langer Davy und Kurzer Jemmy

„Demjenigen, dem gestern noch diese beiden Pferde gehört haben. Verstanden?“ Jemmy deutete bei diesen Worten auf zwei braune Wallache, die eng nebeneinander standen, als ob sie wüssten, dass sie zusammengehörten.

„Was?“, rief Brake. „Wofür haltet Ihr uns? Wir sind ehrliche Prospectors[1], die hinüber nach Idaho wollen, wo jetzt neue Goldlager entdeckt worden sind.“

„Und weil es euch zu dieser Reise an den nötigen Pferden mangelt, seid ihr nebenbei auch ebenso ehrliche Horsepilfers[2]. Uns täuscht ihr nicht.“

„Mann, sag noch ein solches Wort, so schieße ich dich nieder! Wir haben alle diese Pferde gekauft und bezahlt.“

„Wo denn, mein ehrlicher Mister Brake?“

„Bereits unten in Omaha.“

„So! Und da habt ihr euch dort wohl auch einen Vorrat von Hufschwärze mitgenommen? Warum sind denn die beiden Braunen so frisch wie aus der Fenz heraus? Warum haben sie geschwärzte Hufe, während eure anderen Gäule abgetrieben sind und in verwahrlosten Pantoffeln laufen? Ich sage euch, dass die Braunen noch gestern einen anderen Herrn gehabt haben und dass der Diebstahl von Pferden hier im Westen mit dem schönen Tod durch den Strang bestraft wird.“

„Lügner! Verleumder!“, brüllte Brake, sich nach seinem Gewehr bückend.

„Nein, er hat Recht!“, ertönte da eine Stimme zwischen den Büschen hervor. „Ihr seid elende Pferdediebe und sollt euren Lohn haben. Schießen wir sie nieder, Martin!“

„Nicht schießen!“, rief der Lange Davy. „Nehmt die Kolben! Eine Kugel sind sie nicht wert.“

Er holte mit dem umgekehrten Gewehr aus und versetzte Brake einen Hieb, dass er besinnungslos zu Boden stürzte. Aus den Büschen sprangen zwei Gestalten hervor, ein kräftiger Knabe und ein Mann. Mit hoch erhobenen Büchsen warfen sie sich auf die angeblichen Prospektoren.

[1] Goldsucher [2] Pferdediebe

Jemmy hatte sich gebückt und mit zwei schnellen Schnitten die Fesseln Wohkadehs gelöst. Der Indianer schnellte empor, sprang auf einen der Feinde zu, ergriff ihn beim Genick, riss ihn nieder und schleuderte ihn über das Wasser hinüber, wo sein Jagdmesser lag. Kein Mensch hätte ihm eine solche Körperstärke zugetraut. Dem Weißen nachspringen, mit der Rechten das Messer ergreifen, auf den Feind knien und dessen Haarschopf mit der Linken erfassen, das war das Werk eines Augenblicks. „Help – help – for God's sake – help!", kreischte der Mann in höchster Todesangst auf.

Wohkadeh hatte das Messer zum tödlichen Stoß erhoben. Sein blitzendes Auge fiel auf das vor Entsetzen verzerrte Gesicht des Feindes – und die Hand mit dem Messer sank nieder. „Hast du Angst?", fragte er.

„Ja! Gnade, Gnade!"

„Sag, dass du ein Hund bist!"

„Gern, sehr gern! Ich bin ein Hund!"

„So bleib zu deiner Schande leben. Ein Indianer stirbt mutig und ohne Klage, du aber wimmerst um Barmherzigkeit. Wohkadeh kann den Skalp eines Hundes nicht tragen. Du hast mich geschlagen, dafür gehörte deine Kopfhaut mir. Aber ein räudiger Hund kann keinen roten Mann beleidigen. Lauf fort; es ekelt Wohkadeh vor dir!"

Er gab ihm einen Tritt mit dem Fuß. Im nächsten Augenblick war der Mann verschwunden.

Das war alles viel schneller geschehen, als man es zu erzählen vermag. Brake lag am Boden, drei andere neben ihm. Die Übrigen hatten sich schleunigst ohne ihre Waffen aus dem Staub gemacht. Ihre Pferde waren ihnen nachgelaufen. Nur die beiden Braunen standen noch da und rieben ihre Köpfe an den Schultern der beiden Helfer, die sich so unerwartet eingestellt hatten.

Der Knabe mochte ungefähr das sechzehnte Jahr vollendet haben, doch war sein Körper über dieses Alter hinaus entwickelt. Helle Gesichtsfarbe, blondes Haar und blaugraue Augen wiesen auf germanische Abstammung hin. In seinem Gürtel steckte ein Messer, dessen Griff von seltener indianischer Arbeit war, und das Doppelgewehr, das er in der Hand hielt, schien für ihn fast zu schwer zu sein. Seine Wangen hatten sich im Kampf gerötet, aber er stand doch so ruhig da, als hätte es etwas für ihn ganz Alltägliches gegeben. Wer ihn jetzt betrachtete, war jedenfalls geneigt anzunehmen, dass solche Auftritte für ihn nichts Seltenes seien.

Einen eigentümlichen Anblick bot sein Begleiter, ein kleiner, schmächtiger Mann mit bartlosem Gesicht. Er trug indianische Schuhe und Lederhosen und dazu einen dunkelblauen Frack, der mit hohen Achselpuffen, Patten und blank geputzten Messingknöpfen versehen war. Dieses Kleidungsstück stammte wohl aus Urgroßvaters Zeiten. Damals wurde ja ein Tuch gefertigt, das für eine Ewigkeit gemacht zu sein schien. Freilich war der Frack verschossen und an den Nähten fleißig mit Tinte aufgefärbt, aber es war noch kein einziges Löchlein darin zu bemerken. Solch alten Kleidungsstücken begegnet man im ‚Far West‘ sehr oft.

Auf dem Kopf trug der kleine Mann einen riesigen schwarzen Amazonenhut, den eine große, gelb gefärbte, unechte Straußenfeder schmückte. Dieses Prachtstück hatte jedenfalls vor Jahren irgendeiner Lady des Ostens gehört und war dann durch ein launenhaftes Schicksal nach dem fernen Westen verschlagen worden. Da die breite Krempe gut gegen Sonne und Regen schützte, hatte der jetzige Besitzer wohl keine Bedenken gehabt, ihm die gegenwärtige Bestimmung zu geben. Bewaffnet war das Männchen nur mit Büchse und Messer. Selbst der Gürtel fehlte, ein sicheres Zeichen, dass sich der Mann nicht auf einem weiten Jagdzug befand.

Er schritt auf der kleinen Walstatt hin und her und betrachtete einige Gegenstände, die von den Besiegten in der Eile der Flucht zurückgelassen worden waren. Dabei konnte man bemerken, dass er mit dem linken Fuß hinkte. Wohkadeh war der Erste, dem dieser Umstand auffiel. Er trat zu ihm, legte ihm die Hand an den Arm und fragte:

„Ist mein weißer Bruder vielleicht der Jäger, den die Bleichgesichter den Hobble-Frank nennen?"

Der Kleine nickte ein wenig überrascht und entgegnete bejahend in englischer Sprache. Da deutete der Indianer auf den jungen Weißen und erkundigte sich weiter: „Und dieser hier ist Martin Baumann, der Sohn des berühmten Mato-poka?"

Mato-poka ist ein aus der Sioux- und Utahsprache zusammengetragenes Wort und bedeutet Bärentöter.

„Ja", bestätigte der Gefragte.

„So seid ihr es, die ich suche."

„Zu uns willst du? Willst du vielleicht etwas kaufen? Wir haben einen Store und handeln mit allem, was ein Jäger braucht."

„Nein. Wohkadeh hat eine Botschaft an euch auszurichten."

„Von wem?"

Der Indianer warf einen forschenden Blick rundum und erklärte dann: „Hier ist nicht der Ort dazu. Euer Wigwam liegt nicht weit von hier an diesem Wasser?"

„In einer Stunde können wir dort sein."

„So lasst uns dahin gehen. Wenn wir an eurem Feuer sitzen, werde ich euch mitteilen, was ich zu sagen habe. Kommt!"

Er sprang über das Wasser, holte sein Pferd herüber, das ihn nun wohl die kurze Strecke noch zu tragen vermochte, stieg auf und ritt davon, ohne sich umzusehen, ob die anderen ihm auch folgten.

„Der macht kurzen Prozess!", meinte der Hobble-Frank.

„Soll er euch etwa eine Rede halten, die noch dünner und länger ist, als ich es bin?", lachte der Lange Davy. „So ein Roter weiß genau, was er tut, und ich rate euch, ihm augenblicklich zu folgen."

„Und ihr? Was werdet ihr tun?“

„Wir reiten mit. Wenn euer Palast so nahe ist, wäre es ja die niederträchtigste Unhöflichkeit von euch, uns nicht auf einen Schluck und zwei Bissen einzuladen. Und da ihr einen Kramladen habt, können wir euch vielleicht auch einige Dollars verdienen lassen.“

„So? Habt ihr denn einige Dollars bei euch?“, fragte der Kleine in einem Ton, der hören ließ, dass er die beiden Jäger nicht gerade für Millionäre hielt.

„Das geht euch erst dann etwas an, wenn wir kaufen wollen. Verstanden?“

„Hm, ja freilich! Aber wenn wir jetzt fortgehen, was soll dann mit den Kerlen werden, die uns die zwei Pferde gestohlen haben? Wollen wir nicht wenigstens ihrem Anführer, diesem Brake, ein Andenken hinterlassen, das ihn an uns erinnert?“

„Nein. Lasst sie laufen, Mann! Sie sind feige Diebe, die vor einem Bowiemesser davonrennen. Es macht euch keine Ehre, wenn ihr euch noch länger mit ihnen beschäftigt. Die Pferde habt ihr ja wieder. Damit basta!“

„Hättet ihr nur besser ausgeholt, als ihr ihn niederschlugt. Der Kerl hat nur das Bewusstsein verloren.“

„Ich habe das mit Absicht getan. Es ist kein sehr angenehmes Gefühl, einen Menschen erschlagen zu haben, den man auf andere Weise unschädlich machen kann.“

„Na, mögt Recht haben. Kommt also zu euren Pferden!“

„Wie? Ihr wisst, wo unsere Pferde sind?“

„Freilich. Wir müssten schlechte Westmänner sein, wenn wir nicht umhergespäht hätten, bevor wir euch unsere Anwesenheit merken ließen.“

Der Schmächtige stieg auf das eine der wiedererlangten Tiere. Sein junger Begleiter sprang auf das andere. Beide ritten genau auf die Stelle zu, wo Jemmy und Davy ihre Pferde in den Sträuchern versteckt hatten.

Unweit davon waren ihre eigenen angepflockt, auf denen sie die Spur der Diebe aufgenommen hatten und die sie jetzt am Zügel mitführten. Nun folgten die vier der Fährte des Indianers, den sie bald vor sich erblickten. Doch ließ er sie nicht ganz an sich herankommen, sondern ritt immer vor ihnen her, so als wüsste er genau die Richtung, die er einzuschlagen hatte, um das Ziel zu erreichen.

Der Hobble-Frank hielt sich an der Seite des Dicken Jemmy, an dem er Wohlgefallen zu finden schien. „Wollt Ihr mir wohl sagen, Sir, was ihr eigentlich in dieser Gegend sucht?", meinte er.

„Wir wollten ein wenig hinauf nach Montana, wo es eine viel bessere Jagd gibt als diesseits der Big Horn Mountains. Dort findet man noch verständige Waldläufer und Savannenmänner, die die Jagd eben um der Jagd willen betreiben. Hier aber schlachtet man Tiere förmlich ab. Die Sonntagsbüchse wütet unter den Büffeln, die zu Tausenden getötet werden, nur weil ihre Häute sich besser zu Treibriemen eignen als gewöhnliches Rindsleder. Es ist ein Sünde und eine Schande! Nicht wahr?"

„Recht habt Ihr, Sir. Das war früher ganz anders. Da stellte sich der Jäger dem Wild ehrlich gegenüber, um sich das Fleisch, das er brauchte, mit Gefahr seines Lebens zu erkämpfen. Jetzt aber ist die Jagd meist nur ein feiges Morden aus dem Hinterhalt und die Jäger von altem Schrot und Korn sterben nachgerade aus. Leute wie ihr beide sind jetzt selten. Geld traue ich euch freilich nicht viel zu, aber einen guten Klang haben eure Namen. Das muss man gern gestehen."

„Kennt ihr denn unsere Namen?"

„Will's meinen."

„Woher?"

„Dieser Wohkadeh hat sie ja genannt, als ich mit Martin im Busch lag und euch belauschte. Eigentlich habt Ihr gar nicht so die richtige Gestalt für einen Westmann. Eure Hüfte ist mehr geeignet für einen Müller oder Bäckermeister im alten Germany. Aber..."

„Was?", fiel der Dicke schnell ein. „Ihr redet da von Deutschland. Kennt Ihr es vielleicht?"

„Na, und ob! Ich bin ein Deutscher mit Haut und Haar!“
„Und ich mit Leib und Seele!“
„Ist’s wahr?“, fragte Frank, indem er sein Pferd anhielt. „Eigentlich konnte ich es mir gleich denken. Einen Yankee von Eurem Körperumfang kann es ja kaum geben. Ich aber freue mich königlich, einen Landsmann getroffen zu haben. Her mit Eurer Hand, Mann! Ihr seid mir herzlich willkommen!“
Sie schlugen ein, dass beiden die Hände schmerzten. Der Dicke aber meinte: „Treibt nur Euer Pferd wieder an! Wir brauchen ja deshalb nicht hier halten zu bleiben. Wie lange seid Ihr denn bereits in den Staaten?“
„Mehr als zehn Jahre.“
„So habt Ihr wohl indessen Euer Deutsch verlernt?“
Beide hatten bisher Englisch gesprochen. Bei der letzten Frage richtete Frank seine kleine Gestalt möglichst hoch im Sattel auf und entgegnete beleidigt. „Ich? Meine Sprache verlernt? Da kommen Sie bei mir verkehrt an! Ich bin ein Deutscher und bleibe ein Deutscher. Wissen Sie ungefähr, wo dazumal meine Wiege gestanden hat?“
„Nein. Ich war ja nicht dabei.“
„Na, allemal nur in Sachsen! Verstehen Sie? Ich habe schon mit manchem Deutschen gesprochen, aber ich habe niemals jemand so gut verstanden, als wenn er eben in Sachsen geboren war. Sachsen ist das Herz von Deutschland. Dresden is klassisch, die Elbe is klassisch, Leipzig is klassisch und die Sächsische Schweiz ooch. Die schönste Gegend is die Strecke zwischen Pirna und Meißen, und so ziemlich zwischen diesen beiden Städten habe ich das Licht der Welt erblickt. Und später habe ich ganz in derselben Gegend meine Laufbahn angefangen. Ich war nämlich Forschtgehilfe in Moritzburg, was ein berühmtes königliches Jagdschloss is mit einer famosen Bildergalerie und großen Karpfenteichen. Mein bester Freund war der dortige Schulmeister, mit dem ich alle Abende Sechsundsechzig gespielt und nachher von den Künsten und Wissenschaf-

ten gesprochen habe. Dort habe ich mir ne ganz besondere allgemeine Bildung angeeignet. Oder zweifeln Sie etwa daran? Sie machen mir so ein verbohrtes Gesicht?“

„Ich mag nicht darüber streiten, obgleich ich früher Gymnasiast gewesen bin und mensa dekliniert habe.“

Der Kleine warf Jemmy von der Seite einen pfiffigen Blick zu und frage: „Mensa dekliniert? Da haben Sie sich wohl versprochen?“

„Wüsste nicht, wieso?“

„Na, dann ist's mit Ihrem Gymnasium ooch nich sehr weit her. Es heißt nicht dekliniert, sondern deklamiert und auch nicht Mensa, sondern Pensa. Sie haben Ihre Pensa deklamiert, vielleicht des Sängers Fluch von Hufeland oder den Freischütz von Frau Maria Leineweber. Aber deshalb keine Feindschaft nich? Es hat eben jeder so viel gelernt, wie er kann, mehr nich, und wenn ich einen Deutschen sehe, so freue ich mich darüber, ooch wenn er nich gerade ein gescheiter Kerl is oder gar ein Sachse. Also, wie steht's? Wollen wir gute Freunde sein?“

„Gewiss!“, lachte der Dicke. „Ich habe immer gehört, dass die Sachsen die gemütlichsten Leute sind. Warum aber haben Sie Ihre schöne Heimat verlassen?“

„Eben wegen der Kunst und der Wissenschaft.“

„Wieso?“

„Das kam ganz plötzlich und folgendermaßen: Wir sprachen von der Politik und der Weltgeschichte, abends in der Wirtschaft. Wir waren unser drei am Tisch, nämlich der Hausknecht, der Nachtwächter und ich. Der Schulmeister saß am anderen Tisch bei den Vornehmen. Weil ich aber stets ein sehr leutseliger Mensch gewesen bin, hatte ich mich zu den zweien gesetzt, die ooch ganz glücklich waren über diese Art von Herablassung. Bei der Weltgeschichte nun kamen wir ooch off den alten Papa Wrangel zu sprechen und dass der sich das Zeitwort mehrschtenteels[1] so angewöhnt gehabt hatte, dass er es bei jeder Gelegen-

[1] Mundartlicher Ausdruck für ‚meistenteils‘

heit zum Vorschein brachte. Da fingen nun die beiden Kerle an, sich mit mir über die richtige Aussprache dieses Wortes zu streiten. Jeder hatte eine andere Ansicht. Ich sagte, es müsse gesprochen werden: mehrschtenteels; der Hausknecht aber meinte: mehrschtenteils, und der Nachtwächter sagte gar meistenteels. Bei diesem Streit kam ich nach und nach in die Wolle, aber als gebildeter Beamter und Staatsbürger bewahrte ich mir die Kraft, meine Selbstüberwindung zu beherrschen, und wendete mich an meinen Freund, den Schulmeister. Doch er mochte schlechte Laune haben oder so ein bisschen Anflug von gelehrtem Übermut, kurz und gut, er gab mir nicht Recht und sagte, wir hätten alle dreie Unrecht. Er behauptete, in dem Wort mehrschtenteels müssten zwei ‚ei' stehen. Weil ich nun aber ganz gewiss weiß, dass es nur een einziges Wort mit zwei ‚ei' gibt, nämlich Reisbrei, wurde ich unangenehm. Und als dann noch der Nachtwächter sagte, ich könne ooch nich richtig sprechen, da tat ich denn, was jeder Ehrenmann getan haben würde: Ich warf ihm mein beleidigtes Ehrgefühl an den Kopp und das Bierglas dazu. Jetzt freilich gab es verschiedene Szenen ohne Kulissen und das Ende war, dass ich wegen Störung der öffentlichen Unruhe und wegen Verletzung eines beabsichtigten Körpers in Anklagezustand versetzt wurde. Ich sollte bestraft und abgesetzt werden. Die Bestrafung und Absetzung hätte ich mir wohl gefallen gelassen, aber dass ich ooch meine Anstellung verlieren sollte, das war mir zu viel. Das konnte ich nich verwinden. Als ich die Strafe und die Absetzung überstanden hatte, ging ich auf und davon. Und weil ich alles, was ich einmal mache, ooch gleich ordentlich mache, ging ich sofort nach Amerika. Also is eigentlich nur der alte Wrangel daran schuld, dass Sie mich heute hier getroffen haben."

„Ich bin ihm sehr dankbar dafür, denn Sie gefallen mir", versicherte der Dicke, indem er dem Landsmann freundlich zunickte.

„So? Is das wahr? Nun, ich habe ooch gleich so ne Art

von heimlicher Zuneigung für Sie empfunden und das hat natürlich seinen guten Grund. Erstens sind Sie kein übler Kerl, zweitens bin ich ooch nich ganz ohne und so können wir drittens recht gute Freunde werden. Beigestanden haben wir einander ooch schon und so is eigentlich das Band fertig, das uns lieblich umschlingen soll. Sie werden gütigst bemerken, dass ich mich stets in gewählten Ausdrücken bewege und daraus können Sie schließen, dass ich mich Ihrer Freundschaftsempfindungen nicht unwürdig erweisen werde. Der Sachse ist immer nobel, und wenn mich heute ein Indianer skalpieren wollte, so würde ich höflich zu ihm sagen: „Bitte, bemühen Sie sich freundlichst! Hier haben Sie meine Skalplocke!“

Da meinte Jemmy lachend: „Wollte er dann ebenso höflich sein, so müsste er Ihnen Ihre Kopfhaut lassen. Aber, um nun auch von einem anderen zu sprechen: Ist Ihr Begleiter wirklich der Sohn des bekannten Bärenjägers Baumann?“

„Ja. Baumann is mein Geschäftsteilhaber und sein Sohn, der Martin, nennt mich Onkel, obgleich ich das einzige Kind meiner Eltern bin und ooch nie verheiratet war. Wir trafen uns drunten in St. Louis, damals, als das Goldfieber die Diggers nach den Schwarzen Hügeln zog. Wir hatten uns beide ein Sümmchen gespart und beschlossen, hier oben nen Laden anzulegen. Das war jedenfalls vorteilhafter, als mit nach Gold zu graben. Die Sache gelang recht gut. Ich übernahm den Laden und Baumann ging off die Jagd, um für den Schnabel zu sorgen. Später aber stellte sich's heraus, dass hier am Ort kein Gold zu finden war. Die Diggers zogen fort und nun wohnten wir allein da mit unseren Vorräten. Nur nach und nach wurden wir sie an Jäger los, die zufällig hier vorüberkamen. Das letzte Geschäft machten wir vor zwei Wochen. Da suchte uns ne kleine Gesellschaft off, die Baumann anstellen wollte, sie nach dem Yellowstone River zu begleiten. Dort sollten nämlich Halbedelsteine in Massen zu finden sein und diese Leute waren Steinschleifer. Baumann ließ sich bereit finden, machte sich eine ansehnliche Bezahlung aus, verkaufte ihnen eine bedeutende Menge Pulver und Blei und anderes Brauchbare und ging dann mit ihnen fort. Jetzt bin ich nun mit seinem Sohn und einem Neger, den wir von St. Louis mitgenommen haben, ganz allein im Blockhaus."

„Das Gebiet des Yellowstone River ist aber eine äußerst gefährliche Gegend. Zwischen hier und dort jagen jetzt die Schlangenindianer."

„Sie haben das Kriegsbeil vergraben."

„Und ich hörte, dass sie es in neuester Zeit wieder ausgegraben haben sollen. Ihr Freund befindet sich ganz gewiss in Gefahr. Dazu der Bote, der heute zu Ihnen kommt. Ich ahne nichts Gutes."

„Dieser Indianer ist ein Sioux."

„Aber er zögerte, seine Botschaft auszurichten. Das ist kein gutes Zeichen. Mit einer frohen Nachricht braucht man nicht zurückhalten, und er sagte mir auch, dass er vom hohen Gebirge im Westen komme."

„So will ich schnell zu ihm." Der kleine Sachse spornte sein Pferd an, um Wohkadeh zu erreichen. Sobald dieser es merkte, stieß er dem seinigen die Fersen in die Weichen und eilte voran. Wenn Hobble-Frank nicht ein Wettrennen unternehmen wollte, musste er darauf verzichten, bereits jetzt mit dem Indianer zu sprechen.

Indessen hatte sich der Sohn des Bärenjägers zu dem Langen Davy gehalten. Dem lag natürlich auch daran, etwas über die Verhältnisse der neuen Bekannten zu erfahren. Er erhielt zwar die Auskunft, aber nicht so ausführlich, wie es sein Wunsch war. Der Knabe war sehr zurückhaltend und einsilbig.

Endlich wand sich der Bach in einer Krümmung um eine Anhöhe, auf der die Nahenden eine Blockhütte erblickten, deren Lage sie zu einem kleinen Fort machte, das sicheren Schutz gegen einen Indianerangriff bot.

Die Höhe fiel an drei Seiten so steil ab, dass man sie kaum erklimmen konnte. Die vierte Seite war mit einer doppelten Fenz versehen. Unten gab es ein Maisfeld und ein kleines, mit Tabak bebautes Stück Land. In dessen Nähe weideten zwei Pferde. Martin deutete auf die Tiere und erklärte: „Von dort haben uns die Männer unsere Pferde gestohlen, als wir nicht daheim waren. Wo mag Bob, unser Neger, sein?"

Er steckte zwei Finger in den Mund und stieß einen schrillen Pfiff aus. Da lugte ein schwarzer Kopf hinter den hohen Maispflanzen hervor. Zwischen den breitgezogenen, wulstigen Lippen wurden zwei Reihen von Zähnen sichtbar, auf die ein Jaguar hätte stolz sein können. Dann kam die herkulische Gestalt des Negers zum Vorschein. Er hatte einen schweren, dicken Pfahl in der Hand und sagte unter Grinsen:

„Bob sich verstecken und aufpassen. Wenn Spitzbuben wiederkommen und auch noch zwei andere Pferde stehlen wollen, dann ihnen mit diesem Stock die Köpfe einschlagen."

Er schwang den Pfahl mit einer Leichtigkeit, als sei er eine Weidenrute.

Der Indianer kümmerte sich gar nicht um ihn. Er ritt an ihm vorüber, die vierte, zugängliche Seite der Höhe bis zur Doppelfenz empor, sprang vom Rücken seines Pferdes darüber hinweg und verschwand hinter der Einzäunung.

„Was sein Redman für ein grob Kerl!", zürnte der Neger. „Reiten an Masser Bob vorüber, ohne sagen: Good day! Springen über Fenz und gar nicht warten, bis Massa Martin ihm erlauben, einzutreten. Masser Bob ihn werden höflich machen!" Der gute Schwarze gab sich selbst den Titel Masser Bob, also Mister oder Herr Robert. Er war ein freier Neger und fühlte sich gekränkt, weil er von dem Indianer nicht begrüßt worden war.

„Du wirst ihn nicht beleidigen", warnte Martin. „Er ist unser Freund."

„Das sein ein ander Sache. Wenn Redman sein Freund von Massa, so sein auch Freund von Masser Bob. Massa Pferde wiederhaben? Spitzbuben tot gemacht?“

„Nein. Sie sind entflohen. Öffne die Fenz!“

Bob stieg mit langen Schritten voran und schob oben die beiden Teile des schweren Tores auseinander, als seien sie aus Papier geschnitten. Dann ritten die anderen in den Raum, der von der Fenz umschlossen wurde.

3. Im Blockhaus

In der Mitte des Platzes erhob sich die viereckige Blockhütte, die aus ineinander gefügten Holzstämmen errichtet war. Die Tür stand offen. Als die Männer eintraten, sahen sie den Indianer in der Mitte des einzigen Raumes sitzen, der das Innere der Hütte bildete. Wo sich sein Pferd befand, schien ihn gar nicht zu kümmern. Es war mit den anderen in die Umfriedung hereingekommen.

Jetzt begrüßten Martin und Hobble-Frank die beiden Jäger mit herzlichem Handschlag. Die Gäste blickten sich im Raum um. Im hinteren Teil hatte sich der Laden befunden, dessen Vorräte aber sehr auf die Neige gegangen waren. Einige auf Pfähle geschlagene Kistendeckel bildeten die Tische. Die Sessel waren ebenso zusammengenagelt. In einer Ecke gewahrte man die Lagerstätten. Sie waren so kostbar, dass man die Bewohner des Blockhauses darum beneiden konnte, denn sie bestanden aus einer ganzen Anzahl übereinander gelegter Felle des fürchterlichen grauen Bären, der das gefährlichste Raubtier Amerikas ist. Richtet sich ein solcher ausgewachsener Grizzly auf den Hinterpranken auf, so ist er leicht noch einen halber Meter größer als ein Mann von guter Körperlänge. Einen solchen Bären erlegt zu haben, gilt bei den Indianern als größtes Heldenstück, und selbst der viel besser bewaffnete Weiße geht diesem Tier lieber aus dem Weg, als dass er sich ohne Not in einen Kampf mit ihm einlässt.

Verschiedene Waffen und Beutestücke von Jagden hingen an den Wänden und in der Nähe des Kamins waren mächtige Stücke Rauchfleisch an hölzernen Pflöcken befestigt.

Es war Abend geworden, und da das Dämmerlicht nur spärlich durch die kleinen, nicht mit Glas, sondern nur mit Läden versehenen Fensteröffnungen einzudringen vermochte, war es in der Hütte ziemlich dunkel. „Masser Bob Feuer anbrennen“, erklärte daher der Neger.

Er brachte trockenes Buschholz herbeigeschleppt und machte mittels seines Punks[1] Feuer auf dem Herd. Der Zunder zu diesem Feuerzeug besteht aus trockenem, leicht glimmendem Moder, der aus der Höhlung verfaulter Bäume genommen wird.

Die riesige Gestalt des Negers wurde während der erwähnten Beschäftigung von der Flamme grell beleuchtet. Er trug einen weiten Anzug aus dem einfachsten Kaliko, aber keine Kopfbedeckung. Das hatte seinen Grund. Der gute Bob war nämlich ein wenig eitel. Er wollte nicht als reiner Afrikaner gelten. Leider aber war sein Kopf mit einem dichten Wald kurzer, krauser Locken versehen, und da gerade diese Wolle seine Abstammung auf das Überzeugendste verriet, hatte er sich alle Mühe gegeben, glauben zu machen, dass er schlichtes Haar besitze. Er hatte darum den Kopf fest mit Hirschtalg eingerieben und das unbändige Wollgewirr in unzählige dünne Zöpfchen geflochten, die wie die Stacheln eines Igels nach allen Richtungen von seinem Kopf abstanden. Das gab bei der Beleuchtung durch das Herdfeuer einen abenteuerlichen Anblick.

Bis jetzt waren nur wenige Worte gewechselt worden. Nun aber meinte Hobble-Frank in englischer Sprache zu dem Indianer: „Mein roter Bruder befindet sich in unserem Haus. Er ist uns willkommen und mag seine Botschaft ausrichten."

Der Rote warf einen forschenden Blick rundum und fragte: „Wie kann Wohkadeh sprechen, wenn er noch nicht den Rauch des Friedens schmecken durfte?"

Da nahm Martin, der Sohn des Bärenjägers, ein indianisches Kalumet von der Wand und stopfte es mit Tabak. Als sich nun die anderen in die Nähe des Roten gesetzt hatten, steckte er den Tabak in Brand, tat sechs Züge, blies den Rauch nach oben, nach unten und nach den vier Himmelsrichtungen und sagte: „Wohkadeh ist unser Freund

[1] Präriefeuerzeug

und wir sind seine Brüder. Er mag mit uns die Pfeife des Friedens rauchen und uns nachher seine Botschaft sagen."

Darauf reichte er dem Indianer die Pfeife. Dieser nahm sie in Empfang, erhob sich, tat die gleichen sechs Züge und erklärte sodann: „Wohkadeh hat die Bleichgesichter noch nie gesehen. Er wurde zu ihnen gesandt und sie erretteten ihn aus der Gefangenschaft. Ihre Feinde sind auch seine Feinde, und seine Freunde mögen auch die ihrigen sein. Howgh[1]!"

Dieses ‚Howgh' heißt bei den Indianern so viel wie: ja, jawohl, ganz gewiss. Es wird als Zeichen der Bekräftigung oder der Zustimmung gebraucht, besonders in den Pausen oder am Schluss einer Rede.

Wohkadeh gab die Pfeife weiter. Während sie die Runde machte, setzte er sich wieder und wartete. Er benahm sich bei dieser Begrüßung wie ein alter, erfahrener Häuptling, und auch Martin, der noch ein halber Knabe war, zeigte einen Ernst, der seine Überzeugung erkennen ließ, dass er in Abwesenheit seines Vaters der Hausherr sei.

Als der Letzte die Pfeife weggelegt hatte, begann Wohkadeh: „Kennen meine weißen Brüder das Bleichgesicht, das von den Sioux Nonpeh-tahan[2] genannt wird?"

„Du meinst Old Shatterhand?", erkundigte sich der Lange Davy. „Gesehen habe ich ihn noch nicht, aber gehört hat wohl ein jeder von ihm. Was ist's mit ihm?"

„Er liebt die roten Männer, obwohl er ein Bleichgesicht ist. Er ist der berühmteste Pfadfinder. Seine Kugel geht nie fehl und mit der unbewaffneten Faust fällt er den stärksten Feind. Darum wird er Old Shatterhand genannt. Er schont das Blut und das Leben seiner Feinde, er verwundet sie bloß, um sie kampfunfähig zu machen, und nur, wenn es sein eigenes Leben gilt, tötet er den Gegner. Vor mehreren Monaten wurde er droben am Yellowstone von den Sioux-Ogellallah überfallen. Er stand aber auf einem Felsen und sie konnten ihn mit ihren Kugeln nicht errei-

[1] Sprich: Hau [2] Die Hand, die zerschmettert, also Shatterhand = Schmetterhand

chen. Da trat er hervor und erbot sich, mit dreien von ihnen zu kämpfen, sie mit dem Tomahawk und er ohne Waffe. Er hat sie alle drei mit der Faust erschlagen, darunter Pethaschitscha[1], den stärksten Mann des Stammes. Großes Wehegeheul erhob sich in den Bergen und Klagen in den Wigwams der Ogellallah. Es ist bis heute noch nicht verstummt. Jetzt sind die tapfersten Krieger des Stammes aufgebrochen nach dem Yellowstone River, um an den Gräbern der drei Erschlagenen ihre Todesgesänge ertönen zu lassen. Der Weiße, der ihnen während dieses Zuges begegnet, ist verloren. Er wird auf den Gräbern der von Old Shatterhand Getöteten an den Marterpfahl gebunden und muss langsam unter Qualen sterben, damit seine Seele die Geister der drei Toten in den ewigen Jagdgründen bediene."

Wohkadeh machte eine Pause und sagte dann ruhig und mit dumpfer Betonung: „Der Bärenjäger und seine Freunde sind von ihnen im Schlaf überrascht und gefangen worden!"

Martin sprang von seinem Sitz auf und rief: „Bob, sattle schleunigst die Pferde! Frank, du magst schnell Munition und Mundvorrat einpacken und ich will indessen die Gewehre ölen und die Messer schleifen! In spätestens einer Stunde brechen wir zum Yellowstone auf!"

„Selbstverständlich!", rief Frank, indem er sich rasch erhob. „The devil, das soll den Roten schlecht bekommen!"

Auch der Neger erhob sich, raffte den Pfahl auf, den er vorhin mit hereingenommen hatte, und erklärte: „Masser Bob mitgehen! Masser Bob totschlagen all rot Hunde von Ogellallah!"

Da hob der Indianer die Hand und sagte: „Sind meine weißen Brüder Mücken, die zornig umherfliegen, wenn sie gereizt werden? Oder sind sie Männer, die wissen, dass die ruhige Beratung der Tat vorangehen muss? Wohkadeh hat noch nicht ausgesprochen."

„Mein Vater befindet sich in Gefahr, das genügt!", brauste der Jüngling auf.

[1] Böses Feuer

Da warnte Jemmy, der Dicke: „Beruhigt Euch, mein junger Freund! Eile will Weile haben. Lasst Wohkadeh erzählen, bevor wir handeln!"

„Handeln? Ihr wollt auch mit?"

„Das bedarf keiner Frage. Wir haben das Kalumet miteinander geraucht und sind Freunde und Brüder. Der Lange Davy und der Dicke Jemmy haben noch keinen im Stich gelassen, der ihre Hilfe brauchte. Ob wir beide nach Montana reiten, um dort Büffel zu jagen, oder ob wir vorher einen Abstecher zum Yellowstone machen, um mit den Sioux-Ogellallah einen Walzer zu tanzen, das ist uns einerlei. Aber es muss alles in der gehörigen Ordnung vor sich gehen, sonst macht es so alten Jägern, wie wir beide sind, keinen rechten Spaß. Setzt Euch also wieder und bleibt ruhig, wie es sich geziemt!"

„Das ist richtig!", stimmte der kleine Sachse bei. „Aufregung tut in keiner Lage gut. Wir müssen überlegsam sein."

Nachdem die drei sich wieder gesetzt hatten, fuhr der junge Indianer fort: „Wohkadeh ist ein Mandan, die Freunde der Bleichgesichter sind. Später wurde er gezwungen, ein Ogellallah zu sein. Aber er wartete nur auf die Gelegenheit, die Ogellallah zu verlassen. Jetzt musste er mit ihren Kriegern nach dem Yellowstone ziehen. Er war dabei, als sie den Bärenjäger und seine Begleiter des Nachts im Schlaf überfielen. Die Ogellallah müssen während dieses Ritts vorsichtig sein, denn dort in den Bergen wohnen ihre grimmigsten Feinde, die Schoschonen. Wohkadeh wurde als Kundschafter ausgesandt, um die Wigwams der Schoschonen auszuspähen. Aber er tat dies nicht, sondern er ritt in größter Eile nach Osten zur Hütte des Bärenjägers, um den Sohn und den Freund von Baumanns Schicksal zu benachrichtigen."

„Das ist brav, das werde ich niemals vergessen!", rief Martin. „Weiß denn mein Vater davon?"

„Wohkadeh hat es ihm gesagt und sich den Weg beschreiben lassen. Er hat so heimlich mit dem Bärenjäger gesprochen, dass keiner der Ogellallah es bemerken konnte."

„Aber sie werden es ahnen, wenn du nicht zu ihnen zurückkehrst!"

„Nein. Sie werden glauben, Wohkadeh sei von den Schoschonen getötet worden."

„Hat dir mein Vater bestimmte Weisungen für uns mitgegeben?"

„Nein. Wohkadeh soll euch sagen, dass er mit seinen Begleitern gefangen ist. Nun wird mein junger weißer Bruder selbst wissen, was er zu tun hat."

„Natürlich weiß ich es! Aufbrechen werde ich, und zwar sofort, um den Vater zu befreien."

Er wollte abermals aufspringen. Doch Jemmy ergriff ihn am Arm und hielt ihn zurück. „Stop, my boy! Wir haben ja noch nicht alles erfahren. Wohkadeh mag uns sagen, an welcher Stelle Euer Vater überfallen wurde."

Der Indianer berichtete: „Das Wasser, das die Bleichgesichter den Pulverfluss nennen, entsteht aus fünf Armen. An dem südwestlichen ist der Überfall geschehen."

„Gut. Das wäre also südwestlich von Murphy. Diese Gegend ist mir nicht ganz unbekannt. Und welche Richtung haben hierauf die Ogellallah eingeschlagen?"

„Nach den südlichen Ausläufern der Berge, die von den Weißen das Dicke Horn genannt werden."

„Also der Big Horn-Berge. Und weiter?"

„Sie zogen an dem Kopf des bösen Geistes vorüber..."

„Ah, am Devils head!"

„...zu dem Wasser, das dort entspringt und in den Fluss des Dicken Horns läuft. Dort hörten wir von den feindlichen Schoschonen und Wohkadeh wurde als Späher ausgesandt. Er weiß also nicht, wie die Ogellallah weitergeritten sind."

„Das ist auch nicht nötig. Wir haben Augen und werden ihre Fährte finden. Wann geschah der Überfall?"

„Es sind seitdem vier Tage vergangen."

„O weh! Wann soll die große Leichenfeier stattfinden?"

„Zum Tag des vollen Mondes. An diesem Tag sind seinerzeit die drei getötet worden."

Jemmy rechnete in Gedanken nach und bemerkte dann: „Wenn das der Fall ist, so haben wir noch Zeit genug. Es sind noch volle zwölf Tage bis zum Vollmond. Wie stark sind die Ogellallah?"

„Als ich sie verließ, zählten sie fünf mal zehn und noch sechs."

„Also sechsundfünfzig Krieger. Wie viele Gefangene haben sie?"

„Mit dem Bärenjäger sind es sechs."

„So wissen wir vorerst genug und können uns zum Aufbruch rüsten. Martin Baumann, was gedenkt Ihr zu tun?"

Der junge Mann war wieder von seinem Sitz aufgestanden, hob die Rechte wie zum Schwur und sprach feierlich: „Ich gelobe hiermit, meinen Vater zu retten oder seinen Tod zu rächen, selbst wenn ich ganz allein die Sioux verfolgen und mit ihnen kämpfen müsste. Ich werde wohl sterben, aber meinen Schwur nicht brechen."

„Nein, allein sollst du nicht ziehen", sagte der kleine Hobble-Frank. „Ich werde mit dir reiten und dich auf keinen Fall verlassen."

„Und Masser Bob auch mitgehen", erklärte der Neger, „um alt Massa Baumann befreien und Sioux-Ogellallah totprügeln. Sie alle müssen in die Hölle!" Er ballte die Faust und knirschte mit den Zähnen.

„Auch ich reite mit!", sprach Jemmy der Dicke. „Es soll mir eine Freude sein, den Roten ihre Gefangenen zu entreißen. Und du, Davy?"

„Red nicht so dumm!", antwortete der Lange gleichmütig. „Meinst du, ich bleibe hier und flicke meine Schuhe oder mahle Kaffee, während ihr euch so ein prächtiges Abenteuer leistet?"

„Gut, alter Waschbär! Sei nur zufrieden, du darfst schon mit. Aber was wird unser roter Bruder Wohkadeh tun?"

Der Indianer erwiderte: „Wohkadeh ist ein Mandan, niemals aber ein Ogellallah. Seine weißen Brüder mögen ihm ein Gewehr geben mit Pulver und Blei. Er wird sie begleiten und mit ihnen sterben oder die Feinde besiegen!"

„Braver Kerl!", meinte der kleine Sachse. „Eine Büchse sollst du haben und alles andere auch, sogar ein frisches Pferd, denn wir haben ja vier Stück, also eins überzählig. Das deinige ist übermüdet und kann nebenherlaufen, bis es sich erholt hat. Wann aber brechen wir auf, ihr Leute?"

„Sofort!", erklärte Martin.

„Allerdings dürfen wir keine Zeit versäumen", stimmte der Dicke bei. „Aber es ist auch nicht ratsam, uns zu übereilen. Wir kommen durch wasser- und wildarme Gegenden und müssen uns mit Mundvorrat versehen. Auch wissen wir nicht, ob die neun Pferdediebe, denen wir heute das Einmaleins vorgebetet haben, nicht noch Böses gegen uns im Schild führen. Wir müssen uns unbedingt überzeugen, ob sie die Gegend verlassen haben oder verlassen werden. Und wie steht es mit diesem Haus? Wollt Ihr es unbeschützt zurücklassen?"

„Ja", bestätigte Martin.

„So kann es leicht sein, dass Ihr es bei der Rückkehr eingeäschert oder wenigstens ausgeräumt findet."

„Gegen das Ausräumen können wir uns schützen."

Der Jüngling nahm eine Hacke und hackte den festgestampften Lehmboden im Viereck auf. Da zeigte es sich, dass es hier eine geheime Falltür gab, unter der sich eine geräumige Vertiefung befand, worin man alles, was nicht mitzunehmen war, verbergen konnte. War dann der Lehm wieder über der geschlossenen Tür festgestampft, so konnte kein Unberufener das Dasein dieses Verstecks erraten. Und selbst wenn das Gebäude in Brand gesteckt werden sollte, stand zu erwarten, dass der Lehm des Bodens die versteckten Gegenstände gegen das Verderben schützen werde.

Die Männer machten sich jetzt an die Arbeit, den Inhalt des Raumes, so weit er nicht zu ihrer Ausrüstung zu gebrauchen war, in die Vertiefung zu schaffen. Auch mit den Bärenfellen wurde das getan. Es befand sich eins von ganz besonderer Größe und Schönheit darunter. Als Jemmy es bewundernd betrachtete, nahm es Martin aus seiner Hand und warf es in das Loch hinab. „Fort damit!", rief er. „Ich kann diesen Pelz nicht sehen, ohne an die schrecklichsten Stunden meines Lebens zu denken."

„Das klingt ja so, als hättet Ihr bereits ein sehr langes Leben oder eine ganze Reihe von schweren Ereignissen hinter Euch, mein Junge."

„Vielleicht habe ich auch wirklich bereits mehr erlebt als mancher alte Trapper."

„Oho! Nicht aufschneiden!"

Martins Augen richteten sich mit beinahe zornigem Blick auf den Dicken. „Meint Ihr etwa, der Sohn eines Bärenjägers habe keine Gelegenheit zu Erlebnissen? Ich sage Euch, dass ich bereits als sechsjähriger Bube mit dem Kerl gekämpft habe, der in dem Pelz lebte, den Ihr soeben bewundert habt."

„Ein sechsjähriges Kind mit einem solchen Grizzly? Ich weiß, dass die Kinder des wilden Westens aus anderem Holz geschnitzt sind als die Buben, die da vorn in den Städten die Beinchen in ihrer Väter Wärmflaschen stemmen. Ich habe manch einen Jungen gesehen, der in New York ein Abc-Schütze wäre, hier aber seine Rifle zu gebrauchen wusste wie ein Alter. Doch – hm! Wie ist es damals mit dem Bären zugegangen?"

„Das war in den Bergen von Colorado. Ich hatte die Mutter noch und dazu ein allerliebstes Schwesterchen von drei Jahren. Der Vater war fortgegangen, um Fleisch zu schießen. Die Mutter war draußen vor der Hütte, um Holz zum Feuer klein zu hacken, denn es war Winter und sehr kalt in den Bergen. Ich befand mich mit der kleinen Lucy ganz allein in der Stube. Sie saß zwischen der Tür und dem Tisch am Boden und spielte mit der Puppe, die ich ihr aus einem Holzscheit geschnitzt hatte, und ich stand auf dem Tisch, um mit dem großen Holzmesser ein M und ein L in den dicken Balken zu schneiden, der unter dem spitzen Dach von der einen Blockhauswand zur gegenüberliegenden lief. Das waren die Anfangsbuchstaben meines Vornamens und des der lieben Lucy. So wollte ich nach Bubenart uns beide verewigen. In diese schwere Arbeit vertieft, hörte ich, dass die Tür mit Gewalt aus dem Riegel gestoßen wurde. Ich glaubte, die Mutter sei so geräuschvoll eingetreten, weil sie Holz auf den Armen habe, und schaute mich gar nicht um, sondern sagte nur: ‚Mutter, das ist für Lucy und mich. Dann kommst auch du mit Vater dran.‘

Statt ihrer Antwort hörte ich ein tiefes Brummen. Ich drehte mich um. Nun müsst ihr wissen, Mesch'schurs, dass es noch nicht Tag war, aber draußen leuchtete der Schnee und auf dem großen Herd brannte ein Holzklotz, dessen Flamme die Stube erleuchtete. Was ich bei ihrem Schein erblickte, war grässlich. Gerade vor der armen, kleinen Lucy, die vor Entsetzen keinen Laut hervorbrachte, stand ein riesiger grauer Bär. Sein Fell war mit Eis bezottelt und sein Atem dampfte. Das sprachlose Schwesterchen hielt ihm bittend die hölzerne Puppe entgegen, als wollte es sagen: ‚Da nimm meine Puppe, aber tu nur mir nichts, du böser, lieber Bär!‘ Doch der Grizzly hatte kein Erbarmen. Mit einem Tatzenschlag warf er Luzy nieder und dann zermalmte er mit einem einzigen Biss ihr blondes Köpfchen. Noch heute höre ich das Malmen und Krachen. – Heavens! Ich kann es nicht vergessen, nie, nie...!“

Martin hielt in seiner Erinnerung inne. Keiner unterbrach die Stille, bis er fortfuhr:

„Auch ich konnte mich vor Entsetzen nicht bewegen. Ich wollte um Hilfe rufen, brachte aber keinen Laut hervor. So sah ich die Glieder des Schwesterchens im Rachen des Untiers verschwinden, bis nichts mehr übrig war als die hölzerne Puppe, die zu Boden gefallen war. Ich hatte das lange Messer krampfhaft in der Hand. Nun kam der Bär auf mich zu und richtete sich mit den Vorderpranken am Tisch auf. In diesem Augenblick gewann ich den Gebrauch meiner Glieder wieder. Sein schrecklicher Atem traf mich bereits im Gesicht. Da nahm ich das Messer zwischen die Zähne, umfasste den Balken mit den Armen und schwang mich hinauf. Der Bär wollte mir nach und riss dabei den Tisch um. Das war meine Rettung.

Jetzt rief ich freilich um Hilfe, doch vergebens. Die Mutter kam nicht, obgleich sie meine Stimme hören musste, denn die Tür stand offen und ein kalter Luftstrom drang hinein. Der Grizzly richtete sich in seiner vollen Länge auf, um mich vom Balken herabzuholen. Ihr habt seinen Pelz gesehen und werdet es mir also glauben, wenn ich sage, dass er mich mit seinen Vordertatzen gerade noch erreichen konnte. Aber ich hatte das Messer in der Hand, hielt mich mit der Linken fest und stach mit der Rechten in die Pranke, die er nach mir ausstreckte.

Was soll ich euch den Kampf beschreiben, meinen Jammer und meine Angst! Wie lange ich mich verteidigt habe, weiß ich nicht. In einer solchen Lage wird eine Viertelstunde zur Ewigkeit. Meine Kräfte schwanden und beide Vordertatzen des Bären waren zerstochen und zerschnitten, als ich trotz seines Brummens das Bellen unseres Hundes hörte, den der Vater mitgenommen hatte. Vor der Hütte erhob er seine Stimme, wie ich niemals wieder die Stimme eines Hundes gehört habe. Dann kam er hereingestürzt und warf sich augenblicklich auf das riesige Raubtier. Er war ein hässlicher Köter, aber ungemein stark und uns treu ergeben. Er fasste den Bären bei der Kehle, um sie ihm zu zerreißen. Der Bär aber zerfleischte ihn mit seinen gewaltigen Tatzen. Nach wenigen Augenblicken war der Hund tot – in Stücke zerrissen, und der wütende Grizzly wendete sich nun wieder gegen mich.“

„Und Euer Vater?“, fragte Davy, der wie die anderen mit größter Spannung zugehört hatte. „Wo der Hund ist, kann der Herr nicht fern sein.“

„Allerdings, denn eben richtete sich der Grizzly wieder unter dem Balken auf, um nach mir zu langen, den Rücken der Tür zugekehrt, da erschien der Vater am Eingang, bleich wie der leibhaftige Tod. „Vater, Hilfe!", schrie ich auf, einen Stoß nach dem Bären führend.

Der Vater antwortete nicht. Auch ihm war die Kehle wie zugeschnürt. Er hob das geladene Gewehr – jetzt wird er schießen! Doch nein, er senkte es wieder. Er war so aufgeregt, dass der Lauf in seinen Händen wankte. Er warf die Waffe weg, riss das Bowiemesser aus dem Gürtel und sprang von hinten auf das Tier ein. Den Bären mit der linken Hand beim Pelz packend, trat er seitwärts vor und stieß ihm die lange Klinge bis ans Heft zwischen die bekannten beiden Rippen. Aber augenblicklich sprang er auch wieder zurück, um nicht von dem Bären im Todeskampf gefasst zu werden. Das gewaltige Tier stand unbeweglich, röchelte und stöhnte ganz unbeschreiblich, griff dann mit den Vorderpranken ins Leere und brach tot zusammen. Wie sich später herausstellte, war ihm die Klinge gerade ins Herz gedrungen."

„Gott sei Dank!", meinte Jemmy, indem er tief und laut aufatmete. „Das war Hilfe in der größten Not. Aber Eure Mutter, mein junger Sir?"

„Die – oh, ich habe sie nicht wieder gesehen." Martin wendete sich ab und wischte sich mit einer raschen Handbewegung zwei Tränen aus den Augen.

„Nicht wieder gesehen? Wieso?"

„Als der Vater mich vom Balken herabgeholt hatte, er zitternd und ich noch an allen Gliedern bebend, fragte er nach der kleinen Schwester. Laut aufschluchzend erzählte ich ihm, was geschehen war. Ich habe nie wieder ein Gesicht gesehen wie das des Vaters damals. Es war aschfahl und wie von Stein. Einen Schrei stieß er aus, einen einzigen, aber was für einen! Dann war er still. Er setzte sich auf die Bank und vergrub das Gesicht in den Händen. Auf meine liebkosenden Worte antwortete er nicht. Aber als ich dann hinausgehen wollte, um nach ihr zu suchen, fasste er mich beim Arm, dass ich vor Schmerz laut aufschrie. ‚Bleib!', gebot er mir. ‚Das ist nichts für dich!'

Hierauf saß mein Vater lange Zeit, bis das Feuer niedergebrannt war. Und dann schloss er mich ein und begann hinter der Hütte zu arbeiten. Ich versuchte, das Moos, das zwischen die Ritzen in der Wand gestopft war, an einer Stelle zu entfernen. Es gelang. Als ich nun hinausblickte, sah ich, dass er eine tiefe Grube aushob – der Bär hatte, bevor er in die Hütte kam, meine Mutter überfallen und zerrissen. Ich habe nicht einmal gesehen, wie Vater sie zur Ruhe gebettet hat, denn er überraschte mich beim Lauschen und sorgte dafür, dass ich nicht wieder an die Wand gelangen konnte."

„Schrecklich, schrecklich!", stöhnte Jemmy, indem er sich mit dem Ärmel seines Pelzes die Augen wischte.

„Ja freilich war es schrecklich! Der Vater ist damals eine lange Zeit krank gewesen und der nächste Nachbar schickte einen Mann herüber, ihn zu pflegen und für mich zu sorgen. Dann aber, als Vater wieder gesund war, haben wir jene Gegend verlassen und – sind Bärenjäger geworden. Wenn Vater hört, dass sich irgendwo ein Bär hat sehen lassen, so lässt es ihm keine Ruhe, bis er ihm eine Kugel oder Klinge gegeben hat. Und ich – nun, ich kann euch sagen, dass ich auch bereits das meinige getan habe, meine arme, kleine Schwester zu rächen. Erst wollte mir freilich das Herz laut schlagen, als ich den Lauf auf einen Bären hielt. Aber ich besitze einen Talisman, der mich beschützt, sodass ich jedem Grizzly gegenüber so ruhig bin, als wollte ich einen Waschbären schießen."

„Talisman?", fragte Davy. „Pah! Gibt's nicht. Junger Mann, glaubt nicht an solchen Unsinn! Das ist eine Sünde gegen das erste Gebot!"

„Nein, denn der Talisman, den ich meine, ist von anderer Art, als ihr denkt. Seht ihn Euch an! Dort hängt er unter der Bibel."

Er deutete nach der Wand, wo auf einem Brettchen eine große, alte Bibel lag. Darunter hing an einem Pflock ein Stück Holz, anderthalb Finger lang und einen Finger dick. Man sah deutlich, dass der obere Teil einen Kopf darstellen solle.

„Hm!", brummte Davy, der streng auf seinen Glauben hielt. „Ich will nicht befürchten, dass dieses Ding ein Götzenbild vorstellen soll."

„Nein, ich bin kein Heide. Ihr seht hier die hölzerne Puppe, die ich damals dem Schwesterchen zum Spielen geschnitzt hatte. Ich habe dieses Andenken an jene schrecklichen Augenblicke aufbewahrt und hänge es stets um den Hals, wenn ich den Vater auf Bärenjagd begleite. Naht mir Gefahr, so greife ich nach der Puppe und – der Bär ist verloren. Darauf könnt Ihr Euch verlassen!"

Da legte ihm Jemmy in tiefer Rührung die Hand auf die Schulter und meinte: „Martin, Ihr seid ein braver Boy. Nehmt an, dass ich Euer Freund bin, und Ihr werdet Euch nicht täuschen! So dick wie ich selber bin, so dick ist auch das Vertrauen, das Ihr auf mich setzen könnt. Ich werde es Euch beweisen!"

4. Old Shatterhand

Es war am Nachmittag des darauf folgenden vierten Tages, als die sechs Reiter das Gebiet der südlichen Pulverflussquellen hinter sich hatten.

Die Strecken, die sich vom Missouri bis zum Felsengebirge hinziehen, gehören noch heutigen Tages zu den unwirtlichsten Teilen der Vereinigten Staaten. Dieses Gebiet besteht fast ganz aus einsamer, baumloser Prärie, wo der Jäger oft lange Zeit reiten kann, bevor er einen Busch oder eine Wasserquelle findet. Das Land steigt nach Westen zu allmählich an. Es bildet sanfte Erhöhungen und sodann Hügel, die immer höher, schroffer und zerklüfteter werden, je weiter man nach Westen kommt. Aber der Mangel an Holz und Wasser bleibt. Darum wird diese Gegend inmitten des Staates Wyoming von den Indianern Mahka-ze-schitscha und von den Weißen Bad Lands genannt. Beide Ausdrücke bedeuten das Gleiche, nämlich so viel wie schlechtes Land.

Weiter im Norden, wo die Quellgebiete des Cheyenne-, Powder-, Tongue- und Big Horn-Flusses liegen, wird das Land besser. Das Gras ist saftiger, die Büsche treten zu ausgedehnteren Strauchwäldern zusammen und endlich schreitet der Fuß des Westmanns sogar im Schatten hundertjähriger Baumriesen dahin.

Südwestlich von Wyoming befinden sich die Jagdgründe der Schoschonen oder Schlangenindianer, östlich die der Sioux und südlich die der Cheyennes und Arapahoes. Jeder Stamm zerfällt wieder in Unterabteilungen, und da eine jede dieser Abteilungen ihre eigenen Wege geht, so ist es kein Wunder, dass es einen immer währenden Wechsel von Krieg und Frieden zwischen ihnen gibt. Und ist der rote Mann je einmal zu längerer Ruhe geneigt, so kommt das Bleichgesicht und sticht ihn so lange, erst mit Nadeln, dann mit Messern, bis der Indianer das vergrabene Kriegsbeil wieder hervorsucht und von Neuem zu kämpfen beginnt. So erklärt es sich, dass da, wo die Weidegründe so vieler verschiedener Stämme und Abteilungen zusammenstoßen, die Sicherheit des Einzelnen sehr fraglich, ja höchst gefährdet ist. Die Schoschonen oder Schlangenindianer sind stets erbitterte Feinde der Sioux gewesen und darum haben die Strecken, die sich von Dakota aus südlich vom Yellowstone-Fluss nach den Big Horn-Bergen ziehen, sehr oft das Blut des roten und auch des weißen Mannes getrunken.

Der Dicke Jemmy und der Lange Davy wussten das und waren mit Sorgfalt darauf bedacht, einem Zusammentreffen mit Indianern, gleichviel welchen Stammes, auszuweichen.

Man ließ Wohkadeh voranreiten, da er dieselbe Strecke bereits auf dem Herweg durcheilt hatte. Er war jetzt mit einer Büchse bewaffnet und trug an seinem Gürtel mehrere Beutel mit all den Kleinigkeiten, die dem Präriemann unentbehrlich sind. Jemmy und Davy hatten ihr Äußeres nicht verändert. Der Dicke ritt seinen hohen Klepper und Davy hing seine ewig langen Beine an den Seiten seines kleinen, störrischen Maultiers herab, das ab und zu den bekannten Versuch, seinen Reiter abzuwerfen, vergeblich wiederholte. Davy brauchte dann nur den einen Fuß rechts oder links, wo es gerade notwendig war, auf die Erde zu setzen, um festen Halt zu haben. Er glich auf seinem Tier einem jener Bewohner der australischen Inseln, die ihre schmalen, gefährlichen Boote mit Auslegern versehen und aus diesem Grund niemals umkippen können. Davys Ausleger waren seine beiden Beine.

Auch Frank trug dieselbe Kleidung, in der ihn die beiden Freunde zum ersten Mal gesehen hatten. Mokassins, Leggins, blauen Frack und Amazonenhut mit langer, gelber Feder. Der kleine Sachse saß ausgezeichnet zu Pferd und machte trotz seines sonderbaren Äußeren den Eindruck eines tüchtigen Westmanns.

Eine Lust war es, Martin Baumann im Sattel zu sehen. Er ritt mindestens ebenso gut wie Wohkadeh. Er schien wie mit dem Pferd verwachsen und hatte jene weit vorgebeugte Haltung, die dem Tier die Last erleichtert und den Reiter befähigt, die Anstrengung eines monatelangen Ritts ohne Übermüdung auszuhalten. Martin trug einen ledernen Trapperanzug und seine ganze Ausrüstung und Bewaffnung ließ nichts zu wünschen übrig. Sein frisches Gesicht und sein helles Auge machten ganz den Eindruck, dass er, obgleich noch ein halber Knabe, nötigenfalls doch als Mann zu handeln verstehen werde.

Lustig war es, den schwarzen Bob zu betrachten. Das Reiten hatte niemals zu seinen Leidenschaften gehört und so saß er in einer geradezu unbeschreiblichen Haltung zu Pferd. Er hatte seine liebe Not mit dem Tier und das wieder mit ihm, denn er vermochte nicht, auch nur zehn Minuten lang einen festen Sitz zu bewahren. Hatte er sich einmal ganz an den Hals des Pferdes vorgeschoben, so brachte ihn jeder Schritt des Tieres wieder ein wenig nach hinten. So rutschte und rutschte er, bis er sich in der Gefahr befand, hinten herunterzufallen. Dann schob er sich möglichst weit vor und die Rutschpartie begann von neuem, wobei er in die drolligsten Stellungen geriet. Anstatt des Sattels hatte er nur eine Decke aufgeschnallt, weil er durch frühere Versuche wusste, dass es ihm unmöglich sei, sich im Sattel zu halten. Bob war bei einigermaßen schnellem Tempo immer hinter den Sattel zu sitzen gekommen. Die Beine hielt er weitab vom Pferd. Wurde ihm gesagt, er solle festen Schluss nehmen, so antwortete er: „Warum soll Masser Bob drücken mit den Beinen armes Pferd? Pferd ihm ja nichts zu Leid getan! Bobs Beine keine Kneipzange!“

Die Reiter hatten den Rand einer nicht sehr tiefen fast kreisförmigen Senkung erreicht, deren Durchmesser vielleicht sechs englische Meilen[1] betragen mochte. An drei Seiten von kaum merklichen Bodenanschwellungen umgeben, wurde diese Senkung im Westen von einer ansehnlichen Höhe begrenzt, die von Strauch- und Baumwuchs bestan-

[1] 1 engl. Meile = 1,609km

den zu sein schien. Hier hatte es früher eine seeartige Wasseransammlung gegeben. Der Boden bestand aus tiefem Sand und zeigte außer wenigen harten Grasbüscheln nur jenen grau schimmernden, nutzlosen Wildwuchs von Beifuß, der die unfruchtbaren Gegenden des fernen Westens kennzeichnet. Wie Davy erklärte, hatte dieser Ort den Namen Pa'p-pa-are, See des Blutes, weil hier einmal eine Schar Schoschonen von Weißen niedergemetzelt worden war.

Wohkadeh trieb sein Pferd, ohne zu zaudern, in den Sand und schlug die gerade Richtung nach der erwähnten Höhe ein. Besondere Gefahr bot die Talmulde nicht, da die Gegend frei und offen war und jeder Reiter oder Fußgänger weithin sofort entdeckt worden wäre.

Sie mochten wohl eine halbe Stunde geritten sein, als Wohkadeh sein Pferd anhielt. „Uff!", rief er aus.

„Was gibt's?", fragte Jemmy.

„Schi-schi!" Dieses Wort aus der Mandansprache heißt eigentlich Füße, hat aber auch die Bedeutung von Spur oder Fährte.

„Eine Fährte?", fragte der Dicke weiter. „Von einem Menschen oder einem Tier?" – „Wohkadeh weiß es nicht. Meine Brüder mögen sie selbst betrachten." – „Good luck! Ein Indsman weiß nicht, ob die Spur von einem Menschen oder von einem Viehzeug stammt! Muss ja eine eigentümliche Fährte sein. Wollen sie uns doch mal betrachten. Aber steigt hübsch ab und reitet mir nicht darauf herum, ihr Leute, sonst ist sie nicht mehr zu erkennen!" – „Sie wird dann immer noch zu erkennen sein", meinte der Indianer. „Sie ist groß und lang, sie kommt von weit von Süden her und geht weit nach Norden."

Die Reiter saßen ab, um die rätselhafte Spur zu untersuchen. Die Fußtapfen eines Menschen von der Fährte eines Tieres zu unterscheiden, versteht jeder Indianerknabe. Dass Wohkadeh sich außer Stande sah, diese Unterscheidung zu treffen, war geradezu eine Unbegreiflichkeit. Doch auch Jemmy schüttelte den Kopf, als er die Tapfen betrachtet hatte, blickte nach links, woher die Fährte kam, dann nach rechts, wohin sie führte, schüttelte abermals den Kopf und sagte endlich zu dem Langen Davy: „Nun, alter Freund, hast du in deinem Leben bereits einmal so etwas gesehen?“

Der Gefragte kratzte sich erst hinter dem rechten und sodann hinter dem linken Ohr, spuckte zweimal aus, was bei ihm stets ein Zeichen von Verlegenheit war, und entgegnete schließlich: „Nein, noch niemals.“

„Und Ihr, Mister Frank?“

Der Sachse bestaunte gleichfalls die Spur und meinte: „Aus diesen Tapfen werde der Teufel klug!“

„Ja“, pflichtete Jemmy bei. „Sicher ist nur, dass irgendein Geschöpf hier vorübergekommen ist. Aber was für eines? Wie viele Beine hat es gehabt?“

„Vier“, antworteten alle außer dem Indianer.

„Ja, das sieht man genau. Nun aber soll mir einer sagen, mit welcher Art oder Gattung von Vierbeinern wir es zu tun haben!“

„Ein Hirsch ist's nicht“, meinte Frank.

„Gott behüte! Ein Hirsch macht Zeit seines Lebens nicht so riesige Eindrücke.“

„Etwa ein Bär?“

„Freilich lässt ein Bär in solchem Sand große und deutliche Silben zurück, dass sie sogar ein Blinder mit den Fingern lesen könnte; aber diese Fährte stammt auch von keinem Bären. Die Eindrücke sind nicht lang und nach hinten ausgewischt wie bei einem Sohlengänger, sondern beinahe kreisrund, über eine Handspanne im Durchmesser und gerade eingetreten, wie mit einem Siegel gestemmt. Sie sind nur wenig nach hinten ausgeworfen und unten am Grund gänzlich eben. Das Tier hat sonach nicht Zehen oder Krallen, sondern Hufe gehabt.“

„Also ein Pferd?“, meinte Frank.

„Hm!“, brummte Jemmy. „Ein Pferd kann's aber auch nicht gewesen sein. Man müsste doch wenigstens eine kleine Andeutung der Hufeisen oder, falls das Tier barfüßig gewesen wäre, des Tragrandes und des Strahls finden. Die Fährte ist höchstenfalls zwei Stunden alt, eine zu kurze Zeit, als dass sich inzwischen diese Andeutung hätte verlieren können. Und, was die Hauptsache ist, kann es jemals ein Pferd mit so ungewöhnlich großen Hufen geben? Wenn wir in Asien oder Afrika wären und nicht in dieser alten, gemütlichen Savanne, so würde ich behaupten, dass ein Elefantengroßvater hier vorübergestampft sei."

„Ja, gerade so sieht es aus!", lachte der Lange Davy.

„Was? Hast du etwa schon einmal einen Elefanten gesehen?"

„Zwei sogar. Einen in Philadelphia bei Barnum[1] und einen hier, nämlich dich, Dicker!"

„Wenn du einen Witz machen willst, so kaufe dir für zehn Dollar einen besseren! Verstanden? Groß genug für einen Elefanten wären die Tapfen, das gebe ich zu. Aber solch ein Tier hat eine ganz andere Schrittweite. Daran hast du nicht gedacht, Davy. Ein Kamel ist's auch nicht gewesen, sonst würde ich behaupten, du seist vor zwei Stunden hier vorbeigestiegen. Und nun will ich gestehen, dass ich mit meiner Weisheit zu Ende bin."

Die Männer gingen eine Strecke vorwärts und wieder zurück, um die eigenartige Fährte zu betrachten. Aber keiner konnte eine nur halbwegs glaubhafte Ansicht äußern.

„Was sagt mein roter Bruder dazu?", fragte Jemmy.

„Hijokeh!", entgegnete der Indianer, indem er mit der Hand eine Bewegung der Ehrfurcht machte.

„Der Geist der Prärie, meinst du?"

„Ja, denn es war weder ein Mensch noch ein Tier."

„Heigh-ho! Eure Geister scheinen entsetzlich große Füße zu haben. Oder leidet der Geist der Prärie am Fußrheumatismus und hat Filzschuhe angezogen?"

„Mein weißer Bruder sollte nicht spotten. Der Geist der Savanne kann in allen Gestalten erscheinen. Wir wollen still weiterreiten."

[1] Seinerzeit weltbekanntes Zirkusunternehmen

„Nein, das werde ich nicht tun. Ich muss unbedingt wissen, woran ich bin. Noch niemals habe ich eine solche Fährte gesehen und werde ihr folgen, bis ich weiß, wer sie hinterlassen hat."

„Mein Bruder wird ins Verderben laufen. Der Geist duldet es nicht, dass man nach ihm forscht."

„Madness! Wenn der Dicke Jemmy später von dieser Fährte erzählt und nicht sagen kann, von wem sie stammte, so wird er ausgelacht. Für einen guten Westmann ist es geradezu Ehrensache, dies Geheimnis aufzuklären."

„Wir haben nicht Zeit, solche Umwege zu machen."

„Das verlange ich auch nicht von euch. Wir haben noch vier Stunden bis zum Abend, dann müssen wir lagern. Kennt mein roter Bruder vielleicht einen Ort, wo wir rasten können?"

„Ja. Wenn wir geradeaus reiten, kommen wir an eine Stelle, wo die Höhe eine Öffnung hat. Es schneidet ein Tal dort ein, in das zur linken Hand nach einer Reitstunde eine Seitenschlucht mündet. In dieser Schlucht werden wir ruhen, denn dort gibt es Büsche und Bäume, die unser Feuer unsichtbar machen, und auch einen Quell, der uns Wasser liefern wird."

„Das ist leicht zu finden. Reitet also weiter! Ich werde dieser Fährte folgen und sodann am Lagerplatz wieder zu euch stoßen."

„Mein weißer Bruder mag sich warnen lassen!"

„Ach was!", rief der Lange Davy. „Jemmy hat durchaus Recht. Es wäre eine Schande für uns, diese geradezu unbegreifliche Fährte entdeckt zu haben, ohne ihr nachzuspüren. Man sagt, dass es vor der Erschaffung der Erde Tiere gegeben habe, gegen die ein Büffel sich ausnehmen würde wie ein Regenwurm neben einem Mississippidampfer. Vielleicht ist so ein Untier von damals übrig geblieben und rennt nun hier im Sand herum, um an den Körnern auszuzählen, wie viele Jahrhunderte alt es ist. Ich glaube, Mamma heißt so ein Vieh."

„Mammut!", verbesserte der Dicke.

„Kann auch sein! Welche Schande für uns, wenn wir auf so eine vorweltliche Fährte träfen und nicht wenigstens einer hätte versucht, das Tier zu Gesicht zu bekommen. Ich reite mit, Jemmy!"

„Das geht nicht, weil wir beide, ohne alle Überhebung zu sagen, die meiste Erfahrung besitzen und gewissermaßen die Anführer sind. Gleichzeitig dürfen wir uns also nicht entfernen. Lieber mag ein anderer mit mir reiten."

„Mister Jemmy hat Recht", meinte Martin. „Ich werde mit ihm gehen."

„Nein, mein junger Freund", entgegnete Jemmy. „Ich weiß, in Eurem Alter ist man zu solchen Abenteuern stets bereit. Aber der Ritt ist vielleicht gefährlich und wir haben die stillschweigende Verpflichtung übernommen, über Euch zu wachen, um Euch unbeschädigt mit Eurem Vater zu vereinigen."

„So gehe ich mit!", rief der lahme Frank.

„Ja, dagegen will ich nichts haben. Mister Frank hat bereits damals in Moritzburg mit dem Hausknecht und dem Nachtwächter gekämpft und wird sich also wohl nicht vor einem Mammut fürchten."

„Ich? Mich fürchten? Kann mir gar nicht einfallen!"

„Also bleibt es dabei. Die anderen reiten weiter, nur wir beide schwenken rechts ab."

Und so geschah es denn auch. Die Übrigen setzten den unterbrochenen Ritt fort, während Jemmy und Frank in nördlicher Richtung der Fährte folgten.

Da die beiden einen Umweg vor sich hatten, spornten sie ihre Tiere zu größerer Eile an, und so kam es, dass sie bereits nach kurzer Zeit ihre Gefährten aus den Augen verloren. Später wich die Fährte von ihrer bisherigen Richtung ab und wendete sich nach Westen, der fernen Höhe zu, sodass Jemmy und Frank nun in gleicher Richtung mit ihren Freunden ritten, allerdings wohl eine halbe Stunde von ihnen entfernt.

Sie hatten sich bisher schweigsam verhalten. Jemmys starkknochiger Gaul hatte seine langen Beine so emsig vor sich geworfen, dass Franks Pferd Mühe gehabt hatte, ihm in dem tiefen Sand zu folgen. Jetzt wechselte der Dicke vom anstrengenden Trab in langsamen Schritt und so konnte Frank sich leicht an seiner Seite halten. Im Allgemeinen bediente sich die kleine Schar untereinander vorzugsweise der englischen Sprache. Jetzt aber befanden sich die beiden Deutschen allein und so zogen sie die Muttersprache vor.

„Nich wahr", begann Frank, „das vorhin mit dem Mammut, das war doch eigentlich Spaß?"

„Natürlich."

„Ich habe mir's gleich gedacht, denn solche Mammutersch gibt's ja heutzutage gar nicht mehr."

„Haben Sie denn schon einmal von diesen vorweltlichen Tieren gehört?"

„Ich? Na und ob! Wissen Sie, der Moritzburger Schulmeister damals, der eigentlich meine geistige Mutter gewesen is, der hatte was los, besonders in der Pflanzenzoologie. Der kannte jeden Baum, von der Fichte bis zum Sauerampfer runter, und ooch jedes Tier, von der Seeschlange bis zum kleinsten Floh herab. Von dem habe ich damals gerade massenhaft gelernt."

„Das freut mich ungemein", lachte der Dicke. „Vielleicht kann ich nun von Ihnen lernen."

„Das versteht sich von selber. Zum Beispiel gerade übers Mammut kann ich Ihnen die beste maßgebliche Auskunft erteilen."

„Haben Sie etwa eins gesehen?"

„Nee, denn damals vor der Erschaffung der Welt war ich noch gar nich bei der jetzigen Polizei angemeldet. Aber der Schulmeister hat das Mammut in alten Handschriften gefunden. Was denken Sie wohl, wie groß das Ungetüm gewesen ist?"

„Bedeutend größer als der Elefant."

„Elefant? Das zieht noch lange nich! Wenn das Mammut mal über einen Stein gestolpert is und es hat niedergeguckt, um den Stein zu betrachten, so is dieser Stein merschtenteels eine ägyptische Pyramide gewesen. Denken Sie sich nun die Höhe von so einem Tier! Und wenn sich ihm mal eine Fliege off die Schwanzspitze gesetzt hat, so is es das erst nach vierzehn Tagen im Verstand gewahr geworden. Nun denken Sie sich mal die Länge von so einem Geschöpf!"

„Donnerwetter!", sagte Jemmy bewundernd. „Und wie Sie das alles so genau wissen!"

„Ja, ja, wäre damals nich der Streit wegen dem Leibwort von Vater Wrangel ausgebrochen, so hätte ich's nolens Koblenz bis zur Forschtakademie gebracht und hätte es dann nich nötig gehabt, mich im wilden Westen herumzutreiben und von den Sioux lahmschießen zu lassen!"

„Ah, Sie sind nicht lahm geboren?"

Frank blickte den Dicken vorwurfsvoll an. „Lahm geboren? Nee, ich habe meine gesunden Beine gehabt, solange ich mich off mich selber besinnen kann. Aber als ich damals mit dem Baumann in die Schwarzen Berge kam, um unter den Goldsuchern den Krämerladen zu eröffnen, da habe ich mal eine schwache Stunde gehabt und daran habe ich heute noch zu hinken."

„Wie ist denn das gekommen?"

„Ganz unverhofft, wie alles kommt, was man vorher nich weiß. Es is, als wäre es heute, so leibhaftig steht der Tag vor meinem geistigen Angesicht. Die Sterne funkelten, und die Ochsenfrösche brüllten laut im nahen Sumpf, denn es war leider nich bei Tag, sondern bei Nacht. Baumann war abwesend, um sich in Fort Fettermann mit neuen Vorräten zu versehen. Martin schlief und der Neger Bob, der fortgeritten war, um Schulden einzukassieren, hatte sich noch nich wieder sehen lassen. Nur sein Pferd war ohne ihn ins traute Heim zurückgekehrt. Am anderen Morgen kam er nachgehinkt, mit verstauchten Gliedern und ohne einen Pfennig Geld. Er war von unseren sämtlichen Schuldnern hinaus- und nachher vom Pferd ooch noch abgeworfen worden. Also die Sterne strahlten vom Himmel herab, da klopfte es an unserer Tür. Hier im Westen muss man vorsichtig sein. Darum machte ich nich sogleich off, sondern ich fragte von innen, wer herein wolle. Um die Sache kurz zu machen, es waren fünf Siouxindianer, die Felle gegen Pulver umtauschen wollten. Die Roten sagten, dass sie noch die ganze Nacht hindurch marschieren müssten, und das rührte mein gutes sächsisches Herz – ich ließ sie herein."

„Welch eine Unvorsichtigkeit!"

„Warum? Furcht habe ich nie gekannt, und ehe ich die Tür öffnete, machte ich die Bedingung, dass sie alle Waffen draußen ablegen müssten. Ich muss zu ihrer Ehre gestehen, dass sie diesem Verlangen redlich nachgekommen sind. Natürlich aber hatte ich, während ich sie bediente, den Revolver in der Hand, was sie als Wilde mir nich übel nehmen konnten. Ich machte wirklich ein glänzendes Geschäft mit ihnen: schlechtes Pulver gegen gute Biberfelle. Wenn Rote und Weiße miteinander handeln, sind die Roten allemal die Betrogenen. Das tut mir zwar Leid, aber ich allein kann's leider nich ändern. Neben der Tür hingen drei geladene Gewehre. Als die Indsmen gingen, blieb der letzte unter der Tür stehen, drehte sich nochmals um und fragte mich, ob ich nich vielleicht einen Schluck Feuerwasser zugeben wolle. Nun ist's zwar verboten, den Indianern Branntwein zu verabreichen, aber ich bin ein guter Kerl und wollte ihnen den Gefallen tun. Ich wandte mich also um und ging nach der hinteren Ecke, wo eine Flasche Brandy stand. In dem Augenblick, da ich mich damit umdrehte, sah ich den Menschen mit einem Gewehr, das er vom Pflock gerissen hatte, verschwinden. Natürlich setzte ich schnell die Flasche nieder, ergriff die nächste Büchse und sprang zur Tür hinaus. Da ich so schnell aus dem Lichten ins Dunkel gekommen war, konnte ich nich sofort scharf sehen. Ich hörte rasche Schritte und dann blitzte es drüben an der Fenz hell off. Ein Schuss krachte und ich hatte das Gefühl, als hätte mich jemand off den Fuß geschlagen. Jetzt sah ich den Roten, der sich über die Fenz schwingen wollte. Ich legte an und drückte ab, fühlte aber zu gleicher Zeit einen so stechenden Schmerz im Fuß, dass ich zusammenknickte. Die Kugel ging fehl und das Gewehr war verloren. Nur mit Mühe kam ich in die Hütte zurück. Der Schuss des Indianers war mir in den linken Fuß gegangen. Erst nach Monaten habe ich ihn wieder gebrauchen können, aber der Hobble-Frank bin ich geworden. Den Roten aber habe ich mir genau gemerkt. Ich werde sein Gesicht niemals vergessen, und wehe ihm, wenn er mir irgendwo und irgendwann begegnen sollte! Wir Sachsen sind als die urgemütlichsten Germanen bekannt, aber unsere nationalen Vorzüge können uns doch nimmermehr verpflichten, uns nächtlicherweile, wenn die Sterne vom Himmel strahlen, ungestraft bestehlen und lahmschießen zu lassen. Ich glaube, der Sioux gehörte zu den Ogellallah, und wenn – was haben Sie denn?“

Frank unterbrach sich mit dieser Frage, denn der Dicke Jemmy hatte sein Pferd angehalten und einen Ruf der Überraschung ausgestoßen. Sie hatten die größte Breite der sandigen Einsenkung hinter sich. Hier gab es eine Stelle mit felsigem Boden und da, wo der Fels wieder in den Sand verlief, war Jemmy halten geblieben. „Was ich habe?“, entgegnete er. „Das möchte ich selbst auch fragen. Habe ich denn eigentlich Augen?“

Er blickte verwundert vom Pferd herab auf den Sand. Jetzt sah auch Frank, was sein Gefährte meinte. „Ist es denn möglich?“, rief er aus. „Die Fährte ist ja plötzlich ganz anders!“

„Freilich! Erst war es die reine Elefantenspur und jetzt sind's die deutlichsten Pferdetapfen. Das Tier ist ein Indianerpferd: Es hat keine Hufeisen.“

„Is es denn ooch wirklich die gleiche Fährte?“

„Natürlich! Da hinter uns tritt der Fels zu Tage, aber die Stelle ist kaum zwanzig Fuß[1] breit. Gleich da drüben läuft die Elefantenspur herein und hier kommt sie als Pferdespur wieder heraus. Eine unerhörte Geschichte!“

„Jetzt möchte ich wohl wissen, was der Moritzburger Lehrer sagen würde, wenn er mit hier wäre!“

„Der würde kein klügeres Gesicht machen als Sie und ich!“

„Hm! Mit Erlaubnis, geistreich sieht das Ihrige gerade nich aus, Herr Pfefferkorn. Aber zu lösen muss das Rätsel sein, denn der berühmte Archidiakonus hat gesagt: ‚Gebt mir einen festen Punkt in der Luft, so hebe ich jede Tür aus ihren Angeln!‘“

„Archimedes meinen Sie!“

„Ja, aber Diakonus war er nebenbei, denn als am Sonnabend Nachmittag die feindlichen Soldaten kamen, lernte er gerade die Predigt für morgen auswendig und rief ihnen entgegen: ‚Stört mich nich und macht leise!‘ Da schlugen sie ihn tot. Darum is der Punkt in der Luft wieder verloren gegangen.“

„Vielleicht finden Sie ihn wieder. Aber zunächst wollen wir die seltsame Fährte weiter verfolgen!“

Die nunmehrige Pferdespur war immerfort deutlich zu erkennen und führte nach ungefähr einer halben Stunde aus der sandigen Fläche heraus auf besseren Boden. Dort gab es Gras und vereinzeltes Strauchwerk. Der Höhenzug lag nahe. Ein dichter Wald zog sich an ihm empor, der unten mit einzelnen Bäumen begann und dann nach oben hin immer geschlossener wurde. Auch hier war die Spur deutlich zu erkennen. Nach einiger Zeit aber kam wieder Felsboden und die Fährte verschwand abermals, ohne dass man ihre Fortsetzung finden konnte.

„Unbegreiflich!“, erklärte Jemmy. „Schließlich ist es wirklich der Geist der Savanne gewesen! Ich möchte doch gar zu gern wissen, wie ein Geist aussieht.“

[1] 1 Fuß = etwa 30 cm

„Der Wunsch kann erfüllt werden. Sehen Sie sich ihn gefälligst an, meine Herren!"

Diese Worte erklangen in deutscher Sprache hinter dem Busch hervor, an dem sie halten geblieben waren. Einen Ruf des Schreckens ausstoßend, fuhren die beiden herum. Der Mann, der gesprochen hatte, verließ das Gesträuch, das ihm als Deckung gedient hatte.

Er war von nicht sehr hoher und nicht sehr breiter Gestalt. Ein dunkelblonder Vollbart umrahmte sein sonnenverbranntes Gesicht. Er trug ausgefranste Leggins und ein ebenso an den Nähten ausgefranstes Jagdhemd, lange Stiefel, die er bis über die Knie emporgezogen hatte, und einen breitkrempigen Filzhut, in dessen Schnur rundum die Ohrenspitzen des grauen Bären steckten. In dem breiten, aus einzelnen Riemen geflochtenen Gürtel hingen zwei Revolver, ein Bowiemesser und mehrere Lederbeutel. Der Gürtel schien rundum mit Patronen gefüllt zu sein. Von der linken Schulter nach der rechten Hüfte trug der Mann einen aus mehrfachen Riemen geflochtenen Lasso und um den Hals an einer starken Seidenschnur eine mit Kolibribälgen verzierte Friedenspfeife, in deren Kopf indianische Zeichen eingegraben waren. In der Rechten hielt er ein kurzläufiges Gewehr, dessen Schloss von eigentümlicher Bauart war.

Der echte Präriejäger gibt nichts auf Glanz und Sauberkeit. Je mitgenommener er aussieht, desto mehr hat er mitgemacht. Er betrachtet einen jeden, der auf sein Äußeres etwas hält, mit Geringschätzung. Der größte Gräuel ist ihm ein blankgeputztes Gewehr. Nach seiner Überzeugung hat kein Westläufer Zeit, sich mit solchem Schnickschnack zu befassen.

Nun sah an diesem Mann alles so sauber aus, als sei er erst gestern von St. Louis nach dem Westen aufgebrochen. Sein Gewehr schien vor einer Stunde aus der Hand des Büchsenmachers hervorgegangen zu sein. Seine Stiefel waren makellos, eingefettet und die Sporen ohne eine Spur von Rost. Seinem Anzug war kaum eine Strapaze anzusehen, und wahrhaftig, er hatte sogar seine Hände rein gewaschen. Die beiden starrten ihn an und vergaßen vor Überraschung, ihm zu antworten.

„Nun", fuhr der Fremde lächelnd fort, „ich denke, Sie wünschen den Geist der Savanne zu sehen? Wenn Sie den meinen, dessen Spur Sie gefolgt sind, so steht er vor Ihnen."

„Das is toll! Da bleibt mir merschtenteels gleich der Verstand stillstehen!", rief Frank aus.

„Ah, ein Sachse! Nicht wahr?"

„Sogar ein geborener! Und off alle Fälle sind Sie ein reiner unvermischter Deutscher?"

„Ja, ich habe die Ehre. Und der andere Herr?"

„Ooch aus der schönen Gegend. Der freudige Schreck is ihm auf die Sprache gefallen. Lange dauern tut's aber bei ihm nich, so kann er wieder reden."

Frank hatte Recht, denn jetzt sprang Jemmy aus dem Sattel und streckte dem Fremden die Hand entgegen. „Ist's möglich?", rief er aus. „Hier, unweit des Devils Head einen Deutschen zu treffen! Kaum sollte man es glauben!"

„Meine Überraschung muss doppelt groß sein, denn ich treffe ja deren zwei. Und wenn mich nicht alles täuscht, so nennt man Sie den Dicken Jemmy?"

„Was? Sogar meinen Namen kennen Sie?"

„Trifft man hier einen dicken Jäger auf einem solchen Kamelgaul, so ist's der Jemmy. Aber wo Sie sind, da kann der Lange Davy mit seinem Maultier nicht fern sein. Oder irre ich mich da vielleicht?"

„Nein; er ist wirklich in der Nähe, gar nicht weit von hier im Süden, wo das Tal in die Berge geht."

„Ah! Lagern Sie heute dort?"

„Gewiss. – Mein Gefährte hier heißt Frank."

Frank war auch abgestiegen. Er gab dem Fremden die Hand. Dieser betrachtete ihn scharf, nickte ihm dann zu und fragte: „Wohl gar der Hobble-Frank?"

„Nanu, ooch meinen Namen wissen Sie?"

„Ich sehe, dass Sie hinken, und Frank heißen Sie. Da lag die Frage nahe. Sie hausen mit Baumann, dem Bärenjäger zusammen?"

„Wer hat Ihnen das gesagt?"

„Baumann selbst. Ich kam mit ihm vor längerer Zeit ein wenig zusammen. Wo befindet er sich jetzt? Daheim? Ich glaube, das ist ungefähr vier Tagesritte von hier?"

„Ganz genau. Aber er ist nich dort. Er ist den Ogellallah in die Hände gefallen und wir sind unterwegs, um zu sehen, was wir für ihn tun können."

„Sie erschrecken mich! Wo ist das geschehen?"

„Gar nicht weit von hier, in der Nähe des Devils Head. Sie schleppen ihn mit noch fünf Gefährten nach dem Yellowstone, um ihn am Grab des Bösen Feuers zu töten."

Der Fremde horchte auf. „Aus Rache jedenfalls?", fragte er.

„Ja freilich. Haben Sie vielleicht mal von Old Shatterhand gehört?"

„Ich glaube, mich zu entsinnen, ja." Es spielte dabei ein eigenartiges Lächeln um die Lippen des Sprechers.

„Der hat das Böse Feuer und noch zwei andere Sioux getötet. Nun sind die Ogellallah unterwegs, um das Grab der drei zu besuchen, und dabei is ihnen Baumann in die Hände gefallen."

„Wie haben Sie das erfahren?"

Frank erzählte von Wohkadeh und von allem, was seit dem Erscheinen dieses jungen Indianers geschehen war. Der Fremde hörte ihm sehr aufmerksam und sehr ernst zu. Nur manchmal, wenn der Hinkende allzu sehr in seine heimatliche Umgangssprache verfiel, flog ein schnelles Lächeln über sein Gesicht. Als der Bericht beendet war, sagte er: „Ich wünsche Ihnen von ganzem Herzen ein gutes Gelingen. Besonders beschäftigt mich der junge Martin Baumann. Vielleicht bekomme ich ihn einmal zu sehen."

„Das kann leicht geschehen", meinte Jemmy. „Sie brauchen ja nur mit uns zu gehen oder vielmehr mit uns zu reiten. Wo haben Sie Ihr Pferd?"

„Gleich hier in der Nähe. Ich habe es für die wenigen Augenblicke verlassen, um Sie vorüberreiten zu sehen."

„Haben Sie denn unser Kommen bemerkt?"

„Gewiss. Ich sah Sie bereits vor einer halben Stunde da draußen halten, um sich über die ungeheuerliche Fährte zu beraten."

„Wie? Was wissen Sie davon?"

„Weiter nichts, als dass es meine eigene Spur ist."

„Was, die Ihrige? Zum Kuckuck! So sind Sie es, der uns genasführt hat?"

„Haben Sie sich wirklich täuschen lassen? Das ist eine große Genugtuung für mich, einem Westmann wie dem Dicken Jemmy ein Schnippchen geschlagen zu haben. Allerdings galt das nicht Ihnen, sondern ganz anderen Leuten."

Der Dicke schien nicht zu wissen, was er von dem Sprecher denken solle. Er betrachtete ihn kopfschüttelnd vom Kopf bis zu den Füßen und forschte sodann: „Wer sind Sie denn eigentlich?"

Der andere lachte belustigt auf und entgegnete: „Nicht wahr, Sie bemerken sofort, dass ich hier im fernen Westen ein Neuling bin?"

„Ja. Den Greenfish[1] sieht man Ihnen sofort an. Mit Ihrem Feiertagsgewehr können Sie getrost auf Sperlinge gehen und Ihre Ausrüstung tragen Sie bestimmt erst seit wenigen Tagen auf dem Leib. Sie müssen in größerer Gesellschaft hier sein und gehören jedenfalls zu einem Trupp von Sonntagsjägern. Wo haben Sie die Eisenbahn verlassen?"

„In St. Louis."

„Was? So weit im Osten? Unmöglich! Wie lange Zeit befinden Sie sich hier im Westen?"

„Diesmal seit acht Monaten."

„Bitte, nehmen Sie es mir nicht übel, aber das glaubt kein Mensch! Ich wette, Sie sind Lehrer oder Professor und

[1] So viel wie Neuling

reiten mit etlichen Kameraden hier herum, um Pflanzen, Steine und Schmetterlinge zu sammeln. Da lassen Sie sich einen guten Rat geben: Machen Sie sich schleunigst aus dem Staub! Diese Gegend ist kein Feld für Sie. Das Leben hängt hier nicht stündlich, sondern in jeder Minute an einem Haar. Sie wissen gar nicht, in welcher Gefahr Sie da schweben."

„Oh, das weiß ich ganz genau! Hier in der Nähe lagern zum Beispiel über vierzig Schoschonen."

„Heavens! Ist's wahr? Jetzt weiß ich wirklich nicht, was ich von Ihnen denken soll!"

„Denken sie, dass ich diesen Roten ebenso gut wie Ihnen eine Nase drehen kann. Ich habe schon manchen tüchtigen Westmann getroffen, der sich in mir getäuscht hat, weil er den landläufigen Maßstab an mich legte. Bitte, kommen Sie!"

Der Unbekannte drehte sich um und schritt langsam zwischen die Büsche hinein. Die beiden folgten, ihre Pferde an den Zügeln führend. Nach kurzer Zeit kamen sie an eine wundervolle Schierlingstanne, die wohl über dreißig Meter hoch war; bei diesem Baum eine große Seltenheit. Neben ihr stand ein Pferd, ein prächtiger Rapphengst mit roten Nüstern und jenem Haarwirbel in der langen Mähne, der bei den Indianern als sicheres Kennzeichen vorzüglicher Eigenschaften gilt. Sattel und Riemenzeug waren von indianischer Arbeit. Hinter dem Sattel war ein Gummimantel aufgeschnallt. Aus einer der Seitentaschen ragte die Hülle eines Fernrohrs hervor. Auf der Erde lag ein schwerer, doppelläufiger Bärentöter. Als Jemmy dieses Gewehr erblickte, tat er einige rasche Schritte, hob es auf, betrachtete es und rief:

„Dieses Gewehr ist – es ist – ah, ich habe es noch nie gesehen, aber ich erkenne es sofort! Dieser Bärentöter und die Silberbüchse des Apatschenhäuptlings Winnetou sind die berühmtesten Gewehre des Westens. Der Bärentöter gehört..."

Er hielt inne und starrte den Besitzer fassungslos an. Dann fuhr er fort: „Ihnen gehört dieses Gewehr und der Stutzen in Ihrer Hand ist auch keine Feiertagsrifle, sondern einer von den wenigen Henrystutzen, die es geben soll. Frank, Frank, wissen Sie, wer dieser Mann hier ist?"

„Nee. Ich habe weder sein Taufzeugnis noch seinen Impfschein gelesen."

„Mensch, lassen Sie den Spaß! Sie stehen vor Old Shatterhand!"

„Old Shat..." Der Hinkende fuhr einige Schritte zurück. „Alle guten Geister!", stieß er hervor. „Old Shatterhand! Den habe ich mir allerdings ganz anders vorgestellt!"

„Ich mir ja auch!"

„Wie denn, meine Herren?", fragte der Jäger lächelnd.

„Lang und breit wie ein Koloss von Varus!", antwortete der gelehrte Hobble-Frank.

„Ja, von riesenhafter Gestalt", stimmte der Dicke bei.

„So sehen sie, dass mein Ruf größer ist als meine Person. Was von einem an dem ersten Lagerfeuer erzählt wird, das vergrößert man am zweiten um das Drei- und am dritten um das Sechsfache. So kommt es, dass man für ein wahres Wunder gehalten wird."

„Was man aber von Ihnen erzählt, das ist..."

„Pah!", unterbrach er kurz. „Lassen wir das! Ich will Ihnen jetzt lieber erklären, auf welche Weise die unförmlichen Fußtapfen entstanden sind! Betrachten Sie diese vier fast kreisrunden dicken Schilfgeflechte, die mit Riemen und Schnallen versehen sind! Ich habe sie mir gestern in einer müßigen Stunde verfertigt, um heute meine etwaigen Verfolger irrezuführen. Schnallt man sie dem Pferd an, so hinterlässt es, besonders im sandigen Boden, eine Fährte, die man für die eines Elefanten halten möchte. Allerdings erschweren sie das Reiten und halten auch nicht allzu lange."

„Großartig!", staunte Frank. „Jetzt endlich wird es taghell in meiner Geisternacht! Also Vexierhufe sind's! Was würde der Moritzburger Lehrer dazu sagen!"

„Ich habe nicht die Ehre, diesen Herrn zu kennen, aber ich habe das Vergnügen, Sie beide getäuscht zu haben. An der felsigen Stelle konnte keine Spur zurückbleiben. Darum stieg ich dort ab, um den Tier die Schilfschuhe abzunehmen und in der Schnelligkeit des Reitens nicht behindert zu sein. Ich traf diese Vorsichtsmaßnahme, weil ich aus gewissen Anzeichen auf die Gegenwart feindlicher Indianer schließen musste. Und diese Vermutung bestätigte sich, als ich an diese Tanne kam."

„Gibt es da Spuren der Indianer?"

„Nein. Der Baum bezeichnet den Punkt, wo ich heute mit Winnetou zusammentreffen will, und..."

„Winnetou?", unterbrach ihn Jemmy. „Ist der Häuptling der Apatschen hier?"

„Ja. Mein Freund ist bereits vor mir angekommen und hat mir dieses Zeichen zurückgelassen, dass er heute noch wiederkommen wird. Wo er sich unterdessen befindet, weiß ich nicht. Jedenfalls beschleicht er die Schoschonen."

„Weiß Winnetou von ihrer Anwesenheit?"

„Er ist's, der mich auf sie aufmerksam gemacht hat. Er hat mit dem Messer seine Zeichen in die Rinde des Baumes gegraben. Ich weiß, dass er da war und wiederkommen wird und dass sich vierzig Schoschonen in der Nähe befinden. Das Weitere muss ich abwarten."

„Und Sie bleiben hier?"

„Bis Winnetou kommt, ja. Dann werde ich mit ihm Ihren Lagerplatz aufsuchen. Wir haben zwar ein anderes Ziel. Doch wenn er einverstanden ist, bin ich bereit, mit zum Yellowstone zu reiten."

„Das wollen Sie?", fragte Jemmy, aufs Höchste erfreut. „In diesem Fall möchte ich darauf schwören, dass wir die Gefangenen befreien."

„Nicht zu zuversichtlich! Ich bin..."

Old Shatterhand hielt inne, denn Frank hatte einen unterdrückten Warnungsruf ausgestoßen. Er deutete mit der Hand zwischen die Büsche hindurch, hinaus auf die Sandebene, wo seitwärts ein Trupp berittener Indianer sichtbar geworden war.

„Schnell auf die Pferde und fort zu den Ihrigen!“, riet Old Shatterhand. „Jetzt sind Sie noch nicht bemerkt worden. Ich komme nach.“

„Die Kerle werden unsere Spur finden!“, sagte Jemmy, indem er sich schleunigst in den Sattel schwang.

„Nur fort, fort! Das ist die einzige Rettung für Sie!“

„Aber Sie werden ja von ihnen entdeckt!“

„Sorgen Sie sich nicht um mich! Vorwärts, vorwärts!“

Schon saßen die beiden im Sattel und jagten davon. Old Shatterhand warf einen forschenden Blick umher. Jemmy und Frank hatten ebenso wenig wie er in dem Steingrieß eine Spur zurückgelassen. Das Geröll zog sich, erst breit und dann immer schmaler werdend, an der steilen Berglehne empor, bis es sich unter dichten Tannen verlor. Er hängte den Henrystutzen an den Sattel, nahm den Bärentöter über die Schulter und sagte seinem Pferd nur das eine Wort der Apatschensprache: „Peniyil – kommen!“

Als er nun mit großen, eiligen Schritten die steile Böschung möglichst schnell emporzuklettern begann, folgte ihm das Tier wie ein Hund. Man hätte es nicht für möglich gehalten, dass ein Pferd hier hinaufkommen könne, und doch langten beide nach kurzer Anstrengung droben unter den Bäumen an. Er legte dem Tier die Hand auf den Hals. „Dih-il-husch – leg dich!“ Sofort legte es sich nieder und blieb bewegungslos liegen.

Die Schoschonen hatten jetzt die Fährte bemerkt. Sie folgten ihr und kamen rasch näher. Obwohl seit dem Verschwinden der beiden Deutschen kaum zwei Minuten vergangen waren, befanden sich die Indianer schon an der Schierlingstanne. Einige saßen ab, um die verschwundenen Spuren zu suchen.

„Sagatsch, sagatsch, mioni, mioni – hier, hier, fort, fort“, rief einer. Er hatte gefunden, was er suchte. Der Umstand aber, dass eine der drei Pferdespuren jetzt fehlte, fiel ihm anscheinend nicht auf. Die Roten verschwanden. Old Shatterhand hörte in seinem Versteck, dass sie den beiden Flüchtlingen im Galopp folgten.

Da ließ sein Pferd ein leises Schnauben hören, ein sicheres Zeichen, dass es seinen Herrn auf etwas aufmerksam machen wollte. Das Tier blickte ihn mit großen, klugen Augen an und wendete dann den Kopf zur Seite, bergaufwärts. Der Jäger nahm den Stutzen zur Hand, kniete schussbereit nieder und hielt den Blick scharf nach oben gerichtet. Die Bäume standen hier so dicht, dass man nicht weit sehen konnte. Bald jedoch setzte er die Büchse wieder ab. Er hatte, unter den niedrigsten Ästen in die Höhe blickend, ein Paar mit Stachelschweinborsten verzierte Mokassins erspäht und er wusste, dass der Mann, der diese Schuhe trug, sein bester Freund war.

Der Nahende war genauso gekleidet wie Old Shatterhand, nur dass er anstatt der hohen Stiefel Mokassins trug. Auch hatte er keine Kopfbedeckung. Sein langes, dichtes, schwarzes Haar war in einen hohen, helmartigen Schopf geordnet und mit einer Klapperschlangenhaut durchflochten. Keine Adlerfeder schmückte seine indianische Figur. Dieser Mann bedurfte keines solchen Zeichens, um als Häuptling erkannt und geehrt zu werden. Um den Hals trug er den Medizinbeutel, die Friedenspfeife und eine dreifache Kette von Bärenkrallen, Siegeszeichen, die er sich mit Lebensgefahr erkämpft hatte. In der Hand hielt er ein doppelläufiges Gewehr, dessen Holzteile dicht mit silbernen Nägeln beschlagen waren. Das war die berühmte Silberbüchse, deren Kugel niemals ihr Ziel verfehlte. Die Züge seines ernsten, männlich schönen Gesichts waren fast römisch zu nennen. Die Backenknochen standen kaum merklich vor und die Hautfarbe war ein mattes Hellbraun mit einem leisen Bronzehauch.

Das war Winnetou, der Apatschenhäutling, der herrlichste der Indianer. Sein Name lebte in jeder Blockhütte und an jedem Lagerfeuer. Gerecht, klug, treu, tapfer bis zur Verwegenheit, ohne Falsch, ein Freund und Beschützer aller Hilfsbedürftigen, gleich viel, ob sie rot oder weiß von Farbe waren, so war er bekannt über die ganze Länge und Breite der Vereinigten Staaten und selbst über deren Grenzen hinaus.

Old Shatterhand hatte sich vom Boden erhoben. Er wollte sprechen, wurde aber durch eine Handbewegung Winnetous zum Schweigen aufgefordert. Ein zweiter Wink des Apatschen bedeutete ihm, zu horchen.

Von fern her ließen sich eintönige Klänge vernehmen. Sie kamen schnell näher. Es waren Molltöne im Vierachteltakt, die zwei ersten Achtel auf der kleinen Terz und das Viertel weiterhin auf der Prim, ungefähr wie c c a – c c a.

Und dann erklang auf der hohen Quinte e ein schriller Jubelton.

Jetzt hörten die beiden Lauscher lautes Pferdegetrappel und nun waren auch die Laute zu verstehen, die gesungen wurden. Es war nur das eine Wort. „Tso-ikwo, tso-ikwo!" Das bedeutet Skalphaut. Da wusste Old Shatterhand, dass die beiden Deutschen nicht entkommen waren.

Die Schoschonen ritten nun vorüber, auf indianische Weise einer hinter dem anderen. In der Mitte aber hatten zwei die beiden Gefangenen zwischen sich. Die weißen Jäger waren ihrer Waffen beraubt und mit Lassos auf ihre Pferde gebunden. Mit keinem Blick verrieten sie, dass sie einen verborgenen Helfer hier in der Nähe wussten. Die Schar verschwand. Eine kurze Zeit noch hörte man das eintönige „tso-ikwo, tso-ikwo", hierauf wurde es still.

Winnetou drehte sich um und verließ schweigend die Stelle, wo er neben Old Shatterhand gestanden hatte. Old Shatterhand wartete. Nach vielleicht zehn Minuten kehrte der Apatsche zurück, sein Pferd am Zügel führend, das in Rasse und Farbe dem Old Shatterhands glich. Es war Iltschi[1], der Bruder von Old Shatterhands Rapphengst Hatatitla[2], den ihm Winnetou einst geschenkt hatte. Fast unbegreiflich war es, wie es dem Tier gelingen konnte, sich auf dem abschüssigen Boden so sicher durch den dichten Wald zu bewegen. Jetzt fragte der Weiße:

„Der Häuptling der Apatschen hat den Ort entdeckt, wo die Krieger der Schoschonen ihr Lager aufgeschlagen haben?"

„Winnetou ist ihrer Fährte gefolgt", entgegnete der Gefragte. „Sie sind da, wo vor Zeiten das Wasser aus den Bergen in den See des Blutes floss, im trockenen Flussbett aufwärts geritten. Dann führt die Spur links über die Höhe in ein kesselförmiges Tal, wo sie ihre Zelte errichtet haben."

„Sind es Wohnzelte?"

[1] Wind [2] Blitz

„Nein, Kriegszelte! Der Anführer ist Oihtka-petay[1]. Winnetou hat sein Gesicht von weitem gesehen und ihn an den drei Narben auf den Wangen erkannt."

„Und was hat mein Bruder beschlossen?"

„Winnetou hatte nicht die Absicht, sich den Schoschonen zu zeigen. Er fürchtete sie nicht; aber da sie sich auf dem Kriegspfad befinden, wäre ein Kampf unvermeidlich, und er möchte doch keinen von ihnen töten, weil sie ihm nichts getan haben. Nun aber haben sie die beiden Bleichgesichter gefangen genommen. Mein Bruder Scharlih will die zwei befreien und so wird Winnetou doch mit ihnen kämpfen müssen."

Mit solcher Sicherheit sprach der Apatsche von den Gedanken und Absichten seines Freundes, und Old Shatterhand fand das so selbstverständlich, dass er gar keine Bemerkung darüber machte, sondern sich nur erkundigte: „Hat mein Bruder erraten, wer die Bleichgesichter sind?"

„Winnetou hat die Gestalt des Dicken gesehen und weiß, dass dieser Mann Jemmy-petahtscheh ist, der Dicke Jemmy. Der andere hinkte, als er vom Pferd stieg. Sein Tier war so frisch und sein Anzug so in Ordnung, dass sich der Kleine noch nicht lange im Sattel befinden kann. Er wohnt also nicht weit von hier und darum wird er wohl Inda-aguanhischguhl-dentschu sein, den die Bleichgesichter Hobble-Frank nennen. Er ist der Gefährte des Bärenjägers."

Die Apatschen haben kein besonderes Wort für hinken. Die vier Worte des Häuptlings bedeuten: ‚Der Mann, der schlecht zu Fuß geht'.

„Mein roter Bruder hat die Namen der beiden Jäger erraten", bestätigte Old Shatterhand. „Er hat den Hobble-Frank hinken sehen; folglich war Winnetou in unserer Nähe, als ich mit ihnen sprach?"

„Ja. Winnetou hatte das Lager der Schoschonen beschlichen und beobachtet, dass eine Abteilung von ihnen davon ritt, in der Richtung nach dem See des Blutes. Da er nun

[1] Tapferer Büffel

wusste, dass sein weißer Bruder dorthin kommen werde, ritt er über die Höhen und durch den Wald gerade auf den Baum der Zusammenkunft zu. Zuletzt hinderte ihn Iltschi, schnell vorwärts zu reiten, um seinen Bruder zu warnen. Deshalb ließ er ihn zurück und schlich zu Fuß weiter. Von hier oben sah er dann Old Shatterhand mit den beiden Bleichgesichtern unten stehen. Winnetou vermutete, dass die beiden Weißen nicht allein an den See des Blutes und zum Devils Head gekommen sind. Sie werden auf Old Shatterhands Fährte getroffen sein und sich von ihren Gefährten getrennt haben, um ihr für einige Zeit zu folgen."

Das war abermals ein Beweis seines ungewöhnlichen Scharfsinns. Old Shatterhand erzählte ihm in kurzen Worten, was er von Jemmy und Frank erfahren hatte. Der Apatsche hörte aufmerksam zu und sagte dann:

„Uff! So haben sich die Hunde der Sioux vergeblich auf die Beine gemacht. Sie sollen erfahren, dass es Old Shatterhand und Winnetou nicht dulden, dass der Bärenjäger den Tod am Marterpfahl stirbt. Wir werden heute den Dicken und den Hinkenden befreien und sodann mit ihnen und ihren Kameraden hinauf zum To-äng-li tlitsu[1] reiten."

„Mein roter Bruder hat meinen Wunsch erraten. Wir sind nicht in diese Gegend gekommen, um das Blut der roten Männer zu vergießen. Aber wir werden es auch nicht geschehen lassen, dass Unschuldige von den Sioux-Ogellallah geopfert werden. Winnetou mag mir zu denen folgen, die zu ihrer Rettung ausgezogen sind!"

Sie führten ihre Pferde die steile Böschung hinab, stiegen auf und ritten dann in der gleichen Richtung fort, die Jemmy und Frank vorher bei ihrer missglückten Flucht eingeschlagen hatten.

Der Anbruch der Dunkelheit war zu erwarten. Darum ließen die beiden ihre Tiere weit ausgreifen. Bald erreichten sie die Stelle, wo die Schoschonen die Flüchtlinge er-

[1] Gelber Fluss = Yellowstone River

eilt hatten. Dort hielten sie für einige Augenblicke an, um die Spuren zu untersuchen. „Es ist gar nicht gekämpft worden“, meinte Winnetou.

„Nein. Hätten sich die zwei Jäger verteidigt, so wären sie den Schoschonen gewiss nicht unverletzt in die Hände gefallen. Sie haben klugerweise eingesehen, dass ein Kampf nur zu ihrem Nachteil ausschlagen könne, und sich lieber freiwillig ergeben.“

Winnetou machte eine seiner eigenartigen, scharf bezeichnenden Handbewegungen und sagte: „Tapferkeit ist die Zierde des Mannes, durch Klugheit aber vermag er mehr Feinde zu besiegen als durch den Tomahawk.“

Sie ritten weiter, gerade südwärts, am Fuß des Höhenzuges entlang, links von sich die Bodensenkung des einstigen Sees.

„Hat mein Bruder bereits einen Plan zur Befreiung der beiden Weißen erdacht?“, fragte Old Shatterhand.

„Winnetou braucht keinen Plan. Er wird zu den Schoschonen zurückkehren und ihnen die Gefangenen entführen. Diese Schlangenindianer haben ja bewiesen, dass sie kein Hirn in ihren Köpfen haben.“

Old Shatterhand wusste sogleich, was er meinte. „Ja“, sagte er. „Keiner von ihnen hat daran gedacht, dass die weißen Jäger sich nicht allein hier befinden. Sonst hätten sie jedenfalls einige Kundschafter ausgesandt. Wir haben es also mit Leuten zu tun, deren Klugheit wir nicht zu fürchten brauchen. Wäre Oihtka-petay, ihr Häuptling, bei dieser Abteilung gewesen, hätte er sicher einige Kundschafter zurückgelassen.“

„Sie würden nichts finden, denn Winnetou und Old Shatterhand würden die Augen dieser Männer auf sich ziehen und irreleiten.“

Jetzt hatten sie die Stelle erreicht, wo die Talschlucht fast genau in westlicher Richtung in die Höhe stieg. Dort fanden sie die Spuren der Gesuchten, doch war es bereits so dunkel, dass die Eindrücke nicht mehr deutlich zu erkennen waren. Sie bogen nach rechts ab, der Fährte nach.

Die Schlucht war ziemlich breit und auch leicht gangbar, sodass die beiden Reiter trotz der Dunkelheit schnell vorwärts kamen. Da ihre Pferde barfuß waren, verursachten die Huftritte auf dem weichen Boden so wenig Geräusch, dass es nur ganz in der Nähe gehört werden konnte.

Plötzlich schien es, als zweige eine enge Seitenschlucht links ab. Die beiden hielten an. Hatten die vier Gesuchten ihr Lager hier errichten wollen?

Als sie so still dastanden, scharrte Winnetous Rappe leise den Boden und ließ jenes bezeichnende Schnauben vernehmen, das stets ein Zeichen dafür war, dass sein Pferd etwas Fremdes, vielleicht Feindseliges witterte.

„Wir sind auf dem richtigen Weg", meinte Old Shatterhand. „Reiten wir links ab. Iltschi will uns sagen, dass sich da drin jemand befindet."

Sie mochten ungefähr zehn Minuten langsam vorwärts geritten sein, da machte die Schlucht eine Wendung, und, als sie die Krümmung hinter sich hatten, erblickten sie in einer Entfernung von vielleicht hundert Schritten ein Feuer. Die Schlucht hatte sich da erweitert und bildete eine von Bäumen bestandene Ausbuchtung, in deren Mitte ein Quell aus dem Boden drang, um sein spärliches Wasser bald wieder im sandigen Grund verlaufen zu lassen.

Am Quell traten die Bäume zurück, sodass ein kleiner freier Platz gebildet wurde, auf dem das Feuer brannte.

Die beiden sahen drei Personen daran sitzen, deren Gesichtszüge sie jedoch wegen der beträchtlichen Entfernung nicht zu erkennen vermochten.

„Es sind nur drei, wir aber suchen vier", sagte Winnetou. „Bevor wir unsere Gegenwart merken lassen, wollen wir sehen, wen wir vor uns haben."

Sie saßen ab. „Es genügt, wenn ich allein hingehe", meinte Old Shatterhand.

„Gut! Winnetou wird warten."

Er nahm die Pferde bei den Zügeln und trat mit ihnen möglichst weit zur Seite an die Felswand. Old Shatterhand huschte vorsichtig vorwärts bis unter die Bäume und schlich dann von Stamm zu Stamm weiter, bis er sich hinter dem letzten der Bäume niederlegte und nun die drei in aller Ruhe beobachten konnte. Sogar ihre Worte konnte er verstehen.

Es war der Lange Davy mit Wohkadeh und Martin Baumann. Bob, der Neger, war nicht da. Der gute Schwarze war begeistert von dem abenteuerlichen Ritt und fühlte sich überaus wichtig. Darum war er nach dem Essen vom Feuer aufgestanden und hatte erklärt, dass er für die Sicherheit seines jungen Massa und der anderen beiden Massers wachen werde. Davy hatte ihm vergebens erklärt, dass dies jetzt gar nicht nötig sei.

Anstatt nun den Eingang der Schlucht, woher allem Ermessen nach jede etwaige Gefahr kommen musste, zu bewachen, war Bob beflissen, gerade in entgegengesetzter Richtung herumzuschleichen. Dort hatte er nichts Verdächtiges bemerkt und so kehrte er gerade in dem Augenblick, als Old Shatterhand hinter dem Baum anlangte, zum Feuer zurück, setzte sich aber nicht nieder, sondern ging weiter.

„Bob“, mahnte Davy, „bleib doch da! Was soll das Herumstreichen nützen! Es sind ganz gewiss keine Indsmen in der Nähe.“

„Wie Massa Davy das können wissen!“, entgegnete Bob. „Indsmen kann sein überall, rechts, links, hüben, drüben, oben, unten, hinten, vorn...“

„Und in deinem Kopf!“, lachte der Lange.

„Massa mögen lachen. Bob kennen seine Pflicht. Masser Bob sein groß und berühmt Westmann, er machen kein Fehler. Wenn Indsman kommen, Masser Bob ihn sofort schlagen tot.“

Er hatte sich nämlich eine junge, dürre Fichte abgebrochen und hielt deren wohl zehn Zoll[1] starken Stamm in den gewaltigen Fäusten. Mit dieser Waffe fühlte er sich

[1] Längenmaß; ein Zoll = ein zwölftel Fuß = etwa 2,5cm

sicherer als mit der Flinte in der Hand. Würdevoll schritt er jetzt in entgegengesetzter Richtung davon. Da er gerader auf den Punkt zuhielt, wo Winnetou stand, war mit Wahrscheinlichkeit ein kleiner Zwischenfall zu erwarten. Deshalb blieb Old Shatterhand noch ruhig hinter dem Baum liegen.

Er hatte sich nicht verrechnet. Der Neger näherte sich der betreffenden Stelle. Es ist eine alte Erfahrung, dass indianische Pferde sich nicht leicht mit Schwarzen befreunden. Die beiden Rappen witterten Bob von weitem und wurden unruhig. Winnetou hatte die dunkle Hautfarbe des Nahenden bemerkt, und da er von Old Shatterhand gehört hatte, dass ein Neger bei den Gesuchten sei, war er jetzt überzeugt, Freunde vor sich zu haben. Darum verhielt er sich nicht feindselig, sondern ließ den Schwarzen ruhig herankommen.

Eines der Pferde schnaubte. Bob hörte es. Er blieb stehen und horchte. Ein abermaliges Schnauben brachte ihn zu der Überzeugung, dass da etwas nicht stimme.

„Wer da sein?“, rief er.

Keine Antwort.

„Bob fragen, wer da sein! Wenn nicht antworten, so schlagen Masser Bob tot, wer da sein!“

Abermals keine Antwort.

„Nun, dann sterben müssen all, wer da sein!“

Der Schwarze erhob den Knüttel und trat näher. Winnetous Hengst sträubte die Mähne, seine Augen funkelten. Er stieg vorn hoch und schlug mit den Vorderhufen nach Bob. Der Neger sah eine hohe, riesige Gestalt vor sich. Er bemerkte die funkelnden Augen und hörte das drohende Schnauben. Einer der Hufe sauste an seinem Kopf vorüber und im Niedergehen schleuderte ihn das Pferd zur Seite.

Sonst war Bob ein mutiger Kerl, aber mit einem solchen Gegner sich einzulassen, das war ihm doch zu gefährlich. Er ließ den Knüttel fallen, riss aus und schrie dabei aus

Leibeskräften: „Woe to me! Help, help, help! Er wollen Masser Bob erschlagen! Er wollen Masser Bob verschlingen! Help, help, help!"

Die drei am Feuer Sitzenden sprangen auf. „Was gibt's?", fragte Davy. – „A giant, ein Riese, ein Gespenst, ein Geist wollen Masser Bob erwürgen!" – „Unsinn! Wo denn?" – „Dort, am Felsen es sein!" – „Lass dich nicht auslachen, Schwarzer! Gespenster gibt es nicht." – „Masser Bob haben es sehen!" – „Es wird ein seltsam geformter Fels sein." – „Nein, es nicht sein Fels!" – „Oder ein Baum!" – „Auch nicht sein Baum. Es sein lebendig!" – „Du hast dich getäuscht." – „Masser Bob sich nicht täuschen. Gespenst so groß, so, so!" Dabei streckte er beide Hände möglichst hoch über seinen Kopf empor. „Es haben Augen wie Feuer, sperren sein Maul auf wie Drache und blasen Masser Bob an, dass er hinfallen. Masser Bob haben sehen großen Bart, so groß, so lang!"

Jedenfalls hatte er trotz der Dunkelheit die langen Mähnenhaare des Rappen erblickt und hielt sie nun für den Bart des Riesen.

„Du bist nicht bei Sinnen!", behauptete Davy. – „Oh, Masser Bob sein bei Sinn, sehr bei Sinn! Er weiß, was er haben sehen. Massa Davy nur gehen hin und es auch ansehen!" – „Nun, so wollen wir doch einmal schauen, welchen Gegenstand du für einen Riesen oder ein Gespenst gehalten hast!"

Er wollte gehen. Da erklang es hinter ihm: „Bleibt nur hier, Mister Davy! Es handelt sich nicht um ein Gespenst."

Der Lange fuhr herum und riss seine Büchse an die Wange. Wohkadeh hielt im gleichen Augenblick sein Gewehr schussfertig und Martin Baumann legte auch das seinige an. Alle drei Läufe waren auf Old Shatterhand gerichtet, der sich erhoben hatte und hinter dem Baum hervorgetreten war.

„Good evening!", grüßte er. „Tut Euer Schießzeug weg, Mesch'schurs! Ich komme als Freund und soll euch vom Dicken Jemmy und vom Hobble-Frank grüßen."

Da ließ der Lange Davy die Büchse sinken und die anderen folgten seinem Beispiel: „Uns von ihnen grüßen?“, fragte er erstaunt. „So habt Ihr sie getroffen?“ – „Ja freilich, und zwar da unten am Rand des Blutsees, wohin sie der Elefantenfährte gefolgt waren.“ – „Das stimmt. Haben sie denn entdeckt, wer dieser Elefant war?“ – „Ja, mein Pferd war es.“ – „Zounds! Hat es denn gar so riesenhafte Plattfüße, Sir?“ – „Nein, es hat vielmehr gar zierliche Hufe. Aber sie waren mit Schilfschuhen umkleidet, um feindliche Indsmen zu täuschen.“

Der Lange begriff sogleich, worum es sich handelte: „Ah, wie gescheit! Schnallt dieser fremde Mister seinem Pferd Elefantensohlen an, um die Leute, die dann die Fährte sehen, irre zu machen! Mann, dieser Gedanke ist sehr gut. Er ist so ausgezeichnet, als hätte ich ihn selbst erfunden!“ – „Ja, der Lange Davy hat von allen Jägern, die zwischen den zwei Meeren reiten und laufen, stets die besten Gedanken!“ – „Spottet nicht, Sir! So klug wie Ihr bin ich wohl auch. Verstanden?“

Davys Auge flog dabei mit einem geringschätzigen Blick über die saubere Erscheinung Old Shatterhands.

„Das bezweifle ich gar nicht“, lautete die Antwort. „Und weil Ihr so klug seid, werdet Ihr mir wohl auch sagen können, wer das Gespenst ist, das Euer guter Bob gesehen hat?“ – „Ich will einen Zentner Flintenkugeln verzehren, und zwar ohne Butter und Petersilie, wenn es nicht Euer Pferd war.“ – „Meine, dass Ihr es ziemlich erraten habt.“ – „Das zu erraten, braucht man nicht Gymnasiast gewesen zu sein wie der Dicke Jemmy. Aber nun sagt mir doch, wo der Kerl mit Frank eigentlich steckt! Warum kommt Ihr allein?“ – „Weil sie abgehalten sind, selbst zu kommen. Sie wurden von einer Schar Schoschonen zum Abendessen eingeladen.“

Der Lange machte eine Bewegung des Schreckens. „Heavens! Wollt Ihr damit vielleicht sagen, dass man sie gefangen nahm?“ – „Ja, sie wurden überfallen und fortgeführt." – „Von den Schoschonen? Gefangen? Fortgeführt? Das werden wir uns verbitten! Wohkadeh, Martin, Bob, schnell zu Pferd! Wir müssen den Schoschonen nach!" – „Stopp, Sir!", mahnte Old Shatterhand. „Wisst Ihr denn, wo die Schoschonen zu finden sind?" – „Nein. Aber ich hoffe, dass Ihr es uns sagen könnt!" – „Und wie viele Krieger sie zählen?" – „Krieger? Meint Ihr, es fällt mir ein, die Krieger zu zählen, wenn es gilt, meinen Dicken Jemmy herauszuhauen? Es mögen hundert sein oder nur zwei, das ist gleich: Heraus muss er!" – „So wartet wenigstens noch ein wenig, bevor Ihr zuschlagt! Ich denke, wir haben uns zunächst noch einiges zu sagen. Ich bin nicht allein. Da kommt ein Kamerad, der Euch einen Guten Abend bieten möchte."

Winnetou hatte bemerkt, dass Old Shatterhand mit den Männern sprach. Deshalb kam er nun mit den Pferden herbei. Der Lange Davy war zwar überrascht, einen Roten in Gesellschaft des Weißen zu sehen, schien ihn aber nicht für besonders beachtenswert zu finden, denn er sagte:

„Eine Rothaut! Und auch wie aus dem Ei geschält, gerade wie Ihr. Ein Westmann seid Ihr wohl eigentlich nicht?" – „Nein, eigentlich nicht; das habt Ihr wieder sogleich erraten." – „Dachte es mir! Und dieser Indsman ist sicher ein ansässiger, der sich vom Großen Vater in Washington einige Hände voll Land hat schenken lassen." – „Jetzt täuscht Ihr Euch, Sir!" – „Schwerlich." – „Ganz gewiss. Mein Gefährte ist nicht der Mann, der sich vom Präsidenten der Vereinigten Staaten Land schenken lässt. Er wird vielmehr..."

Er wurde von Wohkadeh unterbrochen, der einen Ruf freudigen Erstaunens ausstieß. Der junge Indianer war nämlich zu Winnetou getreten und hatte das Gewehr in dessen Hand bemerkt. „Uff, uff!", rief er aus. „Mazakanmaza-ska – die Silberbüchse!"

Der Lange verstand so viel von der Sprache der Sioux,

dass er wusste, was Wohkadeh meinte. „Die Silberbüchse?“, fragte er. „Wo? Ah, hier, tatsächlich!“

„Es ist Mazakan-maza-ska“, wiederholte Wohkadeh. „Dieser rote Krieger ist also Winnetou, der große Häuptling der Apatschen!“

„Lack-a-day!“, rief der Lange. „Aber wenn dieser rote Gentleman wirklich Winnetou ist, dann müsst ja...“

Davy hielt mitten in der Rede inne. Bei dem Gedanken, der ihm gekommen war, vergaß er den Mund zu schließen. Er starrte Old Shatterhand an, schlug dann die Hände zusammen, tat einen Luftsprung und fuhr schließlich fort:

„Na, da habe ich freilich einen Pudel geschossen, der größer als ein ausgewachsener Elefant ist! Wenn dieser Indsman Winnetou ist, dann seid Ihr kein anderer als Old Shatterhand, denn diese beiden gehören ebenso zusammen wie der Dicke Jemmy und ich. Also sagt, ist's richtig, Sir?“

„Ja, Ihr habt Euch nicht getäuscht.“

„So möchte ich vor Freude gleich alle Sterne vom Himmel herunterlangen und da auf die Bäume setzen, um den Abend, an dem ich euch kennen lerne, durch eine Festbeleuchtung zu feiern! Willkommen, Mesch'schurs, willkommen an unserem Lagerfeuer! Verzeiht die Dummheit, die wir gemacht haben!“

Davy streckte beide Hände entgegen und drückte die ihrigen mit Begeisterung. Bob, der Neger, sagte gar nichts. Er schämte sich, ein Pferd für ein Gespenst gehalten zu haben. Wohkadeh war bis an die Bäume zurückgetreten und ließ die Augen mit bewunderndem Ausdruck auf den beiden Ankömmlingen ruhen, eine Zurückhaltung, die ihm seine Jugend gebot. Auch Martin Baumann betrachtete sich die beiden Männer, von denen er bereits so viele Heldentaten gehört hatte, sehr genau, freilich nicht aus solcher Entfernung wie der junge Indianer. Aber auch er fühlte, dass er zwei Vorbildern gegenüberstand, denen nachzueifern sein heißes Bestreben war.

Winnetou hatte sich von Davy die Hand drücken lassen. Den drei anderen nickte er grüßend zu. Das entsprach so seiner ernsten Art. Old Shatterhand dagegen, von heiterer Lebensweise und mehr aufgeschlossen, gab ihnen der Reihe nach die Rechte. Das ergriff Wohkadeh so, dass er leise versicherte: „Wohkadeh wird sein Leben gern für Old Shatterhand geben! Howgh!"

Nach dieser Begrüßung setzten sich Old Shatterhand und Winnetou ans Feuer. Der weiße Jäger erzählte. Der Apatsche sagte kein Wort dazu, aber er nahm seine Pfeife und stopfte sie. Das war für den Langen Davy das erfreuliche Zeichen, dass er mit ihnen Kameradschaft rauchen wolle. Seine Vermutung bestätigte sich, denn Old Shatterhand erklärte am Schluss seines Berichts, Winnetou und er würden noch heute Jemmy und Frank befreien und sodann mit hinauf zum Yellowstone River reiten.

Durch das Rauchen des Kalumets wurde dann dieses Versprechen feierlich bekräftigt.

Der Lange Davy war ergrimmt darüber, seinen Jemmy in der Gewalt der Schoschonen zu wissen, und Martin fühlte große Sorge um Hobble-Frank. Beide waren bereit, ihr Leben an deren Befreiung zu wagen, und drängten zum Aufbruch.

Die anderen willigten ein. So schnell wie möglich ritten die sechs den gleichen Weg zurück, den sie gekommen waren, die beiden Schluchten abwärts. Am Ausgang der Hauptschlucht bogen sie links nach Norden ein. Sie waren noch nicht weit gekommen, so hielt Winnetou sein Pferd an. Die anderen taten sofort das Gleiche.

„Winnetou wird voranreiten", erklärte er. „Meine Brüder mögen mir nicht schneller als im raschen Schritt folgen und dabei jedes Geräusch vermeiden. Sie werden alles tun, was Old Shatterhand anordnet."

Er stieg ab und beschäftigte sich eine kurze Zeit lang mit den vier Hufen seines Pferdes. Dann saß er wieder auf und ritt davon. Das klang so leise und dumpf, wie wenn ein Mensch mit der Faust auf die Erde schlägt. Die Übrigen folgten ihm etwas langsamer.

„Was hat er gemacht?", fragte Davy.

„Habt Ihr nicht gesehen, wie ich ihm vorhin, während er neben mir ritt, die Schilfschuhe hinüberreichte?", entgegnete Old Shatterhand. „Er hat sie seinem Rappen angeschnallt, um nicht gehört zu werden und selber besser hören zu können."

„Warum das?"

„Die Schoschonen, die Eure Gefährten gefangen nahmen, sind nicht auf den Gedanken gekommen, dass die beiden Weißen vielleicht Kameraden in der Nähe haben könnten. Der Tapfere Büffel aber, der Häuptling, ist klüger und bedächtiger als seine Krieger. Er wird sich sagen, dass zwei Jäger sich nicht allein in diese gefährliche Gegend wagen, und es ist möglich, dass er noch nachträglich Kundschafter aussendet."

„Pah! Das wäre wohl ein unnützes Beginnen. Wie wollten uns die Kerle in dieser Dunkelheit finden? Sie wissen nicht, wo wir sind, und können auch die Spuren nicht sehen."

„Euer Name gilt als der eines guten Westmannes und so muss ich mich über Eure Rede wundern, Mister Davy. Die Schoschonen haben hier ihre Jagd- und Weidegründe, die Gegend ist ihnen demnach bekannt."

„Gewiss."

„Nun, so schließt nur weiter! Werden vorsichtige Jäger sich etwa hier im Freien, im Sand des einstigen Sees lagern?"

„Auf keinen Fall, sondern zwischen den Bergen."

„Also in einem Tal oder einer Schlucht. Nun könnt Ihr aber diese ganze Gegend abreiten, so werdet Ihr außer dem alten Wasserlauf, dem die Schoschonen gefolgt sind, keinen anderen Taleinschnitt finden als den, wo ihr auch tatsächlich gelagert habt. Nur dort seid ihr somit zu suchen."

„Verteufelt! Ihr habt Recht, Sir!"

„Aber noch weiter: Gefährten pflegen sich in Gegenden wie der hiesigen nur auf ganz kurze Zeit zu trennen. Daraus folgte, dass ihr nicht weit von Jemmy und Frank entfernt sein konntet. Euer Lager musste sich also gar nicht weit von hier in der Schlucht befinden, und da es dort Seitenschluchten gibt, die jeder verständige Westmann für Lagerzwecke der Hauptschlucht vorzieht, wissen die Schoschonen sehr wohl, wo ihr euch etwa aufhaltet. Das weiß auch Winnetou. Darum ist er vorangeritten, um zu verhüten, dass wir von etwaigen Kundschaftern bemerkt werden."

Davy brummte halblaut vor sich hin und meinte dann: „Sehr wohl, Sir! Aber nun scheint mir wieder das Unternehmen des Apatschen recht aussichtslos zu sein. Wie kann er denn in dieser Dunkelheit etwaige Kundschafter bemerken, ohne dass auch sie ihn sehen oder wenigsten hören?"

„So dürft Ihr freilich nicht fragen, wenn von Winnetou die Rede ist. Zunächst hat er ein ausgezeichnetes, wunderbar abgerichtetes Pferd. Es hat zum Beispiel vorhin am Eingang der Nebenschlucht deutlich gesagt, dass ihr euch darin befandet, und es wird auch jetzt, zumal wir gegen den Wind reiten, seinen Herrn auf eine ansehnliche Entfernung hin von dem Nahen eines jeden anderen Wesens unterrichten. Sodann kennt Ihr eben den Apatschen nicht. Er hat Sinne von der Schärfe eines wilden Tieres, und was Gesicht, Gehör oder Geruch ihm nicht sagen, das merkt er infolge jenes eigenartigen – ich möchte sagen – sechsten Sinnes, den nur Leute besitzen, die von Jugend auf in der Wildnis leben. Es ist eine Art Ahnungsvermögen, eine Art Instinkt, auf den sich Winnetou so fest verlassen kann wie auf seine Augen."

„Hm, habe auch ein wenig davon."

„Ich auch. Aber mit Winnetou können wir uns in dieser Beziehung nicht vergleichen. Ferner dürft ihr nicht vergessen, dass sein Pferd die Schuhe trägt, während die Schoschonen, falls wirklich einige von ihnen unterwegs wären, lauten Hufschlag kaum vermeiden können. Erst wenn sie in die Schlucht kommen, werden sie zu Fuß weiterschleichen."

„Hm, wenn Ihr einem das in dieser Weise klarmacht, so muss man Euch unbedingt beistimmen. Ich will Euch offen sagen, dass ich gar manches durchgemacht und manchem gescheiten Kerl ein Schnippchen geschlagen habe. Deshalb war ich immer der Meinung, ein recht kluger alter Knabe zu sein. Jetzt aber muss ich vor Euch klein beigeben. Winnetou sagte vorhin, dass wir uns in Eure Anordnungen fügen sollen und das hat mich im Stillen so ein klein bisschen wurmen wollen. Nun gebe ich zu, dass er recht getan hat. Ihr seid uns gewaltig überlegen und ich will mich in Zukunft gern unter Eure Führung stellen."

„So war es nicht gemeint. Ich maße mir keinen Vorrang an. Jeder dient den anderen mit seinen Gaben und Erfahrungen und keiner kann ohne Genehmigung der anderen etwas beginnen. So muss es sein und so werden auch wir es halten."

„Well! Das wird sich finden. Was aber werden wir tun, falls wir Kundschaftern begegnen, Sir? Die werden ausgelöscht, nicht wahr?"

„Nein. Wisst Ihr, Menschenblut ist eine zu kostbare Flüssigkeit. Winnetou und Old Shatterhand haben davon noch keinen einzigen Tropfen vergossen, wenn es nicht unbedingt notwendig war. Ich bin ein Freund der Indsmen und kenne die Gründe, die sie immer und immer wieder zwingen, ihre guten Rechte bis aufs Messer zu verteidigen. Der rote Mann kämpft den Verzweiflungskampf. Er muss unterliegen; aber ein jeder Indianerschädel, der später aus der Erde geackert wird, wird einen stummen Schrei zum Himmel senden. Ich schone den Indianer, selbst wenn er mir als Feind entgegentritt, denn ich weiß, dass er von anderen dazu gezwungen wird. Darum kann es mir auch heute nicht einfallen, einen Mord zu begehen."

„Aber wie wollt Ihr die Schoschonen unschädlich machen, ohne sie zu töten? Einen Kampf wird es, falls sie uns begegnen, auf alle Fälle geben. Sie werden sich wehren, mit der Büchse, dem Tomahawk, dem Messer!"

„Pah! Abwarten! wir werden – halt, ich glaube, da kommt der Apatsche!“

Ohne, dass sie ihn gehört hatten, hielt im nächsten Augenblick Winnetou vor ihnen. „Zwei Kundschafter!“, berichtete er kurz.

„Gut!“, erwiderte Old Shatterhand. „Winnetou, Davy und ich bleiben hier. Die anderen reiten schnell hinaus in den Sand. Sie nehmen unsere Pferde mit und warten, bis wir rufen.“

Er sprang ab, Davy auch. Winnetou hatte die Zügel seines Iltschi bereits Wohkadeh übergeben. Die Gewehre wurden an den Sätteln der Tiere befestigt. In einigen Sekunden waren die drei anderen verschwunden.

„Was tun wir?“, fragte Davy.

„Ihr habt nichts zu tun, als aufzupassen“, entgegnete Old Shatterhand. „Lehnt Euch hier an den Baum, damit Ihr nicht zu sehen seid! Horcht, sie kommen!“

„Ni, darteh, schi ohij – diesen ich, du jenen!“, flüsterte der Apatsche, eine Handbewegung nach rechts und links machend. Dann war er nicht mehr zu sehen.

Der Lange Davy lehnte sich eng an den erwähnten Baum. Kaum zwei Schritte von ihm hatte sich Old Shatterhand platt auf die Erde gelegt. Die zwei Schoschonen kamen ziemlich schnell heran. Sie sprachen miteinander. Ihre Sprache bewies, dass sie wirklich Schoschonen waren. Das genügte. Jetzt waren sie da – jetzt vorüber.

Der Lange sah, wie sich Old Shatterhand vom Boden erhob und einen kräftigen Anlauf nahm.

„Soghuk – Hund!“, rief einer der beiden Kundschafter. Ein weiteres Wort fiel nicht.

Davy sprang vor. Er sah zwei Gestalten auf einem Pferd oder vielmehr vier Gestalten auf zwei Pferden sitzen: die beiden Angreifer hinter den Überfallenen. Die Tiere scheuten. Sie schlugen aus, hinten, vorn, bockten zur Seite – vergebens. Die beiden Männer hatten ihre Opfer und auch deren Pferde fest. Nach kurzem Kampf zwischen Mensch und Tier waren die Angreifer Sieger. Die Pferde standen still.

„Esah – fertig?“, fragte der Weiße nach rechts hinüber.

„Esah!“, erwiderte Winnetou.

Old Shatterhand sprang ab, den einen Kundschafter in den Armen. Der Mann war besinnungslos. „Hallo Leute, kommt herbei!“

Auf diesen lauten Ruf kamen Wohkadeh, Martin und Bob wieder herangeritten.

„Wir haben sie. Sie werden mit den Lassos auf ihren Pferden festgebunden und sollen uns begleiten. Auf diese Weise besitzen wir zwei Geiseln, die uns von Nutzen sein werden.“

Die Schoschonen, denen die Gurgeln zusammengedrückt worden waren, kamen bald wieder zu sich. Sie waren entwaffnet und an den Händen gefesselt worden. Außerdem erhielten sie jeder ein Tuch vor den Mund, sodass sie zwar durch die Nase atmen, aber nicht sprechen oder gar rufen konnten. Nun schnürte man sie auf die Pferde, die Arme nach hinten und die Beine unter dem Leib des Pferdes weg mit dem unzerreißbaren Lasso verbunden. Old Shatterhand sagte ihnen, dass sie beim geringsten Widerstand getötet würden. Dann wurde der Ritt fortgesetzt. Obgleich man die Kundschafter ergriffen hatte, trabte Winnetou wieder voran.

Nach einiger Zeit wurde der einstige Wasserlauf erreicht, dem man links in die Berge hinein folgen musste. Die Reiter schwenkten ab. Es wurde kein Wort gesprochen, denn es war ja möglich, dass einer der Kundschafter der englischen Sprache mächtig war.

Nach Verlauf einer halben Stunde traf man auf Winnetou, der, bisher weit voranreitend, hier halten geblieben war. „Meine Brüder mögen absteigen“, befahl er. „Die Schoschonen sind hier durch den Wald zur Höhe hinauf. Wir müssen ihnen nach.“

Das war nun wegen der Gefangenen, die ja auf den Pfer

den sitzen bleiben mussten, nicht leicht. Unter den Bäumen war es völlig dunkel. Die Männer mussten mit der einen Hand vorwärts tasten und mit der anderen das Pferd nachziehen. Winnetou und Old Shatterhand hatten dabei das Schwierigste übernommen. Sie schritten voran, die Pferde der Gefangenen führend. Jetzt zeigte es sich, welchen Wert Iltschi und Hatatitla hatten. Sie liefen wie die Hunde hinter ihren Herren her und ließen trotz des beschwerlichen Weges nicht das leiseste Schnaufen hören, während das Atmen der anderen Pferde ziemlich weit zu vernehmen war.

Endlich war diese Anstrengung überwunden. Der Apatsche hielt an. „Meine Brüder sind am Ziel", erklärte er. „Sie mögen die Pferde anbinden und dann helfen, die Gefangenen an die Bäume zu fesseln!"

Diesem Gebot leistete man Folge. Die beiden Schoschonen wurden an je einen Baum gefesselt. Dann forderte der Apatsche seine Gefährten auf, ihm zu folgen.

Er führte sie nur wenige Schritte weit. Von da senkte sich die Höhe, auf die man von Osten her gelangt war, nach Westen ziemlich steil abwärts. Da unten lag der Talkessel, von dem Winnetou gesprochen hatte, und von dort leuchtete ein Feuer herauf. Man sah aber nur einen Schein, sonst nichts. Alles andere lag in tiefer Dunkelheit.

„Also da unten sitzt mein Dicker", meinte Davy. „Was wird er machen?"

„Was ein Gefangener bei den Indianern machen kann – nichts", erklärte der junge Baumann.

„Oho! Da kennt Ihr den Jemmy schlecht, my boy! Der hat sich gewiss schon ausgesonnen, auf welche Weise er ohne Erlaubnis der Roten bereits heute Nacht ein wenig spazieren gehen kann."

„Das dürfte er ohne uns kaum fertig bringen", widersprach Old Shatterhand. „Auch wird er wohl auf uns rechnen."

„Nun, so wollen wir auch keine Zeit verlieren und schnell hinab, Sir!"

„Das müssen wir freilich, leise und vorsichtig, einer hinter dem anderen. Es muss aber jemand bei den Pferden und den Gefangenen zurückbleiben, auf den wir uns verlassen können. Das ist Wohkadeh!“

„Uff!“, stieß der junge Indianer hervor, ganz entzückt über das große Vertrauen, das Old Shatterhand ihm schenkte.

Es war eigentlich ein Wagnis, den jugendlichen Indsman allein bei den Gefangenen und Pferden, die die ganze Habe ihrer Reiter trugen, zurückzulassen; doch die Aufrichtigkeit, mit der Wohkadeh Old Shatterhand gesagt hatte, dass sein Leben ihm gehöre, hatte ihm das Herz des Jägers gewonnen. Übrigens traute Old Shatterhand dem roten Jüngling die Kaltblütigkeit zu, die zu diesem verantwortungsvollen Posten gehörte.

„Mein junger roter Bruder wird bei den Gefangenen sitzen, das Messer in der Hand“, riet er ihm, „Und sollte einer der Schoschonen einen Fluchtversuch wagen oder nur ein Geräusch verursachen wollen, so wird er ihn unschädlich machen.“

„Wohkadeh wird es tun!“ Das versicherte er in einem Ton, dem man anhörte, wie ernst es ihm mit diesem Versprechen war. Er zog sein Bowiemesser hervor und ließ sich zwischen den Gefangenen nieder, die nochmals verwarnt wurden. Dann begannen die fünf den beschwerlichen Abstieg.

Die Senkung war, wie bereits erwähnt, ziemlich steil.

Die Bäume standen eng beisammen und dazwischen gab es so viel Unterholz, dass die kühnen Männer bei der notwendigen Vorsicht nur sehr langsam vorwärts kamen. Es durfte kein Geräusch verursacht werden. Das Knicken eines Astes konnte ihre Annäherung verraten.

Winnetou stieg voran. Seine Augen waren bei Nacht am schärfsten. Hinter ihm befand sich Martin Baumann. Dann kam der Lange Davy, gefolgt vom Neger Bob. Old Shatterhand machte den Letzten.

Über drei Viertelstunden waren vergangen, bis eine Strecke zurückgelegt war, zu der am Tag gute zehn Minuten gebraucht worden wären. Jetzt befanden sich die Männer unten im Talkessel, am Rand des Waldes. Die Talsohle bestand aus baumlosem Grasboden. Nur hier und da erhob sich ein einzelner Strauch.

Das Feuer brannte ziemlich hell, gar nicht auf indianische Weise geschürt. Das war ein Zeichen, dass sich die Schoschonen sicher fühlten.

Während nämlich die Weißen das Holz aufeinander legen, sodass es vom Feuer ganz angegriffen wird und eine hoch emporlodernde, weithin sichtbare und viel Rauch verbreitende Flamme entsteht, legen die Indianer die Holzscheite so, dass sie wie Halbmesser eines Kreises im Mittelpunkt zusammenstoßen. Hier in der Mitte brennt die kleine Flamme, die dadurch genährt wird, dass die Scheite, je nachdem sie verbrennen, nachgeschoben werden. Das gibt ein Feuer, das allen Zwecken der Roten genügt, eine kleine, leicht zu verbergende Flamme bildet und so wenig Rauch erzeugt, dass er in einiger Entfernung kaum bemerkt werden kann. Dazu verstehen sie die Art des Holzes so auszuwählen, dass es beim Verbrennen möglichst wenig Geruch verbreitet. Der Geruch des Rauches ist im Westen äußerst gefährlich. Die scharfe Nase des Indsman spürt ihn bereits aus weiter Entfernung.

Das Feuer hier war aber, wie schon gesagt, nach Art der Weißen genährt und der Geruch gebratenen Fleisches hatte sich über das ganze Tal verbreitet.

Man sah drei große Zelte stehen. Sie bildeten die Ecken eines spitzwinkligen Dreiecks, dessen Höhe gerade nach den fünf Lauschern zeigte. Das ihnen am nächsten stehende Zelt war mit Adlerfedern geschmückt, war also das des Häuptlings. Im Mittelpunkt des Dreiecks brannte das Feuer.

Die Pferde der Roten weideten frei und ungefesselt im Gras. Die Krieger saßen am Feuer und schnitten sich ihre Anteile von dem Braten, der an einem Ast über der Flamme briet. Trotz der Sicherheit, in der sie sich wähnten, hatten sie einige Wachen ausgestellt, die langsam auf und ab wanderten.

„Eine verteufelte Geschichte!“, brummte Davy. „Wie bekommen wir unsere Kameraden heraus? Was meint ihr, Mesch’schurs?“

„Zunächst möchten wir Eure eigene Meinung vernehmen, Mister Davy“, erwiderte Old Shatterhand.

„Die meinige? Zounds! Ich habe keine.“

„So habt die Gewogenheit, ein wenig nachzudenken!“

„Wird auch nichts helfen. Habe mir die Sache so ziemlich anders gedacht. Die roten Schlingel haben keinen Verstand. Da hocken sie alle inmitten der Zelte um das Feuer, sodass es gar nicht möglich ist, in eins davon zu gelangen! Das konnten sie unterlassen!“

„Ihr scheint Bequemlichkeit zu lieben, Sir. Wünscht Ihr vielleicht, dass die Indsmen von den Zelten bis hierher eine Pferdebahn anlegen, um Euch Euern Dicken Jemmy herzufahren? Na, da dürft Ihr nicht in den Westen gehen!“

„Schon gut. Wenn man nur wenigstens wüsste, in welchem Zelt die beiden stecken?“

„Vermutlich in dem des Häuptlings.“

„Dann will ich einen Vorschlag machen. Wir schleichen uns so nahe wie möglich heran und fallen über sie her, sobald sie uns bemerken. Dabei erheben wir ein solches Geschrei und machen so entsetzlichen Lärm, dass sie denken, wir seien hundert Personen. Sie werden vor Schreck davonlaufen. Wir holen die Gefangenen aus dem Zelt und laufen gleichfalls davon, und zwar so schnell wie möglich. Gefällt Euch dieser Plan?“

„Ganz und gar nicht.“

„Oho! Meint Ihr, dass Ihr Euch etwas Besseres ausdenken werdet?“

„Ob etwas Besseres, das will ich nicht behaupten, etwas Unverständigeres aber jedenfalls nicht.“

„Sir? Soll das eine Beleidigung sein? Ich bin nämlich der Lange Davy!“

„Das weiß ich seit einiger Zeit. Von einer Beleidigung ist keine Rede. Ihr seht von hier aus, dass die Indsmen ihre Waffen handgerecht haben. Sie werden nicht so dumm sein, unsere Zahl so hoch zu überschätzen, wie Ihr es wünscht. Fallen wir über sie her, so werden sie wohl für einen Augenblick verblüfft sein, aber eben nur für einen Augenblick. Dann haben wir eine zehnfache Übermacht gegen uns. Und selbst wenn wir siegten, würde viel Blut fließen, und das kann man vermeiden. Ist's nicht besser, einen Weg zu finden, der uns ohne Blutvergießen zum Ziel führt?"

„Ja, Sir, wenn Ihr einen solchen Weg wüsstet, würde ich Euch loben."

„Vielleicht ist er bereits entdeckt. Ich will hören, was Winnetou zu meinem Plan sagt."

Er sprach eine kurze Weile mit dem Häuptling, und zwar in der Mundart der Apatschen, die die anderen nicht verstanden. Darauf wendete er sich wieder an den Langen Davy: „Ja, ich werde mit Winnetou den Streich allein ausführen. Ihr bleibt ruhig hier. Selbst wenn wir uns binnen zwei Stunden nicht sehen lassen, geht Ihr nicht von der Stelle und hütet Euch, etwas zu unternehmen. Nur falls Ihr eine Grille dreimal laut zirpen hört, habt Ihr einzugreifen."

„In welcher Weise?"

„Indem Ihr schnell, aber möglichst leise und unbemerkt zu dem Zelt kommt, das uns am nächsten liegt. Ich werden mich mit Winnetou dort anschleichen. Wenn Ihr von uns gebraucht werdet, gebe ich das erwähnte Zeichen."

Das Zirpen der Grille wird mittels eines Grashalms nachgeahmt. Man faltet die Hände so zusammen, dass die beiden Daumen nebeneinander zu liegen kommen, und klemmt dazwischen einen Grashalm so ein, dass er straff angespannt ist. Zwischen den beiden unteren Gliedern der Daumen befindet sich eine schmale Lücke, worin der Grashalm schwingen kann. Bläst man nun mit einem kurzen

Frr-frr-frr auf den Halm, indem man den Mund fest an die Daumen legt, so entsteht ein Zirpen, das dem der Grille ähnlich ist. Eine längere Übung gehört freilich dazu.

Der Lange Davy war mit Old Shatterhands Vorschlag einverstanden.

Da sagte Winnetou: „Wir wollen beginnen."

„Gut! Nehmen wir unser Zeichen mit?"

„Ja! Die Schoschonen sollen erfahren, wer bei ihnen war."

Viele Westmänner und auch hervorragende Indianer bedienen sich nämlich bestimmter Zeichen, um Freunden oder Feinden ihre Anwesenheit bekannt zu geben. Mancher Indianer schneidet zum Beispiel sein Zeichen in das Ohr, in die Wange, in die Stirn oder Hand des von ihm Getöteten. Wer dann später die Leiche findet und das Zeichen kennt, der weiß, wer den Toten besiegt und skalpiert hat.

Winnetou und Old Shatterhand schnitten sich einige kurze Zweige von dem nächsten Strauch und steckten sie in ihre Gürtel. Sie konnten damit die Zeichen herstellen, die jedem Roten als die ihrigen bekannt waren. Ihre Gewehre ließen sie zurück.

Dann brachen sie auf, indem sie sich lang auf die Erde legten und sich vorwärts bewegten, dem erwähnten Zelt entgegen, das in einer Entfernung von ungefähr achtzig Schritt vor ihnen lag.

6. Bei den Schoschonen

Das Anschleichen eines Westmannes an seine Feinde ist keine leichte Sache. Wenn man nicht in besonders gefährlichen Fällen Ursache hat, keine Spur zurückzulassen, so kann man ja auf Händen und Knien kriechen. Das gibt dann allerdings eine erkennbare Fährte, besonders im Gras. Ist man aber gezwungen, jede Spur zu vermeiden, so darf man sich nur auf den Fingerspitzen und Zehen fortbewegen. Da man dabei die Arme und Beine lang ausstrecken muss, damit der Körper ganz nahe am Erdboden gehalten wird, den er aber nicht berühren darf, so ruht die ganze Last eben nur auf den Finger- und Zehenspitzen. Es gehört eine ungewöhnliche Körperkraft, Gewandtheit und langjährige Übung dazu, das auch nur für eine kurze Zeit auszuhalten. Wie die Schwimmer von einem Schwimmkrampf sprechen, so reden die Westmänner von einem Anschleichkrampf, der gewiss nicht weniger gefährlich ist. Er kann ja die Entdeckung und den Tod zur Folge haben.

Während sich der Westmann auf diese Weise an den Feind schleicht, muss er den Boden genau berücksichtigen und darf weder Hand noch Fußspitze eher niedersetzen, als bis er die betreffende Stelle gewissenhaft untersucht hat. Wenn zum Beispiel Hand oder Fuß auf einen kleinen Zweig treffen, der dürr ist und knickt, so kann dieses leise Knacken die schlimmsten Folgen nach sich ziehen. Es gibt geübte Jäger, die sofort unterscheiden können, ob das Geräusch von einem Tier oder einem Menschen hervorgerufen wurde. Die Sinne des Westmanns werden mit der Zeit derartig scharf, dass er, an der Erde liegend, sogar das Rascheln vernimmt, das ein laufender Käfer verursacht. Ob ein dürres Blatt von selbst abgefallen oder von einem verborgenen Feind unachtsam abgestreift wurde, das hört er ganz gewiss.

Ein im Anschleichen Geübter wird auch die Zehenspitzen ganz genau auf die Stelle setzen, die er vorher mit den

Fingerspitzen berührte, weil dadurch eine weniger sichtbare Spur entsteht, die sich dann auch leichter und schneller wieder verwischen lässt.

Es ist nämlich häufig notwendig, die Fährte unkenntlich zu machen. Der Westmann bedient sich des Ausdrucks ‚auslöschen'. Hat man sich an ein Lager geschlichen, so beginnt auf dem Rückweg erst der anstrengendste und schwierigste Teil des Unternehmens. Niemand soll erfahren, dass man hier war. Darum muss man sich auf allen vieren, mit den Füßen voran, rückwärts bewegen und dabei jeden Eindruck auslöschen, den man hinterlassen hat. Das geschieht mit der rechten Hand, indem man auf den beiden Fuß- und auf den Fingerspitzen der linken Hand das Gleichgewicht hält. Wer es einmal versucht, in dieser schwierigen Stellung auch nur eine Minute lang zu verharren, der wird bald einsehen, welche Anstrengungen dem Jäger hierbei verursacht werden.

So war es auch hier. Old Shatterhand voran und Winnetou hinter ihm bewegten sich nunmehr langsam in der beschriebenen Weise vorwärts. Der Weiße musste den Boden Zoll für Zoll tastend untersuchen und der Indianer musste sich bemühen, sich ganz genau in den Eindrücken, die der Erste hervorgebracht hatte, zu halten. Darum kamen sie nur äußerst langsam vorwärts.

Das Gras war fast meterhoch. Einerseits war das gut, weil es Deckung bot, andererseits aber von Nachteil, weil im hohen Gras eine jede Fährte sichtbar ist.

Bald erkannten sie die Einzelheiten. Zwischen dem feindlichen Lager und ihnen ging eine Wache langsam auf und ab. Wie war es da möglich, unbemerkt an das Zelt zu gelangen?

„Soll Winnetou den Wächter nehmen?", flüsterte der Häuptling der Apatschen.

„Nein", entgegnete Old Shatterhand. „Ich kenne meinen Hieb und kann mich darauf verlassen."

Leise wie Schlangen wanden sie sich durchs Gras und

näher, immer näher kamen sie zu dem Wachtposten. Der schien noch jung zu sein und hatte keine andere Waffe bei sich als das Messer in seinem Gürtel und ein Gewehr, das er bequem geschultert hielt. Gekleidet war er in Büffelfell. Seine Züge konnte man nicht erkennen, da sein Gesicht mit roten und schwarzen Querstrichen – den Kriegsfarben – bemalt war.

Der Rote blickte gar nicht zu den beiden herüber, sondern schien seine Aufmerksamkeit vorzugsweise auf das Lager zu richten. Vielleicht lockte ihn der Duft des Fleisches, das über dem Feuer briet, mehr, als es für einen Wachtposten geraten ist. Doch selbst wenn er nach der Stelle, wo sich die Anschleichenden befanden, gespäht hätte, wäre es ihm unmöglich gewesen, sie zu bemerken, da ihre dunklen Gestalten von der ebenso dunklen Grasfläche nicht zu unterscheiden waren. Sie bewegten sich nämlich schlauerweise nur in dem Schatten, den das Zelt nach der dem Feuer entgegengesetzten Seite warf.

So waren sie dem Indianer bereits bis auf acht Schritt nahe gekommen.

Der Posten hatte, auf der gleichen Linie hin und her schreitend, das Gras in einem geraden Strich niedergetreten. Ein Angriff auf ihn musste auf dieser Linie erfolgen, wenn keine weiteren Spuren entstehen sollten.

Jetzt hatte der Schoschone am äußersten Punkt der Linie kehrtgemacht und kam langsam wieder zurück. Er schritt an den beiden vorüber und befand sich nun im Schatten, geradeso wie sie.

„Schnell!“, flüsterte Winnetou.

Old Shatterhand richtete sich auf. Zwei riesige Sprünge brachten ihn hinter den Indianer, der das Geräusch hörte und sich rasch umdrehte. Aber schon schwebte Old Shatterhands Faust über ihm. Ein Hieb an die Schläfe und der Posten brach zusammen.

Mit zwei gleichen Sprüngen stand Winnetou bei ihm. „Ist er betäubt?“, fragte er.

„Ja."

„Mein Bruder mag ihn binden. Winnetou wird an seine Stelle treten."

Das Gewehr des Wächters vom Boden aufnehmend und schulternd, schritt er davon, ganz in der Haltung, die vorher der Schoschone innegehabt hatte. Von weitem musste er für den Wächter gehalten werden. So wanderte er nun auf und ab. Unterdessen war Old Shatterhand bis zum Zelt des Häuptlings vorgedrungen. Der Jäger versuchte, die Zeltwand ein wenig empor zu schieben, um in das Innere zu schauen. Da dies die scharf angespannte Leinwand verhinderte, musste er sie erst von der Bodenstange lösen.

Aber das durfte nur mit äußerster Vorsicht geschehen. Es konnte ja von innen bemerkt werden und in diesem Fall war alles verloren. Doch es glückte. Sich fest auf die Erde legend, brachte er nun die Augen so nahe wie möglich an den Boden. Leise, leise schob er den Rand der Zeltwand empor. Jetzt konnte er hineinblicken.

Was er sah, überraschte ihn. Die Gefangenen befanden sich nämlich nicht darin, auch keiner der Schoschonen. Nur der Häuptling saß auf dem Büffelfell, rauchte scharf duftenden Kinnikinnik, ein Gemisch aus Tabak und Weidenrinde oder Blättern des wilden Hanfs, und blickte zum halb offenen Zelt hinaus zum Lagerfeuer. Er kehrte Old Shatterhand den Rücken zu.

Der Jäger wusste gar wohl, was hier zu tun sei, wollte aber doch nicht ohne Verständigung mit dem Apatschen handeln. Deshalb ließ er die Zeltwand wieder herab, wendete sich zurück, riss einen Grashalm ab und nahm ihn in der vorhin beschriebenen Weise zwischen die beiden Daumen. Ein leises, einmaliges Zirpen ließ sich hören.

„Mahakoht-oh-hobit-to – die Grille singt!", erklang die Stimme eines Schoschonen vom Feuer her.

Wenn er gewusst hätte, was für eine Grille das war! Das Zirpen war für Winnetou das Zeichen, heranzukommen. Der Apatsche behielt seine langsame, würdevolle Bewegung bei, bis er in den Schatten des Zeltes trat und nun von den Schoschonen nicht mehr gesehen werden konnte. Da legte er das Gewehr ins Gras, ließ sich nieder und schlich möglichst rasch zum Zelt hin. Hier flüsterte er: „Warum ruft mich mein Bruder?“ – „Weil sich unser Plan ändern muss“, entgegnete Old Shatterhand ebenso leise. „Die Gefangenen befinden sich nicht in diesem Zelt.“ – „Das ist nicht gut, denn nun müssen wir zurück und von der anderen Seite zu den übrigen Zelten schleichen. Aber das dauert so lange, dass es indessen Morgen werden kann.“ – „Vielleicht ist das gar nicht nötig, denn Oihtka-petay, der Tapfere Büffel, sitzt drin.“ – „Uff! Der Häuptling selbst! Ist er allein?“ – „Ja.“ – „So brauchen wir die Gefangenen ja nicht zu holen.“ – „Das dachte ich auch. Wenn wir ihren Häuptling gefangen nehmen, können wir die Schoschonen zwingen, den Dicken Jemmy und den Hobble-Frank freizugeben.“ – „Mein Bruder hat Recht. Aber können die Schoschonen vom Feuer aus in das Zelt blicken?“ – „Ja! Nur reicht der Schein des Feuers nicht bis zur Rückwand.“ – „Sie werden aber doch gleich bemerken, dass ihr Häuptling nicht mehr dort sitzt.“ – „So werden sie denken, dass er sich in den Schatten zurückgezogen hat. Mein Bruder Winnetou mag bereit sein, mir zu helfen, falls mein erster Griff nicht glücken sollte.“

Das war so leise geflüstert, dass kein Hauch davon im Inneren des Zeltes zu hören war.

Jetzt schob Winnetou die Leinwand leise und langsam empor, so weit, bis Old Shatterhand, der sich fest an den Boden schmiegte, hineinkriechen konnte. Das tat der kühne Jäger so geräuschlos, dass der Tapfere Büffel unmöglich etwas von der ihm nahenden Gefahr bemerken konnte.

Nun befand sich Old Shatterhand im Zelt. Der Apatsche kroch mit dem halben Körper nach, um nötigenfalls augenblicklich Hilfe leisten zu können. Old Shatterhand streckte die Rechte aus. Er konnte den Schoschonen gerade erreichen. Ein schneller, kraftvoller Griff nach dem Hals –

der Tapfere Büffel ließ die Pfeife fallen und schlug ein-, zweimal mit den Armen ins Leere. Dann sanken sie herab; der Atem war ihm ausgegangen.

Old Shatterhand zerrte ihn aus dem Lichtkreis zurück ins Zeltdunkel und kroch, ihn nach sich ziehend, wieder zum Zelt hinaus.

„Gelungen!", flüsterte Winnetou. „Wie aber bringen wir ihn fort? Wir müssen ihn tragen und doch dabei unsere Spur auslöschen." – „Das ist allerdings schwierig." – „Und was tun wir mit dem Wächter, den wir gefesselt haben?" – „Den nehmen wir auch mit. Je mehr Schoschonen sich in unserer Hand befinden, desto eher geben die Roten ihre beiden Gefangenen frei." – „So wird mein Bruder den Häuptling tragen und Winnetou trägt den anderen. Dabei können wir aber die Spuren nicht auslöschen und deshalb müssen wir noch einmal zurück." – „Leider! Es wird dabei kostbare Zeit verstreichen und wir..."

Er hielt inne. Es trat etwas ein, wodurch all ihren Bedenken ein schnelles Ende bereitet wurde. Ein lauter, schriller Schrei war erklungen. „Tukhuavat, tukhuavat!", rief eine Stimme. „Feinde, Feinde!"

„Der Wachtposten ist wieder zu sich gekommen. Schnell fort!", flüsterte Old Shatterhand. „Wir nehmen ihn mit!"

Schon flog Winnetou in großen Sätzen zu der Stelle, wo der gefesselte Schoschone lag, riss ihn hoch und rannte mit ihm davon.

Old Shatterhand blieb trotz der großen Gefahr noch einige Augenblicke hinter dem Zelt. Er zog die kleinen Ästchen hervor, die er abgeschnitten hatte, hob die Zeltwand nochmals empor und steckte die Hölzer so in den Boden, dass sie sich wie spanische Reiter kreuzten dann nahm er den Häuptling auf und eilte mit ihm von dannen.

Die Schoschonen hatten nahe um das Feuer gesessen. Ihre Augen konnten sich, wie Old Shatterhand richtig vermutet hatte, nicht augenblicklich an das nächtliche Dunkel gewöhnen. Sie waren aufgesprungen und starrten zwar in die Nacht hinaus, konnten aber nichts sehen. Zudem hatten sie nicht unterscheiden können, von welcher Seite der Hilferuf erklungen war. So kam es, dass Winnetou und Old Shatterhand der gefährliche Rückzug gelang.

Der Apatsche hatte unterwegs sogar einmal stehen bleiben müssen. Es war ihm unmöglich gewesen, dem Schoschonen mit der Hand den Mund völlig zu verschließen. Zwar war es dem Gefangenen nicht geglückt, abermals um Hilfe zu rufen, aber er hatte doch ein so lautes Stöhnen hervorbringen können, dass Winnetou einen Augenblick anhalten musste, um ihm mit der Hand die Kehle zuzuschnüren.

„By Jove, wen bringt Ihr da?“, fragte der Lange Davy, als die beiden ihre Gefangenen auf den Boden legten.

„Noch mehr Geiseln“, erwiderte Old Shatterhand. „Gebt ihnen nur schnell Knebel in den Mund und der Häuptling muss gefesselt werden!“

„Der Häuptling? Heavens! Welch ein Streich! Davon wird man noch lange Zeit erzählen! Den Tapferen Büffel mitten unter seinen Kriegern herauszuholen, das bringen nur Old Shatterhand und Winnetou fertig!“

„Jetzt keine unnötigen Reden! Wir müssen fort, hinauf zur Höhe, wo unsere Pferde sind.“

„Mein Bruder braucht sich nicht zu beeilen“, sagte der Apatsche. „Wir können hier besser sehen als da oben, was die Schoschonen beginnen werden.“

„Winnetou hat Recht“, gab Old Shatterhand zu. „Es wird den Schoschonen nicht einfallen, hierher zu kommen. Sie wissen nicht, mit wem und mit wie vielen sie es zu tun haben. Vielmehr werden sie sich darauf beschränken müssen, ihr Lager zu sichern. Erst mit Anbruch des Tages ist es ihnen möglich, etwas zu unternehmen.“

„Winnetou wird ihnen eine Warnung sagen, die ihnen den Mut nimmt, ihr Lager zu verlassen.“

Der Apatsche hielt die Mündung seines Revolvers nahe an die Erde. Old Shatterhand verstand ihn sogleich.

„Halt!", warnte er. „Sie dürfen das Aufblitzen des Schusses nicht sehen, damit sie nicht erfahren, wo wir uns befinden. Ich denke, es wird ein Echo geben, wodurch sie getäuscht werden. Gebt eure Jacken und Röcke her, Mesch'schurs!"

Der Lange Davy nahm seinen zweifelhaften Gummimantel von der Schulter, auch die anderen befolgten Old Shatterhands Aufforderung. Die Kleidungsstücke wurden vorgehalten und dann drückte Winnetou zweimal ab. Die Schüsse krachten. Sie hallten von den Talwänden wider, und da das Aufblitzen nicht zu sehen gewesen war, konnten die Schoschonen nicht wissen, an welcher Stelle geschossen worden war. Ihre Antwort war ein durchdringendes Geheul.

Als sie den Ruf ‚Tukhuavat, tukhuavat – Feinde, Feinde!' gehört hatten, waren sie, wie bereits erwähnt, vom Feuer aufgesprungen und hatten sich bemüht, nach den Gegnern auszuschauen. Nur langsam gewöhnten sich ihre Augen an die Dunkelheit und dann befanden sich Old Shatterhand und Winnetou bereits in Sicherheit.

Mehrere der roten Krieger traten an den Eingang des Häuptlingszeltes. Sie blickten hinein und fanden es leer. „Der Tapfere Büffel ist bereits fort, die Wache zu befragen", meinte einer von ihnen.

„Mein Bruder irrt sich", entgegnete ein anderer. „Der Häuptling konnte das Zelt nicht verlassen, ohne von uns gesehen zu werden."

„Er ist aber nicht hier!"

„Und er kann auch nicht fort sein!"

„So hat ihn Takwantona, der Geist des Unheils verschwinden lassen!"

Da schob ein alter Krieger die anderen beiseite und erklärte: „Der böse Geist kann töten und Unglück bringen, aber einen Krieger nicht verschwinden lassen. Wenn der Häuptling nicht aus dem Zelt getreten und dennoch verschwunden ist, so kann er nur..."

Er hielt inne. Vorher war nur ein Teil des Tuches, das die Tür bildete, zur Seite geschoben. Jetzt hatte man es aber völlig entfernt und nun beleuchtete der Schein des Feuers das Zeltinnere ganz.

Der Alte trat herein und bückte sich nieder. „Uff!“, rief er aus. „Der Häuptling ist geraubt worden!“

Keiner antwortete. „Meine Brüder glauben es nicht?“, fragte er. „Sie mögen herblicken. Hier ist die Leinwand des Zeltes gelockert und hier stecken die Zweige in der Erde. Ich kenne dieses Merkmal. Es ist das Zeichen von Nonpeh-tahan, den die Bleichgesichter Old Shatterhand nennen. Er ist hier gewesen und hat uns den Tapferen Büffel geraubt.“

Da ertönten die zwei Schüsse des Apatschen. Das löste die Zungen der Schoschonen. Sie stießen jenes durchdringende Geheul aus.

„Löscht schnell das Feuer!“, gebot der Alte. „Wir dürfen den Feinden kein sicheres Ziel bieten.“

Man gehorchte ihm, indem man die brennenden Äste schnell auseinander riss und das Feuer austrat. Es wurde also dunkel im Lager. Da der Häuptling verschwunden war, ordneten sich die Schoschonen freiwillig dem ältesten Krieger unter. Jeder hatte zu seinen Waffen gegriffen und auf Befehl des Alten bildeten die Krieger rund um die Zelte einen Kreis, um den Feind zu empfangen, von welcher Seite er auch kommen möge.

Es waren vier Posten ausgestellt gewesen, um das Lager nach den vier Himmelsgegenden zu bewachen. Drei von ihnen hatten sich, als die Schüsse fielen, schleunigst zu den Ihrigen zurückgezogen. Der vierte hingegen fehlte. Und gerade er war der angesehenste von ihnen, Moh-aw[1], der Sohn des Häuptlings. Einer der Waghalsigsten erbot sich, nach ihm zu forschen. Er legte sich ins Gras und schlich in die Nacht hinaus in der Richtung, wo der Vermisste gesucht werden musste. Nach einiger Zeit kehrte er

[1] Moskito

mit dem Gewehr Moh-aws zurück. Das war ein sicherer Beweis, dass dem Sohn des Häuptlings ein Unglück widerfahren sei.

Der Alte hielt eine kurze Beratung mit den hervorragendsten Kriegern. Es wurde beschlossen, das Zelt, worin sich die Gefangenen befanden, ganz besonders zu bewachen, die Pferde in unmittelbarer Nähe des Lagers anzupflocken und den Anbruch des Tages abzuwarten.

Indessen hatten die Jäger dafür gesorgt, dass ihre beiden Gefangenen nicht laut werden konnten, und sich selbst dann still und beobachtend verhalten. Es war nichts zu hören als nach einiger Zeit der vom Gras gedämpfte Tritt der Pferde.

„Meine Brüder mögen aufhorchen! Die Schoschonen suchen ihre Pferde zusammen. Sie werden sie nahe bei den Zelten anbinden und dann nicht eher etwas unternehmen, als bis der Tag anbricht", erklärte Winnetou. „Wir können gehen."

„Ja, ziehen wir uns zurück", stimmte Old Shatterhand bei. „Wir freilich werden nicht bis zum Morgen warten. Oihtkapetay soll baldigst erfahren, was wir von ihm verlangen."

Noch wusste er nicht, dass der nächtliche Fang noch wertvoller war, als er bisher vermutet hatte. Er hob den Tapferen Büffel, der inzwischen wieder zum Bewusstsein gekommen war, vom Boden auf, nahm ihn über die Schulter und begann bergan zu steigen. Die andern folgten ihm, Winnetou den ‚Moskito' tragend. Nach mühevollem Emporklimmen gelangten sie wieder an die Stelle, wo sie Wohkadeh zurückgelassen hatten.

Der Lange Davy wand seinen Lasso los und sagte: „Gebt die Kerle her, wir wollen sie bei den anderen anbinden."

„Nein!", entgegnete Old Shatterhand. „Wir verlassen diese Stelle."

„Warum? Meint Ihr, dass wir hier nicht sicher sind? Oh, die Schoschonen werden uns gern in Ruhe lassen! Die sind froh, wenn ihnen nichts geschieht."

„Das weiß ich ebenso gut wie Ihr, Mister Davy. Aber wir müssen mit dem Häuptling sprechen, vielleicht auch mit den anderen. Es ist also nötig, ihnen die Knebel abzunehmen, und wenn wir das hier tun, so könnten sie leicht durch einen Ruf den Ihrigen ein Zeichen geben, das von hier aus da unten deutlich zu hören ist."

„Mein Bruder hat Recht", bestätigte der Apatsche. „Winnetou war heute hier, um die Schoschonen zu beobachten. Er kennt einen Ort, wo er mit seinen Brüdern und den Gefangenen lagern kann."

„Wir müssen ein Feuer haben", bemerkte Old Shatterhand. „Ist das dort möglich?"

„Ja. Man binde die Gefangenen auf die Pferde!"

Das geschah und dann setzte sich der kleine Zug in Bewegung, bei Nacht, durch den dichten Wald, Winnetou als Führer voran. Begreiflicherweise ging dieser Marsch nur langsam vorwärts, Schritt um Schritt. Nach einer halben Stunde war eine Strecke zurückgelegt, zu der am Tag wohl nur wenige Minuten gebraucht worden wären. Da hielt der Apatsche an.

Die Gefangenen wussten natürlich nicht, in wessen Hände sie geraten seien. Die beiden Kundschafter hatten wegen der Dunkelheit nicht sehen können, dass noch zwei weitere Gefangene gemacht worden waren. Hinwieder wussten diese zwei nichts von der Überrumpelung der Kundschafter, und der Häuptling hatte keine Ahnung, dass auch sein Sohn mit ihm ergriffen worden war. Aus diesem Grunde wurden sie, als man jetzt hielt, voneinander getrennt, nachdem man sie wieder von den Pferden genommen hatte.

Old Shatterhand beabsichtigte, den Tapferen Büffel nicht merken zu lassen, wie stark der Feind sei, dem er in die Hände gefallen war. Darum traf er die Maßnahme, mit dem Häuptling zunächst allein zu verhandeln. Die Übrigen mussten sich zurückziehen. Dann raffte er das am Boden liegende dürre Geäst zusammen, um ein Feuer anzuzünden.

Er befand sich mit dem Schoschonen auf einer nur wenige Schritt breiten freien Stelle. Der Apatsche hatte heute am Tag gesehen, wie gut sie sich zu einem verborgenen Lagerplatz eigne, und seinem Ortssinn war es selbst in dieser Dunkelheit gelungen, sie wieder aufzufinden.

Der Platz war rings von Bäumen umgeben, unter denen Farnkräuter und Dorngesträuch eine ziemlich dichte Einfassung bildeten, die den Schein des Feuers nicht weit dringen ließ. Mit Hilfe seines Punks steckte Old Shatterhand das trockene Geäst leicht in Brand und hieb sich dann mit einem Tomahawk von den umstehenden Bäumen die unteren, dürr gewordenen Zweige ab, um mit ihnen das Feuer zu unterhalten. Es sollte ja nur die kleine freie Stelle beleuchten, brauchte also nicht groß zu sein.

Der Schoschone lag am Boden und beobachtete das Tun des weißen Jägers mit finsteren Blicken. Als Old Shatterhand mit seinen Vorbereitungen fertig war, zog er den Gefangenen ans Feuer, richtete ihn in sitzende Stellung auf und nahm ihm die Knebel ab. Der Indianer verriet durch keine Miene und keinen Atemzug, dass ihm dies Erleichterung bereite. Für einen indianischen Krieger wäre es eine Schande, merken zu lassen, was er denkt und empfindet. Old Shatterhand setzte sich ihm an der anderen Seite des Feuers gegenüber und betrachtete zunächst seinen Feind. Der Häuptling war kräftig gebaut und trug einen Büffellederanzug von indianischem Schnitt, ohne jede Verzierung. Nur die Nähte waren mit Skalphaaren versehen und am Gürtel hingen wohl gegen zwanzig Skalpe, nicht etwa vollständige Kopfhäute, die zu viel Platz beansprucht hätten, sondern nur die handtellergroßen Wirbelhäute. Sein Gesicht war nicht bemalt, sodass die drei roten Narben auf den Wangen deutlich zu sehen waren. Mit unbewegten Zügen saß er da und starrte in das Feuer dem Weißen keinen Blick gönnend.

„Oihtka-petay trägt nicht die Farben des Krieges“, begann Old Shatterhand. „Warum tritt er da gegen friedliche Leute feindlich auf?“

Er erhielt keine Antwort. Deshalb fuhr er fort: „Der Häuptling der Schoschonen ist wohl vor Angst stumm geworden, da er mir auf meine Frage keine Antwort gibt?“

Der Jäger wusste Recht gut, wie ein Indianer behandelt werden musste. Der Erfolg zeigte sich sogleich, denn der Gefangene warf ihm einen zornigen Blick zu und antwortete: „Oihtka-petay weiß nicht, was Angst ist. Er fürchtet nicht den Feind und nicht den Tod.“

„Und dennoch verhält er sich so, als fürchte er sich. Ein mutiger Krieger malt sich die Farben des Krieges ins Gesicht, bevor er zum Angriff schreitet. Das ist ehrlich, das ist mutig; denn so weiß der Gegner, dass er sich verteidigen muss. Der Häuptling der Schoschonen aber ist ohne Farbe. Er hat das Gesicht des Friedens gehabt und dennoch die Weißen angegriffen. Oder habe ich nicht Recht? Findet der Tapfere Büffel ein Wort zu seiner Verteidigung?“

Der Indianer senkte den Blick und sagte: „Der Tapfere Büffel war nicht bei den Seinen, als sie den Bleichgesichtern nachjagten.“

„Das ist keine Entschuldigung. Wäre er ein ehrlicher und mutiger Mann, so hätte er die Bleichgesichter sofort wieder freigelassen. Ich habe überhaupt noch nicht vernommen, dass die Krieger der Schoschonen den Tomahawk des Krieges ausgegraben haben. Ihre Zelte stehen wie im tiefen Frieden an den Tongue- und Bighorngewässern. Sie verkehren in den Siedlungen der Weißen und doch fällt der Tapfere Büffel Männer an, die ihn niemals beleidigt haben. Kann er etwas dagegen sagen, wenn ein Tapferer meint, dass nur ein Feigling in dieser Weise handelt?“

Es war nur ein halber Blick, den der Rote auf den Weißen warf; aber dieser Blick bewies, dass der Indianer vor Grimm bebte. Dennoch klang seine Stimme ruhig, als er erwiderte: „Bist du vielleicht ein Tapferer? Hast du einen Namen?“

„Ja“, bestätigte der Gefragte gleichmütig.

„Die Bleichgesichter dürfen Waffen und Namen tragen, auch wenn sie Memmen sind. Die größten Schwachherzen unter ihnen haben die längsten Namen. Den meinigen kennst du. Also wirst du wissen, dass der Tapfere Büffel kein Schwachherz ist."

„So lass die beiden gefangenen Weißen frei und kämpfe nachher offen und ehrlich mit ihnen!"

„Sie haben es gewagt, am See des Blutes zu erscheinen. Dieses Gebiet ist uns heilig, denn die Geister erschlagener Schoschonen irren dort umher. Die weißen Gefangenen müssen sterben."

„Dann stirbst auch du!"

„Der Tapfere Büffel hat dir bereits gesagt, dass er den Tod nicht fürchtet; er wünscht ihn sich sogar!"

„Weshalb?"

„Er ist gefangen worden, aus seinem eigenen Wigwam von einem Bleichgesicht geholt worden. Er hat seine Ehre verloren, er kann nicht leben. Er muss sterben, ohne den Kriegsgesang anstimmen zu können. Er wird in seinem Grab nicht stolz und aufrecht auf seinem Streitross sitzen, behängt mit den Skalpen seiner Feinde, sondern er wird im Sand liegen und zerhackt werden von stinkenden Aasgeiern."

Während er das langsam und eintönig sagte, ohne einen Zug seines Gesichtes zu bewegen, sprach aus jedem Wort ein Gefühl, das fast an Trostlosigkeit grenzte. Und nach seinen Anschauungen hatte er vollkommen Recht. Es war eine ungeheure Schande für ihn, aus seinem Zelt, aus der Umgebung seiner bewaffneten Krieger als Gefangener herausgeholt worden zu sein.

Old Shatterhand fühlte eine warme Regung für den Mann, aber er ließ sich von diesem Mitleid nichts anmerken. Das wäre für den Roten eine Beleidigung gewesen und hätte den Todesgedanken in ihm nur noch tiefer Wurzel schlagen lassen. Deshalb sagte er: „Oihtka-petay hat sein Schicksal verdient; aber er kann leben bleiben, obgleich er mein Gefangener ist. Ich bin bereit, ihm die Freiheit wiederzugeben, wenn er den Seinen gebietet, für ihn die beiden Bleichgesichter freizulassen."

Es klang wie stolzer Hohn, als der Rote entgegnete: „Oihtka-petay kann nicht mehr leben. Er wünscht zu sterben. Binde ihn getrost an den Marterpfahl! Er darf zwar nicht von den Taten sprechen, die seinen Ruhm verbreitet haben, aber er wird trotz aller Todesqualen nicht mit der Wimper zucken."

„Ich werde dich nicht an den Todespfahl binden, denn ich bin ein Christ. Selbst wenn ich ein Tier töten muss, töte ich es so, dass es keine Qualen zu erdulden hat. Überdies würdest du nutzlos sterben. Ich würde nach deinem Tod die Gefangenen doch aus den Händen der Deinen befreien."

„Versuche es! Mich konntest du beschleichen, durch einen hinterlistigen Griff betäuben und im Dunkel der Nacht fortschleppen. Jetzt sind die Krieger der Schoschonen gewarnt. Es wird dir unmöglich sein, die Bleichgesichter zu befreien. Sie haben es gewagt, am See des Blutes zu erscheinen, und werden das mit einem langsamen Tod büßen. Hast du den Tapferen Büffel besiegt, so wird er sterben. Aber es lebt Moh-aw, sein einziger Sohn, der Stolz seiner Seele, der ihn rächen wird. Schon jetzt hat sich Moh-aw das Gesicht mit den Farben des Krieges bestrichen, denn er war dazu bestimmt, den Streich des Todes gegen die gefangenen Bleichgesichter zu führen. Er wird seinen Leib mit ihrem warmen Blut bemalen und dann geschützt sein gegen alle Feindschaft der Bleichgesichter."

Da raschelte es im Gestrüpp. Martin Baumann kam, beugte sich zu Old Shatterhands Ohr und flüsterte ihm zu: „Sir, ich soll Euch sagen, dass der gefangene Wachtposten der Sohn des Häuptlings ist. Winnetou hat es ihm entlockt."

Diese Kunde kam dem Jäger sehr gelegen. Er antwortete ebenso leise: „Winnetou mag ihn mir augenblicklich schicken. Der Lange Davy soll ihn tragen und dann hier bei ihm sitzen bleiben."

Martin entfernte sich. Old Shatterhand wandte sich wieder an den Indianer, indem er erklärte: „Ich fürchte Moh-aw nicht. Seit wann trägt er einen Namen und wo hörte man von seinen Taten? Ich nehme ihn ebenso gefangen wie dich selbst."

Diesmal konnte sich der Tapfere Büffel doch nicht ganz beherrschen. Es war verächtlich von seinem Sohn gesprochen worden. Seine Brauen zogen sich zusammen, seine Augen leuchteten und er fragte zornig: „Wer bist du, dass du in dieser Weise von Moh-aw zu reden wagst? Du wirst dich vor seinem Blick in die Erde verkriechen! Er hat mit den Sioux-Ogellallah gekämpft und mehrere von ihnen bezwungen. Er hat die Augen des Adlers und das Gehör der Nachtvögel. Kein Feind vermag ihn zu überraschen und er wird den Tapferen Büffel, seinen Vater, blutig rächen."

Da kam der Lange Davy herbeigeschritten, auf seiner Schulter den jungen Indianer. Er stieg mit seinen langen Beinen gleich über das dichteste Gestrüpp, legte den Gefangenen zur Erde nieder und sagte: „Da bringe ich den Buben."

„Setzt ihn aufrecht, Mister Davy, und nehmt Platz neben ihm! Auch den Knebel könnt Ihr wieder entfernen."

„Ay, Sir! Möchte aber wissen, was der Knabe vorbringen könnte."

Als Moh-aw aufrecht saß, blickten sich die beiden Schoschonen erschrocken in die Augen. Der Häuptling sagte nichts und bewegte sich nicht. Doch trotz seiner dunklen Hautfarbe war zu sehen, dass ihm das Blut aus dem Gesicht gewichen war. Der Sohn aber rief: „Uff! Auch Oihtka-petay ist gefangen! Das wird ein Heulen geben in den Wigwams der Schoschonen. Der große Geist hat sein Angesicht verhüllt vor seinen Kindern."

„Schweig!", donnerte ihn sein Vater an. „Keine Squaw der Schoschonen wird eine Träne weinen, wenn Oithkapetay und Moh-aw von den Nebeln des Todes verschlungen werden. Sie haben ihre Augen und Ohren verschlossen gehabt und sind ohne Hirn gewesen wie die Kröte, die sich ohne Gegenwehr von der Schlange verschlingen lässt. Schande über den Vater und Schande über den Sohn!"

Da wendete sich Old Shatterhand zu Davy und gab ihm den leisen Befehl: „Holt alle anderen herbei, nur Winnetou soll sich noch nicht sehen lassen!" Der Lange stand auf und entfernte sich.

„Nun", fragte Old Shatterhand, „sieht der Tapfere Büffel vielleicht, dass ich mich vor dem Blick seines Sohnes in die Erde verkrieche? Ich will euch nicht beleidigen. Der Häuptling der Schoschonen ist berühmt als tapferer Krieger und weise im Rat der Alten. Moh-aw, sein Sohn, wird in seine Fußtapfen treten und ebenso tapfer und weise sein. Ich gebe ihnen die Freiheit gegen die Freiheit der beiden gefangenen weißen Jäger." Über das Gesicht des Sohnes zuckte es wie Freude. Sein Vater aber warf ihm darob einen zornigen Blick zu und grollte: „Der Tapfere Büffel und sein Moh-aw sind ohne Kampf in die Hände eines elenden Bleichgesichts gefallen. Sie verdienen nicht, länger zu leben. Nur durch ihren Tod können sie diese Schande sühnen. Und so mögen auch die gefangenen Bleichgesichter sterben und mit ihnen alle, die noch in die Gefangenschaft der Schoschonen gera..."

Er hielt inne. Sein Blick ruhte erschrocken auf den zwei Kundschaftern, die jetzt von Davy, Bob und Martin herbeigebracht wurden.

„Warum spricht der Tapfere Büffel nicht weiter?", fragte Old Shatterhand. „Fühlt er, dass der Schreck nach seinem Herzen greift?"

Der Häuptling senkte den Kopf und blickte wortlos vor sich nieder. Hinter ihm bewegten sich die Zweige, ohne dass er es bemerkte. Old Shatterhand sah den Kopf des Apatschen erscheinen und warf ihm einen fragenden Blick zu. Ein leises Nicken war die Antwort.

„Jetzt sieht Oihtka-petay, dass seine Hoffnung auf neuen Sieg vergeblich ist“, fuhr Old. Shatterhand fort. „Aber wir sind nicht ausgezogen, um die tapferen Krieger der Schoschonen zu töten, sondern um die Ogellallah zu züchtigen. Wir erlauben euch nach euern Zelten zurückzukehren.“

Damit stand er auf, trat zu dem Häuptling und löste dessen Fesseln. Er wusste, dass er ein gewagtes Spiel begann. Aber er war ein Kenner des Westens und seiner Bewohner und hegte die Überzeugung, dass er dieses Spiel nicht verlieren werde.

Der Häuptling hatte seine ganze Selbstbeherrschung verloren. Was dieser Weiße tat, war ja ganz unbegreiflich, ganz unsinnig! Er gab seinen Feind frei, ohne seine Freunde dafür herauszubekommen. Und nun trat Old Shatterhand auch zu Moh-aw und öffnete dessen Bande. Der Tapfere Büffel starrte ihn fassungslos an. Dann riss er mit einem Ruck dem neben ihm sitzenden Martin das Messer aus dem Gürtel und schnellte empor. Ein wilder Hohn glühte in seinen Augen.

„Frei sollen wir sein?“, rief er aus. „Frei? Sollen wir erleben, dass die alten Squaws mit Fingern auf uns zeigen und dabei erzählen, wir seien von namenlosen Hunden angegriffen und niedergerissen worden? Sollen wir in den ewigen Jagdgründen am Boden liegen und Mäuse fressen, während sich unsere roten Brüder an den Lenden niemals sterbender Bären und Büffel laben? Unsere Namen sind befleckt. Kein Feindesblut, nur unser eigenes Blut kann den Fleck wieder herunterwaschen. Oihtka-petay wird sterben und die Seele seines Sohnes vor sich hersenden!“

Er zückte das Messer und sprang auf seinen Sohn zu, um ihm die Klinge ins Herz zu stoßen und dann sich selbst zu töten. Moh-aw bewegte sich nicht; er war bereit, den Stoß von der Hand des Vaters zu empfangen.

„Oihtka-petay!“, rief es da laut hinter dem Häuptling. Dieser Stimme war nicht zu widerstehen. Den Arm mit dem Messer hoch erhoben, drehte er sich um. Vor ihm stand der Häuptling der Apatschen. Der Schoschone ließ den Arm sinken.

„Winnetou!“, rief er aus.

„Hält der Häuptling der Schoschonen Winnetou für einen Kojoten?“, fragte der Apatsche.

Kojote heißt der kleine Wolf des Westens. Das Tier ist feig und geht oft im Verein mit dem Aasgeier an gefallene Tiere, sodass es eine große Schande ist, mit einem Kojoten verglichen zu werden.

„Wer wagt es, das zu sagen!“, antwortete der Gefragte.

„Oihtka-petay hat es selbst gesagt. Hat er nicht diejenigen, die ihn besiegten, namenlose Hunde genannt?“

Da ließ der Schoschone das Messer fallen. „Ist Winnetou der Sieger?“

„Nein, aber sein weißer Bruder, der hier neben ihm steht.“ Er deutete auf Old Shatterhand.

„Uff! Uff! Uff!“, stieß der Tapfere Büffel hervor. „Ist dieser weiße Mann Nonpeh-tahan, den die Bleichgesichter Old Shatterhand nennen?“

Sein Blick ging fragend zwischen Old Shatterhand und Winnetou hin und her. Der Apatsche erwiderte:

„Die Augen meines roten Bruders waren ermüdet und ebenso müde war sein Geist. Sonst hätte er bereits nachgedacht. Wer dem Tapferen Büffel mit einem einzigen Griff den Atem nimmt, muss ein Held sein, der einen großen Namen trägt!“

Der Schoschone fuhr sich mit der Hand nach dem Kopf und rief: „Oihtka-petay hat ein Hirn gehabt, aber keine Gedanken darin.“

„Ja, hier steht Old Shatterhand, sein Besieger. Braucht mein roter Bruder deshalb in den Tod zu gehen?“

„Nein“, erklang es unter einem tiefen, erlösenden Seufzer. „Er darf leben bleiben.“

„Ja, denn dadurch, dass er freiwillig in die ewigen Jagdgründe gehen wollte, hat Oihtka-petay bewiesen, dass er ein starkes Herz besitzt. Und Old Shatterhand war es, der Moh-aw mit einem Schlag seiner Schmetterhand zu Boden schlug. Ist das eine Schande für den jungen, tapferen Krieger?"

„Nein. Auch er kann leben."

„Und Old Shatterhand und Winnetou waren es, die die Kundschafter der Schoschonen gefangen nahmen, nicht als Feinde, sondern um gegen sie die gefangenen Bleichgesichter auszutauschen. Weiß mein roter Bruder nicht, dass Old Shatterhand und Winnetou die Freunde aller braven roten Krieger sind?"

„Ja, das weiß Oihtka-petay."

„So mag er wählen, was er sein will, unser Bruder oder unser Feind! Ist er unser Bruder, so werden seine Feinde auch die unsrigen sein. Wählt er aber die Feindschaft, nun so werden wir ihn, seinen Sohn und seine Kundschafter freigeben. Aber es wird viel Blut fließen um die Freiheit der beiden weißen Jäger und die Kinder der Schoschonen werden ihre Häupter verhüllen und Klagelieder anstimmen in jedem Wigwam und an jedem Lagerfeuer. Er mag also wählen. Winnetou hat gesprochen!"

Es trat tiefe Stille ein. Der Eindruck, den die Persönlichkeit und die Rede des Apatschen gemacht hatten, war groß. Oihtka-petay bückte sich nieder, ergriff das Messer, das ihm entfallen war, stieß die Klinge bis an das Heft in die Erde und rief: „So, wie die Schärfe dieses Messers verschwunden ist, so sei verschwunden alle Feindschaft zwischen den Kriegern der Schoschonen und den tapferen Kriegern, die hier bei ihnen stehen!"

Er zog das Messer wieder heraus, hielt die Klinge drohend empor und fuhr fort: „Und das Messer treffe alle Feinde, die gegen die Schoschonen und ihre Brüder sind! Howgh!"

„Howgh, howgh!", ertönte es rundum.

„Mein Bruder hat eine kluge Wahl getroffen", sagte Old Shatterhand. „Er sehe hier Davy-honskeh, den berühmten Jäger. Kennt er die Namen der Bleichgesichter, die als Gefangene in seinem Zelt liegen?"

„Nein."

„Es ist Jemmy-petahtscheh mit dem Hinkenden Frank, dem Gefährten Mato-pokas, des Bärenjägers."

„Mato-poka?", rief der Schoschone überrascht. „Warum hat das der Hinkende nicht gesagt? Ist nicht Mato-poka der Bruder der Schoschonen? Hat er nicht Oihtka-petay das Leben gerettet, als die Sioux-Ogellallah seiner Fährte folgten?"

„Das Leben hat er dir gerettet? Nun, hier erblickst du Martin, seinen Sohn, und Bob, seinen schwarzen Diener. Sie sind ausgezogen, ihm zu helfen, und wir begleiten sie, denn Mato-poka, der Bärenjäger, ist in die Hände der Ogellallah gefallen und soll samt seinen fünf Gefährten von ihnen getötet werden."

„Die Hunde der Ogellallah wollen den Bärenjäger martern? Der große Manitou wird sie vernichten. Ihre Seelen sollen aus den Leibern fahren und ihre Gebeine sollen im Sonnenstrahl bleichen! Wo kann man auf ihre Fährte treffen?"

„Sie sind hinauf in die Berge des Yellowstone River, wo das Grabmal des Bösen Feuers steht."

„Hat nicht mein Bruder Old Shatterhand das Böse Feuer und zwei seiner Krieger mit der bloßen Faust erschlagen? So sollen auch die fallen, die es gewagt haben, sich an dem Bärenjäger zu vergreifen! Meine Brüder mögen mir hinabfolgen zum Lager meiner Krieger! Dort soll die Pfeife des Friedens geraucht werden und dort werden die Männer am Beratungsfeuer sitzen."

Alle waren bereit dazu. Auch die beiden Kundschafter wurden von ihren Fesseln befreit und nun holte man die Pferde herbei.

„Sir, Ihr seid doch ein verwünschter Kerl!", raunte der Lange Davy Old Shatterhand zu. „Alles, was Ihr beginnt, ist verteufelt kühn und gelingt doch so vorzüglich, als handle es sich nur um eine Kleinigkeit. Ich ziehe meinen Hut vor Euch." Er riss seinen krempelosen Zylinder herab und schwenkte ihn so nachdrücklich hin und her, als wollte er einen Karpfenteich ausschöpfen.

Dann brach man auf. Die Pferde hinter sich herziehend, tasteten sich die Jäger wieder nach dem Abhang zurück. Das Feuer war vorher ausgelöscht worden. Oben an der Talsenkung hielt Moh-aw beide Hände an den Mund und schrie in die stille Tiefe hinab: „Kuna, kuna, kothko – das Feuer, das Feuer, brennt das Beratungsfeuer an!" Das Echo gab den Ruf vielfach zurück. Er war unten gehört und verstanden worden, denn man vernahm laute Stimmen. „Hang pa – wer kommt?", ertönte ein lauter Ruf aus dem Tal herauf.

„Moh-aw, Moh-aw!", antwortete der Sohn des Häuptlings.

Darauf ließ sich ein lautes, jubelndes ‚ha-ha-hih' hören und wenige Augenblicke später war die Flamme des schnell wieder angezündeten Feuers zu sehen. Das war ein sicheres Zeichen, dass die Schoschonen die Stimme des jungen Indianers erkannt hatten. Dennoch waren sie so vorsichtig, den Nahenden einige Leute entgegenzusenden, die sich überzeugen sollten, dass man wirklich nichts zu befürchten habe.

Als dann der Häuptling mit seiner Begleitung das Lager erreichte, fühlten die Seinen wohl Freude über seine Rückkehr. Auch waren sie begierig zu erfahren, wie es mit dem rätselhaften Verschwinden zugegangen sei, doch keiner ließ sich davon etwas anmerken. Erstaunt waren sie, als die fremden Bleichgesichter mit ihm auftauchten. Nur waren sie zu sehr gewöhnt, ihre Gefühle zu verbergen, als dass sie ein Zeichen der Überraschung hätten sehen lassen. Allein der alte Krieger, der inzwischen den Befehl geführt hatte, trat seinem Häuptling entgegen und sagte:

„Oihtka-petay ist ein großer Zauberer. Er verschwindet aus seinem Zelt, wie das Wort verschwindet, wenn es gesprochen wurde."

„Haben meine Brüder wirklich geglaubt, der Tapfere Büffel sei verschwunden, ohne Spur, wie der Rauch, der in die Lüfte steigt?“, fragte der Häuptling. „Haben sie nicht Augen gehabt, zu sehen, was geschehen war?“

„Die Krieger der Schoschonen haben Augen. Sie fanden das Zeichen des berühmten weißen Jägers und erkannten, dass Nonpeh-tahan mit ihrem Häuptling gesprochen hatte.“ Das war eine rücksichtsvolle Umschreibung der Tatsache, dass der Tapfere Büffel durch Old Shatterhand entführt worden war.

„Meine Brüder haben richtig vermutet“, erklärte der Häuptling. „Hier steht Nonpeh-tahan, der weiße Jäger, der seine Feinde mit der Faust niederschlägt. Und an seiner Seite befindet sich Winnetou, der große Häuptling der Apatschen.“

„Uff, uff!“, ertönte es im Kreis.

Bewundernd und achtungsvoll ruhten die Blicke der Schoschonen auf den beiden bekannten Männern, und indem sie ehrerbietig von ihnen zurücktraten, erweiterte sich der Kreis, der sich um die Ankömmlinge gebildet hatte.

„Diese Krieger sind gekommen, die Pfeife des Friedens mit uns zu rauchen“, fuhr nun der Häuptling fort. „Sie wollten ihre beiden Gefährten befreien, die dort im Zelt liegen. Sie hatten das Leben des Tapferen Büffels und seines Sohnes in ihrer Hand und haben es doch nicht genommen. Darum mögen die Krieger der Schoschonen die Fesseln der Gefangenen lösen. Meine Brüder werden dafür die Skalpe vieler Sioux-Ogellallah erbeuten, die wie die Mäuse aus ihren Löchern gekrochen sind, um von dem Habicht erwürgt zu werden. Mit Anbruch des Tages werden wir ihrer Fährte folgen. Jetzt aber mögen sich die Krieger um das Feuer der Beratung versammeln, um den großen Geist zu fragen, ob er den Kriegszug gelingen lassen wird!“

Keiner sprach ein Wort, obgleich die Kunde, die sie vernahmen, aufregend war. Einige begaben sich still in das betreffende Zelt, um den Befehl des Häuptlings auszuführen, und brachten bald die Gefangenen an das Feuer. Die zwei kamen wankend und unsicheren Schrittes herbei. Die Fesseln hatten so tief eingeschnitten, dass der Blutumlauf gehindert war.

„Alter Waschbär, was hast du denn für Dummheiten gemacht?“, begrüßte der Lange Davy seinen dicken Freund. „Nur so ein Frosch wie du kann dem Storch geradezu in den Schnabel springen!“

„Mach nur den deinigen zu, sonst springe ich augenblicklich auch dir hinein!“, entgegnete Jemmy ärgerlich, indem er sich die wunden Handgelenke rieb.

„Na, Alter, beruhige dich! Es war nicht so bös gemeint und du weißt ja, dass ich mich herzlich freue, dich wieder frei zu sehen.“

„Schön! Aber meine Freiheit werde ich wohl am meisten Old Shatterhand zu danken haben.“ Und sich an ihn wendend, fuhr er fort: „Sagt mir, wie ich es Euch danken kann! Mein Leben ist zwar nur des Dicken Jemmy Leben, aber ich bin in jedem Augenblick bereit, es Euch zur Verfügung zu stellen.“

„Nicht mir schuldet Ihr Dank“, wehrte Old Shatterhand ab. „Eure Gefährten haben brav mitgewirkt. Und vor allem müsst Ihr Euch hier an Winnetou wenden, ohne dessen Hilfe es gar nicht möglich gewesen wäre, so schnell und sicher zur Stelle zu sein.“

Der Dicke überflog mit bewunderndem Blick die schlanke und doch so kraftvolle Gestalt des Apatschen. Er bot ihm dann die Hand und sagte: „Ich habe es gewusst, dass Winnetou nahe sein muss, wenn Old Shatterhand sich sehen lässt. Da ich ein Frosch sein soll, so mag hier dieser Storch, den man den Langen Davy nennt, mich auf der Stelle verschlingen, wenn Ihr nicht der bravste Indsman seid, dem ich je meine Hand gegeben habe.“

Der Neger Bob war mit einem Ausruf der Freude zum Hobble-Frank getreten und rief: „Endlich, endlich Masser

Bob wieder sehen seinen guten Massa Frank! Masser Bob haben wollen totschlagen all ganz Schoschone-Indianer; aber Massa Shatterhand haben wollen mit Massa Winnetou ganz allein machen die Befreiung. Darum die Schoschonen noch einmal sind leben geblieben.“

Der Schwarze ergriff Franks Hände und streichelte deren wunde Stellen mit rührender Zärtlichkeit.

7. Der graue Bär

Wie eine lange, dünne Schlange wand sich der Zug der Schoschonen durch die Blue Grass Prairie, die sich vom Devils Head bis zum Big Horn River zwischen dem No Water Creek und dem No Wood Creek hinzieht.

Dieses so genannte Blaugras kommt im Westen nicht häufig vor. Es kann auf einem Boden, der ihm die nötige Feuchtigkeit bietet, die Höhe eines Mannes erreichen. In diesem Fall bietet es dem Westmann große Schwierigkeiten und er handelt klug, wenn er den Pfaden folgt, die die Büffel in dem dichten Grasmeer ausgetreten haben. Die über ihm zusammenwogenden Halme rauben ihm die nötige Fernsicht und es ist bei trübem Wetter oft geschehen, dass erfahrene Jäger, denen ein Kompass fehlte und denen es unmöglich war, den Stand der Sonne zu bestimmen, nach einem beschwerlichen Ritt am Abend an dem gleichen Ort hielten, wo sie am Morgen aufgebrochen waren. Gar mancher ist, indem er so im Kreise ritt, auf seine eigene Fährte gestoßen und hat sie vielleicht gar für die eines anderen gehalten.

Selbst den erwähnten Büffelpfaden zu folgen, ist nicht ganz gefahrlos. Man kann da unerwartet einen Feind, Mensch oder Tier, vor sich sehen. Plötzlich auf einen alten Büffel, der sich als grimmiger Einsiedler von der Herde trennte, zu stoßen, ist ebenso bedenklich, wie ahnungslos auf einen feindlichen Indianer zu treffen, der, sein Gewehr im Anschlag, drei Schritte entfernt vor einem steht. Dann heißt es blitzschnell handeln. Derjenige, dessen Schuss zuerst fällt, ist der Überlebende.

Die Schoschonen ritten im Gänsemarsch, einer hinter dem anderen, sodass jedes Pferd in die Spuren des vorhergehenden trat. Diese Ordnung halten die Indianer stets dann ein, wenn sie nicht genau wissen, ob Gefahr besteht. Außerdem wird dann die Vorsicht gebraucht, Späher vorauszusenden. Es sind die scharfsinnigsten und schlausten

Männer des Zuges, denen selbst das gegen den Wind gerichtete Neigen eines Halmes oder das leise Knicken eines abbrechenden Zweiges nicht entgeht.

In sich zusammengesunken und weit vorgebeugt, hängt so ein Kundschafter auf seinem Pferd, als sei ihm die Kunst des Reitens etwas ganz und gar Fremdes. Seine Augen scheinen geschlossen zu sein. Er rührt kein Glied seines Körpers. Auch sein Gaul bewegt nur wie schläfrig, gewohnheitsmäßig die Beine. Wer beide aus dem Hinterhalt beobachtet, könnte glauben, der Reiter sei im Sattel eingeschlafen. Aber ganz im Gegenteil! Die Aufmerksamkeit des Spähers ist desto angespannter, je weniger er es merken lässt. So tief seine Augenlider gesenkt sein mögen, sein scharfer Blick dringt doch wachsam darunter hervor.

Ein leiser Ton lässt sich hören, eben nur für das Ohr eines solchen Spähers wahrnehmbar. Hinter den nahen Büschen kauert ein Feind, der sein Gewehr erhoben hat, um es auf den Kundschafter zu richten. Dabei hat er mit dem Kolben den Hornknopf seines Rockes gestreift. Das kaum merkbare Geräusch ist dem Späher nicht entgangen. Ein kurzer, scharfer Blick nach dem Busch, ein Griff in die Zügel – der Reiter wirft sich seitlich vom Pferd, bleibt aber mit einem Fuß im Sattel und mit einem Arm im Halsriemen des Tieres hängen, sodass sein Körper völlig hinter dem seines Pferdes liegt und von der Kugel des Feindes nicht getroffen werden kann. Der Gaul, plötzlich aus seiner scheinbaren Schwerfälligkeit erwacht, macht zwei, drei Sprünge zur Seite und verschwindet mit seinem Reiter im Dickicht oder hinter schützenden Bäumen. Das ist in kaum zwei Sekunden geschehen, bevor der Feind den Späher genau aufs Korn nehmen konnte, und der Schütze im Hinterhalt hat nun alle Veranlassung, schnell auf seine eigene Sicherheit bedacht zu sein.

Solche Kundschafter ritten auch den Schoschonen in ziemlich weiter Entfernung voran. An der Spitze des Haupttrupps befanden sich Old Shatterhand, Winnetou und der

Tapfere Büffel. Ihnen folgten die Weißen mit Wohkadeh und Bob.

Der Neger war trotz der Übung, die ihm der Ritt bisher geboten hatte, kein besserer Reiter geworden. Die Haut seiner Beine war nicht abgehärtet. Er hatte sich wund geritten und saß nun noch jämmerlicher zu Pferd als vorher. Unter immer währendem Ah und Oh rutschte er von einer Seite auf die andere. Er ächzte und stöhnte in allen Tonarten und versicherte unter den fürchterlichsten Grimassen, dass er die Sioux seine Qualen grauenvoll entgelten lassen werde.

Um weicher zu sitzen, hatte er sich aus abgeschnittenem Blaugras eine Unterlage hergestellt. Da es ihm aber nicht gelang, ihr auf dem Rücken des Pferdes einen festen Halt zu geben, rutschte sie von Zeit zu Zeit herab und er natürlich mit, sodass er in fast regelmäßigen Zeitabständen auf die Erde zu sitzen kam. Das entlockte selbst den sonst so ernsten Schoschonen ein heiteres Lächeln, und als einer von ihnen, der ein wenig Englisch verstand, ihn den Sliding-Bob, den Rutsch-Bob nannte, ging das Wort von Mund zu Mund und wurde zum Spitznamen, dessen man sich später gelegentlich gern bediente.

Der westliche Rand des Blickfeldes hatte bisher eine ebene Linie gebildet. Jetzt begann er sich stellenweise zu erheben. Berge lagen dort, nicht bläulich und mit verschwommenen Umrissen, sondern scharf und deutlich gezeichnet, trotz der weiten Entfernung, die man noch durchreiten musste.

In jenen Gegenden ist die Sicht oft so klar, dass Punkte, die in meilenweiter Ferne liegen, so nahe zu sein scheinen, dass man meint, sie in wenigen Minuten erreichen zu können. Und dabei ist die Luft so voll von Elektrizität, dass sich zum Beispiel zwei Menschen nur mit den Händen oder Ellbogen zu berühren brauchen, um leichte Funken überspringen zu lassen. Diese elektrische Spannung strebt nach Ausgleich, den sie in immer währenden Entladungen findet. Es wetterleuchtet unausgesetzt rundum, ohne dass Wolken vorhanden sind. Oft scheint der ganze Gesichtskreis in Flammen zu stehen, doch wird das Wohlbefinden von Mensch und Tier dadurch nicht im Mindesten gestört. Ist die Dunkelheit des Abends hereingebrochen, so bietet dieses immer währende Leuchten und Glühen einen unbeschreiblichen Anblick und selbst der an dieses Schauspiel gewöhnte Westmann kann sich diesem Eindruck nicht entziehen. Er, der gelernt hat, sich nur auf sich selbst zu verlassen, fühlt sich klein und ohnmächtig solchen geheimnisvollen Kräften gegenüber. Er denkt an Gott, dessen er vielleicht seit langer Zeit vergessen, und als fromme Jugenderinnerung steigen in seinem Gedächtnis die in der Schule so oft gehörten Worte des Psalmisten auf: „Wo soll ich hingehen vor deinem Geist, und wo soll ich hinfliehen vor deinem Angesicht? Führe ich gen Himmel, siehe, so bist du da; bettete ich mich in die Hölle, siehe, so bist du auch da; nähme ich Flügel der Morgenröte und flöge ans Ende der Welt, so würde doch deine Hand daselbst mich führen und deine Rechte mich halten!“ Ganz dasselbe denkt und fühlt auch der Indianer, ‚Wakan-tanka-wakuon-pehta‘, das ‚Wigwamfeuer des Großen Geistes‘, nennt der Sioux dieses Wetterleuchten. ‚Manitou ni-meh warrenton‘, zu deutsch: ‚Ich habe Manitou im Blitz gesehen‘, sagt der Utah-Indianer, wenn er den Seinen berichtet, dass er seinen Weg bei dieser ‚elektrischen Beleuchtung‘ zurückgelegt habe.

Diese elektrischen Entladungen können im Kriegsfall sehr gefährlich werden. Der Indianer glaubt nämlich, dass der Krieger, der des Nachts getötet wird, in den ewigen Jagdgründen in immer währender Finsternis leben müsse. Deshalb sucht er jeden nächtlichen Kampf möglichst zu vermeiden und führt den Angriff am liebsten im ersten Morgenlicht aus. Wer aber im ‚Feuer des Großen Geistes‘, im Wetterleuchten stirbt, der ist nicht im Dunkeln in das Jenseits gegangen und wird auch dort die Jagd- und Kriegspfade erleuchtet finden. Aus diesem Grund scheut sich der Indsman nicht, beim Schein zuckender Wetter anzugreifen, und gar mancher, der das nicht wusste oder nicht beachtete, hat seine Unwissenheit oder Unvorsichtigkeit mit Skalp und Leben büßen müssen. –

Der kleine Hobble-Frank hatte dieses Wetterleuchten noch nie beobachtet. Darum sagte er zu dem Dicken Jemmy, hinter dem er ritt: „Herr Pfefferkorn, Sie waren drüben in Deutschland mal Gymnasiast und werden sich wohl noch ein bisschen off Ihren psychikalischen Unterricht besinnen können. Warum blitzt und leuchtet es denn eigentlich hier so sehr?“

„Es heißt physikalisch und nicht psychikalisch“, verbesserte der Dicke.

„Ob ich sage psychikalisch oder physikalisch, das bleibt sich gleich. Die Hauptsache is, dass man den Yxilump richtig ausspricht.“

„Ypsilon heißt es.“

„Was? Wie? Ich soll nich mal wissen, wie der vorletzte Buchstabe des Alphabets ausgesprochen wird? Wenn Sie mir das noch mal sagen, da kann was drauf erfolgen, was Sie sehr leicht in eine Gemütskrankheit versetzen kann. So was lässt sich ein Verehrer der Wissenschaft nich gefallen. Sie wissen mir off meine Frage keine akademische Antwort zu versetzen und deshalb versuchen Sie nun, sich off Schleichwegen aus der Falle rauszubeißen. Aber wenn Sie denken, dass Ihnen das gelingt, da irren Sie sich mehrschtenteels in mir. Können Sie mir Antwort geben oder nich?“

„Natürlich!“, lachte der Dicke.

„Nun, dann los damit! Also, warum wetterleuchtet es hier gar so sehr?“

„Weil viel Elektrizität vorhanden ist.“

„So? Ach! Das nennen Sie ne Antwort? Nun, dazu braucht man wohl kein Gymnasiast gewesen zu sein! Ich habe zwar keine Alma Vater besucht, ich bin kein Student gewesen und habe ooch niemals kommersiert und den Alexander gerieben, aber ich weiß doch ganz genau, dass Elektrizität vorhanden sein muss, wenn es leuchtet. Jede Wirkung hat ihre Ursache. Wenn einer eine Ohrfeige gekriegt hat, da muss ein anderer vorhanden sein, der ihm die Maulschelle gab. Und wenn es wetterleuchtet, so – so..."

„...so muss einer da sein, der es angebrannt hat", fiel Jemmy ein.

Der Hobble-Frank war zunächst still, um sich die Worte des Dicken zu überlegen; dann aber brach er zornig los: „Hören Sie, Herr Pfefferkorn, es is gut, dass wir noch keine Brüderschaft miteinander gemacht haben, denn jetzt würde ich sie off der Stelle wieder aufheben und das wäre doch ein ewiger Schandfleck für Ihr bürgerliches Wappenschild. Warum fallen Sie mir denn eigentlich so in meine schönste Rede? Wenn ich in meiner scharfsinnigen, bescheidenen Weise die Elektrizität mit einer Ohrfeige vergleiche, so haben Sie nich das mindeste Recht, sich wie ein Räuberhauptmann meines Vergleichs zu bemächtigen. – Es war also die Rede vom Wetterleuchten. Sie sagen, es wetterleuchtet wegen der vorhandenen Elektrizität. Nun aber frage ich weiter, warum gerade hier in dieser Gegend so viel Elektrizität vorhanden is? Ich habe doch noch nirgends eine solche Menge beisammen gefunden. Jetzt haben Sie die beste Gelegenheit, Ihr Examen zu bestehen."

Der Dicke Jemmy lachte laut auf. Deshalb erkundigte sich der Kleine:

„Was lachen Sie denn so? Lachen Sie etwa nur aus Verlegenheit? Ich bin sehr neugierig, off welche Weise Sie sich herausbeißen werden, mein bester Herr Pfefferkorn!"

„Ja", erwiderte Jemmy, „Ihre Frage ist freilich recht schwierig zu beantworten. An ihr könnte sich selbst ein Professor vergebens abmühen."

„So! Eine andere Antwort haben Sie also nich?"

„Vielleicht doch."

„Dann lassen Sie mal hören! Ich bin ganz Ohr."

„Vielleicht ist der Metallreichtum des Felsengebirges an dieser Ansammlung der Elektrizität schuld.“

„Der Metallreichtum? Mit dem hat die Elektrizität nischt zu tun.“

„O doch! Warum wird sie vom Blitzableiter angezogen?“

„Sie läuft aber unten wieder hinaus, folglich mag sie gar nischt von ihm wissen, und es wird gar mancher Baum vom Blitz erschlagen, ohne dass er nur das kleinste Stückchen Eisen in der Westentasche stecken hatte. Nee, das kann ich nich gelten lassen. Da müssten zum Beispiel alle Eisengießereien vom Blitz getroffen werden.“

„Oder ist's, weil wir uns hier dem magnetischen Pol nähern?“

„Wo liegt denn der?“

„Im nördlichen Amerika, allerdings noch eine gute Strecke von hier.“

„So lassen Sie ihn nur immer liegen! Der is ja auch ganz unschuldig an diesem Wetterleuchten.“

„Oder staut sich die Elektrizität bei der ungeheuer schnellen Erdumdrehung an den riesigen Höhen des Felsengebirges?“

„An so eine Stauung is nich zu denken. Die Elektrizität is doch nich so dick wie Sirup. Sie geht ganz leicht über die Berge hinweg. Nee, Sie haben Ihr Examen nich bestanden.“

„Nun, wenn Sie der Mann sind, mich zu prüfen, so müssen Sie wohl im Stande sein, es besser zu machen.“

„Natürlich! Mir hat der Moritzburger Schulmeister mal in einer vertraulichen Stunde mitgeteilt, dass die Elektrizität durch Reibung entsteht. Das geben Sie doch zu?“

„Gewiss.“

„Folglich muss, wo Reibung vorhanden is, Elektrizität entstehen.“

„Zum Beispiel beim Kartoffelreiben!“

„Lassen Sie Ihre Quartanerwitze beiseite, Herr Pfefferkorn, besonders, wenn Sie mit einem Mann von meinen wissenschaftlichen Kenntnissen sprechen. Mit der Elektrizität mache ich gar nich viel Federlesens. Off ein bisschen Reibung mehr oder weniger kommt mir's gar nich an, besonders hier in dieser Gegend. Da gibt es gewaltige Prärien, gewaltige Berge. Wenn nun der Wind oder gar der Sturm darüber saust, so entsteht eine ungeheure Reibung. Oder nich?"

„Ja", gab Jemmy schalkhaft zu.

„Der Sturm reibt den Boden. Die Millionen von Grashalmen reiben sich aneinander. Die ungezählten Äste, Zweige und Blätter der Bäume reiben sich ebenso. Die Büffel wälzen sich in den Wallows[1], was großartige Reibung gibt. Kurz und gut, es findet in dieser Gegend eine Reibung statt wie sonst nirgendwo, und da is es selbstverständlich, dass sich ein riesiger Vorrat von Elektrizität anhäufen muss. Da haben Sie die einfachste, unanfechtbarste Erklärung. Wollen Sie etwa noch mehr?"

„Nein, nein", lachte Jemmy. „Ich habe genug!"

„So nehmen Sie die Aufklärung mit Ernst und ergebener Hochachtung hin. Das Lachen aber haben Sie gar nich nötig. Wäre uns dieser famose Old Shatterhand nich zu Hilfe gekommen, so hätten Sie trotz Ihrer Pfiffigkeit den gefährlichen Salto quartale hinüber in die ewigen Jagdgründe machen müssen."

„Mortale heißt es, nicht quartale!"

„Schweigen Sie! So etwas kommt mir in diesem Vierteljahr nich wieder vor; deshalb sage ich quartale. Unser wissenschaftliches Gespräch is überhaupt jetzt finis parterra, denn wir sind den Bergen nahe und da vorn halten unsere Kundschafter. Sie müssen also etwas Wichtiges entdeckt haben."

Der kleine Pseudogelehrte hatte während seiner drolligen Auseinandersetzung wenig darauf geachtet, dass indessen eine bedeutende Strecke zurückgelegt worden war. Das Blaugras war verschwunden. An seine Stelle traten

[1] Runde Bodenvertiefung von acht bis zehn Fuß Durchmesser, durch die Büffel in den Boden gewälzt

Festucagräser, reichlich mit duftenden Cumarinhalmen durchsetzt, und in einiger Entfernung entfaltete sich bereits ein reichlicher Strauchwuchs, über den die Wipfel einiger Rotahorne emporragten. Diese Bäume lieben den feuchten Boden und bildeten also ein erfreuliches Zeichen dafür, dass man nach dem heißen Ritt wohl bald auf einen erquickenden Trunk rechnen könne.

Dort bei den Büschen hielten die Kundschafter. Als ihnen der Reiterzug nahte, winkten sie mit den Händen zur Vorsicht, und einer rief: „Neragpan, neragpan!"

Dieses Wort hat die Bedeutung von Fährte. Die Kundschafter mahnten also zur Vorsicht, damit die von ihnen gefundene Fährte nicht zerstört werde, bevor sie von den Anführern ‚gelesen' worden sei.

Wohkadeh beachtete ihre Winke nicht, er ritt zu ihnen hin.

„Ep hets!", rief ihm derjenige, der vorher gerufen hatte, unwillig zu.

Das heißt ‚junger Mann' und bedeutete also eine Zurechtweisung. Ein junger Mann handelt wohl nicht so überlegt wie ein bejahrter. Der Ausdruck enthielt einen Tadel, ohne Wohkadeh jedoch beleidigen zu sollen. Trotzdem antwortete er ernst: „Haben meine Brüder die Winter gezählt, seit denen Wohkadeh lebt? Er weiß genau, was er tut, und kennt diese Fährte, denn die Tapfen seiner Füße sind auch dabei. Hier lagerte er mit den Sioux-Ogellallah, bevor sie ihn aussandten, nach den Zelten der Schoschonen zu suchen. Sie sind jedenfalls von hier gerade nach Westen geritten, um den Fluss des Dicken Horns zu erreichen, und werden Wohkadeh Zeichen zurückgelassen haben, mit deren Hilfe er ihnen schnell zu folgen vermag."

Die Stelle, wo sie hielten, zeigte Spuren, die andeuteten, dass vor einigen Tagen ein ansehnlicher Reitertrupp hier gelagert habe. Diese Zeichen waren aber nur für ein geübtes Auge zu erkennen. Das niedergetretene Gras hatte sich wieder völlig aufgerichtet, doch fehlten den nahen

Büschen die Zweigspitzen, die von den Pferden abgefressen worden waren. Nach Wohkadehs Erklärung schien es zwecklos, sich hier länger aufzuhalten. Zwar stand die Sonne im Scheitelpunkt, es war also die Zeit der größten Tageshitze und die Pferde bedurften einer kurzen Ruhe, doch wollte man sie ihnen nicht eher gewähren, als bis Wasser gefunden wurde.

Der bisher ebene Boden begann nun zu steigen. Von vorn, rechts und links traten lang gestreckte Bergrücken heran. Die Reiter folgten einer breiten Senkung, die sich zwischen den Höhen hindurchwand. Sie war mit dem geschilderten hohen Gras bewachsen, doch zeigte sich jetzt auch immer mehr Buschwerk, zwar zunächst nur harte Arten, bald aber traten auch weichere auf, strauchartige Balsampappeln, die sich nicht zu Bäumen zu entwickeln schienen, und wilde Birnen von der Gattung, die der Amerikaner Spiked Hawthorn nennt.

Nun wurden auch die vorher nur vereinzelt stehenden Bäume zahlreicher: weiße Eschen, Kastanien, Zürgelbäume, Makrokarpa-Eichen, Linden und andere, an deren Stämmen purpurrot blühender Osterluzey emporkletterte.

Als der Weg dann hinter einer Höhe scharf nach Norden bog, sahen die Reiter bereits dicht bewaldete Berge vor sich. Dort musste Wasser zu finden sein. Zwei wild zerklüftete Höhen ragten einander gegenüber ziemlich steil empor. Zwischen sie drängte sich ein schmales Tal, auf dessen Sohle ein Wässerchen sein leises Lied murmelte. Sollte man einbiegen oder der bisherigen Richtung folgen?

Old Shatterhand musterte mit scharfem Blick den Saum des Waldes. Bald nickte er befriedigt vor sich hin und sagte: „Unser Weg führt hier links in das Tal hinein."

„Weshalb?", wunderte sich der Lange Davy.

„Seht Ihr nicht den Fichtenast dort im Stamm der Linde stecken?"

„Ay, Sir. Ist freilich auffällig, dass ein Nadelholz an einem Laubbaum wächst."

„Es soll ein Zeichen für Wohkadeh sein. Die Sioux haben es so an dem Lindenstamm angebracht, dass es in das Tal zeigt. Diese Richtung haben sie demnach eingeschlagen und ich denke, wir werden noch auf mehrere solcher Wegweiser treffen. Also vorwärts!"

Winnetou war bereits schweigend vorangeritten, nachdem er nur einen kurzen Blick auf die Linde geworfen hatte. Das war so seine Art. Er pflegte zu handeln, ohne viel zu sagen.

Als der Zug eine kurze Strecke zurückgelegt hatte, fand sich eine Stelle, die sich besonders gut zum Lagern eignete. Hier wurde angehalten. Es gab Wasser, Schatten und vortreffliches Futtergras für die Pferde. Die Reiter stiegen ab und erlaubten den Tieren zu grasen. Die Schoschonen waren reichlich mit getrocknetem Fleisch versehen und die Weißen hatten noch von dem Mundvorrat, den sie aus der Blockhütte des Bärenjägers mitgenommen hatten. Es wurde gegessen und dann streckten sich die Männer zu einem kurzen Schlummer ins Gras oder sie saßen in Gruppen beisammen, um sich zu unterhalten.

Der Unruhigste von allen war Bob, der Neger. Da er sich wund geritten hatte, schmerzten ihn die verletzten Stellen. „Masser Bob sein krank, sehr krank", jammerte er. „Masser Bob nicht haben mehr seine Haut an den Beinen. Ganze Haut sein fort und nun kleben Hose an Beinen und tun so weh Masser Bob. Wer sein schuld daran? Die Sioux. Wenn Masser Bob sie finden, dann werden er sie totschlagen, bis sie nicht mehr sein können lebendig. Masser Bob nicht können reiten, nicht sitzen, nicht stehen, nicht liegen. Es sein, als haben Masser Bob Feuer an seinen Beinen."

„Dagegen gibt es ein Mittel", meinte Martin Baumann. „Such dir Colt'sfoot[1] und leg die Blätter auf die Wunden."

„Wo aber wachsen Colt'sfoot?"

„Besonders an Waldrändern. Vielleicht ist gerade hier welcher zu finden."

[1] Huflattich

„Aber Masser Bob nicht kennen diese Pflanze. Wie können er sie finden?“

„Komm! Ich will mit suchen.“

Die beiden wollten sich entfernen. Jemmy hatte ihre Worte gehört und warnte: „Nehmt eure Gewehre mit! Man kann hier nie wissen, was der nächste Augenblick bringt.“

Martin griff wortlos nach seiner Waffe und auch der Neger schulterte seine Büchse.

„Yes!“, sagte er. „Masser Bob mitnehmen auch seine Rifle. Wenn kommt Sioux oder wildes Tier, er sogleich erschießen alles, um zu beschützen sein jung Massa Martin. Come on!“

Die beiden schritten langsam am Talrand entlang, aber es war kein Huflattich zu sehen. So entfernten sie sich weiter und weiter vom Lagerplatz. Es war still und sonnig im Tal. Schmetterlinge gaukelten um die Blumen. Käfer summten und brummten von Ort zu Ort. Das Wasser plätscherte so friedlich und die Wipfel der Bäume badeten sich im Sonnenschein.

Da blieb der voranschreitende Martin stehen und deutete auf eine Linie, die sich in kurzer Entfernung schnurgerade von dem kleinen Bach durch das Gras zur Talwand zog, wo sie unter den Bäumen verschwand.

Sie gingen hin und nahmen die Fährte in Augenschein. Das Gras war vom Wasser bis hinüber zu den Bäumen mehrere Fußbreit nicht nur nieder-, sondern so ausgetreten, dass der nackte Boden zum Vorschein gekommen war. Martin und Bob standen also vor einem richtigen Pfad.

„Das sein gewesen kein Tier“, meinte der Neger. „Hier sein laufen ein Mann mit Stiefeln immer hin und her. Massa Martin werden Recht geben Masser Bob.“

Der Jüngling aber schüttelte den Kopf. Er untersuchte den Pfad genau und erwiderte: „Die Sache ist befremdend. Man kann keine Huf- oder Krallenspur erkennen. Der Boden ist so festgetreten, dass man nicht einmal bestimmen kann, zu welcher Zeit dieser Pfad zum letzten Mal beschritten wurde. Ich möchte wetten, dass nur ein Huftier einen solchen Weg auszutreten vermag."

„O schön, sehr schön!", freute sich der Neger. „Vielleicht es sein ein Opossum. Das sein Masser Bob sehr willkommen."

Das Opossum ist die virginische Beutelratte, die bis zu einem halben Meter lang werden kann. Sie besitzt zwar ein zartes, weißes und fettes Fleisch, hat aber einen so eigentümlichen, widerlichen Geruch, dass sie von Weißen niemals gegessen wird. Der Neger dagegen verschmäht sie nicht und es gibt sogar manchen Schwarzen, der auf diesen unangenehm duftenden Braten leidenschaftlich versessen ist. Zu dieser Art von Feinschmeckern gehörte auch Bob.

„Was fällt dir ein!", lachte Martin. „Ein Opossum hier? Gehört denn die Beutelratte zu den Huftieren?"

„Wohin Opossum gehören, das sein Masser Bob ganz gleich. Opossum sein ein fein, herrlich Fleisch und Masser Bob jetzt werden versuchen, ob Opossum sich werden lassen fangen."

Er wollte fort, der Fährte nach, Martin aber hielt ihn zurück. „Bleib und mach dich nicht lächerlich! Von einem Opossum kann hier keine Rede sein. Es wäre ja viel zu klein, um eine solche Spur auszutreten. Hier handelt es sich um ein großes Tier, vielleicht um einen Elk!"

„Elk, o Elk!", rief Bob, indem er mit der Zunge schnalzte. „Elk geben viel, viel Fleisch und Talg und Haut. Elk sein gut, sein sehr gut! Bob werden Elk sogleich schießen."

„Bleib, bleib! Es kann doch kein Elk sein, denn dann wäre hier das Gras abgeäst."

„So werden Masser Bob nachsehen, was es sein. Vielleicht sein es doch ein Opossum. Oh! Wenn Masser Bob ein Opossum finden, dann er machen einen großen Schmaus." Er lief der Fährte nach, der mit Wald bedeckten Talwand zu.

„Warte doch nur, Bob!", mahnte Martin. „Es kann doch auch ein Raubtier sein!"

„Opossum sein Raubtier, fressen Vögel und ander klein Viehzeug, Masser Bob es fangen.“ Er ließ sich nicht warnen und ging weiter. Der Gedanke an seinen Lieblingsbraten verdrängte die hier so nötige Vorsicht. Martin folgte ihm, um im Fall einer unangenehmen Überraschung schnell bei der Hand zu sein; aber der Neger war dem jungen Mann stets eine Strecke voran.

So erreichten sie den Waldrand, wo der Boden ebenso wie auf der anderen Seite des Tales ziemlich steil emporzusteigen begann. Der Pfad lief schnurgerade zwischen die Bäume hinein und dann zwischen großen Felsbrocken empor. Er war auch hier so fest, dass eine ausgesprochene Einzelspur nicht zu erkennen war.

Immer weit voran kletterte der Neger die Höhe hinauf. Die Bäume standen ziemlich dicht und zwischen ihren Stämmen hatte sich allerlei Unterholz breit gemacht, sodass der Wildpfad nun durch ein regelrechtes Dickicht führte. Da hörte Martin die jubelnde Stimme des Negers: „Massa kommen, schnell kommen! Masser Bob haben funden das Nest von Opossum.“

Der Jüngling folgte so rasch wie möglich diesem Ruf. Von einem Opossum konnte keine Rede sein und so war zu befürchten, dass sich Bob in eine Gefahr begab, von deren Größe er gar keine Ahnung hatte. „Bleib stehen!“, warnte daher Martin. „Unternimm nichts, bis ich komme.“

„Oh, hier sein schon Loch, die Haustür zu Nest von Opossum! Masser Bob nun dem Opossum machen seinen Besuch.“

Jetzt erreichte Martin die Stelle, wo sich der Neger befand. Es lagen da eine Anzahl übereinander getürmter Felsstücke. Zwei davon waren gegeneinander gelehnt und bildeten eine Höhle, vor der ein aus Haselnussbüschen, wilden Maulbeersträuchern, Himbeer- und Brombeerranken bestehendes Gestrüpp wucherte. Durch dieses Gestrüpp war ein Gang gebahnt. Die bisher verfolgte Spur führte hinein, doch zeigten zahlreiche, nach rechts und links führende Fährten, dass der Bewohner der Höhle nicht nur zwischen ihr und dem Wasser verkehrte, sondern auch noch anderweitige Ausflüge unternahm.

Der Neger hatte sich niedergekauert und befand sich bereits mit seinem Vorderleib im Gestrüpp, um in die Höhle zu kriechen. Jetzt erkannte Martin zu seinem Schreck, dass seine Befürchtung nicht grundlos gewesen war. Aus den Spuren sah er nun deutlich, mit welch einem Tier er es zu tun habe. „Um Gottes willen, zurück, zurück!“, rief er. „Das ist die Höhle eines Bären!“

Gleichzeitig fasste er Bob bei den Beinen, um ihn zurückzuziehen. Der Neger aber schien ihn nicht verstanden zu haben, denn er antwortete: „Warum mich halten? Masser Bob sein tapfer, er werden besiegen ganzes Nest voll Opossum.“

„Kein Opossum, sondern ein Bär, ein Bär!“

Martin hielt den Schwarzen aus Leibeskräften fest. Da ließ sich ein tiefes, zorniges Brummen hören und zu gleicher Zeit stieß Bob einen Schrei des Schreckens aus. „Jessus! Ein Vieh, ein Ungetüm! O Masser Bob, o Masser Bob!“

Er schob sich blitzschnell aus dem Gestrüpp heraus und sprang auf. Martin sah trotz der dunklen Haut des Schwarzen, dass Bob vor Schreck das Blut aus dem Gesicht gewichen war. „Ist der Bär noch drin in der Höhle?“, fragte der Knabe.

Bob fuhr mit den Armen in der Luft herum und bewegte die Lippen, brachte aber keine Antwort hervor. Er hatte sein Gewehr fallen lassen. Seine Augen verdrehten sich und seine Zähne knirschten aufeinander.

Da raschelte es im Gestrüpp – der Kopf eines Grizzly, eines grauen Bären, blickte daraus hervor. Das gab dem Neger die Sprache wieder. „Fort, Fort!“, schrie er. „Masser Bob hinauf auf Baum!“

Er tat einen gewaltigen Sprung vorwärts nach einer dünnen, schlanken Birke und fuhr mit der Schnelligkeit eines Eichhörnchens am Stamm empor.

Martin war leichenblass geworden, doch nicht aus Angst. Mit einem flinken Griff raffte er das Gewehr des Negers auf und sprang hinter eine starke Buche. Er lehnte das Gewehr an den Stamm und griff dann zu seiner eigenen Doppelbüchse, die an seiner Schulter hing.

Der Bär war langsam zwischen dem Dorngesträuch hervorgetreten. Seine kleinen Augen blickten erst nach dem Neger, der mit den Händen an den unteren Ästen der Birke hing, und sodann nach Martin, der ihm entfernter stand. Er senkte den Kopf, öffnete den geifernden Rachen und ließ die Zunge heraushängen. So schien er zu überlegen, gegen welchen der beiden Feinde er sich zunächst wenden solle. Dann richtete er sich langsam und wackelnd auf den Hinterpranken auf. Der Grizzly war über zwei Meter hoch und verbreitete jenen durchdringenden Geruch, der allen Raubtieren der Wildnis mehr oder weniger eigen ist.

Von dem Augenblick an, da Bob von der Erde aufsprang, war noch keine Minute vergangen. Als der Neger das riesige Tier in einer Entfernung von kaum vier Schritt so drohend aufgerichtet sah, zeterte er: „For gods sake! Bär wollen fressen Masser Bob! Hinauf, schnell, schnell!"

Mit krampfhaften Bewegungen turnte er immer höher. Leider aber war die Birke so schwach, dass sie sich unter der Last des riesigen Schwarzen bog. Er zog die Füße möglichst weit empor und klammerte sich mit Armen und Beinen an, konnte sich aber doch nicht in reitender Stellung halten. Der dünne Wipfel des Bäumchens neigte sich nieder und Bob hing nun wie eine große Fledermaus an allen vieren von da herab.

Der Bär schien zu begreifen, dass dieser Feind leichter zu besiegen sei als der andere. Er wendete sich der Birke zu und bot Martin seine linke Seite. Der Jüngling hatte nach der Brust gegriffen. Dort hing unter dem Jagdhemd die kleine Puppe, das blutige Andenken an sein unglückliches Schwesterchen.

„Lucy, Lucy!“, flüsterte er. „Ich räche dich!“ Er legte mit sicherer Hand die Büchse an. Der Schuss krachte, dann noch einer.

Bob ließ vor Schreck los. „Jessus, Jessus!“, schrie er. „Masser Bob sein tot, quite dead!“

Er stürzte herunter und die Birke schnellte in ihre natürliche Lage zurück.

Der Bär war zusammengezuckt, als hätte er einen Stoß oder Schlag erhalten. Er sperrte den fürchterlichen, mit gelben Zähnen bewehrten Rachen auf und tat noch zwei schwerfällige Schritte weiter auf den am Boden liegenden Neger zu, der aus Leibeskräften zeterte.

Im gleichen Augenblick sprang der kühne Knabe zwischen ihn und das Tier. Sein abgeschossenes Gewehr hatte er fortgeworfen und die Büchse des Schwarzen ergriffen, deren Lauf er nun auf den Bären richtete. Er und das Tier standen kaum zwei Meter voneinander entfernt. Martins Augen blitzten kühn und um seinen zusammengepressten Mund lag jener entschlossene Zug, der deutlich sagte: du oder ich!

Aber anstatt loszudrücken, ließ er das Gewehr sinken und sprang zurück. Er hatte mit scharfem Blick erkannt, dass ein dritter Schuss nicht nötig sei. Der Bär stand still. Ein röchelndes Brummen drang aus seiner Kehle, ein brüllendes Stöhnen folgte. Ein Zittern durchlief den Körper, die Vorderpranken sanken nieder, ein dunkler Blutstrom quoll über die Zunge, dann brach das Tier zusammen. – Ein krampfhaftes Zucken – der Körper wälzte sich halb zur Seite und blieb dann unbeweglich neben dem Neger liegen.

„Help, Help – Hilfe, Hilfe!“, wimmerte Bob, der vor Schreck noch immer auf dem Boden lag und mit den Armen in der Luft herumfuhr.

„Mensch, Kerl, Bob!“, zürnte Martin. „Was jammerst du, alter Feigling! Der Bär ist doch tot! Ich wette, dass ihm beide Kugeln mitten ins Herz drangen.“

Jetzt schnellte Bob empor. Er zeigte, dass alle seine Gelenke in bester Ordnung waren, und rief frohlockend: „Tot, tot sein der Bär! Oh, oh, oh Masser Bob und Massa Martin haben besiegt das Ungeheuer! Masser Bob hab machen eine Bärenjagd. Oh, was sein Masser Bob für ein kühner und berühmter Westmann! All Leut werden sagen, was für ein Mut haben der tollkühn und furchtlos Masser Bob!"

„Ja", lachte Martin, „tollkühn war es von dir, wie eine reife Zwetschge gerade vor dem Rachen des Bären vom Baum zu fallen!"

Der Schwarze machte ein verwundertes Gesicht. „Fallen?", fragte er. „Nicht fallen! Masser Bob sein sprungen dem Bären entgegen. Masser Bob wollen zeigen, dass er sich nicht fürchten vor Bär. Oho! Was sein Bär gegen Masser Bob!" Damit machte er mutig einen Schritt auf den Bären zu, blieb aber dann doch in achtungsvoller Entfernung vor dem toten Tier stehen.

Da ließen sich laute Stimmen und eilige Schritte hören. „By Jove, ein Bärenpfad!", erklang es vom Wasser herauf. „Das kann nur ein riesiger Grizzly sein. Martin und Bob haben das nicht verstanden und sind dem Tier ahnungslos entgegengelaufen. Schnell nach!"

Das war die Stimme Old Shatterhands. Der erfahrene Westmann war gleich beim ersten Blick auf die Spur nicht im Zweifel darüber gewesen, was für ein Tier sie ausgetreten habe.

„Ja, ein Grizzly ist's", hörte man den beistimmenden Ruf des dicken Jemmy. „Vielleicht sind sie alle beide verloren. Vorwärts, hinein in den Wald!"

Das Gewirr weiterer Stimmen und eiliger Schritte war zu vernehmen.

„Hallo!", rief Martin Baumann den Kommenden entgegen. „Habt keine Sorge! Wir sind wohlauf."

Old Shatterhand und Winnetou waren die Ersten, die am Schauplatz der Bärenjagd erschienen.

„Wahrhaftig ein Grizzly!", rief Old Shatterhand beim

Anblick des erlegten Tieres. „Ein ganz gewaltiger Kerl! Und Ihr lebt, Master Martin! Welch ein großes Glück!“

Er trat zu dem Bären und untersuchte die Wunde. „Gerade ins Herz getroffen, und zwar aus ganz geringer Entfernung! Das ist ein meisterhaftes Jägerstück. Ich brauche wohl nicht erst zu fragen, wer das Tier erlegt hat.“

Da trat Bob vor und sagte mit einem stolzen, selbstbewussten Grinsen: „Masser Bob haben besiegt den Bären. Masser Bob sein der Mann, der schuld ist, dass Bär haben geben müssen Leben.“

„Du, Bob? Das klingt gar nicht sehr wahrscheinlich.“

„Oh! Es sein wahr, sehr wahr! Masser Bob haben sich hinsetzen vor Bär seiner Nase, damit Bär sehen nur ihn, nicht aber Massa Martin, der müssen schießen.“

Old Shatterhand lächelte. Seinem geübten Auge konnte nichts entgehen. Sein Blick fiel auf die grünen Birkenblätter, die am Boden lagen. Bob hatte sie beim Klettern von den Zweigen gestreift. Einige dieser Zweige waren dabei geknickt worden und hingen noch an den Ästen.

„Ja, Masser Bob scheint sehr tapfer gewesen zu sein“, bestätigte der Westmann. „Als er den Bären erblickte, kletterte er vor Angst hier auf diese Birke, ohne zu bedenken, dass sie zu schwach sei, ihn zu tragen. Sie bog sich und er fiel herab, gerade vor das Tier hin. Er wäre sicherlich verloren gewesen, wenn sein junger Herr die Schüsse nicht rechtzeitig abgegeben hätte. Ist es nicht so, Master Martin?“

Martin musste bejahen, obgleich es ihm Leid tat, den sonst so braven Neger Lügen strafen zu müssen. Bob aber suchte sich zu rechtfertigen: „Ja, Masser Bob sein klettern auf Birkenbaum, damit Bär ihm nachklettern und nichts tun dem guten Massa Martin.“

Er musste aber leider wahrnehmen, dass dieser Versicherung kein Glaube geschenkt wurde.

Nun wollten alle wissen, wie es bei diesem gefährlichen Jagdabenteuer wirklich zugegangen sei, und Martin erzählte den Hergang der Sache. Er tat es in einfachen, schlichten Worten, ohne alle Ausschmückung. Dennoch erkannten die Zuhörer, welch eine Kaltblütigkeit und welchen Mut er dabei entwickelt hatte.

„Mein lieber, junger Freund“, nahm als Erster Old Shatterhand das Wort. „Ich will Euch gern gestehen, dass selbst der erfahrenste Jäger sich nicht besser hätte benehmen können als Ihr. Wenn Ihr so fortfahrt, wird aus Euch einmal ein Mann, der viel von sich reden machen wird.“

Und auch der sonst so schweigsame Winnetou meinte freundlich: „Mein kleiner weißer Bruder hat die Entschlossenheit eines alten Kriegers. Er ist ein würdiger Sohn des berühmten Bärenjägers. Der Häuptling der Apatschen reicht ihm seine Hand.“

Den Schoschonen war der Bär eine willkommene Beute. Sein Rippenfleisch ist wohlschmeckend, die Schinken sind noch besser und die Tatzen gelten sogar als Leckerbissen. Nur Herz und Leber werfen die Indianer weg, da sie beides für giftig halten. Ganz besonders willkommen ist ihnen das Bärenfett, woraus sie sich eine ölige Flüssigkeit bereiten. Dieses Bärenöl gebrauchen sie zum Anrühren der verschiedenen Farben, mit denen sie sich bemalen, zum Beispiel der Kriegsfarben oder des Ockers, dessen sich die Sioux zum Färben ihrer Haarscheitellinie bedienen. Auch reiben sie sich mit diesem Öl die Haut ein, um sich gegen Insektenstiche zu schützen.

Auf eine fragende Handbewegung des Häuptlings der Schoschonen hatte Martin geantwortet: „Meine Brüder mögen das Fleisch des Bären nehmen. Das Fell aber behalte ich.“

Kurze Zeit später war das Tier aus dem Fell geschält und das Fleisch wurde verteilt. Während die Mehrzahl der Schoschonen das Wildbret mit ihren haarscharfen Skalpmessern in dünne, breite Streifen schnitt, machten sich die anderen an die vorläufige Zubereitung des Felles. Es wurden alle noch anhaftenden Fleischreste sorgfältig entfernt und dann spaltete man mit einem Tomahawk den

Schädel des Bären, um zum Hirn zu gelangen, womit die Innenseite der Haut eingerieben wurde.

Das ging alles so schnell, dass die Arbeit nach kaum einer Viertelstunde beendet war und die Krieger nach dem Lagerplatz zurückkehren konnten. Das Fell wurde auf eines der überzähligen Pferde der Schoschonen gebunden und das Fleisch legte man unter die Sättel. Hier wurde es dann durch das Reiten so weich und gar, dass es am Abend verspeist werden konnte. Einem europäischen Feinschmecker würde freilich eine solche Zubereitungsart nicht sehr zuträglich erscheinen.

Die Mittagsruhe war durch das Jagdabenteuer unterbrochen worden und sollte nun nicht fortgesetzt werden. Man brach auf.

Der Weg führte tiefer in das Tal hinein, schlängelte sich zwischen einigen Bergen hindurch und mündete dann in die gleiche breite Niederung, der die Truppe vorher gefolgt war. Es zeigte sich, dass man eine bedeutende Krümmung abgeschnitten hatte. Die Sioux mussten also den Weg, den sie einzuschlagen hatten, gut kennen. Sie hatten von Zeit zu Zeit, besonders wenn sich die Richtung änderte, weitere Zeichen für Wohkadeh zurückgelassen.

Im Laufe des Nachmittags gelangte der Reiterzug an ein länglich rund geformtes Tal, das einen Durchmesser von mehreren Meilen hatte und ringsum von steilen Felswänden umgeben war. In der Mitte dieses Tales erhob sich ein einzelner, kegelförmiger Berg, dessen kahle Seiten weiß im Sonnenlicht glänzten. Auf seinem Gipfel war ein niedriges, breites Steingebilde zu erkennen, das der Gestalt einer Schildkröte ähnelte.

Für den Geologen unterlag es keinem Zweifel, dass es hier einmal einen See gegeben hatte, dessen Ufer von den ringsum liegenden Höhen gebildet wurde. Die Spitze des Berges, der sich jetzt inmitten des Tales erhob, hatte als Insel aus den Fluten geragt.

Es ist durch planmäßige Beobachtungen erwiesen worden, dass in der Tertiärzeit eine große Anzahl Süßwasserseen die Landstrecken von Nordamerika bedeckt hat. Diese großen Wasseransammlungen haben sich verlaufen und die einstigen Seen sind zu Tälern und zugleich zu Grabstätten der damals lebenden Geschöpfe geworden. Der Naturforscher, besonders der Paläontologe, kann sich dort mit ungeahnten Schätzen an Fossilien bereichern.

Man findet da die Zähne und Kinnladen des Hippopotamus, das dem Flusspferd ähnlich gestaltet war, Reste des ungehörnten Rhinozeros und von Schildkröten zu Tausenden. Es gibt da Knochenreste des wiederkäuenden Schweines, des Hyänodon, des vorsintflutlichen Kamels und Pferdes und sogar einer gewaltigen Tigerart, die mit säbelförmigen Zähnen bewaffnet war. Gegenwärtig gibt es auf dem ganzen Erdball nur etwa zehn Pferdearten, während allein in Nordamerika gegen dreißig fossile Pferdegattungen nachgewiesen worden sind. Eine davon hat nur die Größe eines Neufundländers gehabt. In jener Urzeit weideten Elefanten an den Ufern der nordamerikanischen Seen und Schweine wälzten sich im Schlamm, einige Arten nur katzengroß, andere von der Größe eines Hippopotamus. Auf den jetzt baumlosen Ebenen von Wyoming spendeten Palmen, deren Blätter eine Länge von vier Metern hatten, ihren Schatten. Elefantengroße Geschöpfe wohnten unter diesen Palmen. Die eine Art hatte Hörner zu beiden Seiten der Nase, die andere seitwärts der Augen, eine dritte nur ein einziges Horn oberhalb der Nase.

Wenn der Indianer einmal irgendwie auf solche urweltlichen Reste stößt, so wendet er sich still und ehrfurchtsvoll ab. Er kann ihren Ursprung nicht begreifen, und da ihm alles Geheimnisvolle ‚große Medizin' ist, so sind ihm diese Reste heilig, und nur zuweilen versucht er, sich anhand einer Sage ihr Vorhandensein zu erklären.

Das Tal also, an dessen Rand jetzt die Reiter hielten, war in jener Zeit auch ein See gewesen. Die Sioux-Ogellallah hatten ein Zeichen zurückgelassen, das Wohkadeh quer hindurch weisen sollte. Aber Old Shatterhand, der jetzt an der Spitze ritt, folgte dieser Weisung nicht, sondern lenkte sein Pferd nach links, um seinen Weg längs der Randberge zu nehmen.

„Hier steckt der Wegweiser!", mahnte Davy, indem er auf den Baum deutete, in dessen Stamm ein fremder Zweig angebracht war. „Das ist das Zeichen der Ogellallah. Weshalb wollt Ihr ihm nicht folgen?"

„Weil ich einen besseren Weg weiß", erwiderte der Gefragte. „Von jetzt an kenne ich die Gegend genau. Hier dieser Berg ist ‚Keah-paheh', der Schildkrötenhügel. Er ist der Berg Ararat dieser Indianer. Auch die Angehörigen der roten Rasse haben das Gedächtnis an eine große Wasserflut, eine Sintflut, bewahrt. Die Krähenindianer erzählen, dass, als alle Menschen ertranken, nur ein einziges Paar übrig blieb. Der Große Geist rettete es, indem er ihm eine riesige Schildkröte sandte. Die beiden fanden mit all ihrer Habe auf dem Rücken des Tieres Platz und wohnten da, bis sich die Flut zu senken begann. Der Berg, den wir hier sehen, ist höher als die anderen rundum. Deshalb ragte er zuerst als Insel aus der Flut. Die Schildkröte kroch auf dieses Eiland und das Menschenpaar stieg dort von ihrem Rücken herab. Die Seele des Tieres kehrte zum Großen Geist zurück. Der Körper aber blieb dort oben und versteinerte, um als Andenken an die ersten Vorfahren der jetzigen roten Männer zu dienen. Das erzählte mir Schunktanka, der Große Hund, ein Krieger der Krähenindianer, mit dem ich im vorigen Sommer dort am Schildkrötenhügel lagerte."

„Also wollt Ihr nicht dem Weg folgen, den die Sioux-Ogellallah geritten sind?"

„Nein. Ich kenne einen näheren, der uns in beträchtlich kürzerer Zeit zum Ziel führt. Es gibt nicht viel Zugänge zum Yellowstonegebiet. Die Ogellallah scheinen den kürzesten gar nicht zu kennen. Nach der Richtung, die sie eingeschlagen haben, ist zu vermuten, dass sie sich nach Botelers Ranch wenden, von da den Yellowstone entlang gehen, um nach dem Feuerlochfluss zu kommen. Das Grab, wo Mister Baumann mit seinen Begleitern geopfert werden soll, liegt nämlich keineswegs am Yellowstone River selbst, sondern am Feuerlochfluss. Um ihn zu erreichen, reiten die Sioux-Ogellallah einen großen Bogen, und die Gegend, durch die sie kommen, bietet ihnen so viele und große Schwierigkeiten, dass sie keine ansehnlichen Tagesstrecken zurücklegen können. Der Weg aber, den ich einschlage, läuft in fast schnurgerader Linie fort, führt uns nach dem Pelican Creek und, nachdem wir ihn überschritten haben, zwischen ihm und den Schwefelhügeln zu der

Stelle, wo der Yellowstonefluss aus dem gleichnamigen See tritt. Von da suchen wir den Brückenfluss auf, in dessen Nähe wir wohl die Spuren der Sioux finden werden, und reiten dann nach dem oberen Geiserbassin, das am Feuerlochfluss liegt. Dieser Weg ist zwar auch beschwerlich, doch nicht so sehr wie der Umweg der Feinde, und so ist es vielleicht möglich, dass wir noch eher als sie am Ziel ankommen."

Ein längst vertrocknetes Flüsschen hatte sich vor Zeiten von Westen her in das alte Seebecken ergossen und dabei tief in das Ufer eingeschnitten. Sein Bett war sehr schmal und die Mündung so mit dichtem Pflanzenwuchs verkleidet, dass ein scharfer Blick dazu gehörte, sie zu entdecken. Da hinein lenkte Old Shatterhand sein Pferd. Nachdem die Gestrüppwand durchbrochen war, bot der Pflanzenwuchs keine bedeutenden Schwierigkeiten mehr. Man konnte ohne große Hindernisse dem einstigen Wasserlauf entgegenreiten, bis der enge Einschnitt in so genanntes Undulating-Land mündete. Dieses Land bestand aus kleinen Prärien, die durch waldige Hügel voneinander getrennt waren, und da diese Hügel meist eine westöstliche Richtung hatten, lagen sie dem Trupp günstig.

Gegen Abend erreichte man einen Wasserlauf, der zum Gebiet des Big Horn River zu gehören schien. Hier gelangte man an eine Stelle, die sich so vortrefflich zum Lagerplatz eignete, dass man zu halten beschloss, obgleich die Dunkelheit noch nicht hereingebrochen war. Der Bach erweiterte sich zu einem kleinen, flachen Teich, an dessen Ufern Gras in Menge zu finden war. In dem klaren, bis auf den Grund durchsichtigen Wasser standen zahlreiche Forellen, die Hoffnung auf ein leckeres Nachtmahl gaben. Auf der einen Seite stieg das Ufer steil empor, auf der anderen war es eben und von dichtem Baumwuchs eingefasst. Unzählige am Boden liegende Äste ließen vermuten, dass hier im letzten Winter ziemlich starker Schneebruch entstanden sei. Dieses Astwerk bildete eine Art von Verhau um den Platz, wodurch die Sicherheit vergrößert wurde, und da das Holz vollkommen dürr war, so brauchte man um genügenden Brennstoff für die Lagerfeuer keine Sorge zu haben.

„Forellengreifen!", rief der Dicke Jemmy, indem er erfreut von seinem Gaul sprang. „Das soll heut ein wahrer Hochzeitsschmaus werden!"

„Nicht so eilig!", warnte Old Shatterhand. „Vor allem müssen wir dafür sorgen, dass uns die Fische nicht entwischen können. Holt Holz herbei! Wir müssen zwei Gitter einschlagen."

Nachdem die Pferde versorgt waren, wurden dünne Äste zugespitzt und zunächst unten am Ausfluss des Teiches eng nebeneinander in den weichen Boden des Baches gesteckt, sodass kein Fisch hindurchzuschlüpfen vermochte. Sodann wurde ein ähnliches Gitter auch oberhalb des Weihers hergestellt, aber nicht am Einfluss des Wassers, sondern noch weiter aufwärts, sodass es vielleicht zwanzig Schritt vom oberen Ende des Teiches entfernt war. Nun war auch hier ein Entkommen der Fische unmöglich.

Der Dicke Jemmy begann, seine großen Aufschlagstiefel auszuziehen. Den Gürtel hatte er bereits abgeschnallt und nebst der Büchse ans Ufer gelegt.

„Du, Dicker", sagte der Lange Davy zu ihm, „ich glaube gar, du willst ins Wasser!"

„Natürlich! Das gibt einen Hauptspaß."

„Das überlass doch lieber Leuten, die länger sind als du. Einer, der kaum über einen Stuhl hinwegzugucken vermag, kann leicht ein wenig unter Wasser geraten."

„Würde auch nichts schaden. Ich kann ja schwimmen. Überdies ist der Teich ja gar nicht tief." Jemmy trat nahe an den Weiher heran, um sich genau von dessen Tiefe zu überzeugen. „Höchstens einen Meter", meinte er.

„Das täuscht. Wenn man auf den Grund blicken kann, so scheint er höher zu liegen, als es in Wirklichkeit der Fall ist."

„Pah! Komm her und schau hinein! Man sieht jedes Steinchen unten und da – alle Wetter, brr, puh, puh!“ Er hatte sich zu weit vornüber gebeugt und das Gleichgewicht verloren. Mit dem Kopf voran stürzte er in den Teich. Nun war gerade hier die tiefste Stelle. Der kleine, dicke Jäger ging unter, kam aber sofort wieder zum Vorschein. Er war ein vorzüglicher Schwimmer. Leider aber hatte er den Pelz noch an und der war natürlich mit ihm unter Wasser gegangen. Sein breitkrempiger Hut schwamm wie das Blatt einer Victoria regia[1] auf der kühlen Flut.

„Heigh-day!“, lachte der Lange Davy. „Gentlemen, schaut euch mal die Forelle an, die da zu fangen ist! Dieser dicke Fisch gibt viele Portionen.“

Der kleine Sachse hatte in der Nähe gestanden. Im Gespräch pflegte er sich gern an Jemmy zu reiben; aber er schätzte ihn doch, da der Dicke ja ein Deutscher war. „O weh!“, rief er erschrocken, indem er herbeigelaufen kam. „Was haben Sie denn gemacht, Herr Pfefferkorn? Warum sind Sie denn in den Teich gesprungen? Sind Sie etwa nass geworden?“

„Durch und durch“, erwiderte der schwimmende und prustende Jemmy lachend.

„Durch und durch! Das kann die allerschönste Erkältung geben. Und noch dazu im Pelz! Steigen Sie nur gleich heraus! Den Hut will ich versorgen. Ich fische ihn da mit dem Ast heraus.“ Er ergriff einen langen Ast und angelte damit nach der Kopfbedeckung. Die Angel war ein wenig zu kurz, darum beugte er sich möglichst weit vor.

„Nehmen Sie sich in Acht!“, warnte Jemmy, indem er aus dem Wasser stieg. „Ich kann ihn mir ja selber holen. Nass bin ich nun einmal.“

„Reden Sie doch nich!“, entgegnete Frank. „Wenn Sie meinen, dass ich so ungeschickt bin grad wie Sie, da können Sie mich dauern. Ich falle nich ins Wasser. Und wenn der verflixte Hut auch weiter hinüberschwimmt, da dehne

[1] Seerosenart

ich mich eben noch e bissel mehr aus und – o jeh, da sitz ich wirklich ooch schon in der Patsche! Na, so was lebt doch nich!“

Er war ins Wasser gefallen. Das sah so drollig aus, dass alle Weißen lachten. Die Indianer aber blieben äußerlich ernst, obgleich sie sich innerlich sicher auch über den heiteren Vorgang belustigten.

„Nun, wer ist nicht so ungeschickt wie ich?“, fragte Jemmy, dem die Lachtränen in den Augen standen.

Frank plätscherte im Wasser und machte ein sehr zorniges Gesicht. „Was gibt's denn da zu lachen?“, rief er. „Ich schwimme hier als das Opfer meiner Gefälligkeit und samaritanischen Nächstenliebe und werde zum Dank für meine Barmherzigkeit ooch noch ausgelacht. Das werde ich mir merken. Verstehen Sie mich?“

„Ich lache ja nicht, sondern ich weine! Sehen Sie das nicht?“

„Schweigen Sie! Foppen lasse ich mich nicht. Es möchte alles noch sein, aber dass ich sogar den Frack dabei anhabe, das geht mir doch nahe. Und dort schwimmt nun mein Amazonenhut ganz brüderlich neben dem Ihrigen. Kastor und Phylax, wie's in der Mythologie und auch in der Sternenkunde heißt. Es ist geradezu...“

„Kastor und Pollux heißt es!“, fiel Jemmy ein.

„Seien Sie ja still! Pollux! Ich habe als Forschtbeamter so viel mit Jagdhunden zu tun gehabt, dass ich ganz genau weiß, ob es Pollux oder Phylax heißt. Solche Verbesserungen verbitte ich mir! Dennoch will ich das edle Brüderpaar herausfischen. Eigentlich sollte ich den Ihrigen drin lassen. Verdient haben Sie es nich an mir, dass ich mich Ihres Hutes wegen noch nasser mache.“

Er stieg den beiden Hüten nach und brachte sie heraus. „So“, sagte er. „Da sind sie gerettet. Jetzt wollen wir Ihren Pelz auswinden und nachher meinen Frack. Die beiden werden bitterliche Tränen weinen, es tropft schon jetzt.“

Die zwei Verunglückten hatten jetzt so viel mit ihren

durchnässten Anzügen zu tun, dass sie sich zu ihrem Leidwesen nicht an dem nun beginnenden Fischfang beteiligen konnten. Dieses Teichfischen ging sehr schnell vonstatten. Einige der Schoschonen stiegen am unteren Ende des Weihers ins Wasser, bildeten quer hindurch eine eng geschlossene Reihe und trieben, indem sie langsam vorrückten, die Fische aufwärts und aus dem Teich in den Oberlauf des Baches hinein. An den beiden Ufern des Baches hatten sich andere Rothäute platt auf den Boden gelegt, sodass sie mit den Armen ins Wasser langen konnten. Den in die Enge getriebenen Forellen war es unmöglich, durch das obere Gitter zu schlüpfen, und der Rückweg war ihnen auch versperrt. Die Indianer schöpften nun die zusammengedrängten Tiere förmlich heraus und warfen sie über ihre Köpfe hinweg aufs trockene Land. In wenigen Minuten war der reichliche Fischfang beendet.

Nun wurden flache Gruben hergestellt und mit Steinen ausgelegt. Die ausgenommenen Fische wurden auf diese Steine gelegt und mit einer zweiten Steinschicht bedeckt, auf der man Feuer anfachte. Als man dann nach einiger Zeit die Asche entfernte, waren die Forellen zwischen den heißen Steinen in ihrer eigenen Feuchtigkeit so weich gedämpft, dass das Fleisch beim Berühren von den Gräten fiel.

Nach dem Essen wurden die Pferde zusammengetrieben und die Wachen ausgestellt.

Darauf zündete man mehrere Lagerfeuer an, um die sich die Männer nun nach Belieben lagerten. Natürlich fanden sich die Weißen zusammen. Old Shatterhand, der Dicke Jemmy und der kleine Frank waren Deutsche. Der Lange Davy hatte von seinem dicken Freund so viel Deutsch gelernt, dass er es verstehen, wenn auch nicht sprechen konnte, und da der Vater Martin Baumanns auch aus Deutschland stammte, war der junge Mann der deutschen Sprache so weit mächtig, dass man sich ihrer jetzt beim Lagergespräch bedienen konnte. Auch Bob verstand einige Brocken, wie ja die Neger überhaupt ein gutes Sprachengedächtnis haben.

Eine solche Unterhaltung am Feuer, im Urwald oder in der Prärie, hat ihre eigentümlichen Reize. Da werden die Erlebnisse der Anwesenden erzählt und die Taten berühmter Jäger berichtet. Wie groß auch die Entfernungen im Wilden Westen sind, man glaubt gar nicht, wie schnell die Kunde von einer mutigen Tat, einer berühmten Person, einem hervorragenden Ereignis von Lagerfeuer zu Lagerfeuer fliegt. Haben die Schwarzfüße oben am Saskatchewan das Kriegsbeil ausgegraben, so sprechen die Komantschen am Rio Concho bereits in vierzehn Tagen davon, und wenn unter den Wallah-Wallah-Indianern im Washington-Territorium ein großer Medizinmann auftritt, so wissen die Dakotas des Coteau du Missouri bereits in kurzer Zeit davon zu erzählen.

Wie zu erwarten stand, kam die Rede auf die heutige Heldentat Martin Baumanns. Man ließ ihm alle Ehre widerfahren und auch der Hobble-Frank sagte: „Das is wahr; Martin hat seine Sache sehr gut gemacht. Aber er is nich der Einzige, der sich rühmen kann, so ein Abenteuer überlebt zu haben. Mein Bär damals war ooch nich von Pappe."

„Was?", staunte Jemmy. „Sie haben auch schon mit einem Bären zu tun gehabt?"

„Und wie! Ich mit ihm und er mit mir."

„Das müssen Sie erzählen!"

„Warum nich?" Frank räusperte sich verheißungsvoll und begann: „Ich befand mich damals noch keine Ewigkeit hier in den Vereinigten Staaten, das heißt, ich war noch ziemlich unerfahren in den hiesigen Angelegenheiten. Damit soll freilich nich gesagt sein, dass ich ungebildet gewesen wäre. Im Gegenteil, ich brachte eine gute Portion körperlicher und geistiger Vorzüge mit. Aber es will dennoch alles gelernt sein, und was man noch nich gesehen und betrieben hat, das kann man ooch nich kennen. Ein Bankier zum Beispiel, und wäre er noch so gescheit, kann nich so mir nischt dir nischt gleich die Oboe blasen, und ein gelehrter Professor der Experimentalastronomie kann nich ohne Unterweisung in den nötigen Kunstgriffen sofort Weichensteller werden. Das schicke ich zu meiner Entschuldigung und Verteidigung voraus. – Die Geschichte begab sich unten in Colorado in der Nähe des Arkansas. Ich hatte erscht in verschiedenen Städten allerlei getrieben und mir ein kleines Sümmchen gespart. Damit wollte ich einen Handel nach dem Westen anfangen und so trat ich denn mit einem hübschen Warenvorrat meine Reise als so genannter Pedlar an. Ich machte so gute Geschäfte, dass ich, als ich in der Gegend von Fort Lyon an den Arkansas kam, alles losgeworden war. Sogar das Wägelchen hatte ich mit Gewinn verkauft. Nun saß ich zu Pferd, die Büchse in der Hand und die Tasche voller Geld und beschloss, mal zum Vergnügen weiter ins Land hinein zu reiten. Ich hatte schon damals große Lust, ein berühmter Westmann zu werden."

„Der Sie ja auch geworden sind!", bemerkte Jemmy.

„Na, noch nich ganz. Aber ich denke, wenn wir jetzt off die Sioux losschlagen, werde ich wohl nich hinter der Front stehen bleiben wie Hannibal bei Waterloo, und dann is es ja möglich, dass ich einen berühmten Namen bekomme. Aber weiter! Colorado war damals erscht vor kurzer Zeit bekannt geworden. Man hatte ergiebige Goldfelder entdeckt und nun kamen die Prospekters und Diggers in Menge aus dem Osten. Wirkliche Ansiedler aber gab es nur wenige. Deshalb war ich einigermaßen erstaunt, als ich auf meinem Ritt plötzlich eine regelrechte Farm vor mir liegen sah. Sie bestand aus einem kleinen Blockhaus, mehreren Feldern und ziemlich großen Weideplätzen. Das Settlement lag an den Ufern des Purgatorio und diesem Umstand war es zuzuschreiben, dass sich Waldung in der Nähe befand. Besonders viele Ahornbäume standen da und ich wunderte mich darüber, dass in jedem Baumstamm unten eine Röhre steckte, woraus der Saft in untergestellte Gefäße tropfte. Es war im Frühjahr, der besten Zeit zur Bereitung des Ahornzuckers. In der Nähe des Blockhauses erblickte ich lange, breite, aber sehr flache hölzerne Bottiche, gefüllt mit dem Saft, der da verdampfen sollte. Das muss ich bemerken, weil einer davon bei meinem Abenteuer eine besondere Rolle spielt."

„Einem Yankee gehörte das Settlement aber sicherlich nicht", warf Old Shatterhand ein. „Der wäre gewiss nach den Goldfeldern gezogen, anstatt als Squatter hier ruhig sitzen zu bleiben."

„Ganz richtig! Der Mann war aus Norwegen und nahm mich sehr gastfreundlich off. Seine Familie bestand aus ihm, seiner Frau, zwei Söhnen und einer Tochter, und ich wurde eingeladen, so lange wie möglich zu bleiben. Das tat ich denn ooch gern und half mit in der Wirtschaft. Durch Gefälligkeiten und durch meine angeerbte Überlegenheit gewann ich das Vertrauen dieser Leute so, dass sie mich sogar ganz allein off der Farm ließen. Es sollte nämlich bei einem Nachbar ein so genanntes house-raising-frolic[1] stattfinden und die ganze Familie wollte daran teilnehmen. Ich aber sollte als Hüter zu Hause bleiben und über die Sicherheit der Farm wachen. Also, die anderen ritten ab und ich war allein. Nachbar wurde dort jeder genannt, der zu Pferd in einem halben Tag zu erreichen war. Grad so weit lag die betreffende Farm von uns und so war die Rückkehr meiner Gastfreunde vor Ablauf von zwei Tagen nich zu erwarten."

„Das war viel Vertrauen, das man Ihnen schenkte", meinte Jemmy.

„Warum? Meinen Sie etwa, mir hätte der Gedanke kommen können, mit der Farm auszureißen? Sehe ich etwa wie ein Spitzbube aus?"

„Davon ist keine Rede. Ich meinte es anders. Jene Gegend wurde doch damals mehr noch als heute von allerlei

[1] Richtfest

Gesindel durchzogen. Was hätten Sie als einzelner Mann gegen solch eine Schar tun können? Derartigen Menschen kommt es auf eine Kugel nicht an."

„Mir ooch nich! – Ich muss noch erwähnen, dass seitwärts von dem Haus ein hoher Hickory stand. Er war bis hoch hinauf zu den ersten Ästen seiner Rinde beraubt worden. Der Norweger hatte sie, wie er mir erzählte, zum Gelbfärben gebraucht. Nun war der Stamm sehr glatt und es gehörte eine große Geschicklichkeit dazu, hinaufzuklettern."

„Das wird wohl auch niemand verlangt haben", meinte Davy.

„Nee, verlangt hat's niemand, aber es können sich ungeahnte Begebenheiten ereignen, durch die sogar der edelste Mensch off so einen Baum getrieben wird. Sie werden dieses Naturgesetz bereits in wenigen Minuten bestätigen. Also, um auf die Hauptsache zu sprechen zu kommen: Ich befand mich ganz allein auf der Farm und dachte darüber nach, mit welcher Beschäftigung ich mir die langen Stunden der Einsamkeit versüßen könne. Richtig! Drin im Blockhaus war die Lehmdiele schadhaft geworden und zwischen den Holzstämmen der Wände war die Füllung heraus gebröckelt. Das musste ausgebessert werden und deshalb hatte sich der Norweger gleich neben der Hausecke eine Lehmgrube angelegt. Sie war ungefähr vier Ellen lang und drei breit und bis an den Rand gefüllt. Ganz begeistert von meinem Vorhaben, wollte ich gerade um die Ecke und stand – vor wem oder was?"

„Wohl gar vor einem Bären?", fragte Jemmy.

„Ja, vor einem Bären, der wahrscheinlich seine Höhle oben in den Ratonbergen verlassen hatte, um sich einmal Land und Leute anzusehen. Das war aber ganz gegen meinen geläuterten Geschmack. Der Kerl machte mir ein so verdächtiges Gesicht, dass ich mit einem Satz, wie ich ihn wohl nie wieder zu Stande bringen werde, zur Seite sprang. Aber ebenso rasch fuhr er off mich los. Das gab meinen

Gliedern eine ungeahnte Gelenkigkeit und das Ausreißen erschien mir als eine wahre Wonne. Ich schnellte mich wie ein hinterindischer Königstiger nach dem Hickory hin, fasste an und fuhr wie eine Rakete an dem Stamm hinauf. Man glaubt gar nich, was der Mensch in so einer unsympathischen Lage zu leisten vermag."

„Jedenfalls waren Sie ein guter Kletterer?", meinte Jemmy.

„Das weniger, viel weniger sogar. Aber wenn ein Bär dahinter is, dann fragt man nich lange, ob sich das Klettern mit der Gesundheit verträgt, sondern man klettert eben, und zwar mit wahrer Leidenschaft. Unglücklicherweise war, wie bereits erwähnt, der Stamm zu glatt. Ich kam nich ganz bis zu den Ästen und mit dem Festhalten schien es auch seine Schwierigkeiten zu haben."

„O weh! Das kann gefährlich werden. Sie waren ohne Waffen. Was tat denn der Bär?"

„Etwas, was er mit gutem Gewissen hätte unterlassen können – er kam nämlich nachgeklettert."

„Ah, so war es glücklicherweise kein Grizzly!"

„Das berührte mich nich, denn damals war Bär für mich Bär. Ich klammerte mich krampfhaft fest und schaute herab. Richtig, der Kerl hatte sich unten am Stamm offgerichtet, umarmte ihn und kam langsam und gemütlich nachgeklettert. Die Sache schien ihm ungeheuren Spaß zu machen, denn er brummte höchst vergnügt vor sich hin, ungefähr wie eine schnurrende Katze, nur stärker. Bei mir aber brummte nich nur der Kopp, sondern der ganze Körper von der Anstrengung, mich festzuhalten. Der Bär kam immer näher. Ich konnte unmöglich länger an meiner Stelle bleiben, ich musste weiter hinauf. Kaum aber hatte ich die eine Hand gelöst, um weiterzugreifen, da verlor ich den Halt. Zwar griff ich schnell wieder zu, doch die Anziehungskraft der mütterlichen Erde ließ ihr Opfer nich wieder los. Noch einen kurzen angstvollen Stoßseufzer konnte ich mir gestatten, dann aber fuhr ich am Stamm herunter, so heftig wie ein zwanzigzentriger Stahlhammer und mit solcher Wucht off den Bären, dass er ooch mit hinunter musste. Er schoss zu Boden und ich off ihn druff."

Der kleine Mann erzählte so lebhaft und drastisch, dass seine Zuhörer ganz Ohr waren und bei der Art und Weise, wie er seinen Unfall schilderte, in ein laut schallendes Gelächter ausbrachen.

„Ja, lacht nur", brummte Frank. „Mir war es ganz und gar nich wie Lachen. Ich hatte das Gefühl, als seien alle Teile meines Körpers durcheinander gestoßen worden. Mir war ganz taub und dumm zu Mute, sodass ich für einige Sekunden gar nich ans Aufstehen dachte."

„Und der Bär?", fragte Jemmy.

„Der lag erscht ebenso still unter mir, wie ich sprachlos off ihm saß. Dann aber raffte er sich plötzlich off und das brachte mich zur Erkenntnis meiner persönlichen Verpflichtungen. Ich sprang ooch off und rannte fort – er hinter mir her, ob aus Angst wie ich oder in dem heißen Wunsch, die einmal angeknüpfte Bekanntschaft mit mir fortzusetzen, das weiß ich nich. Eigentlich wollte ich hin nach der Tür und ins Haus hinein. Dazu war aber die Zeit zu kurz und der Bär zu nahe. Die Angst verlieh mir die Schnelligkeit einer Schwalbe. Es war, als hätte sie mir die Länge meiner Beine verdoppelt und vervierfacht. Ich schoss vorwärts wie eine Flintenkugel, um die Hausecke herum und – in die Lehmgrube hinein, grad bis unter die Arme. Alles hatte ich vergessen, Himmel und Erde, Europa und Amerika, alle meine Kenntnisse und den ganzen Lehm. Ich steckte drin wie die Schabe im Bäckerteig und – da tat es neben mir einen gewaltigen ‚slap', wie der Amerikaner sich ausdrückt. Gleich darauf erhielt ich einen Stoß wie vom Puffer eines Bahnwagens und der Lehm schlug mir über dem Kopp zusammen. Das Gesicht war gänzlich davon überzogen, nur das rechte Auge war freigeblieben. Ich drehte mich um und – schielte den Bären an, der infolge seines leichtsinnigen Gemüts vergessen hatte, off die Gegend zu achten, und mir also nachgesprungen war. Nur sein Kopp war zu sehen, aber der sah ooch schauderhaft aus. Wir blickten einander drei Sekunden lang lieblich an. Dann wendete er sich nach links und ich mich nach rechts, jeder in der lobenswerten Absicht, in eine freundlichere Umgebung zu gelangen. Natürlich ging bei ihm das Heraufklettern schneller als bei mir. Schon hatte ich Angst, dass er, der Grube entsprungen, stehen bleiben werde, um mich zu belagern. Aber kaum hatte er festen Fuß gefasst, so sauste er von dannen in der Richtung, aus der wir gekommen waren, und schwenkte um die Ecke, ohne mich nur eines einziges Blickes zu würdigen. Farewell, big muddy beast!"

Hobble-Frank war im Eifer des Erzählens aufgestanden und hatte seinen Bericht mit so entsprechenden Gebärden begleitet, dass seine Zuhörer lachten, wie diese einsame Gegend wohl noch nie ein Lachen vernommen hatte. Ob einer auch aufhörte, er musste immer wieder von neuem anfangen, es war zu drollig.

„Das ist allerdings ein recht lustiges Abenteuer", meinte endlich Old Shatterhand, „und das Beste daran ist, dass es so ungefährlich für Sie ablief, freilich für den Bären leider auch!"

„Für ihn ebenso?", fragte Frank. „Oho! Ich bin ja noch gar nich fertig. Als mein Bär um die Ecke verschwunden war, hörte ich ein Geräusch, wie wenn ein Möbelstück umgeworfen wird. Ich beachtete es aber nich, sondern war nur bemüht, mich aus der Grube herauszuarbeiten. Das kostete mich bedeutende Anstrengungen, denn der Lehm war gewaltig zäh und ich kam nur dadurch frei, dass ich ihn im Besitz meiner Stiefel ließ. Jetzt musste ich vor allen Dingen das Gesicht reinigen. Ich ging also hinter das Haus, wo ein Wässerchen vorüberfloss, dem ich alles freundlich anvertraute, was als überflüssig an meiner äußeren Menschlichkeit haftete. Dann eilte ich nach vorn, um an der Fährte zu sehen, in welcher Richtung sich der Bär entfernt habe. Aber der Kerl war gar nich fort. Er saß dort unter dem Hickorybaum und – leckte sich eifrig ab."

„Den Lehm? Pah!“, meinte Jemmy kopfschüttelnd. „So weit ich die Eigenschaft dieser Tiere kenne, ist er sofort ins Wasser gegangen.“

„Das fiel ihm gar nich ein, denn er war gescheiter als Sie, Herr Jemmy. Der Bär liebt bekanntlich Süßigkeiten, und ich habe doch die hölzernen Bottiche erwähnt, worin der Zuckersaft verdunsten sollte. Der Bär war von dem Abenteuer so wenig erbaut gewesen, dass er nur daran gedacht hatte, in höchster Eile davonzukommen. Einer der Bottiche hatte ihm im Weg gestanden und er hatte in der Eile darüber hinwegspringen wollen. Dabei war er aber hineingesprungen und hatte den Bottich von den Unterlagen, off denen er stand, heruntergerissen. Da der Saft bereits sehr dickflüssig war, verbreitete er einen starken Zuckergeruch, über den das leichtsinnige Tier den Sturz vom Baum, den Sprung in die Grube und mich vergessen hatte. Anstatt mein ‚farewell‘ und die darin liegende Warnung zu beherzigen, hatte sich der Bär unter dem Baum häuslich niedergelassen, um mit größtem Behagen die Süßigkeit vom Lehm wegzulecken. Er war so sehr in diese angenehme Beschäftigung vertieft, dass er gar nich bemerkte, dass ich mich längs der Wand nach der Tür schlich und dann ins Haus schlüpfte. Jetzt war ich in Sicherheit und nahm meine Büchse vom Nagel. Da der Bär off den Hinterpranken saß und ich so lange zielen konnte, wie es mir beliebte, konnte ich gar keinen Fehlschuss tun. Die Kugel traf das Tier genau an der Stelle, wo nach Ansicht der Dichter die zarten Gefühle stecken sollen, nämlich gerade ins Herz. Der Bär zuckte zusammen, richtete sich weiter off, machte mit den Vorderpranken einige Erklärungen und sank dann tot zu Boden. Er hatte infolge seines Leichtsinns und seiner Genusssucht aufgehört, als lebendes Wesen zu bestehen.“

„Hm“, machte Old Shatterhand. „Was für eine Farbe hatte denn Ihr Bär?“

„Sein Fell war schwarz.“

„Und seine Schnauze?“

„War gelb.“

„Ah, so war es nur ein Baribal, vor dem Sie keine Angst zu haben brauchten.“

„Oho! Es war ihm anzusehen, dass er Appetit nach Menschenfleisch hatte!“

„Glauben Sie das nicht! Der Baribal frisst viel lieber Früchte als Fleisch. Ich mache mich anheischig, es ohne alle Waffen mit so einem dummguten Tier aufzunehmen. Einige kräftige Faustschläge und es würde davonlaufen.“

„Ja, das sind Sie! Sie schlagen ja, wie Ihr Name sagt, einen Menschen mit der Faust nieder. Ich aber bin viel zarter besaitet und möchte es ohne Waffen nich versuchen und – halt! Was läuft da?“

Frank war, wie bereits erwähnt, während des Erzählens von seinem Platz aufgestanden. Dabei war er auf einige Steintrümmer getreten, die nahe hinter ihm lagen, und hatte so ein Tierchen aufgescheucht, das sich unter den Steinen aufgehalten hatte. Es huschte blitzschnell über den Platz hinweg und fuhr in die Öffnung eines hohlen Baumstumpfes. Die Bewegungen des Tieres waren so flink gewesen, dass man nicht hatte sehen können, zu welcher Art es gehörte.

Einer war wie elektrisiert von dem kleinen Vorkommnis, nämlich der Neger Bob. Er sprang auf, rannte zu dem Baumstumpf und rief: „Ein Vieh, ein Vieh haben hier laufen, haben sich verstecken in Loch! Masser Bob wird holen Vieh aus Baum heraus.“

„Vorsicht!“, warnte Old Shatterhand. „Du weißt ja gar nicht, was für ein Tier es war!“

„Oh, es sein nur so klein!“ Bob deutete mit den beiden Zeigefingern die Länge des Tieres an.

„Ein kleines Geschöpf kann unter Umständen gefährlicher werden als ein großes.“

„Ein Opossum sein nicht gefährlich.“

„Hast du denn gesehen, dass es ein Opossum war?“

„Ja, ja. Masser Bob haben sehen Opossum ganz deutlich. Es sein fett, sehr fett und geben einen Braten sehr schmackhaft, oh, viel schmackhaft!“ Er schnalzte mit der Zunge und leckte die Lippen, als habe er den Braten bereits vor sich.

„Und ich denke, du irrst dich. Ein Opossum ist nicht so behände, wie dieses Tierchen war.“

„Opossum auch schnell laufen, ganz schnell. Warum Massa Shatterhand nicht gönnen Masser Bob den guten Braten?“

„Nun, wenn du gar so überzeugt bist, dich nicht geirrt zu haben, so tu, was du willst! Uns aber bleibe mit dem Gericht vom Leibe!“

„Sehr gern vom Leibe bleiben! Masser Bob geben keinem Menschen vom Opossum. Er essen den Braten ganz allein. Jetzt aufpassen! Er ziehen Opossum aus Loch heraus!“ Bob streifte den rechten Ärmel hoch.

„Nicht so, nicht so!“, warnte Old Shatterhand. „Du musst das Tier mit der Linken ergreifen und in die Rechte das Messer nehmen. Sobald du die Beute gepackt hast, ziehst du sie heraus und kniest schnell darauf. Dann kann sich das Tier nicht bewegen und wehren und du schneidest ihm rasch die Kehle durch.“

„Schön! Das sein sehr schön! Masser Bob werden es so machen, denn Masser Bob sein großer Westmann und berühmter Jäger.“

Er streifte nun den linken Ärmel auf, nahm das Messer in die rechte Hand und griff dann in das Loch hinein, erst vorsichtig und zögernd, bis er, als er nichts fühlte, den Arm weiter hinter schob. Dann aber ließ er plötzlich das Messer fallen, stieß einen lauten Schrei aus, zog heftige Grimassen und fuchtelte mit dem freien rechten Arm in der Luft herum.

„Heigh-ho, heigh-ho“, jammerte er. „Das tun weh, sehr weh!“

„Was denn? Hast du das Tier?“

„Ob Masser Bob es haben? Nein, Tier haben Masser Bob."

„O weh! Hat es sich in deine Hand verbissen?"

„Sehr, ganz sehr verbissen!"

„So zieh, zieh nur!"

„Nein, denn das tun furchtbar weh!"

„Aber drin lassen kannst du die Hand doch auch nicht. Wenn sich so ein Tier einmal verbissen hat, lässt es nicht wieder los. Also zieh! Und wenn du es herausbringst, greifst du schnell mit der anderen Hand zu, um es festzuhalten, während ich ihm den Gnadenstoß versetze."

Old Shatterhand nahm sein langes Messer aus dem Gürtel und trat zu Bob an den Baum. Der Schwarze zog jetzt den Arm zurück, freilich nur sehr langsam und unter Zähnefletschen und schmerzlichem Wimmern. Das Tier ließ wirklich nicht los und wurde bis an die Öffnung des Loches gezerrt. Jetzt tat der Neger noch einen raschen Ruck. Das Tier kam heraus und hing mit dem Gebiss an seiner linken Hand. Er fasste es mit der Rechten flink am hinteren Körperteil, in der Erwartung, dass Old Shatterhand nun das Messer gebrauchen werde. Stattdessen aber sprang der Westmann schleunigst zurück und rief: „Ein Skunk! Fort, fort, ihr Leute!"

Mit diesem Namen wird das amerikanische Stinktier bezeichnet. Es ist ein etwa 40 Zentimeter langes, zu den Mardern gehöriges Säugetier, hat einen fast ebenso langen, zweizeilig behaarten Schwanz und eine klumpige Nase am spitzen Kopf. Das Fell ist schwarz und mit zwei schneeweißen, an den Seiten getrennt fortlaufenden und auf der Schulter zusammenfließenden Längsstreifen versehen. Es lebt von Eiern, kleinen Tieren, wird aber auch den Hasen gefährlich, geht nur des Nachts auf Raub aus und verbringt die übrige Zeit in Erdlöchern und hohlen Bäumen. Dieses Tier verdient seinen lateinischen Namen Mephitis mit vollem Recht. Es hat nämlich unter dem Schwanz eine Drüse, aus der es, sobald es angegriffen wird, zu seiner Verteidigung eine übel riechende, scharfe, ölige Flüssigkeit ausspritzt. Der Gestank dieser gelben Flüssigkeit ist wahrhaft furchtbar und haftet mehrere Monate lang an den Kleidern, die davon benetzt wurden. Da der Skunk den Feind aus beträchtlicher Entfernung mit diesem stinkenden Saft zu treffen vermag, hält sich jeder, der das Tier kennt, möglichst entfernt von ihm. Denn wer angespritzt wird, kann sehr leicht in die Lage kommen, wochenlang von aller menschlichen Gesellschaft ausgeschlossen zu werden.

Anstatt eines Opossums hatte Bob also ein solches Stinktier gefangen. Die anderen Männer waren von ihren Plätzen aufgesprungen und eilten davon. „Wirf es weg! Schnell, schnell!“, riet der Dicke Jemmy dem Neger.

„Masser Bob nicht kann wegwerfen“, jammerte der Schwarze. „Es haben sich einbeißen in seine Hand und oh, au – au, oh! Faugh, it's a beastly shame, pfui Teufel! Jetzt haben es Masser Bob anspritzen. O Tod, o Hölle, o Teufel! Wie stinken Masser Bob! Kein Mensch kann aushalten. Masser Bob müssen ersticken. Fort, fort mit Tier, mit schreckliches Viehzeug!“ Er wollte es von der Hand abschütteln, aber alle seine Mühe war vergeblich.

„Wart! Masser Bob dich schon herunterbekommen, du dirty pig, du foul rascal!“ Er holte mit der rechten Faust aus und versetzte dem Tier einen gewaltigen Hieb auf den Kopf. Dieser Hieb betäubte den Skunk, trieb aber dessen Zähne noch tiefer in die Hand des Negers. Vor Schmerz aufbrüllend, riss Bob sein Messer vom Boden und schnitt dem Skunk die Gurgel durch.

„So!“, rief er. „Jetzt haben Masser Bob gesiegt. Oh, Masser Bob sich nicht fürchten, vor keinem Bären und vor keinem smelling beast! Alle Massers herkommen und sehen, wie Masser Bob haben totgemacht ein reißend Tier!“

Aber sie hüteten sich wohl, ihm zu nahe zu kommen, denn er verbreitete einen so entsetzlichen Geruch, dass sich alle trotz der Entfernung die Nasen zuhielten. „Nun, warum nicht kommen?“, fragte er. „Warum nicht feiern Sieg mit Masser Bob?“

„Kerl, bist du toll?", entrüstete sich der Dicke Jemmy. „Wer kann dir zu nahe kommen! Du duftest ja noch viel schlimmer als die Pest!"

„Ja, Masser Bob riechen sehr schlecht. Masser Bob es selber auch schon merken! Oh, oh, wer kann aushalten diesen Duft!" Er machte ein schreckliches Gesicht.

„Wirf doch das Vieh weg!", riet Old Shatterhand.

Bob versuchte dieser Weisung nachzukommen, es gelang ihm nicht. „Zähne sind zu tief in Masser Bobs Hand. Masser Bob können nicht aufmachen Maul von Vieh!"

Er zog und zerrte unter Ach und Oh an dem Kopf des Skunks, aber vergeblich. „The devil!", schrie er zornig. „Skunk können doch nicht ewig hängen bleiben an Hand von Masser Bob! Sein denn niemand da, der wollen helfen arm Masser Bob?"

Das erbarmte den Hobble-Frank. Sein mitleidiges Herz trieb ihn zu dem Wagnis, den Neger von seinem toten Feind zu erlösen. Er näherte sich ihm, allerdings nur sehr langsam, und sagte: „Höre, Bob, ich will's mal versuchen. Du duftest mir zwar sehr nach Geruch, aber meine Menschlichkeit wird's wohl überwinden. Doch mache ich die Bedingung, dass du mich nich etwa berührst!"

„Masser Bob nicht kommen an Massa Frank!", beteuerte der Neger.

„Nun gut! Aber ooch deine Kleider dürfen nich die meinigen streifen, sonst duften wir zu zweit, und ich will dir dieses ehrenvolle Recht doch lieber allein überlassen."

„Massa Frank nur kommen! Masser Bob sich ganz sehr in Acht nehmen!"

Es war wirklich eine Art von Heldentum, dass der kleine Sachse jetzt zu dem Schwarzen trat. Berührte er nur leise eine Stelle an Bobs Gewand, das von der Flüssigkeit getroffen war, so verfiel er dem Schicksal eines Ausgestoßenen, wenn er es nicht vorzog, sich für immer seiner Kleidung zu entäußern.

Der widerliche Gestank nahm dem Hobble-Frank bei

seiner Rettungstat fast den Atem. Aber er hielt tapfer aus. „Nun streck mir mal den Arm entgegen, Schwarzer!“, gebot er. „Gar zu nahe an dich heran will ich mich doch nich wagen.“

Bob gehorchte diesem Befehl und der Sachse fasste mit der einen Hand die obere und mit der anderen die untere Kinnlade des Tieres, um den Neger zu befreien. Es gelang ihm nur durch Aufbietung aller seiner Kräfte. Er musste das Maul des Skunks geradezu aufbrechen und sprang dann eilig wieder zurück. Es war ihm beinahe schwindlig geworden, so scheußlich roch der Neger.

Bob war recht froh, nun befreit zu sein. Seine Hand blutete zwar, aber er achtete nicht darauf, sondern kam zufrieden auf die anderen zu. Da aber hob Old Shatterhand sein Gewehr, richtete es auf Bobs Brust und befahl: „Bleib stehen, sonst erschieße ich dich!“

„O Himmel! Warum wollen totschießen arm gut Masser Bob?“

„Weil du uns ansteckst, wenn du uns berührst. Lauf schnell fort, am Wasser abwärts, möglichst weit, und wirf alle deine Kleider von dir.“

„Kleider abwerfen? Masser Bob soll hergeben sein schön Kalikorock und Hosen und Weste?“

„Alles! Dann kommst du zurück und setzt dich da in den Teich, sodass dir das Wasser bis an den Hals geht. Also schnell! Je länger du zögerst, desto länger behältst du den Gestank an dir.“

„Welch ein Unglück! Mein schön Anzug! Masser Bob ihn waschen und dann nicht mehr riechen!“

„Nein, Masser Bob wird mir gehorchen, sonst schieße ich ihn mausetot: Also: eins – zwei – und – drr...!“ Der Jäger schritt mit erhobenem Gewehr auf den Neger zu.

„Nein, nein!“, schrie Bob. „Nicht totschießen! Masser Bob laufen fort, schnell, sehr schnell!“

Er verschwand im Dunkel der Nacht. Natürlich war die Drohung Old Shatterhands nicht ernst gemeint gewesen.

Sie bildete aber das beste Mittel, den Neger zum raschen Gehorsam zu bringen. Bob kehrte bald zurück und musste sich in den Teich setzen, um sich unaufhörlich abzuwaschen. Als Seife erhielt er dazu ein dickes Gemengsel von Bärenfett und Holzasche, die ja bei den Feuern genügend vorhanden war.

„Wie schade um schön Fett vom Bären!", klagte er. „Masser Bob konnte damit einreiben sein Haar und sich machen viele schöne Löckchen. Masser Bob sein ein fein ringlet-man, kein gewöhnlicher Nigger, denn er können Löckchen flechten, so lang!"

„Wasch dich nur!", lachte Jemmy. „Denke jetzt nicht an deine Schönheiten, sondern an unsere Nasen!" Der Schwarze verbreitete nämlich, obwohl er sich seines Anzugs entledigt hatte, und obgleich er im Wasser saß, noch immer einen entsetzlichen Geruch.

„Aber", fragte er, „wie lange müssen Masser Bob hier sitzen und waschen?"

„Solange wir hier bleiben, also bis morgen früh."

„Das können Masser Bob nicht aushalten!"

„Du wirst gezwungen werden, es auszuhalten. Eine andere Frage ist, ob es die übrig gebliebenen Forellen aushalten. Ich weiß nicht, ob die Fische Geruchsnerven besitzen, aber wenn es der Fall ist, so werden sie über den Besuch, den du ihnen jetzt machst, nicht sehr erfreut sein."

„Und wann darf Masser Bob seinen Anzug holen, um auch ihn zu waschen?"

„Gar nicht. Der bleibt liegen, wo er liegt, denn er ist unbrauchbar geworden."

„Aber was wird da arm Masser Bob anziehen?"

„Ja, das ist freilich eine schlimme Angelegenheit. Es gibt keinen Ersatz für dein Gewand. Du wirst dich also wohl in das Grizzlyfell wickeln müssen, das Martin heute erbeutet hat. Vielleicht finden wir droben im Felsengebirge das verlassene Lager eines urweltlichen Schneidermeisters, woraus du dich mit Strümpfen und einem Überzieher versehen kannst. Bis dahin aber wirst du in unserem Zug die Nachhut bilden, denn wenigstens während der nächsten Tage darfst du uns nicht sehr nahe kommen. Also wasch nur fleißig, wasch! Denn je mehr du reibst, desto eher verliert sich der Geruch."

Und Bob rieb aus Leibeskräften. Nur sein Kopf ragte aus dem Wasser hervor und es war wirklich lustig anzusehen, was für Grimassen er schnitt.

Die anderen waren indessen an das Lagerfeuer zurückgekehrt. Begreiflicherweise bildete zunächst das Abenteuer Bobs den Gegenstand der Unterhaltung. Dann wurde der Lange Davy gebeten, eines seiner Erlebnisse zu erzählen. Er kam diesem Wunsch nach und berichtete von einer Zusammenkunft mit dem Trapper Juggle-Fred, der als Meister im Schießen bekannt war. Nachdem er einige Kunststücke dieses Mannes beschrieben hatte, fügte er hinzu: „Aber es gibt noch mehr solche Schützen. Ich kenne zwei, die von niemand übertroffen werden: Winnetou und Old Shatterhand. Bitte, Sir, wollt Ihr uns nicht irgendeines Eurer Abenteuer schildern?"

Diese letzten Worte waren an Old Shatterhand gerichtet. Er antwortete nicht sofort. Vielmehr holte er tief Atem, als wolle er etwas in der Luft Liegendes durch den Geruchssinn prüfen.

„Ja, der Kerl dort im Wasser duftet noch ganz gehörig", meinte Jemmy.

„Ihm galt mein Atemzug nicht", entgegnete Old Shatterhand, indem er einen forschenden Blick seitwärts auf sein Pferd Hatatitla richtete, das aufgehört hatte zu grasen und die Luft witternd durch die Nüstern sog.

„So riecht ihr etwas anderes?", fragte Davy.

„Nein!" Dann wandte sich Old Shatterhand halblaut zu Winnetou: „Gonjuhn-eh-go!"

Das heißt auf Deutsch: „Pass auf!" Da die anderen die Sprache der Apatschen nicht verstanden, wussten sie nicht, was er meinte. Winnetou nickte, griff nach seiner Büchse und zog sie nahe an sich heran.

Old Shatterhands Pferd wendete den Kopf schnaufend nach dem Feuer, seine Augen funkelten. „Dih-il-husch!", rief der Jäger dem Tier zu und es legte sich sofort ins Gras nieder, ohne ein weiteres Zeichen von Unruhe merken zu lassen.

Da auch Old Shatterhand jetzt seinen Stutzen an sich heranzog, fragte Jemmy: „Was habt Ihr, Sir? Euer Pferd scheint etwas zu wittern?“

„Es riecht den Geruch des Negers“, beruhigte der Gefragte.

„Aber ihr beide greift zu den Waffen!“

„Weil ich mit Euch vom Hüftschuss sprechen will. Ihr habt doch wohl bereits davon gehört?“

„Gewiss!“

Frank jedoch meinte, obgleich jetzt Englisch gesprochen war, in seinem sächsischen Tonfall: „Hören Sie Master Shatterhand, da werden Sie sich wohl mehrschtenteels eines falschen Ausdrucks bedient haben!“

„Wieso?“

„Das heißt nämlich nich Hüftschuss, sondern Hexenschuss. Wer den bekommt, der geht gebückt und lahm, denn es liegt ihm jämmerlich im Kreuz und in den Hüften. Der Ausdruck Hüftschuss is deshalb orthografisch-medizinisch ganz falsch.“

Old Shatterhand ließ es sich, während Frank sprach, nicht merken, dass er ebenso wie Winnetou den Waldrand jenseits des Baches und Teiches und die wirren Trümmer des Windbruchs mit scharfem Blick absuchte. Er hatte seinen Hut so weit in die Stirn gezogen, dass die Augen tief im Schatten lagen und man nicht genau zu sehen vermochte, nach welcher Richtung und auf welchen Gegenstand sie gerichtet waren. Dann erwiderte er unbefangen: „Bitte, mein bester Frank, ich weiß gar wohl, was Hexenschuss ist. Es war aber ein anderer Schuss gemeint.“

„Ach so! Nun, welcher denn?“

„Der Hüftschuss, wie ich sagte. Man nennt ihn auch Knieschuss. Damit meine ich den Schuss, bei dem man das Gewehr nicht wie gewöhnlich anlegt, sondern es nur bis an die Hüfte hebt oder an Schenkel und Knie legt.“

„Da kann man doch gar nich zielen!“

„Es ist allerdings schwierig, sich die nötige Fertigkeit anzueignen, und es gibt gar manchen guten Westmann, der sein Ziel niemals fehlt, aber beim Hüftschuss oder Knieschuss regelmäßig danebenschießt."

„Wozu hat man da den Hüftschuss erfunden? Es is doch besser, man zielt in der üblichen Weise, in der man des Treffens sicher is."

„Nein! Es gibt Lagen, in denen man ohne die erwähnte Fertigkeit des Todes sein würde. Der Hüftschuss wird nämlich nur vorgenommen, wenn man sitzt oder am Boden liegt und den Gegner nicht wissen lassen will, dass man überhaupt zu schießen beabsichtigt. Denkt Euch einmal, es befänden sich feindliche Indianer in der Nähe mit der Absicht, uns zu überfallen. Sie senden ihre Kundschafter aus, die sich anschleichen, um zu erfahren, wie stark wir sind, ob unser Lagerplatz ihrem Vorhaben günstig ist und ob wir die nötige Vorsicht walten lassen. Diese Kundschafter kommen auf Händen und Füßen herbeigekrochen."

„Aber sie müssen doch vorher von unseren Posten entdeckt werden!", warf Frank ein.

„Das ist nicht so gewiss, wie Ihr denkt. Ich zum Beispiel habe mich bis in das Zelt Oihtka-petays geschlichen, obwohl er Posten ausgestellt hatte, und obwohl der Boden aus einer flachen Grasebene bestand. Hier aber stehen rundum Bäume, die das Anschleichen außerordentlich erleichtern. Doch weiter! Die Kundschafter haben sich an unseren Posten vorübergeschlichen. Sie liegen am Rand des Waldes, hinter oder zwischen dem vom Windbruch aufgehäuften Holzgewirr, und beobachten uns. Gelingt es ihnen, zu den Ihrigen zurückzukehren, so sind wir verloren. Wir werden ahnungslos angegriffen und vernichtet. Das beste Gegenmittel ist, die Kundschafter unschädlich zu machen."

„Also sie zu erschießen?"

„Ja. Ich bin zwar gegen alles vermeidbare Blutvergießen, aber in einem solchen Fall wäre es ja Selbstmord, wenn man den Feind schonen wollte. Man muss ihm die Kugel geben."

„Gopi-aguan-neeschigo – sie sind nahe“, flüsterte der Häuptling der Apatschen.

„Schi-teschi-go-aguan – ich sehe sie“, entgegnete Old Shatterhand.

„Naki – zwei!“

„Ha-ah – ja!“

„Ni darteh, schi ohji; pi-es-itah tajassi – nimm du diesen und ich nehme jenen, in die Stirn!“ Dabei ließ der Apatsche seine Hand von links nach rechts gleiten.

„Was habt Ihr nur für Heimlichkeiten?“, fragte der Lange Davy.

„Nichts Ungewöhnliches. Ich sagte dem Häuptling in der Sprache der Apatschen, dass er mir helfen solle, Euch zu erklären, was für eine Bewandtnis es mit dem Knieschuss hat.“

„Das weiß ich schon. Mir ist er freilich nie gelungen, so sehr ich mich geübt habe. Und um auf Eure vorigen Worte zurückzukommen, so müsste man doch die Kundschafter gesehen haben, bevor man sie erschießen kann.“

„Allerdings!“

„In der Dunkelheit des Dickichts da drüben?“

„Ja!“

„Sie werden sich aber hüten, so weit hervorzukommen, dass man sie sehen kann!“

„Hm!“

Old Shatterhand musterte den Waldrand abermals, nickte befriedigt vor sich hin und antwortete: „Habt Ihr vielleicht einmal des Nachts im Meer die Augen einer Tinteraro, eines Haifisches, glänzen sehen?“

„Nein!“

„Nun, diese Augen sieht man ganz deutlich. Sie haben einen phosphoreszierenden Glanz. Jedes andere Auge, auch das des Menschen, besitzt denselben Glanz, allerdings nicht in der gleichen Stärke. Und je mehr des Nachts die Sehkraft eines Auges angestrengt wird, desto deutlicher ist es trotz der Dunkelheit zu bemerken. Befände sich zum Beispiel jetzt da drüben im Gebüsch ein Kundschafter, der uns beobachtete, ich würde seine Augen sehen und Winnetou ebenso."

„Das wäre stark!", meinte Davy. „Was sagst du dazu, alter Jemmy?"

„Ich denke, dass ich auch nicht blind bin", entgegnete der Gefragte. „Zum Glück sind wir hier vor einem solchen Besuch sicher. Es ist immerhin eine heikle Sache, in eine Lage zu kommen, wo ein guter Knieschuss notwendig ist. Nicht wahr, Sir?"

„Ja", nickte Old Shatterhand. „Schaut her, Mister Frank! Also gesetzt den Fall, da drüben befindet sich ein feindlicher Kundschafter, dessen Augen ich zwischen den Blättern glänzen sehe. Ich muss ihn töten, sonst gefährde ich mein eigenes Leben. Wenn ich aber das Gewehr an die Wange lege, sieht er, dass ich schießen will, und zieht sich augenblicklich zurück. Vielleicht hat er gar bereits seine Büchse auf mich gerichtet und feuert seinen Schuss eher ab als ich den meinigen. Das muss ich vermeiden, indem ich eben den Hüftschuss anwende. Dabei sitzt man ruhig und scheinbar unbefangen da, wie ich jetzt. Man greift zur Büchse und hebt sie langsam ein wenig, als wolle man etwas nachsehen oder nur mit ihr spielen. Man senkt, so wie ich jetzt, den Kopf, als blicke man abwärts, hat aber das Auge im Schatten der Hutkrempe und hält den Blick scharf auf das Ziel gerichtet, geradeso wie Winnetou und ich jetzt."

Was er in Worten erklärte, tat er auch und der Apatsche desgleichen.

„Man drückt den Kolben mit dem rechten Arm fest an die Hüfte und den Lauf an das Knie, greift mit der linken Hand nach rechts hinüber und legt sie oberhalb des Schlosses an das Gewehr, das dadurch eine sichere Lage erhält, legt den Zeigefinger der rechten Hand an den Drücker, richtet den Lauf so, dass die Kugel nahe über den Augen, also in die Stirn des Kundschafters einschlagen muss, ein Zielen, das allerdings gelernt sein will, und drückt los – da!"

Sein Schuss blitzte auf und im gleichen Augenblick krachte auch das Gewehr des Apatschen. Beide sprangen rasch vom Boden auf. Winnetou schnellte, sein Gewehr von sich werfend und das Messer aus dem Gürtel reißend, wie ein Panther über den Bach hinüber und in das Dickicht hinein.

„Anemazokan koso! Kare! Empanoke! – Die Feuer löschen! Hinsetzen! Nicht sprechen!“, rief Old Shatterhand in der Mundart der Schoschonen. Zugleich stieß er mit dem Stiefelabsatz in das Feuer, an dem er gesessen hatte, und warf die brennenden Scheite in den Teich. Dann eilte er dem Apatschen nach.

Die Schoschonen waren ebenso wie die Weißen beim Knall der beiden Schüsse aufgesprungen. Die geistesgegenwärtigen roten Krieger befolgten im Augenblick Old Shatterhands Befehl, indem sie die restlichen Brände ins Wasser schleuderten. Im Nu herrschte tiefe Dunkelheit und doch waren seit den Schüssen nur wenige Sekunden vergangen.

Auch das Gebot, still zu sein, wurde berücksichtigt, lediglich von einem nicht, nämlich von dem im Wasser sitzenden Neger, um dessen Kopf die Feuerbrände flogen, die zischend in der Flut verloschen. „Jessus, Jessus!“, schrie er auf. „Wer haben da schießen? Warum werfen Feuer auf arm Masser Bob? Soll Masser Bob verbrennen und versaufen? Soll er werden gekocht wie Forelle? Warum es dunkel werden? Oh, oh, Masser Bob sehen gar niemand mehr!“

„Schweig, Dummkopf!“, rief ihm Jemmy zu.

„Warum soll Masser Bob schweigen? Warum jetzt nicht...“

„Still! Sonst wirst du erschossen! Es sind Feinde hier!“

Von diesem Augenblick an war Masser Bobs Stimme nicht mehr zu hören. Er saß bewegungslos im Wasser, um seine teure Gegenwart dem Feind ja nicht zu verraten.

Schweigen herrschte rundum. Nur ein zeitweiliges Hufstampfen oder das Schnauben eines Pferdes ließ sich hören. Die so unerwartet aus ihrer Sicherheit aufgeschreckten Männer hatten sich eng zusammengeschart. Die Indianer sprachen kein Wort. Die Weißen aber flüsterten einander leise Bemerkungen zu.

Da ertönte laut Old Shatterhands Stimme: „Ein Feuer wieder anbrennen! Haltet euch aber fern davon, damit ihr nicht gesehen werdet!“

Jemmy und Davy knieten nieder, um diesen Befehl zu erfüllen, und zogen sich dann schleunigst wieder in die Dunkelheit zurück.

Im Schein des Feuers tauchten jetzt Winnetou und Old Shatterhand auf, jeder mit einem Gewehr in der Hand und einem Indianer auf der Schulter. Die anderen wollten sich um sie drängen, aber Old Shatterhand erklärte: „Jetzt gibt es keine Zeit zu Auseinandersetzungen. Diese beiden Toten werden auf zwei der Ersatzpferde gebunden und dann brechen wir auf. Es sind zwar nur die beiden hier am Lager gewesen, aber man kann nicht wissen, wie viele noch zu ihnen gehören. Also schnell!“

Beide Leichen hatten je ein rundes Loch in der Stirn und im Hinterkopf. Die Kugeln waren ihnen durch die Köpfe gegangen, ganz so, wie Winnetou zu Old Shatterhand gesagt hatte: „Pi-es-itah tajassi – in die Stirn.“

Die Gefährten waren wohl auch vortreffliche Schützen, eine so unglaubliche Sicherheit des Schusses aber setzte sie in helles Erstaunen und die Schoschonen flüsterten miteinander und warfen abergläubische Blicke auf die beiden berühmten Männer.

Der Aufbruch wurde schnell und still vorbereitet. Das Feuer wurde wieder verlöscht. Dann setzten sich Winnetou und Old Shatterhand an die Spitze des Zuges und der nächtliche Ritt begann. Wohin er gehen sollte, das fragte niemand. Man verließ sich auf die beiden Führer. Das Tal wurde bald so eng, dass einer hinter dem anderen reiten musste. Dieser Umstand und die gebotene Vorsicht ließen kein Gespräch aufkommen.

Natürlich hatte man den Neger nicht im Wasser sitzen lassen. Er hockte ohne Kleidung auf seinem Gaul und musste am Ende des Zuges reiten, weil er das duftende Vermächtnis des Stinktiers noch zu merklich an sich trug. Vom Langen Davy hatte er die alte, zerfetzte Santillodecke, die jenem als Sattel diente, erhalten und sie sich wie einen Südseeinsulanerschurz um die Hüften gewickelt. Bob war mit sich und seinem Schicksal zerfallen und brummte tief gekränkt vor sich hin.

So ging es möglichst still und möglichst schnell stundenlang fort, erst durch das enge Tal, dann eine breite, kahle Berglehne empor, drüben wieder hinab, über eine vielfach gewundene, schmale Prärie, und als der Tag endlich zu grauen begann, öffnete sich vor den Reitern ein steiler Pass, der zwischen hohe, dunkel bewaldete Berge hineinführte. Dort, am Fuß des Steilwegs, blieben die beiden Führer halten und stiegen von ihren Pferden. Die anderen folgten diesem Beispiel.

Die beiden Leichen wurden von den Pferden genommen und auf die Erde gelegt. Die Schoschonen bildeten einen weiten Kreis um die Stelle. Sie wussten, dass jetzt eine Untersuchung beginnen werde, deren Schwierigkeit sie recht gut kannten. Hier durften zunächst nur die Häuptlinge sprechen. Die Übrigen mussten abwarten, ob man sie zu Rate ziehen würde.

Die Toten waren nach indianischer Weise halb in Wollzeug, halb in Leder gekleidet. Ihr Alter war kaum mehr als zwanzig Jahre.

„Das dachte ich mir“, sagte Old Shatterhand. „Nur unerfahrene Krieger öffnen, wenn sie ein feindliches Lager beschleichen, die Augen so weit, dass man ihr Leuchten bemerken kann. Ein schlauer Kundschafter aber versteckt das Auge halb unter Lid und Wimper. Aber zu welchem Stamm gehören sie?“

Diese Frage war an Jemmy gerichtet. „Hm!“, brummte der Dicke. „Werdet Ihr es glauben, Sir, dass Eure Frage mich verlegen macht?“

„Ich glaube es, denn ich kann sie im Augenblick selbst

auch nicht beantworten. Auf einem Kriegszug befinden sie sich. Das ist sicher, denn die Kriegsfarben in ihren Gesichtern sind zwar ziemlich verwischt, aber doch vorhanden. Schwarz und rot! Die Farben der Ogellallah. Dennoch scheinen die Kerle keine Sioux zu sein. Aus ihrer Kleidung ist nichts zu ersehen. Durchsuchen wir einmal ihre Taschen!“

Die Taschen waren völlig leer. Nicht die geringste Kleinigkeit war darin zu finden. Bei jeder Leiche hatte gestern Abend ein Gewehr gelegen. Auch diese Büchsen wurden untersucht. Sie waren geladen, zeigten aber kein Merkmal, woraus man auf die Stammesangehörigkeit der Erschossenen hätte schließen können.

„Vielleicht waren sie ganz ungefährlich für uns“, bemerkte der Lange Davy. „Sie sind zufällig in die Gegend gekommen, wo wir lagerten, und mussten uns zu ihrer eigenen Sicherheit beschleichen.“

Old Shatterhand schüttelte den Kopf und entgegnete: „Der Ort, wo wir lagerten, war so beschaffen, dass man nicht zufällig dorthin gelangt. Diese Leute hier sind unserer Spur gefolgt.“

„Das beweist noch nichts gegen sie!“

„Nein. Aber sie haben klugerweise alles von sich getan, was auf ihren Stamm schließen lassen könnte. Das ist verdächtig. Sie waren mit Gewehren, aber nicht mit Pulver und Blei versehen. Das ist noch verdächtiger, denn so entfernt sich kein Indianer von seiner Horde. Sie gehören unbedingt zu einem Trupp, dessen Kundschafter sie sind.“

„Hm! Vielleicht haben sie nicht einmal Pferde gehabt.“

„Nicht? Seht Euch doch einmal die Lederhose dieses einen an. Sind nicht die Beine an den inneren Seiten glatt gerieben? Wovon soll das sein, wenn nicht vom Reiten!“

„Von früher her vielleicht.“

Old Shatterhand kniete nieder und hielt seine Nase an die Hose. Dann sagte er, wieder aufstehend: „Riecht einmal dieses Beinkleid an! Der Pferdegeruch ist nicht zu verkennen.

Da er aber in der Wildnis schnell vergeht, müssen die beiden Roten noch gestern zu Pferd gesessen haben."

Da trat Wohkadeh herbei und sagte: „Die berühmten Männer mögen Wohkadeh erlauben, ein Wort zu sprechen, obwohl er noch jung und unerfahren ist!"

„Sprich immerhin!", nickte ihm Old Shatterhand ermunternd zu.

„Wohkadeh kennt zwar nicht diese roten Krieger, aber er kennt das Jagdhemd des einen."

Er bückte sich, hob den Saum des Jagdhemds auf, deutete auf einen Schnitt, der sich darin befand, und erklärte: „Wohkadeh hat sein Totem[1] hineingeschnitten, denn es sollte ihm gehören."

„Ah! Das ist ein wunderbares Zusammentreffen. Vielleicht erfahren wir nun Genaueres."

„Wohkadeh kann nichts Sicheres sagen, aber er vermutet, dass diese beiden jungen Krieger zum Stamm der Upsarokas[2] gehören."

„Welchen Grund hat mein junger Bruder zu dieser Vermutung?", fragte Old Shatterhand.

„Wohkadeh war dabei, als die Upsarokas von einigen Sioux-Ogellallah bestohlen wurden. Wir kamen von dem lang gestreckten Berg her, den die Bleichgesichter den Rücken des Fuchses nennen, und gingen über den nördlichen Arm des Cheyenneflusses, da, wo er sich zwischen den Three Peaks und dem Inyan Kara-Berg hindurchwindet. Während wir zwischen dem Berg und dem Fluss hinritten, bogen wir um die Ecke eines Waldes und sahen zehn und acht rote Männer, die im Wasser badeten. Die Ogellallah hielten eine kurze Beratung. Die Badenden waren Upsarokas, also Feinde. Es wurde beschlossen, ihnen die größte Schande anzutun, die einem roten Krieger widerfahren kann."

„Zounds!", rief Old Shatterhand. „Sie wollten ihnen doch nicht etwa die größten Heiligtümer, die Medizinbeutel, rauben?"

[1] Namenszeichen [2] Krähenindianer

„Mein weißer Bruder hat es erraten. Die Sioux-Ogellallah ritten unter den Bäumen hin bis zur Stelle, wo an einem Gebüsch die Pferde der Upsarokas weideten. Dort lagen deren Kleider, Waffen und Medizinen. Die Ogellallah stiegen ab und schlichen sich hinzu. Es gelang ihnen, den Diebstahl auszuführen."

„Hatten die Badenden denn keine Wache zurückgelassen?"

„Nein. Sie konnten nicht vermuten, dass ein Trupp feindlicher Ogellallah dort auftauchen werde, wo damals die Rosse der Upsarokas weideten. Die Sioux raubten die Pferde und Medizinen und den größten Teil der Kleider und Waffen der Krähen. Dann stiegen sie wieder auf ihre Pferde und galoppierten davon. Als die Beute geteilt wurde, bekam Wohkadeh dieses Jagdhemd für sich. Er aber wollte kein Dieb sein, sondern schnitt nur sein Totem hinein und warf es dann heimlich weg."

„Wann war das?"

„Vier Tage, bevor ich von den Ogellallah als Kundschafter gegen die Krieger der Schoschonen ausgesandt wurde."

„So haben sich die Upsarokas möglichst schnell mit neuen Pferden, Kleidern und Waffen versehen und sind den Dieben nachgeritten. Dabei fanden sie dieses weggeworfene Jagdhemd, das der rechtmäßige Eigentümer wieder an sich nahm. Es gibt keine größere Schande für einen Indsman, als sich sein Heiligtum stehlen zu lassen. Er darf sich nicht eher wieder bei den Seinen sehen lassen, als bis er es sich wiedergeholt oder ein anderes geraubt und dabei dessen Besitzer getötet hat. Der Indianer, der auszieht, um einen verlorenen Medizinsack zu ersetzen, entwickelt eine beinahe wahnsinnige Verwegenheit. Es ist ihm ganz gleich, ob er einen Freund oder einen Feind tötet, und so bin ich überzeugt, dass wir gestern Abend einer schweren Gefahr entgangen sind. Wie nun, bester Jemmy, wenn wir gar nichts davon gemerkt hätten?"

„Hm!“, knurrte der Dicke, indem er sich mit der Hand unter den Hut fuhr, um sich verlegen zu kratzen. „In diesem Fall lägen wir jetzt wohl irgendwo in aller Ruhe, aber ohne Skalp und Leben. Ich verstehe zwar auch, des Nachts ein Auge zu erkennen, aber gestern war ich fest überzeugt, dass kein feindliches Wesen in der Nähe sei, und habe mich deshalb um dergleichen gar nicht gekümmert. Ihr meint also wohl, dass die Upsarokas hinter uns her sind?“

„Jedenfalls folgen sie uns, und nun, da wir zwei der Ihrigen getötet haben, erst recht.“

„Dann müssen wir also für heute Abend auf einen Überfall vorbereitet sein.“

„Damit müssen wir allerdings rechnen“, bestätigte Old Shatterhand. „Was sagt mein roter Bruder dazu? Sind die Upsarokas jetzt Feinde der Schoschonen?“ Diese Worte waren an Oihtka-petay gerichtet.

„Nein. Sie sind die Feinde der Sioux-Ogellallah, die auch unsere Feinde sind. Wir haben gegen sie nicht das Beil des Krieges ausgegraben. Aber ein Krieger, der eine Medizin sucht, ist der Feind aller Menschen. Man muss sich gegen ihn schützen wie gegen ein wildes Tier. Meine weißen Brüder mögen klug sein und Vorkehrungen zu unserer Sicherheit treffen!“

Jetzt warf Old Shatterhand einen fragenden Blick auf Winnetou, der bisher noch kein Wort gesprochen hatte. Es war wirklich zum Verwundern, wie gut sich die beiden verstanden. Ohne dass Old Shatterhand irgendeinen Plan geäußert hatte, erriet Winnetou seine Gedanken, denn der Apatsche sagte: „Mein Bruder beabsichtigt das Richtige.“

„Einen Bogen rückwärts reiten?“

„Ja. Winnetou stimmt bei.“

„Das freut mich. In diesem Fall sind wir nicht die Angegriffenen, sondern die Angreifer. Wenn ich mich nicht irre, so erreicht man von hier aus in zwei Stunden einen Ort, der sich ausgezeichnet zur Ausführung meines Planes eignet.“

„So wollen wir hier nicht unnötig die Zeit versäumen", meinte Davy. „Was aber fangen wir mit diesen Toten an?"

„Die Skalpe dieser beiden Krieger gehören Old Shatterhand und dem Häuptling der Apatschen, von denen sie getötet wurden", entschied Oihtka-petay.

„Ich bin ein Christ und skalpiere nicht", wehrte der weiße Jäger das Ansinnen ab.

Und Winnetou erklärte mit einer abweisenden Handbewegung: „Der Häuptling der Apatschen braucht nicht den Skalp dieser Knaben, um seinen Namen berühmt zu machen. Diese Toten sind unglücklich genug, da sie ohne ihre Heiligtümer in die ewigen Jagdgründe gegangen sind. Man soll nicht auch noch ihre Seelen töten, indem man ihnen die Skalplocke nimmt. Sie mögen ruhen unter Steinen, mit ihren Gewehren, denn sie sind als Krieger gestorben, die den Mut hatten, sich an das Lager ihres Feindes zu wagen."

Das hatte der Anführer der Schoschonen nicht erwartet. Er fragte mit allen Zeichen des Erstaunens: „Meine Brüder wollen denen, die nach ihrem Leben trachteten, ein Begräbnis geben?"

„Ja", bestätigte Old Shatterhand. „Wir werden ihnen ihre Gewehre in die Hand geben, sie aufrecht setzen, mit den Gesichtern nach der Gegend der heiligen Steinbrüche, und dann Steine um sie aufschichten. So ehrt man die Krieger. Wenn dann ihre Brüder kommen, um uns zu verfolgen, so werden sie erkennen, dass wir nicht ihre Feinde, sondern ihre Freunde sind. Zeig, dass auch du ein edler Krieger bist, und gebiete deinen Männern, Steine zu holen, mit denen wir die Hügel errichten!"

Das Begriffsvermögen der Schoschonen reichte nicht aus, sich in die Ansichten der beiden Männer hineinzudenken, doch hegten sie vor ihnen eine solche Scheu, dass sie sich nicht weigerten, ihrem Wunsch zu entsprechen.

Die zwei Gefallenen wurden in sitzende Stellung aufgerichtet, einer rechts und der andere links vom Eingang des Passes, die Gesichter nach Nordost gerichtet. Sie erhielten ihre Gewehre in die Hände und wurden dann mit Steinen bedeckt. Als diese Arbeit beendet war, brach man wieder auf. Vorher aber sagte Winnetou zu Old Shatterhand: „Der Häuptling der Apatschen wird hier zurückbleiben, um die Ankunft der Upsarokas zu beobachten. Der junge Sohn des Bärenjägers mag an seiner Seite sein."

Das war eine Auszeichnung für Martin Baumann, die ihn mit freudigem Stolz erfüllte. Die beiden blieben also zurück, während die anderen unter Old Shatterhands Führung weiterritten.

Jetzt, da es Tag war, ging der Ritt bedeutend schneller vor sich als während der vergangenen Nacht. Zuweilen eben, meist aber bergan, führte der Pass tief zwischen lang gezogenen Höhen hinein. Nach Verlauf von zwei Stunden, also der angegebenen Zeit, traten die Höhen zu einem Cañon zusammen, eng, hoch und fast lotrecht emporsteigend. Der Pass war so schmal, dass nur drei Reiter nebeneinander Platz fanden. Die Seitenwände waren nicht zu erklimmen. Gebüsche, worin man sich verstecken konnte, standen ringsum und dennoch war der Boden felsig genug, um keine Spuren aufzunehmen. Da blieb Old Shatterhand halten. Er deutete in den schnurgerade fortlaufenden Cañon hinein und erklärte:

„Wenn die Upsarokas kommen, werden wir sie hier eindringen lassen. Die Hälfte von uns versteckt sich hier unter der Anführung Oihtka-petays, zu dem später auch Winnetou stoßen wird, und bricht, sobald ich meinen Revolver abschieße, hinter dem Feind in die Enge ein. Die andere Hälfte stellt sich mit mir an den Ausgang des Passes. Auf diese Weise wird der Feind gänzlich eingeschlossen und hat nur die Wahl, entweder niedergeschossen zu werden oder sich freiwillig zu ergeben."

„Die Upsarokas müssten aber doch geradezu mit Ruten gepeitscht werden, wenn sie so dumm wären, in die Falle zu gehen", sagte der Dicke Jemmy.

„Sie werden natürlich nicht sofort hineinschlüpfen“, entgegnete Old Shatterhand, „sondern werden hier halten und sich beraten. Da ist nun freilich die Hauptsache, dass sie durch nichts auf unsere Anwesenheit aufmerksam gemacht werden. Unsere Krieger müssen sich hier so gut verstecken, dass es unmöglich ist, sie zu bemerken. Der Tapfere Büffel ist ein kluger Krieger. Er wird entsprechende Anweisungen geben. Und wenn nachher Winnetou kommt, der mit hier bleiben soll, so führen zwei Männer, auf die ich mich wohl verlassen kann, den Befehl.“

Das schmeichelte dem Häuptling der Schoschonen. Es stand zu erwarten, dass er sehr besorgt sein werde, das auf ihn gesetzte Vertrauen nicht zu enttäuschen. Er blieb mit dreißig seiner Leute zurück, während Old Shatterhand mit den anderen den Cañon durchritt. Die Schlucht war so kurz, dass man, am Eingang stehend, den Ausgang recht wohl sehen konnte. Dort, wo sie plötzlich wieder zum breiten Pass wurde, bestand der Boden aus Humuserde, aus der riesige Bäume zum Himmel ragten. Zwischen ihren Stämmen lagen zahlreichen Felsstücke verstreut.

Hatten die Begleiter Old Shatterhands erwartet, dass er hier sofort anhalten werde, so hatten sie sich getäuscht. Er ritt vielmehr weiter und ließ dabei sein Pferd tänzeln, um eine recht deutliche, auffällige Fährte zu hinterlassen.

„Aber Sir“, mahnte der Dicke Jemmy, „ich denke, wir sollen hier am Ausgang der Schlucht bleiben!“

„Ja, das werden wir auch. Doch folgt mir nur vorher noch eine Strecke und sorgt dafür, dass wir eine gute Spur machen! Eigentlich solltet Ihr gar nicht fragen, Mister Jemmy. Was ich tue, das ist ja selbstverständlich.“

Old Shatterhand ritt wohl noch fast eine Viertelstunde weiter. Dann hielt er an, wendete sich zu den anderen zurück und fragte: „Nun Mesch’schurs, wisst ihr, warum ich so weit vorgeritten bin?“

„Um Kundschafter zu täuschen?“, riet Jemmy.

„Ja. Die Upsarokas werden sich nicht eher in den Pass

wagen, als bis sie sich durch Kundschafter überzeugt haben, dass die vor ihnen liegende Schlucht sicher ist. Ich vermute, dass diese Kundschafter an einen Hinterhalt denken und deshalb äußerst vorsichtig sein werden. Wir lassen sie unbehelligt und warten dann das Übrige ruhig ab."

„Und was tun wir jetzt?"

„Jetzt kehren wir zum Ausgang des Cañons zurück, aber nicht auf dieser Fährte, sondern wir biegen hier zur Seite in den Wald ein. Folgt mir nur!"

Die Seitenwände des Passes bildeten hier eine nicht sehr steile Böschung, die von den Pferden unschwer erklettert werden konnte. Old Shatterhand ritt den Seinigen voran ein gutes Stück die Steigung hinauf und bog dann nach dem Ausgang des Cañons zurück. Als er sein Pferd anhielt, befand sich seine Schar auf halber Höhe über dem Ende der Schlucht. Von hier aus konnte man selbst zu Pferd in wenigen Sekunden hinunter gelangen und den Ausgang besetzen.

Die Reiter saßen ab und banden die Pferde an die Bäume. Die Männer selbst nahmen im weichen Moos Platz.

„Ob wir lange warten müssen?", meinte Jemmy.

„Das können wir uns ziemlich genau ausrechnen", entgegnete Old Shatterhand. „Die Upsarokas werden bei Anbruch des Tages nach ihren beiden Kundschaftern geforscht haben. Bis sie entdeckten, was am Lager geschehen ist, konnten wohl zwei Stunden vergehen. Dann werden sie aufbrechen, werden die beiden Grabhügel finden und untersuchen. Nehmen wir an, sie brauchen dazu und zu einer anschließenden Beratung eine Stunde, so ergibt das insgesamt drei Stunden. Wir haben von dem Lagerplatz bis hierher fünf Stunden gebraucht. Wenn die Feinde ebenso schnell reiten wie wir, werden sie also acht Stunden nach Tagesanbruch hier sein. Wir haben demnach von jetzt an noch ungefähr fünf Stunden Zeit."

„O weh! Was fangen wir während dieser kleinen Ewigkeit an?"

„Da brauchen Sie gar nich erscht zu fragen!", entgegnete der Hobble-Frank. „Wir sprechen e bissel von der Kunst und von den Wissenschaften. Das bildet den Kopf, veredelt das Herz, macht das Gemüt sanft und gibt dem natürlichen Charakter diejenige Festigkeit, die notwendig is, wenn man in den Stürmen des Lebens nich mit allen Winden davonfliegen will. Off die Kunst und off die Wissenschaft lasse ich nun mal nischt kommen. Diese beiden sind mein tägliches Brot, mein Anfang und mein Ende, mein – brrr! Was is denn das hier eigentlich für ein niederträchtiger Geruch? Das riecht doch noch viel schlimmer, als wäre hier eine gestorbene Leiche nich richtig eingescharrt worden! Oder – hm!"

Frank blickte um sich und gewahrte den Schwarzen, der hinter dem Baum lehnte, unter dem der Sachse saß. „Willst du gleich fort, du Sackerment!", schrie er ihn an. „Wie kannst du dich da an meinen Baum herandrücken! Denkst du etwa, ich habe meine Nase vom Maskenverleiher geborgt? Geh fort, Zuave, und flüchte nach Afrika! Unsere Nerven sind zu gepflegt für dich. Nelken, Reseda und Vergissmeinnicht, die lasse ich mir gefallen. Aber Skunk mag ich selbst der feinsten Dame nich ins smelling-bottle raten!"

„Masser Bob riechen gut, sehr gut!", verteidigte sich der Neger. „Masser Bob nicht stinken. Masser Bob haben sich waschen in Wasser, mit Asche und Fett vom Bären. Masser Bob sein ein fein, nobel Gentleman!"

„Was? Du willst ein Mann von hoher, wohlriechender Geburt sein?" Frank ergriff seine Büchse, legte auf Bob an und drohte: „Wenn du nich gleich verschwindest, schieße ich dir beide Kugeln fünfmal um den Leib herum!"

„Jessus, Jessus! Nicht schießen, nicht schießen!", schrie der Schwarze. „Masser Bob gehen schon. Masser Bob setzen sich weit fort!" Er zog sich schleunigst nach einem entfernten Ort zurück, wo er sich grollend niedersetzte.

Der kleine Sachse brachte seinen Vorschlag, über Kunst und Wissenschaft zu reden, nochmals zu Gehör, aber Old

Shatterhand meinte: „Ich glaube, wir können unsere Zeit nützlicher anwenden. Wir haben in der vergangenen Nacht nicht geschlafen. Legt euch aufs Ohr und versucht, ein Nickerchen zu halten! Ich werde wachen."

„Sie? Warum denn gerade Sie? Sie haben sich doch ebenso wenig wie wir in Orpheus' Armen gewiegt."

„Morpheus heißt es!", verbesserte Jemmy.

„Kommen Sie mir schon wieder so? Warum verbessert mich denn kein anderer als nur immer Sie allein? Was Sie nur mit Ihrem Morpheus wollen! Ich weiß ganz genau, wie es heißen muss. Ich war ja Mitglied vom Gesangverein, der Orpheus hieß. Wenn man sich da mal so richtig ausgesungen hatte, da schlief sich's hinterher ganz wunderbar. So ein Gesangverein is das beste Mittel gegen schlaflose Nachtgedanken und darum muss es eben Orpheus heißen."

„Gut, lassen wir's dabei!", lachte der Dicke, indem er sich lang ins Moos streckte. „Ich will lieber schlafen, als mit Ihnen solche gelehrte Nüsse knacken."

„Dazu fehlen Ihnen eben die Haare off den Zähnen. Wer nischt gelernt hat, der kann ooch nischt. Schlafen Sie also! Die Weltgeschichte erleidet keine Einbuße dabei."

Und als er nun keinen anderen fand, den er von seiner geistigen Überlegenheit überzeugen konnte, machte er es sich auch bequem und versuchte, ein Schlummerchen zu tun. Die Schoschonen folgten diesem Beispiel und bald legten sich sogar die Pferde oder ließen müde die Köpfe hängen.

Old Shatterhand stieg von der Höhe hinab, durchschritt langsam den Cañon und blickte sich jenseits forschend um. Er lächelte befriedigt, denn es war hier keine Spur zu bemerken, die angedeutet hätte, wo sich der Tapfere Büffel mit seinen Leuten befand. Der Schoschone hatte also seine Maßnahmen gut getroffen. Nun kehrte Old Shatterhand wieder um und setzte sich am Ausgang der Schlucht auf einen Stein. Mit gesenktem Kopf saß er stundenlang unbeweglich. Woran dachte der berühmte Jäger? Vielleicht ließ er die Tage seines vielbewegten Lebens wie ein fesselndes Spiel an sich vorüberziehen.

Da ließ sich der Hufschlag eines Pferdes vernehmen. Er stand auf und lauschte um die Ecke des Felsens. Martin Baumann kam geritten. Also konnte sich Old Shatterhand zeigen. „Ist Winnetou auch da?“, fragte er auf Deutsch.

„Ja. Er wurde von Oihtka-petay angerufen und ist bei ihm geblieben, da Sie es so gewünscht haben. Auch ich soll zu ihnen zurückkehren.“

„Ist mir recht. Der Apatsche scheint Ihnen sein Wohlwollen zu schenken, junger Freund. Sie haben die Upsarokas gesehen. Wie viele waren es?“

„Sechzehn und zwei ledige Pferde, die wohl den beiden Toten gehörten. Zwei Kundschafter ritten ziemlich weit voraus. Man sah, dass sie sich genau nach unserer Fährte richteten.“

„Gut, sie werden bald die Männer kennen lernen, von denen diese Fährte stammt.“

„Wir hielten uns unter Bäumen gut versteckt und ließen sie verhältnismäßig nahe herankommen. Dann ritten wir im Galopp, um einen großen Vorsprung zu gewinnen. Vorher aber konnten wir noch bemerken, dass sich ein riesenhafter Krieger bei der Truppe befand. Er schien der Anführer zu sein, denn er ritt den anderen um einige Pferdelängen voran.“

„Konnten Sie ihre Bewaffnung erkennen?“

„Die Roten hatten alle Gewehre.“

„So ist es gut. Jetzt werden Sie meine Botschaft an Winnetou genau ausrichten. Im Cañon hier haben nur drei Pferde nebeneinander Platz. Ich bitte also den Apatschen, vom Gebrauch der Pferde abzusehen. Sobald die Feinde in dem Cañon verschwunden sind, mag er ihnen schnell zu Fuß folgen.“

„Sind sie uns da nicht überlegen? Sie können uns leicht niederreiten.“

„Nein. Während die Upsarokas nur drei Pferde in einer Reihe reiten können, ist es uns, wenn wir zu Fuß sind, möglich, fünf Mann nebeneinander aufzustellen. Das tun wir folgendermaßen: Die ersten fünf setzen sich einfach auf die Erde, die zweiten fünf knien hinter ihnen. Hinter diesen stehen die dritten fünf in gebückter Haltung und dann folgen die vierten fünf in aufrechter Stellung. So können zwanzig Mann genau und sicher zielen, ohne einander zu hindern. Die Übrigen bleiben in Reserve. Sagen Sie das dem Apatschen und fügen Sie auch hinzu, dass ich allein mit den Feinden verhandeln will. Wann werden die Feinde nach Winnetous Schätzung hier sein?"

„Er rechnet eine Stunde für ihren Aufenthalt bei den Gräbern."

„Also ganz wie ich..."

„...und zwei Stunden bis hierher. Da wir beide aber nur anderthalb Stunden geritten sind, so dürfen wir erwarten, dass noch weit über eine Stunde vergehen wird, bevor sie hier ankommen."

„Auch ich vermute das. Dennoch müssen wir uns bereit halten. Reiten Sie jetzt zurück!"

Martin wendete sein Pferd und trabte davon. Old Shatterhand stieg zu den schlafenden Gefährten hinauf und weckte sie. Er teilte ihnen seinen Plan mit und bestimmte, dass Davy, Jemmy, Frank, Wohkadeh und einer der Schoschonen das erste, sitzende Glied bilden sollten. Auch den Übrigen wies er ihre Plätze an und führte sie hinab, um die beabsichtigte Überrumpelung mit ihnen einzuüben. Es kam ja sehr viel darauf an, dass alles ebenso einheitlich wie blitzschnell ausgeführt werde. Er selbst wollte vor seinen Leuten stehen, zwischen ihnen und den Feinden, um mit dem Gegner verhandeln zu können. Zu diesem Zweck schnitt er sich einige lange, grüne Äste ab, die in der ganzen Welt, selbst bei den wildesten Völkern, als Zeichen der Unterhändler gebraucht werden.

Nach einigen Wiederholungen klappte alles ausgezeichnet. Dann, als Old Shatterhand überzeugt war, dass seine Leute ihre Pflicht erfüllen würden, zog er sich mit ihnen wieder in das Versteck zurück. Jetzt wurde ihnen die Zeit des Wartens länger als vorher. Endlich aber hörten die Harrenden den Schall von Huftritten eines Pferdes.

„Es scheint nur ein einziger Kundschafter zu sein, der vorausgesandt wurde, um nachzusehen, ob der Durchgang frei ist“, vermutete Jemmy.

„Das wäre sehr günstig für uns“, antwortete Old Shatterhand. „Wären es zwei, so würde einer die Meldung nach rückwärts bringen, während der andere wahrscheinlich hier unten wartete. Ihn müssten wir unschädlich machen, ohne dass es von den Seinen gemerkt wird.“

Jemmy hatte Recht. Es war nur ein Reiter, der unten langsam aus dem Cañon hervorkam und dort halten blieb, um sich vorsichtig umzuschauen. Er bemerkte weder rechts noch links etwas von einem Feind und sah dagegen die gerade fortlaufende Fährte, für deren Deutlichkeit Old Shatterhand so wohlweislich gesorgt hatte. Ganz beruhigte er sich dabei aber doch nicht, sondern ritt noch eine bedeutende Strecke weiter.

„Heavens!“, meinte Jemmy. „Der Rote wird doch nicht etwa bis zur Stelle reiten, wo wir vom Weg abgebogen sind! Dann wäre es verraten, dass wir uns hier befinden.“

„In diesem Fall kommt er nicht zu seinen Leuten zurück“, erklärte Old Shatterhand.

„Wie aber wollt Ihr das schaffen, ohne Lärm zu machen?“

„Mit dem da.“ Dabei deutete er auf seinen Lasso.

„Dann müsste die Schlinge dem Kundschafter gerade den Hals zuschnüren, dass er nicht schreien kann. Das ist aber ein verteufelt schweres Kunststück. Werdet Ihr es fertig bringen, Sir?“

„Habt keine Sorge! Streckt alle zehn Finger aus und sagt mir, welchen ich mit dem Lasso fassen soll! Aber genug damit. Von hier oben aus kann man nicht sehen, wie weit der Rote reitet. Ich muss hinab. Verhaltet euch indessen ruhig, und wenn ihr mich leise pfeifen hört, so kommt ihr schnell nach!“

Der Jäger nahm den Lasso von der Schulter und legte ihn, während er schnell die Steigung hinabglitt, in wurfgerechte Schlingen. Unten sah er zu seiner Beruhigung den Upsaroka wieder zurückkommen und fand gerade noch Zeit, sich hinter einen großen Felsbrocken zu ducken. Der Mann ritt im Trab an ihm vorüber und verschwand in dem engen Cañon.

Old Shatterhand gab das verabredete Zeichen und seine Leute kamen herbei. Sie brachten ihm seine beiden Gewehre und auch die grünen Zweige mit, die er, um beim Lassowerfen nicht behindert zu sein, bei ihnen liegen gelassen hatte.

Inzwischen verfolgte Old Shatterhand den Kundschafter mit seinen Blicken. Der Upsaroka hatte das Ende des Cañons erreicht und verschwand dort. Eine Minute später war seine ganze Schar zu sehen, die im Trab in die Enge einbog. Old Shatterhand ließ sie bis über die Hälfte der Schlucht heran. Dann zog er den Revolver und feuerte den verabredeten Schuss ab. Der Schall brach sich vielfältig an den engen, steilen Wänden und gelangte mit zehnfacher Stärke an die Ohren des Apatschen und seiner Schar. Sie stürmten in die Schlucht hinein, hinter den Upsarokas her, von denen sie zunächst gar nicht bemerkt wurden. Die Roten hatten, als sie den Schuss hörten, ihre Pferde sofort gezügelt. Nun sahen sie Old Shatterhand und seine Leute vorn hereindringen und die bereits beschriebene Aufstellung nehmen.

Der Anführer der feindlichen Indianer war, wie Martin Baumann bereits berichtet hatte, eine wirklich riesenhafte Gestalt. Er saß wie ein Kriegsgott zu Pferd. Die weiten Lederhosen hingen an den Nähten voller Flechten, gefertigt aus dem Haar der von ihm erlegten Feinde. Auf der breiten Brust trug er über dem hirschledernen Jagdrock eine Art Panzer, der aus schuppenförmig übereinander befestigten Skalptellern bestand. Im Gürtel steckten neben allerlei notwendigen Gegenständen ein großes Jagdmesser und ein riesiger Tomahawk, der nur von der Faust eines so reckenhaft gebauten Menschen geschwungen werden konnte, und auf dem Kopf saß der Schädel eines Kuguar[1], von dem das in lange, dicke Seile gedrehte Fell hernieder hing. Das Gesicht dieses Mannes war mit schwarzer, roter und gelber Farbe bemalt. In der Rechten hielt er eine schwere Büchse, aus der er wohl gar manchen tödlichen Schuss abgefeuert hatte.

Der Riese erkannte sofort, dass die ihm entgegenstarrenden Gewehrläufe den Waffen seiner Schar überlegen seien. „Zurück!", rief er mit einer Stimme, deren Ton förmlich durch den Cañon donnerte.

Dabei riss er sein Pferd auf den Hinterhufen herum. Die Seinen taten das Gleiche. Da aber erblickten sie Winnetous Schar, deren Gewehre ihnen geradeso entgegenstarrten wie die anderen am Ende des Cañons. „Appanaheh – schlechte Medizin!", schrie der Anführer erschrocken. „Kehrt abermals um! Dort steht ein Mann, der das Zeichen des Unterhändlers in der Hand hat. Unsere Ohren werden hören, was er uns sagen will."

Er wendete sein Ross wieder und ritt langsam auf Old Shatterhand zu. Die Seinen folgten ihm. Diesen Vorteil ließ sich der Apatsche nicht entgehen. Er folgte auf dem Fuß und nahm so nahe hinter den Upsarokas Stellung, dass sie nun eng eingeschlossen waren.

Old Shatterhand tat dem Feind keinen einzigen Schritt entgegen. Der Upsaroka musterte ihn mit furchtlosem Blick und fragte: „Was will das Bleichgesicht hier? Warum stellt es sich mir und meinen Kriegern in den Weg?"

Der Jäger hielt den Blick gelassen aus und entgegnete: „Was will der rote Mann hier? Warum verfolgt er mich und meine Krieger?"

„Weil ihr zwei unserer Brüder getötet habt."

[1] Puma

„Sie kamen als Feinde zu uns und Feinde macht man unschädlich."

„Woher weißt du, dass wir deine Feinde sind?"

„Weil ihr eure Medizin verloren habt."

Die Brauen des Riesen senkten sich tief herab. „Wer hat es dir gesagt?"

„Ich weiß es, weil die beiden Krieger, die an unseren Kugeln starben, ihre Medizinen nicht bei sich hatten."

„Du hast recht geraten. Ich bin nicht mehr, der ich war. Ich habe mit der Medizin auch meinen Namen verloren. Jetzt heiße ich Oihtikeh-eyakutschin-wakon[1]. Lasst uns vorüber, sonst töten wir euch!"

„Ergebt euch, sonst seid ihr es, die getötet werdet! Blicke vor und hinter dich! Ein Wink von mir und mehr als fünfmal zehn Kugeln schlagen in deine kleine Schar."

„Viele stinkige Kojoten töten den stärksten Büffel. Was wären deine Hunde gegen meine Krieger, wenn ihr uns nicht eingeschlossen hättet! Ich allein würde die Hälfte von euch niederschlagen." Der Riese zog seinen schweren Tomahawk und schwang ihn drohend.

„Und ich allein würde deine ganze Schar in die ewigen Jagdgründe senden!", entgegnete Old Shatterhand ruhig.

„Ist vielleicht Ihdatang[2] dein Name?"

„Ich kämpfe nicht mit meinem Namen, sondern mit meiner Hand."

Da leuchtete das Auge des Upsaroka auf. „Willst du das an mir wahr machen?"

„Ich fürchte dich nicht, sondern lache über deine leeren Worte!"

„So warte, bis ich mit meinen Kriegern gesprochen habe! Dann sollst du erfahren, ob Oihtikeh-eyakutschin-wakon nur redet und nicht auch handelt." Er wendete sich zu seinen Leuten zurück und sprach leise mit einigen von ihnen. Hierauf kehrte er sich wieder zu Old Shatterhand und fragte: „Weißt du, was ein Muh-mohwa ist?"

[1] Der Tapfere, der Medizin sucht [2] Großmaul

„Ich weiß es."

„Wohlan! Wir brauchen Skalpe zur Medizin. Vier Männer sollen den Muh-mohwa kämpfen, du mit mir und einer deiner roten Männer mit einem meiner Krieger. Siegen wir, so töten und skalpieren wir euch alle; siegt aber ihr, so nehmt ihr uns Skalp und Leben. Hast du Mut?"

Der Upsaroka sprach diese Frage höhnisch aus. Old Shatterhand antwortete lächelnd: „Ich bin bereit. Leg deine Hand in die meinige zum Zeichen, dass deine Worte gelten!"

Er streckte ihm die Hand entgegen. Das hatte der Riese nicht erwartet, darum zögerte er unwillkürlich, einzuschlagen.

Muh-mohwa ist ein der Utahsprache entnommener Ausdruck und heißt wörtlich ‚Hand am Baum'. Dieser Kampf gilt bei manchen Stämmen als eine Art Gottesgericht. Zwei Männer werden durch starke Riemen mit einer Hand an einen Baumstamm gebunden und erhalten in die andere Hand die verabredete Waffe, Tomahawk oder Messer. Die Riemen sind so befestigt, dass sie den Kämpfern erlauben, sich im Kreis um den Stamm zu bewegen. Da die beiden mit den Gesichtern gegeneinander stehen müssen, ist der eine mit der rechten und der andere mit der linken Hand angebunden. Derjenige, der die Rechte zum Kampf frei hat, ist also gewöhnlich im Vorteil. In der Regel endet dieser schreckliche Kampf, bei dem die Gegner sich langsam zerfleischen, erst mit dem Tod des einen.

Der Namenlose drängte seine Verblüffung zurück und reichte dem Weißen seine Hand mit den Worten: „Ich willige ein! Wir versprechen uns gegenseitig: Keine Partei, deren Kämpfer fallen, darf sich weigern, sich töten zu lassen. Siegt von jeder Seite einer, so muss der Kampf zwischen den beiden Siegern zu Ende geführt werden."

Old Shatterhand durchschaute ihn, denn den Körperverhältnissen nach stand zu erwarten, dass ‚Der Tapfere, der Medizin sucht', nicht nur zuerst, sondern, falls der andere Upsaroka ja besiegt werden sollte, auch dann beim Entscheidungskampf als Sieger hervorgehen werde. Dennoch gab er die Antwort: „Einverstanden! Und damit du alle Sicherheit hast, werden wir die Pfeife des Schwurs darüber rauchen.“ Er deutete dabei auf die mit Kolibribälgen geschmückte Friedenspfeife, die an seinem Hals hing.

„Ja, wir werden sie rauchen“, stimmte der Riese bei, indem ein grimmig höhnisches Lächeln über seine scharf ausgeprägten Züge glitt. „Aber diese Pfeife des Schwurs wird nicht eine Pfeife des Friedens sein, denn wir werden kämpfen und nach dem Kampf werden eure Skalpe unsere Medizinstangen schmücken, und euer Fleisch soll von den Geiern zerrissen und verschlungen werden.“

„Vorher werden wir sehen, ob deine Fäuste ebenso stark und tapfer wie deine Worte sind“, bemerkte Old Shatterhand.

„Oihtikeh-eyakutschin-wakon ist noch nie besiegt worden!“, entgegnete der Upsaroka stolz.

„Aber er hat sich doch seine Medizin rauben lassen. Wenn seine Augen heute nicht schärfer sind als damals, so wird mein Skalp auf meinem Haupt bleiben.“

Das war eine scharfe Zurechtweisung. Der Rote fuhr dann auch sofort mit der Hand abermals nach der Waffe, doch Old Shatterhand zuckte die Schultern und warnte ihn: „Lass die Hand davon! Du wirst ja bald zeigen können, wie tapfer du bist. Jetzt aber wollen wir uns einen Ort suchen, der zum Muh-mohwa geeignet ist. Er gab Winnetou einen Wink und der Apatsche kehrte mit seiner Abteilung dorthin zurück, wo man die Pferde zurückgelassen hatte. Als sie dann angeritten kamen, holte auch die andere Abteilung ihre Tiere herbei. Auf diese Weise befanden sich die Krähenindianer keinen Augenblick ohne Aufsicht, sodass es ihnen unmöglich war, die Flucht zu ergreifen. Dann setzte sich der Zug in Bewegung.

Old Shatterhand hatte den Seinen den leisen Befehl gegeben, ja nicht etwa seinen oder Winnetous Namen zu verraten. Die Upsarokas sollten einstweilen nicht wissen, mit welchen Gegnern sie es zu tun hatten. Solange sie die Überzeugung besaßen, aus dem beabsichtigten Kampf als Sieger hervorzugehen, dachten sie wohl nicht daran, gegen die Verabredung zu handeln.

Der Dicke Jemmy hielt sich an Old Shatterhands Seite. Er war mit dessen Verhalten nicht ganz einverstanden. „Nehmt's nicht übel, Sir, dass ich ein Bedenken ausspreche", begann er. „Ihr habt gegen diese Roten als anständiger Kerl gehandelt. Aber ein solcher Anstand ist da wohl am unrechten Platz."

„Warum? Glaubt Ihr etwa, der Indianer habe kein Verständnis für eine edelmütige Gesinnung? Ich habe gar viele Rote kennen gelernt, an denen sich die Weißen ein Beispiel nehmen könnten."

„Das mag wohl sein. Aber diesen Krähenindianern ist nicht zu trauen. Sie wollen neue Medizinen haben und in einem solchen Fall sind Rücksichten von ihrer Seite nicht zu erwarten. Wir hatten sie so schön in unseren Händen. Sie konnten weder vor- noch rückwärts. Es war uns ein Leichtes, sie auszulöschen, wie man einige arme Zündhölzer ausbläst. Nun aber seid Ihr zu dem verteufelten Muhmohwa gezwungen, und wer sagt Euch, dass dieser Riese Euch nicht niederschlägt oder niedersticht?"

„Pah! Ihr seid doch sonst kein so blutdürstiger Mann. Es wäre für uns, die wir ihnen so überlegen waren und sie in eine Falle gelockt hatten, in der sie sich nicht bewegen und nicht verteidigen konnten, eine Schande gewesen, sie niederzuschießen. Dabei will ich gar nicht davon sprechen, dass wir Christen sind."

„Hm! Recht habt Ihr freilich, als Christ sowohl wie auch als Mensch überhaupt. Aber mussten wir sie denn töten? Sie waren gezwungen, sich zu ergeben, und da stand es uns doch frei, ein friedliches Abkommen mit ihnen zu treffen."

„Sie hätten sich nicht ergeben, eben weil sie neue Medizinen suchen. Der Kampf wäre unvermeidlich gewesen. Und da ich nicht daran denke, Menschen abzuschlachten, denen Gott dieselben Rechte wie mir verliehen hat, so habe ich es vorgezogen, auf den Vorschlag des Riesen, den ich übrigens kenne, einzugehen."

„Wie? Der Kerl ist Euch bekannt?"

„Ja. Erinnert Ihr Euch vielleicht der Bemerkung, die ich machte, als wir am Berg der Schildkröte vorüberritten? Ich erzählte, dass ich dort einmal mit dem Upsarokakrieger Schunktanka gelagert habe. Er berichtete mir viel von seinem Stamm. Dabei erwähnte er mit großem Stolz seinen berühmten Bruder Kanteh-pehta, zu deutsch Feuerherz."

„Meinte er damit etwa den bekannten Medizinmann der Krähenindianer?"

„Den meinte er. Er erzählte mir die Taten seines Bruders und schilderte ihn mir als einen wahren Riesen von Gestalt, dem das linke Ohr fehle. Kanteh-pehta hat einst im Kampf mit den Sioux-Ogellallah einen Tomahawkhieb bekommen, der ihm das Ohr vom Kopf trennte und ihm dann noch tief in die Schulter drang. Nun seht Euch doch einmal diesen riesenhaften Upsaroka an! Ihm fehlt das linke Ohr und aus der Haltung seines linken Armes ersehe ich, dass er da einmal verletzt worden sein muss."

„Behold! Das wäre allerdings ein ganz besonderes Zusammentreffen! Aber dann bangt mir doch um Euch, Sir. Ihr seid zwar der tüchtigste Kerl, den es nur geben kann; doch dieser Kanteh-pehta ist wirklich noch nie besiegt worden. An Körperstärke ist er Euch unbedingt überlegen, während ich freilich überzeugt bin, dass er es in Bezug auf Gewandtheit mit Euch nicht aufzunehmen vermag. Wenn man jedoch mit dem einen Arm an den Baum gebunden ist, gibt wohl die Stärke, aber nicht die Gewandtheit den Ausschlag."

„Nun", lächelte Old Shatterhand, „wenn Ihr so besorgt um mich seid, so gibt es ein einfaches Mittel, mich vom sicheren Untergang zu retten."

„Welches Mittel?"

„Ihr kämpft an meiner Stelle mit der Krähe."

„Heigh-ho! Das fällt mir freilich nicht ein! Ich habe sonst keine zarten Nerven, aber dem Tod geradezu in die Arme laufen, das ist doch nicht nach meinem Geschmack. Übrigens habt Ihr die Suppe eingebrockt, Sir, und nun mögt Ihr sie auch mit Wonne genießen. Ich wünsche Euch von ganzem Herzen eine gesegnete Mahlzeit!"

Damit nahm Jemmy sein Pferd um einige Längen zurück, um das unangenehme Anerbieten nicht noch einmal zu bekommen. An seiner Stelle lenkte Winnetou seinen Iltschi an Old Shatterhands Seite. „Mein Bruder Scharlih hat Kanteh-pehta, den Medizinmann der Upsarokas, erkannt?", erkundigte er sich.

„Ja", nickte der Gefragte. „Und die Augen meines roten Bruders waren ebenso scharf wie die meinen?"

„Die Krähe hat nur ein Ohr. Winnetou hat ihr Gesicht noch nie gesehen. Aber ‚Der Tapfere, der Medizin sucht' kann den Häuptling der Apatschen nicht täuschen. Er hat vernommen, was sein Bruder mit ihm gesprochen hat, und ist bereit zum Kampf."

„Ich habe allerdings mit dem Häuptling der Apatschen gerechnet, denn ich möchte keinem anderen diese Ehrensache anvertrauen."

Der Trupp hatte von dem Cañon aus vielleicht eine englische Meile zurückgelegt, als sich das Tal erweiterte. Die Reiter gelangten an eine kleine, rings von Bergen eingeschlossene Prärie, wie es dort so viele gibt. Es stand da mageres Gras nebst einigen Büschen. Nur ein einzelner Baum war auf der Ebene zu sehen, eine ziemlich hohe Linde von der Gattung, die wegen ihrer großen, weißhaarigen Blätter von den Indianern klangvoll Tusahga-nangaf-mahf, d. i. Weißblattbaum, genannt wird.

„Heng – dort!", sagte der Anführer der Krähenindianer, indem er auf den Baum deutete.

„Howgh!", nickte Winnetou und lenkte sein Pferd im Galopp der Linde zu.

Die anderen folgten nach dem Ort, wo der Zweikampf vor sich gehen sollte. Dort sprangen alle ab. Die Pferde wurden freigelassen und die Reiter lagerten sich in einem Kreis. Ein Fremder, der jetzt herbeigekommen wäre, hätte wohl nicht gedacht, dass hier Feinde einander gegenübersaßen, zumal den Upsarokas ihre Waffen gelassen worden waren. Old Shatterhand hatte ritterlich darauf verzichtet, sie ihnen abzufordern.

Der Jäger holte aus der Satteltasche ein wenig Tabak herbei, nahm die Pfeife vom Hals und stopfte sie. Dann stellte er sich in die Mitte des Kreises und begann: „Der Krieger macht nicht viel Worte, sondern er spricht in Taten. Wir töteten die Krieger der Upsarokas nicht, obgleich sich ihr Leben in unseren Händen befand. Sie haben uns zum Muh-mohwa herausgefordert und wir nahmen ihre Forderung an. Allerdings erwarten wir, dass sie ohne Tücke und Hinterlist an uns handeln, wie wir gegen sie. Sie werden uns das versprechen, indem sie die Pfeife des Schwurs mit uns rauchen. Howgh! – Ich habe gesprochen."

Er setzte sich. ‚Der Tapfere, der Medizin sucht', erhob sich und erwiderte: „Dem, was der weiße Mann gesagt hat, stimmen wir zu. Wir brauchen nicht hinterlistig zu sein, denn wir werden siegen. Aber er hat vergessen, die Bedingungen des Kampfes festzusetzen. – Die Kämpfer", fuhr er nach einer kleinen Pause fort, „werden mit der einen Hand an den Baum gebunden und erhalten ihre Messer in die andere Hand. Wer niederstürzt, ist besiegt, mag er tot sein oder noch leben. Vier Männer kämpfen mit entblößtem Oberleib, je zwei gegeneinander, ich gegen dieses Bleichgesicht und einer meiner Leute gegen einen der roten Krieger. Gehören die beiden Sieger verschiedenen Parteien an, so haben sie dann miteinander den Kampf zu entscheiden. Den Gefährten des Siegers gehört das Eigentum der besiegten Partei und keiner, dessen Leben verfallen ist, darf sich weigern, sich töten zu lassen. Die Krieger der Upsarokas sind bereit, auf diese Bedingungen die

Pfeife des Schwurs zu rauchen. Howgh! – Ich habe gesprochen."

Damit setzte er sich. Old Shatterhand trat abermals in den Kreis und erklärte: „Wir sind mit allen Bedingungen der Upsarokas einverstanden. Ich werde jetzt die Pfeife des Friedens in Brand stecken. Sie wird heute eine Pfeife des Schwurs sein und auf ihrem Rauch mögen die Seelen der Besiegten in die ewigen Jagdgründe schweben, um später die Seelen der Sieger dort zu bedienen." „Howgh, howgh!", ertönte es zustimmend im Kreis.

Old Shatterhand zog sein Punks hervor und brannte den Tabak an. Den Rauch blies er gegen den Himmel, gegen die Erde und in die vier Himmelsrichtungen und gab dann dem Anführer der Upsarokas die Pfeife. Der Rote tat die gleichen sechs Züge und erklärte, dass das Abkommen hiermit beschworen und besiegelt sei. Die anderen beteiligten sich an dem Schwur, indem reihum ein jeder einen Zug tat. Dann wurde die Pfeife in einiger Entfernung mit der Mundspitze in die Erde gesteckt und alle legten die Waffen dabei nieder, je ein Schoschone und ein Upsaroka wurden als Wächter dort aufgestellt.

Nun trat der Namenlose, seines Sieges gewiss, zum Baum, warf die Oberkleider ab und rief: „Es kann beginnen. Bevor die Sonne um eines Messerrückens Breite weiter nach Westen gerückt ist, wird der Skalp eines weißen Hundes an meinem Gürtel hängen!"

Jetzt erst war zu erkennen, wie riesenstark der Mann sein musste. Er besaß wahre Bärenmuskeln.

Der Rote gab einem der Seinen einen Wink. Hierauf entkleidete der Betreffende seinen Oberkörper und sagte: „Hier steht Wakin-opawinge-akide, der Hundertfache Donner. Er machte seinen Schild aus der Haut seiner Feinde und über vierzig Skalpe wurden von ihm genommen. Wer wagt es, vor sein Messer zu treten?"

„Wohkadeh wird den Hundertfachen Donner zum Schweigen bringen. Er kann sich keiner Skalpe rühmen, aber er hat den weißen Büffel getötet und wird heute seinen Gürtel mit der ersten Kopfhaut schmücken. Wer fürchtet den Donner? Er ist der feige Gesell des Blitzes und erhebt seine Stimme erst dann, wenn die Gefahr vorüber ist!"

„Uff, uff!", rief es rundum.

„Geh zurück!", höhnte der Hundertfache Donner. „Wakin-opawinge-akide kämpft nicht mit einem Kind. Der Hauch seines Mundes würde dich töten. Wohkadeh lege sich ins Gras und träume von seiner Mutter, die ihn noch mit Kammas füttern muss!"

Die von allen Roten verachteten Grabindianer suchen in den öden Gegenden, wo sie ein bedauernswertes Dasein führen, nach einer zwiebelartigen Wurzel, die in halb verfaultem Zustand zu einem ekelhaften Kuchen, dem so genannten Kammaskuchen, geformt wird. Selbst Hunde verschmähen es, davon zu fressen.

Bevor Wohkadeh auf diese Schmähung antworten konnte, meldete sich Winnetou. Er gab dem jungen Indianer einen Wink, zurückzutreten, den der Jüngling aus Achtung vor dem Häuptling sofort befolgte, und sprach: „Auf das Lärmen Wakin-opawinge-akides hat sich ein Knabe gemeldet, der den Prahler wohl leicht zum Schweigen bringen würde. Es ist aber beschlossen, dass ich das Rollen des ‚Donners' verstummen machen soll!"

Da fragte der Genannte zornig: „Wer bist du, der du solche Worte sprichst? Hast du einen Namen? An deinem Gewand ist kein einziges Haar eines Feindes zu sehen. Hast du gelernt, die Ihinke[1] zu blasen, so gehe hin und tue es! Ein Messer aber gehört nicht in deine Hand. Du würdest dich nur selbst verletzen."

„Meinen Namen werde ich deiner Seele nennen, wenn sie dir aus dem Leib entweicht. Dann wird sie jammern vor Entsetzen und sich nicht in die ewigen Jagdgründe wagen. Sie wird in den Klüften der Berge wohnen, um vor

[1] Eine flötenartige Pfeife

Angst mit den Winden zu heulen und mit den Lüften zu klagen!“

„Hund!“, schrie der Hundertfache Donner. „Du wagst es, die Seele eines tapferen Kriegers zu schmähen! Du sollst die Strafe augenblicklich empfangen. Wir beide werden zuerst kämpfen und dein Skalp soll keinen Platz bei meinen Siegeszeichen erhalten. Ich werde ihn den Ratten vorwerfen und deinen Namen, den du mir zu sagen verweigerst, soll kein Ohr eines Kriegers hören!“

„Ja, kämpfen wir zuerst! Es mag beginnen!“, erwiderte Winnetou kalt.

Beide entkleideten sich und nahmen ihre Messer zur Hand. Dann wurde ein weiter Kreis um die Linde gebildet. Aller Augen hingen mit prüfendem Blick an den Gestalten der beiden Gegner. Der Upsaroka war nicht größer, aber viel breiter und kräftiger gebaut als der schlanke Winnetou. Die Krähenindianer bemerkten das mit Genugtuung. Sie hatten allerdings keine Ahnung, dass sie den berühmten Häuptling der Apatschen vor sich hatten.

Jetzt trat der Dicke Jemmy herbei. Er hatte einige Riemen, wie sie jeder Westmann bei sich führt, in der Hand und sagte zu Winnetou: „Also Ihr habt den ersten Gang, mein bester Sir. Es mag als gute Vorbedeutung dienen, wenn Ihr von der Hand eines Freundes an den Baum gefesselt werdet. Vorher aber sollen sich alle überzeugen, dass diese beiden Riemen von gleicher Beschaffenheit sind.“

Die Riemen gingen von Hand zu Hand und wurden genau untersucht. Jetzt musste bestimmt werden, wer von beiden mit der rechten und wer mit der linken Hand angebunden werden solle. Zwei verschieden lange Grashalme bildeten die Lose. Winnetou zog den Kürzeren und befand sich infolgedessen im Nachteil, da er mit der Rechten gefesselt wurde und ihm somit nur die gewöhnlich weniger geübte Linke frei blieb. Die Upsarokas begrüßten diesen Umstand mit einem frohen „Awaschte – sehr gut!“

Nun wurden die Riemen den beiden Kämpfern in Schlingenform um die Handgelenke gezogen und dann nur locker um den Stamm des Baumes befestigt. Es kommt nämlich beim Muh-mohwa vor, dass sich die Gegner viertelstundenlang und noch länger um den Baum treiben, ehe der erste Stich erfolgt. Fließt dann aber Blut, so geraten sie gewöhnlich so hitzig aneinander, dass der Kampf sehr bald entschieden ist.

Jetzt standen die Kämpfer bereit, der eine auf dieser, der andere auf jener Seite des Baumes.

Der Hobble-Frank befand sich als Zuschauer beim Dicken Jemmy. „Hören Sie, Herr Pfefferkorn", meinte er, „das is ne Sache, bei der es einem eiskalt über die Haut läuft. Denn nich allein diese beiden wagen ihr Leben, sondern wir das unsrige ooch. In diesem Augenblick habe ich unter meiner Skalplocke ein Gefühl, als würde sie mir bereits in die Höhe gezogen. Ich danke eigentlich schön für das Versprechen, uns geduldig abschlachten zu lassen, wenn unsere beiden Männer besiegt werden!"

„Pah!", entgegnete Jemmy. „Mir ist zwar auch nicht ganz wohl zu Mute, aber ich denke, dass wir uns auf Winnetou und Old Shatterhand verlassen können."

„Freilich scheint es so, denn der Apatsche macht ein so ruhiges Gesicht, als hätte er ein Grünsolo mit zehn Trümpfen in der Hand. Aber still! Der Hundertfache Donner beginnt zu sprechen."

„Tahanadapi – komm her!", rief er dem Apatschen auffordernd zu. „Oder soll ich dich um den Baum jagen, bis du vor Angst tot zusammenbrichst, ohne dass mein Messer dich getroffen hat?"

Winnetou antwortete ihm nicht. Er wendete sich an Old Shatterhand und sagte in der Sprache der Apatschen, die sein Gegner nicht verstand: „Ilata schi ilsestehkhn – ich werde ihm die Hand lähmen."

Da erklärte Old Shatterhand laut, indem er auf Winnetou zeigte: „Unser Bruder hat sein Herz vor den Gedanken des Mordes verschlossen. Er wird seinen Feind besiegen, ohne ihm einen Tropfen Blut zu nehmen."

„Uff, uff, uff!", riefen die Upsarokas.

Der Hundertfache Donner aber höhnte: „Euer Bruder ist vor Angst wahnsinnig geworden. Die Qual soll ihm abgekürzt werden."

Er bewegte sich einen Schritt vorwärts, sodass sich der Stamm des Baumes nun nicht mehr zwischen beiden befand. Das Messer fest in der Faust, hielt der Upsaroka das Auge mit einem wahren Raubtierblick auf Winnetou gerichtet. Das Gesicht des Apatschen aber blieb unbeweglich; er stand starr und steinern.

Wakin-opawinge-akide ließ sich täuschen. Er sprang plötzlich auf Winnetou zu und hob den Arm zum tödlichen Stoß. Aber anstatt zurückzuweichen, kam der Apatsche ihm ebenso blitzschnell entgegen. Mit gewaltigem Stoß rannte er dem Feind die Faust mit dem Messerheft in die Achselhöhle. Diese ebenso kühne wie kraftvolle und wohlgelungene Abwehr hatte den Erfolg, dass der Upsaroka zurückgeworfen wurde und sein Messer fallen ließ. Ein Griff des Apatschen, der das seinige auch wegwarf, und ein Schrei seines Gegners. – Winnetou hatte ihm die Hand verrenkt und stieß ihm im nächsten Augenblick die geballte Faust so in die Magengrube, dass er hintenüber stürzte und, mit der Hand am Baumstamm hängend, auf den Rücken zu liegen kam.

Der Upsaroka blieb einen Augenblick bewegungslos und das genügte dem Apatschen. Sein Messer vom Boden aufraffen, sich mit einem schnellen Schnitt durch den Riemen vom Baum befreien und auf den Feind niederknien, das war für ihn das Werk einer Sekunde. „Bist du besiegt?", fragte er.

Der andere antwortete nicht. Er atmete keuchend, teils von dem Stoß, den er erhalten hatte, teils auch aus Grimm und Todesangst.

Das war alles so gedankenschnell gegangen, dass die einzelnen Bewegungen des Apatschen mit den Augen fast gar nicht voneinander zu unterscheiden gewesen waren. Kein Laut ließ sich rundum hören, und als der kleine Sachse ein jubelndes ‚Hurra' rufen wollte, gebot ihm Old Shatterhand durch eine Armbewegung Schweigen.

„Stich zu!", knirschte der Upsaroka, indem er einen Blick glühenden Hasses in das Gesicht des über ihn gebeugten Apatschen warf und dann die Augen schloss.

Aber Winnetou erhob sich, schnitt den Riemen des Besiegten durch und sagte: „Steh auf! Ich habe versprochen, dich nicht zu töten, und ich halte mein Wort."

„Ich mag nicht leben, ich bin besiegt!"

Da trat Oihtikeh-eyakutschin-wakon zu ihm heran und gebot ihm zornig: „Erhebe dich! Dir wird das Leben geschenkt, weil dein Skalp für den Sieger keinen Wert hat. Du hast dich gehalten wie ein Knabe. Aber noch stehe ich hier, um für uns zu kämpfen. Ich werde zweimal siegen, und während wir uns in die Skalpe der Feinde teilen, kannst du zu den Wölfen der Prärie gehen, um bei ihnen zu wohnen. Die Heimkehr zum Wigwam ist dir verboten!"

Der Hundertfache Donner stand auf und griff nach dem ihm entfallenen Messer. „Der Große Geist hat nicht gewollt, dass ich siege", erklärte er. „Zu den Wölfen gehe ich nicht. Hier habe ich ein Messer, um das Leben zu beenden, das ich nicht geschenkt haben mag. Vorher aber will ich sehen, ob du besser als ich zu siegen verstehst." Er entfernte sich langsam eine kurze Strecke und setzte sich dort ins Gras. Es war ihm anzumerken, dass es ihm mit seiner Absicht Ernst war.

Kein Blick der Seinen fiel auf ihn. Desto hoffnungsvoller sahen sie auf ihren Anführer, der seine mächtige Gestalt an den Stamm lehnte und Old Shatterhand aufforderte: „Komm herbei und lass uns losen!"

„Ich lose nicht", entschied der Jäger. „Man mag mich mit der Rechten anbinden!"

„Wohl, weil du schneller sterben willst?"

„Nein, sondern weil ich glaube, dass deine Linke schwächer ist als die Rechte. Ich will keinen Vorteil über dich haben. Du bist verwundet worden."

Old Shatterhand deutete auf die linke Schulter des Roten, über die sich eine breite Narbe zog. Sein Gegner konnte diesen Edelmut nicht begreifen. Er maß den Weißen mit einem Blick größten Erstaunens und entgegnete: „Willst du mich beleidigen? Sollen die Deinen, wenn ich dich getötet habe, sagen, dass es nicht geschehen wäre, wenn du mir nicht die Gnade erwiesen hättest? Ich verlange, dass wir losen."

„Nun wohl, ich bin bereit."

Das Los entschied nach Old Shatterhands Willen, nämlich zu Gunsten seines Gegners, dem nun die linke Hand gefesselt wurde. Nach wenigen Augenblicken standen sich die beiden gegenüber, und wer die Muskeln des Riesen sah, die sich wie lang gezogene Knäuel um seine Glieder ballten, dem konnte um Old Shatterhand bange werden. Er aber zeigte denselben Gleichmut wie vorhin Winnetou.

„Du kannst beginnen", forderte ihn der Upsaroka auf. „Ich lasse dir den ersten Stoß. Drei Stöße werde ich nur abwehren, dann aber wirst du von meinem ersten Stoß fallen."

Da lachte Old Shatterhand kurz auf. Er bohrte sein Messer in den Stamm der Linde und antwortete: „Und ich verzichte ganz auf diese Waffe. Dennoch wirst du gleich beim ersten Angriff fallen. Wir haben keine Zeit zu einem langen Spiel. Sei also aufmerksam, denn ich beginne!"

Er hob den Arm zum Schlag und sprang auf seinen Gegner ein. Der Rote ließ sich durch die Finte täuschen und stieß nach dem Jäger. Aber der Weiße war gedankenschnell wieder zurückgewichen, sodass der Stoß fehlging. Eine abermalige blitzschnelle Bewegung Old Shatterhands – seine Faust traf den Gegner an die Schläfe. Der Riese wankte einen Augenblick und krachte dann mit lautem Schlag auf die Erde nieder.

„Da liegt er mit dem ganzen Körper am Boden! Wer hat gesiegt?“, rief Old Shatterhand.

Hatten sich vorhin, als der Hundertfache Donner überwunden wurde, die Upsarokas ruhig verhalten, so brachen sie jetzt in ein Geheul aus, das klang, als käme es aus tierischen Kehlen. Die andere Gruppe erhob ein lautes Freudengeschrei.

Old Shatterhand zog sein Messer aus dem Stamm und schnitt sich los. Die weißen Jäger traten zu ihm, um ihn zu beglückwünschen. Auch die Schoschonen priesen die beiden Sieger, waren aber doch schleunigst bemüht, zu ihren Waffen zu kommen, um den Upsarokas jeden etwa beabsichtigten Widerstand und auch die Flucht unmöglich zu machen. Diese jedoch hatten ihr Geheul eingestellt, gingen nach der Stelle, wo der Hundertfache Donner saß, und ließen sich still bei ihm nieder. Selbst der eine, der mit bei den Waffen gestanden hatte, schloss sich ihnen an, obgleich es ihm nicht schwer gewesen wäre, auf eines der Pferde zu springen und davonzureiten.

Old Shatterhand trat erneut zu dem ‚Tapferen, der Medizin sucht‘. Der Rote kam soeben wieder zu sich. Er öffnete die Augen und sah, dass der Sieger ihm den Riemen durchschnitt. Es bedurfte einiger Zeit, bis er zum Verständnis der Lage gelangte. Dann aber sprang er auf. Er starrte Old Shatterhand mit einem ganz unbeschreiblichen Blick an. Die Augen schienen ihm aus den Höhlen treten zu wollen und seine Stimme klang heiser, als er stockend fragte: „Ich – lag – am Boden! Hast – du mich – besiegt?“

„Ja! Oder hast du nicht selbst die Bedingung ausgesprochen, dass derjenige, der mit dem ganzen Körper zu Boden kommt, für besiegt gelten soll?“

Der Rote betrachtete sich. Er bot ein Bild des tiefsten Erschreckens. „Ich bin doch nicht verwundet!“, rief er aus. „So hast du mich mit der bloßen Hand niedergeschlagen?“

„Ja“, lächelte Old Shatterhand. „Ich hoffe, dass du mir das nicht verübeln wirst.“

Es war ein Blick größter Ratlosigkeit, den der Upsaroka auf die Seinen warf. Dann nahmen seine scharfen Züge den Ausdruck starrer Entsagung an. „Besser wäre es, du hättest mich getötet!“, klagte er. „Der Große Geist hat uns verlassen, weil uns unsere Medizinen gestohlen wurden. Nie können wir in die ewigen Jagdgründe gelangen! Warum sind die Squaws unserer Väter nicht gestorben, ehe wir geboren wurden!“

Der vorher so stolze und siegesgewisse Mann wankte zu den Seinen, drehte sich aber noch einmal um und fragte: „Erlaubt ihr uns, das Sterbelied zu singen, bevor ihr uns tötet?“

„Ehe ich dir antworte, will ich dir eine Frage vorlegen. Komm!“ Old Shatterhand führte ihn zu den Upsarokas, deutete auf den Hundertfachen Donner und fragte: „Willst du jetzt noch diesem Krieger zürnen?“

„Nein. Er konnte nicht anders. Der Große Geist hat es so gewollt. Wir haben unsere Medizinen verloren.“

„Ihr werdet sie wiederbekommen oder noch viel bessere erhalten.“

Sie alle blickten erstaunt zu ihm auf. „Wo sollen wir sie finden?“, fragte der Anführer. „Hier, wo wir sterben müssen? Oder in den ewigen Jagdgründen, in die wir nun erst recht nicht gelangen können, weil wir jetzt auch noch unsere Skalpe verlieren?“

„Ihr sollt eure Skalpe und euer Leben behalten. Ihr hättet uns getötet, wenn wir unterlegen wären; wir aber sind nur scheinbar auf eure Bedingungen eingegangen. Wir sind Christen und morden nicht. Steht auf! Geht hin, nehmt eure Waffen und eure Pferde! Ihr seid frei und könnt reiten, wohin es euch beliebt!“

Aber keiner machte eine Bewegung, dieser Aufforderung Folge zu leisten.

„Du sagst das als Beginn der Qualen, mit denen ihr uns foltern werdet“, entgegnete der Namenlose. „Wir werden alles ertragen, ohne dass du einen Laut der Klage aus unserem Mund vernimmst." – „Du irrst. Ich spreche im Ernst. Zwischen den Upsarokas und den Kriegern der Schoschonen ist das Kriegsbeil begraben. Kanteh-pehta, der berühmte Medizinmann der Upsarokas, ist unser Freund. Er kann mit den Seinen unangefochten in seine Wigwams zurückkehren." – „Uff! Du kennst mich?" – „Dir fehlt das Ohr und ich erblickte hier diese Narbe. Daran habe ich dich erkannt." – „Woher weißt du, dass ich diese Zeichen an mir trage?" – „Von deinem Bruder Schunktanka, dem Großen Hund, der mir von dir erzählte." – „Auch ihn kennst du?" – „Ja. Ich traf einst mit ihm zusammen." – „Wann? Wo?" – „Im vorigen Sommer. Am Berg der Schildkröte haben wir uns dann getrennt."

Da sprang der Medizinmann, der sich bereits gesetzt hatte, sogleich wieder auf. Seine Züge nahmen einen ganz anderen Ausdruck an. Seine Augen verloren den starren, düsteren Blick und begannen zu leuchten. „Täuscht mich dein Wort oder mein Ohr?", rief er aus. „Wenn du die Wahrheit sagst, so bist du Nonpeh-tahan, den die Weißen Old Shatterhand nennen!"

„Der bin ich allerdings." Beim Klang dieses Namens erhoben sich auch die anderen Upsarokas vom Boden. „Wenn du dieser berühmte Jäger bist", rief ihr Anführer, „hat uns der Große Geist noch nicht verlassen. Ja, du musst es sein, denn du hast mich mit der Faust niedergeschlagen. Von dir besiegt zu sein, ist keine Schande. Ich darf leben, ohne dass die Squaws auf mich deuten."

„Und auch der Hundertfache Donner, der ein tapferer Krieger ist, braucht sich nicht zu schämen, denn der Krieger, der ihn überwand, ist Winnetou, der Häuptling der Apatschen."

Die Augen der Upsarokas suchten mit wirklich ehrfurchtsvollem Blick die Gestalt Winnetous. Der Apatsche aber trat herbei, reichte dem Hundertfachen Donner die Hand und sagte: „Mein roter Bruder hat die Pfeife des Schwurs mit mir geraucht, er wird nun auch das Kalumet des Friedens mit uns rauchen, denn die Krieger der Upsarokas sind unsere Freunde. Howgh!"

Der Hundertfache Donner ergriff die Hand und erwiderte: „Der Fluch des bösen Geistes ist von uns gewichen. Old Shatterhand und Winnetou sind die Freunde der roten Männer. Sie werden unsere Skalpe nicht von uns fordern."

„Nein, ihr seid frei", wiederholte Old Shatterhand die bereits gegebene Versicherung. „Und wir kennen die Männer, die euch eure Medizinen raubten. Wenn ihr uns folgen wollt, so werden wir euch zu ihnen führen."

„Uff! Wer sind die Diebe?"

„Eine Schar der Sioux-Ogellallah, deren Ziel die Berge des Yellowstone River sind."

Diese Nachricht regte die Beraubten gewaltig auf. Ihr Anführer rief grimmig: „Die Hunde der Ogellallah sind es gewesen! Hong-peh-te-keh, der Schwere Mokassin, ihr Häuptling, hat mich einst verwundet und mir das Ohr genommen, ohne dass ich mich rächen konnte. Ich habe den Großen Geist gebeten, mich auf seine Fährte zu bringen, aber mein Wunsch ist nie in Erfüllung gegangen."

Jetzt trat Wohkadeh, der in der Nähe gestanden und alles gehört hatte, herbei und erklärte: „Du befindest dich auf seiner Fährte, denn Hong-peh-te-keh ist der Anführer der Ogellallah, die wir verfolgen."

„So hat ihn der Große Geist endlich in meine Hand gegeben. Wer aber ist dieser junge, rote Krieger, der mit dem Hundertfachen Donner kämpfen wollte und jetzt so genaue Nachricht über die Sioux-Ogellallah weiß?"

„Es ist Wohkadeh, ein wackerer Sohn der Numangkake", gab Old Shatterhand Auskunft. „Er wurde von den Ogellallah gezwungen, mit ihnen zu reiten, und war auch dabei, als sie euch eure Medizinen raubten. Er wich dann von ihnen und hat uns bereits große Dienste geleistet."

„Und was wollen die Sioux in den Bergen des Yellowstone River?"

„Wir werden es euch erzählen, wenn wir das Lagerfeuer angebrannt haben. Dann mögt ihr euch beraten, ob ihr mit uns reiten wollt."

„Wenn ihr euch auf der Fährte der Ogellallah befindet, um gegen sie zu kämpfen, ziehen wir mit euch. Meine Brüder mögen das Feuer der Beratung anbrennen!"

10. Felsengeier

‚Der Senat und das Haus der Repräsentanten der Vereinigten Staaten beschließen, dass der Landstrich in den Territorien Montana und Wyoming, nahe dem Ursprung des Yellowstone River, hierdurch von jeder Besiedlung, Besitznahme oder jedem Verkauf unter den Gebieten der Vereinigten Staaten ausgenommen und als ein öffentlicher Park oder Lustplatz zum Wohl und Vergnügen des Volkes betrachtet werden soll. Jedermann, der sich diesen Bestimmungen zuwider dort niederlässt oder von irgendeinem Teil Besitz ergreift, soll als Übertreter des Gesetzes angesehen und ausgewiesen werden. Der Park soll unter die ausschließliche Aufsicht des Sekretärs des Innern gestellt werden, dessen Aufgabe es sein wird, sobald als tunlich Vorschriften und Anordnungen zu erlassen, die er zur Pflege und Erhaltung notwendig erachtet.‘

So lautet ein vom Vereinigten-Staaten-Kongress am 1. März 1872 angenommenes Gesetz, wodurch den Bürgern der Vereinigten Staaten ein Geschenk gemacht wurde, von dessen Größe man damals noch gar keine Ahnung hatte.

Über den erwähnten Landstrich, der heute der Nationalpark der Vereinigten Staaten genannt wird, durchzogen vor jener Zeit die allerseltsamsten Gerüchte die östlichen Staaten. Nur den wildesten Indianern bekannt und kaum in einzelnen Teilen von einem kühnen, einsamen Trapper gesehen, war diese Gegend in das tiefste Geheimnis gehüllt. Was einer dieser Fallensteller erzählte, das wurde, fantastisch ausgeschmückt, weitergetragen. Brennende Prärien und Berge, kochende Quellen, Vulkane, die flüssiges Metall auswerfen, Seen und Flüsse mit Öl anstatt mit Wasser gefüllt, versteinerte Wälder mit versteinerten Indianern und Tieren sollten dort zu finden sein.

Erst Professor Hayden, der als Erster eine wissenschaftliche Expedition in jene wunderbare Gegend unternahm, brachte genaue Auskunft, und er wusste allerdings ganz

Außergewöhnliches zu berichten. Ihm ist es zu danken, dass das oben angeführte Gesetz erlassen wurde.

Der Nationalpark umfasst ein Gebiet von 8.671 Quadratkilometern. Dort entspringen der Yellowstone-, der Gallatin-, der Madison- und der Schlangenfluss. Mächtige Gebirgsketten durchziehen das Gebiet. Eine reine und stärkende Luft umweht die Höhen und Hunderte von kalten und heißen, chemisch verschieden zusammengesetzten Quellen bieten durch ihre wunderbare Heilkraft den Kranken Genesung und Erneuerung der gesunkenen Lebenskraft. Geiser, mit denen diejenigen Islands kaum zu vergleichen sind, werfen ihre Wasserstrahlen mehrere hundert Fuß hoch empor. Berge, ganz aus natürlichem Glas bestehend und in allen Farben schillernd, glänzen in den Strahlen der Sonne. Schluchten, wie sie so schauerlich keine andere Gegend aufzuweisen hat, scheinen eingeschnitten zu sein, um einen Einblick in die Eingeweide der Erde zu gestatten. Der Erdboden bildet Blasen, die sich heben und senken. Oft scheint er nur zolldick zu sein, sodass der Reiter sein entsetztes Pferd nur mühsam vorwärts bringt. Riesige Löcher öffnen sich, gefüllt mit kochendem Schlamm, der langsam auf- und niedersteigt. Es ist unmöglich, hier auch nur eine Viertelstunde weit zu gehen, ohne auf irgendein staunenswertes Naturwunder zu stoßen. Gibt es doch der Geiser und heißen Quellen über zweitausend. Während an einer Stelle siedendes Wasser dem Boden entströmt, perlt in nächster Nähe ein heller kalter Quell hervor. Gute und böse Geister, Engel und Teufel scheinen unter der Oberfläche gegeneinander zu kämpfen. Staunt man jetzt das Erhabene an, so weicht man wenige Schritte weiter vor dem Schrecklichen zurück. Hat man an der einen Stelle eine Riesenfontäne bewundert, die hundert Meter hoch an den Wänden eines Cañons emporsteigt, so schreitet man dann wieder über Felder von Karneolen, Moosachaten, Chalcedon, Opalen und anderen Halbedelsteinen.

Und zwischen den Bergen schlummern herrliche Seen. Der größte und schönste ist der Yellowstonesee, mit Ausnahme des Titicacasees der höchstgelegene große See der Erde. Er liegt etwa 2.400 Meter über dem Meeresspiegel.

Sein Wasser ist sehr schwefelhaltig. Seine tiefen Einschnitte wimmeln von riesigen Forellen, deren Fleisch einen ganz eigenartigen, aber sehr guten Geschmack besitzt. Die Wälder ringsum sind reich an Hochwild, Elentieren und Bären. An den Ufern entspringen unzählige heiße Quellen, aus denen die Dämpfe der Unterwelt hervorpfeifen, laut und schrill, wie aus den Dampfklappen einer Lokomotive.

Ein ängstliches Gemüt kommt da leicht auf den Gedanken, diesem Gebiet den Rücken zu kehren. Die im Innern der Erde ruhelos arbeitenden Gewalten machen sich hier gar zu sehr bemerkbar. Man fühlt sich nicht mehr sicher auf der Erde. Es ist, als müsse das ganze meilenweite Land im nächsten Augenblick entweder versinken oder als gewaltiger Feuer speiender Krater weit über die Spitzen der Rocky Mountains emporgehoben werden.

Da, wo der Yellowstonefluss aus dem See tritt und das Seeufer sich südwestlich zu der Stelle hinzieht, wo der Bridge Creek einmündet, brannten einige Feuer. Man hatte sie angezündet, weil es dunkel geworden war, nicht aber, weil sie zur Bereitung des Abendessens gebraucht worden wären. In dieser Hinsicht hatte die Natur freundlich vorgesorgt.

Große Forellen, im kalten Seewasser gefangen, wurden im heißen Wasser gesotten, das nur wenige Meter entfernt aus dem Boden hervorkochte. Der kleine Sachse bildete sich nicht wenig darauf ein, am Nachmittag ein wildes Schaf geschossen zu haben. Es gab infolgedessen gekochtes Schöpsenfleisch und als Nachspeise Forellen. Die heiße Quelle war von so geringem Umfang, dass sie geradezu als Kochtopf diente, und das abfließende Wasser hatte dadurch einen so würzigen Geschmack, dass es mit den Lederbechern geschöpft und mit Behagen getrunken wurde.

Die Gesellschaft war über den Pelican- und den Yellowstonefluss herübergekommen, wollte morgen Vormittag über den Bridge Creek und dann westlich zum Feuerlochfluss reiten. Dort arbeitete der Geiser, der von den Indianern Koso-tip-tupa, Höllenmaul, genannt wird, und in seiner Nähe lag das Häuptlingsgrab als Ziel des weiten Rittes.

Dieser Ritt war weit schneller vonstatten gegangen, als man vorher gedacht hatte. Es waren noch volle drei Tage bis zum Vollmond und Old Shatterhand war der Überzeugung, dass die Sioux-Ogellallah unmöglich bereits hier sein könnten. Er bemerkte im Laufe des Gesprächs: „Sie können kaum Botelers Ranch erreicht haben und wir sind vor ihnen sicher. Lasst immerhin die Feuer brennen, bis nachher der Mond hinter den Bergen aufsteigt! Andere menschliche Wesen als die Sioux haben wir nicht zu erwarten. Es ist also nichts zu befürchten."

„Und wie ist von Botelers Ranch sodann der Weg herauf, Sir?", fragte Martin Baumann. „Ich habe gehört, dass er sehr gefährlich sein soll."

„Das will ich nicht behaupten. Man muss natürlich die Nähe der Geiser und auch diejenigen Stellen vermeiden, wo die Erdrinde so dünn ist, dass man beim Betreten durchbrechen würde. Von Botelers Ranch reitet man im Tal des Yellowstone aufwärts, an erloschenen Vulkanen vorüber. Nach vier bis fünf Stunden gelangt man in den Unteren Cañon, der eine halbe Meile lang ist und wohl dreihundert Meter tief in den Granit einschneidet. Nach abermals fünf Stunden erreicht man einen Berg, von dessen Spitze zwei gleichlaufende Felsenmauern fast neunhundert Meter tief abfallen und den man die Rutschbahn des Teufels nennt. Drei Stunden später ist man an der Mündung des Gardinerflusses, dem man nun aufwärts folgen muss, weil man am Yellowstone River nicht mehr vorwärts kann. Dann reitet man an den Washburnebergen und dem Cascade Creek entlang, der wieder nach dem Yellowstone führt. Er mündet zwischen den oberen und unteren Fällen des Yellowstone und man befindet sich somit am Südende des Großen Cañon, der wohl das größte Wunder des Yellowstonebettes bildet."

„Kennt Ihr dieses Wunder, Sir?", fragte der Dicke Jemmy.

„Ja. Der Grand Cañon ist wohl über sieben deutsche Meilen[1] lang und mehr als tausend Meter tief. Die Wände fallen geradezu lotrecht in die Tiefe und nur ein völlig schwindelfreier Mensch darf es wagen, nach dem Rand hinzukriechen, um in die schauerliche Tiefe zu blicken, wo der vorher sechzig Meter breite Fluss wie ein dünner Faden erscheint. Und doch ist es dieser Faden gewesen, der sich im Verlauf von Jahrtausenden so weit in die Felsen eingefressen hat. Die Wogen brausen unten an den wuchtigen Steinmauern mit fürchterlicher Schnelligkeit dahin. Oben ist aber von ihrem Tosen nichts zu hören. Kein Sterblicher kann da hinab, und wenn er es könnte, vermöchte er es doch nicht lange dort auszuhalten. Es würde ihm an Luft fehlen. Das Wasser des Flusses ist warm, sieht aus wie Öl, besitzt einen ekelhaften Schwefel- und Alaungeschmack und verbreitet einen Gestank, der nicht zu ertragen ist. Geht man am Cañon nordwärts, so erreicht man die unteren Fälle des Flusses, wo sich das Wasser aus einer Höhe von mehr als hundert Metern herabstürzt. Eine Viertelstunde weiter südwärts fällt der Strom abermals weit über dreißig Meter herab. Von den oberen Fällen bis hierher würde ein Reiter ungefähr neun Stunden brauchen. Das macht also von Botelers Ranch aus zwei tüchtige Tagesritte, die wir den Sioux-Ogellallah voraus sind. Genau kann diese Rechnung allerdings nicht sein; aber einige Stunden mehr oder weniger sind ja nicht von Belang. Es genügt uns, zu wissen, dass unsere Feinde noch nicht hier sein können."

„Und wo werden sie sich morgen um diese Zeit befinden, Sir?", fragte Martin Baumann.

„Am oberen Ausgang des Cañons. Habt Ihr einen Grund, das so genau wissen zu wollen?"

[1] Eine deutsche Meile = 7,42 km

„Eigentlich nicht. Aber Ihr könnt Euch denken, dass ich den Vater in Gedanken begleite. Wer weiß, ob er noch lebt."

„Ich bin überzeugt davon."

„Die Sioux können ihn getötet haben!"

„Mit diesem Gedanken braucht Ihr Euch nicht zu quälen. Die Ogellallah wollen ihre Gefangenen nach dem Häuptlingsgrab bringen und das werden sie auch tun. Darauf könnt Ihr Euch verlassen. Es fällt den Sioux nicht ein, ihren Opfern die zugedachten Qualen durch einen früheren Tod abzukürzen."

Er trat abseits, wo Winnetou bereits schlief, wickelte sich in seine Decke und legte sich neben seinem roten Freund nieder. Die anderen blieben noch flüsternd beisammen sitzen.

„Es tut mir eigentlich verteufelt weh, dass wir den braven Mann hintergehen wollen", meinte Jemmy leise. „Aber dieser kleine Bärenjäger hier wusste so schön zu bitten und da ist mir altem dickem Waschbären das Herz mit dem Verstand davongelaufen. Na, hoffentlich nimmt die Angelegenheit ein gutes Ende!"

„Ich habe von Anfang an gewarnt", brummte Davy, „und warne auch noch jetzt!"

„Aber bedenkt, mein lieber Davy", fiel Martin ein, „dass es mir ganz unmöglich ist, noch volle drei Tage zu warten! Ich sterbe vor Sorge um den Vater."

„Old Shatterhand hat Euch aber doch erklärt, dass die Gefangenen noch leben müssen!"

„Er kann sich irren. Habt Ihr denn vergessen, dass Ihr und Jemmy die Ersten wart, die mir ihre Hilfe anboten? Und nun kann ich mich nicht mehr auf euch verlassen."

„Zounds! Das ist ein Vorwurf, den ich nicht auf mir sitzen lassen darf. Ich habe mich von meiner Zuneigung zu Euch hinreißen lassen, Euch das Versprechen zu geben, und Ihr sollt mir nicht nachsagen, dass ich es nicht halte. Ich reite also mit. Aber ich stelle eine Bedingung."

„Lasst hören! Ich erfülle sie, wenn es mir möglich ist."

„Wir belauschen die Sioux-Ogellallah nur, um zu erfahren, ob Euer Vater noch lebt, aber wir machen nicht etwa auf eigene Faust einen Versuch, ihn zu befreien!"

„Ja, einverstanden."

„Schön! Ich kann es mir lebhaft ausmalen, wie es in Eurem Herzen aussehen mag. Das rührt mein altes Gemüt und ich begleite Euch. Aber sobald wir gesehen haben, dass Euer Vater noch lebt, kehren wir um und reiten den anderen nach."

„Morgen früh wird es freilich eine große Sorge um uns geben, wenn wir verschwunden sind. Doch ich denke, der Neger wird den Auftrag ausrichten", sagte Jemmy. „Jetzt aber lasst uns schweigen, damit wir kein Misstrauen erregen! Da kommt nun auch der Mond. Wir wollen das Feuer auslöschen und uns dann unter die Bäume legen. Dort gibt es Schatten und man bemerkt unser Verschwinden nicht sogleich."

„Gut, dass wir Mondschein haben", meinte der Hobble-Frank, „da finden wir wenigstens den Weg."

„Er ist uns deutlich vorgezeichnet, immer am Fluss hinab. Einerseits ist es mir gar nicht lieb, dass wir gezwungen sind, die Gefährten zu täuschen, anderseits aber kann es ihnen auch nichts schaden. Früher hatten auch wir ein Wort zu sagen, jetzt aber sind Old Shatterhand und Winnetou die Führer. Jemmy und Davy werden nur so nebenbei einmal um ihre Ansicht gefragt. Da ist es eigentlich ganz an der Zeit, ihnen zu zeigen, dass wir auch noch zu den Westmännern gehören, die einen Plan entwerfen und ausführen können."

Das Feuer wurde ausgelöscht. Auch die Flammen, an denen die Indianer gesessen hatten, brannten nicht mehr, still war es ringsum. Nur das schrille Pfeifen der dem Erdinnern entströmenden Dämpfe ließ sich in regelmäßigen Zwischenräumen hören.

Es verging weit über eine Stunde, da regte es sich leise

unter den Bäumen, wo Frank, Jemmy, Davy, Martin und Wohkadeh lagerten. „Meine Brüder mögen mir folgen!“, flüsterte der junge Indianer. „Es ist Zeit.“

Sie griffen nach ihren Waffen und sonstigen Sachen und schlichen sich leise unter den Bäumen fort, zu den Pferden hin. Den scharfen Augen Wohkadehs gelang es schnell, die fünf Tiere von den anderen zu unterscheiden. Ohne ein leichtes Geräusch ging das freilich nicht ab. Darum verharrten die fünf Flüchtlinge, als sie die Pferde beisammen hatten, eine kleine Weile lauschend, um zu beobachten, ob ihr Tun bemerkt worden sei. Als es aber dort bei den Schlafenden ruhig blieb, führten sie die Pferde, deren Hufschlag durch das Gras gedämpft wurde, langsam fort.

Freilich, ganz unbemerkt entkamen sie nicht. Obgleich an die Nähe eines Feindes nicht gedacht werden konnte, waren doch einige Wachen ausgestellt worden, die sich von Zeit zu Zeit ablösen mussten. Für die Nacht war das schon wegen der wilden Tiere im Wald notwendig. An einem dieser Wachtposten kamen sie vorüber.

Es war ein Schoschone. Er hörte sie kommen, wusste, dass die vom Lager her Nahenden Freunde sein mussten, und machte daher keinen Lärm. Der Schein des Mondes, der sich zwischen einzelnen Zweigen hindurchstahl, erlaubte ihm, die Männer zu erkennen. „Was haben meine Brüder vor?“, fragte er.

„Sprich leise, damit keiner der Schläfer geweckt wird!“, entgegnete Jemmy. „Old Shatterhand sendet uns aus. Er weiß, wohin wir gehen. Ist dir das genug?“

„Meine weißen Brüder sind unsere Freunde. Ich darf sie nicht hindern, die Befehle des großen Kriegers auszuführen.“

Sie gingen weiter. Als sie so fern vom Lager waren, dass kein Huftritt dort mehr gehört werden konnte, stiegen sie auf, suchten die lichtere Nähe des Seeufers auf und trabten längs des Wassers hin, um den Ausfluss des Yellowstone River zu erreichen und ihm in nördlicher Richtung zu folgen. Der Schoschone hielt den Vorfall für so selbstverständlich, dass er es gar nicht für notwendig erachtete, später dem ablösenden Posten eine Mitteilung darüber zu machen. Dadurch blieb das Davonreiten der kühnen oder vielmehr leichtsinnigen Ausreißer unbemerkt, bis der Tag graute.

Um diese frühe Zeit sollte aufgebrochen werden. Daher erhoben sich, als die ersten Vogelstimmen in den Zweigen ertönten, alle von ihrem Lager. Da entdeckte man mit Schrecken, dass die fünf Freunde fehlten. Wie man sich dann sogleich überzeugte, hatten sie zu Pferd das Lager verlassen. Nun erst meldete sich der Schoschone, der gestern Abend die Wache gehabt hatte, und erzählte Old Shatterhand, welche Angaben ihm Jemmy gemacht hatte.

Winnetou stand dabei und konnte sich trotz seines Scharfsinns die Absicht, in der die fünf sich so heimlich entfernt hatten, nicht denken. „Sie sind sicher den Sioux-Ogellallah entgegen“, erklärte ihm Old Shatterhand.

„Dann haben sie ihr Hirn verloren“, zürnte der Apatsche. „Sie werden nicht nur der Gefahr, der sie entgegenreiten, erliegen, sondern auch unsere Anwesenheit verraten. Warum wollen sie nur den Sioux begegnen?“

„Um zu erfahren, ob der Bärenjäger noch lebt.“

„Ist er tot, vermögen sie ihm das Leben doch nicht zurückzugeben, und lebt er noch, werden sie ihm Unglück bringen. Winnetou kann diesen großen Fehler den zwei kühnen Knaben verzeihen. Die drei alten Jäger aber sollten am Pfahl aufgestellt werden, den Squaws und Kindern zum Spott!“

Da kam Bob, der Neger, herbei. Der Skunkgeruch war noch nicht ganz von ihm gewichen, sodass keiner ihn gern in seiner Nähe duldete. Er trug immer noch die alte Pferdedecke, die ihm der Lange Davy geschenkt hatte. Des Nachts, wenn es kühl wurde, hatte er sich bisher in das Fell des von Martin Baumann erlegten Bären gewickelt. „Massa Shatterhand suchen Massa Martin?“, fragte er.

„Ja. Kannst du mir Auskunft erteilen?"

„Oh, Masser Bob sein sehr klug! Er wissen, wo Massa Martin sein."

„Nun wo?"

„Sein fort, zu Sioux-Ogellallah, zu sehen gefangenen Massa Baumann. Massa Martin haben Masser Bob alles sagen, damit Masser Bob dann Massa Shatterhand wiedersagen."

„Also doch so, wie ich dachte" nickte Old Shatterhand. „Wann wollen sie zurückkommen?"

„Wenn sie haben sehen Massa Baumann, dann kommen uns nach an Fireholefluss. Weiter Masser Bob nichts wissen."

„Dein guter Massa Martin hat da eine Dummheit gemacht. Ich glaube, es kann ihm dabei an den Kragen gehen."

„Was? Massa Martin an den Kragen? Da Masser Bob sich setzen sofort auf Pferd, um ihm nachreiten und retten!"

„Ja, so wie du zum Beispiel auch den Bären totschlugst, als du vor Angst auf die Birke klettertest."

„Ogellallah sein kein Bär. Masser Bob sich nicht fürchten vor Ogellallah." Er streckte seine großen Fäuste drohend aus und machte eine Miene, als wolle er gleich zehn Ogellallah verschlingen.

„Nun gut, ich will es einmal mit dir versuchen, weil du deinen jungen Herrn so liebst. Halte dich bereit, in wenigen Minuten mit uns zu reiten!"

Und zu Winnetou, bei dem jetzt der Medizinmann der Upsarokas und der Häuptling der Schoschonen mit Moh-aw, seinem Sohn, standen, fuhr er fort: „Mein Bruder wird den Ritt fortsetzen und mich am Koso-tip-tupa, dem ‚Maul der Hölle', erwarten. Mit mir aber werden die fünfzehn Krieger der Upsarokas mit ihrem Medizinmann und Moh-aw mit fünfzehn Kriegern der Schoschonen reiten. Wir müssen diesen fünf vorwitzigen Menschen augenblicklich folgen, um sie zu retten, wenn sie sich in Gefahr befinden. Ich kann nicht vorher bestimmen, von welcher Seite ich nach dem ‚Maul der Hölle' kommen werde. Es ist also möglich, dass die Sioux eher am Grab der Häuptlinge sind als ich mit meinen Kriegern."

Nur wenige Minuten später galoppierte Old Shatterhand mit seinen Begleitern in der gleichen Richtung fort, in der die fünf Unvorsichtigen gestern Abend das Lager verlassen hatten.

Die Ausreißer hatten naturgemäß einen weiten Vorsprung vor ihm. Der Ritt war zwar wegen der Nacht und wegen ihrer Unkenntnis der Gegend nur langsam vorwärts gegangen; dennoch lag bei Anbruch des Tages der Yellowstonesee bereits in bedeutender Entfernung hinter ihnen und nun konnten sie die Pferde besser ausgreifen lassen.

Das Bild des Flusses und seiner Ufer war seltsam und prächtig. Das Tal war zunächst ziemlich breit und bot zu beiden Seiten reiche Abwechslung. Bald stiegen die Höhen sanft zu den Ufern herab, bald strebten sie steil an, zum Himmel empor und allüberall machten sich die Wirkungen unterirdischer Gewalten geltend.

Vor grauen Zeiten ist diese Gebirgsgegend ein See gewesen, der einen Flächenraum von vielen tausend Quadratkilometern gehabt hat. Dann begannen unter seinen Wassern vulkanische Mächte ihre Tätigkeit. Es hob sich der Boden. Er spaltete sich und aus diesen Spalten schoss glühende Lava hervor, die im kühlen Wasser des Sees zu Basalt erstarrte. Ungeheure Krater öffneten sich. Heißes Gestein wurde daraus emporgetrieben und verband sich mit anderen Mineralien zu verschiedenartigen Mischungen, um den Boden zu bilden, auf dem die zahlreichen heißen Mineralquellen ihre Niederschläge ablagern konnten. Dann hob eine gewaltige Ansammlung unterirdischer Gase mit unmessbarer Gewalt den ganzen Boden dieses Sees empor, sodass seine Wasser abfließen mussten. Die Wasser rissen tiefe Rinnen in die Erde. Loses Erdreich und weiches Gestein wurden fortgespült. Kälte und Wärme, Sturm und Regen halfen mit, alles, was nicht Widerstand zu leisten vermochte, zu zerstören, zu entfernen, und nur die harten, erstarrten Lavasäulen hielten aus. So grub sich das Wasser in die Erde ein. Es fraß alles Weiche weg, wusch die Felsen tiefer und tiefer aus und die großartigen Cañons und die Wasserfälle bildeten sich, die zu den Wundern des Nationalparks gehören.

Und so ragen denn die vulkanischen Ufer hoch empor, vielfach zerrissen und zerklüftet, vom Regen ausgespült, und zeigen Formen, die sich keine Fantasie auszudenken vermag. Da glaubt man, die Ruine einer alten Ritterburg zu erblicken. Man kann die leeren Fensterhöhlen sehen, den Wartturm und die Stelle, wo die Zugbrücke über den Graben ging. Nicht weit davon wachsen schlanke Minaretts empor. Man meint, der Muezzin müsse auf den Söller treten und die Gläubigen zum Gebet rufen. Gegenüber öffnet sich ein römisches Amphitheater, worin einst Christensklaven mit wilden Tieren rangen. Daneben steigt eine chinesische Pagode frei und kühn zur Höhe und weiterhin am Flusslauf steht eine hundert Fuß hohe Tiergestalt, so wuchtig, als sei sie dem Götzen eines vorsintflutlichen Volkes errichtet worden.

Und das alles ist Täuschung. Die vulkanischen Ausbrüche haben die Massen geliefert, die vom Wasser zu Gestalten geformt wurden. Und wer diese Wundergebilde der Naturkräfte betrachtet, fühlt sich als winziger Wurm im Staub und hat allen Stolz vergessen.

Da, wo sich der Fluss in einem ziemlich weiten Bogen nach Westen wendet, traten zahlreiche heiße Quellen zu Tage, die ihr Wasser sammelten und ein ansehnliches Flüsschen bildeten, das sich zwischen hohen Felsen hindurch in den Yellowstone ergoss. Es schien, als könne man am Ufer des Yellowstone von hier an nicht mehr vorankommen, und deshalb bogen die fünf Ausreißer links ein, um dem Lauf des heißen Flüsschens zu folgen.

Hier gab es weder Baum noch Strauch. Alle Gewächse waren erstorben. Die heiße Flüssigkeit hatte ein schmutziges Aussehen und roch wie faule Eier. Es war kaum zum Aushalten. Und doch wurde es nicht eher besser, als bis sie nach einem stundenlangen, beschwerlichen Ritt die Höhe erreichten. Hier floss klares, frisches Wasser und bald zeigten sich auch Büsche, später sogar Bäume.

Von einem wirklichen Weg war freilich keine Rede. Die Pferde mussten sich oft weite Strecken lang über Felsbrocken hinwegarbeiten, die aussahen, als sei ein Berg vom Himmel gestürzt und hier unten in lauter Stücke zerbrochen. Diese Trümmer zeigten oft wunderbare Gestalten und zuweilen blieben die fünf Reiter halten, um ihre Meinung darüber auszutauschen. Dabei verging die Zeit und es war bereits Mittag, als sie erst die Hälfte des Weges zurückgelegt hatten.

Da erblickten sie von weitem ein ansehnliches Haus. Es schien eine in italienischem Stil gebaute Villa zu sein, an die sich ein mit hoher Mauer umgebener Garten lehnte. Ganz erstaunt hielten sie an. „Ein Wohnhaus hier am Yellowstone! Das ist doch gar nicht möglich!", rief Jemmy.

„Warum soll das nich möglich sein?", fragte Frank. „Aber seht doch mal genauer hin! Steht da nich ein Mensch vor dem Tor?"

„Allerdings. Wenigstens scheint es so. – Jetzt ist er weg. Es wird wohl nur ein Schatten gewesen sein."

„So? Wo es einen menschlichen Schatten gibt, da muss es unbedingt ooch einen Menschen geben, der diesen Schatten geworfen hat. Und wenn der Schatten weg is, muss entweder die Sonne verschwunden sein oder derjenige, der den Schatten geworfen hat. Die Sonne is aber noch da, folglich is der Kerl fort. Wohin, das werden wir bald sehen."

Sie näherten sich dem Bauwerk rasch und da erkannten sie freilich, dass es nicht von Menschenhänden errichtet, sondern eine Schöpfung der Natur war. Die scheinbaren Mauern bestanden aus blendend weißem Feldspat. Mehrere Öffnungen konnten von weitem leicht für Fenster gehalten werden. Eine hohe Türöffnung war auch vorhanden. Wenn man hindurchblickte, sah man eine Art Hof, der durch natürliche Felskulissen in mehrere ungleiche Abteilungen geschieden wurde. In der Mitte dieses Hofes sprudelte ein Quell aus der Erde hervor und schickte sein klares, kaltes Wasser gerade zum Tor heraus.

„Wunderbar!", gestand Jemmy. „Dieser Ort eignet sich prächtig zu einer Mittagsrast. Wollen wir hinein?"

„Meinetwegen", antwortete Frank. „Aber wir wissen noch gar nich, ob der Kerl, der da drin wohnt, vielleicht ein schlechter Mensch is."

„Pshaw! Wir haben uns getäuscht. Von einem Menschen ist hier gar keine Rede. Zum Überfluss will ich vorher noch einmal umherspähen."

Jemmy ritt, die Büchse schussfertig, langsam durch das Tor und blickte sich im Hof um. Dann drehte er sich um und winkte. „Kommt herein! Es ist keine Seele hier."

„Das will ich ooch hoffen", meinte Frank. „Mit abgeschiedenen Seelen, die ein geisterhaftes Dasein off der Erde fristen, habe ich nich gern was zu tun."

Davy, Martin und Frank folgten Jemmys Aufforderung. Wohkadeh aber blieb noch vorsichtig zurück.

„Warum kommt mein roter Bruder nicht?", fragte der Sohn des Bärenjägers.

Der Indianer sog die Luft bedächtig durch die Nase ein und erwiderte: „Bemerken meine Brüder nicht, dass es hier nach Pferden riecht?"

„Natürlich muss es nach ihnen riechen. Wir haben ja die Unsrigen mit."

„Dieser Geruch kam bereits aus der Tür, als wir noch davor hielten."

„Es ist hier weder ein Mensch noch ein Tier zu sehen, auch keine Spur von beiden."

„Weil der Boden aus hartem Stein besteht. Meine Brüder mögen vorsichtig sein!"

„Es gibt hier keinen Grund zu irgendeiner Befürchtung", erklärte Jemmy. „Kommt, wir wollen uns erst auch noch weiter hinten umsehen!"

Anstatt ihn das allein tun zu lassen und sich dadurch den Rückzug offen zu halten, folgten sie ihm, eng nebeneinander reitend, nach den hintersten Abteilungen.

Da erscholl plötzlich ein Geheul, dass es schien, als bebe die Erde. Eine bedeutende Anzahl Indianer brach aus dem Hintergrund hervor und im Nu waren die vier unvorsichtigen Männer umzingelt. Ein langer, hagerer, aber sehniger Krieger, durch den Kopfputz als Häuptling gekennzeichnet, rief den Weißen in gebrochenem Englisch zu: „Ergebt euch, sonst nehmen wir euch die Skalpe!"

Die vier Überraschten sahen ein, dass jede Gegenwehr nur verderblich sein könne.

„Zum Teufel", stieß Jemmy in deutscher Sprache hervor. „Da sind wir ihnen gerade in die Hände geritten. Es sind Sioux, jedenfalls diejenigen, die wir belauschen wollten." Und zu dem Häuptling gewendet, fuhr er in englischer Sprache fort: „Ergeben sollen wir uns? Wir haben euch ja nichts getan. Wir sind Freunde der roten Männer."

„Das Kriegsbeil der Sioux-Ogellallah ist gegen alle Bleichgesichter gerichtet", entgegnete der Rote. „Steigt ab, legt eure Waffen von euch! Wir warten nicht."

Fünfzig Augenpaare waren finster auf die Weißen gerichtet und fünfzig rotbraune Hände lagen an den Messern. Der Lange Davy war der Erste, der von seinem Maultier stieg. „Tut ihm den Willen!", empfahl er seinen Gefährten. „Wir müssen Zeit gewinnen. Die Unsrigen kommen ganz gewiss, um uns zu befreien."

Da stiegen die anderen auch ab und übergaben ihre Waffen. Wohkadeh war, wie bereits erwähnt, nicht mit hereingekommen. Er sah von draußen, dass seine Gefährten umzingelt wurden, und trieb sofort sein Pferd zur Seite, um nicht durch die Eingangsöffnung bemerkt zu werden. Dann sprang er ab, legte sich auf den Boden und schob den Kopf nur so weit vor, dass er in den Hof blicken konnte. Was er feststellte, erfüllte ihn mit Bestürzung.

Er erkannte den Häuptling. Es war Hong-peh-te-keh, der Schwere Mokassin, der Anführer der Sioux-Ogellallah, denen er entflohen war. Was sollte er tun? Schnell zum See zurückreiten, um Old Shatterhand mit den Seinen zu holen? Nein. Es kam ihm ein kühner Gedanke. Wohkadeh stieg auf sein Pferd und ritt scheinbar unbefangen in den Hof.

Soeben sollten die vier Gefangenen gefesselt werden. Wenige Schritte seines Pferdes, und er hielt vor ihnen.

„Uff!", rief er. „Seit wann schlingen die Krieger der Sioux-Ogellallah Fesseln um die Hände ihrer besten Freunde? Diese Bleichgesichter sind die Brüder Wohkadehs."

Sein plötzliches Erscheinen erregte allgemeines Erstaunen. Der Schwere Mokassin zog die Brauen finster zusammen, musterte den Jüngling mit stechendem Blick und fragte zurück: „Seit wann sind die weißen Hunde die Brüder der Ogellallah?"

„Seit sie Wohkadeh das Leben gerettet haben." Der Häuptling bohrte seinen Blick förmlich in den Wohkadehs. Dann fragte er: „Wo ist Wohkadeh bisher gewesen? Warum ist er nicht rechtzeitig zurückgekehrt?"

„Weil er gefangen wurde von den Hunden der Schoschonen. Diese vier Bleichgesichter aber haben für ihn gekämpft und ihn gerettet. Sie haben ihm einen Weg gezeigt, der schnell und leicht zum Yellowstone führt, und sind mit ihm gegangen, um mit dem Schweren Mokassin die Pfeife des Friedens zu rauchen."

Die Lippen des Häuptlings umzuckte ein höhnisches Lächeln. „Steig vom Pferd und tritt zu deinen weißen Brüdern!", gebot er. „Du bist unser Gefangener, ebenso wie sie."

„Wohkadeh der Gefangene seines eigenen Stammes? Wer gibt dem Schweren Mokassin das Recht, einen Krieger seines Volkes gefangen zunehmen?"

„Er nimmt sich dieses Recht selbst. Er ist der Anführer dieses Kriegszugs und kann tun, was ihm beliebt."

Da riss Wohkadeh sein Pferd hoch, gab ihm die Fersen in die Weichen und zwang es, eine schnelle Kreiswendung auf den Hinterbeinen zu machen. Weil es dabei mit den Vorderhufen ausschlug, mussten die Sioux-Ogellallah, die sich zu nahe an ihn herangedrängt hatten, zurückweichen. Er bekam Platz. Jetzt legte er die Zügel auf den Hals des Pferdes, sodass er auch die linke Hand frei bekam und seine Büchse schussfertig halten konnte, und fragte: „Seit wann dürfen die Häuptlinge der Sioux-Ogellallah tun, was ihnen beliebt? Wozu sind die Versammlungen der alten Krieger da? Wohkadeh ist ein junger Mann, aber er hat den weißen Büffel getötet und trägt die Adlerfedern in seinem Schopf. Er lässt sich nicht gefangen nehmen, und wer ihn beleidigt, der wird mit ihm kämpfen müssen!“

Das waren stolze Worte und sie gingen nicht verloren. Die Häuptlinge der Indianer besitzen keineswegs unbeschränkte Macht. Ihnen ist nicht die Gewalt eines Selbstherrschers gegeben. Sie können keine Gesetze machen und keine Verordnungen erlassen. Sie sind aus der Reihe der Krieger gewählt, weil sie sich durch Tapferkeit oder Klugheit vor den Übrigen ausgezeichnet haben. Der Einfluss des Häuptlings beruht allein auf dem Eindruck seiner Persönlichkeit. Er kann abgesetzt werden, wenn er sich missliebig macht.

Der Schwere Mokassin war als ein strenger, eigenwilliger Mann bekannt. Zwar hatte er sich bedeutende Verdienste um den Stamm erworben, aber seine Eigenwilligkeit, sein Starrsinn hatten dem Stamm auch oft geschadet. Er war hart, grausam und blutdürstig. Der Stamm zerfiel in zwei Abteilungen, in solche, die Anhänger des Häuptlings waren, und solche, die offen oder heimlich gegen ihn Stellung nahmen.

Dieser Zwiespalt wurde jetzt auch offenbar, als Wohkadeh gesprochen hatte. Mehrere der Sioux ließen anerkennende, zustimmende Ausrufe hören. Der Häuptling warf ihnen einen grimmigen Blick zu, gab einigen seiner

Getreuen ein Zeichen, worauf sie sofort den Ausgang besetzten, und antwortete sodann: „Jeder Sioux-Ogellallah ist ein freier Mann. Aber sobald ein Krieger zum Verräter an seinen Brüdern wird, hat er das Recht auf Freiheit verloren."

„Beweise, dass Wohkadeh ein Verräter ist!"

„Ich werde es vor der Versammlung der Krieger beweisen."

„Und ich werde dort als freier Mann erscheinen, mit den Waffen in der Hand, und mich verteidigen. Und wenn ich bewiesen habe, dass mich der Schwere Mokassin ohne Ursache beleidigt hat, wird er mit mir kämpfen müssen."

„Ein Verräter tritt nicht vor die Versammlung mit den Waffen in der Hand. Wohkadeh wird die seinigen abgeben. Ist er unschuldig, so erhält er sie wieder."

„Uff! Wer wagt es, sie mir zu nehmen?" Der junge Mann warf einen kühnen, herausfordernden Blick umher.

Er sah, dass mehrere Gesichter Teilnahme für ihn zeigten. Die meisten aber blieben kalt.

„Niemand wird sie dir nehmen", entgegnete der Häuptling. „Du selber wirst sie ablegen. Und wenn du das nicht tust, wirst du eine Kugel erhalten."

„Ich habe zwei Kugeln in meinem Gewehr." Bei diesen Worten schlug Wohkadeh mit der Hand an den Kolben seiner Büchse.

„Wohkadeh hat, als er von uns ging, kein Gewehr besessen. Wo hat er diese Büchse her? Sie wurde ihm von den Bleichgesichtern geschenkt, und diese Hunde verschenken nur dann etwas, wenn sie Nutzen davon haben. Wohkadeh hat ihnen also Dienste geleistet und nicht sie ihm. Wohkadeh ist ein Mandan. Es hat ihn keine Squaw der Sioux geboren. Wer unter diesen tapferen Kriegern will für ihn sprechen, bevor er auf meine Anklage geantwortet hat?"

Keiner regte sich. Der Schwere Mokassin warf dem Jüngling einen triumphierenden Blick zu und gebot ihm: „Steig also vom Pferd und gib die Waffen ab! Du sollst dich verteidigen und dann werden wir das Urteil fällen. Durch deinen Widerstand beweist du nur, dass du nicht unschuldig bist."

Wohkadeh sah ein, dass er sich fügen müsse. Er hatte sich bis jetzt geweigert, um Eindruck auf die zu machen, die dem Häuptling nicht wohlgesinnt waren. „Wenn du das meinst, so will ich mich fügen", erklärte er. „Meine Sache ist gerecht. Ich kann euerm Spruch in Ruhe entgegensehen und gebe mich bis dahin in eure Hände."

Er stieg ab und legte seine Waffen zu den Füßen des Häuptlings nieder. Der sagte einigen der ihm Nahestehenden ein leises Wort und sogleich zogen sie Riemen hervor, um Wohkadeh zu binden. „Uff!", rief der Jüngling zornig. „Habe ich euch die Erlaubnis auch dazu gegeben?"

„Diese Erlaubnis nehme ich mir", entgegnete der Häuptling. „Bindet ihn und legt ihn in eine Ecke, damit er nicht mit diesen Bleichgesichtern sprechen kann!"

Was hätte Widerstand geholfen? Wohkadeh musste sich in sein Schicksal ergeben. Er wurde an Händen und Füßen gefesselt und in eine Ecke gelegt. Zwei Sioux setzten sich als Wächter daneben.

Ein alter Krieger trat zu Hong-peh-te-keh und sagte zu ihm: „Es gingen der Winter viel mehr über mein Haupt als über das deinige. Darum darfst du mir nicht zürnen, wenn ich dich frage, ob du wirklich Gründe hast, Wohkadeh für einen Verräter zu halten."

„Ich will dir antworten, weil du der älteste der Krieger bist, die bei mir sind. Ich habe keinen Grund als nur den einen, dass das jüngste der gefangenen Bleichgesichter dem Bärenjäger, der dahinten bei den Pferden liegt, sehr ähnlich sieht."

„Kann das ein Grund sein?"

„Ja. Ich werde es dir beweisen."

Er trat zu den Gefangenen, die, ohne helfen zu können, gesehen und gehört hatten, was Wohkadeh so nutzlos für sie wagte. Leider beherrschte weder Jemmy noch Davy die Sprache der Sioux so, dass sie alles, was Wohkadeh vorgebracht hatte, verstanden hätten.

Der schlaue Häuptling nahm eine weniger harte Miene an und sagte: „Wohkadeh hat, bevor er von uns ging, eine Tat begangen, über die wir beraten müssen. Daher ist er einstweilen gefesselt worden. Zeigt es sich, dass die Bleichgesichter ihn damals noch nicht gekannt haben, so werden sie ihre Freiheit wiedererhalten. Welche Namen tragen die weißen Männer?"

„Wollen wir sie ihm sagen?", fragte Davy seinen dicken Freund.

„Ja", meinte Jemmy. „Vielleicht bekommen die Roten da ein wenig Achtung vor uns." Und sich an den Häuptling wendend, fuhr er fort: „Ich heiße Jemmy-petahtscheh und dieser lange Krieger ist Davy-honskeh. Du wirst diese Namen bereits gehört haben."

„Uff!", erklang es im Kreis der Sioux.

Der Häuptling warf ihnen einen strafenden Blick zu.

Auch er war überrascht, diese viel genannten Jäger in seiner Gewalt zu haben, ließ sich aber nicht das Geringste davon merken. „Der Schwere Mokassin kennt eure Namen nicht", erklärte er. „Und wer sind diese beiden Männer?"

Er hatte sich mit seiner Frage, die Frank und Martin betraf, wieder an Jemmy gewendet. Davy flüsterte seinem Freunde zu: „Um Gottes willen, nenne die Namen nicht!"

„Was hat das Bleichgesicht dem anderen zu sagen?", fragte der Häuptling streng. „Es mag der antworten, den ich gefragt habe!"

Jemmy musste sich zu einer Unwahrheit entschließen. Er nannte den ersten besten Namen, der ihm einfiel, und gab Frank und Martin für Vater und Sohn aus.

Der Blick des Häuptlings glitt forschend von dem einen der Genannten zu dem anderen und ein höhnisches Lächeln ging über sein Gesicht. Doch erklärte er in ziemlich freundlichem Ton: „Die Bleichgesichter mögen mir folgen.“ Der Ogellallah schritt nach dem hinteren Teil des Hofes. Das vermeintliche Haus war jedenfalls früher ein ungeheures Felsstück gewesen, aus Feldspat bestehend und von weicherem Gestein durchsetzt. Diese weicheren Teile waren vom Regen ausgewaschen worden, während der Spat dem Wetter trotzte, und so war, wie schon gesagt, ein Gebilde entstanden, das einem langen, von hohen Mauern umschlossenen Hof glich, der durch Querwände in mehrere Abteilungen zerlegt wurde.

Die hinterste war die größte. Sie bot so viel Raum, dass sämtliche Pferde der Ogellallah darin Platz gefunden hatten. In einem Winkel lagen sechs Weiße, an Händen und Füßen gebunden. Sie befanden sich in bedauerlichem Zustand. Die Kleider hingen ihnen in Fetzen vom Leib. Ihre Handgelenke waren von den Fesseln wund gescheuert.

Die Gesichter starrten von Schmutz, und Haar und Bart hingen ihnen um die Köpfe. Die Wangen waren eingefallen und die Augen lagen tief in den Höhlen, eine Folge von Hunger und Durst und sonstigen Qualen.

Dorthin brachte der Häuptling die neuen Gefangenen. Währenddessen hatte Martin leise zu Jemmy gesagt: „Wohin wird er uns führen? Vielleicht zu meinem Vater?“

„Möglich. Aber um Gottes willen nicht merken lassen, dass Sie ihn kennen, sonst ist alles verloren!“

„Hier liegen gefangene Bleichgesichter“, begann der Häuptling wieder. „Der Schwere Mokassin kennt ihre Sprache nicht genau. Er weiß also nicht, wer sie sind. Die weißen Männer mögen zu ihnen treten, um sie zu fragen, und es ihm sodann berichten.“

Er führte die vier in den Winkel. Jemmy trat rasch vor und sagte in deutscher Sprache: „Hoffentlich finden wir hier den Bärenjäger Baumann. Verraten Sie ja nicht, dass Sie Ihren Sohn erkennen! Hier hinter mir steht er. Wir kamen zu Ihrer Rettung, gerieten aber selbst in die Hände der Roten, doch haben wir die Gewissheit, dass wir samt

Ihnen bald wieder frei sein werden. Haben Sie den roten Schuften Ihren Namen genannt?“

Baumann antwortete nicht sofort. Der Anblick seines Sohnes raubte ihm die Sprache. Erst nach einer Weile stieß er mühsam hervor: „O mein Gott! Welche Wonne und zugleich auch welches Herzeleid! Die Sioux kennen mich und auch die Namen meiner Gefährten.“

„Schön! Hoffentlich werden auch wir hier untergebracht. Dann werden Sie alles Weitere erfahren.“

Obgleich der Häuptling keine Silbe verstand, war er doch ganz Ohr. Er schien aus dem Tonfall den Inhalt der Worte erraten zu wollen. Mit scharfem Auge blickte er zwischen Baumann und dessen Sohn hin und her. Seine Beobachtung blieb erfolglos. Martin hatte sich so in der Gewalt, dass er ein gleichgültiges Gesicht zeigte, obgleich der Jammer, den er beim Anblick seines Vaters empfand, ihm die Tränen in die Augen treiben wollte.

„Nun“, fragte der enttäuschte Häuptling ärgerlich, „haben die Gefangenen ihre Namen genannt?“

„Ja“, erwiderte Jemmy. „Aber du wusstest sie ja bereits.“

„Ich dachte, sie hätten mich belogen. Du wirst mit deinen Gefährten auch hier bleiben.“ Die vorgetäuschte Freundlichkeit wich wieder aus seinem Gesicht. Er winkte die Ogellallah herbei. Sie leerten die Taschen der Gefangenen und legten ihnen sodann Fesseln an.

„Prächtig!“, brummte Davy, indem er den letzten Inhalt seiner Taschen verschwinden sah. „Es ist nur zu verwundern, dass uns diese Felsengeier nicht auch die Kleider abnehmen.“

„Herr Jemmy“, flüsterte der Hobble-Frank, „die Geschichte gefällt mir nich. Das is der Kerl, der mich damals lahm geschossen hat.“

Die neuen Gefangenen wurden zu den bisherigen auf die Erde gelegt. Der Häuptling entfernte sich und ließ einige Wächter zurück.

Die Beklagenswerten getrauten sich nicht, laut zu sprechen. Sie flüsterten miteinander. Martin war gerade neben seinen Vater zu liegen gekommen, ein Umstand, der von beiden natürlich zum Austausch der Erlebnisse ausgenutzt wurde. Nach einiger Zeit trat ein Sioux herbei, entfernte einem der früheren Gefangenen die Fesseln von den Beinen und gebot ihm, zu folgen. Der Mann konnte nicht gehen. Er wankte mühsam neben dem Roten her.

„Was wird man von ihm wollen?", fragte Baumann, sodass Davy es hörte.

„Den Verräter wird er machen sollen", vermutete der Lange. „Ein wahres Glück, dass meine Gefährten noch nichts von der Hilfe, die wir erwarten, gesagt haben."

„Erwähnt haben Sie sie aber doch."

„Das ist nicht gefährlich. Hüten wir uns, dem Mann, sofern er zurückkehrt, irgendeine wichtige Mitteilung zu machen! Wir müssen uns erst überzeugen, dass wir ihm trauen können."

Davy hatte ganz richtig vermutet. Der Mann war zum Häuptling geführt worden, der ihn mit finsterem Blick empfing. Der Ärmste konnte sich nicht auf den Füßen halten. Er musste sich setzen.

„Weißt du, welches Schicksal dich erwartet?", wurde er vom Häuptling gefragt. – „Ja", bestätigte der Gefangene mit matter Stimme. „Ihr habt es uns doch oft genug gesagt." – „Der Tod ist euch sicher, der qualvollste Tod. Ihr sollt unsägliche Martern ausstehen, dem Grab zu Ehren, auf dem ihr sterben werdet. Was würdest du geben, wenn dir diese Qualen erspart blieben, wenn du dein Leben retten könntest?" – „Ist es denn zu retten? Was müsste ich tun?", fragte der geistig gefolterte und körperlich halbtote Mann. – „Mir antworten. Dann schenke ich dir das Leben. Hat der Bärenjäger einen Sohn?" – „Ja." – „Ist es der junge Mann, den wir mitgefangen haben?" – „Ja." – „Wer ist der Kleine, der hinkt?" – „Ein Gefährte des Bärenjägers, der Hobble-Frank." – „Suche zu erfahren, wie sie mit Wohkadeh zusammengekommen sind, ob sich noch mehr Bleichgesichter hier befinden und was sie wollen! Erfährst du das, so gebe ich dich frei. Aber lass es sie nicht merken!“

Der Mann wurde wieder zu seinen Mitgefangenen gebracht, an seinen Platz gelegt und an den Füßen gefesselt.

Die anderen schwiegen und auch er verhielt sich still. Es war ihm nicht recht wohl zu Mute. Er war ein ganz braver Kerl. Wenn er über das Verhalten des Häuptlings nachdachte, erschien es ihm nicht sehr wahrscheinlich, dass der Rote Wort halten werde. Er begann einzusehen, dass er sich hatte überlisten lassen. Gar nichts hätte er sagen sollen. Je länger er nachdachte, desto mehr fühlte er, dass er dem Schweren Mokassin nicht trauen dürfe, und dass es seine Pflicht sei, Baumann zu sagen, was er mit dem Häuptling gesprochen habe.

Der Bärenjäger kam ihm zuvor. Als längere Zeit vergangen war, fragte er: „Nun, Sir, Ihr seid so schweigsam! Bei wem wart Ihr denn?“ – „Beim Häuptling.“ – „Konnte es mir denken. Was wünschte er denn von Euch?“ – „Ich will es Euch aufrichtig sagen. Er wollte wissen, wer Martin und Frank seien, und ich sagte es ihm, weil er mir die Freiheit versprach.“ – „O weh! Das war eine Dummheit, wie Ihr sie größer gar nicht machen konntet. Wie steht es denn nun mit Eurer Freiheit?“ – „Die soll ich erst erhalten, wenn ich noch erfahren habe, wie die anderen Gentlemen mit einem gewissen Wohkadeh zusammengetroffen sind und ob sich noch mehr Weiße hier in der Gegend befinden.“ – „So! Und Ihr glaubt, dass der Kerl sein Versprechen halten wird?“ – „Nein. Nachdem ich über die Sache nachgedacht habe, bin ich der Überzeugung, dass er mich betrügen will.“ – „Daran tut Ihr klug. Und weil Ihr so aufrichtig seid, wollen wir Euch die Dummheit verzeihen. Übrigens dürft Ihr nicht meinen, dass Ihr uns hättet aushorchen können. Wir ahnten, was Ihr bei dem Häuptling solltet, und hätten uns gegen Euch gewiss sehr schweigsam verhalten.“ – „Was aber soll ich antworten, wenn er mich wieder fragt?“ – „Das will ich Euch sagen“, schaltete sich Jemmy ein. „Ihr erklärt, dass wir Wohkadeh gerettet haben, als er bei den Schoschonen gefangen war, und mit ihm hierher geritten sind, um ihn sicher zu den Seinen zu bringen. Andere Weiße als wir sind nicht da. Und wenn er Euch doch übertölpeln will, so geht nicht auf den Leim! Von uns habt Ihr viel eher Rettung zu erwarten als von ihm."

Damit war die Angelegenheit einstweilen erledigt.

Die Gefangenen vermochten kein Glied zu rühren. Sie konnten sich höchstens von einer Seite auf die andere wälzen. Das benutzte Jemmy, um neben Baumann zu kommen. Es gelang ihm, und als nun er rechts und Martin links vom Bärenjäger lagen, konnten sie ihm alles leise erzählen und ihm auch ihre Hoffnung mitteilen, dass die jetzige Gefangenschaft nur kurz sein werde.

Indessen hatte der Häuptling die hervorragendsten Krieger zu sich rufen und sodann Wohkadeh holen lassen. Als der Jüngste in die Hofabteilung trat, wo sich die Sioux befanden, saßen sie in einem Halbkreis, in dessen Mitte der Häuptling hockte. Der Gefangene musste sich ihm gegenüberstellen. Zu seinen beiden Seiten nahmen zwei Wächter Platz, die ihre Messer in den Händen hatten. Dieser Umstand war für Wohkadeh höchst bedenklich. Es war daraus zu ersehen, dass sich seine Angelegenheit verschlimmert hatte.

Nachdem die Anwesenden Wohkadeh mit finsteren Blicken eine Weile betrachtet hatten, begann der Häuptling: „Wohkadeh mag nun erzählen, was er seit dem Augenblick, da er uns verließ, erlebt hat!"

Wohkadeh folgte der Aufforderung. Er brachte das Märchen vor, er sei von den Schoschonen erspäht und gefangen, von den Weißen aber befreit worden. Obwohl er das möglichst überzeugend erzählte, musste er doch bemerken, dass man ihm keinen Glauben schenkte.

Als er geendet hatte, verlor niemand ein Wort darüber, ob man ihm glaubte oder nicht. Der Häuptling fragte: „Und wer sind diese vier Bleichgesichter?"

Wohkadeh nannte zunächst Jemmys und Davys Namen und stellte es als eine Ehre für die Sioux hin, dass so berühmte Jäger zu ihnen gekommen seien.

„Und die beiden anderen?"

Auch diese Frage brachte Wohkadeh nicht in Verlegenheit. Er hatte sich bereits überlegt, was er sagen solle. Er nannte für Frank den Namen, den Jemmy schon vorher erfunden hatte, und gab Martin abermals für dessen Sohn aus.

Der Häuptling zuckte mit keiner Miene, fragte aber: „Hat Wohkadeh vielleicht erfahren, dass der Bärenjäger einen Sohn hat, der Martin heißt?"

„Nein."

„Und dass bei ihm ein Mann wohnt, der Hobble-Frank genannt wird?"

„Nein!"

Der Jüngling behielt seine äußere Ruhe bei, obgleich er jetzt innerlich überzeugt war, dass sein Spiel nun verloren sei. Und wirklich donnerte der Häuptling los: „Wohkadeh ist ein Hund, ein Verräter, ein stinkender Wolf! Denkt er vielleicht, wir wissen nicht, dass sich Frank und der Sohn des Bärenjägers als Gefangene bei uns befinden? Wohkadeh hat die beiden und auch die anderen herbeigeholt, um die Gefangenen zu retten. Er wird dafür ihr Schicksal teilen. Die Versammlung wird heute am Lagerfeuer beraten, welchen Todes er sterben soll!"

Wohkadeh wurde fortgeführt und aufs Pferd festgeschnürt, denn es sollte aufgebrochen werden. Das Gleiche geschah mit den anderen Gefangenen, doch kam er nicht in deren Nähe, sondern wurde fern von ihnen gehalten und bekam zwei Krieger als besondere Bedeckung.

Es war traurig anzusehen, wie armselig und matt Baumann und seine fünf Schicksalsgenossen in ihren Fesseln zu Pferd saßen. Hätte man sie nicht mit den Füßen angebunden gehabt, so wären sie vor Erschöpfung von den Tieren gestürzt.

Davy flüsterte darüber seinem Jemmy einige mitleidige Worte zu. Der Dicke beschwichtigte: „Nur kurze Zeit Geduld, Alter! Ich müsste mich sehr irren, wenn Old Shatterhand nicht bereits in unserer Nähe wäre. Was wir erst jetzt eingesehen haben, dass wir nämlich die schrecklichsten Dummköpfe sind, das hat er wohl bereits heute früh gewusst. Jedenfalls kommt er uns mit einer Anzahl Roter nach, und da habe ich denn gesorgt, dass er auf unsere Fährte stößt."

„Wieso?"

„Schau her! Ich habe mir da einen Fetzen vom Pelz gerissen und mit Hilfe der Zähne in kleine Stückchen zerzaust. Da drin, wo wir gelegen haben, habe ich ein solches Stückchen zurückgelassen und während des Rittes werde ich von Zeit zu Zeit eins fallen lassen. Sie bleiben liegen, denn es geht kein Wind. Kommt Old Shatterhand in dieses verwünschte Gebäude, so findet er ganz gewiss das Pelzstückchen und wird sofort wissen, dass in dieser Sommerhitze nur der Dicke Jemmy mit seinem Pelz dort gewesen sein kann. Er wird weiter suchen, die anderen Stücke finden und dadurch erfahren, welche Richtung wir eingeschlagen haben."

Der Zug der Sioux folgte nicht dem Lauf des Flusses. Für sie wäre das ein Umweg gewesen. Sie ritten nach den Höhen zu, die den Namen ‚Elefantenrücken' tragen, und wendeten sich dann in gerader Richtung nach der lang gezogenen Höhenfolge, die die Wasserscheide zwischen dem Atlantischen und dem Stillen Ozean bildet.

Der Dicke Jemmy hatte ganz recht vermutet, als er meinte, dass Old Shatterhand vielleicht bereits in der Nähe sei. Die Sioux waren kaum drei Viertelstunden hinter den Höhen verschwunden, da kam er mit seinen Schoschonen und Upsarokas von Norden her geritten, genau auf der Linie, die die Pferde der fünf Ausreißer getrabt waren.

Er hielt sich mit dem Häuptlingssohn der Schoschonen und dem Medizinmann der Upsarokas an der Spitze des

Zuges. Sein Auge hing fest an der Erde. Ihm entging nicht das Mindeste, was darauf deuten konnte, dass hier Menschen geritten seien. Beim Anblick des scheinbaren Bauwerks stutzte er zunächst, doch antwortete er auf eine Frage des Medizinmannes sogleich: „Ich besinne mich. Das ist kein Haus, sondern ein Felsen. Ich bin bereits drin gewesen und es sollte mich wundern, wenn diejenigen, die wir suchen, nicht auch hineingegangen wären, um sich den Ort zu betrachten. Es ist – Heavens!"

Bei diesem Ruf sprang Old Shatterhand vom Pferd und begann, den harten Basaltfelsen zu untersuchen. Es war die Stelle, wo er auf den Weg traf, den die Sioux eingeschlagen hatten. „Hier sind viele Leute geritten, und zwar vor kaum einer Stunde", erklärte er. „Ich will nicht befürchten, dass es die Sioux gewesen sind! Und doch, wer sonst als sie soll in solcher Zahl hier gewesen sein? Das Haus kommt mir verdächtig vor. Teilen wir uns, um es zu umringen!"

Er voran, jagten sie im Galopp vorwärts. Das Felsengebäude wurde eingeschlossen und Old Shatterhand begab sich zunächst allein hinein. Er hinterließ die Weisung, nur wenn er einen Schuss abgäbe, sollten die anderen nachkommen.

Es dauerte eine geraume Zeit, bis er wieder herauskam. Seine Miene war ernst und bedenklich. Er sagte: „Wir haben keine Zeit zu verlieren, denn die weißen Männer sind mit Wohkadeh von den Sioux gefangen und vor einer Stunde fortgeführt worden."

„Weiß das mein weißer Bruder gewiss?", erkundigte sich ‚Feuerherz', der Medizinmann.

„Ja. Ich habe alle ihre Spuren gesehen und genau gelesen. Der Dicke Jemmy hat mir ein Merkmal zurückgelassen und ich hoffe, wir werden deren noch mehrere finden." Er zeigte den kleinen Pelzfetzen. Es waren nur fünf oder sechs Haare daran, ein sicheres Zeichen, dass das Stückchen von dem kahlen Pelz des Dicken stammte.

„Was gedenkt Old Shatterhand zu tun?“, fragte der Rote. „Will er den Ogellallah auf dem Fuß folgen?“

„Ja.“

„Werden wir, wenn wir zu Winnetou zurückkehren, sie nicht ebenso sicher am Fluss des Feuerlochs treffen?“

„Ja, wir würden sie treffen. Aber es ist besser, wenn wir die Feinde zwischen unseren beiden Trupps haben. Wir müssen ihnen also hart auf den Fersen bleiben. Oder denken meine roten Brüder anders?“

„Nein“, entgegnete der Riese grimmig. „Wir freuen uns, auf die Fährte der Ogellallah gestoßen zu sein. Der Schwere Mokassin ist ihr Anführer und es gelüstet mich, ihn in meine Hand zu bekommen. Reiten wir!“

Die Fährte war nur schwer zu lesen und man musste sehr langsam reiten. Der Boden bestand ganz aus vulkanischem Gestein. Von einer wirklichen Hufspur war keine Rede. Kleine Steinchen, die unter den Tritten der Pferde zermalmt worden waren, bildeten die einzigen, recht unsicheren Anhaltspunkte. Da galt es, sorgsam aufzupassen. Durch die kleinen Pelzstückchen Jemmys, die man zuweilen fand, wurde man allerdings wesentlich unterstützt.

Nach einiger Zeit lenkte die Fährte mehr südwestlich ab. Man erreichte den Fuß der Höhen, die die Wasserscheide bilden. Wer da oben hält, der kann rechts unten die Rinnen sehen, die ihre Wasser durch den Yellowstone und Missouri dem Mississippi, also dem mexikanischen Golf zuführen, während links im Tal die Wasser in den Snakefluss gehen und mit ihm in den Stillen Ozean.

Hier war die Gegend nicht mehr kahl wie bisher. Es gab Humusboden und die einzelnen Bäche, die da flossen, waren nicht schwefelhaltig. Sie hatten frisches, gesundes Wasser, das dem Pflanzenwuchs Nahrung bot. Deshalb gab es hier Gras, Büsche und Bäume und nun wurde auch die Fährte deutlicher. Leider aber konnte man ihr nicht mehr lange folgen, denn der Nachmittag ging zur Neige. Die Pferde mussten also möglichst ausgreifen, wenn man die Zeit vor Einbruch der Dunkelheit ausnutzen wollte.

Die Höhe der Wasserscheide wurde erreicht. Dann ging es drüben wieder hinab, zwischen Felsbrocken und Sträuchern hindurch, ein ziemlich beschwerlicher, stellenweise sogar gefährlicher Ritt.

Schließlich brach der Abend herein. Man musste Halt machen, wollte man die Spur nicht verlieren.

Waren die Männer bisher schon schweigsam gewesen, so wurden sie am Lagerplatz nicht beredter. Sie hatten das Gefühl, vor entscheidenden Ereignissen zu stehen. Ein Feuer wurde nicht angebrannt. Old Shatterhand hatte aus der Fährte ersehen, dass die Ogellallah kaum zwei englische Meilen vor ihnen waren. Hatten sie sich gelagert, dann konnte man ihnen, ohne es zu wissen, so nahe gekommen sein, dass sie das Feuer bemerken und dadurch erfahren mussten, dass sie verfolgt wurden.

Jeder wickelte sich schweigend in seine Decke und legte sich zur Ruhe, nachdem die Wachen ausgestellt waren. Aber kaum graute der Morgen, kaum waren die einzelnen Gegenstände voneinander zu unterscheiden, so wurde aufgebrochen.

Die Spuren der Ogellallah waren heute noch zu lesen. Nach vielleicht einer Stunde erklärte Old Shatterhand, dass die Sioux gestern gar nicht gelagert hätten. Sie hatten jedenfalls nicht eher ruhen wollen, als bis sie den Feuerlochfluss erreicht hatten. Das war kein gutes Zeichen. Leider aber konnten die Verfolger die Schnelligkeit ihrer Pferde nicht ausnutzen, denn der Pflanzenwuchs hörte bald wieder auf und an Stelle des weichen Bodens trat der harte, vulkanische Fels zu Tage.

Da war es nun ganz unmöglich, eine Spur zu entdecken. Old Shatterhand nahm an, dass die Sioux-Ogellallah wohl schwerlich von der bisher verfolgten Richtung abgewichen sein würden, und ritt deshalb immer geradeaus. Er erkannte bald, dass er sich in seiner Vermutung nicht geirrt hatte. Vor ihm stiegen die Feuerlochberge auf, hinter denen sich die berühmten Geiserbecken in immer währender Tätigkeit befinden. Da gab es wieder Pflanzenwuchs, sogar Wald, der hier meist aus dunklen Fichten bestand.

Sie erreichten einen schmalen Wasserlauf, der sich durch weichen Grasboden schlängelte, und gerade da, wo sie auf ihn trafen, war der Boden von vielen Pferdehufen zerstampft. Die Hufeindrücke zogen sich längs des Wassers hin und es war deutlich zu erkennen, dass die Sioux ihre Pferde dort getränkt hatten. Also war die Fährte glücklich wieder gefunden und von jetzt an bis hinauf zur Höhe blieb sie so deutlich, dass ein Irrtum nicht möglich war.

Ein offener Weg führte nicht hinauf. Man musste unter Bäumen reiten, die so weit auseinander standen, dass sie keine Hindernisse boten. Aber gerade der Ritt im Wald ist für den Westmann am gefährlichsten. Es kann hinter dem nächsten Baum ein Feind verborgen sein, von dessen Gegenwart er keine Ahnung hat.

Wie leicht wäre es möglich, dass die Ogellallah auf den Gedanken gekommen wären, dass sie verfolgt würden. Man konnte doch nicht wissen, welch ein Geständnis sie den Gefangenen durch Gewalt oder List abgelockt hatten. Deshalb schickte Old Shatterhand einige Schoschonen voran, die den Weg absuchen und sich, sobald sie etwas Verdächtiges bemerkten, auf den Haupttrupp zurückziehen sollten.

Glücklicherweise erwies sich diese Vorsicht als unnötig. Daran war das Abkommen schuld, das der Dicke Jemmy mit dem vom Häuptling ausgeforschten Gefangenen getroffen hatte.

Da die Gefesselten, abgesehen von Wohkadeh, auch während des Ritts in schlauer Absicht nicht voneinander getrennt worden waren, hatten sie miteinander sprechen können. Die stillschweigende Erlaubnis dazu hatte der Häuptling erteilt, damit sein vermeintlicher Verbündeter Gelegenheit erhielt, alles, was er ihm berichten sollte, von den Gefährten zu erfahren. Am Abend hatte ihn dann der Schwere Mokassin so unauffällig wie möglich von den anderen absondern lassen und sich zu ihm gesellt, um ihn auszufragen. Dabei war er nun gründlich getäuscht worden und hatte infolgedessen alle Vorsichtsmaßnahmen für überflüssig gehalten.

So kam es, dass Old Shatterhand mit seinen Indianern die Höhe erreichte, ohne auf ein Hindernis zu treffen. Auch diese Höhe trug dichten, hochstämmigen Wald, weshalb man nicht in das jenseitige Tal hinabblicken konnte, obgleich die Wand ziemlich steil abzufallen schien.

Unter den Bäumen hinreitend, hörten sie ein eigentümliches, dumpf brausendes Geräusch, das bald von einem schrillen Pfeifen unterbrochen wurde, und darauf ertönte ein Zischen, geradeso, wie wenn bei einer Lokomotive die überschüssigen Dämpfe abgelassen werden.

„Was ist das?", fragte Moh-aw, der Sohn des Schoschonenhäuptlings, erstaunt.

„Jedenfalls ein Konjonukya-ka-ib[1]", gab Old Shatterhand Bescheid. Jetzt senkte sich das Gelände abwärts, erst langsam, dann schneller, sodass es nicht leicht war, sich auf den Pferden zu halten. Deshalb stiegen die Reiter ab und gingen zu Fuß, die Tiere hinter sich herführend.

Die Spuren der Ogellallah waren auch jetzt noch zu erkennen, doch sah man es ihnen an, dass sie bereits von gestern stammten. Wohl hundert Meter tief war man gekommen, da hatte der Wald so plötzlich ein Ende, dass sein Rand eine scharfe Linie bildete. Doch ein Stück weiter flussabwärts reichte er bis ganz hinab auf die Talsohle. Jetzt war der Blick über das Tal frei, und was das Auge hier sah, war Staunen erregend.

Das obere Tal des Madison, der hier den bezeichnenden Namen Feuerlochfluss führt, ist wohl die wunderbarste Gegend des Nationalparks. Viele Meilen lang und stellenweise zwei und sogar drei Meilen breit, enthält es Hunderte von Geisern und heißen Quellen. Es gibt da Fontänen, die ihre Strahlen wohl hundert Meter empor schleudern. Schwefelige Gerüche entströmen den zahlreichen Spalten des Erdbodens und die Luft ist stets voll von heißem Wasserdampf.

Schneeweißer Sinter, der den Überzug oder vielmehr die Stürze, den Deckel unterirdischer Kochtöpfe bildet, glänzt grell im Sonnenschein. An anderen Stellen wieder besteht die Erdoberfläche nicht aus festem Boden, sondern aus dickflüssigem, übel riechendem Schlamm, dessen Temperatur sehr verschieden ist. Hier und da hebt sich der Erdboden plötzlich in Haubenform, steigt langsam, bla-

[1] ‚Warmwasserberg', indianischer Ausdruck für Geiser

senartig empor und zerplatzt sodann, ein weites, unergründlich tiefes Loch zurücklassend, worauf die Schwaden des Dampfes hoch emporschießen. Diese Blasen und Löcher entstehen und vergehen, bald hier, bald dort. Sie wandern also. Wehe dem, der auf eine solche Stelle gerät! Soeben hatte er noch festen Boden unter sich, da beginnt die Erde plötzlich heiß zu werden und sich zu heben. Nur ein todesmutiger Sprung, nur die schnellste Flucht vermag da den Menschen zu retten.

Aber während man der einen Blase entflieht, steigt daneben eine zweite, eine dritte auf. Man steht eben nur auf einer ganz dünnen Kruste fast unmittelbar über den fürchterlichen Tiefen des Erdinnern.

Und wehe ebenso dem, der den erwähnten Schlamm von weitem für eine Masse hält, die ihn trägt! Dieser Schlamm sieht zwar aus wie sumpfiger Moorboden, den man gerade noch zu überqueren vermag; aber er ist nur gehalten von vulkanischen Dämpfen, wie beim Fleischkochen der graubraune Schaum vom Wasser gehalten und bewegt wird.

Überall gibt der Boden unter dem Fuß nach und die Tapfen füllen sich sofort mit einer dicken, grüngelben stinkenden Flüssigkeit.

Überall rauscht, kocht, brodelt, pfeift, zischt, braust und stöhnt es. Riesige Flocken von Wasser und Schlamm fliegen umher. Wirft man einen schweren Stein in eine so entstehende und wieder vergehende Öffnung, so ist es, als fühlten sich die Geister der Unterwelt beleidigt. Wasser und Schlamm kommen in eine wilde Aufregung. Sie steigen empor, sie wallen über, als wollten sie den Übeltäter ins grauenhafte Verderben ziehen.

Das Wasser dieser Hexenkessel ist ganz verschieden gefärbt: milchweiß, knallrot, himmelblau, schwefelgelb, oft auch hell wie Glas. Obenauf sieht man große weiße, seidenartige Fäden oder einen dicken, bleifarbenen Schleim, der jeden erreichbaren Gegenstand in wenigen Minuten mit einer dicken, harten Kruste überzieht.

Es kommt vor, dass das Wasser eines solchen Loches im schönsten Grasgrün schimmert. Plötzlich öffnen sich an den Seiten kleine Ventile und nun schießen daraus Strahlen in allen Tönungen des Regenbogens durch das grüne Wasser. Es ist herrlich, unvergleichlich, himmlisch und doch auch wieder erschütternd, Angst erregend, höllisch!

In dieser Gegend war also Old Shatterhand mit seinen Kriegern angekommen und aus der Verborgenheit des Dickichts blickten sie auf ein ebenso fesselndes wie furchtbares Schauspiel.

Das Tal war hier vielleicht nur eine halbe englische Meile breit. Oberhalb der Stelle, wo Old Shatterhand hielt, traten die Ufer so eng zusammen, dass der Fluss kaum Raum genug zu haben schien, seine schmutzig gefärbten, heimtückisch glitzernden Wellen hindurchzuzwängen. Unterhalb war ganz das Gleiche der Fall. Von der einen Enge bis zur anderen war die Entfernung nicht größer als kaum eine englische Meile.

Der Fluss, dessen Wasser von den heißen Quellen gespeist wurde und deshalb größeres tierisches Leben nicht enthielt, rauschte ganz nahe der diesseitigen Talwand hin. Sie war, wie bereits erwähnt, mit Wald bedeckt, und war zwar sehr steil, aber doch gangbar. Die gegenüberliegende Wand aber stieg, wie nach dem Maurerlot emporgetrieben, senkrecht in die Höhe. Sie bestand aus schwarzem, oben türmchenähnlich zerklüftetem Gestein und bog sich ziemlich weit zurück, sodass sie von der einen Flussenge bis zur anderen etwa einen Kreisausschnitt bildete. Aber das Tal wurde durch dieses Zurücktreten der Felswand keineswegs erweitert, denn an dem dunklen Felsen stieg, gerade Old Shatterhand gegenüber, ein Gebilde herab oder auch hinauf, dessen breiter Fuß beinahe bis an das jenseitige Ufer des Flusses reichte.

Dieses Gebilde – es gibt wohl kaum eine bessere Bezeichnung dafür – war so wunderbar, auf den ersten Blick so unbegreiflich, dass man hätte meinen mögen, sich in einer Zauberwelt zu befinden, wo Feen und Elfen und andere unirdische Wesen ein geheimnisvolles Dasein leben.

Es war ein terrassenförmiger Aufbau, so zart gegliedert und fantastisch verziert, als bestehe er aus frischgefallenem Schnee und feinsten Eiskristallen.

Die unterste, umfangreichste Terrasse schien aus Elfenbein geschnitten zu sein. Ihr Rand war mit Zierraten bekleidet, die von weitem wie die Kunstwerke eines fantasiereichen Bildhauers erschienen. Sie bildete ein mit Wasser gefülltes, halbkreisförmiges Becken, aus dem die zweite Terrasse aufstieg, glitzernd, wie mit Goldkörnern durchsetzter Alabaster. Diese zweite Terrasse hatte einen geringeren Durchmesser als die erste. Und ebenso trat die dritte hinter der zweiten zurück. Wie aus zart gezupfter, weißer Watte bestehend, hob sie sich schlank und jungfräulich aus der zweiten empor.

Der Stoff, woraus sie bestand, war so luftig und duftig, dass man meinen konnte, sie vermöge nicht die mindeste Last zu tragen. Und doch erhoben sich auf ihr und über ihr noch sechs solcher Terrassen, jede ein Becken enthaltend, das sein Wasser aus der nächst höheren empfing, um es der nächst unteren entweder in schlanken, dünnen Strahlen, in einem fein zerteilten, farbig schillernden Staubregen oder in breiteren Abflüssen mitzuteilen, die ein schleierartiges Gewebe zu bilden schienen.

So lehnte sich dieses Naturwunder schlank, strahlend und weißglänzend an die dunkle Felswand, wie das aus Schneeflocken gewobene Kleid eines aus anderen Welten stammenden Wesens. Und doch war dieses Kleid von den gleichen Gewalten geschaffen, die den schwarzen Basalt empor getürmt und die Schlammvulkane durch die Erdrinde getrieben hatten.

Man brauchte nur zur Spitze dieser wunderbaren Pyramide emporzublicken, da sah man sofort, wodurch sie entstanden war. Dort stieg nämlich gerade jetzt ein hoher

Wasserstrahl auf, der sich oben schirmartig ausbreitete und dann als Regen rundum niedersank. Dabei war jenes Brausen zu hören, das vorhin Moh-aw nicht hatte begreifen können. Diesem Wasserstrahl folgten pfeifende, zischende, stöhnende Dämpfe und es war, als wolle die Erde unter der Gewalt des Ausbruchs zerbersten.

Die Wasser des Geisers hatten sich diese Pyramide gebaut. Die feinen, leichten Bestandteile, die der Strahl mit nach oben nahm, setzten sich beim Niederfallen fest und arbeiteten auch jetzt noch immerfort an dem wundersamen Gebilde. Das heiße Wasser floss von einer Terrasse auf die andere herab und wurde allmählich abgekühlt, sodass die einzelnen Becken, von oben herab gerechnet, eine immer niedrigere Temperatur zeigten. Unten endlich überströmte die kristallene Flüssigkeit das niederste Becken und floss nach kurzem Lauf in den Feuerlochfluss.

Wie ein Teufel neben einem Engel, so lag neben der herrlichen Gestalt dieser Pyramide ein weites, fast kreisrundes, dunkles, wallartiges Gebilde von schmutzigem Aussehen. Dieser Wall bestand aus einer festen Masse, auf der sich Reste vulkanischer Gebilde von verschiedenster Gestalt erhoben. Es war, als habe hier ein Riesenkind mit Basaltstücken gespielt, sie in die abenteuerlichsten Formen gedrückt und gebogen und sie dann auf dem runden Wall befestigt.

Der Wall hatte einen Durchmesser von vielleicht zwanzig Meter und bildete die natürliche Ummauerung eines Loches, dessen dunkel gähnender Rachen nichts Gutes verhieß.

Das war die Krateröffnung eines Schlammvulkans. Sie verengte sich zunächst, um sich dann wieder zu erweitern, hatte also genau die Gestalt einer Sanduhr.

Sobald es in dem herrlichen Feengeiser zu rauschen und zu brausen begann, stieg auch nebenan in dem finsteren Krater der Schlamm empor. Und wenn sich droben der Strahl des Wassers und des Dampfes zerteilt hatte, sank auch die brodelnde Oberfläche des Schlammes in die Tiefe zurück. Es war klar, Geiser und Schlammvulkan standen in unmittelbarer Verbindung miteinander. Die Geister der Unterwelt schieden die auszuschleudernden Massen, führten das kristallene Wasser dem Geiser zu und ließen die zurückbleibenden Ausscheidungen des Erdinnern in das Schlammloch rinnen.

„Das ist Kutschapu-ant-pa, das Teufelswasser", sagte Old Shatterhand, indem er auf den Krater deutete.

Nahe am Rand des Schlammvulkans lagerten die Ogellallah. Man konnte sie ganz deutlich sehen. Sogar die einzelnen Gesichter waren voneinander zu unterscheiden. Die Pferde liefen oberhalb dieser Stelle herum oder lagen ruhend an der Erde. Zu grasen gab es nichts, denn der Boden brachte keinen einzigen Halm hervor. Ganz in der Nähe gab es mehrere zentnerschwere Steine. Dort saßen die Gefangenen, jeder auf einem solchen Felsblock. Man hatte ihnen die Hände auf den Rücken gebunden und ihre Füße mit Lassos an die Steine befestigt, eine Stellung, die ihnen Qualen bereiten musste.

Soeben, als Old Shatterhand seine Aufmerksamkeit auf die Ogellallah richtete, kam Bewegung in die Schar der Roten. Sie setzten sich in einen Kreis zusammen, in dessen Mitte der Häuptling Platz nahm.

Old Shatterhand sah Jemmy, Davy, Martin und den Hobble-Frank sowie Baumann mit seinen Gefährten. Wohkadeh war abseits an einen Stein gefesselt, und zwar in einer Stellung, als sollten ihm alle Glieder verrenkt werden. Zu ihm trat einer der Sioux, band ihn vom Stein los und führte ihn in den Kreis.

„Sie wollen ihn verhören", folgerte Old Shatterhand. „Vielleicht halten sie Gericht über ihn und haben die Absicht, ihn hier zu bestrafen. Ich möchte hören, was jetzt gesprochen wird!"

Er nahm das Fernrohr aus der Satteltasche und richtete es auf die Sioux. Gerade jetzt wurde auch Martin Baumann losgebunden, in den Kreis geführt und neben Wohkadeh gestellt. Old Shatterhand hatte durch das Glas die Gesichter so nahe vor sich, dass er die Lippenbewegungen der Sprecher erkennen konnte.

Der Häuptling sprach zu Martin Baumann, mit der Hand nach dem Schlammkrater deutend. Old Shatterhand bemerkte deutlich, dass Martin totenbleich wurde. Zu gleicher Zeit ertönte ein schriller Schrei, wie ihn die menschliche Kehle nur im Augenblick des größten Entsetzens hervorbringt. Einer der Gefangenen hatte ihn ausgestoßen, der alte Baumann. Old Shatterhand sah, dass der arme Mann aus allen Kräften an seinen Fesseln zerrte. Der Häuptling musste etwas Teuflisches gesagt haben.

Die Sioux-Ogellallah waren gestern nach Anbruch des Abends auf der Höhe des Feuerlochflusses angekommen. Sie hatten erwartet, dass der Schwere Mokassin da unter den Bäumen des Waldes Lager machen werde, aber sie hatten sich verrechnet. Trotz der Dunkelheit und trotz der Beschwerlichkeit des Abstiegs bestimmte er, dass noch über den Fluss gesetzt werden solle.

Er kannte die Gegend, denn er war bereits mehrmals hier gewesen, und in seinem Hirn saß ein Gedanke, noch finsterer und unheimlicher als der Schlammkrater, der da unten im Dunkel der Nacht seine scheußlichen Massen hob und senkte.

Voransteigend und sein Pferd am Zügel führend zeigte er den Seinen den Weg. Auch die Gefangenen mussten mit hinab, was ganz besondere Schwierigkeiten bereitete, da sie nicht von den Tieren losgebunden wurden. Schließlich langten doch alle unten am Ufer an. An dieser Stelle war das Wasser des Feuerlochflusses nicht heiß, sondern nur warm. Man konnte hindurch, ohne sich Schaden zu tun. Je zwei Sioux nahmen das Pferd eines Gefangenen zwischen sich und dann ging es hinüber.

Am Schlammkrater machte man Halt. Die Gefangenen wurden an die großen Steine gefesselt und Wächter bei ihnen aufgestellt. Dann legten sich die Roten nieder, ohne von dem Häuptling Auskunft erhalten zu haben, warum er gerade hier lagere, im Gestank des Kraters, hier, wo es weder Gras noch Wasser für die Pferde gab.

Bei Anbruch des Morgens wurden die Tiere eine Strecke abwärts geführt, wo, wie der Häuptling wusste, eine reine Quelle aus dem Felsen rieselte. Nach der Rückkehr der Leute, die das besorgten, zog jeder ein Stück getrocknetes Büffelfleisch hervor, um zu frühstücken. Jetzt erklärte der Schwere Mokassin seinen Kriegern mit leiser Stimme, was er in Bezug auf Wohkadeh und den jungen Baumann beschlossen hatte. Alle betrachteten Wohkadeh als Verräter. Er hatte zwar nichts gestanden, aber in ihren Augen war er überführt. Dass Martin sein Schicksal teilen sollte, machte ihnen nicht die geringsten Bedenken. Die Gefangenen waren alle dem Tode geweiht, und je mehr Abwechslung es bei ihrer Hinrichtung gab, desto spannender war es ja.

Zunächst galt es, sich an den Qualen, die die große Verkündung des Urteils den Gefangenen bereiten musste, zu weiden. Darum wurde ein Kreis gebildet und vorerst Wohkadeh vorgeführt. Die Verhandlung wurde mit lauter Stimme geführt, damit auch die anderen Gefangenen, so weit sie die Sprache der Sioux verstanden, alles hören sollten.

„Hat sich Wohkadeh besonnen, ob er weiter leugnen oder den Kriegern der Ogellallah alles gestehen will?“, fragte der Häuptling. – „Wohkadeh hat nichts Böses getan, hat also auch nichts zu gestehen“, entgegnete der Gefragte. – „Wohkadeh lügt. Wollte er die Wahrheit erzählen, so würde sein Urteil milder sein.“ – „Mein Urteil wird dasselbe sein, gleichviel ob ich schuldig oder unschuldig bin. Ich muss sterben!“ – „Wohkadeh ist jung. Die Jugend hat kurze Gedanken. Sie weiß oft nicht genau, was sie tut. Darum sind wir bereit, Milde walten zu lassen. Aber der Schuldige muss aufrichtig sein!“ – „Wohkadeh hat nichts zu sagen!“

Da glitt ein höhnisches Lächeln über das Gesicht des Häuptlings. Er fuhr fort: „So ist Wohkadeh ein Feigling. Er fürchtet sich. Er hat den Mut, Böses zu tun, doch es fehlt ihm der Mut, es einzugestehen. Wohkadeh ist trotz seiner Jugend ein altes Weib, das vor Angst heult, wenn es von einer Mücke gestochen wird!"

Kein Indianer lässt sich einen Feigling nennen, ohne sofort zu zeigen, dass er mutig ist. Von früher Jugend an Entbehrungen, Anstrengungen und allerhand Schmerzen gewöhnt, scheut er den Tod nicht. Er ist ja überzeugt, dann sofort in die ewigen Jagdgründe zu gelangen.

Kaum hatte der Häuptling die Beleidigung ausgesprochen, verteidigte sich Wohkadeh rasch:

„Wohkadeh hat den weißen Büffel getötet. Alle Sioux-Ogellallah wissen das!" – „Aber keiner von ihnen war dabei. Du hast das Fell gebracht, das wissen wir, weiter nichts. Es ist ganz einfach: Ein weißer Büffel liegt verendet auf der Prärie. Wohkadeh kommt dazu, nimmt ihm die Haut, trägt sie heim und sagt dann, dass er ihn getötet habe." – „Das ist eine Lüge! Kein verendeter Büffel liegt unversehrt in der Prärie. Die Geier und die Kojoten fressen ihn auf." – „Und der Kojote bist du!" – „Uff!", rief Wohkadeh, wütend an seinen Riemen zerrend. „Wäre ich nicht gefesselt, so wollte ich dir zeigen, ob ich ein feiger Präriewolf bin oder nicht!" – „Du hast es bereits gezeigt. Du bist ein Feigling, denn du fürchtest dich, die Wahrheit zu sagen!" – „Ich habe nicht aus Angst geleugnet, sondern aus Rücksicht auf meine Gefährten." „Uff! Also jetzt gestehst du ein, dass du schuldig bist? Erzähle, was du getan hast!" – „Das ist mit wenigen Worten gesagt. Ich bin nach dem Wigwam des Bärenjägers geeilt, um zu melden, dass er von euch gefangen wurde. Dann sind wir aufgebrochen, ihn zu befreien." – „Wer?" – „Wir fünf: der Sohn des Bärenjägers, Jemmy, Davy, Frank und Wohkadeh." – „Und Wohkadeh hat die Bleichgesichter sehr liebgewonnen?" – „Ja! Einer unter ihnen ist mehr wert als hundert Sioux-Ogellallah."

Der Häuptling ließ seinen Blick im Kreis umhergleiten und freute sich heimlich über den Eindruck, den die letzten Worte des roten Jünglings bei seinen Kriegern hervorgebracht hatten. Dann fragte er: „Weißt du, was du mit deinem Geständnis gewagt hast?"

„Ja! Ihr werdet mich töten!"

„Unter tausend Martern!"

„Ich fürchte sie nicht."

„Sie mögen sofort beginnen. Bringt den Sohn des Bärenjägers herbei!"

Jetzt wurde, wie Old Shatterhand beobachtet hatte, Martin herbeigeführt und neben Wohkadeh gestellt.

„Hast du gehört und verstanden, was Wohkadeh gesagt hat?", fragte ihn der Häuptling.

„Ja."

„Er hat euch geholt, damit ihr die Gefangenen befreien solltet. Fünf Mäuse ziehen aus, um fünfzig Bären zu fressen! Die Dummheit hat euer Hirn verzehrt."

„Bären wollt ihr sein?", rief Martin. „Ihr seid feige Aasgeier, die sich in den Felsen verstecken!"

„Diese Worte sollst du bereuen! Ihr beide werdet sterben, jetzt, sogleich!"

Der Häuptling blickte sie scharf an, um zu sehen, welche Wirkung seine Worte hervorbringen würden. Wohkadeh verhielt sich so, als hätte er sie nicht gehört. Martin aber veränderte die Farbe seines Gesichts, obgleich er sich die größte Mühe gab, seinen Schreck zu verbergen.

„Der schwere Mokassin sieht, dass ihr innige Freunde seid", fuhr der Häuptling fort. „Er will euch die Freude machen, miteinander zu sterben. Ihr sollt die Süßigkeiten des Todes gemeinsam auskosten, langsam, ganz und gar. Und weil eure Freundschaft so einzigartig ist, sollt ihr auch auf eine einzigartige Weise in die ewigen Jagdgründe gehen."

Er stand auf, trat aus dem Kreis und ging zu der Umwallung des Schlammkraters. „Das ist euer Grab!", sagte er. „In wenigen Augenblicken soll es euch empfangen!“ Und er deutete in die Tiefe, aus der stinkender Brodem emporstieg.

Das klang furchtbar drohend. Martins Vater stieß jenen Angstschrei aus, den Old Shatterhand und seine Begleiter drüben auf der Höhe jenseits des Flusses gehört hatten. Baumann zerrte mit aller Gewalt an seinen Fesseln. Vom Augenblick seiner Gefangenschaft an bis jetzt hatte er mit keinem Wort und keiner Miene gezeigt, wie unglücklich er sich fühlte. Er war zu stolz, das merken zu lassen. Jetzt aber, als er hörte, was seinem Sohn drohte, war es mit seiner Selbstbeherrschung vorbei. „Das nicht, das nicht!“, rief er. „Werft mich in den Krater, mich, nur ihn nicht!“

„Schweig!“, herrschte ihn der Häuptling an. „Du würdest heulen vor Entsetzen, wenn du den Tod deines Sohnes sterben solltest!“

„Nein, nein, keinen einzigen Laut sollt ihr hören!“

„Du wirst bereits heulen, wenn ich dir diesen Tod beschreibe. Meinst du, dass wir deinen Knaben und den Verräter Wohkadeh einfach in den Schlund werfen? Da irrst du dich. Der Schlamm steigt und sinkt in regelmäßigen Zwischenräumen. Man weiß genau, wann der Schlamm kommt und wann er wieder geht. Man weiß auch, wie hoch er steigt. Wir werden den Verräter und deinen Knaben an Lassos binden und sie in das Loch werfen. Aber sie werden nicht hineinfallen, denn die Lassos halten sie. Dabei werden sie nur so tief hängen, dass ihnen der Schlamm bis an die Füße steigt. Beim nächsten Mal lassen wir sie weiter hinab, dass ihnen der Schlamm bis an die Knie reicht. So werden sie tiefer und tiefer sinken und ihre Körper werden langsam von unten nach oben in dem heißen Schlamm braten. Hast du nun noch Lust, für deinen Sohn dieses Todes zu sterben?“

„Ja, ja!“, schrie Baumann gequält. „Nehmt mich an seiner Stelle, nehmt mich!“

„Nein! Du sollst mit den anderen beim Grab der Häuptlinge am Marterpfahl enden. Und jetzt sollst du zusehen müssen, wie dein Sohn im Schlammkrater versinkt!"

„Martin, Martin, mein Sohn!", schrie der Vater verzweifelt.

„Vater, Vater!", rief der Jüngling angstvoll.

„Schweig!", raunte Wohkadeh ihm zu. „Wir wollen sterben, ohne ihnen die Freude zu machen, den Schmerz auf unserem Gesicht zu sehen!"

Der alte Baumann riss an seinen Fesseln, hatte aber nur den Erfolg, dass sie ihm fast bis auf die Knochen ins Fleisch schnitten. „Hörst du, wie dein Sohn heult und jammert?", rief ihm der Häuptling zu. „Schweig und freue dich vielmehr, denn du sollst alles deutlicher sehen als wir! Man löse die Gefangenen von den Steinen und binde sie auf ihre Pferde, damit sie hoch sitzen und alles besser betrachten können! Die beiden Knaben aber fesselt steif und tragt sie zum Abgrund des Todes!"

Dieser Befehl wurde sofort ausgeführt. Mehrere Sioux ergriffen Wohkadeh und Martin, um sie nach dem Schlammvulkan zu schleppen. Die anderen wurden auf ihre Pferde gehoben und festgeschnallt.

Baumann presste die Zähne fest zusammen, um sich keinen Jammerlaut entschlüpfen zu lassen. „Schrecklich!", knirschte Davy, indem er sich an Jemmy wandte. „Die Hilfe kommt gewiss, für die beiden braven Burschen aber jedenfalls zu spät. Wir beide sind schuld an ihrem Tod. Wir hätten nicht einwilligen sollen."

„Hast recht, und – horch!" Der heisere Schrei eines Geiers war erschollen. Die Ogellallah beachteten es nicht.

„Das ist Old Shatterhands Zeichen", flüsterte Jemmy. „Er hat davon gesprochen und uns den Schrei auch vorgemacht."

„Herrgott! Wenn er es wirklich wäre!"

„Der Himmel gebe, dass ich mich nicht täusche! Vermute ich richtig, so wäre Old Shatterhand unserer Fährte gefolgt und käme da drüben herab. Schau hinüber nach dem Wald! Siehst du nichts?"

„Ja, ja!", erwiderte Davy leise. „Ein einzelner Baum wird bewegt. Ich sehe die Spitze wackeln. Das geschieht nicht von selbst. Dort sind also Menschen."

„Jetzt sehe ich es auch. Aber weg davon mit dem Blick, dass die Ogellallah nicht aufmerksam werden!" Und mit lauter Stimme rief er in deutscher Sprache nach dem Krater hin: „Mister Martin, seid getrost! Die Hilfe ist da. Soeben haben die Freunde ein Zeichen gegeben!" Er vermied es klugerweise, einen Namen zu nennen, weil dieser von den Ogellallah verstanden worden wäre.

„Was hat der Hund zu bellen?", zürnte der Häuptling. „Hat er gleichfalls Lust, im Schlamm zu sterben?" Glücklicherweise begnügte er sich mit dieser Zurechtweisung.

Die Gefangenen hielten auf ihren Pferden so eng nebeneinander, dass sie sich selbst im Flüsterton verstehen konnten. Die Hände waren ihnen auf den Rücken gebunden und die Füße durch einen Riemen vereinigt worden, der unter dem Bauch der Pferde hinwegging.

„Du, Davy", flüsterte Jemmy, „unsere Tiere werden nicht am Zügel gehalten, so sind wir eigentlich schon halb frei. Getraust du dir, dein altes Maultier trotz der Fesseln zu lenken?"

„Hab keine Sorge! Ich nehme es zwischen die Beine, dass es eine Lust sein wird."

„Mein alter Klepper wird auch gehorchen. Halt! Hilf Himmel! Da geht es los! Die Rettung kommt zu spät – zu spät!"

In diesem Augenblick begann nämlich die Erde unter den Hufen der Pferde erst leise und dann stärker zu beben und ein rollendes Brausen kam wie aus unterirdischer Ferne her. Der Geiser wollte seine Tätigkeit beginnen.

Zwar hatten sich die Pferde seit gestern Abend leidlich an dieses Beben des Erdbodens gewöhnt, aber so unmittelbar vor dem Krater wurden sie nun doch unruhig.

Hong-peh-te-keh hatte sich vorhin über die Umfassung des Schlammkraters gebeugt und seinen Lasso hinabgelassen, um auszumessen, wie tief die beiden Todgeweihten gehängt werden müssten. Dann waren zwei Lassos je an einen festen Vorsprung des hohen Kraterrandes befestigt worden und die anderen Enden hatte man Martin und Wohkadeh so unter den Armen hindurchgebunden, dass genau die beabsichtigte Tiefe erreicht wurde.

Als jetzt das Brausen begann, traten alle zurück. Nur zwei blieben am Krater stehen, um, sobald der Schlamm sich hob, die beiden Verurteilten hinabgleiten zu lassen. Es waren Augenblicke der fürchterlichsten Spannung.

Und Old Shatterhand? Warum kam er nicht?

Sein Blick hatte aufmerksam jede Bewegung der Ogellallah beobachtet. Als er sah, dass Wohkadeh und Martin zum Kraterrand geschleppt wurden, war ihm alles klar.

„Man will sie langsam im Schlamm sterben lassen", erklärte er den Indianern. „Wir müssen augenblicklich helfen. Schnell, eilt unter den Bäumen dort hinab, wo der Wald bis an den Fluss geht, setzt hinüber und jagt jenseits im Galopp hinauf! Heult dabei, so laut ihr könnt, und stürzt euch mit aller Macht auf die Ogellallah!"

„Willst du nicht mit?", fragte der riesige Medizinmann.

„Nein, ich darf nicht. Ich muss hier bleiben, um dafür zu sorgen, dass vor euerm Erscheinen keinem unserer Brüder ein Leid geschieht. Fort, fort! Es ist keine Minute zu verlieren!"

„Uff! Vorwärts!"

Im nächsten Augenblick waren die Schoschonen und Upsarokas verschwunden. Bob blieb bei Old Shatterhand zurück. Der Jäger gebot ihm: „Komm, fass diese Fichte mit an! Wir wollen sie schütteln!"

Die Hand an den Mund legend, stieß er den Geierschrei aus, den Jemmy und Davy gehört hatten. Er bemerkte, dass sie heraufblickten, und wusste nun, dass sie seinen Ruf verstanden hatten.

„Warum Baum schütteln?", fragte Bob.

„Um ihnen ein Zeichen zu geben. Man will Wohkadeh

und deinen jungen Herrn in den siedenden Schlamm werfen, um sie zu töten. Dort liegen sie gefesselt am Kraterrand.“

Da ließ der Schwarze vor Schreck das Gewehr fallen. „Oh, oh, Massa Martin töten? Das nicht sollen, das nicht dürfen! Masser Bob das nicht erlauben. Masser Bob sie totschlagen, alle, alle! Bob gleich hinüber!“ Er rannte fort. „Bob!“, rief Old Shatterhand ihm nach. „Zurück, zurück! Du verdirbst sonst alles!“

Aber der Schwarze hörte nicht. Eine maßlose Wut hatte sich seiner bemächtigt. Sein junger Herr sollte ermordet werden. Er dachte nicht daran, dass ihm das Gewehr entfallen war, er dachte nur daran, so schnell wie möglich hinüberzukommen. Als guter Schwimmer wusste er, dass man, um an einer gewissen Stelle drüben zu landen, oberhalb davon hüben ins Wasser gehen muss. Er sprang also nicht den lichten Uferhang hinab, gerade auf das Wasser zu, sondern er eilte in weiten Sprüngen unter den Bäumen flussaufwärts und schnellte erst dann, als er seiner Meinung nach weit genug stromauf gekommen war, unter den Bäumen hervor.

Ein schwarzer, glatter Felsen führte da zum Wasser hinab. Mutig setzte Bob sich nieder und rutschte, als wollte er Schlitten fahren, die schiefe Ebene hinab und in das ölige, mit schmutzig flockigem Schaum bedeckte Wasser hinein. Dabei fühlte er etwas Hartes, was an seinen Körper stieß. Es war ein starker Ast, der sich hier im Ufergrund festgestochen hatte. „Oh, oh!“, jubelte er. „Masser Bob kein Gewehr. Ast sein Keule!“ Er riss ihn aus dem Schlamm und begann nun gewaltig auszustreichen.

Der Neger wurde von den Ogellallah gar nicht bemerkt. Während der Rutschpartie war sein schwarzer Körper von dem dunklen Gestein nicht zu unterscheiden gewesen und nun im Wasser stachen sein Kopf und seine Schulter so wenig von der schmutzigen Fläche ab, dass ebenfalls niemand auf ihn aufmerksam wurde. Die Ogellallah hielten ohnedies ihre Blicke auf den Schlammkrater gerichtet. Auf etwas anderes achteten sie nicht. Jetzt, als das unterirdische Rollen und Brausen begann, sah Old Shatterhand seine roten Verbündeten nach der abwärts liegenden Enge zu ins Wasser reiten. Es galt zu handeln.

Er lehnte seinen Henrystutzen an den Stamm des Baumes, hinter dem er stand, und ergriff den zweiläufigen, schweren und weit tragenden Bärentöter.

Drüben traten die Sioux vom Krater zurück. Nur zwei von ihnen blieben stehen. Da hob der Häuptling den Arm. Ob er vielleicht einen lauten Befehl sprach, konnte Old Shatterhand nicht hören, da das Brausen stärker geworden war. Aber was diese Armbewegung zu bedeuten hatte, das wusste er – den Martertod Martins und Wohkadehs.

Der Jäger nahm den Kolben an die Wange. Zweimal blitzte der Bärentöter schnell hintereinander auf. Die Sioux-Ogellallah konnten das Krachen der beiden Schüsse nicht vernehmen, denn es dröhnte unter ihnen wie rasch aufeinander folgende Donnerschläge.

„Hinein mit ihnen!“, hatte der Häuptling der Ogellallah mit lauter Stimme befohlen und dabei den Arm ausgestreckt. Die zwei seiner Leute, die diesen Befehl ausführen sollten, taten rasch ein paar Schritte zu den am Boden liegenden Gefangenen. Martins Vater stieß einen Angstschrei aus, der aber in dem furchtbaren Getöse ungehört verklang.

Doch was war das? Die zwei Henker bückten sich nicht nur, um die Gefangenen zu ergreifen, sondern sie fielen sogar neben ihnen nieder und blieben bei ihnen liegen.

Hong-peh-te-keh brüllte etwas, was nicht zu verstehen war, denn droben stiegen Wasser und Dampf schrill pfeifend aus der Öffnung des Geisers empor und hier unten hallte es wie dumpfe Kanonenschläge aus dem Krater des Schlammvulkans.

Der Schwere Mokassin sprang hinzu, beugte sich über die beiden Krieger und schlug mit der Faust auf sie ein –

sie bewegten sich nicht. Er fasste den einen an der Schulter und riss ihn halb empor. Ein Paar seelenlose Augen starrten ihm entgegen und er sah zwei Löcher im Kopf des Mannes, eins hüben und das andere drüben. Er ließ den Mann erschrocken fallen und fuhr auf. Sein Gesicht war vor Entsetzen verzerrt.

Die Sioux konnten sein Verhalten und das ihrer beiden Stammesbrüder nicht begreifen. Auch sie traten herbei. Mehrere von ihnen bückten sich zu den Regungslosen nieder und waren dann ebenso ein Bild des Grauens wie ihr Anführer.

Und nun kam noch ein anderes hinzu, was ihnen nicht minder schrecklich erschien. Das Pfeifen und Zischen des Geisers war jetzt fast erstorben, sodass das Ohr nun wieder andere Töne zu vernehmen vermochte. Und da klang vom Fluss her ein wütendes Gebrüll. Aller Augen wendeten sich dorthin. Sie sahen eine schwarze, riesengroße Gestalt herbeispringen, die einen langen, starken Astknorren in den Fäusten schwang. Diese Erscheinung triefte von dem schmutzigen, gelbgrünen Schaum des Flusses und war von verworrenen Binsen und halb verfaultem Schilf behangen.

Bob, der sich durch eine ganze Halbinsel dieser Pflanzenreste hatte hindurcharbeiten müssen, hatte sich nicht die Zeit genommen, diesen Schmuck von sich abzustreifen. Er bot also einen Anblick, der ihn kaum als irdisches Wesen erscheinen ließ. Dazu sein Geheul, seine rollenden Augen, das starke, leuchtende Gebiss, das er zeigte – es war wirklich kein Wunder, dass die Ogellallah einen Augenblick starr standen.

Und da warf sich Bob auch schon auf sie, brüllend und mit der Keule um sich schlagend wie ein Herkules. Sie wichen vor ihm zurück. Er drang durch ihren Haufen und stürzte auf den Häuptling zu. „Massa Martin! Wo sein lieb gut Massa Martin!“, schrie er keuchend. „Hier Masser Bob, hier, hier! Er vernichten ganz Sioux! Er zerschmettern all ganz viel Ogellallah!“

„Hurra! Das ist Bob!“, rief Jemmy. „Der Sieg ist da! Hurra, hurra!“

Und zugleich ließ sich von abwärts her ein vielstimmiges Geheul vernehmen, ein indianisches Kriegsgeschrei. Das ist bekanntlich ein markerschütterndes, langgedehntes, mit der Fistelstimme geheultes Jiiiiiih, wobei sich die Roten mit der einen Hand trillernd auf die Lippen schlagen.

Dieser wohlbekannte, Gefahr verkündende Kriegsruf weckte die Sioux aus ihrem starren Schrecken. Einige sprangen vor und blickten flussabwärts, woher das Geheul erscholl. Sie sahen die Upsarokas und die Schoschonen im Galopp herangesprengt kommen. In ihrer Bestürzung verloren die Sioux jede Besonnenheit und bemerkten gar nicht, dass die Feinde in der Minderzahl waren. Der unerklärliche Tod ihrer beiden Kameraden, das Erscheinen des wie ein wahrer Satan aussehenden und dreinschlagenden Bob und nun das Nahen feindlicher Indianer, das alles brachte bei ihnen einen wahnsinnigen Schrecken hervor. „Fort, fort! Rettet euch!“, brüllten sie und stürzten zu ihren Pferden. Da nahm Jemmy seinen alten Gaul fest zwischen die Schenkel. „Macht euch frei! Schnell, den Rettern entgegen!“, schrie er laut. Und nun schoss seine langbeinige Mähre davon, das Maultier mit dem Langen Davy hinterher. Franks Pferd folgte augenblicklich, ohne dass es der Reiter durch irgendeine Bewegung dazu aufgefordert hätte. Die Pferde waren wohl durch das Zittern der Erde, das Donnern und Dröhnen und durch das Geheul so aufgeregt worden, dass kein Sioux sie zu halten vermocht hätte.

Wirklich keiner? O doch, es gab einen, der es wagte, nämlich den Häuptling Hong-peh-te-keh. Er hatte von Bob einen so kräftigen Keulenhieb erhalten, dass er zusammengebrochen war. Dann kniete Bob bei seinem jungen Herrn nieder, um sich, alles andere vergessend, seiner anzunehmen.

„Mein gut, gut Massa Martin!“, rief der treue, aber wenig umsichtige Schwarze. „Hier sein tapfer Masser Bob! Er schnell schneiden die Riemen von Massa Martin."

Der Häuptling hatte sich wieder aufgerichtet und zog schon das Messer, um den Neger niederzustechen. Da hörte er das Geheul der Feinde und sah, dass sich die Seinen bereits zur Flucht wendeten, während seine Gefangenen davon jagten, um zunächst aus der Nähe der Ogellallah zu kommen.

Er erkannte, dass auch er zur Flucht gezwungen sei. Aber allen und jeden Vorteil aufzugeben, dazu war er doch nicht der Mann. Zu seinem Pferd eilen und im Sattel sitzen, das war für ihn die Sache eines Augenblicks. Ein Glück, dass alle seine Leute die Gewehre an den Sattelknöpfen befestigt hatten! Er drängte sein Pferd an Baumann heran, dessen Tier in diesem Augenblick scheute und mit allen vieren in die Luft ging. Ein rascher Griff in die Zügel, ein schriller, durchdringender Schrei, durch den der Rote sein eigenes Ross anspornte, und er jagte davon, flussaufwärts, Baumanns Pferd und seinen Reiter mit sich fortreißend.

12. Am ‚Höllenmaul'

Die Sioux-Ogellallah waren überzeugt, dass der Oberlauf des Flusses von Feinden frei sei. Wenn sie das Grab der Häuptlinge erreichten, waren sie ihrer Meinung nach geborgen, denn die Gegend dort bot ihnen vortreffliche Deckung. Sie sollten aber bald einsehen, dass sie sich da in einem verhängnisvollen Irrtum befanden und dass sie überdies die Stärke ihrer Gegner unterschätzt hatten.

Wie bereits erwähnt, hatte Winnetou gestern früh, bevor Old Shatterhand vom Yellowstonesee aufgebrochen war, die Weisung erhalten, mit den bei ihm zurückbleibenden Kriegern nach dem ‚Maul der Hölle' zu reiten und den Freund dort zu erwarten. Der Häuptling der Apatschen war dieser Vereinbarung getreulich nachgekommen.

Er hatte das gestrige Lager kurz nach dem Aufbruch Old Shatterhands verlassen und war mit seinen Indianern so rasch geritten, dass sie schon am Spätnachmittag am östlichen Fluss der Feuerlochberge ankamen. Hier führte ein Tal empor, das nach oben zu immer enger und steiler wurde. Es war durch einen Wasserlauf gebildet worden, dessen Ursprung auf der Höhe lag. Dort oben befanden sich die Reiter dann im wilden Wald, den noch kein menschlicher Fuß betreten zu haben schien.

Der Apatsche aber kannte seinen Weg genau. Er ritt so sicher, als sehe er einen gebahnten Pfad vor sich, unter den hohen Bäumen weiter, erst scharf bergan, dann eben fort und endlich jenseits des Kammes zwischen zerstreut umherliegenden, riesigen Felsbrocken wieder zu Tal.

Da ertönte so plötzlich, dass die Pferde scheuten, vor ihnen ein fürchterlicher Krach, als habe eine gewaltige Dynamitexplosion stattgefunden. Es folgten Schüsse wie von starken Festungsgeschützen. Dann rollte es wie fortlaufendes Gewehrfeuer, das sich in ein Knattern, Prasseln, Sausen und Zischen auflöste, als werde vor den überraschten Reitern ein Riesenfeuerwerk abgebrannt.

„Uff!“, rief der Tapfere Büffel. „Was ist das?“

„Das ist Koso-tip-tupa, das ‚Maul der Hölle‘“, erwiderte Winnetou. „Mein Bruder wird es sogleich auch speien sehen.“

Nur wenige Schritte ritt er weiter. Dann blieb er halten und wendete sich rückwärts zu den roten Kriegern:

„Meine Brüder mögen herbeikommen! Da unten hat sich das ‚Höllenmaul‘ geöffnet.“ Er zeigte hinunter in den Abgrund, der sich vor ihnen auftat, und die Indianer eilten zu ihm.

Sie hielten, wie sie nun sahen, vor einer wohl hundert Meter senkrecht abfallenden Felswand und unten lag das Tal des Feuerlochflusses. Gerade vor ihnen, am jenseitigen Ufer, stieg aus dem Erdboden eine Wassersäule von etwa sieben Meter Durchmesser ungefähr fünfzehn Meter empor und bildete oben einen beinahe kugelförmigen Knauf, woraus zahlreiche armstarke Wasserstrahlen einzeln weit über dreißig Meter gen Himmel schossen. Das Wasser war heiß, denn eine Hülle von halb durchsichtigem Brodem umgab die gigantische Fontäne, die oben regenschirmartig auseinander ging.

Gerade hinter diesem Wunderwerk der Natur trat die Uferwand zurück, sodass ein tief ausgeschnittener Felsenkessel entstand, auf dessen hinterem Rand scheinbar die untergehende Sonne lag. Ihre Strahlen fielen auf die Wassersäule, die dadurch in den herrlichsten Farben leuchtete und glitzerte. Wäre der Standpunkt der Beschauer an einer anderen Stelle gewesen, so hätten sie in den Fluten und ringsumher tausend zuckende Regenbogen erblickt.

„Uff, uff!“, ertönte es fast aus jedem Mund und der Häuptling der Schoschonen wendete sich fragend an Winnetou: „Warum nennt mein Bruder diesen Ort Koso-tip-tupa, das ‚Maul der Hölle‘? Sollte es nicht lieber Pataskia-tupa genannt werden, der ‚Mund des Himmels‘? Oihtka-petay hat noch niemals etwas so Herrliches gesehen.“

„Mein Bruder darf sich nicht täuschen lassen. Das Böse erscheint häufig zuerst schön. Ein kluger Mann aber urteilt erst, nachdem er das Ende abgewartet hat."

Die Augen des entzückten Indianers hingen noch staunend an dem prächtigen Schauspiel, da tat es plötzlich einen ähnlichen Donnerschlag wie vorhin und augenblicklich änderte sich das Bild. Die Wassersäule fiel in sich zusammen. Einige Sekunden wurde das Erdloch frei, aus dem sie sich erhoben hatte. Man hörte einen dumpf rollenden Ton und dann stieß das Loch in einzelnen Rucken braungelbe Dampfringe aus. Diese Rucke folgten einander schneller und schneller, bis sie sich zu einem schrillen Zischen vereinigten. Die einzelnen Ringe verbanden sich zu einer schwarzen Rauchsäule und nun wurde eine dunkle, schlammartige Masse ausgeschleudert, die beinahe ebenso hoch stieg wie vorher der Wassersprudel und einen entsetzlichen Gestank verbreitete. Einzelne feste Körper flogen weit über die flüssigen Massen hinaus, und sooft das geschah, ertönte ein brüllendes Knurren, wie man es in Menagerien von hungrigen Raubtieren hört, kurz ehe sie gefüttert werden. Diese Ausbrüche erfolgten stoßweise, einer nach dem anderen, und in den Zwischenpausen erklang aus dem Loch ein Wimmern und Stöhnen, als hätten da unten in der Tiefe die Seelen der Verdammten ihren Aufenthalt.

„Wa-poh, schrecklich!", rief der Tapfere Büffel.

„Nun", fragte Winnetou, „will mein Bruder dieses Loch auch jetzt noch den ‚Mund des Himmels' nennen?"

„Nein. Möchten alle Feinde der Schoschonen dort unten begraben sein! Wollen wir nicht lieber weiterreiten?"

„Ja, aber wir werden gerade da unten am ‚Maul der Hölle' unser Lager aufschlagen."

„Uff! Ist das nötig? Dieser Geruch ist furchtbar."

„Ja. Aber die Hölle hat für heute zum letzten Mal geschrien. Sie wird die Nasen der Schoschonen nicht wieder belästigen."

Jetzt führte der Apatsche seine Begleiter ein Stück längs

der Felskante bis dahin, wo das Ufer aus weicherem Gestein und erdigem Boden bestanden hatte. Hier waren die verborgenen Kräfte bis herauf zur Höhe tätig gewesen. Vor Jahrhunderten hatte es da einen Krater gegeben, der die ganze Uferwand verschlungen hatte. Das weiche Erdreich war nachgerutscht und bildete eine Halde, die ziemlich dicht mit halb verfaulten Baumstämmen und einzelnen Felsbrocken besät war.

Dieser Bergrutsch war steil und sah keineswegs ungefährlich aus. Es gab da zahlreiche schwefelgelb geränderte Löcher, aus denen Wasserdämpfe emporstiegen, ein sicheres Zeichen, dass der Boden unterhöhlt war.

„Hier will mein Bruder hinab?", fragte Oihtka-petay den Apatschen.

„Ja. Es gibt keinen anderen Weg."

„Werden wir nicht einbrechen?"

„Wenn wir unvorsichtig wären, könnte das leicht geschehen. Winnetou hat, als er mit Old Shatterhand hier war, diesen Ort genau untersucht. Es gibt Stellen, wo die Rinde der Erde nicht dicker ist als die Breite deiner Hand. Aber Winnetou wird voranreiten. Sein Pferd ist klug und wird nicht dahin treten, wo eine Gefahr lauert. Meine Brüder können mir getrost folgen."

Er trieb sein Pferd über den Rand des Bergsturzes und ließ es da, ohne dass er abstieg, langsam zur Tiefe klettern. Die Indianer folgten ihm zaudernd. Als sie jedoch sahen, wie vorsichtig Iltschi mit den Hufen den Boden untersuchte, bevor er einen Schritt tat, vertrauten sie sich ruhig Winnetous Führung an. „Meine Brüder mögen weit hintereinander reiten", gebot er, „damit die Erde immer nur die Last eines einzigen Reiters zu tragen hat. Wenn ein Pferd einzubrechen droht, muss es der Mann augenblicklich mit dem Zügel empor reißen und nach rückwärts werfen."

Glücklicherweise kam kein Einziger in diese Gefahr. Zwar wurden mehrere recht hohl klingende Stellen überquert, aber der Zug langte glücklich unten am Fluss an.

Das Wasser hatte hier eine ungewöhnliche Wärme. Die Oberfläche war blaugrün, schillernd und ölig, während eine Strecke weiter aufwärts die Wellen rein und durchsichtig an das Ufer schlugen. Dort wurden die Pferde in den Fluss getrieben, den sie mühelos überschwammen. Dann lenkte Winnetou wieder abwärts, gerade auf das ‚Maul der Hölle' zu.

Der Ausbruch dieses Schlammvulkans war vorüber. Als die Reiter dort ankamen und sich vorsichtig dem Rand des Loches näherten, konnten sie in eine dunkle Tiefe von etwa vierzig Meter blicken, in der es vollkommen ruhig war. Nur die umhergeschleuderten Schlammmassen verrieten, dass hier vor wenigen Minuten die Hölle tätig gewesen war.

Jetzt zeigte Winnetou nach dem bereits erwähnten Felsenkessel hinter dem ‚Maul der Hölle' und sagte: „Dort liegt das Grab der Häuptlinge der Sioux-Ogellallah, die Old Shatterhand besiegte! Meine Brüder mögen mir dorthin folgen!"

Die Sohle dieses Kessels bildete beinahe eine Kreisfläche von etwa einer halben englischen Meile im Durchmesser. Die Wände waren so steil, dass man an ihnen unmöglich emporklimmen konnte. Viele Löcher, mit heißem Schlamm oder dampfendem Wasser gefüllt, machten das Vorwärtskommen sehr unsicher, und kein Hälmchen Gras, kein noch so kleines, dürftiges Pflänzchen war hier zu sehen.

Am Mittelpunkt dieses Tales war ein künstlicher Hügel errichtet worden. Er bestand aus Steinen, losgebrochenen Schwefelstücken und Schlamm, der jetzt eine harte, spröde Masse bildete. Seine Höhe betrug vielleicht fünf Meter, seine Breite vier und seine Länge sieben Meter. In der Spitze steckten mehrere Bogen und Lanzen. Sie waren mit allerlei Kriegs- und Todeszeichen geschmückt gewesen, die aber nun in Fetzen hingen.

„Hier", erklärte Winnetou, „liegen Böses Feuer, der

stärkste Krieger der Ogellallah, und zwei andere durch Old Shatterhands Faust Gefallene begraben. Sie sitzen auf ihren Pferden, die Gewehre auf dem Knie, den Schild in der Linken und den Tomahawk in der Rechten. Und da oben hielt Old Shatterhand auf seinem Pferd, bevor er zum Todeskampf herunterkam, und schoss einen Ogellallah nach dem anderen wund. Er wollte sie nicht töten und sie konnten ihn mit ihren Kugeln nicht erreichen, denn der Große Geist der Bleichgesichter schützte ihn."

Bei diesen Worten zeigte er rechts nach der Felswand, wo in der Höhe von etwa fünfzehn Meter über dem ‚Höllenmaul' ein Vorsprung ragte, auf dem mehrere mannshohe Felsstücke lagen. Von ihm zog sich eine Reihe ähnlicher, aber viel kleinerer Vorsprünge schräg abwärts bis auf den Boden herab, an denen man mühsam hinaufsteigen konnte. Aber wie Old Shatterhand zu Pferd da hinaufgekommen war, das konnte selbst der kühnste Reiter nur schwer begreifen.

Der Tapfere Büffel ritt langsam um das Grab und fragte sodann Winnetou: „Wann etwa werden die Sioux-Ogellallah am Feuerlochfluss ankommen?"

„Vielleicht heute Abend schon."

„So sollen sie das Grabmal ihrer Häuptlinge zerstört finden. Ihr Staub soll in alle Winde zerstreut und ihre Knochen sollen in das ‚Höllenmaul' geworfen werden, damit ihre Seelen unten in der Tiefe jammern müssen mit Kosopa, dem vom Großen Geist Verfluchten! Nehmt eure Tomahawks und reißt den Hügel ein!" Er stieg vom Pferd und ergriff seine Streitaxt, um das Werk der Zerstörung zu beginnen.

„Halt!", gebot da Winnetou. „Lasst die Hand von dem Grab! Old Shatterhand hat den Gefallenen ihre Skalpe gelassen und sie sogar eigenhändig mit begraben. Ein tapferer Krieger kämpft nicht mit den Knochen der Toten. Der Große Geist will, dass die Toten ruhen, und Winnetou wird das Grab beschützen! Howgh." Er wendete sein Pferd und ritt, ohne sich umzusehen, davon, wieder zum ‚Maul der Hölle' zurück.

So hatte noch kein Freund mit Oihtka-petay gesprochen. Der Schoschone war erzürnt, aber er wagte es doch nicht, dem Apatschen zuwider zu handeln. Er brummte ein mürrisches „Uff!" vor sich hin und folgte ihm. Die Seinen ritten schweigend hinter ihm her. Das entschiedene Auftreten Winnetous hatte einen tiefen Eindruck auf sie gemacht.

Der Abend begann hereinzubrechen, als der Apatsche nicht weit vom ‚Höllenmaul' hielt und vom Pferd stieg. Dort lief ein kalter Quell aus dem Felsen, quer über das Tal und dann in den Fluss. Sonst aber hatte die Stelle gar nichts, was sie besonders zum Lagerplatz geeignet gemacht hätte. Winnetou musste Gründe haben, warum er gerade hier die Nacht zubringen wollte. Er pflockte sein Pferd an, rollte seine Santillodecke als Kopfkissen zusammen und streckte sich nahe am Felsen zur Ruhe aus. Die Schoschonen folgten seinem Beispiel.

Sie saßen leise plaudernd beieinander. Ihr Häuptling hatte sich, seinen Groll vergessend, neben Winnetou niedergelegt. Es wurde völlig finster. Mehrere Stunden vergingen und es schien, als schliefe der Apatsche. Da aber stand er plötzlich auf, ergriff sein Gewehr und sagte zu Oihtka-petay: „Meine Brüder mögen ruhig liegen bleiben. Winnetou wird auf Kundschaft gehen."

Er verschwand im Dunkel der Nacht. Die Zurückbleibenden wollten nicht schlafen, bevor sie das Ergebnis seines waghalsigen Ganges vernommen hatten. Aber sie mussten lange warten, denn Mitternacht war nahe, als er endlich zurückkehrte. Winnetou meldete allen vernehmlich und in seiner einfachen Weise: „Hong-peh-te-keh, der Schwere Mokassin, lagert mit seinen Leuten am ‚Teufelswasser'. Er hat den Bärenjäger samt fünf Gefährten bei sich und hat auch unsere Brüder gefangen, die uns heut in der Nacht verlassen haben. Old Shatterhand wird in der Nähe sein. Meine Brüder mögen schlafen! Winnetou wird sich, wenn der Tag anbricht, mit Oihtka-petay noch einmal zum ‚Wasser des Teufels' schleichen. Howgh!"

Noch graute der Tag kaum, so weckte Winnetou den Häuptling der Schoschonen und schritt mit ihm vorsichtig und lautlos am Wasser hinab. Vom ‚Maul der Hölle' bis zum ‚Wasser des Teufels' war es vielleicht eine englische Meile. Der Fluss machte unweit des Lagers der Feinde eine Krümmung. Hinter der Felsenecke stehend, konnten hier die beiden Häuptlinge die Sioux beobachten. Die Gegner holten soeben ihre Pferde herbei, die, wie früher erwähnt, unterhalb des Lagers getränkt worden waren, und nahmen dann ihr Mahl ein.

Winnetou richtete seinen Blick nach der Höhe des rechten Flussufers, von woher Old Shatterhand kommen musste, wenn er sich nicht vielleicht schon diesseits befand. „Uff!", sagte er leise. „Old Shatterhand ist da."

„Wo?", fragte Oihtka-petay.

„Dort oben auf dem Berg."

„Da kann man ihn doch nicht sehen. Dort steht ja dichter Wald."

„Ja, aber bemerkt mein Bruder denn nicht die Krähen, die über den Bäumen schweben? Sie sind aufgestört worden. Old Shatterhand wird im Wald abwärts reiten und unterhalb der Sioux, wo sie ihn nicht sehen können, über den Fluss gehen. Dann greift er sie an und treibt sie am Wasser aufwärts. Zur selben Zeit müssen wir am ‚Höllenmaul' stehen, damit sie nicht weiter können und in das Tal des Häuptlingsgrabes getrieben werden. Mein Bruder mag schnell mit mir kommen, denn wir haben nicht viel Zeit übrig!"

Die beiden kehrten eilig um. Winnetou hatte im Allgemeinen richtig vermutet, wenn er auch nicht alle Einzelheiten wissen konnte. Sobald sie bei den Ihrigen ankamen, erhielten die Krieger von dem Apatschen die nötigen Weisungen und machten sich kampfbereit.

Jetzt ertönte von unten herauf ein fürchterliches Krachen.

„Das ‚Teufelswasser' erhebt seine Stimme", erklärte Winnetou. „Nun wird auch das ‚Maul der Hölle' speien. Reitet ein Stück zurück, dass es euch nicht trifft!"

Er wusste von früher, dass die beiden Krater miteinander in Verbindung standen, und wich eine genügende Strecke zurück. Bald hörte man, dass der Ausbruch des ‚Teufelswassers' aufgehört hatte, und infolgedessen vernahm man das Kriegsgeschrei der dreißig Schoschonen und Upsarokas, die sich in diesem Augenblick auf die Sioux warfen.

Was Winnetou vorausgesagt hatte, trat jetzt ein: Das ‚Höllenmaul' begann zu speien, geradeso wie gestern gegen Abend. Unter Donnern und Zischen stieg die Wassersäule empor und ihre oben auseinander gehenden Strahlen flossen in weitem Umkreis nieder. Dadurch entstand für Winnetou und die Seinen eine prächtige Deckung, denn die herbeistürmenden Sioux konnten nun die hinter der Riesenfontäne haltenden Schoschonen nicht bemerken. Winnetou trieb Iltschi möglichst weit zur Seite, um stromabwärts blicken zu können. Er sah die Feinde kommen, flüchtig, einer regellos hinter oder neben dem anderen, vom Entsetzen gejagt. „Sie kommen!", rief er. „Wenn ich das Zeichen gebe, brechen wir hinter dem speienden Maul hervor und lassen sie nicht zwischen dem Krater und dem Fluss aufwärts. Sie müssen links in das Tal des Grabes. Aber schießt nicht. Der Schreck allein treibt sie hinein!"

Jetzt waren die vordersten Sioux ganz in der Nähe. Sie wollten wirklich flussaufwärts weiter. Da aber brach Winnetou hinter der Wassersäule hervor. Sein „Jiiiii!" gellte schrill durch die Morgenluft und die Schoschonen stimmten ein. Die Sioux sahen den Weg verlegt und warfen ihre Pferde eine Viertelwendung herum. Sie suchten ihre Rettung im Felsenkessel.

Hinter den ersten Feinden zeigte sich eine dicht zusammengedrängte Gruppe von mehreren Reitern. Es war ein aus Sioux und Weißen bestehender, in fliegendem Galopp daherfegender Knäuel, in der Mitte der Häuptling der Ogellallah, der Bärenjäger und Hobble-Frank.

Die auf die Pferde gefesselten Gefangenen waren, wie bereits erwähnt, ihren Befreiern entgegengesprengt. Da ertönte ein mehrstimmiger Schrei. Martin Baumann, Wohkadeh und der Neger Bob, der die beiden losgeschnitten hatte, stießen ihn aus, als sie sahen, dass der Häuptling der Sioux Baumann mit sich fortriss. Frank hörte den Schrei und drehte sich um. Sein Blick fiel auf den Sioux und er erkannte, in welcher Gefahr sich sein Freund befand. Er zwang, trotz seiner Fesseln, nur mit Hilfe des Schenkeldrucks augenblicklich sein Pferd herum und hielt es vor dem Neger an. „Schneide mich los, Bob! Schnell, schnell!“, rief er.

Bob gehorchte diesem Befehl. Frank warf sich vom Pferd, riss einem der beiden von Old Shatterhand erschossenen Sioux den Tomahawk aus dem Gürtel, schwang sich eilig wieder in den Sattel und jagte davon, dem feindlichen Häuptling nach.

Der Schwarze hatte kein Pferd. Martin und Wohkadeh hätten keine Hilfe bringen können, da ihre Glieder von den Fesseln verletzt waren. Sie konnten nur schreien. Dadurch machten sie Jemmy aufmerksam. Er blickte hinter sich und rief entsetzt seinem langen Freund zu: „Davy, zurück! Der Sioux entführt uns Baumann!“

Da stand Bob auch schon vor ihnen und zerschnitt ihre Fesseln. Jemmy entriss ihm das Messer und galoppierte dem Sachsen nach, Davy ohne Waffen hinter ihm her.

Jetzt brausten die Schoschonen und Upsarokas heran und vorüber, den Freunden und Feinden nach, und zu gleicher Zeit gelangte Old Shatterhand, Bobs zurückgelassenes Pferd neben sich am Zügel führend, an das diesseitige Ufer. Niemand hatte in der Verwirrung auf ihn geachtet, ihm aber war nichts entgangen. „Hier dein Pferd und dein Gewehr, Bob“ rief er, ihm Zügel und Büchse zuwerfend. „Befreie die noch Gefesselten. Dann kommt ihr uns gemächlich nach.“

Nun bot die Uferstrecke zwischen dem ‚Maul der Hölle' und dem ‚Wasser des Teufels' ein mehr als kriegerisches Bild. Sioux-Ogellallah, Upsarokas, Schoschonen und Weiße schrien aus Leibeskräften. Von den Fliehenden nahm keiner auf den anderen Bedacht. Jeder wollte nur sich selbst retten. Die Freunde des Bärenjägers stürmten an den Feinden vorüber, ohne sie zu behelligen, denn ihr einziger Gedanke war, Baumann zu befreien.

Old Shatterhand stand hoch in den Bügeln, die Doppelbüchse übergeworfen und den Stutzen in der Hand. Er war der Letzte in der Schar. Aber sein Pferd berührte mit dem Leib fast die Erde und so erreichte er die Upsarokas und fünfzehn Schoschonen. „Langsamer!", rief er ihnen zu, indem er an ihnen vorüberflog. „Habt nur Acht, die Sioux zu treiben. Da oben hält Winnetou und lässt sie nicht vorüber. Es darf keiner entkommen, aber tötet sie nicht!"

So ging es weiter, an Freunden und Feinden vorüber. Die Hufe Hatatitlas verschlangen den Weg. Es galt, den bereits erwähnten Knäuel einzuholen, bevor ein Unglück geschah.

Das Pferd des kleinen Sachsen war kein edler Renner; doch Frank brüllte so entsetzlich und bearbeitete es mit dem Stiel seines Tomahawks so, dass es dahinraste, als hätte es Flügel. Lange konnte das Tier dies freilich nicht aushalten; das war vorauszusehen.

Es gelang Frank, bis zum Häuptling der Sioux-Ogellallah aufzuholen. Er trieb sein Pferd an dessen Seite, schwang den Tomahawk zum Schlag und rief: „Schonka, ta ha na, deh peh – Hund, komm her! Mit dir ist's aus!"

„Tschintscha sitscha lehgtscha, tahanadahpi!", entgegnete der Häuptling Hohn lachend. „Armseliger Zwerg, schlag zu!"

Er drehte sich zu Frank herüber und fing dessen Hieb mit der bloßen Faust so auf, dass er von unten herauf gegen den Unterarm des Sachsen schlug, wodurch die Waffe aus Franks Hand geprellt wurde. Dann riss er das Messer aus dem Gürtel, um den Kleinen vom Pferd zu stechen.

„Frank, nehmen Sie sich in Acht!", rief Jemmy, der hinter ihnen sein Pferd antrieb, um heranzukommen.

„Haben Sie nur keine Angst!", schrie der Kleine zurück. „Mich murkst so leicht kein Roter ab. Der soll keinen braven Deutschen mehr ins Bein schießen!"

Damit nahm er sein Pferd um einen Schritt zurück, sodass er nicht getroffen wurde, und schnellte sich dann mit einem kühnen Schwung aus dem Sattel und hinüber auf das Pferd des Ogellallah, den er sofort umschlang, um ihm die Arme an den Leib zu drücken. Der Häuptling brüllte laut auf vor Wut. Er versuchte, seine Arme zu befreien, doch es gelang ihm nicht, denn Frank hielt aus Leibeskräften fest.

„So ist's recht!", rief Jemmy. Lass ihn nicht los! Ich komme schon."

„Da sputen Sie sich aber e bissel! So einen Kerl zu zerquetschen, is keine Kleinigkeit!"

Das war alles blitzschnell geschehen, viel schneller, als man es zu erzählen vermag. Der Ogellallah hielt in der Rechten sein Messer und in der Linken die Zügel von Baumanns Pferd. Er bäumte sich im Sattel auf, er wand sich nach rechts und links – vergeblich. Trotz aller Bemühungen vermochte er nicht, sich aus Franks Umschlingung frei zu machen.

Baumann war gefesselt und konnte nichts zu seiner eigenen Befreiung tun. Aber er ermunterte Frank, festzuhalten. Der Kleine antwortete, obgleich er vor Anstrengung keuchte: „Schon gut! Ich umschlinge ihn wie eine Boa constrictor und lasse nich eher locker, als bis die Lunge platzt."

Der Ogellallah hatte jetzt sein Pferd nicht mehr in der Gewalt, es lief langsamer. Dadurch gelang es Jemmy, den Reiter einzuholen. Auch Davy kam nahe heran. Der Dicke trieb sein Pferd neben das Baumanns und durchschnitt mit Bobs Messer dessen Fesseln. „Hallo, gewonnen!", rief er ihm auf Deutsch zu. „Reißen Sie dem Roten den Zügel aus der Hand!"

Baumann versuchte es, hatte aber nicht die Kraft dazu. Jemmy wollte ihm das Messer geben, konnte es aber nicht, denn drei vor ihnen herfliehende Sioux hatten bemerkt, in welcher Lage sich ihr Häuptling befand. Zwei von ihnen fielen den Dicken wütend an und der dritte machte Miene, sich auf Frank zu werfen, der seine Arme nicht zur Verteidigung frei hatte. Da gab Davy seinem Maultier einen Fausthieb zwischen die Ohren, dass es wild vorwärts schoss, bis es sich neben diesem Indianer befand. Davy packte ihn am Kragen des Jagdwamses, riss ihn aus dem Sattel und schleuderte ihn auf die Erde.

„Hurra! Hurra!“, rief der Hobble-Frank. „Das war Rettung im letzten Augenblick! Aber nun nehmen Sie rasch ooch den Häuptling beim Kopp, denn ich kann es alleine nich mehr machen!“

„Gleich!“, antwortete der Lange. Er streckte beide Arme nach dem Roten aus, um auch ihn aus dem Sattel zu ziehen. Da aber tat es vor ihnen einen so fürchterlichen Knall, dass die Pferde erschrocken zurück- und aneinander prallten. Davy hatte Mühe, sich im Sattel zu halten. Jemmy, der alle Kräfte aufbieten musste, die beiden Roten von sich abzuwehren, wurde vom Pferd geschleudert, und dem Bärenjäger Baumann erging es ebenso.

Die wirre Reitergruppe war jetzt vor dem ‚Höllenmaul‘ angelangt. Der Wasserstrudel hatte sich gesenkt und die Schlammsäule war unter furchtbarem Donnern, vor dem die Pferde scheuten, emporgestiegen. Teile der heißen, schmutzigen Masse wurden weit umhergeschleudert.

Das Pferd des Häuptlings war vor Schreck in die Hinterhufe gesunken, raffte sich aber wieder auf und jagte nach links auf den Fluss zu, gerade als Old Shatterhand die sich am Boden wälzende Gruppe erreichte.

Der Jäger hatte zwar die Absicht, dem braven Frank zu helfen, musste aber davon absehen, da er sah, dass die beiden Wilden von ihren Pferden geschnellt waren und sich auf Jemmy geworfen hatten, um ihn zu töten. Der

Lange Davy hatte zu viel mit seinem scheu gewordenen Maultier zu tun, als dass er seinem Freund hätte beistehen können, und so musste Old Shatterhand dem Dicken beispringen. Er hielt sein Tier an, saß ab und betäubte die beiden Ogellallah mit zwei Schlägen seines Gewehrkolbens.

Winnetou hielt mit seinen Schoschonen noch immer die Strecke zwischen dem ‚Höllenmaul' und dem Fluss, wie schon mehrfach erwähnt, besetzt. Er hatte die Aufgabe, die Sioux-Ogellallah hier nicht vorüberzulassen und in den Talkessel des Häuptlingsgrabes zu treiben. Das war ihm gelungen. Die flüchtenden Roten hatten sich, als sie seine Schar erblickten, nach dem Tal gewendet. Der Verlauf all dieser Ereignisse war so ungemein schnell gewesen, dass der Apatsche gar nicht Zeit gefunden hatte, selbst handelnd mit einzugreifen. Und jetzt wurde er durch die umhergeschleuderten Schlammmassen vollends verhindert, vorzudringen. Es gab nur einen Einzigen, dessen er sich anzunehmen vermochte, den Hobble-Frank. Er sah, dass der Kleine, noch immer fest hinter Hong-peh-te-keh sitzend und ihn mit beiden Armen umklammernd, von dem erschreckten Pferd dem Fluss entgegengetragen wurde, und zwar so rasenden Laufes, dass es für einen rettenden Helfer wohl kaum möglich war, das Ufer zu erreichen, bevor das Unglück geschah. Dennoch trieb der Apatsche sein Tier in dieser Richtung vorwärts und mehrere Schoschonen folgten ihm.

Der Häuptling der Sioux erkannte, dass die Gefahr, in die er durch die Umschlingung des kleinen Sachsen gebracht worden war, jetzt ihren höchsten Grad erreicht hatte. Wut und Angst verdoppelten seine Kräfte. Er zog seine Arme unter denen Franks hoch, ein gewaltiger Ellbogenstoß nach beiden Seiten, und der Sachse musste ihn freigeben.

„Stirb!", brüllte der Rote und holte mit dem Messer aus, um, von vorn nach hinten stoßend, dem wackeren Kleinen die Klinge in den Leib zu bohren.

Frank aber beugte sich schnell so weit zur Seite, dass der

Stoß fehlging. Der Sachse hatte keine Waffe mehr. Er dachte an den Fausthieb Old Shatterhands. Mit der linken Hand den Feind an der Kehle packend, holte er mit der geballten Rechten aus und traf die Schläfe des Ogellallah mit solcher Gewalt, dass er selbst das Gefühl hatte, seine eigene Faust sei zerschmettert. Der Getroffene sank mit dem Körper nach vorn.

Doch da war man auch schon am Fluss. Das Pferd schoss in einem hohen, weiten Bogen in die Flut hinein und beide Reiter wurden über den Kopf des Tieres hinausgeschleudert. Der Gaul fühlte sich frei. Er tat einige Ruderschläge, drehte dann langsam um und kehrte ans Ufer zurück.

Jetzt kam Winnetou dort an. Er sprang ab und legte seine Büchse an, um schussfertig zu sein, falls zwischen den beiden Abgeschleuderten ein Kampf im Wasser beginnen sollte. Zunächst war von beiden nichts zu sehen. Nur Franks Amazonenhut trieb in der Nähe des Ufers. Ein Schoschone holte ihn mit seiner Lanze heraus. Dann kam ein Stück weiter unten, aber ziemlich entfernt vom Ufer, der mit Federn geschmückte Schopf des Indianers zum Vorschein. Gleich darauf tauchte in einiger Entfernung davon Frank auf. Er sah sich um, erblickte den Kopf des Gegners und schwamm in flinken Stößen auf ihn zu. Der Rote war nur halb betäubt. Er wollte fliehen. Aber der kleine Sachse stieß wie ein raubgieriger Hecht auf ihn zu, schnellte sich ihm auf den Rücken, ergriff ihn mit der Linken bei den Haaren und begann, ihm mit der rechten Faust die Schläfe zu behämmern. Der Ogellallah verschwand und Frank mit ihm. Ein Strudel bildete sich über ihnen. Blasen stiegen auf, ein Arm des Sioux tauchte auf und verschwand sofort wieder. Dann wurden die beiden Beine Franks und die Schöße seines Fracks für einen Augenblick sichtbar. Es fand jedenfalls ein erbittertes Ringen unter Wasser statt. Winnetou war es somit unmöglich, durch einen Schuss helfend einzugreifen, und er warf schnell seine Waffen ab, um ins Wasser zu springen.

Da aber tauchte der Hobble-Frank auf, sah sich hustend und pustend nach allen Seiten um und rief auf Deutsch: „Is er noch unten?“

Seine Frage war an Old Shatterhand, Davy und Jemmy gerichtet, die soeben am Ufer erschienen. Frank fuhr, ohne eine Antwort abzuwarten, wieder in die Tiefe. Als er nach wenigen Augenblicken abermals an der Oberfläche erschien, hatte er mit der Linken den besiegten Feind bei den Haaren gefasst und kam langsam an das Ufer geschwommen.

Frank wurde mit lautem Jubel empfangen, schrie aber noch lauter als die anderen: „Seien Sie nur still! Mir is der Hut spurlos in die Wicken gegangen. Gibt's vielleicht unter den geehrten Anwesenden einen, der ihn hat schwimmen sehen?“

„Nein“, wurde ihm geantwortet.

„Das is stark! Soll ich etwa wegen dem Ogellallah hier meinen Straußfederschapoh einbüßen? Oh, dort sehe ich ihn ja! Der Schoschone da hat ihn off dem Kopp. Dem werde ich gleich als Gerichtsvollzieher off die Treppe steigen!“

Er eilte zu dem Indianer, um sich den Schmuck seines Hauptes zurückgeben zu lassen. Nachher erst war er bereit, Lob und Anerkennung seiner Kameraden entgegenzunehmen. „Anstrengung hat's freilich gekostet“, meinte er, „aber das is unsereinem ganz egal. Veni, vidi, vici, sagte Hannibal zu Wallenstein, und bei mir geschieht so was mit derselben Leichtigkeit.“

„Cäsar hat das gesagt“, fiel Jemmy ein, „und von Wallenstein wusste die Weltgeschichte damals überhaupt noch nichts!“

„Schweigen Sie ergebenst, Herr Jakob Pfefferkorn! Was weiß denn die Weltgeschichte von Ihnen? Steigen Sie mal dem Roten hinten off, springen Sie mit ihm vom Pferd ins Wasser und sprengen Sie ihm mal da unten den Faden des Daseins entzwei! Nachhero habe ich nischt dagegen, wenn

Sie Ihre apothekerlateinischen Sprachmücken spielen lassen. Eher nich. Mir aber wird die Nachwelt hier mal einen Marmorstein errichten und dann steigt mein Geist in stillen Nächten nieder und freut sich, dass er nich ganz umsonst gelebt hat und in das Wasser des Feuerlochflusses gesprungen ist. Friede meiner Asche!"

Es wäre kein Wunder gewesen, wenn man ihm mit einem weiteren Lachen geantwortet hätte, aber das geschah nicht. Er war nun einmal ein eigenartiges Kerlchen und wirklich verwegen. Die Begeisterung, die er fühlte, teilte sich den anderen mit. Sie blieben ernst und Winnetou reichte ihm sogar die Hand und sagte: „Ni 'nte nakate 'nscho – du bist ein tüchtiger Mann!"

Dann gab der Apatsche Old Shatterhand durch eine seiner sprechenden Handbewegungen das Zeichen, dass er ihm hier das Weitere überlasse, stieg auf sein Pferd und ritt mit seinen Schoschonen an dem jetzt wieder ruhigen ‚Höllenmaul' vorüber nach dem Eingang des Talkessels, in dessen Hintergrund sich die entkommenen Sioux gesammelt hatten.

Er traf da als Wächter des Eingangs den Medizinmann der Upsarokas und Moh-aw, den Sohn des Häuptlings der Schoschonen, mit ihren Kriegern. Als der riesige Medizinmann hörte, dass sein Todfeind, der Schwere Mokassin, besiegt am Fluss liege, jagte er schleunigst hinab. Er kam gerade dazu, als Hong-peh-te-keh unter Old Shatterhands Bemühung wieder zur Besinnung gelangte und sorgfältig gefesselt wurde. Der Upsaroka sprang vom Pferd, riss sein Messer aus dem Gürtel und rief: „Das ist der Hund der Sioux-Ogellallah, der mir das Ohr genommen hat. Er soll mir dafür bei lebendigem Leib seinen Skalp geben!"

Feuerherz wollte sich auf ihn stürzen, um ihm die Kopfhaut zu nehmen, wurde aber von Old Shatterhand daran gehindert. Der Jäger entschied: „Der Gefangene ist das Eigentum unseres weißen Bruders Hobble-Frank. Kein anderer darf sich an ihm vergreifen."

Darauf entstand ein Wortwechsel, den Old Shatterhand überlegen und siegreich beendete. Der Upsaroka zog sich, wenn auch murrend, zurück. Der alte Baumann hatte den Hobble-Frank an seine Brust gezogen. Beide weinten Freudentränen. „Dir, du treuer Mensch, habe ich gewiss zum größten Teil meine Rettung zu verdanken", sagte der Bärenjäger. „Wie aber ist es dir möglich gewesen, eine so große Schar meiner Befreier zusammenzubringen?"

Frank wies gerührt alles Verdienst von sich ab und deutete flussabwärts: „Dort kommen andere, die viel mehr Dank verdienen als ich."

Baumann sah seine fünf Gefährten nahen, die mit ihm von den Sioux gefangen worden waren. Vor ihnen ritten Martin, sein Sohn, Wohkadeh und Bob. Er eilte ihnen entgegen. Als der Neger seinen Herrn erblickte, sprang er vom Pferd, lief auf ihn zu, sank vor ihm auf die Knie, ergriff seine Hände und rief: „O Massa, mein lieb, gut Massa Baumann! Endlich haben Masser Bob wieder sein von Herzen geliebten Massa! Nun Masser Bob gleich gern sterben vor Wonne. Nun Masser Bob singen und springen vor Freude und platzen und zerspringen vor Entzücken! Oh, Masser Bob sein froh, sein glücklich, sein selig!"

Sein Herr hob ihn auf und wollte ihn in die Arme nehmen. Bob aber wehrte sich dagegen und erklärte: „Nein, Massa, nicht umarmen Masser Bob, denn Bob haben getötet schlimm Stinktier und sein noch immer nicht ganz gut von Geruch."

„Ach was, Stinktier! Du bist zu meiner Rettung ausgezogen und ich muss dich umarmen!" Er zog den treuen Schwarzen an sich.

Nun aber war auch Martin am Fluss angelangt und Vater und Sohn sanken sich in die Arme. „Mein Kind, mein Sohn!", rief Baumann. „Wir haben uns wieder und nichts soll uns wieder trennen. Was hast du seit gestern erduldet! Schau, wie deine Arme von den Fesseln zerschnitten sind!"

„Die deinigen noch mehr, noch viel mehr! Doch das wird

wieder heilen, Vater, und du sollst bald wieder gesund und kräftig sein. Jetzt musst du vor allem denen Dank sagen, die ihr Leben wagten, dich zu retten. Mit Wohkadeh, meinem Freund, hast du bereits seit gestern sprechen können, mit Jemmy und Davy ebenso. Hier aber steht Old Shatterhand! Er und Winnetou sind es, denen das Gelingen unseres Unternehmens vor allem zu verdanken ist."

„Ich weiß es, mein Sohn, und es betrübt mich, dass ich jetzt nur einfach Dank sagen kann."

Er streckte Old Shatterhand beide Hände entgegen, wobei ihm noch immer die Tränen über die gebräunten, eingefallenen Wangen perlten. Der Jäger drückte ihm leise die von den Fesseln verwundeten Hände, zeigte dann zum Himmel empor und sagte in herzlichem Ton: „Danken Sie nicht den Menschen, lieber Freund, sondern danken Sie unserem Herrgott da oben, der Ihnen die Kraft gegeben hat, den unbeschreiblichen Jammer zu überstehen. Wir sind nur seine Werkzeuge gewesen. Zu ihm aber wollen wir alle unser Gebet empor senden, wie es in unserem schönen deutschen Kirchenlied heißt:

Ich rief den Herrn in meiner Not:
‚Ach Gott, vernimm mein Schreien!'
Da half mein Helfer mir vom Tod
und ließ mir Trost gedeihen.
Drum dank', ach Gott, drum dank' ich dir!
Ach, danket, danket Gott mit mir!
Gebt unserm Gott die Ehre!"

Er hatte seinen Hut abgenommen und die Worte langsam, laut und innig wie ein Gebet gesprochen. Auch die anderen hatten ihre Häupter entblößt.

Der am Boden liegende, gefesselte Häuptling der Sioux hatte diesen Vorgang mit staunendem Blick beobachtet. Er wurde jetzt aufgehoben, um dahin getragen zu werden, wohin sich nun alle begaben, nach dem Eingang zum Tal des Häuptlingsgrabes, wo Winnetou mit den Schoschonen und Upsarokas auf die Gefährten wartete.

Old Shatterhand ritt mit dem Apatschen eine kleine Strecke in den Talkessel hinein, um nach den Feinden und ihrem Verhalten auszuspähen. Man sah, dass sie einige wenige Worte miteinander wechselten. Dann kehrten sie zurück.

Oihtka-petay trat auf sie zu und fragte: „Was gedenken meine Brüder nun zu tun?"

„Wir wissen", erwiderte Old Shatterhand, „dass unsere roten Brüder ebenso gut ein Recht auf Entscheidung haben wie wir. Darum werden wir die Pfeife der Beratung rauchen. Vorher aber will ich mit Hong-peh-te-keh, dem Häuptling der Sioux-Ogellallah, sprechen."

Er stieg wieder vom Pferd, desgleichen Winnetou. Es wurde ein Kreis um den Gefangenen gebildet. Old Shatterhand trat zu ihm und begann: „Der Schwere Mokassin ist in die Hände seiner Feinde geraten, auch die Seinen sind verloren, denn sie sind von den Felsen und von uns eingeschlossen. Sie vermögen nicht zu fliehen und werden von unseren Kugeln sterben, wenn der Häuptling der Ogellallah nicht etwas tut, sie zu retten."

Old Shatterhand hielt inne, um zu sehen, ob der Schwere Mokassin ein Wort sagen werde. Da jener aber die Augen geschlossen hielt und schwieg, fuhr er fort: „Mein roter Bruder mag mir sagen, ob er meine Worte verstanden hat!" Der Rote öffnete die Augen, warf ihm einen hasserfüllten Blick zu und spuckte aus. Das war seine Antwort.

„Glaubt der Häuptling der Ogellallah, ein räudiges Tier vor sich zu haben, dass er auszuspucken wagt?"

„Wing-kan – altes Weib!", knirschte der Gefangene.

„Der Schwere Mokassin ist blind geworden. Er kann einen starken Krieger nicht von einem altersschwachen Weib unterscheiden."

„Schonka koktopawinge – tausend Hunde!", zischte der Sioux.

Einige Schoschonen ließen ein grimmiges Murren hören.

Old Shatterhand warf ihnen einen strengen Blick zu und bückte sich dann, um zu aller Erstaunen und besonders zur höchsten Verwunderung des Gefangenen selbst dessen Fesseln zu lösen. „Der Häuptling der Ogellallah soll erkennen“, erklärte er, „dass weder ein altes Weib noch ein Hund, sondern ein Mann zu ihm redet. Er mag sich vom Boden erheben.“

Der Indianer stand auf. So sehr er auch gewöhnt war, seine Züge zu beherrschen, er konnte doch die Verlegenheit nicht verbergen. Anstatt auf seine beleidigenden Worte mit Fußtritten und Faustschlägen behandelt zu werden, machte man ihn von den Fesseln frei!

„Öffnet den Kreis!“, befahl Old Shatterhand den umstehenden Kriegern.

Sie gehorchten, sodass der Sioux in das Innere des Talkessels blicken konnte. Er sah die Seinen hinter dem Häuptlingsgrab halten. An ihren Bewegungen war zu erkennen, dass sie sich lebhaft berieten. Sein Auge leuchtete auf. Konnte er nicht davonspringen? Im günstigsten Fall erreichte er seine Krieger, im ungünstigsten wurde er erschossen, und das war doch immer besser als der Martertod, den er seiner Meinung nach zu erwarten hatte.

Old Shatterhand hatte dieses Aufleuchten des Blicks gar wohl bemerkt. Er sagte: „Der Schwere Mokassin gedenkt uns zu entfliehen. Er mag das unterlassen! Sein Name sagt uns, dass er eine große Fährte macht, unsere Füße aber sind leicht wie die Schwingen der Schwalbe und unsere Kugeln verfehlen niemals ihr Ziel. Er mag mich anschauen und mir sagen, ob er mich kennt!“

„Hong-peh-te-keh blickt keinen lahmen Wolf an!“, knurrte der Rote.

„Ist Old Shatterhand ein lahmes Tier? Steht dort nicht Winnetou, der Häuptling der Apatschen, dessen Name berühmter ist als irgendeiner der Sioux-Ogellallah und aller anderen Siouxvölker?“

„Uff!“, entfuhr es dem Gefangenen.

Diese beiden Männer vor sich zu haben, hatte er nicht erwartet. Während sein Blick von dem einen zum anderen flog, spiegelte sich etwas wie Ehrfurcht in seinem Gesicht.

Old Shatterhand fuhr fort: „Und noch mehrere ebenso tapfere Krieger stehen da. Der Häuptling der Ogellallah erblickt da Oihtka-petay, den Anführer der Schoschonen, und Moh-aw, seinen Sohn. Neben ihnen steht Kantehpehta, der berühmte Medizinmann der Upsarokas. Da drüben aber siehst du Davy-honskeh und Jemmy-petahtscheh. Du wirst..."

Er hielt in seiner Rede inne, denn in diesem Augenblick tat es ganz in der Nähe einen so plötzlichen Knall, dass sich die Pferde aufbäumten und auch die sonst so furchtlosen Krieger erschraken. Ein lang gezogener, brüllender Ton, wie der meilenweit vernehmbare Schall eines Nebelhorns, erklang durch das Tal und die Erde begann sich unter den Füßen der Männer zu bewegen. Aus den auf der Talsohle zerstreuten Schlammlöchern stiegen Dämpfe auf, hier graublau, dort schwefelgelb, blutrot oder rußig dunkel. Diesen Dämpfen folgten festere Massen. Die Ausbruchstellen waren gar nicht zu zählen. Die Luft war förmlich verdunkelt von höllischem Brodem und durcheinander fliegenden Schlammgeschossen, die einen erstickenden Geruch verbreiteten.

Es war unmöglich, zwanzig oder dreißig Schritte weit zu sehen. Jeder hatte mit sich selbst zu tun, um von den heißen, ausgeworfenen Massen nicht getroffen zu werden. Es trat eine unbeschreibliche Verwirrung ein. Die Pferde rissen sich los und galoppierten davon. Die Menschen schrien und fuhren wirr durcheinander. Im Hintergrund des Talkessels erscholl das Angstgeheul der Sioux-Ogellallah. Auch ihre Pferde hatten sich freigemacht und stürmten fliehend dem Ausgang des Tales zu. Dabei stürzten viele von ihnen in die Löcher, deren Schlamm sich augenblicklich über ihnen schloss. Andere jagten an den beim Ausgang des Tales haltenden Weißen und Roten vorüber oder brachen sich zwischen ihnen Bahn, wodurch sie den Wirrwarr noch verdoppelten.

Old Shatterhand hatte anfänglich seine Kaltblütigkeit bewahrt. Gleich bei dem ersten Knall ergriff er den Häuptling der Sioux mit kräftiger Faust, um ihn festzuhalten und an der Flucht zu hindern. Aber er hatte dann die Hand wieder von ihm lassen müssen, um vor einem der gefährlichen Fluggeschosse zur Seite zu springen. Dabei war er mit dem Dicken Jemmy zusammengerannt. Jemmy stürzte, wollte sich an Old Shatterhand festhalten und riss ihn mit nieder.

Der Schwere Mokassin hatte sich vor Schreck gar nicht gegen den Griff Old Shatterhands zu wehren versucht. Dann aber, als er sich wieder frei fühlte, dachte er an seine Flucht. Einen schrillen, triumphierenden Schrei ausstoßend, schoss er davon, taleinwärts. Doch er kam nicht weit. Er musste an Bob vorüber. Der Neger holte blitzschnell mit dem umgekehrten Gewehr aus und traf ihn mit dem Kolben an den Kopf, wurde jedoch durch die Gewalt des Hiebes selbst zu Boden gerissen. Während er sich aufraffen wollte, trat ihn ein scheues Pferd so, dass er wieder niedersank. „Häuptling reißen aus! Ihm nach, ihm nach!“, brüllte er laut.

Der Schwere Mokassin taumelte, von Bobs Hieb halb betäubt, einige Augenblicke hin und her, dann eilte er davon. Aber die Verfolger waren ihm auf dem Fuß.

Martin, der Sohn des Bärenjägers, hatte den Ruf des Negers gehört. Er sah den Häuptling fliehen und sprang ihm nach. Sollte der Peiniger seines Vaters entkommen? Nein! Die Glieder des wackeren Jünglings waren von den Fesseln verletzt, er hatte auch keinerlei Waffe bei sich.

Dennoch aber flog er, alle seine Kräfte einsetzend, hart hinter dem Flüchtigen her.

Hong-peh-te-keh nahm sich nicht Zeit, zurückzublicken. Er glaubte sich unverfolgt und verwendete seine ganze Aufmerksamkeit auf den Weg, der ihn zu dem Grab führen sollte. Aber gerade in dieser Richtung lagen die meisten Schlammlöcher. Er bog daher rechts ein, der Talwand zu, um sich, am Rand des Tales entlanglaufend, leichter und gefahrloser in Sicherheit zu bringen.

Doch der Sioux hatte sich geirrt. Auch dort gab es so viele offene, dampfende und qualmende Stellen, dass er wiederholt gezwungen war, auszuweichen. Oft hatte er bereits den Fuß zum Sprung erhoben, da bemerkte er, dass der scheinbar feste Boden eine zähflüssige, unergründlich tiefe Masse sei, der er nur dadurch entgehen konnte, dass er sich augenblicklich zur Seite warf. Bodenrisse öffneten sich so jäh vor ihm, dass er sich nur in weiten Sätzen, wie man sie höchstens in der Todesangst zu machen wagt, über sie hinweg retten konnte.

Und nun verspürte der Häuptling auch noch die Folgen des Kolbenhiebs. Sein Kopf wurde schwer, vor den Augen brannte es ihm glühend rot. Die Lunge versagte den Dienst und die Beine begannen zu ermatten. Er wollte einen Augenblick ausruhen und blickte sich jetzt zum ersten Mal um. Wie durch einen blutigen Nebel erkannte er, dass ein Verfolger ganz nahe hinter ihm war. Aber er sah nicht dessen Gesichtszüge, sah nicht einmal, dass der Betreffende fast noch ein Knabe war.

Entsetzt floh der Schwere Mokassin weiter. Er hatte keine Waffe bei sich und hielt den Verfolger für bewaffnet. Wohin sollte er fliehen? Vor sich, hinter sich und links neben sich wusste er geöffnete Schlünde, die ihn zu verschlingen drohten. Zur Rechten hatte er die senkrecht aufsteigende Felswand. Seine Kräfte waren fast zu Ende. Hong-peh-te-keh sah sich verloren.

Da erblickte er einen stufenartigen Felsvorsprung, schräg darüber einen zweiten, dritten, vierten und noch mehrere. Das waren die Felsstufen, auf denen Old Shatterhand damals zu Pferd emporgeklettert war. Hier allein konnte auch der Sioux jetzt Rettung finden. Er strengte seine letzten Kräfte an und schnellte sich von Stein zu Stein immer höher.

Ebenso plötzlich, wie die Schlammlöcher vorhin ihre Tätigkeit begonnen hatten, beruhigten sie sich jetzt. Die Luft wurde klar. Man konnte wieder so deutlich sehen wie vorher.

Da erklang ein lauter Angstschrei durch das Tal. Der Neger Bob war es, der ihn ausstieß. „Massa Martin! Mein gut Massa Martin! Häuptling ihn töten wollen, Masser Bob ihn retten."

Bob deutete nach den bereits beschriebenen Felsstufen und stürzte dann eiligen Laufes darauf zu. Martin hatte den Häuptling eingeholt. Man sah die beiden auf Tod und Leben miteinander ringen. Der Sioux hatte Martin gepackt und versuchte, ihn in die Tiefe zu schleudern. Aber er war ja ermattet und beinahe betäubt. Es gelang dem gewandten, mutigen Knaben, sich ihm immer wieder zu entwinden. Bei einer solchen Gelegenheit wich Martin so weit wie möglich zurück, holte aus und rannte mit aller Macht gegen den Häuptling an. Der Rote verlor das Gleichgewicht, griff krampfhaft mit beiden Händen in die Luft, glitt aus, stürzte, ein Angstgebrüll ausstoßend, von dem Felsen herab und in das unten gähnende Schlammloch hinein, dessen grauenvoller Rachen ihn sofort verschlang.

Das hatten alle gesehen, die sich im Talkessel befanden. Im vorderen Teil erscholl lautes Jubelgeschrei, im Hintergrund dagegen das Geheul der Sioux-Ogellallah, die es mit ansehen mussten, dass ein Knabe ihren Häuptling überwand. All dieses Geschrei und Geheul aber wurde van Bobs Stimme übertönt. Der Neger schnellte von Stein zu Stein empor, unzusammenhängende Laute des Jubels und Entzückens ausstoßend, und riss endlich den Sieger in seine Arme.

„Braver Junge, der Martin!", meinte Jemmy. „Mir hat das Herz gebebt um ihn. Ihnen nicht auch, Frank?"

„Na, mir erscht recht!", antwortete der Sachse, sich eine Freudenträne aus dem Auge wischend. „Ich hätte aus reiner Herzensangst gleich Honig schwitzen können. Nun aber is alles gut. Das verwegene Kerlchen hat gesiegt und mit den Ogellallah werden wir jetzt keinen Sums mehr machen. Wir zwingen sie, ihre Nacken unter das kulinarische Joch zu beugen."

„Kulinarisch? Kaudinisch wollen Sie sagen! Das ist..."

„Schweigen Sie ergebenst!", unterbrach ihn der Kleine in strengem Ton. „In einem solch feierlichen Augenblick streite ich mich nich mit Ihnen. Ich sehe es kommen, dass sich die Sioux ergeben müssen. Dann wird hier ein allgemeiner Völkerfriede geschlossen, an dem ooch wir beide teilnehmen. Geben Sie mir Ihre Hand! Seid umschlungen, Millionen! Et in terra Knax!"

Er schüttelte dem lachenden Dicken die Hand und eilte dann davon, um Martin Baumann, der mit Bob von dem Felsen herabgestiegen kam, zu beglückwünschen.

Die anderen schlossen sich ihm mit Ausdrücken freudigster Anerkennung an. Dann wendete sich Old Shatterhand laut an die Versammelten: „Mesch'schurs, versucht jetzt nicht die Pferde zurückzuhalten! Sie sind uns sicher. Auch den Sioux sind die ihrigen davongegangen. Die Feinde müssen einsehen, dass sie sich nur retten können, indem sie sich uns ergeben. Dazu kommt der Eindruck der unterirdischen Gewalten und der Tod ihres Anführers. Bleibt hier zurück! Ich werde mit Winnetou zu ihnen gehen. In einer halben Stunde wird es entschieden sein, ob Menschenblut vergossen werden soll oder nicht."

Er schritt mit dem Häuptling der Apatschen dem Grabmal zu, hinter dem sich die Sioux befanden. Das war ein kühner Gang, den nur zwei Männer wagen konnten, die wussten, dass schon ihr bloßer Name den Feind in Schreck versetzte.

Jemmy und Davy sprachen leise miteinander. Sie beschlossen, das Beste zu tun, was sie jetzt überhaupt tun konnten, nämlich die Friedensbestrebungen Old Shatterhands zu unterstützen. Die verbündeten Indianer waren wenig geneigt, den Feind zu schonen. Der Bärenjäger Baumann hatte mit seinen fünf Gefährten so Schreckliches erduldet, dass diese sechs Männer wohl auch nach Rache verlangten.

Darum versammelten die beiden Freunde die Anwesenden um sich und Jemmy hielt eine Rede, worin er seine Ansicht erklärte, dass Milde und Versöhnung das Vorteilhafteste für beide Lager sei. Es war freilich vorauszusehen, dass im Fall eines Kampfes die Sioux vernichtet würden. Aber wie viele Menschenleben mussten dabei geopfert werden! Und dann war es sicher, dass sämtliche Stämme der Sioux die Kriegsbeile ausgraben würden, um sich an den Urhebern dieses Blutbads zu rächen. Er schloss seine Rede mit den Worten: „Die Schoschonen und Upsarokas sind tapfere Krieger und kein anderer Stamm kommt ihnen gleich. Aber die Sioux sind ihnen an Zahl weit überlegen. Wenn es zum Vergeltungskrieg kommt, werden viele Väter, Mütter, Frauen und Kinder der Schlangen- und Krähenindianer ihre Söhne, Männer und Väter beweinen. Bedenkt, dass ihr selbst euch in unseren Händen befunden habt! Old Shatterhand und Winnetou haben den Tapferen Büffel und seinen Sohn ‚Moskito‘ mitten aus ihrem Lager geholt und auch Feuerherz und den Hundertfachen Donner am Baum besiegt. Wir hätten alle ihre Krieger vernichten können, haben es aber nicht getan, denn der Große Geist liebt seine Kinder und will, dass sie als Brüder einträchtig beieinander wohnen sollen. Meine roten Brüder mögen einmal versuchen, wie wohl es tut, Verzeihung zu gewähren. Ich habe gesprochen.“

Diese Rede machte einen tiefen Eindruck. Baumann war bereit, von aller Rache abzusehen. Seine geretteten Gefährten stimmten ihm bei. Die Indianer gaben, wenn auch nur im Stillen, dem Sprecher Recht. Nur einer war missvergnügt über Jemmys Worte, der Anführer der Upsarokas. „Der Schwere Mokassin hat mich verwundet“, sagte er. „Sollen die Sioux das nicht büßen?“

„Der Schwere Mokassin ist tot. Der Schlamm hat ihn und seinen Skalp verschlungen. Kanteh-pehta ist gerächt.“

„Aber die Ogellallah haben unsere Medizinen gestohlen!“

„Sie werden sie euch zurückgeben müssen. Du bist ein starker Mann und würdest viele von ihnen töten. Doch der gewaltige Bär ist stolz. Er verschmäht es, die kleine, feige Ratte zu zermalmen.“

Dieser Vergleich brachte die beabsichtigte Wirkung hervor. Der riesige Medizinmann fühlte sich geschmeichelt. Er war ja Sieger, mochte er seine Feinde nun töten oder ihnen verzeihen. Er schwieg.

Bald kehrten Old Shatterhand und Winnetou zurück, zum freudigen Erstaunen aller an der Spitze der Ogellallah, die ihnen in einer langen Einzelreihe folgten, ihre Waffen auf einen Haufen zusammenlegten und dann still zurücktraten. Damit erklärten sie ohne alle Worte, dass sie es für unmöglich hielten, sich selbst durch den tapfersten Widerstand zu retten. Sie standen mit gebeugten Häuptern und betrübten Mienen da. Der Schlag war plötzlich und so gewaltig über sie gekommen, dass sie sich wie betäubt fühlten.

Jetzt trat Jemmy vor und berichtete Old Shatterhand von seiner Rede und ihrer Wirkung. Der Jäger drückte ihm dankbar die Hand. Er war hocherfreut darüber und rief den Ogellallah zu: „Die Krieger der Sioux haben uns ihre Waffen übergeben, weil ich ihnen versprach, dass ihr Leben geschont werden soll. Die Bleichgesichter, Schoschonen und Upsarokas wollen ihnen noch mehr schenken als nur das Leben. Der Schwere Mokassin ist tot und mit ihm die beiden Krieger, die sich an Wohkadeh und dem Sohn des Bärenjägers vergriffen. Das mag genug sein. Die Krieger der Sioux mögen ihre Waffen zurücknehmen! Ihre Pferde werden wir ihnen suchen helfen. Es soll Friede sein zwischen ihnen und uns. Wir wollen dort am Grab der Häuptlinge mit ihnen der Toten gedenken, die vor Monden von meiner Hand gefallen sind. Das Beil des Krieges mag zwischen den Ogellallah und uns vergraben werden. Dann mögen sie zurückreiten nach ihren Jagdgründen, wo sie erzählen können von guten Menschen, die es verschmähen, ihre Feinde zu töten, und von dem großen Manitou der Weißen, dessen Gebot es ist, dass seine Kinder den Frieden lieben sollen!"

Die Sioux waren starr vor Erstaunen über die glückliche Wendung ihres Schicksals. Sie getrauten sich kaum, daran zu glauben. Als sie aber ihre Waffen zurückerhielten, stürmten sie voll Dankbarkeit auf den berühmten Jäger ein. Auch der Medizinmann Kanteh-pehta gab sich zufrieden, als er erfuhr, dass alle geraubten Medizinen noch vorhanden seien. Sie wurden den Upsarokas zurückgegeben.

Die Pferde hatten sich nicht weit entfernt. Es war leicht, sie einzufangen. Nun wurden die beiden von Old Shatterhand erschossenen Sioux herbeigeholt und in der Nähe der Häuptlinge begraben. Der Tag wurde mit ernsten Leichenfeierlichkeiten verbracht und dann verließ man das ungesunde Tal, um den Wald aufzusuchen, wo man sich von den Anstrengungen der letzten Zeit erholen wollte.

Als am Abend die Lagerfeuer brannten und Freunde und Feinde versöhnt beieinander saßen, um sich befriedigt über die jüngsten Abenteuer zu unterhalten, wandte sich Frank an Jemmy: „Das Beste von unserem Drama is der Schluss. Vergeben und vergessen! Ich bin mein Lebtag kein großer Freund von Mord und Totschlag gewesen, denn: ‚Was du nich willst, das man dir tu, das füg ooch keinem andern zu und lass den armen Wurm in Ruh, denn er fühlt's geradeso wie du.' Wir haben gesiegt; wir haben den Göttern gezeigt, dass wir Helden sind, und nun bleibt nur noch eins zu tun. Wollen Sie?"

„Ja, was denn?"

„Was sich neckt, das liebt sich. Wir haben uns stets nur deshalb gekampelt, weil wir uns eigentlich von Herzen gut sind. Wollen uns also unsere Liebe gestehen und Brüderschaft miteinander machen. Da, schlag ein, alter Schwede! Topp?"

„Topp!", sagte Jemmy.

„Komm in meine Arme, Bruderherz! Endlich, endlich is er in Erfüllung gegangen, der Vers aus ‚Freude, schöner Götterfunken':

Deine Zauber binden wieder,
was der Unverstand geteilt;
Frank und Jemmy sind nun Brüder;
unsre Feindschaft ist geheilt!"

DER GEIST DES LLANO ESTACATO

1. *Bloody-Fox*

Zwei Männer kamen am Wasser dahergeritten, ein Weißer und ein Neger. Der Weiße war recht eigentümlich gekleidet. Er trug indianische Schuhe und Lederhosen, dazu einen einst dunkelblau gewesenen, jetzt aber arg verschossenen Frack mit Patten, hohen Achselpuffen und blank geputzten Messingknöpfen. Die langen Schöße hingen wie Flügel rechts und links an den Seiten des Pferdes herab. Auf dem Kopf saß ein riesiger schwarzer Amazonenhut, den eine gelb gefärbte, unechte Straußenfeder schmückte. Bewaffnet war der kleine, schmächtige Mann mit einer Doppelbüchse, die über seiner Schulter hing, mit einem Messer und zwei Revolvern, die er im Gürtel trug. An dem Gürtel bemerkte man außerdem noch mehrere Beutel, wohl zur Aufnahme der Munition und allerhand notwendiger Kleinigkeiten bestimmt. Jetzt aber schienen sie ziemlich leer zu sein.

Der Schwarze war groß und breitschultrig. Auch er trug Mokassins und dazu helle Kalikohosen. Zu dieser Bekleidung des Unterkörpers wollte allerdings die des Oberkörpers nicht recht passen, denn sie bestand aus dem Waffenrock eines französischen Dragoneroffiziers. Dieses Kleidungsstück war gewiss beim französischen Einbruch nach Mexiko gekommen und hatte sich dann auf unbekannten Umwegen auf den Leib des Schwarzen verirrt. Der Rock war dem riesigen Neger viel zu kurz und viel zu eng. Er ließ sich nicht zuknöpfen und so konnte man die breite, nackte Brust des Reiters sehen, der wohl deshalb kein Hemd trug, weil es im Westen keine Wäscherinnen und Plätterinnen gibt. Dafür aber hatte er ein großes, rot und weiß gewürfeltes Tuch um seinen Hals gebunden und vorn zu einer riesigen Schleife zusammengezipfelt. Der Kopf war unbedeckt, damit man die unzähligen kleinen, fettglänzenden Löckchen, die er sich zurechtgemacht hatte, bewundern könne. Bewaffnet war der Mann ebenfalls mit einem Doppelgewehr, außerdem mit einem Messer, einem irgendwo entdeckten Bajonett und einer Reiterpistole, deren Geburtsjahr jedenfalls auf Anno Tobak anzusetzen war.

Beritten waren beide gut. Es war den Pferden anzusehen, dass heute ein weiter Weg hinter ihnen lag, und doch schritten sie noch so munter und kräftig aus, als hätten sie ihre Reiter kaum stundenlang getragen.

Die Ufer des Baches waren grün bewachsen, doch nur in einer gewissen Breite. Darüber hinaus gab es lediglich dürre Yuccas, fleischige Agaven und Büffelgras, dessen Blätter und Stängel auch allerhand Dürre zu widerstehen vermögen.

„Schlechte Gegend!“, meinte der Weiße. „Im Norden hatten wir es besser. Nicht wahr, Bob?“

„Yes“, bestätigte der Gefragte. „Massa Frank haben Recht. Hier es Masser Bob nicht sehr gefallen. Wenn nur bald an Helmers' Home kommen, denn Masser Bob haben Hunger wie Walfisch, der Haus verschlingt.“

„Der Walfisch kann kein Haus verschlingen“, erklärte Frank dem Schwarzen. „Dazu ist seine Gurgel denn doch zu eng.“

„Mag Gurgel aufmachen, wie Masser Bob sie aufmacht, wenn er isst! Wie weit es noch sein bis Helmers' Home?“

„Das weiß ich nicht genau. Nach der Beschreibung, die uns heute früh gemacht wurde, müssen wir bald am Ziel sein. Schau, kommt dort nicht ein Reiter?“

Frank deutete nach rechts über das Wasser hinüber. Bob hielt sein Pferd an, legte die Hand über die Augen, um sie gegen die im Westen tief stehende Sonne zu beschatten, öffnete nach seiner Weise weit den Mund, als könnte er so noch besser sehen, und antwortete nach einer Weile: „Ja, es sein ein Reiter, ein kleiner Mann auf großem Pferd. Er kommen hierher zu Masser Bob und Massa Frank.“

Der Reiter, von dem die Rede war, kam in scharfem Trab herbei, hielt aber nicht auf die beiden zu, sondern schien vor ihnen ihren Weg kreuzen zu wollen. Er tat gar nicht so, als sehe er sie.

„Sonderbarer Kerl!“, brummte Frank. „Hier im Wilden Westen ist man doch froh, auf einen Menschen zu treffen. Dem da scheint aber gar nichts an unserer Begegnung zu liegen. Entweder ist er ein Menschenfeind oder er hat kein gutes Gewissen.“

„Soll Masser Bob ihn einmal anrufen?“

„Ja, rufe ihn an! Deine Elefantentrompete wird er eher hören als mein Zephyrsäuseln.“

Bob hielt beide Hände hohl an den Mund und schrie aus vollem Hals: „Hallo, hallo! Halt, warten! Warum ausreißen vor Masser Bob?“

Der Neger hatte allerdings eine Stimme, die geeignet war, einen Scheintoten ins Leben zurückzubringen. Der Reiter zügelte sein Pferd. Die beiden beeilten sich, zu ihm aufzuholen.

Als sie in seine Nähe gelangten, erkannten sie, dass sie nicht etwa einen Mann von kleinem Wuchs, sondern einen kaum dem Knabenalter entwachsenen Jüngling vor sich hatten. Er war wie die kalifornischen Cowboys ganz in Büffelkuhleder gekleidet, und zwar in der Weise, dass alle Nähte mit Fransen versehen waren. Auf dem Kopf trug er einen breitkrempigen Sombrero. Eine rotwollene Schärpe umschlang statt des Gürtels seine Hüften und hing an der linken Seite herab. In dieser Schärpe steckten ein Bowiemesser und zwei mit Silber ausgelegte Pistolen. Quer vor sich auf den Knien hielt er eine schwere, doppelläufige Kentuckybüchse und vorn zu beiden Seiten des Sattels waren nach mexikanischer Weise Schutzleder angebracht, um die Beine gegen Pfeilschüsse oder Lanzenstöße zu decken.

Sein Gesicht war von der Sonne tief gebräunt und trotz seiner Jugend von Wind und Wetter gegerbt. Von der linken Seite der Stirn ging ihm eine blutrote, zwei Finger breite Wulst quer bis auf das rechte Auge herab. Das gab ihm ein äußerst kriegerisches Aussehen. Überhaupt machte er keineswegs den Eindruck eines jungen, unerfahrenen Menschen. Die schwere Büchse leicht in der Hand, als sei sie ein Federkiel, das dunkle Auge groß und voll auf die beiden gerichtet, saß er stolz und fest wie ein Alter auf dem Pferd.

„Good day, my boy!", grüßte Frank. „Seid Ihr in dieser Gegend bekannt?"

„Rather – ziemlich", erwiderte der Reiter, indem er ein leises, ironisches Lächeln sehen ließ, wohl darüber, dass der Frager ihn Knabe genannt hatte.

„Kennt Ihr Helmers' Home?"

„Yes!"

„Wie lange reitet man noch bis dahin?"

„Je langsamer, desto länger."

„Zounds! Ihr seid kurz angebunden, mein Junge!"

„Weil ich kein Mormonenpfarrer bin."

„Ach so! Dann entschuldigt! Ihr zürnt mir wohl, dass ich Euch Boy genannt habe?"

„Fällt mir nicht ein. Mit der Anrede mag es ein jeder halten, wie er will, nur muss er sich dann auch meine Antwort gefallen lassen."

„Schön! Wir sind also einig. Ihr gefallt mir. Hier ist meine Hand, aber antwortet mir nun, wie es sich schickt und gehört! Ich bin hier fremd und muss nach Helmers' Home. Hoffentlich zeigt Ihr mir nicht einen falschen Weg."

Frank reichte dem Jüngling die Hand hinüber. Der junge Mann drückte sie ihm, überflog Frack und Amazonenhut mit einem lächelnden Blick und erwiderte: „Ein Schuft, wer andere in die Irre führt! Ich reite soeben nach Helmers' Home. Wenn ihr mir folgen wollt, so kommt!"

Damit setzte er sein Pferd wieder in Bewegung und die beiden folgten ihm, vom Bach abbiegend, sodass der Ritt nunmehr nach Süden ging. „Wir wollten dem Wasser nachreiten", bemerkte Frank.

„Es hätte euch auch zu dem alten Helmers geführt", erklärte der Knabe, „aber in einem sehr weiten Bogen. Anstatt in einer Dreiviertelstunde wärt ihr in zwei Stunden bei ihm angekommen."

„So ist es ein Glück, dass wir Euch getroffen haben. Kennt Ihr den Besitzer dieses Settlements?"

„Sogar sehr gut."

„Was für ein Mensch ist er?"

Die beiden Reiter hatten den Jüngling in die Mitte genommen. Er warf einen forschenden Blick auf sie und erklärte: „Helmers hat ein scharfes Auge für jede Schuftigkeit und hält streng auf ein reines Haus."

„Das gefällt mir an ihm. Wir haben also nichts von ihm zu fürchten?"

„Wenn ihr brave Männer seid, nein. Dann ist er im Gegenteil zu jedem Dienst erbötig."

„Ich höre, dass er einen Store hat?"

„Ja, aber nicht des Gewinns halber, sondern nur um den Westmännern, die bei ihm verkehren, gefällig zu sein. Er führt in seinem Laden alles, was ein Jäger braucht, und verkauft es zum möglichst billigen Preis. Doch einer, der ihm nicht gefällt, wird selbst für teures Geld nichts von ihm erhalten."

„So ist er ein Sonderling?"

„Nein, aber er bemüht sich jederzeit, jenes Gelichter unbedingt von sich fern zu halten, das den Westen unsicher macht. Ihr werdet ihn ja kennen lernen. Nur eins will ich noch von ihm sagen, was Ihr freilich nicht verstehen und worüber Ihr wohl sogar lachen werdet: Er ist ein Deutscher von echtem Schrot und Korn. Damit ist alles gesagt."

Frank stand in den Bügeln auf und rief: „Was? Das soll ich nicht verstehen? Darüber soll ich sogar lachen? Was fällt Euch ein! Ich freue mich sogar königlich darüber, hier am Rand des Llano Estacado einen Landsmann zu finden."

Das Gesicht des Führers war ausgesprochen ernst. Selbst sein zweimaliges Lächeln war so gewesen, als verstehe er wirklich gar nicht zu lachen. Jetzt blickte er freundlich zu Frank hinüber und fragte: „Wie? Ein Deutscher seid Ihr?"

„Natürlich! Seht Ihr mir denn das nicht sofort an?"

„Nein! Ihr sprecht das Englische nicht wie ein Deutscher und habt ganz das Aussehen eines Yankee-Onkels, der von seinen sämtlichen Neffen zum Fenster hinausgeworfen wurde."

„Heavens! Was fällt Euch ein! Ich bin ein Deutscher durch und durch, und wer das nicht glaubt, dem renne ich das Schießeisen durch den Leib!"

„Dazu genügt das Messer auch. Aber wenn es so ist, wird sich der alte Helmers freuen, denn er stammt auch von drüben und hält gar große Stücke auf sein Vaterland und seine Muttersprache."

„Das glaube ich. Ein Deutscher kann beide nie vergessen. Nun freue ich mich doppelt, nach Helmers' Home zu kommen. Eigentlich konnte ich mir denken, dass er ein Deutscher ist. Ein Yankee hätte sein Settlement Helmers' Ranch oder so ähnlich genannt. Aber Helmers' Home! Dieses Namens wird sich nur ein Deutscher bedienen. Wohnt Ihr in seiner Nähe?"

„Nein. Ich habe weder eine Ranch noch ein Home als Eigentum. Ich bin wie der Vogel in der Luft oder wie das Tier im Wald."

„Trotz Eurer Jugend? Habt Ihr keine Eltern?"

„Keinen einzigen Verwandten."

„Hm. Wie heißt Ihr denn?"

„Man nennt mich Bloody-Fox."

„Bloody-Fox? Das deutet auf ein blutiges Ereignis hin."

„Ja, meine Eltern wurden samt der ganzen Familie und allen Begleitern ermordet, drin im Llano Estacado. Nur ich allein bin übrig geblieben. Man fand mich mit klaffendem Schädel. Ich war damals ungefähr acht Jahre alt."

„Herrgott! Dann seid Ihr wirklich ein armer Teufel! Man überfiel euch, um euch auszurauben?"

„Ja."

„So ist Euch nichts als das Leben, der Name und die schreckliche Erinnerung geblieben!"

„Nicht einmal das. Helmers fand mich im Sand liegend, nahm mich aufs Pferd und brachte mich heim zu sich. Ich habe monatelang im Fieber gelegen, und als ich erwachte, wusste ich nichts mehr, gar nichts mehr. Selbst meinen Namen hatte ich vergessen und kann mich auch heute noch nicht darauf besinnen. Nur der Augenblick des Überfalls ist mir klar im Gedächtnis geblieben. Ich wäre glücklicher, wenn auch das mir entschwunden wäre, denn dann würde nicht das heiße Verlangen nach Rache mich wieder und immer wieder durch die schreckliche Wüste peitschen."

„Und warum hat man Euch den Namen Bloody-Fox gegeben?"

„Weil ich über und über mit Blut bedeckt war und in meinen Fieberfantasien oft das Wort Fuchs gebraucht habe. Man glaubte daraus schließen zu müssen, dass es mein Name sei."

„So wären Eure Eltern Deutsche gewesen?"

„Jedenfalls. Denn ich sprach, als ich wieder zu mir kam, Englisch und Deutsch, das Deutsch aber viel geläufiger. Helmers ist mir wie ein Vater gewesen. Doch es hat mich nicht bei ihm gelitten. Ich habe hinaus gemusst in die Wildnis wie der Falke, dem die Geier die Alten zerrissen haben und der nun um die blutige Stätte kreisen muss, bis es ihm gelingt, auf die Mörder zu stoßen." Fox knirschte hörbar mit den Zähnen und nahm sein Pferd so scharf in die Zügel, dass es aufbäumte.

„So habt Ihr die Schmarre auf der Stirn von damals her?", fragte Frank.

„Ja", bestätigte der Jüngling finster. „Doch sprechen wir nicht weiter davon! Es regt mich auf und dann müsst ihr gewärtig sein, ich stürme von euch fort und lasse euch allein nach Helmers' Home reiten."

„Ja, reden wir lieber von dem Besitzer dieser Niederlassung! Was war er denn drüben im alten Land?"

„Forstbeamter."

„Wie – wa – wa – was?“, rief Frank. „Ich auch!“

Bloody-Fox machte eine Bewegung der Überraschung, betrachtete sich den Sprecher abermals genau und sagte dann: „Ihr auch? Das ist ja ein erfreuliches Zusammentreffen!“

„Ja. Aber wenn er den schönen Beruf eines Forstmanns gehabt hat, warum hat er ihn dann aufgegeben?“

„Aus Ärger. Er war Oberförster. Die betreffende Waldung befand sich in Privatbesitz und sein Herr war ein stolzer, rücksichtsloser und jähzorniger Mann. Beide sind an- und auseinander geraten und Helmers hat ein schlechtes Zeugnis erhalten, sodass er keine Anstellung mehr fand. Da ist er denn so weit wie möglich fortgegangen. Seht Ihr da drüben das Rot- und Schwarzeichengehölz?“

„Ja“, nickte Frank, indem er in die angegebene Richtung blickte.

„Dort treffen wir wieder auf den Bach und hinter dem Wald beginnen Helmers' Felder. Bisher habt Ihr mich ausgefragt. Nun will einmal ich einige Erkundigungen aussprechen. Wird nicht dieser brave Neger Sliding-Bob genannt?“

Da tat Bob im Sattel einen Sprung, als wollte er sich vom Pferd schnellen. „Ah! Oh!“, rief er. „Warum schimpfen Massa Bloody-Fox gut, brav Masser Bob?“

„Nicht schimpfen und nicht beleidigen will ich dich“, beschwichtigte der Jüngling. „Ich glaube, ich bin ein Freund von dir.“

„Warum da nennen Masser Bob so, wie haben Indian ihn genannt, weil Masser Bob damals immer rutschen von Pferd herab? Jetzt aber Masser Bob reiten wie ein Teufel!“ Um zu zeigen, dass er die Wahrheit gesagt habe, gab er seinem Pferd die Sporen und galoppierte davon, auf das erwähnte Gehölz zu.

Auch Frank war über die Frage des jungen Mannes erstaunt. „Ihr kennt Bob?“, meinte er. „Das ist doch beinahe unmöglich!“

„O nein! Ich kenne auch Euch."
„Das wäre! Wie heiße ich denn?"
„Hobble-Frank."
„Good luck! Das ist richtig! Aber, Boy, wer hat Euch das erzählt? Ich bin doch all mein Lebtag noch nicht hier in dieser Gegend gewesen."
„Oh", lächelte der Jüngling, „man wird doch einen so berühmten Westmann kennen."
Frank blies sich auf, dass ihm der Frack zu eng werden wollte, und sagte: „Ich? Berühmt? Auch das wisst Ihr schon? Wer hat Euch von mir berichtet?"
„Ein Bekannter von mir, Jakob Pfefferkorn, der gewöhnlich nur der Dicke Jemmy genannt wird."
„Behold! Mein guter Freund! Wo habt Ihr ihn gesprochen?"
„Vor einigen Tagen oben am Washita River. Er erzählte mir, dass ihr euch verabredet habt, euch hier in Helmers' Home zu treffen."
„Das ist richtig. Kommt er denn?"
„Ja. Ich bin eher aufgebrochen als er und komme geradeswegs von oben herunter. Er wird jedenfalls bald nachfolgen."
„Das ist herrlich, das ist prächtig! Also er hat zu Euch von uns gesprochen?"
„Er hat mir euern Zug zum Yellowstone berichtet. Als Ihr mir vorhin sagtet, dass Ihr auch Forstmann gewesen seid, wusste ich sogleich, wen ich vor mir habe."
„So werdet Ihr mir nun glauben, dass ich ein guter Deutscher bin?"
„Nicht nur das, sondern ein guter, herzensbraver Kerl überhaupt", lächelte der junge Mann.
„Also hat der Dicke mich nicht schlecht gemacht?"
„Ist ihm nicht eingefallen. Wie könnte er auch den braven Frank verleumden!"
„Ja, wisst Ihr, wir haben uns zuweilen über Dinge gestritten, die zu begreifen eine Gymnasialbildung nicht ganz hinreichend ist. Er hat aber glücklicherweise eingesehen,

dass wir einander überlegen sind, und so kann es nun auf der ganzen Welt keine besseren Freunde als uns geben. – Aber da ist Bob und da ist das Gehölz. Wie nun weiter?"

„Über den Bach hinüber und zwischen den Bäumen hindurch! Das ist die gerade Richtung. Reiter, wie Bob einer ist, brauchen doch keinen gebahnten Weg."

„Ja richtig!", stimmte der Neger stolz bei. „Massa Bloody-Fox haben sehen, dass Masser Bob reiten wie ein Indian. Masser Bob machen mit durch dick und dünn."

Sie setzten über das Wasser, ritten durch das Wäldchen, woran kein Unterholz sie hinderte, und kamen dann zwischen eingezäunten Mais-, Hafer- und Kartoffelfeldern hindurch. Hier gab es stellenweise den fruchtbaren schwarzen Sandboden des texanischen Hügellandes, der reiche Ernten liefert. Das Wasser des Baches erhöhte den Wert der Ansiedlung und floss ganz nahe am Wohnhaus vorüber, hinter dem sich die Stallungen und Wirtschaftsgebäude befanden.

Das Haus war aus Stein gebaut, lang, tief und ohne Oberstock, doch enthielten die Giebelseiten je zwei kleine Dachstuben. Vor der Tür standen vier riesige, weit schattende Eichen, worunter mehrere einfache Tische und Bänke angebracht waren. Man sah sogleich, dass rechts vom Eingang der Wohnraum und links der von Bloody-Fox erwähnte Laden lag.

An einem der Tische saß ein ältlicher Mann, die Tabakspfeife im Mund, der den drei Ankömmlingen forschend entgegenblickte. Er war von hoher, derber Gestalt und wetterhart im Gesicht, das ein dichter Vollbart umrahmte, ein echter Westmann, dessen Händen es anzumerken war, dass sie viel geschafft und gearbeitet hatten.

Als er den Führer der beiden Fremden erkannte, stand er auf und rief ihm bereits von weitem entgegen: „Welcome, Bloody-Fox! Lässt du dich endlich wieder einmal sehen? Es gibt Neuigkeiten."

„Von woher?", fragte der Jüngling.

„Von da drüben.“ Der Mann deutete mit der Hand nach Süden.

„Was für welche? Gute?“

„Leider nicht. Es sind wahrscheinlich wieder einmal Geier in den Plains aufgetaucht.“

Der Llano Estacado wird nämlich von dem Englisch sprechenden Amerikaner Staked Plain genannt. Beide Bezeichnungen haben wörtlich den gleichen Sinn: abgesteckte Ebene.

Diese Nachricht schien Bloody-Fox förmlich zu elektrisieren. Er schwang sich aus dem Sattel, trat schnell auf den Mann zu und sagte: „Das musst du mir sofort genauer erzählen!“

„Es ist wenig genug, was ich weiß, und lässt sich bald sagen. Vorher aber wirst du doch so höflich sein, diesen beiden Gentlemen mitzuteilen, wer ich bin.“

„Das ist ebenso bald gesagt. Du bist Mister Helmers, der Besitzer dieser Farm, und diese Herren sind Mister Hobble-Frank und Masser Sliding-Bob, die dich aufsuchen wollen, um vielleicht etwas von dir zu kaufen.“

Helmers betrachtete die beiden Genannten und bemerkte: „Will sie erst kennen lernen, ehe ich mit ihnen handle. Habe sie noch nie gesehen.“

„Du kannst sie ruhig bei dir aufnehmen. Sie sind meine Freunde.“

„Nun, dann sind sie mir willkommen.“ Helmers streckte Frank und auch dem Schwarzen die Hand entgegen und lud sie ein, sich niederzusetzen.

„Erst die Pferde, Sir“, sagte Frank. „Ihr wisst ja, was die erste Pflicht eines Westmanns ist.“

„Wohl! Aus eurer Sorge für die Tiere ersehe ich, dass ihr brave Männer seid. Wann wollt ihr wieder fort?“

„Wir sind vielleicht gezwungen, einige Tage hier zu bleiben, da wir gute Kameraden erwarten.“

„So führt die Pferde hinter das Haus und ruft nach Herkules, dem Neger! Der wird euch in allem zu Diensten sein.“

Die beiden folgten dieser Aufforderung. Helmers blickte ihnen kopfschüttelnd nach und sagte zu Bloody-Fox: „Sonderbare Kerle hast du mir da gebracht! Einen französischen Rittmeister mit schwarzer Haut und einen Gentleman von vor fünfzig Jahren mit ostrich-feather-hat[1]. Das fällt selbst hier im fernen Westen auf."

„Lass dich nicht irre machen, Alter! Ich will dir nur einen einzigen Namen nennen, dann wirst du ihnen trauen. Sie sind gute Bekannte von Old Shatterhand, den sie hier erwarten."

„Was sagst du?", rief der Farmer. „Old Shatterhand will nach Helmers' Home kommen? Von wem hast du das? Von den beiden?"

„Nein, vom Dicken Jemmy."

„Auch den hast du getroffen? Ich bin ihm nur zweimal begegnet und möchte ihn gern einmal wieder sehen."

„Dazu wirst du bald Gelegenheit haben. Er und der Lange Davy gehören zu der Gesellschaft, die die beiden bei dir erwarten."

Helmers zog schnell einigemale an seiner Pfeife, die ihm ausgehen wollte. Dann rief er, indem sein Gesicht vor Freude glänzte: „Welch eine Freudennachricht! Ich muss gleich zu meinem alten Bärbchen laufen, um ihr mitzuteilen, dass..."

„Halt!", unterbrach Bloody-Fox den Farmer und hielt ihn am Arm fest. „Erst will ich hören, was sich dort auf den Plains begeben hat!" – „Ein Verbrechen natürlich", entgegnete Helmers, indem er sich wieder zu ihm wandte. „Wie lange warst du nicht bei mir?" – „Fast zwei Wochen." – „So hast du auch die vier Familien nicht bei mir gesehen, die über den Llano wollten. Sie sind seit über einer Woche fort von hier, sind aber drüben nicht angekommen. Wallace, der Trader, ist von drüben herüber. Sie müssten ihm begegnet sein." – „Waren die Pfähle in Ordnung?" – „Eben nicht. Hätte er die Wüste nicht seit zwanzig Jahren so genau kennen gelernt, so wäre er verloren gewesen." – „Wo

[1] Straußenfederhut

ist er hin?" – „Er liegt oben in der kleinen Stube, um sich auszuruhen. War bei seiner Ankunft halb verschmachtet, hat aber trotzdem nichts genossen, um nur gleich schlafen zu können." – „Ich muss zu ihm und ihn trotz seiner Müdigkeit wecken. Er muss mir erzählen!"

Der junge Mann eilte erregt fort und verschwand im Eingang des Hauses. Der Farmer setzte sich wieder und rauchte seine Pfeife weiter. Mit der Verwunderung über die große Eile des Jünglings fand er sich durch ein leichtes Kopfschütteln ab. Dann nahm seine Miene den Ausdruck behaglicher Genugtuung an. Der Grund hierzu war leicht aus den Worten zu erkennen, die er vor sich hin murmelte: „Der Dicke Jemmy! Hmm! Und gar Old Shatterhand! Hmm! Und solche Männer bringen nur tüchtige Kerle mit! Hmm! – Eine ganze Gesellschaft wird kommen! Hmm! Aber ich wollte es doch meinem Bärbchen sagen, dass..."

Helmers sprang auf, um die erfreuliche Neuigkeit seiner Frau mitzuteilen, blieb jedoch abermals stehen, denn soeben kam Frank um die Ecke des Hauses auf ihn zu.

„Nun, Sir, habt Ihr den Neger gefunden?", fragte ihn Helmers.

„Ja", entgegnete Frank. „Bob ist bei ihm und so kann ich ihnen die Pferde überlassen. Ich muss vor allen Dingen wieder zu Euch, um Euch zu sagen, wie sehr ich mich freue, einen Kollegen gefunden zu haben." Er sprach Englisch, wie überhaupt bisher alles in englischer Sprache gesagt worden war.

„Einen Kollegen?", fragte der Farmer. „Wo denn?"

„Hier! Euch meine ich! Bloody-Fox hat mir erzählt, dass Ihr Oberförster gewesen seid." – „Das ist richtig." „Also sind wir Kollegen, denn auch ich war ein Jünger der Forstwissenschaft." – „Ah! Wo denn, mein Lieber?" – „In Deutschland, in Sachsen sogar." – „Was? In Sachsen? So sind Sie ein Deutscher? Warum sprechen Sie da Englisch? Bedienen Sie sich doch Ihrer schönen Muttersprache!"

Das sagte Helmers auf Deutsch und sofort fiel Hobble-

Frank ein: „Mit größtem Vergnügen, Herr Oberförschter! Wenn es sich um meine angestammte Muttersprache handelt, dann gehe ich off der Stelle druff ein. Mit Stolz sage ich Ihnen: Ich war Forschtgehilfe in Moritzburg bei Dresden, wissen Sie, wo sich das Schloss mit den berühmten Karpfenteichen befindet."

Helmers war über die Ausdrucksweise des kleinen Sachsen zunächst etwas verdutzt. Er drückte dem Herrn Kollegen die freundlich dargebotene Hand, lud ihn ein, sich niederzusetzen, und versuchte, dadurch Zeit zu gewinnen, dass er sich ins Haus begab, um eine Erfrischung herbeizuholen. Als er zurückkehrte, hatte er zwei Flaschen und zwei Biergläser in der Hand.

„Sapperment, das is günstig!", rief Frank. „Bier! Ja, das lass ich mir gefallen! Beim edlen Gerstenstoff öffnen sich am leichtesten die Schleusen männlicher Beredsamkeit. Wird denn hier in Texas ooch schon Bier gebraut?"

„Sehr viel sogar. Sie müssen wissen, dass es in Texas über vierzigtausend Deutsche gibt, und wo der Deutsche hinkommt, da wird sicherlich gebraut."

„Ja, Hopfen und Malz, Gott erhalt's! Brauen Sie die liebe Gottesgabe selber?"

„Nein! Ich lasse mir, so oft es passt, einen Vorrat aus Coleman City kommen. Prosit, Herr Frank!"

Helmers hatte die Gläser gefüllt und stieß mit Frank an. Der aber meinte: „Bitte, Herr Oberförschter, zieren und fürchten Sie sich nicht. Ich bin ein höchst leutseliger Mensch. Darum brauchen Sie mich nich Herr Frank zu titulieren. Sagen Sie ganz einfach Herr Kollege! Da kommen wir beide gleich am besten weg."

„Ganz recht!", nickte Helmers lachend. „Sie sind der Mann, der mir recht gefallen kann."

„Natürlich! Aber wo steckt denn eigentlich unser guter Bloody-Fox?"

„Er ist zu einem Gast gegangen, um eine Erkundigung einzuziehen. Wo haben Sie ihn getroffen?"

„Draußen am Bach, ungefähr eine Stunde von hier."

„Ich dachte, Sie wären längere Zeit beisammen gewesen."

„Das ist nich im Mindesten nötig. Ich habe so etwas anziehend Sympathetisches an mir, dass ich immer schnell mit aller Welt befreundet werde. Der junge Mann hat mir bereits seinen ganzen Lebenslauf off das Geheimnisvollste anvertraut. Wissen Sie nischt Näheres über ihn?"

„Wenn er ihnen seinen ganzen Lebenslauf erzählt hat, nein."

„Wovon lebt Fox denn eigentlich?"

„Hm! Er bringt mir zuweilen einige Nuggets. Daraus schließe ich, dass er irgendwo einen kleinen Goldfund gemacht hat."

„Das will ich ihm gönnen, zumal er ein Deutscher zu sein scheint. Es muss schrecklich sein, nich zu wissen, unter dem wie vielten Äquator die erschte Lebenswiege der betreffenden Persönlichkeit gestanden hat."

In diesem Augenblick trat Bloody-Fox wieder aus dem Haus und kam auf die beiden zu. Er sah noch ernster aus als vorher und wandte sich an Helmers: „Das ist ja schrecklich, was mir da Wallace berichtet! Ich kann jetzt nur an die armen Menschen denken, die im Llano Estacado ermordet wurden."

„Menschen sind ermordet worden?", fragte der gutmütige Hobble-Frank voller Mitleid. „Im Llano? Wann denn?"

„Das weiß man nicht. Sie sind vor über acht Tagen von hier fort, aber nicht jenseits der Wüste angekommen. Folglich sind sie zu Grunde gegangen."

„Vielleicht doch nicht. Sie werden wohl in anderer Richtung geritten sein, als sie ursprünglich beabsichtigten."

„Gerade das ist es ja, was ich befürchte. Von hier aus ist es nur in einer einzigen Richtung möglich, über die Plains zu gelangen. Diese Strecke ist ebenso gefährlich wie zum Beispiel die Sahara oder die Wüste Gobi. Es gibt im Llano

Estacado keine Brunnen, keine Oasen und auch keine Reitkamele, die viele Tage lang zu dürsten vermögen. Das macht diese Strecke so fürchterlich, obgleich sie kleiner ist als die große afrikanische oder asiatische Wüste. Es gibt keinen gebahnten Weg. Deshalb hat man die Richtung, wohin der Ritt allein möglich ist, mit Pfählen abgesteckt, wovon die Wüste ihren Namen hat. Wer über diese Pfähle hinaus gerät, der ist verloren. Er muss den Tod des Verschmachtens sterben. Hitze und Durst verzehren ihm das Hirn. Er verliert die Fähigkeit des Denkens und reitet so lange im Kreis herum, bis sein Pferd unter ihm zusammenbricht und er nicht weiter kann. Es gibt nur sehr wenige, die den Llano so genau kennen, dass sie sich auch ohne Pfähle zurechtzufinden vermögen. Aber wie nun, wenn von Mordbuben die Pfähle falsch gesteckt werden?“

„Das wäre ja teuflisch!“, fuhr Frank entsetzt auf.

„Gewiss“, fiel Helmers ein, „und dennoch kommt es vor. Es gibt Verbrecherbanden, deren Mitglieder die Pfähle aus der Erde ziehen und in falscher Richtung wieder befestigen. Wer ihnen nun folgt, ist verloren. Die Pfähle hören plötzlich auf und der Reiter sieht sich inmitten des Verderbens und kann keine Rettung mehr finden.“

„So reitet er längs der Pfähle zurück!“

„Dazu ist's zu spät, denn er ist bereits so tief im Estacado, dass er das Grasland nicht mehr zu erreichen vermag. Die Räuber brauchen ihn gar nicht zu töten. Sie warten einfach, bis er verschmachtet ist, und rauben dann seinen Leichnam aus. So ist es bereits oft geschehen.“

„Aber kann man die Kerle denn nicht unschädlich machen?“

Als Helmers gerade antworten wollte, wurde seine Aufmerksamkeit durch einen Mann in Anspruch genommen, der soeben langsam um die Ecke des Hauses kam. Er war ganz in schwarzes Tuch gekleidet und trug ein kleines Bündel in der Hand. Seine lange Gestalt war schmal und engbrüstig, sein Gesicht hager und spitz. Der hohe Klapphut, der ihm tief im Nacken saß, gab ihm, zumal er eine Brille trug, im Verein mit dem dunklen Anzug das Aussehen eines Geistlichen.

Er trat mit eigentümlich schleichenden Schritten näher, griff leicht an den Rand seines Hutes und grüßte: „Good day, Mesch'schurs[1]! Komme ich hier richtig zu John Helmers Esquire?"

Helmers betrachtete den Mann mit einem Blick, aus dem zu ersehen war, dass er kein großes Wohlgefallen an ihm fand, und antwortete: „Helmers heiße ich, ja, aber den Esquire könnt Ihr getrost weglassen. Ich bin weder Friedensrichter, noch liebe ich überhaupt dergleichen Bemerkungen. Das sind doch nur faule Äpfel, mit denen sich ein Gentleman nicht gern bewerfen lässt. Da Ihr meinen Namen kennt, darf ich vielleicht auch den Eurigen erfahren?"

„Warum nicht, Sir! Ich heiße Tobias Preisegott Burton und bin Missionar der Heiligen der letzten Tage."

Der Fremde sagte das in einem selbstbewussten und salbungsvollen Ton, der aber nicht den beabsichtigten Eindruck auf den Farmer machte, denn Helmers meinte achselzuckend „Ein Mormone seid Ihr? Das ist keineswegs eine Empfehlung für Euch. Ihr nennt euch die Heiligen der letzten Tage. Das ist anspruchsvoll und überheblich, und da ich ein bescheidenes Menschenkind bin und für Eure Selbstgerechtigkeit keinen Sinn habe, so wird es am besten sein, Ihr schleicht in Euern frommen Missionsstiefeln sogleich weiter. Ich dulde keinen Seelenkäufer hier im Settlement."

Das war sehr deutlich, ja sogar beleidigend gesprochen. Burton aber behielt seine verbindliche Miene bei, griff abermals höflich an den Hut und entgegnete: „Ihr irrt, Sir, wenn Ihr meint, dass ich beabsichtige, die Bewohner dieser gesegneten Farm zu bekehren. Ich spreche bei Euch nur vor, um mich auszuruhen und meinen Hunger und Durst zu stillen."

„So! Na, wenn Ihr nur das wollt, so sollt Ihr haben, was Ihr braucht, vorausgesetzt natürlich, dass Ihr bezahlen könnt. Hoffentlich habt Ihr Geld bei Euch!"

Helmers überflog die Gestalt des Fremden abermals mit einem scharfen, prüfenden Blick und verzog dann das Gesicht, als habe er etwas wenig Angenehmes gesehen. Der Mormone hob den Blick gen Himmel, räusperte sich und erklärte: „Zwar bin ich keineswegs übermäßig mit Schätzen dieser sündigen Welt versehen, aber Essen, Trinken und ein Nachtlager kann ich doch bezahlen. Freilich hatte ich nicht auf eine solche Ausgabe gerechnet, da mir gesagt wurde, dieses Haus sei äußerst gastlich."

„Ah! Von wem habt Ihr denn das erfahren?"

„Ich hörte es in Taylorsville, woher ich komme."

„Da ist Euch die Wahrheit gesagt worden. Aber man scheint vergessen zu haben, hinzuzufügen, dass ich unentgeltliche Gastfreundschaft nur an solchen Leuten übe, die mir willkommen sind."

„So ist das bei mir wohl nicht der Fall?"

„Nein, durchaus nicht."

„Aber ich habe doch nichts getan."

„Möglich. Doch wenn ich Euch genau betrachte, ist es mir, als könne von Euch nur Unangenehmes geschehen. Nehmt es mir nicht übel, Sir! Ich bin ein aufrichtiger Kerl und pflege einem jeden offen zu sagen, was ich von ihm denke. Euer Gesicht gefällt mir nicht."

Selbst jetzt tat der Mormone nicht, als fühle er sich beleidigt. Er griff zum dritten Mal an den Hut und sagte in mildem Ton: „Es ist in diesem Leben das Schicksal der Gerechten, verkannt zu werden. Ich kann nichts für mein Gesicht. Wenn es Euch nicht gefällt, so ist das nicht meine Schuld."

„Aber sagen braucht Ihr es Euch nicht zu lassen! Es gehört ein großer Mangel an Ehrgefühl dazu, so etwas ruhig hinzunehmen. Übrigens will ich Euch gestehen, dass ich gegen Euer Gesicht an und für sich eigentlich nichts habe.

Nur die Art und Weise, wie Ihr es in der Welt herumtragt, die behagt mir nicht. Und sodann kommt es mir vor, als sei es gar nicht Euer wirkliches Gesicht. Ich vermute, dass Ihr eine ganz andere Miene aufsteckt, wenn Ihr mit Euch allein seid. Und dann will mir auch noch anderes an Euch nicht recht gefallen."

„Darf ich bitten, mir zu sagen, was Ihr meint?"

„Ich sage es Euch, auch ohne dass Ihr darum bittet. Ich habe nämlich sehr viel dagegen, dass Ihr aus Taylorsville kommt."

„Warum? Habt Ihr Feinde dort?"

„Keinen einzigen. Aber erklärt mir doch einmal, wohin Ihr wollt!"

„Hinauf nach Fort Elliot."

„Hm! Da geht wohl der nächste Weg hier bei mir vorüber?"

„Nein, aber ich hörte so viel Liebes und Gutes von Euch, dass es mich im Herzen verlangte, Euch kennen zu lernen."

„Das wünscht ja nicht, Mister Burton, denn es könnte Euch nicht gut bekommen! – Doch weiter! Wo habt Ihr denn Euer Pferd?"

„Mein Pferd? Ich habe keins. Ich komme zu Fuß."

„Oho! Versucht ja nicht, mir das weis zu machen! Ihr habt das Tier hier irgendwo versteckt und ich vermute stark, dass es kein ehrenhafter Grund ist, der Euch dazu veranlasst hat. Hier reitet jeder Mann, jede Frau und jedes Kind. Ohne Pferd gibt es in dieser Gegend kein Fortkommen. Ein Fremder, der sein Ross versteckt und dann leugnet, eins zu besitzen, führt sicherlich nichts Gutes im Schilde."

Der Mormone schlug die Hände beteuernd zusammen und rief: „Aber, Mister Helmers, ich schwöre Euch, dass ich wirklich kein Pferd besitze. Ich gehe auf den Füßen der Demut durchs Land und habe noch nie in einem Sattel gesessen."

Da erhob sich Helmers von der Bank, trat zu dem Fremden hin, legte ihm die Hand schwer auf die Schulter und fuhr ihn an: „Mann, das sagt Ihr mir, der ich so lange Jahre hier an der Grenze lebe? Meint Ihr denn, ich sei blind? Ich sehe ja, dass Ihr Euch die Wolle von den inneren Seiten Eurer Hose geritten habt. Ich sehe die Sporenlöcher in Euern Stiefeln, und..."

„Das ist kein Beweis, Sir!", fiel ihm der Mormone in die Rede. „Ich habe die Stiefel alt gekauft. Die Löcher waren bereits drin."

„So! Wie lange tragt Ihr sie denn nun bereits?"

„Seit zwei Monaten."

„Dann wären die Löcher längst mit Staub oder Schmutz gefüllt. Oder macht Ihr Euch etwa das Vergnügen, sie täglich neu auszubohren? Es hat in letzter Nacht geregnet. Eine so weite Fußwanderung hätte Eure Stiefel über und über beschmutzt. Dass sie so sauber sind, ist ein sicherer Beweis, dass Ihr geritten seid. Übrigens riecht Ihr nach Pferd, und da, da schaut einmal her! Wenn Ihr einmal wieder die Sporen in die Rocktasche steckt, so sorgt dafür, dass nicht ein Rad davon außen am Saum hängen bleibt!" Er deutete auf ein Sporenrad aus Messing, das aus der Tasche des Fremden hervorsah.

„Diese Sporen habe ich gestern gefunden", verteidigte sich der Mormone.

„So hättet Ihr sie lieber liegen lassen sollen, da Ihr sie ja doch nicht braucht. Übrigens geht es mich nichts an, ob Ihr reitet oder auf Schusters Fregatte segelt. Meinetwegen könnt Ihr auf Schlittschuhen durch die Welt laufen. Wenn Ihr zahlen könnt, sollt Ihr Essen und Trinken haben. Dann aber macht Euch wieder fort! Über Nacht kann ich Euch nicht behalten. Ich nehme nur Leute, die keinen Verdacht erregen, bei mir auf."

Helmers trat ans Fenster, sagte einige halblaute Worte hinein, kehrte dann wieder an seinen Platz zurück und kümmerte sich scheinbar nicht weiter um den Fremden.

Der Mormone setzte sich an den nächsten Tisch, legte sein Bündel darauf, faltete kopfschüttelnd die Hände und senkte ergeben das Haupt, ruhig wartend, was man ihm bringen werde. Er gab sich das Aussehen eines Mannes, dem unverdient ein Leid geschehen ist.

Hobble-Frank hatte der Unterhaltung aufmerksam zugehört. Jetzt, da sie beendet war, beachtete er den Mormonen nicht weiter. Anders aber verhielt sich Bloody-Fox.

Der Jüngling hatte gleich beim Erscheinen des Fremden die Augen weit geöffnet und dann den Blick nicht wieder von ihm gewandt. Er hatte sich nicht gesetzt und war willens gewesen, die Farm zu verlassen. Sein Pferd stand ja noch neben ihm. Jetzt griff er sich nach der Stirn, als bemühe er sich vergeblich, sich auf etwas zu besinnen. Dann ließ er die Hand sinken und nahm langsam dem Farmer gegenüber Platz, sodass er den Mormonen genau beobachten konnte. Er gab sich Mühe, das nicht merken zu lassen, aber er konnte die innere Spannung nicht verbergen.

Da trat eine ältliche, wohlbeleibte Frau aus der Tür. Sie brachte Brot und ein gewaltiges Stück gebratene Rindslende herbei. „Das ist meine Frau“, erklärte Helmers dem Hobble-Frank in deutscher Sprache, während er mit dem Mormonen Englisch gesprochen hatte. „Sie versteht ebenso gut Deutsch wie ich.“

„Freut mich ungeheuer“, meinte Frank, indem er ihr die Hand reichte. „Es ist gar lange Zeit her, dass ich mich zum letzten mal mit einer Lady um die deutsche Muttersprache herumbewegte. Seien Sie mir also herzlich gegrüßt, meine liebliche Frau Helmers! Hat sich Ihre Wiege vielleicht auch im Vater Rhein oder in der Schwester Elbe geschaukelt?“

„Wenn auch das nicht“, entgegnete sie lächelnd. „Man pflegt auch drüben in der Heimat die Wiegen nicht ins Wasser zu stellen. Aber eine geborene Deutsche bin ich doch.“

„Na, das mit dem Rhein und der Elbe war natürlich nich so wörtlich gemeint. Ich drücke mich mehrschtenteels gewählt und vornehm aus. Was mich anlangt, so habe ich meinen ersten wonnevollen Atemzug in der Nähe von Elbflorenz getan, was der mathematische Geograf Dresden nennt."

Die gute Frau wusste nicht, was sie dem eigentümlichen Kerlchen antworten sollte. Sie sah ihren Mann fragend an und Helmers kam ihrer Verlegenheit zu Hilfe, indem er erklärte: „Der Herr ist ein lieber Kollege von mir, ein Forstmann, der drüben sicher eine gute Laufbahn gemacht hätte."

„Ganz gewiss!", fiel Frank schnell ein. „Die Forstwissenschaft war die Leiter, auf der ich mit Armen und Beinen emporgeklimmt wäre, wenn mich nich mein Fatum hinten angepackt und herüber nach Amerika gezogen hätte. Ich hoffe, wir werden uns schnell und gut kennen lernen, meine ergebenste Frau Helmers!"

„Davon bin ich überzeugt!", entgegnete sie ihm zunickend.

„Übrigens ist mein Bier jetzt alle. Könnte ich noch eins bekommen?"

Sie nahm sein Glas, um es ihm nochmals zu füllen. Bei dieser Gelegenheit brachte sie für den Mormonen Brot, Käse, Wasser und ein kleines Gläschen voll Brandy mit. Er begann sein einfaches Mahl, ohne sich darüber zu beschweren, dass er kein Fleisch erhalten hatte.

Jetzt kam Bob der Neger herbei. „Masser Bob sein fertig mit Pferden", meldete er. „Masser Bob auch mit essen und trinken!"

Da fiel sein Blick auf den Heiligen der letzten Tage. Er blieb stehen, musterte den Mann einige Augenblicke und rief dann: „Was sehen Masser Bob! Wer hier sitzen! Das sein Massa Weller, der Dieb, der haben gestohlen Massa Baumann all sein viel Geld!"

Der Mormone fuhr von seinem Sitz auf und starrte den Schwarzen erschrocken an.

„Was sagst du?", fragte Frank, indem er auch aufsprang. „Dieser Mann soll jener Weller sein?"

„Ja, er es sein. Masser Bob ihn genau kennen. Masser Bob ihn haben damals sehr gut ansehen."

„Lack-a-day! Das wäre ja eine allerliebste Begegnung. Was sagt denn Ihr dazu, Mister Tobias Preisegott Burton?"

Der Mormone hatte seinen augenblicklichen Schreck überwunden. Er machte eine verächtliche Armbewegung gegen den Neger und erwiderte: „Dieser Schwarze ist wohl nicht recht bei Sinnen? Ich verstehe ihn nicht. Ich weiß nicht, was er will!"

„Seine Worte waren doch deutlich genug. Er nannte Euch Weller und sagte, dass Ihr seinen Herrn, einen gewissen Baumann, bestohlen hättet."

„Ich heiße nicht Weller."

„Vielleicht habt Ihr einmal so geheißen?"

„Ich hieß zu aller Zeit Burton. Der Nigger scheint mich mit irgendjemand zu verwechseln."

Da trat Bob drohend auf ihn zu und rief: „Was sein Masser Bob? Masser Bob sein ein Neger, aber kein damned Nigger. Masser Bob sein ein coloured gentleman. Wenn Massa Weller noch einmal sagen Nigger, so Masser Bob ihn schlagen nieder mit Faust, wie Massa Old Shatterhand es ihm hat zeigen!"

Sofort stellte sich Helmers zwischen die beiden und sagte: „Bob, keine Tätlichkeit! Du klagst diesen Mann eines Diebstahls an. Kannst du Beweise bringen?"

„Ja, Bob Beweise bringen. Massa Frank auch wissen, dass Massa Baumann sein bestohlen worden. Er können Zeuge sein."

„Ist das wahr, Mister Frank?"

„Ja", bestätigte der Gefragte. „Ich kann es bezeugen."

„Wie ist es denn bei dem Diebstahl zugegangen?"

„Mein Gefährte Baumann, der von denen, die ihn kennen, kurzweg der Bärenjäger genannt wird, hatte droben in der Nähe des South Fork of Cheyenne River einen Store und ich war sein Gefährte und Teilhaber. Das Geschäft ging anfangs sehr gut, da es häufig von den Goldgräbern besucht wurde, die sich damals in den Black Hills zusammengezogen hatten. Wir nahmen viel Geld ein und es lag oft eine bedeutende Menge Münzen und Nuggets bei uns verborgen. Eines Tages musste ich eine Reise zu den Diggers unternehmen, um Schulden einzutreiben. Als ich am dritten Tag zurückkehrte, hörte ich, dass Baumann indessen bestohlen worden sei. Er war mit Bob allein gewesen und hatte einen Fremden namens Weller über Nacht behalten. Am anderen Morgen war mit diesem Weller das ganze Geld verschwunden, und die Verfolgung hatte nichts genützt, weil durch einen Gewitterregen die Fährte des Diebes verwischt worden war. Jetzt behauptet Bob, ihn in diesem Heiligen der letzten Tage erkennen, und ich möchte nicht annehmen, dass er sich irrt. Bob hat offene Augen und ein sehr gutes Personengedächtnis. Er versicherte schon damals, sich den Menschen genau angesehen zu haben. Das, Mister Helmers, ist es, was ich in dieser Angelegenheit zu sagen habe."

„Also Ihr selbst seid dem Dieb damals nicht begegnet?"

„Nein."

„So seid Ihr freilich nicht im Stande, dem Neger zu bezeugen, dass wir wirklich den Dieb vor uns haben. Bob steht mit seiner Behauptung allein. Was da zu machen ist, werdet Ihr ebenso gut wissen wie ich."

„Masser Bob es genau wissen, was zu machen sein!", rief der Neger. „Masser Bob schlagen den Spitzbuben tot. Masser Bob sich nicht irren."

Er wollte Helmers beiseite schieben, um an den Mormonen zu kommen. Der Farmer aber hielt ihn zurück und sagte: „Halt! Das wäre eine Gewalttätigkeit, die ich auf meinem Grund und Boden nicht dulden kann."

„Gut. Masser Bob warten, bis Spitzbube sein fort von Grund und Boden. Dann aber ihn aufknüpfen am nächsten Baum. Masser Bob hier sitzen und gut aufpassen, wenn fortgehen der Dieb."

Bob setzte sich nieder, doch so, dass er den Mormonen

im Auge hatte. Man sah es ihm an, dass es ihm mit seiner Drohung ernst war. Burton musterte mit ängstlichem Blick die riesige Gestalt des Negers und wendete sich dann an Helmers: „Sir, ich bin wirklich unschuldig. Dieser schwarze Master verkennt mich und ich hoffe, dass ich mich auf Euern Schutz verlassen kann."

„Verlasst Euch nicht zu sehr auf mich!", lautete die Antwort. „Es sind keine Beweise erbracht und mich geht der Diebstahl überhaupt nichts an, weil ich keinerlei amtliche Eigenschaft besitze. Infolgedessen könnt Ihr ruhig sein, solange Ihr Euch hier befindet. Ich habe Euch aber bereits gesagt, dass Ihr Euch baldigst von dannen machen sollt. Was dann geschieht, ist mir gleichgültig. Ich kann Bob das Recht nicht bestreiten, diese Angelegenheit unter vier Augen mit Euch zu ordnen. Zu Eurer ganz besonderen Beruhigung will ich gern noch versichern, dass ich nicht vor Entsetzen in Ohnmacht fallen werde, falls ich Euch morgen unter irgendeinem Baum begegnen sollte, dessen stärkster Ast Euch zwischen Hals und Binde geraten ist."

Damit war die Sache einstweilen abgetan. Der Mormone wendete sich seinem Mahl wieder zu, aber er aß sehr langsam und mit bedeutenden Pausen, um die ihm gewährleistete Sicherheit möglichst lange zu genießen. Bobs rollende Augen ließen kaum von ihm und Bloody-Fox, der sich äußerlich still verhalten hatte, beobachtete ihn noch ebenso aufmerksam wie vorher.

Jetzt war jeder mit dem Essen und mit seinen eigenen Gedanken so beschäftigt, dass die Unterhaltung gänzlich stockte. Und als später Frank das vorher abgebrochene Gespräch über den Llano Estacado wieder in Fluss bringen wollte, wurde er durch das Erscheinen eines neuen Gastes daran gehindert. „Euer Haus scheint recht besucht zu sein, Mister Helmers", meinte er. „Dort kommt schon wieder ein horseman, der es auf Euch abgesehen hat."

Der Wirt drehte sich nach dem Reiter um, erkannte ihn und sagte lebhaft: „Das ist einer, den ich stets willkommen heiße, ein tüchtiger Kerl, auf den man sich in jeder Beziehung verlassen kann."

„Wohl ein Trader, wie es scheint, der bei Euch seine Warenvorräte erneuern will?"

„Meint Ihr das, weil er zu beiden Seiten des Sattels so große Taschen hängen hat?"

„Ja."

„So irrt Ihr Euch. Er ist kein Händler, sondern einer unserer vorzüglichsten Scouts, ein Mann, den Ihr kennen lernen müsst."

„Vielleicht ist mir sein Name bekannt."

„Wie er eigentlich heißt, weiß ich nicht. Man nennt ihn allgemein den Juggle-Fred, weil er Hunderte von Kunststücken zu machen versteht, über die jeder in Erstaunen gerät. Die dazu gehörigen Sachen führt er in den auffälligen Taschen bei sich."

„Habe schon von ihm gehört. Er ist ein reisender Taschenspieler, der bei Gelegenheit den Führer und Pfadfinder macht, nicht wahr?"

„Gerade umgekehrt: ein ausgezeichneter Fährtensucher, der seine Gesellschaft gelegentlich mit Kunststücken unterhält. Er scheint mit berühmten Zirkusleuten gereist zu sein und ist auch der deutschen Sprache mächtig. Warum er in den Westen gekommen ist und auch da verbleibt, während er anderswo durch seine Fingerfertigkeit ein steinreicher Mann werden könnte, das weiß ich nicht, geht mich auch nichts an, doch ich bin überzeugt, dass Ihr Euer Wohlgefallen an ihm haben werdet."

Der Reiter, über den diese Bemerkungen gemacht wurden, war jetzt nahe herangekommen. Er hielt, nur noch eine kurze Strecke von dem Haus entfernt, sein Pferd an und rief: „Hallo, alter Lodging-uncle[1], hast du noch Raum für einen armen Neddy-wretch[2], der seine Zeche nicht bezahlen kann?"

„Für dich ist zu jeder Zeit Platz vorhanden", erwiderte Helmers. „Komm nur heran! Steig vom Ziegenbock herab und mach es dir bequem! Du wirst dich in angenehmer Gesellschaft befinden."

Der einstige Taschenspieler überflog die Anwesenden mit prüfendem Blick und meinte: „Will es hoffen! Unseren Bloody-Fox kenne ich bereits. Der Schwarze macht mir keine Sorge. Der andere kleine Gentleman im Frack und Ladyhut scheint auch kein übler Kerl zu sein. Und der Dritte dort, der in den Käse beißt, als müsse er eine Igelhaut verzehren, nun, hm, den werde ich wohl noch kennen lernen."

Es war eigentümlich, dass sich auch dieser Mann über den Mormonen sogleich vorsichtig äußerte. Er trieb sein Pferd vollends heran und sprang aus dem Sattel. Während er den Wirt wie einen alten Freund mit ausgestreckten Händen herzlich begrüßte, konnte Frank ihn betrachten.

Dieser Juggle-Fred war eine selbst hier im fernen Westen auffallende Erscheinung. Das Erste, was man an ihm bemerkte, war ein bedeutender Höcker, der seine sonst wohlgegliederte Gestalt verunzierte. Sein Körper war von mittlerer Größe und sehr kräftig gebaut, nicht etwa kurzleibig, engbrüstig und langarmig. Sein rundes, volles, glatt rasiertes Gesicht war tief gebräunt, aber auf der linken Seite arg zerrissen, als sei da einmal eine fürchterliche Wunde

[1] Quartieronkel [2] So viel wie Habenichts

kunstwidrig zusammengeflickt worden. Und sonderbarerweise waren seine Augen ganz auffallend verschieden gefärbt; das linke war vom schönsten Himmelblau, während das rechte das tiefste Schwarz zeigte.

Er trug hohe, braune Büffelkalbstiefel mit großrädrigen mexikanischen Sporen, schwarze Lederhose mit ebensolcher Weste und darüber ein blusenartiges Wams von starkem, blauem Tuch. Um seine Lenden war ein breiter Ledergürtel geschnallt, der einer so genannten Geldkatze glich und neben den Patronen, dem Messer und einem Revolver von bedeutendem Kaliber allerhand Kleinigkeiten enthielt, deren ein Westmann bedarf. Weit in die Stirn herein, sodass sie völlig verdeckt wurde, saß eine ziemlich neue Bibermütze. Der Schwanz des Tieres hing hinten bis über den Nacken herab. Sein Pferd war von Helmers scherzhafterweise als Ziegenbock bezeichnet worden und dieser Vergleich hatte seine Berechtigung. Das Tier war außergewöhnlich hochbeinig und scheinbar recht abgetrieben. An dem nackten Schwanzstummel, den es jetzt tief gesenkt hielt, saßen nur noch einige wenige kurze Haare. Ob das Ross einst ein Rappe, ein Brauner oder ein Fuchs gewesen war, vermochte man jetzt nicht mehr zu bestimmen, denn sein Körper war an vielen Stellen völlig kahl, und da, wo Haare noch vorhanden waren, zeigten sie ein so unbestimmtes Grau, als sei der alte Hengst bereits zur Zeit der Völkerwanderung von irgendeinem Sueben oder Gepiden[1] geritten worden. Von einer Mähne war keine Spur zu merken. Der unverhältnismäßig große Kopf hing so weit nieder, dass das Maul beinahe die Erde berührte, und schien die langen, dicken und kahlen Eselsohren kaum tragen zu können, die sich wie riesige Lederbehälter liebevoll bis an die Unterkiefer schmiegten. Dazu hielt das Tier die Augen geschlossen, als schlafe es, und wie es so bewegungslos dastand, war es ein unübertreffliches Bild der Dummheit und der bemitleidenswerten Unbeholfenheit.

[1] Zwei alte germanische Stämme

Nachdem der Besitzer dieses Pferdes dem Wirt die Hände gedrückt hatte, fragte er: „Also Platz hast du für mich? Ob aber auch ein Essen?"

„Natürlich! Setz dich nur her! Hier ist noch Fleisch genug für dich."

„Danke. Habe mir gestern den Magen verdorben. Rind ist mir heute zu schwer. Ein junges Huhn wäre mir lieber. Kannst du eins beschaffen?"

„Warum nicht? Schau her! Da laufen die Backhühnchen in Menge herum." Er deutete auf zwei Völkchen junger Hühner, die unter dem Schutz ihrer mütterlichen Glucken in der Nähe der Tische herumtrippelten, um die herabfallenden Brocken aufzupicken.

„Schön!", nickte Fred. „Ich bitte um eins. Dein Housewife mag es mir vorrichten. Rupfen will ich es selbst." Mit diesen Worten nahm er sein Doppelgewehr vom Sattelknopf, legte auf eins der Hühnchen an und drückte ab. Als der Schuss krachte, bewegte sein Pferd nicht einmal die geschlossenen Augenlider. Es schien so stocktaub zu sein, dass es selbst einen in solcher Nähe abgegebenen Schuss nicht hören konnte.

Das Huhn war tot umgefallen. Der Mann hob es auf und zeigte es vor. Es hatte zu aller Erstaunen nicht eine einzige Feder mehr und konnte sofort ausgenommen und gebacken werden. „The devil!", lachte Helmers. „Konnte es mir doch denken, dass es wieder auf eines deiner Kunststücke abgesehen war. Aber wie hast du denn das angefangen?"

„Mit dem Fernrohr."

„Unsinn! Hast ja mit der Büchse geschossen."

„Allerdings. Aber vorher habe ich euch aus der Ferne durch mein Taschenteleskop beobachtet und auch das junge Hühnervolk bemerkt. Deshalb traf ich sogleich meine Vorbereitungen, mich als Tausendkünstler bei deinen heutigen Gästen einzuführen."

„Darf man diese Vorbereitungen kennen lernen?"

„Warum nicht? Es ist ja nur eine Spielerei. Lade einen tüchtigen Schuss grobe iron-filings[1] außer der Kugel oder dem Schrot und ziele so, dass die Ladung den Vogel von hinten nach vorn überfliegt, so werden die Federn, falls sie nicht bereits zu stark sind, gänzlich abrasiert und abgesengt. Du siehst, man braucht nicht die schwarze und weiße Magie studiert zu haben, um ein so genannter Zauberkünstler zu sein. Also lass mir das Tierchen backen! Hoffentlich ist es erlaubt, mich mit herzusetzen?"

„Natürlich! Diese beiden Gentlemen sind Freunde von mir, Bekannte von Old Shatterhand, den sie hier erwarten."

„Old Shatterhand?", fuhr der Juggle-Fred auf. „Ist das wahr?"

„Ja. Auch der Dicke Jemmy will kommen."

„Heigh-day! Das ist ja eine Nachricht, wie man sie gar nicht besser hören kann! Habe diesen Old Shatterhand längst einmal zu sehen gewünscht. Es freut mich, dass ich gerade zur richtigen Zeit hierher gekommen bin."

„Ebenso wird es dich freuen, wenn du erfährst, dass dieser Sir hier ein Deutscher ist. Er heißt Frank und ist ein Kollege von..."

„Frank?", unterbrach ihn der Zauberkünstler. „Etwa gar der Hobble-Frank?"

„Sapperment!", rief da der kleine Sachse. „Sie kennen meinen Namen? Wie is das möglich?"

Er hatte Deutsch gesprochen, darum antwortete der Juggle-Fred in der gleichen Sprache: „Darüber brauchen Sie sich gar nicht zu wundern. Früher waren andere Zeiten. Da geschahen gute und schlimme Taten in Menge hier im fernen Westen, und bei den mangelhaften Verbindungen, die es gab, kam die Kunde davon nur langsam vorwärts. Aber wenn jetzt einmal etwas Hervorragendes geleistet wird, fliegt die Nachricht davon im Nu von den Seen bis Mexiko und vom alten Frisco bis nach New York. Ihr kühner Zug nach dem Yellowstone ist bereits weit be-

[1] Eisenfeilspäne

kannt und Ihre Namen sind es natürlich auch. In jedem Fort, in jedem Settlement, an jedem Lagerfeuer wurde von Ihrem Ritt erzählt und so dürfen Sie nicht staunen, dass ich Ihren Namen kenne. Ein Fallensteller, der hoch droben am Spotted Tail-Wasser mit Moh-aw, dem Sohn Oihtkapetays, gesprochen hatte und jetzt bis herab ins Fort Arbuckle gekommen war, erzählte allen, die er traf, und zuletzt auch mir die Geschichte so ausführlich, wie er sie selbst gehört hat."

„Na", meinte Hobble-Frank, „wer weiß, was da alles vom Spotted Tail-Wasser bis zum Fort Arbuckle an die Geschichte gehängt worden ist. Da wird aus einer Maus ein Eisbär, aus einem Regenwurm eine Riesenschlange und aus einem bescheidenen Biberjäger gar ein berühmter Hobble-Frank. Ich will ja schon zugeben, dass wir die reinen Herkulesse und Minotaurusse gewesen sind, aber mehr, als wahr is, lasse ich mir nich gern nachsagen. Den Helden ziert die Tugend der rückhaltlosen Bescheidenheit."

„Ihre Bescheidenheit stellt Ihre Vorzüge in ein dreifach helles Licht und verzehnfacht mein Vergnügen, Sie hier kennen zu lernen. Bitte, geben Sie mir Ihre Hand!"

Der Juggle-Fred streckte Frank die Rechte entgegen. Der Kleine schlug herzhaft ein und sagte: „Das tu ich gern, denn ich habe von Herrn Helmers erfahren, dass Sie ein weitgereister und kunstsinniger Mann sind. Ich möchte eigentlich wissen, was für eine Laufbahn Sie hinter sich haben!"

„Das ist bald erzählt! Erst besuchte ich das Gymnasium, wo ich..."

„O weh! Das is keine Empfehlung für Sie."

„Warum nicht?"

„Weil ich eine starke Abneigung gegen alles habe, was Gymnasiast gewesen ist. Diese Leute überheben sich. Sie glauben nich, dass ein Forschtbeamter auch ein Gelehrter werden kann. Ich habe das schon wiederholt erfahren. Und doch is es mir stets kinderleicht geworden, diese Leute zu überzeugen, dass ich der Mann bin, mit Gigantenschritten über sie hinwegzusteigen. Also so eine kleine Art von Studium haben Sie auch durchgemacht?"

„Ja. Vom Gymnasium weg widmete ich mich auf den Rat meiner Gönner hin der Malerei und besuchte die Akademie. Ich hatte recht gute Anlagen, aber leider keine Ausdauer. Nur zu bald ermüdete ich und stieg von der wirklichen Kunst zu einer so genannten herab – ich wurde Kunstreiter. Ich war ein flotter Kerl, aber ohne Kraft und inneren Halt. Mit einem Wort, ich war leichtsinnig. Tausendmal habe ich es bereut. Was könnte ich heute sein, wenn ich es fest gewollt hätte!"

„Nun, die Begabung haben Sie wohl noch heute. Fangen Sie doch wieder an!"

„Jetzt? Wo die jugendliche Spannkraft verloren gegangen ist? Mein lieber Hobble-Frank, diese Träume sind vorbei. Ich bemühe mich, in meinem Beruf als Scout brav und rechtschaffen zu leben und meinen Mitmenschen dienstbar zu sein. Aber in die Schule dürfen Sie mich alten Kauz nicht mehr schicken wollen! – Wohl dem, der nicht in späten Tagen büßen muss, was er in der Jugend versäumt hat! Sprechen wir, bitte, von etwas anderem!"

„Ja, sprechen wir von etwas anderem!", wiederholte der gutmütige Hobble-Frank eifrig. „Von meinen Freunden, die ich in den nächsten Tagen treffen werde, von Old Shatterhand, vom Langen Davy, vom Dicken Jemmy, von Winnetou, der..."

„Winnetou?", fiel Fred ein. „Meinen Sie den berühmten Apatschenhäuptling? Wo treffen Sie mit ihm zusammen?"

„Das hat er nur mit Old Shatterhand besprochen. Vermutlich aber wird es jenseits des Llano Estacado sein."

„Hm! Dann hoffe ich, auch ihn zu sehen. Ich will nämlich über die Staked Plains. Ich bin von einer Gesellschaft geworben, die ich hinüber- und dann noch bis El Paso führen soll. Es sind Yankees, die drüben in Arizona ein gutes Geschäft zu machen gedenken."

„Doch nicht etwa in Diamanten?“

„Ja, gerade in dieser Ware. Sie scheinen bedeutende Summen bei sich zu führen, um die Steine an Ort und Stelle billig einzukaufen.“

Helmers schüttelte den Kopf und mischte sich ein: „Glaubst du denn an diese Diamantenfunde? Ich meinerseits halte die ganze Geschichte für einen riesigen Humbug.“

Er hatte ganz Recht. Zu jener Zeit tauchten plötzlich Gerüchte auf, dass in Arizona Diamantfelder entdeckt worden seien. Es wurden Namen von Personen genannt, die durch glückliche Funde in wenigen Tagen steinreich geworden seien. Man zeigte auch Diamanten vor, zum Teil sehr kostbare Stücke, die dort gefunden worden sein sollten. Dieses Gerücht ging durch die ganze Breite des Festlandes im Lauf einiger Wochen, ja einiger Tage. Die Diggers von Kalifornien und der nördlichen Bezirke verließen ihre einträglichen Diggins und eilten nach Arizona. Aber schon hatte sich die Spekulation des Feldes bemächtigt. Es waren in aller Eile Gesellschaften gebildet worden, denen Millionen zur Verfügung standen. Die Diamantfelder sollten angekauft werden, damit man die Ausbeute im Großen betreiben könne. Kein Claim sollte abgegeben werden. Agenten flogen hin und her, mit Diamantproben in der Hand, die man an den betreffenden Stellen nur so aufgelesen haben wollte. Sie schürten aus allen Kräften und in kürzester Zeit wurde das Diamantfieber hochgradiger, als das Goldfieber jemals gewesen war. Vorsichtige Leute aber hielten ihre Taschen zu, und der Rückschlag, den sie voraussagten, trat auch sehr bald ein. Der ganze, große Schwindel war von einigen wenigen, aber höchst smarten Yankees in Szene gesetzt worden. Sie waren aufgetaucht, ohne dass man sie kannte, und sie verschwanden wieder, ohne dass man sie inzwischen kennen gelernt hatte. Mit ihnen waren natürlich auch die Millionen verschwunden. Die Aktionäre fluchten vergeblich. Die meisten leugneten, Aktien besessen zu haben. Sie wollten sich nicht auch noch auslachen lassen. Die so schnell berühmt gewordenen Diamantfelder lagen wieder öde wie vorher und die enttäuschten Goldgräber kehrten zu ihren Diggins zurück, um dort zu erkennen, dass sich indessen andere da eingenistet hatten, die klüger gewesen waren als sie. Damit war die Sache zu Ende und niemand sprach mehr davon.

Es war kurz nach Beginn des Diamantfiebers, als sich die bisher geschilderten Ereignisse vor der Tür von Helmers' Home abspielten. Der Farmer gehörte zu denen, die dem Gerücht keinen Glauben schenkten. Der Juggle-Fred hingegen meinte: „Ich will jetzt noch nicht an der Wahrheit zweifeln. Hat man anderswo Diamanten gefunden, warum sollten nicht auch in Arizona welche liegen? Mich freilich gehen sie nichts an. Ich habe anderes zu tun. Was sagen Sie dazu, Mister Frank? Das Urteil eines Mannes von Ihrem Scharfsinn, Ihren Erfahrungen und Kenntnissen kann uns maßgebend sein."

Hobble-Frank merkte den leichten, aber gutmütigen Spott nicht und entgegnete geschmeichelt: „Es freut mich, dass Sie sich so vertrauensvoll an mich wenden, denn bei mir sind Sie an die richtige Schmiede gekommen. Ich bin nämlich der Ansicht, dass es um den Diamanten freilich eine ganz schöne Sache is; aber es gibt außer ihm noch andere Dinge, die ebenso hübsch sind. Im Augenblick des Heißhungers is mir eine geräucherte Thüringer Zervelatwurst lieber als der größte Diamant. Und habe ich Durst, so kann ich ihn mit keinem Brillanten löschen. Und kann der Mensch etwa mehr, als sich satt essen und satt trinken? Ich bin mit mir und mit meinem Schicksal leidlich zufrieden und brauche keine Edelsteine. Oder sollte ich sie etwa zum Staat an meinen Amazonenhut hängen? Da habe ich eine Feder druff und die genügt. Also wenn ich wüsste, dass ich drüben in Arizona einen Edelstein fände, so groß wie ungefähr das Heidelberger Fass oder wenigstens wie ein ausgewachsener Kürbis von drei Zentnern Schwere, da ginge ich hinüber und holte ihn mir. Kleiner aber möchte ich ihn gar nich haben. Das wäre mir viel zu kläglich. Nun aber gar nich zu wissen, ob man überhaupt was findet, und wenn man wirklich Glück hat, dann is es ein Knirps, so winzig wie ein Mohnkörnchen, nee, da bringt mich kein Mensch nach den Diamantfeldern. Wir sind Deutsche und brauchen keine Diamanten, denn ein jeder von uns hat schon einen Edelstein in seiner Brust, nämlich das treue deutsche Herz, von dem der Dichter sagt: ‚Kein Demant ist, der diesem gleicht, so weit der liebe Himmel reicht'."

„Brav gesprochen!", rief Helmers, indem er dem kleinen Sachsen die Hand reichte. „Sie haben sehr Recht mit dem Edelstein, und darum soll es uns Deutschen auch nicht einfallen, uns um die Diamanten zu kümmern, die in Arizona gefunden worden sein sollen. Deine Gesellschaft, Fred, die du hinüberführen sollst, wird wohl nicht die besten Geschäfte machen. Es wäre jedenfalls besser gewesen, wenn diese Leute mit ihrem vielen Geld zu Hause geblieben wären. Sie können es leicht loswerden, ohne einen einzigen Diamanten dafür zu erhalten. Kluge Kerle scheinen es überhaupt nicht zu sein, weil sie es sich merken lassen, dass sie bedeutende Mittel bei sich führen. Das ist niemals geraten, hier noch weniger als anderswo."

„Morgen nach Mittag treffen sie hier ein. Sie mussten noch zwei Packpferde kaufen, wozu wenigstens ein halber Tag gehört. Darum bin ich vorausgeritten, um die Zeit bis morgen lieber bei dir zuzubringen."

„Daran hast du wohl getan, alter Freund. Wie viele Personen sind es denn?"

„Es sind ihrer sechs, von denen einige ein etwas grünes Aussehen und Benehmen haben, was mir aber gleichgültig ist. Sie scheinen aus St. Louis zu kommen und sich einzubilden, dass sie mit Millionen wieder dorthin zurückkehren werden."

„Werden sie denn den Weg zu mir finden?"

„Sicher, denn ich habe ihn so genau beschrieben, dass sie gar nicht irren können. – Halt, Schwarzer, was gibt es denn?"

Diese Frage galt dem Neger.

Der Tag war nämlich indessen zur Rüste gegangen und die Dämmerung, die in jenen Gegenden außerordentlich kurz ist, war hereingebrochen. Es war bereits so düster, dass man nicht mehr weit zu sehen vermochte. Bob und Bloody-Fox hatten trotz des anregenden Gesprächs den Mormonen stets im Auge behalten. Burton war bemüht gewesen, sich so zu stellen, als achte er gar nicht auf das Gespräch, und da die anderen wohl der Meinung waren, dass ein Mormone, dessen ganzes Wesen ihn als Yankee erscheinen ließ, die deutsche Sprache wenig oder gar nicht verstehe, hatten sie so laut gesprochen, dass es ihm möglich war, jedes Wort zu hören.

Als nun Juggle-Fred von den sechs Männern sprach, die er durch den Llano Estacado führen sollte, hatten Burtons Züge den Ausdruck großer Spannung angenommen. Bei der Bemerkung, dass diese sechs viel Geld bei sich zu führen schienen, hatte ein Lächeln der Befriedigung um seine dünnen Lippen gespielt, was indes wegen der Dämmerung nicht zu bemerken gewesen war.

Zuweilen hatte er den Kopf gehoben, als horche er, und seinen Blick ungeduldig nach der Gegend gerichtet, woher er gekommen war. Er wusste, dass er sich nahezu als einen Gefangenen betrachten musste, denn die Augen des Negers blieben beständig auf ihn gerichtet. Es wurde ihm von Minute zu Minute unheimlicher. Er musste an die Drohung des Negers denken und er traute dem Schwarzen nicht.

Jetzt, da es fast dunkel geworden war, schien es Burton möglich zu sein, sich schnell auf und davon machen zu können, was später vielleicht schwieriger auszuführen war. Deshalb langte er jetzt nach dem Bündel, das er mitgebracht hatte, und zog es allmählich zu sich heran. Er wollte dann plötzlich aufspringen und mit schnellen Schritten um die Ecke des Hauses biegen. War er einmal dort hinter dem Gesträuch verschwunden, so hatte er irgendwelche Verfolger wohl kaum mehr zu fürchten.

Aber er hatte sich in Bob verrechnet. Der war wie die meisten Neger, die einen einmal gefassten Entschluss mit größter Beharrlichkeit zu verfolgen pflegen. Der Schwarze hatte gar wohl bemerkt, dass sich der Mormone des Bündels zu versichern strebte, und erhob sich, gerade als der andere aufspringen wollte, so rasch von seinem Sitz, dass er Helmers fast umgerissen hätte. Daher die Frage Juggle-Freds an ihn, was es denn gebe. Bob erwiderte:

„Masser Bob haben sehen, dass Dieb fort wollen. Greifen schon nach Bündel. Wollen schnell entwischen. Masser Bob aber ihn auf anderem Grund und Boden niederschlagen, darum mit ihm gehen und ihn nicht aus den Augen lassen." Er rückte auf das äußerste Ende der Bank vor, sodass er sich, obgleich der Mormone am anderen Tisch saß, ganz nahe bei ihm befand.

„Lass den Kerl laufen!", meinte der Wirt. „Er ist es vielleicht gar nicht wert, dass du so auf ihn achtest."

„Massa Helmers haben Recht. Er es nicht wert sein, aber Geld es wert sein, das er haben gestohlen. Er nicht fortkommen ohne Begleitung von Masser Bob."

„Wer ist denn eigentlich dieser Mann?", fragte der Juggle-Fred leise. „Er hat mir gleich im ersten Augenblick nicht gefallen. Hat ganz das Aussehen eines Wolfes, der im Schafskleid herumläuft. Als ich ihn erblickte, war es mir ganz so, als müsse ich die scharfe, spitze Fratze schon einmal gesehen haben, und zwar unter Umständen, die nicht für ihn sprechen."

Helmers erklärte ihm halblaut, weshalb Bob es so nachhaltig auf den Verdächtigen abgesehen habe, und fügte hinzu: „Auch Bloody-Fox scheint sich mehr, als er merken lassen will, mit dem Mann zu beschäftigen. Oder nicht?"

„Well!“, bestätigte der junge Mann. „Dieser Heilige der letzten Tage hat mir etwas getan, und zwar nichts Gutes.“

„So? Was denn? Warum stellst du ihn nicht zur Rede?“, forschte Helmers.

„Weil ich nicht weiß, was es war. Ich habe mir fast das Gehirn zermartert, um mich zu erinnern, aber vergebens. Es ist mir, als hätte ich etwas geträumt und die Einzelheiten des Traumes wieder vergessen. Und wegen einer solchen unbestimmten, nebelhaften Ahnung kann ich mich doch nicht an ihn machen.“

„Das begreife ich nicht. Was ich weiß, das pflege ich zu wissen. Von nebelhaften Ahnungen ist bei mir niemals die Rede. Übrigens ist es dunkel geworden. Gehen wir hinein in die Stube?“

„Nein, denn das Haus ist diesem Kerl verboten und ich muss ihn beobachten. Deshalb bleibe ich hier. Vielleicht fällt es mir doch noch ein, was ich mit ihm auszugleichen habe.“

„Dann will ich wenigstens für genügende Beleuchtung sorgen, damit er sich nicht dennoch davonschleichen kann.“

Helmers ging ins Haus und kehrte bald mit zwei Lampen zurück. Sie bestanden einfach aus blechernen Petroleumkannen, aus deren Öffnung ein starker Docht hervorsah. Glaszylinder und Schirm gab es dabei nicht. Dennoch reichten die beiden dunkel lodernden und stark qualmenden Flammen aus, den Platz vor der Tür zu erleuchten.

Gerade, als Helmers die Lampen an zwei Baumäste gehängt hatte, ließen sich Schritte hören, die sich von da her näherten, wo die Maisfelder lagen. „Meine hands kommen heim“, sagte er.

Unter ‚hand‘ versteht der Amerikaner jede männliche oder weibliche Person, die sich in seinem Dienst befindet. Doch Helmers hatte sich geirrt. Als der Nahende in den Lichtkreis trat, sah man, dass er ein Fremder sei.

Er war ein langer, starker, vollbärtiger Mann, mexikanisch gekleidet, doch ohne Sporen, was hier auffallen musste. Aus seinem Gürtel blickten die Griffe eines Messers und zweier Pistolen hervor, und in der Hand trug er eine schwere, mit silbernen Ringen verzierte Büchse. Als seine dunklen Augen scharf und stechend über die Anwesenden flogen, machte er den Eindruck eines rohen Menschen, von dem man zarte Regungen nicht erwarten durfte. Während sein Blick das Gesicht des Mormonen streifte, zuckte er auf eine eigentümliche Weise mit den Wimpern. Niemand außer dem Mormonen bemerkte das. Es war jedenfalls ein Zeichen.

„Buenas tardes, Señores!“, grüßte er. „Ein Abend bei bengalischer Beleuchtung! Der Besitzer dieser Hazienda scheint ein poetisch veranlagter Mann zu sein. Erlaubt, dass ich mich für eine Viertelstunde bei euch ausruhe, und gebt mir einen Schluck zu trinken, wenn hier überhaupt etwas zu bekommen ist!“ Er hatte in jenem spanisch-englischen Mischmasch gesprochen, dessen man sich an der mexikanischen Grenze häufig zu bedienen pflegt. „Setzt Euch nieder, Señor!“, forderte ihn Helmers auf. „Was wollt Ihr trinken? Ein Bier oder einen Schnaps?“

„Bleibt mir mit Euerm Bier vom Leibe! Ich mag von der deutschen Brühe nichts wissen. Gebt mir einen kräftigen Schnaps, aber nicht zu wenig! Verstanden?“

Seine Haltung und sein Ton waren die eines Mannes, der nicht gewohnt war, mit sich scherzen zu lassen. Er trat ganz so auf, als habe er hier zu gebieten. Helmers stand auf, um das Verlangte zu holen, und deutete auf die Bank, wo er dem Fremden Platz gemacht hatte. Der aber schüttelte den Kopf und sagte: „Danke, Señor! Hier sitzen schon vier. Will lieber dem Caballero Gesellschaft leisten, der da so einsam hockt. Bin die weite Savanne gewohnt und habe es nicht gern, so eng beieinander zu kleben.“

Er lehnte sein Gewehr an den Stamm des Baumes und setzte sich zu dem Mormonen, den er mit einem leichten

Griff an den breiten Rand seines Sombrero grüßte. Der Heilige der letzten Tage erwiderte den Gruß in der gleichen Weise. Beide taten, als seien sie einander fremd.

Helmers war wieder ins Haus getreten. Die anderen verschmähten es aus natürlicher Höflichkeit, ihre Blicke auffällig auf den Fremden zu richten. Das gab jenem die willkommene Gelegenheit, dem Mormonen zuzuraunen: „Warum kommt Ihr nicht? Ihr wisst doch, dass wir Nachricht haben wollen." Er sprach jetzt das reinste Yankee-Englisch.

„Man lässt mich nicht fort", flüsterte der Gefragte.

„Wer?"

„Dieser verdammte Nigger da."

„Der kein Auge von Euch wendet? Was hat er denn?"

„Er behauptet, ich hätte seinem Herrn Geld gestohlen, und will mich lynchen."

„Mit dem ersten Teil seiner Behauptung kann er das Richtige getroffen haben; das zweite aber mag er sich aus dem Sinn schlagen, falls er nicht will, dass wir ihm mit unseren Peitschen sein schwarzes Fell blutrot färben. Gibt es etwas Neues hier?"

„Ja. Sechs diamond-boys wollen mit bedeutenden Summen über den Llano."

„Zounds! Sollen uns willkommen sein! Werden ihnen mal in die Taschen gucken. Bei der letzten armseligen Gesellschaft war ja nichts zu finden. Doch still! Helmers kommt."

Der Genannte kehrte mit einem großen Glas voll Schnaps zurück. Er stellte es vor den Fremden hin und sagte: „Da, wohl bekomm's, Señor! Habt heute wohl einen weiten Ritt hinter Euch?"

„Ritt?", antwortete der Mann, indem er den halben Inhalt des Glases hinuntergoss. „Habt Ihr keine Augen? Oder vielmehr, habt Ihr zu viele Augen, sodass Ihr seht, was gar nicht vorhanden ist? Wer reitet, muss doch ein Pferd haben!"

„Gewiss."

„Nun, wo ist denn das meinige?"

„Jedenfalls da, wo Ihr es zurückgelassen habt.“

„Valgame Dios! Ich werde doch wohl mein Pferd nicht dreißig Meilen weit zurücklassen, um bei Euch einen Brandy zu trinken, der nicht mal für den Teufel taugt!“

„Lasst ihn im Glas, wenn er Euch nicht schmeckt! Übrigens besinne ich mich nicht, von dreißig Meilen gesprochen zu haben. So, wie Ihr hier vor mir sitzt, seid Ihr ein Mann, der jedenfalls ein Pferd hat. Wo es steht, das ist nicht meine Sache.“

„Das denke ich auch. Ihr habt Euch überhaupt um mich nicht zu kümmern. Verstanden?“

„Wollt Ihr mir das Recht bestreiten, mich um diejenigen zu kümmern, die hier auf meiner einsamen Farm einkehren?“

„Fürchtet Ihr Euch etwa vor mir?“

„Pah! Ich möchte den Menschen sehen, vor dem sich John Helmers fürchtet!“

„Ist mir lieb, denn ich möchte Euch nun fragen, ob ich in Euerm Haus für diese Nacht ein Lager bekommen kann.“

Er warf bei diesen Worten einen lauernden Blick auf Helmers. Der Wirt antwortete: „Für Euch ist kein Platz vorhanden.“

„Carája! Warum nicht?“

„Weil Ihr selbst gesagt habt, dass ich mich nicht um Euch kümmern soll.“

„Aber ich kann doch in der Nacht nicht noch bis zu Euerm nächsten Nachbar laufen. Würde ja erst morgen Mittag dort ankommen!“

„Dann schlaft im Freien! Der Abend ist mild, die Erde weich und der Himmel die vornehmste Bettdecke, die es nur geben kann.“

„So weist Ihr mich fort?“

„Ja, Señor. Wer mein Gast sein will, muss sich einer größeren Höflichkeit befleißigen, als Ihr uns gezeigt habt.“

„Soll ich Euch etwa, um in irgendeinem Winkel bei Euch

schlafen zu dürfen, zur Begleitung der Gitarre oder Mandoline ansingen? Doch ganz wie Ihr wollt! Ich brauche Eure Gastfreundschaft nicht und finde überall einen Platz, wo ich vor dem Einschlafen darüber nachdenken kann, wie ich mit Euch reden werde, wenn wir uns einmal anderswo begegnen sollten."

„Da vergesst aber ja nicht, bei dieser Gelegenheit auch mit an das zu denken, was ich Euch darauf antworten würde!"

„Soll das eine Drohung sein, Señor?" Der Fremde erhob sich bei diesen Worten und richtete seine hohe, breite Gestalt gebieterisch dem Wirt gegenüber auf.

„O nein!", lächelte Helmers furchtlos. „Solange ich nicht zum Gegenteil gezwungen werde, bin ich ein sehr friedlicher Mann."

„Das will ich Euch auch geraten haben. Ihr wohnt hier beinahe am Rand der Wüste des Todes. Da erfordert es die Vorsicht, dass Ihr mit Fremden möglichst Frieden haltet. Sonst könnte der Geist des Llano Estacado einmal unerwartet den Weg zu Euch finden."

„Kennt Ihr ihn etwa?"

„Habe ihn noch nicht gesehen. Aber man weiß ja, dass er am liebsten aufgeblasenen Leuten erscheint, um sie ins Jenseits zu befördern."

„Ich will Euch nicht widersprechen. Vielleicht sind alle diejenigen, die man, vom ‚Geist' durch einen Schuss in die Stirn getötet, im Llano gefunden hat, einst aufgeblasene Wichte gewesen. Eigentümlich aber ist es, dass diese Kerle durchweg Räuber und Mörder waren."

„Meint Ihr?", fragte der Mann höhnisch. „Könnt Ihr das beweisen?"

„So leidlich. Man hat bei diesen Toten stets Gegenstände gefunden, die früher Leuten gehörten, die im Llano ermordet und ausgeraubt worden waren. Das ist doch Beweis genug."

„Wenn das so ist, will ich Euch freundschaftlich warnen: Macht hier auf Eurer abgelegenen Farm ja nicht einmal einen Menschen kalt, sonst könntet Ihr auch einmal mit einem Loch in der Stirn gefunden werden."

„Señor!", fuhr Helmers auf. „Sagt noch ein solches Wort, so schlage ich Euch nieder! Ich bin ein ehrlicher Mann. Verdächtig aber kommt mir einer vor, der sein Pferd versteckt, um nicht als Bravo, sondern als armer ungefährlicher Wanderer angesehen zu werden."

„Gilt das etwa mir?", zischte der Fremde.

„Wenn Ihr es Euch annehmen wollt, so habe ich nichts dagegen. Ihr seid heute bereits der Zweite, der mir vorlügt, kein Pferd zu besitzen. Der Erste war dieser Heilige der letzten Tage. Vielleicht stehen eure beiden Pferde beieinander. Vielleicht sind auch noch andere Pferde und Reiter dabei, um auf eure Rückkehr zu warten. Ich sage Euch, dass ich in dieser Nacht mein Haus bewachen und morgen mit Tagesanbruch die Umgegend säubern werde. Da wird es sich wahrscheinlich zeigen, dass Ihr sehr gut beritten seid!"

Der Fremde ballte beide Fäuste, hob dann die rechte Hand zum Schlag, trat um einen Schritt näher an Helmers heran und schrie: „Mensch, willst du etwa andeuten, dass ich ein Bravo sei? Sage es deutlich, wenn du Mut hast! Dann schlage ich..."

Er wurde unterbrochen.

Bloody-Fox hatte dem Gewehr des Mannes seine ganz besondere Aufmerksamkeit geschenkt. Als der Fremde sich erhob und dem Baum, an dem die Büchse lehnte, den Rücken zukehrte, stand der Jüngling auf und trat an den Stamm, um das Gewehr genau zu betrachten. Seine Augen leuchteten auf und ein Zug eiserner, gnadenloser Entschlossenheit legte sich um seinen Mund. Er wendete sich zu dem Fremden und legte ihm die Hand auf die Schulter.

„Was willst du, Junge?", fragte der Mann unwirsch.

„Ich will Euch an Helmers' Stelle Antwort geben", entgegnete Bloody-Fox ruhig. „Ja, Ihr seid ein Bravo, ein

Räuber, ein Mörder! Nehmt Euch vor dem Geist des Llano in Acht, den wir den Avenging-ghost nennen, weil er jeden Mord mit einer Kugel durch die Stirn an dem Mörder zu rächen pflegt!"

Der Riese trat mehrere Schritte zurück, maß den Jüngling mit einem erstaunt verächtlichen Blick und lachte dann höhnisch auf: „Knabe, Bursche, Junge, bist du toll? Ich zerdrücke dich mit einem einzigen Griff meiner Hände zu Brei!"

„Das werdet Ihr bleiben lassen! Bloody-Fox ist nicht so leicht zu zermalmen. Ihr habt geglaubt, Männern gegenüber unverschämt sein zu können. Nun kommt ein Jüngling, um Euch zu beweisen, wie wenig Ihr zu fürchten seid. Die Mörder des Llano werden vom Avenging-ghost mit dem Tod bestraft. Ihr seid ein Mörder und ich werde die Stelle des Geistes vertreten. Verrichtet Euer letztes Gebet! Bald werdet Ihr vor dem ewigen Richter erscheinen!"

Diese Worte des jungen Mannes, der noch ein halber Knabe war, machten einen gewaltigen Eindruck auf die Anwesenden. Er kam ihnen völlig verändert vor. Wie er da stand, stolz aufgerichtet, mit drohend erhobenem Arm, blitzenden Augen und einem unerschütterlichen Entschluss in den festen Zügen – war er ein Bote der Gerechtigkeit, ein Vollstrecker des gerechten Strafgerichts.

Der Fremde war, obwohl er den Jüngling fast um Kopfeslänge überragte, bleich geworden. Doch fasste er sich schnell, stieß ein lautes Gelächter aus und rief: „Wahrhaftig, er ist verrückt! Ein Floh will einen Löwen verschlingen! So etwas hat noch niemand gehört! Mensch, beweise es doch einmal, dass ich ein Mörder bin!"

„Spottet nicht! Was ich sage, das geschieht, darauf könnt Ihr Euch verlassen! Wem gehört das Gewehr, das da am Stamm des Baumes lehnt?"

„Natürlich mir."

„Seit wann ist es Euer Eigentum?"

„Seit über zwanzig Jahren." Trotz seines vorigen Gelächters und seiner geringschätzigen Worte machte die Haltung des Knaben einen solchen Eindruck auf den starken Mann, dass ihm gar nicht der Gedanke kam, die Antwort zu verweigern.

„Könnt Ihr das beweisen?", fragte Bloody-Fox weiter.

„Kerl, wie soll ich das beweisen? Kannst du etwa den Beweis des Gegenteils erbringen?"

„Ja. Diese Büchse gehörte dem Señor Rodriguez Pinto auf der Estanzia del Meriso drüben bei Cedar Grove. Er war vor zwei Jahren mit seinem Weib, seiner Tochter und drei Vaqueros hüben in Caddo am Washita River auf Besuch gewesen. Dort verabschiedete er sich, kehrte aber niemals heim. Kurze Zeit darauf fand man die sechs Leichen im Llano Estacado, und die Spuren im Boden verrieten, dass die Wegweiserpfähle verändert worden waren. Diese Büchse trug er damals bei sich. Hättet Ihr behauptet, sie seit der angegebenen Zeit von irgendwem gekauft zu haben, so wäre die Sache zu untersuchen. Da Ihr aber behauptet, sie bereits zwanzig Jahre zu besitzen, so habt Ihr sie nicht von dem Schuldigen gekauft, sondern seid selbst der Mörder und als solcher dem Gesetz des Llano Estacado verfallen."

„Hund!!", knirschte der Fremde. „Soll ich dich zermalmen? Dieses Gewehr ist mein Eigentum. Beweise es doch, dass es jenem Estanziero gehört hat!"

„Sogleich!" Der Jüngling nahm das Gewehr vom Stamm des Baumes weg und drückte an einer der kleinen Silberplatten, die in den unteren Teil des Kolbens eingelegt waren. Sie sprang auf, und darunter zeigte sich ein zweites Plättchen mit dem Namen, den er vorher genannt hatte.

„Schaut her!", sagte er, das Gewehr den anderen zeigend. „Hier ist der unumstößliche Beweis, dass dieses Gewehr Eigentum des Estanziero war. Er war mein Freund und ich kenne es genau. Ich halte diesen Mann für seinen Mörder und das genügt. Seine Minuten sind gezählt."

„Die deinigen auch!", schrie der Fremde, indem er auf den Ankläger einsprang, um ihm das Gewehr zu entreißen.

Aber Bloody-Fox trat blitzschnell einige Schritte zurück, schlug die Büchse auf ihn an und gebot: „Stehen bleiben, sonst trifft Euch die Kugel! Ich weiß, wie man mit solchen Leuten umspringen muss. Hobble-Frank, Juggle-Fred, legt auf ihn an, und wenn er sich bewegt, so schießt ihr ihn sofort nieder!"

Die beiden Genannten hatten im Nu ihre Gewehre erhoben und auf den Mexikaner gerichtet. Es handelte sich hier um das Präriegesetz, das nur einen einzigen, aber umfassenden Paragrafen hat. Da gibt es für den braven Westmann kein Zaudern. Der Fremde sah, dass Ernst gemacht wurde. Es ging um sein Leben, deshalb stand er bewegungslos.

Bloody-Fox senkte jetzt das Gewehr, da die beiden anderen Büchsen den Mann im Bann hielten, und sagte: „Ich habe Euch Euer Urteil gesprochen und es wird sofort vollstreckt werden."

„Mit welchem Recht?", fragte der Mexikaner mit vor Grimm bebender Stimme. „Ich bin unschuldig und lasse mich nicht lynchen!"

„Ich will Euch nicht töten, wie ein Henker den Verurteilten tötet. Ihr sollt mir Auge in Auge gegenüberstehen, jeder mit seinem Gewehr in der Hand. Eure Kugel soll ebenso gut mich treffen können, wie Euch die meinige treffen wird. Es soll kein Mord, sondern ein ehrlicher Kugelwechsel sein. Wir setzen Leben gegen Leben, obgleich ich Euch sofort niederschießen könnte, da Ihr ein Mörder seid."

Der junge Mann stand in aufrechter, selbstbewusster Haltung vor dem Fremden. Sein Ton war ernst und bestimmt und doch gelassen. Der Bravo aber schlug ein lautes, höhnisches Gelächter an und erwiderte: „Seit wann führen denn hier an der Grenze unreife Knaben das große Wort? Wenn diese Männer nicht wären, die ihre Läufe auf mich richten, hätte ich dich bereits abgewürgt, wie man einem fürwitzigen Sperling den Kopf abdreht. Bist du wirklich so verrückt, dich mit mir messen zu wollen, so habe ich nichts dagegen. Meine Kugel wird dir den Weg zur Hölle zeigen! Aber ich halte dich und die anderen bei dem, was dein großes Maul gesprochen hat. Ich verlange einen ehrlichen Kampf und dann ein offenes Feld für den Sieger!"

„Oho!", rief da Helmers. „So haben wir nicht gewettet. Selbst wenn Ihr Glück im Schuss haben solltet, sind wohl noch einige Gentlemen da, die ein Wort mit Euch zu sprechen haben. Ihnen werdet Ihr Rede stehen müssen."

„Nein, so nicht!", fiel Bloody-Fox ein. „Der Mann gehört mir. Ihr habt kein Recht an ihm. Ich allein bin es, der ihn herausgefordert hat, und ich habe ihm mein Wort gegeben, dass der Kampf ehrlich sein soll. Dieses Versprechen müsst Ihr halten, wenn ich falle."

„Aber, Boy, bedenke doch..."

„Da ist nichts zu bedenken. Wohl gehört der Schuft unbedingt zu den Staked-Plain-Vultures[1] und sollte eigentlich ohne langes Gerede mit Knütteln erschlagen werden. Aber so eine Henkerei widerstrebt mir. Ich will den Kampf und ihr versprecht mir jetzt, dass sich der Mann ungehindert entfernen kann, falls er mich erschießt!"

„Wenn du nicht anders willst, so müssen wir es tun. Aber du gehst dann mit dem Vorwurf von der Erde, durch deine ungerechtfertigte Milde dafür gesorgt zu haben, dass dieser Schurke sein Handwerk auch fernerhin betreiben kann!"

„Nun, was das betrifft, so bin ich ruhig. Wollen sehen, ob meine Kugel im Lauf steckt, um nur ein Loch in die Luft zu machen. Sage also, Kerl, auf welche Entfernung wir uns schießen wollen!"

„Fünfzig Schritt", erklärte der Fremde, an den die Aufforderung gerichtet war.

[1] Llano-Geier

„Fünfzig!“, lachte Bloody-Fox. „Das ist nicht allzu nahe. Ihr scheint Eure Haut sehr lieb zu haben. Aber es soll Euch doch nichts nützen. Ich will Euch die freundschaftliche Mitteilung machen, dass ich genauso wie der Avenging-ghost zielen werde, nämlich nach der Stirn. Nimm also die deinige in Acht!“

„Immer schneide auf, Knabe!“, knirschte sein Gegner. „Ich habe erhalten, was ich wünschte, das Versprechen des ungehinderten Abzugs. Machen wir die Sache kurz! Gib mir mein Gewehr!“

„Wenn die Vorbereitungen getroffen sind, sollt Ihr es haben, eher nicht, denn Euch ist nicht zu trauen. Der Wirt mag die Entfernung abmessen, fünfzig Schritt. Haben wir Stellung genommen, so mag sich Bob mit der einen Lampe zu Euch, Hobble-Frank mit der anderen zu mir stellen, damit wir beide einander genau sehen können und ein sicheres Ziel haben. Dann reicht Juggle-Fred Euch Euer Gewehr, Helmers mir das meinige. Helmers gibt das Zeichen und von diesem Augenblick an können wir beliebig schießen, jeder zwei Kugeln, denn unsere Gewehre sind doppelläufig. Wer seinen Platz verlässt, bevor die Kugeln gewechselt sind, wird von dem, der ihm das Licht hält, niedergeschossen. Zu diesem Zweck werden Bob und Frank ihre Pistolen oder Revolver bereit halten.“

„Schön! So sein sehr schön!“, rief Bob. „Masser Bob sofort geben Schuft eine Kugel, wenn er wollen laufen!“ Er zog die Waffe aus dem Gürtel und zeigte sie unter drohendem Grinsen dem Fremden.

Die anderen erklärten sich mit den Bedingungen des Bloody-Fox einverstanden und die Vorbereitungen wurden sofort getroffen. Alle waren damit so beschäftigt, dass es keinem einfiel, auf den frommen Tobias Preisegott Burton besonders Acht zugeben. Dem Mormonen schien der Auftritt zu gefallen. Er rückte langsam von seinem Platz nach der Ecke der Bank und zog die Füße unter dem Tisch hervor, sodass er im passenden Augenblick die Beine sofort zur Flucht benutzen konnte.

Jetzt hatten die beiden Gegner ihre Plätze eingenommen, fünfzig Schritt voneinander entfernt. Neben dem Fremden stand der Neger, in der Linken die Lampe und in der Rechten die Reiterpistole, die er schussbereit hielt. Bei Bloody-Fox stand Hobble-Frank mit seiner Lampe und in der anderen Hand den Revolver, nur der Form wegen, da er ihn gegen den ehrlichen jungen Mann sicher nicht gebrauchen musste.

Helmers und Juggle-Fred hielten die beiden geladenen Gewehre bereit. Es war selbst für diese kampfgewohnten Leute ein Augenblick höchster Spannung. Die zwei im Luftzug wehenden Flammen beleuchteten mit rußigrotem, flackerndem Schein die beiden Gruppen. Die Gegner verharrten still und doch schien es bei dem unruhigen Licht, als ob sie sich unausgesetzt bewegten. Es war unter diesen Umständen sehr schwer, ein ruhiges Ziel zu nehmen, besonders da die Beleuchtung nicht ausreichte, das Korn in der Kimme zu erkennen.

Bloody-Fox war unbefangen und seelenruhig. Sein Gegner aber befand sich in anderer Stimmung. Juggle-Fred, der ihm das Gewehr überreichen sollte und deshalb nahe bei ihm stand, sah das gehässige Leuchten seiner Augen und das ungeduldige Zittern seiner Hände.

„Seid ihr fertig?“, fragte Helmers jetzt.

„Ja“, bestätigten beide, wobei der Fremde bereits die Hand nach seiner Büchse ausstreckte. Er hatte jedenfalls die Absicht, Bloody-Fox, wenn auch nur um eine halbe Sekunde, mit dem Schuss zuvorzukommen.

„Hat einer von euch für den Fall seines Todes noch eine Bestimmung zu treffen?“, erkundigte sich Helmers.

„Der Teufel hole deine Neugier!“, rief der Fremde aufgeregt.

„Nein“, entgegnete der Jüngling desto ruhiger. „Ich sehe es diesem Kerl an, dass er nicht zu zielen vermag. Er zittert ja. Sollte er mich dennoch versehentlich treffen, würdest du in meiner Satteltasche finden, was zu wissen nötig ist. Und nun mach, dass wir zu Ende kommen!“

„Na, denn also hin mit den Büchsen! Gebt Feuer!"

Helmers reichte Bloody-Fox das Gewehr. Der junge Mann nahm es gleichgültig hin und wog es in der rechten Hand, als ob er seine Schwere messen wolle. Er tat gar nicht so, als hinge sein Leben an einem kurzen Augenblick.

Der andere hatte seine Büchse dem Juggle-Fred fast aus der Hand gerissen. Er bot nur seine linke Seite dar, um ein möglichst schmales Ziel preiszugeben, und legte an.

Sein Schuss krachte.

„Halloo! Dash!", brüllte der Neger. „Massa Bloody-Fox sein nicht troffen! O joh! O pleasure! O happiness!" Er sprang mit beiden Beinen zugleich in die Luft, tanzte um seine eigene Achse und gebärdete sich vor Freude wie ein Besessener.

„Willst du Ruhe halten, Kerl!", donnerte Helmers ihn an. „Wer soll denn da zielen, wenn du die Lampe derart schwingst!"

Bob sah augenblicklich ein, dass sein Verhalten gerade demjenigen, dem er den Sieg wünschte, zum Schaden gereichte. Er stand plötzlich kerzengerade und rief: „Masser Bob jetzt stillhalten! Masser Bob nicht zucken! Massa Bloody-Fox schnell schießen!"

Aber der Fremde hatte sein Gewehr nicht von der Wange genommen. Er drückte ab – auch dieser Schuss ging fehl, obgleich Bloody-Fox noch immer so dastand wie vorher, dem Gegner die ganze Breite seines Körpers bietend und die Büchse in der Rechten wiegend. „Verdammt!", fluchte der Bravo.

Er war starr vor Betroffenheit. Dann stieß er noch ein Kraftwort aus, das nicht wiedergegeben werden kann, und tat einen Sprung zur Seite, um zu entfliehen.

„Stopp!", rief der Neger. „Ich schießen!" Er drückte ab. Aber nicht sein Schuss allein war gefallen.

Der kurze Augenblick, währenddessen sein Gegner vor Schreck unbeweglich gewesen war, hatte Bloody-Fox genügt, sein Gewehr emporzunehmen. Er drückte so schnell ab, als brauche er gar nicht zu zielen, drehte sich dann auf dem Absatz um, griff in den Kugelbeutel, um den abgeschossenen Lauf gewohnheitsmäßig sofort wieder zu laden, und sagte ruhig: „Er hat es! Geht hin, Frank! Ihr werdet mitten in seiner Stirn das Loch sehen!"

Frank und Helmers eilten zu der Stelle, wo der Fremde niedergestürzt war. Bloody-Fox folgte ihnen langsam, nachdem er geladen hatte.

Dort ertönte die triumphierende Stimme des Negers: „O courage! O bravery! O valor! Masser Bob hat totschießen all ganz Spitzbuben! Hier liegen der Mann und sich nicht bewegen von der Stelle. Sehen Massa Helmers und Massa Frank, dass Masser Bob ihn haben treffen in die Stirn? Es sein ein Loch vorn hinein und hinten wieder heraus! Oh, Masser Bob sein ein tapfer Westmann! Er überwinden tausend Feinde mit Leichtigkeit."

„Ja, du bist ein glänzender Schütze!", nickte Helmers, der bei dem Toten niedergekniet war und ihn untersuchte. „Wohin hast du denn eigentlich gezielt?"

„Masser Bob zielen genau nach Stirn und ihn auch dort treffen. Oh, Masser Bob is a giant, a hero; Masser Bob is invincible, Masser Bob can't be beaten, that's all!"

„Schweig, Schwarzer! Du bist weder ein Held noch eine Größe oder gar ein Unüberwindlicher. Du hast auf einen Fliehenden geschossen und dazu gehört kein Heldentum. Übrigens ist es dir gar nicht eingefallen, deine alte Haubitze auf die Stirn dieses Mannes zu halten. Da, schau seine Hosen an! Was erblickst du da?"

Bob leuchtete nieder und betrachtete die Stelle, auf die Helmers deutete. „Das sein ein Loch, ein Riss", entgegnete er.

„Ja, ein Riss, den deine Kugel gemacht hat. Du hast durch das Hosenbein geschossen und willst auf die Stirn gezielt haben. Schäme dich! Und dabei betrug die Entfernung keine sechs Schritt!"

„Oh, oh! Masser Bob sich nicht müssen schämen! Masser Bob haben treffen in Stirn. Aber Massa Bloody-Fox auch schießen und treffen nur in Hose. Masser Bob haben schießen ausgezeichnet, viel besser als Massa Bloody-Fox."

„Ja, das kennen wir. – Aber was für ein Schuss, Bloody-Fox! Das macht dir nicht leicht einer nach. Ich habe dich nicht zielen sehen."

„Ich kenne mein Gewehr", meinte der junge Mann bescheiden, „und wusste, dass es genauso kommen werde, denn der Kerl war zu erregt. Er zitterte. Das ist meist eine Dummheit, zumal wenn das Leben an zwei Schüssen hängt."

Der Mann war tot. Das runde, scharfrandige Loch saß ihm mitten in der Stirn. Die Kugel war hinten herausgegangen.

„Genauso, wie der Geist des Llano Estacado schießen soll", meinte Juggle-Fred bewundernd. „Wahrhaftig, das ist ein Meisterschuss. Der Kerl hat seinen Lohn. Was tun wir mit seiner Leiche?"

„Meine Leute mögen sie einscharren", entschied Helmers. „Einen Toten vor sich zu haben, ist kein erfreulicher Anblick, und selbst der ärgste Schurke bleibt doch immerhin ein Mensch. Aber Gerechtigkeit muss sein, und wo das Gesetz keine Macht hat, da ist man eben gezwungen, die Sache selbst in die Hand zu nehmen. Hier ist zudem von Lynchjustiz keine Rede, denn Bloody-Fox hat ihm die gleichen Möglichkeiten gelassen. Gott sei der Seele des Toten gnädig! Und nun wollen wir – was gibt es denn?"

Bob hatte einen lauten Ruf ausgestoßen. Er war der Einzige, dessen Augen jetzt nicht auf den Toten gerichtet waren. „Heigh-ho!", antwortete der Schwarze. „Massa Helmers einmal dorthin blicken!"

Er streckte den Arm in die Richtung aus, wo die Tische und Bänke standen. Dort war es jetzt finster, da sich die beiden Lampenträger hier bei der Gruppe befanden.

„Warum? Was ist dort?"

„Nichts, gar nichts sein dort. Wenn Massa Helmers und alle anderen Massas hinsehen, dann sie gar nichts sehen, denn Weller sein fort."

„Egad! Der Mormone ist entflohen!“, rief Helmers, indem er von der Leiche empor sprang. „Schnell nach! Vielleicht erwischen wir ihn noch!“

Die Gruppe löste sich augenblicklich auf. Jeder rannte in die Richtung, wohin ihn die Vermutung trieb. Nur einer blieb zurück – Bloody-Fox. Er stand bewegungslos und horchte in das Dunkel des Abends hinaus. So wartete er, bis die Männer wiederkehrten, um, wie vorauszusehen war, zu melden, dass sie keine Spur des Gesuchten gefunden hatten.

„Well, dachte es mir!“, nickte er. „Wir sind dumm gewesen. Vielleicht ist dieser angebliche Mormone ein noch viel gefährlicherer Mensch als der Tote hier. Ich werde dafür sorgen, dass ich ihn wiedersehe, und zwar sehr bald. Good evening, Mesch'schurs!“ Er hob das Gewehr auf, das dem Toten entfallen war, und schritt zu seinem Pferd.

„Willst du fort?“, fragte Helmers.

„Yes. Ich wollte ja schon längst weiter und habe mit diesem Fremden hier kostbare Zeit versäumt. Die Büchse nehme ich mit, um sie den Erben des rechtmäßigen Besitzers zuzustellen.“

„Wann sehe ich dich wieder?“

„Wann es nötig ist. Nicht eher und nicht später.“ Der Jüngling stieg auf und trabte davon, ohne jemand die Hand gereicht zu haben.

„Ein sonderbarer junger Mensch“, meinte der Juggle-Fred, indem er den Kopf schüttelte.

„Lassen wir ihn!“, verteidigte ihn Helmers. „Er weiß stets, was er tut. Ja, er ist jung, aber er nimmt es mit manchem Alten auf, und ich bin überzeugt, dass er über kurz oder lang diesen Tobias Preisegott Burton und vielleicht auch noch andere beim Kragen hat!“

3. *Wüstengeier*

Ungefähr zwei Stunden vor der Zeit, als Hobble-Frank und Bob mit Bloody-Fox zusammentrafen, kamen zwei andere Männer aus der Richtung von Coleman City geritten. Doch konnten sie diesen Ort wohl kaum berührt haben, denn sie hatten ganz das Aussehen von Leuten, die längere Zeit bewohnten Gegenden fern geblieben sind.

Der eine von ihnen hatte eine lange, hagere Gestalt und ritt auf einem alten, niedrigen und scheinbar schwachen Maultier. Er trug eine Lederhose, die jedenfalls für eine weit kürzere und dafür stärkere Gestalt zugeschnitten sein musste. Seine nackten Füße waren mit Lederschuhen bekleidet, die so oft besetzt und geflickt worden waren, dass sie nun aus lauter Flecken und zusammengesetzten Stücken bestanden. Der Leib des Mannes steckte in einem Büffellederhemd, das die Brust unbedeckt ließ, weil es weder Knöpfe noch Heftel und Schlingen hatte. Die Ärmel reichten kaum über die Ellbogen vor. Um den langen Hals war ein Baumwolltuch geschlungen, dessen ursprüngliche Farbe nicht mehr zu erkennen war. Auf dem spitzen Kopf saß ein Ding, das vor langen Jahren einmal ein grauer Zylinderhut gewesen war, aber heute nur noch aus der unbeschreiblich verbogenen und zerknüllten ‚Angströhre' und einem Stückchen übrig gebliebener Krempe bestand, die der Lange zur Beschattung der Augen und zum Abnehmen der seltsamen Kopfbedeckung benutzte. Als Gürtel diente ihm ein dicker Strick, worin zwei Revolver und ein Bowiemesser steckten. Außerdem waren daran allerlei Beutel mit notwendigen Kleinigkeiten befestigt. Von seinen Schultern hing ein Gummimantel. Aber was für einer! Dieses Prachtstück war gleich beim ersten Regen so eingegangen und zusammengeschrumpft, dass es fernerhin nur wie eine Husarenjacke getragen werden konnte.

Quer über seine langen Beine hatte der glückliche Besitzer des wunderschönen Gummimantels eine jener Rifles liegen, womit der geübte Jäger kaum jemals sein Ziel verfehlt.

Der andere Reiter saß auf einem außergewöhnlich hohen und starken Klepper. Er war fett und rundlich, aber so klein, dass seine entsprechend kurzen Beine die Flanken des Pferdes nur halb zu fassen vermochten. Trotz der warmen Jahreszeit trug er einen Pelzrock, der allerdings an einem Überfluss von Haarlosigkeit litt. Hätte man die Haare sammeln wollen, so wären es wohl kaum genug gewesen, um das Fell einer Maus damit auszustatten. Den Kopf bedeckte ein viel zu großer Panamahut und unter dem Pelz schoben sich zwei riesige Aufschlagstiefel hervor. Da die Ärmel des Pelzes viel zu lang waren, konnte man von dem ganzen Mann eigentlich nur das wohlgenährte, rote und gutherzig listige Gesicht erkennen. Auch er hielt eine lange Rifle vor sich. Seine übrigen Waffen verdeckte der Pelz.

Diese beiden Männer waren David Kroners und Jakob Pfefferkorn, überall nur als der Lange Davy und der Dicke Jemmy bekannt. Sie waren unzertrennlich und lebten seit langen Jahren gemeinsam im Wilden Westen. Jemmy war ein Deutscher und Davy ein Yankee, doch hatte Davy im Lauf der Zeit von Jemmy so viel Deutsch gelernt, dass er auch diese Sprache beherrschte.

Die Gegend, wo sie sich befanden, war steinig und unfruchtbar. Der Boden trug nur knorriges Knieholz, zuweilen mit Yuccas und Kakteen vermischt. Einen Wasserlauf schien es in der Nähe nicht zu geben. Zuweilen richtete sich der kleine Dicke in den Bügeln auf, um einen weiteren Ausblick zu gewinnen, und setzte sich dann mit einer enttäuschten Miene in den Sattel zurück.

„Verteufelt triste Gegend!“, knurrte er. „Wer weiß, ob wir heute noch einen Schluck frisches Wasser finden.“

„Hm!“, brummte der andere. „Wir nähern uns eben dem Gebiet des Llano Estacado. Da ist es nicht anders zu verlangen. Oder meinst du, Dicker, dass es in der Wüste Quellen von Eierpunsch oder Buttermilch gibt?“

„Schweig, Langer, und mach mir den Mund nicht wässerig! Ich befürchte, dass wir gezwungen sein werden, mit Kaktussaft fürlieb zu nehmen."

„Das wohl nicht. Noch befinden wir uns nicht in den Plains. Helmers' Home, das wir erst morgen erreichen, liegt an einem Wasser. Also haben wir das fruchtbare Land noch nicht hinter uns. Ich hoffe, die Old Silver Mine, die für heute unser Ziel ist, befindet sich inmitten oder wenigstens in der Nähe einer Baum- oder Strauchinsel, wie man sie zuweilen selbst in wüsten Gegenden antrifft. Und du weißt, meine Hoffnungen täuschen mich nur selten, denn sie schlängeln sich gewöhnlich um die Wirklichkeit herum."

„Magst du nicht lieber davon schweigen? Deine Hoffnungen haben uns bisher zu nichts geführt. Wir waren nur darauf bedacht, schnell vorwärts zu kommen, und haben uns deshalb nicht Zeit genommen, uns nach einem Braten umzusehen. Ich will gar nicht einen Turkey verlangen, aber wenigstens einer nicht gar zu alten Präriehenne möchte ich doch zu gern begegnen. Vielleicht erlaubte sie mir, ihr mit meiner Büchse ‚good day' zu sagen."

„Du hast zu leckerhafte Gedanken, Jemmy! Ich wäre schon zufrieden, wenn ein gefälliger Mulehase auf den Einfall käme, sich zu zeigen. Dann würden wir – have care! Da ist einer!"

Mit einem Ruck hatte er sein Maultier gezügelt. Das Tier stand bewegungslos. Gerade vor den beiden war ein Mulehase zwischen einigen einsamen Grasbüscheln aufgesprungen. Davy hatte sein Gewehr schnell an der Wange und drückte ab. Der Hase überschlug sich und blieb liegen. Die Kugel war ihm durch den Kopf gedrungen, ein Meisterschuss bei solch raschem Anschlag.

Der texanische Hase hat die Größe seines deutschen Verwandten, ist durchaus kein seltenes Wild und besitzt ein wohlschmeckendes Fleisch. Er hat sehr lange Löffel, die denen eines Maultiers[1] ähnlich sind, und wird deshalb Mulehase genannt.

[1] Engl. Mule

Davy ritt zur Stelle, wo der Hase lag, holte sich ihn und sagte, indem er weiterritt:

„Der Braten ist da und ich denke, dass sich wohl auch ein Wässerlein finden lassen wird. Du siehst, dass meine Ahnungen doch nicht ganz vergeblich sind. – Doch horch! War das nicht ein Schuss?“

„Ja, es war einer. Mein Pferd hatte ihn auch gehört.“ Der Klepper sog die Luft durch die Nüstern ein und wedelte lebhaft mit den langen Ohren. Die beiden Trapper richteten sich auf und blickten in die Richtung, woher sie den Schuss vernommen hatten. Er war weiter zu hören gewesen, als ihre Augen reichen konnten, da sie sich in einer muldenartigen Bodensenkung befanden. Aber Davy deutete aufwärts in die Luft, wo ein großer Raubvogel schwerfällig seine Kreise zog.

„Ein Hühnergeier“, meinte er. „Oder nicht, Jemmy?“

„Nein. Es ist ein Königsgeier, wie aus der bunten Färbung zu ersehen ist. Er hat bei einem Aas gesessen, denn er ist so voll gefressen, dass er nur mit Mühe zu fliegen vermag. Man hat ihn durch den Schuss aufgestört und wir müssen sehen, was für Menschenkinder das gewesen sind. Es verlohnt sich hier gar sehr, zu wissen, wen man vor sich hat. In der Nähe des Llano Estacado soll es nicht ganz geheuer sein. Wer das außer Acht lässt, der kann leicht von so einem Geier gefressen werden, was ich keineswegs das höchste der Gefühle nennen möchte. Also vorwärts, alter Davy!“

Sie gaben ihren Tieren die Sporen. Nun ist es aber bekannt, dass Maultiere sehr störrische Geschöpfe sind. So eine Kreatur ist gewöhnlich gerade dann, wenn die größte Eile geboten ist, nicht von der Stelle zu bringen. Und, um das wieder wettzumachen, pflegt das Tier in dem Augenblick in rasenden Galopp zu fallen, wenn der Reiter die zwingendste Veranlassung hat, halten zu bleiben. Davys Maultier machte keine rühmliche Ausnahme. Kaum hatte er es die Sporen fühlen lassen, so stemmte es die vier Beine ein und stand fest wie ein Sägebock. Er drückte fester, was aber nur die Wirkung hatte, dass es den Kopf zwischen die Vorderbeine nahm und hinten in die Höhe ging, um den Reiter nach vorn abzuwerfen. Davy jedoch kannte seinen langjährigen Freund so genau, dass er sich nicht aus dem Sattel bringen ließ.

„Was fällt dir ein, old Joker?", lachte er. „Ich werde dir gleich die Mucken austreiben." Er langte nach hinten, ergriff den Schwanz des Tieres und zog ihn mit einem scharfen Ruck nach vorn. Sofort sprang das Maultier mit allen vieren zugleich in die Luft und schoss dann vorwärts, dass Jemmy kaum zu folgen vermochte. Dieses empfindliche Ziehen am Schwanz war das Geheimmittel, wodurch der Eigensinn des sonst ganz liebenswürdigen Wesens sofort gebrochen werden konnte.

Als die beiden Reiter die Bodensenkung hinter sich hatten, erblickten sie zu ihrem Erstaunen in einer Entfernung von ungefähr sechs Meilen eine eigentümlich zerklüftete Höhe, die sie hier in der Nähe der Plains nicht erwartet hatten. Zugleich sahen sie eine Gruppe von Reitern bei einem am Boden liegenden Gegenstand halten, und zwar so nahe, dass die zwei kaum eine Minute brauchten, um zu ihnen zu gelangen. Sie zügelten sofort ihre Tiere. Es galt zunächst zu erfahren, ob diese Reiter, sechs an der Zahl, sich vielleicht feindselig verhalten würden.

Die beiden wurden bemerkt. Der Kreis, den die sechs bildeten, öffnete sich, doch war keine bedrohliche Bewegung wahrzunehmen.

„Was meinst du?", fragte Jemmy. „Wollen wir hin?"

„Ich denke es. Gesehen haben sie uns doch, und wenn es bushrunners[1] sind, so kommt es auf alle Fälle zu einem Kampf mit ihnen. Aber vorsichtig müssen wir sein, damit es ihnen nicht gelingt, uns zu umzingeln! Wollen uns schussfertig halten."

„Nun bushrunners sind sie wohl kaum. Sie haben viel-

[1] Buschläufer

mehr das Aussehen von Leuten, die zu ihrem Vergnügen einen Ausflug unternehmen. Ihre Anzüge hingen ganz gewiss vor kaum einer Woche noch im tailorshop[1]. – Waffen tragen sie genug bei sich; aber sie glänzen und flimmern gar zu sehr, als dass sie bereits viel in Gebrauch gewesen sein können. Und die Pferde sehen mir so frisch und nach geschrotenem Maisfutter aus, dass ich annehmen möchte, wir haben eine ganz unschädliche pleasure-party[2] vor uns. Ich ziehe ein Zusammentreffen mit solchen Gelbschnäbeln immerhin einer Begegnung mit Leuten vor, die ihre Taschen nur zu dem Zweck haben, anderer Menschen Eigentum hineinzustecken. Machen wir uns also an sie heran!"

Es wäre den beiden auch wohl kaum eine andere Wahl geblieben, denn die sechs setzten ihre Pferde in Bewegung und trabten ihnen entgegen. „Kommt näher!", rief man Davy und Jemmy zu. „Ihr werdet etwas zu sehen bekommen."

„Was denn?", fragte der Dicke.

„Kommt nur! Macht schnell!"

Jetzt hatten sie einander erreicht. Waren bisher die Gesichter der sechs ernst und bedenklich gewesen, so nahmen sie nun plötzlich einen ganz anderen Ausdruck an. Zwölf Augen richteten sich groß und erstaunt auf die beiden Trapper. Dann begann es um die Lippen zu zucken und endlich brach ein schallendes, sechsstimmiges Gelächter aus. „Egad!", rief einer aus. „Wen haben wir denn da? Zwei sonderbare Heilige!"

„Really wonderful fellows! Look at those chaps!", lachten und schrien sie alle durcheinander.

„Ich bitte, Mesch'schurs, lasst euch genau betrachten!", sagte der Wortführer. „So etwas haben wir noch niemals gesehen."

Die beiden hatten bis jetzt keine Miene verzogen. Als sich aber der Mann dem Langen Davy näherte, drängte der Jäger sein Maultier um einige Schritte zurück und fragte: „Wollt Ihr mir nicht vorher Euern Namen nennen, Sir?"

[1] Kleiderladen [2] Vergnügungsgesellschaft

„Warum nicht! Ich heiße Leader.“

„Danke! Also, Mister Leader, ich tue jedem gern einen Gefallen. Ich will also auch Euch zu Willen sein, muss Euch aber vorher sagen, dass meine Büchse leicht losgeht.“

Das klang so ernst, dass das Gelächter sofort verstummte. Leader erwiderte: „Ist es etwa Eure Absicht, Euch an uns zu reiben?“

„Ganz und gar nicht! Reibt Euch nur selbst ab, wenn Ihr schmutzig seid, und nehmt gehörig Seife und Wasser dazu!“

Da griff Leader zu seinem Revolver und drohte: „Mäßigt Euch, Sir! Meine Kugeln stecken nicht so fest, wie Ihr anzunehmen scheint.“

„Pah!“, lachte Davy. „Macht Euch nicht lächerlich! Eure Drohung klingt nach Kinderei.“

„So! Habt doch einmal die Güte, uns eure Namen zu nennen, damit wir wissen, mit welch berühmten Helden wir es zu tun haben!“

„Ich heiße Kroners und mein Gefährte Pfefferkorn.“

„Auf diesen Namen braucht er sich nichts einzubilden, denn so kann nur ein Deutscher heißen, und Leute dieser Abstammung gelten hier zu Lande gar nichts.“

„Das ist eine Ansicht, die ich Euch nicht rauben will. Ich bin kein Irrenarzt. Komm, Jemmy!“

Der Lange setzte sein Maultier in Bewegung und der Dicke folgte ihm. Beide verschmähten es, noch einen Blick auf die Männer zu werfen, und ritten nach der Stelle, wo die Fremden vorher gehalten hatten.

Dort erwartete sie ein entsetzlicher Anblick. Die Erde war mit Huf- und Fußspuren bedeckt, als habe hier ein Kampf stattgefunden. Ein totes Pferd lag da ohne Zaum und Sattelzeug. Sein Leib war weit aufgerissen und Fetzen der Eingeweide waren ringsum verstreut – das hässliche Werk des Geiers, den Davy und Jemmy im Flug beobachtet hatten.

Aber das war es nicht, worüber diese beiden erschraken.

Vielmehr lag in der Nähe des toten Pferdes ein menschlicher Leichnam, ein Weißer, dem die Kopfhaut fehlte. Sein Gesicht war durch Messerschnitte kreuz und quer vollständig unkenntlich gemacht worden. Sein abgebrauchter Wollanzug ließ vermuten, dass er ein Westmann gewesen sei. Eine Kugel, die ihm ins Herz gedrungen war, hatte ihm den Tod gebracht.

„Heiliger Gott! Was muss da geschehen sein?“, rief Jemmy, indem er vom Pferd sprang und zu der Leiche trat.

Auch Davy stieg ab und kniete bei dem Toten nieder. „Er ist schon seit Stunden tot“, stellte er fest, nachdem er die Hand und die Brust des Mannes befühlt hatte. „Er ist kalt und das Blut rinnt nicht mehr.“

„Durchsuche ihm die Taschen! Vielleicht findet sich etwas, irgendein Gegenstand, der erraten lässt, wer er war.“

Davy folgte der Aufforderung, als gerade die sechs Reiter, die ihnen langsam gefolgt waren, bei ihnen anlangten.

„Halt!“, rief Leader. „Wir werden uns das Durchsuchen der Taschen streng verbitten. Ich kann die Beraubung der Leiche nicht dulden.“

Er sowohl wie seine Gefährten stiegen ab und traten herbei. Er ergriff den Langen beim Arm und zog ihn hoch, was sich Davy ganz ruhig gefallen ließ. Die beiden Trapper wechselten einen Blick des Einverständnisses und dann fragte Jemmy: „Wie kommt Ihr denn auf den geistreichen Gedanken, dass wir den Toten berauben wollen?“

„Nun, ihr greift ja in seine Taschen!“

„Könnte das nicht auch einen anderen Zweck haben?“

„Bei euch jedenfalls nicht. Euch sieht man ja sogleich an, wes Geistes Kinder ihr seid.“

„Da entwickelt Ihr freilich einen ungeheuren Scharfsinn, Mister Leader.“

„Werdet nicht auch noch frech, sonst machen wir kurzen Prozess mit euch! Wir haben euch in flagranti ertappt. Euer Gefährte hatte die Hände in den Taschen des Ermordeten. Das genügt. Ihr treibt euch hier in der Nähe des

Tatortes herum. Das ist verdächtig. Wer sind die Mörder? Nehmt euch in Acht, sonst kann es euch an den Kragen gehen!"

Davy zuckte spöttisch die Schultern und Jemmy erwiderte: „Bounce, seid Ihr ein gestrenger Herr! Ihr tut ja ganz so, als hätten wir in Euch den höchsten Beamten der Staaten zu verehren!"

„Ich bin lawyer[1]", antwortete Leader stolz und kurz.

„Ah, Jurist! Also gehört Ihr zu den hochgelehrten Leuten, die die Aufgabe haben, sich um die Paragrafen herumzuschlängeln? Here is my respect, Sir!" Davy zog in ironischer Unterwürfigkeit den Hut.

„Sir, treibt keinen Unsinn!", donnerte Leader ihn an. „Ich bin in Wirklichkeit attorney at law[2] und weiß mir Achtung zu verschaffen. Diese ehrenwerten Herren haben mich zum Anführer unserer Schar gewählt. Also gilt das, was ich für gut befinde!"

„Schön, schön!", nickte Jemmy eifrig. „Wir haben ja auch gar nichts dagegen. Da Ihr lawyer seid, so wird es Euch gewiss leicht werden, diesen Kriminalfall richtig zu behandeln."

„Natürlich. Ich muss vor allem darauf bestehen, dass ihr euch nicht entfernt, bevor ich alles genau untersucht und sodann meine Anordnungen getroffen habe. Der Fall kann euch in unangenehme Verwicklungen bringen."

„Oh, das macht uns keine Sorge, denn wir sind überzeugt, dass es Euerm Scharfsinn gelingen wird, diese Verwicklungen wieder auseinander zu wickeln!"

Leader zog es vor, diese neue Bosheit unbeantwortet zu lassen. Dafür erteilte er seinen Begleitern den Befehl: „Haltet die beiden Pferde fest, damit es den Verdächtigen nicht etwa einfällt, davon zu reiten!"

Die Trapper ließen es auch ruhig geschehen, dass dieses Gebot ausgeführt wurde. Es gab ihnen offenbar Spaß zu beobachten, was diese im fernen Westen unerfahrenen Menschen unternehmen würden.

[1] Anwalt [2] So viel wie Notar

Das Auffinden einer skalpierten Leiche ist an sich eine ernste Sache, wenn auch der Präriejäger bei dergleichen Vorkommnissen ziemlich abgehärtet ist. Aber der Anblick, den der seiner Kopfhaut beraubte und im Gesicht geschändete Tote bot, wirkte Grauen erregend. Dazu kam die Befürchtung, die Davy und Jemmy für ihre persönliche Sicherheit hegen mussten. Es stand bei ihnen fest, dass der Mann von einem Indianer getötet und skalpiert worden sei, und da nicht anzunehmen war, dass sich eine einzelne Rothaut so weit nach Osten wagte, so war zu vermuten, dass sich ein ganzer Trupp Indsmen in der Nähe befand. Es galt also, vorsichtig zu sein.

Der Advokat untersuchte nun höchst eigenhändig die Taschen des Toten. Sie waren leer, ebenso der Gürtel. „Er ist bereits ausgeraubt worden", erklärte er. „Also liegt ein Raubmord vor und es ist unsere Pflicht, den Mörder zu entdecken. Die Spuren beweisen, dass nicht ein einzelner Mann die Tat begangen hat. Es sind ihrer mehrere gewesen, und wenn ich bedenke, dass das böse Gewissen den Verbrecher nach dem Ort seiner Untat zurückzutreiben pflegt, so vermute ich, dass wir gar nicht weit zu gehen brauchen, um die Mörder zu finden. Mesch'schurs, ihr seid meine Gefangenen und werdet uns zur nächsten Ansiedlung begleiten. Das ist Helmers' Home. Dort werden wir dem Fall mit aller Strenge nachgehen."

Leader war in einer Haltung, die einschüchtern sollte, vor die beiden hingetreten. „Gebt also eure Waffen ab!", fügte er gebieterisch hinzu.

„Gern", entgegnete Jemmy. „Hier habt Ihr mein Gewehr. Greift zu!"

Dabei legte er auf Leader an. Die Hähne knackten. Leader sprang erschrocken zur Seite und rief: „Schuft! Wollt Ihr Euch widersetzen?"

„O nein!", lachte Jemmy. „Von Widersetzlichkeit kann keine Rede sein. Ich will Euch nur bitten, mir das Gewehr möglichst behutsam aus der Hand zu nehmen. Es könnte sonst losgehen und dann wäre es mit Eurer berühmten Advokatur zu Ende. Also greift fein säuberlich zu!"

„Auch noch Hohn? Mann, ich lasse Euch fesseln, dass Ihr Euch krümmen sollt vor Schmerzen!"

„Soll mir angenehm sein, denn so ein richtiges Zusammenschnüren ist eine wahre Wonne."

„Wenn ihr nicht gehorcht, lasse ich auf euch schießen!"

„Oho! Das werdet ihr bleiben lassen! Ich sage euch, dass jeder, der sich uns auf mehr als drei Schritte nähert, sofort die Kugel in den Kopf bekommt. Was sind hier am Rande des Llano Estacado zehn Advokaten gegen einen einzigen erfahrenen Prärieläufer! Gegen unsere Kunst kommt ihr mit euern Kinderflinten nicht auf; das mögt ihr glauben. Wir brauchen keinen lawyer aus dem Osten. Wir haben die Paragrafen der Prärie studiert und verstehen es genügsam, ihnen Geltung zu verschaffen. Außerdem sind wir ehrliche Leute und ihr habt euch in uns getäuscht. Aber wir werden es euch nicht entgelten lassen, denn euer Scharfsinn hat uns großen Spaß gemacht. Leider wisst ihr nicht, was in einem solchen Fall eine unbeschädigte Fährte zu bedeuten hat. Ihr habt eure Pferde hier nach Belieben trampeln lassen. Nun ist es beinahe unmöglich, die Spur am Tatort zu lesen. Wir wollen aber sehen, was noch zu machen ist. Suchen wir einen Kreis ab, Davy, du nach rechts und ich nach links! Drüben treffen wir dann zusammen."

Diese Art zu sprechen verfehlte den beabsichtigten Eindruck nicht. Niemand entgegnete ein Wort und selbst Leader schwieg. Die Fremden zogen zwar finstere Gesichter, aber als sich die Trapper jetzt nach verschiedenen Seiten entfernten, wagte es keiner, sie zu hindern.

Jeder der beiden schritt, den Boden sorgfältig musternd, einen weiten Halbkreis ab, dessen Mittelpunkt die Leiche war. Als sie zusammentrafen, teilten sie sich ihre Entdeckungen mit und kehrten dann an den Tatort zurück. Hier untersuchten sie das Pferd, den Toten und den zerstampften

Boden. Die Sorgfalt, womit sie sogar einzelne Steinchen betrachteten, wollte den anderen fast lächerlich erscheinen. Zuletzt sprachen sie wieder eine Weile miteinander, bis sie zu einer festen Ansicht gekommen zu sein schienen. Dann wendete sich Jemmy an den Advokaten: „Mister Leader, jetzt können wir Euch Aufklärung geben. Schon, dass der Mann skalpiert ist, musste Euch auf die Vermutung bringen, dass er durch die Kugel eines Indianers fiel. Wir dachten das sofort und haben es bestätigt gefunden. Übrigens ist ihm wohl sein Recht geschehen. Erst bemitleideten wir ihn, doch ohne Grund, wie sich jetzt herausgestellt hat. Er war ein schlimmer Bursche, Mitglied einer Bande von bushrunners, die hier ihr Wesen zu treiben scheinen. Nehmt Euch vor ihnen in Acht!"

Seine Eröffnungen wurden mit Staunen entgegengenommen. „Wie?", fragte Leader. „Das alles wollt Ihr aus diesen Spuren ersehen haben?"

„Oh, noch viel mehr!"

„Das ist unmöglich!"

„So sagt Ihr, weil Ihr ein Neuling in solchen Dingen seid. Man kann eine Fährte so genau lesen wie die Zeilen und Seiten eines Buches. Freilich gehört dazu, dass man sich eine Reihe von Jahren im Wilden Westen bewegt hat. Der Mann ist nicht auf dem Platz, wo er jetzt liegt, erschossen worden. Habt Ihr bemerkt, dass ihm die Kugel den ganzen Körper durchbohrt hat und zum Rücken wieder hinausgedrungen ist?"

„Ja."

„So kommt einmal mit zur Seite!"

Die anderen folgten Jemmy, bis er nach einigen Schritten stehen blieb und auf den Boden deutete, der aus hartem, nacktem Gestein bestand. Da lag eine große Lache geronnenen Blutes. „Was seht Ihr hier?", fragte er.

„Das ist Blut", stellte Leader fest.

„Fällt Euch weiter nichts auf?"

„Nein."

„So habt Ihr freilich keine sonderlich scharfen Augen. Seht Euch doch einmal dieses kleine Ding an! Was ist das wohl?“

Jemmy nahm den betreffenden Gegenstand aus der Lache. Das Ding war klein, etwa wie eine Münze, und zeigte trotz des anhaftenden Blutes einen matten, metallischen Glanz. Alle betrachteten den Gegenstand und Leader sagte: „Das ist eine breitgedrückte Bleikugel.“

„Ja, und zwar die Kugel, die diesem Mann den Tod gebracht hat. Sie ist ihm mitten durchs Herz gedrungen. Also war er augenblicklich tot. Er kann sich unmöglich noch dorthin geschleppt haben, wo er jetzt liegt, sondern ist von anderen oder wenigstens von einem anderen dorthin geschafft worden. Gebt Ihr das zu?“

„Wie Ihr es erklärt, klingt es freilich sehr wahrscheinlich.“

„Nun seht Euch einmal das trockene Hartgrasplätzchen hier neben dieser felsigen und blutigen Stelle an! Was bemerkt Ihr da?“

„Das Gras ist niedergedrückt worden.“

„Wovon oder von wem?“

„Ja, wer soll das wissen?“

„Wir wissen es. Hier hat ein Mensch gelegen, und da nicht die mindeste Spur von Blut zu entdecken ist, so muss man annehmen, dass er nicht etwa verwundet war. Dicht daneben seht Ihr einen Strich im weichen Sandboden. Er ist oben breit und verengt sich nach unten. Womit ist dieser Strich wohl gemacht worden?“

„Vielleicht mit dem Stiefelabsatz.“

„O nein! Ich werde Euch sogleich beweisen, dass der Mann, der hier lag, keine Stiefel, sondern Mokassins trug. Dieser Strich würde eine ganz andere Form haben, wenn er von einem Stiefel herrührte. Er würde dann muldenförmig sein. Uns scheint er vielmehr mit der Ecke eines Gewehrkolbens gezogen worden zu sein, und da er nicht gleichmäßig ist, sondern tief beginnt und am anderen Ende in einem flachen, seitlich gebogenen Haken ausläuft, so ist es gewiss, dass er nicht langsam, in ruhiger Bewegung, sondern hastig gemacht wurde. Endlich seht Euch einmal den Eindruck hier am unteren Ende der Spur an! Welchem Umstand verdankt er seine Entstehung?“

Erst nachdem Leader die betreffende sandige Stelle genau betrachtet hatte, erklärte er: „Es scheint fast, als hätte sich hier jemand auf dem Absatz umgedreht.“

„Diesmal habt Ihr Recht. Der Eindruck ist aber auch deutlich genug. Wenn Ihr die Stelle genau prüft, werdet Ihr zugeben müssen, dass hier von einem Stiefelabsatz nicht die Rede sein kann, sondern nur von einem Schuhwerk mit stumpfer Ferse, also einem Mokassin. Ihr findet da den Abdruck nur eines Fußes, nicht auch den des anderen, obgleich der Boden sehr weich ist. Was folgt daraus?“

„Das weiß ich nicht.“

„Die Hast der Bewegung, die ich bereits vorhin erwähnte. Der Betreffende hat sich hier in größter Eile niedergeworfen, sodass der zweite Fuß in der Luft schwebte und keinen Eindruck im Sand machen konnte. Hätte der Mann Zeit gehabt, sich in aller Behaglichkeit auszustrecken, so müsste man unbedingt die Spuren beider Füße sehen. Es ist also mit Gewissheit anzunehmen, dass er Grund hatte, sich plötzlich hinzuwerfen. Und welcher Grund könnte das wohl sein?“

Der Advokat kratzte sich nachdenklich hinter dem Ohr. „Sir“, sagte er, „ich muss zugeben, dass es uns unmöglich ist, Euch in Euern Vermutungen oder Berechnungen so schnell zu folgen.“

„Das beweist eben, dass ihr Greenhorns seid. In solchen Lagen hängt das Leben oft an einer einzigen Minute. Da darf man nicht erst ewig grübeln und sinnen, sondern es kommt darauf an, dass der Blick hell, rasch und sicher ist. Ich werde euch erklären, welcher Grund vorhanden war. Blickt einmal um euch und sagt mir, ob ihr nicht etwas Auffälliges hier in der Nähe bemerkt!“

Die sechs Männer schauten sich um, schüttelten aber die Köpfe. „Nun", fuhr Jemmy fort, „so betrachtet euch einmal diese Yuccapflanze! An ihr muss euch doch jedenfalls etwas auffallen."

Die erwähnte Pflanze war eine Yucca gloriosa, die hier im trockenen, sandigen Boden in ihrer Entwicklung zurückgeblieben war. Sie blühte noch und trug eine Rispe weißer, purpurn angehauchter Blüten. Mehrere ihrer steifen, schmalen, lanzettartig geformten und blaugrün gefärbten Blätter lagen an der Erde. Sie waren nicht von selbst abgefallen, sondern abgerissen worden.

„Es ist jemand hier gewesen und hat sich mit der Yucca zu schaffen gemacht", stellte Leader mit wichtiger Miene fest.

„So! Und wer ist denn dieser jemand gewesen?"

„Das kann ich nicht wissen."

„Man kann es wissen, ja, man muss es sogar wissen. Ein Mensch hat die Pflanze nicht berührt, aber er hat ihr aus der Ferne eine Kugel zugesandt, die die Blätter abgefetzt und dann dieses Loch hier durch den Stängel geschlagen hat. Seht ihr es denn nicht?"

Die Fremden bemerkten es erst jetzt. Jemmy erklärte weiter: „Kein Mensch schießt aus Langeweile eine Pflanze an. Die Kugel hat demjenigen gegolten, der sich da hinter uns zur Erde warf. Wenn wir uns nun von der Yucca aus eine Linie zu der Stelle denken, wo der letzterwähnte Mann gestanden hat, und die in gerader Richtung verlängern, so wissen wir genau, aus welcher Gegend die Kugel gekommen ist. Da sie durch den unteren Teil des Stängels schlug, hat sich die Mündung des Gewehrs, aus der sie kam, beträchtlich hoch über dem Erdboden befunden, und ihr könnt mir jedenfalls sagen, was daraus zu schließen ist?"

Sie nickten Jemmy verlegen an, antworteten aber nicht. Darum fuhr er fort: „Derjenige, der geschossen hat, stand vermutlich nicht auf der Erde, sondern saß im Sattel. Aus allem, was wir hier gefunden haben, ist also Folgendes zu schließen: Ein mit einem Gewehr bewaffneter Indianer hat dort, wo wir die Spur betrachteten, gestanden. Ein Reiter, der ungefähr aus Nordosten kam, schoss vom Pferd auf ihn, worauf sich der Rote, ohne von der Kugel getroffen zu sein, augenblicklich platt auf den Boden warf, und zwar so, dass er das Gesicht nach oben kehrte. Warum aber tat er das? Da gibt es nur eine einzige Erklärung, nämlich: Er wollte den Schützen heranlocken; er wollte ihn glauben machen, dass er tot sei. Der Reiter kam auch wirklich herbei..."

„Woraus seht Ihr das?", fragte Leader erstaunt.

„Das will ich Euch zeigen. Kommt nur wieder zurück zu dem Platz, wo der Tote liegt!"

Jemmy führte Leader an der Leiche vorüber, zu einer Stelle, wo es zwischen dürftigem Knieholz kleine, freie Sandflecke gab. Hier war ein größerer Eindruck im Sand sichtbar, und Jemmy fragte, auf welche Weise er wohl entstanden sei.

„Es scheint auch hier jemand gelegen zu haben", folgerte Leader.

„Mit dieser Vermutung habt Ihr Recht. Aber wer war das?"

„Etwa der Tote, bevor er starb?"

„Nein, denn der Mann wurde so gut ins Herz getroffen, dass er sich nicht mehr bewegen konnte. Es war ihm unmöglich, sich hierher zu schleppen. Übrigens müsste sich eine Blutlache hier befinden, wenn er es gewesen wäre."

„So war es der Indianer, der sich bereits da drüben einmal niederwarf?"

„Auch der nicht. Es gab für ihn ja keinen Grund, seine schlaue Täuschung zu wiederholen. Ferner haben wir festgestellt, dass er unverletzt war, während der andere, der hier gelegen hat, schwer verwundet war. Wir haben es also jedenfalls mit einer dritten Person zu tun."

„Aber", sagte Leader in höchstem Erstaunen, „dieser Sand ist ja für euch ein aufgeschlagenes Buch! Ich könnte nicht eine Zeile darin lesen."

Auch auf den Gesichtern seiner Gefährten war die helle Verwunderung zu spüren. Jetzt ergriff Davy das Wort: „Darüber braucht man Mund und Augen gar nicht aufzureißen, Mesch'schurs. Alle bewährten Jäger des Westens haben ihre Erfolge neben ihrer Kühnheit, List und Ausdauer auch dem Umstand zu verdanken, dass jede Fußtapfe für sie ein deutlich geschriebener Brief ist, den der Betreffende ihnen mit oder ohne Absicht zurückgelassen hat. Wer kein Verständnis für solche Briefe hat, der wird allerdings bald eine Kugel oder einen guten Messerstich erhalten und an irgendeiner Stelle verfaulen, wo es nicht gut möglich ist, ihm ein Denkmal zu errichten. Mein Gefährte hat gesagt, dass sich hier keine Blutlache befinde, und er hat Recht gehabt. Eine große Lache gibt es freilich nicht, aber ein wenig Blut ist doch zu sehen. Diese kleinen, dunklen Stellen im Sand rühren von Blutstropfen her. Der Mann, der hier lag, war also verwundet, und zwar schwer, denn man ersieht aus der Spur, dass er sich vor Schmerzen am Boden krümmte. Schaut euch nur das Knieholz nebenan genau an und den Sand unter den niedrig kriechenden Zweigen! Der arme Teufel hat vor Pein die Äste losgerissen und die Finger in die Erde gekrallt. Könnt ihr mir vielleicht sagen, an welcher Stelle seines Körpers er verwundet war?"

„Um das sagen zu können, müsste man geradezu allwissend sein."

„O nein! Eine Wunde im Kopf oder im Oberkörper lässt mehr Blut laufen, als hier vorhanden ist. Die Verletzung wurde ihm am Unterleib zugefügt, woraus sich auch die Qualen, die er litt, erklären lassen. Und nun seht weiter, wie nebenan das Holz zerstampft ist und wie die Zweige auseinander gerissen sind bis dort hinüber, wo der unverwundete Indianer lag. Und betrachtet einmal diesen unscheinbaren Gegenstand, der hier am Boden liegt und von euch noch gar nicht beachtet wurde! Was ist das wohl?"

Davy nahm ein Stückchen Leder vom Boden auf. Es war

früher hell gegerbt gewesen, von der Zeit aber dunkel gefärbt worden und wurde durch Einschnitte in lange schmale Streifen geteilt. Die sechs betrachteten es, schüttelten aber die Köpfe.

„Das ist", erklärte Davy, „das losgerissene Stück einer ausgefransten Hosennaht, indianische Arbeit. Der Verwundete, der hier lag, war also auch ein Indianer. Er trug Leggins, deren Leder mit dem Gehirn eines Hirsches gegerbt war. Er hat vor Schmerz die Finger in die Leggins gekrallt und dabei dieses kleine Fransenstück losgerissen. Ein Schuss in den Unterleib ist bekanntlich überaus schmerzhaft. Wenn euch eine Kugel im Eingeweide sitzt, so werdet ihr euch wie Würmer krümmen. Sollte mich wundern, wenn sich dieser Indsman nicht bereits in den ewigen Jagdgründen befände. Er kann die Fortsetzung des Rittes unmöglich lange ausgehalten haben, zumal er mit einem anderen auf einem Pferd sitzen musste."

„Er ist fortgeritten?", fragte Leader. „Und mit einem anderen auf einem Pferd?"

„Jawohl, Sir, ganz gewiss ist es so. Bemüht Euch nur einmal ein Stück mit von hier fort, in der Richtung, woher diese Leute gekommen sind!"

Davy verließ den Platz und schritt nach Nordost. Die anderen folgten ihm, neugierig, worauf er sie noch aufmerksam machen werde. Er ging bis zu der Kreislinie hin, die er vorhin beschrieben hatte. Dort blieb er stehen und sagte: „Mesch'schurs, ihr erhaltet gegenwärtig sozusagen Unterricht im Spurenlesen. Ich muss mich dabei aber sputen, denn wir haben eine gefährliche Räuber- oder Mörderbande vor uns und zugleich gilt es, einen oder doch vielleicht auch zwei Indianer zu retten, die von dieser Bande verfolgt werden. Will mich also so kurz wie möglich fassen. Hier, wo wir stehen, sind die beiden Indianer vorübergekommen, von denen wir sprachen, der verwundete und der unverwundete. Der Erste hat die Wunde nicht erst dort am Platz erhalten, wo er lag, sondern er hat sie bereits hier gehabt. Ich schließe das daraus, dass die beiden ihre Pferde Kopf an Kopf gehalten haben, wie ich aus der Fährte ersehe. Sie sind eng nebeneinander geritten und der Unverwundete hat das Pferd des anderen am Zügel gehabt. Der Zweite brauchte seine Hände, um sie auf seine Wunde zu legen oder um sich im Sattel zu halten, da er abgemattet war."

Einige Schritte zurückgehend und dann auf den Boden deutend, fuhr Davy fort: „Dass wir es wirklich mit Indianern zu tun haben, zeigen die Hufeindrücke. Die beiden Pferde waren barfuß. Hier könnt ihr sehen, dass das eine Pferd, das den Verwundeten trug, einen weiten Satz machte. Hier an dieser Stelle erhielt es seitwärts von hinten einen Schuss, der ihm durch die vordere Weiche in die Brust, und zwar so ins Leben drang, dass es nur noch eine kleine Strecke weiter konnte und dort, wo es jetzt noch liegt, niederstürzte. Dabei wurde der verwundete Indianer aus dem Sattel geworfen und seitwärts in das Knieholz geschleudert."

Hierauf ging Davy nach rechts hinüber und deutete abermals nieder, indem er weiter erklärte: „Hier ist die Spur eines einzelnen Reiters, desjenigen, der auf das Pferd und dann auch auf den unverwundeten Indsman geschossen hat. Sein Gaul trug Hufeisen; er war also ein Weißer. Auf das Indianerpferd schoss er, bevor er hier ankam, wie ich euch beweisen könnte, wenn ich Zeit dazu hätte. Und genau von der Stelle aus, wo wir jetzt stehen, schoss er auf den unverletzten Indsman."

„Das könnt Ihr doch nicht mit solcher Bestimmtheit sagen!", fiel Leader ein.

„Pshaw, ich kann es sogar beschwören! Blickt doch einmal vorwärts, so werdet ihr sehen, dass unser jetziger Standpunkt mit dem Ort, wo der Indianer sich niederwarf, und mit der Yuccapflanze, in die die Kugel drang, in einer schnurgeraden Linie liegt. Es ist da gar kein Zweifel möglich. Und weiter! Nur acht oder zehn Schritt von hier seht ihr eine weitere Fährte vorüberkommen. Da sind fünf Weiße geritten, um dann an dem Platz anzuhalten, dessen Boden so zerstampft ist. Jetzt bitte ich euch, mir nochmals zurück zu folgen. Wir werden dann gleich fertig sein."

Er führte die anderen nicht nur nach dem erwähnten Platz zurück, sondern noch ein Stück darüber hinaus und machte sie dort auf drei Spuren aufmerksam, deren eine seitwärts abbog. Von dieser Spur sagte Davy: „Sie stammt von einem einzelnen Pferd, das einem Weißen gehörte. Die Hufe haben sich tief eingewühlt, das Tier ist im Galopp gegangen. Ein Pferd aber, das zwanzig Schritt von dem Punkt entfernt, wo es stand, bereits galoppiert, ist sicherlich ausgebrochen. Es wurde scheu und lief davon. Wollten wir ihm folgen, so würden wir es gewiss mit leerem Sattel und an irgendeiner Pflanze knuspernd finden. Hier, links davon, seht ihr die zweite Fährte. Sie ist ruhig ausgetreten, und zwar von einem unbeschlagenen Pferd. Da sie trotz des langsamen Schrittes tiefer ausgeprägt ist als die zurückliegende Spur der Indianerpferde, so hat dieses Tier hier unbedingt eine schwerere Last getragen als vorher. Der unverletzte Indianer hat im Sattel gesessen und seinen verwundeten Gefährten vor sich liegen gehabt. Und nun seht ihr genau neben dieser letzten Fährte die Spuren der fünf Weißen. Sie folgten der Fährte der Indianer, ritten aber nicht auf ihr, um sie nicht zu verwischen. So, jetzt bin ich fertig. Nun fasst einmal alles zusammen, was ihr gehört habt, und sagt mir, wie sich das Trauerspiel hier zugetragen hat!"

„Oh, das werden wir am besten Euch überlassen, Sir!", erklärte Leader, jetzt freilich sehr bescheiden.

„Nun", meinte Davy, „ich bin ja deutlich genug gewesen. Unsere Nachforschung hat Folgendes ergeben: Sechs Weiße sind im Nordosten von hier mit zwei Indsmen zusammengetroffen und haben Streit mit ihnen angefangen, wobei der eine Indianer einen Schuss in den Leib erhielt. Die Roten flohen und die Weißen nahmen die Verfolgung auf.

Die Pferde der Indsmen aber waren denen der Weißen überlegen und erhielten einen bedeutenden Vorsprung. Seht das Pferd an, das dort liegt! Es ist von feinster mexikanischer Zucht und stammt wohl gar von echt andalusischen Ureltern. Das Totem, das heißt das Zeichen seines Besitzers, ist ihm auf der linken Seite des Halses in die Haut geschnitten. Der verwundete Indianer war kein einfacher Krieger, denn lediglich Häuptlinge und angesehene Männer des Kriegsrats dürfen ein Totem führen. Nur ein einziges Tier der Weißen war schnell genug, den beiden Indianerpferden auf den Hufen zu bleiben. Dieser Weiße hat die Verfolgung wütend fortgesetzt. Er durfte es wagen, seinen Kumpanen so weit vorauszueilen, da die Roten nichts gegen ihn unternehmen konnten, weil der Unverletzte den Verwundeten stützen und halten musste. Die beiden armen Teufel konnten ihr Heil fast nur in der Flucht finden. Freilich, hätte ich mich an der Stelle des Unverwundeten befunden, so wäre ich aus dem Sattel gesprungen und hätte stehenden Fußes den Weißen erwartet, um ihn vom Pferd zu schießen. Dass der Rote das nicht getan hat, muss einen Grund haben, den ich nicht kenne, oder dieser Indsman war noch ziemlich jung und unerfahren. Die Sorge um den anderen hat ihn verwirrt. Aber listig und verwegen ist er doch gewesen, wie sich sogleich herausstellen wird. Der Weiße hatte ein geladenes Doppelgewehr. Er kam den beiden Verfolgten so nahe, dass er, wie ich schon sagte, dem Pferd des einen dort an der Stelle, wo wir standen, eine Kugel in die Weiche schickte. Es tat einen Sprung, raste noch eine Strecke fort und überschlug sich dann, seinen verwundeten Reiter in das Knieholz schleudernd, wo er liegen blieb. Sofort hielt der andere Rote sein Pferd gleichfalls an und sprang ab, um den Gefährten zu schützen. Der Weiße sandte auch ihm eine Kugel zu. Da sich sein Pferd noch im vollen Lauf befand, hatte er unsicheres Zielen und seine Kugel traf die Yuccapflanze anstatt des Indianers. Der Rote hätte nun sein Gewehr auf den Feind richten können. Doch er war aufgeregt; er zitterte vor Grimm, Sorge und Anstrengung. Es galt sein Leben, das an der Sicherheit des Schusses hing. Darum eben schoss er nicht, sondern er tat, als sei er getroffen, und warf sich nieder, das Gewehr fest in der Hand behaltend. Dabei strich er mit dem Kolben den Sand auf, wie wir gesehen haben. Nun wartete er auf den Weißen, um ihm aus allernächster Nähe die Kugel ins Herz zu jagen. Der Weiße sprang aus dem Sattel und eilte zunächst zu dem verwundet am Boden liegenden Indianer, der sich wohl tot stellte. Von da trat er zu dem anderen Indsman. Der Unverletzte sprang blitzschnell auf, schleuderte den Gegner zu Boden und schoss ihn ins Herz. Er hat ihm dabei die Mündung des Gewehrs so nahe an die Brust gehalten, dass die Wolle der Kleidung versengt wurde und die Kugel hinten wieder aus dem Leib drang und sich auf dem Stein platt drückte. Durch diesen Schuss wurde das Pferd des Weißen scheu. Es ging durch und brach da nach rechts aus, wie wir aus der Spur ersehen haben. Der Rote aber schleppte die Leiche seines erledigten Feindes hin zu seinem verwundeten Gefährten, um ihm den Anblick der Rache zu gönnen. Dort skalpierte er den Toten. Dabei bemerkte er das Nahen der übrigen fünf Gegner. Er durfte nicht länger hier verweilen. Deshalb hob er schnell den Verwundeten auf das noch unverletzte Pferd, stieg auch mit auf und ritt von dannen. Als die fünf herbeikamen und ihren toten Gefährten liegen sahen, saßen sie ab und besprachen sich. Sie sind jedenfalls Llanogeier und er war ihr Genosse. Vielleicht gibt es hier in der Nähe, wahrscheinlich auf Helmers' Home, Leute, die ihn kennen. Wurde er gefunden und erkannt, so war dadurch ihre Anwesenheit verraten, die sie doch geheim halten müssen. Deshalb kamen sie auf den Gedanken, durch Messerstiche das Gesicht des Erschossenen unkenntlich zu machen. Ihr habt gesehen, dass sie das in wahrhaft schändlicher Weise ausgeführt haben, Mesch'schurs. Vorher aber nahmen sie alles, was der Tote bei sich trug, an sich. Auch die Pferdeleiche sattelten und zäumten sie ab, da ein Lederzeug, das einem bedeutenden roten Krieger gehörte, eine wertvolle Beute ist. Sie verließen den Ort und folgten der Fährte der Roten, sich immer neben ihr haltend. Es steht zu erwarten, dass sie trotz der Langsamkeit ihrer Pferde die Indsmen doch einholen werden, da deren Tier eine doppelte Last zu tragen hat. – Als Ihr dann hier ankamt, Mister Leader, war bereits ein Geier bei dem Kadaver des Pferdes. Ihr habt ihn durch einen Schuss vertrieben. Den Schuss hörten wir. Er hat uns herbeigelockt."

„Es scheint mir allerdings", meinte Leader, „dass die Sache sich so zugetragen hat, wie Ihr sie Euch vorstellt. Ich vermute, dass Ihr ein gutes Auge und einen ebenso guten Kopf habt."

„Was meinen Kopf betrifft, so muss ich eben mit ihm zufrieden sein, weil ich ihn nicht mit einem besseren vertauschen kann. Jetzt aber möchte ich Euch fragen, was Ihr in dieser Angelegenheit zu tun gedenkt."

„Gar nichts. Sie geht uns nichts mehr an. Es handelt sich ja nur um Indianer."

„Nur um Indianer?", wiederholte Jemmy. „Nur? Sind die Indsmen etwa keine Menschen?"

„Dass sie Menschen sind, bestreite ich nicht. Doch sie stehen so tief unter uns, dass es eine Beleidigung wäre, uns mit ihnen verglichen zu sehen."

Jemmy entgegnete mit erzwungener Ruhe: „Wenn es so ist, Sir, dann kommen wir freilich nicht in die Lage, euch zu beleidigen, denn es kann uns nicht einfallen, einen Vergleich zwischen euch und ihnen zu ziehen. Diese beiden Roten haben sich wie Helden benommen, wenigstens der eine von ihnen, den wir für den jüngeren halten. Es ist gar nicht möglich, solch unerfahrene Leute, wie ihr seid, mit ihnen zu vergleichen. Haltet euch aber um Gottes willen nicht für bessere Menschen als sie! Die Weißen sind in dieses Land gekommen, um die eigentlichen Besitzer, die

Indianer, daraus zu verdrängen. Es sind Ströme von Blut und Brandy vergossen worden, unter denen der Massenmord bewerkstelligt wurde. Gewalt, List, Betrug, Wortbruch haben unausgesetzt daran gearbeitet, die Scharen, die die Prärien bevölkerten, zu lichten. Man jagt sie von Ort zu Ort, von Territorium zu Territorium. Kaum hat man ihnen ein neues Gebiet angewiesen, wo sie angeblich in Ruhe und Frieden leben sollen, so findet man erneut irgendeinen Grund, sie wieder auf- und fortzujagen. Man verkauft ihnen Schwerspat als Mehl, Kohlenstaub als Pulver, Kinderflinten als Bärenbüchsen. Wollen sie sich das nicht gefallen lassen, so nennt man sie Empörer und schießt sie in Massen nieder. Ergeben sie sich in ihr Schicksal, so nennt ihr sie stumpfsinnig und verkommen. Wehren sie sich ihrer Haut, so heißt ihr sie Räuber und Mörder, die man ohne Gnade und Barmherzigkeit ausrotten müsse. Es geht hier wie unter den wilden Tieren zu: Eins frisst das andere auf und das stärkste meint: ‚Ich habe Recht.' Ich aber sage euch, Mesch'schurs, dass ich unter diesen Verachteten und Verfolgten Männer kennen gelernt habe, von denen einer zehnmal mehr wert war als ihr alle sechs und noch hundert Dutzend eurer Art dazu."

Der Dicke hatte sich allmählich in einen heiligen Zorn hineingeredet, doch Leader erwiderte trotzig: „Wir haben Euch nicht um Eure Meinung befragt, denn wir sind freie, selbständige Männer, die selbst wissen, was zu tun ist."

„Das scheint mir aber gar nicht so. Ihr sagt zum Beispiel, dass ihr nicht nötig habt, euch um das, was hier geschehen ist, weiter zu kümmern. Wenn ihr so denkt, könnt ihr bald in einen Grashalm beißen, an dem ihr sterben müsst."

„Oho! Meint Ihr, dass wir uns fürchten sollen? Wir sind von St. Louis bis hierher gekommen und ich denke, dass wir auch noch weiter kommen werden."

„Von St. Louis bis hierher?", lachte Jemmy. „Soll das etwa eine bedeutende Leistung sein? Ich sage euch, dass die Gefahr erst hier beginnt. Wir befinden uns an der Grenze, wo allerlei Volk sein Wesen treibt, das sich aus fremdem Eigentum zwar sehr viel, aus dem Leben anderer aber desto weniger macht. Und jenseits des Llano Estacado liegt das Gebiet der Komantschen und Apatschen. Wer sich leichtsinnig zwischen solche Mühlsteine wagt, der wird leicht zermahlen. Hier an dieser Stelle sind weiße Räuber und rote Krieger zusammengetroffen. Sehen wir auch von den Weißen ab, so müssen wir uns doch fragen, was die Indianer hier gewollt haben. Wenn zwei Redmen sich so allein ins Land hereinwagen, so steht in zehn Fällen neunmal zu erwarten, dass sie Kundschafter sind, die die Gegend für einen Kriegszug untersuchen. Mir kommt die Sache gar nicht so geheuer vor wie euch. Ich kenne weder den Zweck noch das Ziel eures Rittes. Wir aber wollen über den Llano Estacado hinüber und da gilt es, die Augen aufzumachen, sonst kann es einem geschehen, dass man sich des Abends lebendig niederlegt und dann früh nach dem Erwachen als traurige Leiche nach Hause laufen muss."

„Was unseren Weg betrifft, so wollen wir auch über den Llano Estacado und dann nach Arizona."

„Ihr wart jedenfalls noch nie drüben?"

„Nein."

„Hört, nehmt es mir nicht übel, aber das ist eine beispiellose Unvorsichtigkeit von euch! Ihr haltet den Llano Estacado wohl für eine hübsche, allerliebste Gegend, über die man nur so hinwegtänzeln kann?"

„Na, so dumm sind wir freilich nicht. Wir kennen seine Gefahren, denn wir haben davon gehört und auch darüber gelesen."

„So, so! Hm, hm! Gehört und gelesen! Das ist etwa so, wie wenn einer gehört und gelesen hat, dass Arsenik giftig ist, und dann glaubt, ohne Schaden ein ganzes Pfund davon verschlingen zu können. Seid ihr denn nicht wenigstens auf den klugen Gedanken gekommen, euch einen

Führer zu nehmen, der mit den Plains und ihren Gefahren vertraut ist?"

Jemmy meinte es gut mit den Fremden. Dennoch rief Leader zornig: „Ich bitte Euch sehr, uns nicht derart schulmeistern zu wollen! Wir sind Männer, verstanden? Übrigens haben wir einen Führer."

„Ach so! Wo denn?"

„Er ist uns vorausgeritten."

„Das ist freilich eine eigenartige Weise, jemand zu führen. Wo wartet denn dieser Mann auf euch?"

„In Helmers' Home."

„So! Wenn das der Fall ist, so mag es ja sein. Helmers' Home werdet ihr leicht finden. Und wenn es euch recht ist, könnt ihr euch uns anschließen, denn auch wir wollen dorthin. Dürfen wir vielleicht erfahren, wer euer Führer ist?"

„Ein sehr berühmter Westmann, wie uns versichert wurde. Er hat den Llano Estacado bereits mehrere Male durchkreuzt. Seinen eigentlichen Namen hat er uns nicht gesagt. Gewöhnlich wird er nur der Juggle-Fred genannt."

„Good Luck, der Juggle-Fred!", rief Jemmy. „Der ist allerdings ein tüchtiger Kerl, dessen Führung ihr euch ruhig anvertrauen könnt. Ich freue mich darauf, ihn endlich wieder zu sehen. Jedenfalls reiten wir dann gemeinsam, denn auch wir wollen beide hinüber nach Arizona."

„Auch ihr? Weshalb? Etwa auch wegen der Diamanten, die jetzt dort gefunden werden?"

„Vielleicht", sagte Jemmy zurückhaltend.

„So passen wir nicht zusammen, denn wir wollen in der gleichen Angelegenheit hinüber. Ihr seid also unsere Konkurrenten."

Leader sagte dies in einem sehr bestimmten Ton und betrachtete die Trapper dabei mit einem beinahe feindseligen Blick. Jemmy lachte laut auf und rief: „Das ist lustig! Ihr seid neidisch auf uns? Das ist wieder ein klarer Beweis dafür, dass ihr grün im Westen seid. Meint ihr denn, die Diamanten liegen in Arizona nur so auf der Erde herum, dass man nichts zu tun hat, als sich zu bücken, um sie aufzuheben? Schon die Goldsucher müssen sich zusammentun, wenn sie gute Erfolge erzielen wollen, und die diamond-boys haben das noch viel nötiger. Ein Einzelner geht zu Grunde."

„Wir sind bereits sechs und haben genug Geld bei uns, um nicht zu Grunde zugehen."

„Hört, sagt das nicht etwa einem anderen! Wir sind ehrliche Leute, von denen ihr nichts zu fürchten habt. Andere aber würden wohl dafür sorgen, dass ihr euer vieles Geld nicht weit zu schleppen braucht. Dass ihr nichts von unserer Begleitung wissen mögt, ist uns gleichgültig. Wir wollen es euch anheim stellen, uns wenigstens bis nach Helmers' Home Gesellschaft zu leisten. Ihr könnt diesen Ort heute nicht erreichen und müsst im Freien übernachten. Da ist es gut, Leute bei sich zu haben, die im Wilden Westen zu Hause sind."

„Wann brecht ihr hier auf?"

„Sofort natürlich. Und nun macht, was ihr wollt!"

Jemmy ging gemächlich zu seinem Klepper und stieg auf. Davy tat desgleichen. So ritten sie langsam fort, den Spuren nach, die nach Westen führten. Die anderen blieben eine kurze Weile zurück, um zu beraten, dann folgten sie den beiden. Als sie die zwei Trapper erreicht hatten, drehte sich Davy nach ihnen um und fragte: „Nun, was habt ihr beschlossen?"

„Wir reiten bis Helmers' Home mit euch, aber auch nur bis dorthin."

„Sehr gütig von euch." Davy wendete sich wieder ab und von jetzt an taten die Trapper so, als hätten sie gar niemand hinter sich. Sie ließen ihre Tiere schneller ausgreifen und hingen dabei nach echter Westmannsart im Sattel, vornüber gebeugt, scheinbar schläfrig und lass, als könnten sie gar nicht reiten. Die anderen Reiter hingegen befleißigten sich einer so regelrechten Haltung, als hätten sie Schulpferde einzureiten.

„Seht nur die beiden Kerle!“, sagte Leader zu seinen Begleitern. „Sie können nicht reiten. Das sieht man doch deutlich. Und da wollen sie Westmänner sein? Ich mag es nicht glauben.“

„Ich auch nicht“, stimmte ein anderer bei. „Wer so im Sattel sitzt wie sie, der darf mir nicht weismachen, dass er den Westen kennt. Die Geschichte von dem Spurenlesen, die sie uns vormachten, war jedenfalls nur Schwindel. Schon das Äußere der beiden ist lumpig und schäbig. Und da soll man diesen Burschen Vertrauen schenken?“

„Davon ist keine Rede. Und nun gar sie nach Arizona mitnehmen? Dass wir dumm wären! Der Kerl fuhr förmlich auf, als ich von unserem Geld sprach. Er stellte sich so unendlich ehrlich, jedenfalls nur, weil wir sechs sind und sie zwei. Wollen beim Schlafen aufpassen, damit sie nicht etwa früh mit unserem Geld fortreiten und wir als Leichen liegen bleiben. Ihr ganzes Auftreten lässt vermuten, dass sie vor nichts zurückschrecken.“

Indessen traten die bereits erwähnten Höhen immer näher. Der Boden wurde steinig und Jemmy und Davy beugten sich immer tiefer, weil die Fährte nun nicht mehr leicht zu erkennen war. Da plötzlich hielt der Dicke sein Pferd an, deutete mit der Hand vorwärts und sagte: „Schau einmal dorthin, alter Davy! Was für Wesen mögen wohl da beisammenstehen?“

Davy musterte den bezeichneten Punkt eine Zeit lang scharf und meinte dann: „Das sind zwei sehr bekannte Arten von Geschöpfen, nämlich fünf Pferde und ein Mensch, wobei die Pferde wohl mehr wert sind als der Mensch.“

„Hm, fünf Pferde! Dazu gehören natürlich auch fünf Reiter, und da nur einer zu sehen ist, möchte ich wissen, wo die anderen vier stecken.“

„Schätze, dass sie wohl nicht weit entfernt sein werden. Wenn wir noch ein Stück näher sind, können wir sie vielleicht entdecken. Jetzt ist die Entfernung noch zu groß. Reiten wir also noch ein Stückchen vorwärts!“ Und indem Davy sein Tier wieder in Bewegung setzte, fügte er hinzu:

„Wir haben wohl die Weißen vor uns, von denen einer erschossen wurde. Und jetzt ist es mir auch ganz so, als sähe ich da drüben etwas Menschliches am Boden herumkrabbeln. Betrachte einmal die Punkte dort!"

Was er Punkte nannte, waren vier Männer, die in gleichmäßigen Abständen voneinander entfernt, eine gerade Linie bildeten und sich langsam in der gleichen Richtung fortbewegten.

„Das sind die anderen vier, die zu den Pferden gehören", meinte Jemmy. „Sie befinden sich auf felsigem Boden und suchen die Spur der Indianer, die sie verloren haben. Nach dem Vorsprung zu urteilen, den sie vor uns hatten, müssen sie schon längere Zeit damit beschäftigt sein. Das ist ein sicheres Zeichen, dass sie keine allzu guten Fährtenleser sind. Jetzt haben sie uns bemerkt. Siehst du, dass sie nach ihren Pferden rennen?"

„Und wie verhalten wir uns gegen sie?"

„Hm! Schurken sind sie; das ist gewiss. Wir müssen ihnen um unserer eigenen Sicherheit willen ein wenig auf die Finger passen. Doch scheint es mir nicht geraten, uns gar zu eifrig um ihre Angelegenheit zu kümmern. Es ist besser, wir lassen es sie nicht merken, was wir von ihnen denken. Solange sie sich uns nicht feindlich zeigen, können wir auch friedfertige Gesichter machen. Vorwärts also! Sie erwarten uns."

Auch die sechs diamond-boys hatten jetzt die Pferdegruppe gesehen und hielten sich infolgedessen nun wieder nahe zu den beiden Trappern. Sie fühlten sich also doch in deren Gesellschaft sicherer als allein.

Die fünf fremden Männer standen bei ihren Pferden und hielten die Gewehre schussfertig in den Händen. „Halt, sonst schießen wir!"

Davy und Jemmy ritten trotzdem weiter. Leader und seine Leute aber hielten gehorsam an.

„Halt, sage ich!“, wiederholte der Mann. „Noch einen Schritt, so bekommt ihr unsere Kugeln!“

„Unsinn!“, lachte Jemmy. „Ihr werdet euch doch nicht vor zwei friedfertigen Menschen fürchten. Behaltet eure Kugeln! Wir haben auch welche in unseren Läufen.“

Die fünf schossen nicht, vielleicht weil sie wirklich keine Besorgnis hatten und mit ihrer Drohung nur einschüchtern wollten, vielleicht aber auch, weil die ruhige, sichere Haltung der beiden Trapper Eindruck auf sie machte. Sie ließen die beiden herankommen, hielten aber ihre Gewehre noch schussfertig.

Derjenige von ihnen, der die Warnung ausgesprochen hatte, war eine breitschultrige, untersetzte Gestalt. Ein dichter, schwarzer Vollbart bedeckte den unteren Teil seines Gesichts, sodass die Lippen nicht zu sehen waren. Doch hörte man es seiner Aussprache an, dass er eine Hasenscharte haben müsse. Als die Trapper nun vor ihm hielten, sagte er zornig: „Wisst ihr nicht, was hier im Westen Regel und Sitte ist? Wer angerufen wird, muss stehen bleiben. Verstanden? Ihr verdankt es nur unserer Nachsicht, dass ihr noch lebt.“

„Schneidet nicht so auf, Mann!“, erwiderte Jemmy. „Wem habt denn ihr es zu verdanken, dass ihr noch lebt? Auch wir haben Gewehre!“

„By Jove, ihr droht uns? Wir schießen einer Fliege auf hundert Schritt den Kopf vom Rumpf; das lasst euch gesagt sein! In welcher Absicht treibt ihr euch denn in dieser Gegend herum?“

„Das könnt ihr euch doch denken. Wir wollen uns die nächste Sonnenfinsternis ansehen, die hier am besten zu beobachten sein soll.“

Der Bärtige wusste nicht, wie er diese ernst vorgebrachte Antwort aufnehmen sollte. Er machte ein verdutztes Gesicht und fragte: „Wann soll sie denn sein?“

„Heute Abend zwölf Uhr fünf Minuten elf Sekunden. Ich sage euch, so eine Sonnenfinsternis um Mitternacht ist etwas Großartiges!“

„Mann, wollt Ihr uns foppen?!“, brauste der andere auf. „Nehmt Euch in Acht!“

„Gewiss tun wir das“, lachte der Kleine. „Der Lange Davy und der Dicke Jemmy sind ja als vorsichtige Westmänner bekannt!“

„Behold!“, rief der Schwarzbärtige. „Von euch haben wir gehört. Davy und Jemmy, das sollen ein paar so drollige Burschen sein, dass ich mich immer gesehnt habe, ihnen einmal zu begegnen. Hoffentlich macht ihr uns den Spaß, uns hier eine Komikervorstellung zu geben. Wir bezahlen gut, fünf Cents der Mann und einen Cent das Pferd.“

„Das lässt sich hören! So eine Einnahme konnten wir hier in diesem Zirkus kaum erwarten. Wir treten aber stets nur bei Sonnenfinsternis auf. Ihr werdet also wohl bis zwölf Uhr nachts warten müssen. Wollt ihr euch aber nicht bis dahin gedulden, so schlagt inzwischen selbst einige Purzelbäume! Darf man vielleicht erfahren, welche Namen ihr von euern geehrten Eltern erhalten habt?“

Diese Worte wurden mit so herzgewinnender Freundlichkeit gesprochen, dass der Bärtige weniger barsch antwortete: „Ich heiße Stewart. Die Namen meiner Genossen werden nicht nötig sein. Wo kommt ihr denn eigentlich her?“

„Aus der Gegend, die hinter uns liegt.“

„Und wo wollt ihr denn hin?“

„In die Gegend, die vor uns liegt.“

„So! Das ist sehr geistreich geantwortet. Wie es scheint, wollt ihr nach Helmers’ Home?“

„Ja, da es nicht zu uns kommt, müssen wir hinreiten. Wollt ihr mit?“

„Danke sehr! Haben anderes zu tun. Habt ihr die Fährte gesehen, die da gerade vor euern Nasen hergelaufen ist?“

„Was geht uns diese Fährte an! Sie stammt jedenfalls von Leuten, die nach Helmers’ Home geritten sind. Wir werden diesen Ort auch ohne die Spuren finden.“

„Seid ihr an der Leiche vorüber gekommen, die dort hinten liegt?“

„Ja."

„Was denkt ihr darüber?"

„Dass sie tot ist. Und was tot ist, das beißt uns nicht."

Stewart warf einen langen, forschenden Blick auf die beiden Trapper. Er schien dieser Gleichgültigkeit nicht recht zu trauen. Als er aber in ihren offenen, ehrlichen Gesichtern auch nicht die leiseste Spur eines Misstrauens bemerkte, sagte er: „Auch wir haben den Mann und sein Pferd liegen sehen. Es wäre schade gewesen, den Sattel und das Zaumzeug des Pferdes verfaulen zu lassen. Deshalb haben wir beides mitgenommen."

„Wären wir vor euch gekommen, so hätten wir das Gleiche getan."

„Ganz recht. Wir folgten dann der Pferdespur, obgleich sie nicht in unsere Richtung führte. Hier haben wir sie verloren und uns bisher vergeblich bemüht, sie wieder zu finden. Da die Nacht bald hereinbricht, haben wir uns entschlossen, die Nachforschung aufzugeben und werden wieder unseren früheren Weg einschlagen."

„Und wohin führt euch der?"

„Durch den Llano Estacado nach El Paso und dann weiter nach Arizona hinein."

„Um Diamanten zu holen?"

„Ach nein. Von diesem Fieber lassen wir uns nicht ergreifen. Wir sind ehrliche und bescheidene Farmer und haben Verwandte drüben, die bemüht waren, uns gutes Land zu besorgen. Das werden wir bebauen. Die Edelsteine mögen andere suchen. Eine Farm bringt langsamer, aber desto sicherer Früchte."

„Jeder nach seinem Belieben! Da ihr nur Farmer seid, so wundert es mich nicht mehr, dass ihr die Fährte nicht wieder findet. Ein tüchtiger Scout würde wohl nicht lange vergeblich danach suchen."

„Nun, ihr seid ja als Scouts bekannt. Sucht doch einmal! Ich bin neugierig, ob ihr sie findet."

Der Fremde sagte das höhnisch. Aber Jemmy entgegnete ruhig: „Das können wir leicht tun, obgleich wir uns um die Sache sonst nicht kümmern. Ihr sollt nur den Beweis bekommen, dass wir finden, was wir suchen."

Die beiden Trapper stiegen ab und begannen, den Platz in einem weiten Kreis zu umschreiten. Ein leiser Pfiff rief die Reittiere hinter ihnen her, die ihren Herren wie Hunde folgten.

Die diamond-boys waren inzwischen auch herangekommen und hatten der Unterredung schweigend zugehört. Jetzt, nachdem die beiden Trapper sich entfernt hatten, fragte Stewart: „Ihr seid mit diesen zwei Landstreichern gekommen, scheint aber nicht zu ihnen zu gehören. Wollt ihr uns darüber Aufklärung geben?"

„Gern", entgegnete Leader. „Wir trafen mit ihnen an der Leiche zusammen, doch hat uns ihr Betragen durchaus nicht veranlasst, Freundschaft mit ihnen zu schließen."

„Daran habt ihr recht getan. Die zwei stehen keineswegs in gutem Ruf. Ich hüte mich nur, ihnen das ins Gesicht zu sagen. Man hat uns vor ihnen gewarnt. Sie sollen die Zubringer machen für die Räuberbanden, die Reisende im Llano Estacado überfallen. Erst kürzlich sind hier in der Nähe wieder vier Familien getötet und ausgeraubt worden. Dass sich die beiden Burschen hier herumtreiben, lässt vermuten, dass sie an der Untat beteiligt waren und nun nach neuen Opfern suchen. Uns aber sollen sie nicht bekommen!"

„Dachte es mir. Ich habe ihnen gleich vom ersten Augenblick an nicht getraut. Sie wollen uns verlocken, mit ihnen zu reiten."

„Wohin?"

„Nach Helmers' Home und dann durch den Llano Estacado nach Arizona."

„Das lasst ja bleiben, Sir! Ihr würdet nicht hinüberkommen. Geht ihr nach Arizona, um nach Diamanten zu suchen?"

„Kaufen wollen wir welche, aber nicht suchen."

Stewart warf seinen Gefährten einen schnellen, bezeichnenden Blick zu und bemerkte dann möglichst gleichgültig: „Da werdet ihr keine großen Geschäfte machen, Sir. Ein Diamantenkäufer muss Geld haben, und zwar sehr viel Geld."

„Das haben wir."

„Aber die Verbindung zwischen Arizona und Frisco ist sehr unzuverlässig. Ich nehme natürlich an, dass ihr euer Geld von Frisco geschickt bekommt. Da könnt ihr es leicht gerade dann nicht haben, wenn ihr es am notwendigsten braucht. Auch wir haben bedeutende Summen für das angekaufte Land zu bezahlen. Doch anstatt es uns von Frisco aus anweisen zu lassen, haben wir es lieber gleich bar mitgenommen. Das ist sicherer."

„Nun, ihr seid nicht die Einzigen, die so klug sind. Auch wir tragen unser Geld bei uns."

„Das ist gescheit. Man muss es aber gut verstecken, denn man weiß nicht, was geschehen kann. Wir haben es in unsere Kleider eingenäht. Da soll es einmal ein Llano-Mann finden! Ich traue, wie bereits gesagt, diesen zwei Gesellen nicht. Sie wissen, wohin wir wollen, und werden sich beeilen, es ihren sauberen Kumpanen mitzuteilen, um uns auflauern zu lassen. Wir werden deshalb so klug sein, nun eine ganz andere Richtung einzuschlagen. Ich rate euch, das Gleiche zu tun und euch einem tüchtigen und umsichtigen Führer anzuvertrauen."

„Das haben wir bereits getan. Er wartet in Helmers' Home auf uns."

„Wer ist er?"

„Er wird der Juggle-Fred genannt."

„Juggle-Fred?", rief Stewart in gut gespieltem Schreck. „Seid Ihr des Teufels, Sir?"

„Wieso des Teufels?"

„Weil dieser Mensch ein bekannter Gauner ist. Sein Name muss es Euch ja schon sagen! Er treibt allerlei betrügerische Künste und ist als Falschspieler weit und breit bekannt. Ich schwöre sogar darauf, dass er ein Verbündeter der beiden Landstreicher ist. Er befindet sich in Helmers' Home und sie wollen auch dorthin. Dann reitet er mit ihnen fort und im Llano Estacado werdet ihr kaltgemacht. Ihr geht uns nichts an, aber ich will meine Pflicht tun und euch warnen."

Stewart sagte das in so treuherziger und besorgter Weise, dass Leader sich täuschen ließ und verlegen den Kopf senkte: „Das ist freilich unangenehm. Wir sind Euch dankbar für die Warnung und wollen auch glauben, dass sie berechtigt ist. Aber nun stehen wir ohne Führer da."

„Ich begreife überhaupt nicht, dass ihr euch habt nach Helmers' Home weisen lassen. Welcher Mensch legt denn seine Farm so nahe an den gefährlichen Llano! Dass es dieser Helmers getan hat, muss euch doch auf den Gedanken bringen, dass er mit den Bravos in Verbindung steht, die den Llano Estacado unsicher machen. Er hat einen Laden und nimmt ihnen ihren Raub ab und sie tauschen dafür bei ihm alles ein, was sie brauchen. Das ist doch selbstverständlich. Mich brächte kein Mensch in dieses Haus, das so gemütvoll und verlockend Helmers' Home genannt wird. Hinter dieser hübschen Maske verbergen sich die Machenschaften einer ganzen Mörderbande."

„Zounds, Sir, von dieser Seite haben wir uns die Sache freilich nicht betrachtet. Es bleibt uns nichts übrig, als umzukehren und einen anderen Führer zu suchen; denn von diesem Juggle-Fred wollen wir nun nichts mehr wissen. Aber sagt, habt denn ihr einen Führer?"

„Wir brauchen keinen, weil zwei meiner Gefährten im Llano Estacado gut Bescheid wissen. Auf sie können wir uns verlassen."

„Well! Könnten wir denn da nicht mit euch reiten?"

„Das ginge wohl, aber ich mache euch darauf aufmerksam, dass das wieder eine Unvorsichtigkeit von euch ist. Ihr kennt uns nicht."

„Oh, man sieht es euch doch an, dass ihr es ehrlich meint,

wenn uns auch die zwei Strolche weismachen wollten, ihr wäret Räuber."

„Haben sie das?"

„Ja. Sie haben den Ort, wo die Leiche lag, genau untersucht. Hierauf sagten sie, ihr hättet die beiden Indsmen verfolgt. Einer von ihnen sei verwundet worden, der andere habe dann euern Gefährten erschossen und der Tote sei von euch im Gesicht unkenntlich gemacht worden."

„Hang it all! Das sagten sie?", fragte Stewart betroffen. „Und uns gegenüber taten sie, als hätten sie sich um die Leiche überhaupt nicht gekümmert. Da habt ihr den Beweis, dass diesen Lügnern nicht zu trauen ist! So versteckt und hinterlistig handelt kein ehrlicher Mann. Wir sind ganz zufällig an dem Ort vorübergekommen. Dass wir Sattel und Zaum an uns genommen haben, kann uns niemand verdenken; das ist das Recht der Prärie. Dann habt ihr gesehen, dass wir hier die Fährte untersuchten. Das tut man doch nur der Vorsicht halber."

„Ihr braucht euch nicht zu verteidigen. Wir wissen, dass ihr ehrliche Leute seid, und schenken euch volles Vertrauen. Sagt also, ob ihr uns erlauben wollt, mit euch zu reiten!"

„Hm!", brummte Stewart nachdenklich und die Schulter zuckend. „Ich will aufrichtig sein. Wir kennen euch ebenso wenig wie ihr uns. Es ist nie geraten, hier im Westen so schnell und ohne vorherige Prüfung Bekanntschaft zu schließen. Es freut uns ja, dass ihr uns Vertrauen schenkt, aber besser ist es doch, wir bleiben für uns und ihr bleibt für euch. Doch will ich euch einen guten Rat erteilen. Wir trafen kürzlich auf eine zahlreiche Gesellschaft von Auswanderern, die durch den Llano Estacado wollen, um sich drüben anzukaufen. Es sind meist Deutsche aus Böhmen und Hessen. Sie trennten sich gestern von uns und wollten heute Abend gar nicht weit von hier lagern, weil dann morgen früh an diesem Lagerplatz ihr Führer zu ihnen stoßen wird. Er ist der berühmteste und zuverlässigste

Kenner des Llano Estacado, ein bescheidener, frommer Mann, namens Tobias Preisegott Burton. Schließt euch dieser Gesellschaft an, so seid ihr sicher aufgehoben! Sie besteht aus so vielen wohl bewaffneten Leuten, dass niemand es wagen wird, sie zu überfallen."

„Meint Ihr? Hm! Sehr gut! Aber wie finden wir diese Leute?"

„Ganz leicht. Wenn ihr von hier aus gerade nach Süden reitet und eure Pferde ein wenig anstrengt, so seht ihr nach ungefähr einer halben Stunde einen einzelnen Bergkegel vor euch liegen, von dem ein Wässerchen herabläuft, das unten in der kleinen, ostwärts gelegenen Ebene im Sand versiegt. An diesem Wasser rasten die Auswanderer. Selbst wenn es unterdessen finster wird, könnt ihr sie nicht verfehlen, da ihr aus bedeutender Ferne ihr Lagerfeuer sehen müsst."

„Ich danke Euch, Sir. Ihr befreit uns aus einer großen Verlegenheit. Wir werden sofort aufbrechen, um uns diesen Deutschen anzuschließen. Der Deutsche pflegt zwar albern, aber doch ehrlich zu sein."

„Und was soll ich den zwei Schuften sagen, wenn sie mich fragen, wohin ihr seid?"

„Sagt, was Ihr wollt, was Euch gerade in den Sinn kommt!"

„Gut! Aber ich will euch darauf aufmerksam machen, dass ihr sie über die Richtung, die ihr einschlagt, täuschen müsst. Tut ihr das nicht, so folgen sie euch und ihr fallt ihnen doch noch in die Hände. Reitet also zum Schein wieder eine Strecke zurück, bis sie euch nicht mehr sehen können! Dann biegt ihr nach Süden ab. Wenn sie mich fragen, warum ihr umgekehrt seid, so werde ich schon eine Erklärung finden."

So war die Sache abgemacht. Die beiden Parteien nahmen so freundlich Abschied voneinander, als seien sie alte, langjährige Bekannte. Die Diamantenkäufer ritten auf ihrer eigenen Fährte zurück, ohne den beiden Trappern noch ein Wort oder einen Blick zu gönnen. Als sie weit genug fort waren, um die Worte Stewarts nicht mehr hören zu können, wendete sich der Bärtige höhnisch lachend zu seinen Gefährten: „Die habe ich gut unterrichtet. Diamanten kaufen! Dazu gehören wenigstens fünfzigtausend Dollar. Ein hübsches Sümmchen, wenn wir es in unsere Taschen stecken! Und was sagt ihr zu diesen Westmännern?"

„Halunken!", schimpfte einer.

„Ja. Was sie für scheinheilige Gesichter machten! Sie taten, als könnten sie nicht bis drei zählen, und haben doch alles ganz richtig aus den Spuren gelesen. Sie wissen sogar, dass es zwei Indianer waren und dass wir unseren Kameraden unkenntlich gemacht haben. Ihr Scharfsinn kann uns gefährlich werden. Wir müssen sie beiseite schaffen."

„Aber wie, wann und wo? Es bleibt uns ja gar keine Zeit dazu. Wir müssen fort, um die Stangen umzustecken und dadurch die Auswanderer irrezuführen."

„Hm, ja, viel Zeit haben wir nicht. Aber wenn wir die beiden jetzt entkommen lassen, ist die schönste Gelegenheit vorüber. In Helmers' Home treffen sie den Juggle-Fred, der einer unserer ärgsten Gegner und recht wohl im Stande ist, uns den Braten aus der Pfanne zu nehmen."

„Schießen wir sie einfach nieder!"

„Das Beste wäre es freilich. Aber schau doch einmal hin zu ihnen und dann sei so gut und schieße auf sie! Bin neugierig, wie du das anfangen willst." Er deutete auf die Jäger, die noch immer eifrig nach der Fährte zu suchen schienen, ohne sich um Stewart und seine Spießgesellen zu kümmern. Auch dem Abzug der Diamantenkäufer hatten sie scheinbar nicht die geringste Aufmerksamkeit geschenkt.

„'s death!", fluchte der Mann. „Du hast Recht. Ich beobachte es erst jetzt, wie schlau die Halunken es anfangen, um nicht von uns getroffen zu werden."

„Ja, sie halten ihre Tiere Schritt um Schritt so zwischen sich und uns, dass wir nur die Bestien treffen würden, wenn wir schössen. Genau in dieser Weise sind sie im Kreis herumgegangen. Und siehst du nicht, dass sie die rechte Hand stets am Gewehrschloss haben, während sie mit der linken die Büchsen zum Anschlag bereithalten? Es darf nur einer von uns auf sie zielen, so pfeifen augenblicklich ihre Kugeln. Das sind verdammt schlaue Kerle. Und ihre Tiere haben ebenso den Satan im Leib. Es ist, als wüssten es die Gäule, dass sie ihre Herren decken sollen. Sie halten von selbst gleichen Schritt mit ihnen und lassen uns keine Sekunde aus ihren boshaften Augen."

Es war so, wie die beiden sagten. Stewart und die Seinen konnten nicht zum Schuss kommen. Und als Davy und Jemmy jetzt ihre Kreissuche beendet hatten, hielten sie im langsamen Näherschreiten ihre Gewehre noch immer so, dass sie augenblicklich schießen konnten. Die Tiere kamen wieder getreulich hinter ihnen dreingelaufen.

„Was sehe ich? Die Boys sind ja fort!", rief Jemmy erstaunt, als bemerke er das Verschwinden der Leute erst jetzt.

„Schon längst", bestätigte Stewart. „Da hinten sieht man sie noch reiten."

„Aber weshalb denn zurück? Sie wollten doch mit uns nach Helmers' Home! Warum kehren sie denn um?"

„Weil sie dumme Kerle sind. Solch eine Unvorsichtigkeit sollte man doch nicht für möglich halten! Sie haben ihr Geld verloren!"

„Ah! Sie hatten Geld?"

„Ja freilich! Der eine hatte die Brieftasche mit den Scheinen in der Satteltasche stecken. Während wir auf euch warteten, bemerkte er, dass die Naht der Satteltasche aufgegangen und die Geldhülle herausgefallen war. Das gab natürlich einen heillosen Schreck. Sie sind augenblicklich umgekehrt, ohne vorher noch mit euch zu reden. Im Fortreiten riefen sie uns noch zu, euch zu sagen, dass sie morgen Abend oder spätestens übermorgen Mittag in Helmers' Home eintreffen würden, um dann sofort mit dem Juggle-Fred nach dem Llano Estacado aufzubrechen."

„Schön! über den eigentlichen Grund ihres Verschwindens will ich mir keine Gedanken machen."

„Meint Ihr etwa, dass sie uns belogen haben?"

„Sie Euch nicht, aber Ihr uns. Wir haben keine Lust, an die verlorene Brieftasche zu glauben. Sind vielmehr überzeugt, dass sie eine ganz andere Richtung einschlagen, sobald wir sie aus den Augen verloren haben."

„Sir, Ihr werdet wieder beleidigend!"

„O nein! Ich sage Euch nur meine Gedanken. Übrigens will ich Euch einen guten Rat erteilen, Mister Stewart. Wenn Ihr wieder einmal jemandem eine Weisung gebt, wovon andere nichts wissen sollen, so fechtet dabei nicht so mit den Armen in der Luft herum, denn unter Umständen sind Gebärden ebenso leicht zu verstehen wie Worte!"

„Wieso? Wie meint Ihr das?"

„Ihr zeigtet mit der Linken nach Süden und machtet dann mit der Rechten eine Bewegung, als wolltet Ihr die Umrisse eines Berges zeichnen. Dann schobt Ihr wieder die Linke flach von Euch ab, was natürlich eine Ebene bedeutete. Später habt Ihr nach Osten zurück und von da nach Süden gewiesen. Das war alles so klar, dass ich Euch die ganze Geschichte erzählen will."

„So tut es doch!"

„Sehr gern! Die Boys sind nach Osten zurück und wenden sich jetzt, da wir sie nicht mehr sehen können, nach Süden. Dort steht rechts ein Berg, woran zur linken Hand eine Ebene stößt, zu der die Boys reiten sollen. Da sie hier unbekannt sind und Ihr sie trotz der nahenden Dunkelheit hinweist, kann diese Ebene nicht sehr weit von hier entfernt sein. Wir haben große Lust, für diese Nacht dort unser Lager aufzuschlagen."

Jemmy sah bei diesen Worten scharf in Stewarts Gesicht. Der Mann konnte sich nicht ganz beherrschen. Es war ihm anzusehen, dass er erschrak. „Tut, was Ihr wollt, Sir, aber erzählt uns keine Romane!", rief er grob. „Sagt uns lieber, ob ihr die Spuren gefunden habt!"

„Gewiss haben wir sie. Kommt mit! Es ist noch hell genug, sie zu erkennen."

„So geht voran!"

„Das werde ich tun. Aber Davy, mein Gefährte, geht hinterdrein."

„Weshalb?"

„Um aufzupassen, ob eure Gewehre nicht etwa auf den Gedanken kommen, eigenmächtige Dummheiten zu machen. Nehmt also eure Schießhölzer in Acht! Sollte eins davon gar Lust haben, loszugehen, so würde Davys Kugel sofort den Besitzer der Flinte treffen."

„Sir, Ihr werdet wirklich zu dreist!"

„Nicht doch! Ich meine es ja nur gut mit euch, indem ich euch warne. Also kommt!" Jemmy schritt voran, gerade in der Richtung, aus der sie gekommen waren. Die anderen folgten und am Ende schritt Davy, das Gewehr schussbereit im Arm und die Augen scharf auf jede Bewegung der fünf gerichtet. Nach kurzer Zeit blieb Jemmy stehen, deutete zur Erde und fragte: „Mister Stewart, was seht Ihr hier?"

Der Genannte bückte sich, um die bezeichnete Stelle zu betrachten, und erwiderte: „Hier hat ein Steinchen auf dem Felsen gelegen und ist unter einem Pferdetritt zermahlen worden."

„Kann ein solches Steinchen unter einem beschlagenen Huf so zu Mehl zerrieben werden?"

„Nein. Dieses Pferd war barfuß."

„Also ein Indianerpferd. Kommt weiter!" Das Vorhandensein eines zerriebenen Steinchens wiederholte sich. „Das ist die Spur", meinte Jemmy. „Die gerade Linie zwischen den beiden Steinchen zeigt nach Westen. Dorthin also ist der Indianer geritten."

„Indianer? Wie könnt Ihr so bestimmt behaupten, dass es ein Indianer war, der auf dem unbeschlagenen Pferd saß?", fragte Stewart.

„Pshaw!", antwortete Jemmy. „Die albernen diamond-boys werden euch sicher gesagt haben, dass wir euch durchschauen. Wir brauchen also nicht länger Verstecken zu spielen. Ihr seid Llanogeier und wir sind ehrliche Jäger, denen ihr weder etwas weismachen noch etwas anhaben könnt. Wodurch ihr es so weit gebracht habt, dass die Boys euch ihr Vertrauen schenken, das will ich nicht fragen. Jedenfalls habt ihr sie riesig angelogen. Wir werden nicht nach Süden reiten, um sie abermals zu warnen. Sich in den Llano locken und dort töten zu lassen, das scheint für sie eine wahre Wonne zu sein, und wir denken nicht daran, ihnen dieses Vergnügen zu rauben. Wir haben unsere Pflicht getan und müssen nun für uns selbst sorgen. Hier an dieser Stelle gehen unsere Wege auseinander. Ihr werdet eher aufbrechen als wir, und zwar sofort! Reitet euerm Indianer nach! Aber hütet euch, einen Gewehrlauf auf uns zu richten! Wir verstehen es, mit Männern eures Schlages umzugehen. Die Mündungen unserer Guns sind oben. Noch ein Wort von euch oder gar eine verdächtige Bewegung, so schießen wir! Dreht euch ab von uns, hängt die Gewehre an die Sattelknöpfe und steigt auf! Lebt wohl und hütet euch, uns wieder vor die Augen zu kommen!"

Er hatte sich neben Davy gestellt und beide legten ihre Gewehre an.

„Mister Jemmy!", rief Stewart wütend. „So bringt Ihr uns nicht fort! Wir sind..."

„Schurken seid ihr" unterbrach ihn Davy mit lauter Stimme. „Wir haben vier Schüsse und ihr seid fünf, den Letzten schlagen wir mit dem Kolben nieder. Und nun sage auch ich euch: Demjenigen, der nur noch ein einziges Wort spricht, jage ich eine Kugel in den Kopf! Also fort mit euch! Sehen wir euch in einer Minute noch hier, so ist's um euch geschehen!"

Das war in einem Ton gesprochen, der keinen Zweifel zuließ. Die fünf gehorchten in ohnmächtigem Grimm, indem sie sich umdrehten, die Büchsen an die Sattelknöpfe hängten, aufstiegen und schweigend davon ritten. Einer von ihnen hatte hinter sich das Sattelzeug des toten Pferdes aufgeschnallt.

Erst als sie ihre Tiere eine Strecke weit im scharfen Trab fortgetrieben hatten, ließen sie die Tiere im Schritt gehen und drehten sich um. Sie sahen Davy und Jemmy noch an der gleichen Stelle stehen, jedoch mit abgenommenen Gewehren. „'s death!", knirschte Stewart. „So etwas ist mir noch nicht passiert. Müssen fünf Männer, die sich vor dem Teufel nicht fürchten, vor diesen beiden Affen ausreißen! Wenn man nur wüsste, was sie nun beginnen."

„Das ist doch leicht zu erraten", meinte einer. „Sie werden den Boys nachreiten, um sie abermals zu warnen."

„Das bezweifle ich sehr, denn ihre Warnung wurde bereits einmal in den Wind geschlagen. Dennoch müssen wir unsere Vorkehrungen treffen. Wir müssen uns nach Süden wenden. Sobald wir die Feuer der Auswanderer erblicken, halten wir an und ziehen eine Postenlinie, die nur unser Tobias Preisegott Burton durchschreiten darf, wenn er von Helmers' Home kommt. Die Auswanderer dürfen natürlich von unserer Anwesenheit nichts ahnen. Tauchen die beiden Kerle wider mein Erwarten doch dort auf, werden sie einfach erschossen. Den Indianer müssen wir nun freilich entkommen lassen, obgleich ich ihm fürs Leben gern sein Pferd abgenommen hätte. Es war unter Brüdern dreihundert Dollar wert, vielleicht gar noch mehr."

„Eigentlich war es Unsinn, der beiden Pferde wegen mit den Roten anzubinden. Das eine ist nun erschossen und das andere entkommen. Dafür aber haben wir diese Trapper auf unserer Fährte. Sie werden in der Nähe lagern und morgen früh, sobald es hell geworden ist, unseren Spuren folgen. Da treffen sie auf die Auswanderer und machen uns das prächtige Geschäft zunichte."

„Nein, das werden sie nicht. Sie sind von den Boys beleidigt worden und werden sich nicht weiter um sie kümmern. Jedenfalls reiten sie zuerst nach Helmers' Home, wo sie ihr Zusammentreffen mit uns erzählen werden. Was dann dort beschlossen wird, können wir nicht wissen. Es bleibt uns nichts übrig, als Burton zu veranlassen, schon in der Morgendämmerung aufzubrechen und einen tüchtigen Tagesmarsch zurückzulegen, damit die Auswanderer schnell möglichst weit von hier fortkommen. Wir aber verschwinden noch viel eher."

Die Banditen ritten noch eine Strecke nach Westen und wendeten sich dann nach Süden.

Jemmy und Davy hatten ihre Gewehre nicht eher abgesetzt, als bis die Reiter außerhalb der Schussweite waren. Dann zog der Dicke den Mund noch breiter, als er so schon war, und fragte, vergnügt lachend: „Nun, mein alter Davy, wie gefiel dir das?"

„Ebenso ausgezeichnet wie dir", antwortete der Gefragte mit vergnügtem Grinsen.

„Glaubst du, dass die Boys wirklich ihr Geld verloren haben?"

„Fällt mir nicht ein. Sie sind fort, da hinab nach Süden. Warum und wozu, das geht uns nun nichts mehr an. Wir haben sie gewarnt. Weiter gibt es keine Verpflichtung für uns. Sie hielten sich für äußerst klug und weise. Sehe nicht ein, warum wir ihnen unseren Beistand förmlich nachschleppen sollen. Ich denke, der arme Indsman ist unseres Beistandes bedürftiger und auch würdiger."

„Gewiss! Suchen wir ihn also auf?"

„Ja. Wir wissen, nach welcher Richtung er ist, da nach rechts hinüber, in die Gegend der alten Silbermine. Die Faxe mit den beiden Steinchen, die wir selbst zertreten haben, diente ja nur dazu, diese Halunken irrezuleiten. Ich habe die Blutstropfen deutlich gesehen und es sollte mich wundern, wenn wir den Indsman nicht in der Mine fänden."

Sie verließen den Ort, bestiegen aber ihre Pferde nicht, da der Abend sich schnell niederzusenken begann und das Betrachten des Bodens nun seine Schwierigkeiten hatte.

Als sie eine Strecke gegangen waren, sahen sie einen kleinen Gegenstand an der Erde liegen. Es war der rote, sorgfältig geschnittene Kopf einer Friedenspfeife. Jemmy hob ihn auf, steckte ihn ein und sagte befriedigt: „Wir befinden uns auf dem richtigen Weg. Dieser Pfeifenkopf ist vom Rohr abgegangen und unbemerkt herabgefallen. Ob er dem alten, verwundeten oder dem jungen Indianer gehört hat, das werden wir bald erfahren."

„Jedenfalls dem alten. Ein junger Mensch ist schwerlich schon da oben in Minnesota gewesen, um sich in den heiligen Steinbrüchen den Ton zu seinen Pfeifen zu holen."

„Er kann die Pfeife auch erbeutet haben. Eine erbeutete darf er in Gebrauch nehmen, nur eine ererbte nicht."

„Hat denn jemals ein Indianer eine Pfeife geerbt? Sie wird doch stets mit dem Besitzer begraben."

„Es gibt Stämme, bei denen das nicht mehr so genau genommen wird. Übrigens scheint der Besitzer dem Totem nach, das dem Pfeifenkopf eingeschnitten ist, ein Komantschen-Häuptling zu sein. Gut, dass wir die Mundart dieses Stammes verstehen!"

Der Felsen begann jetzt anzusteigen. Die beiden hatten links die Bergwand und rechts eine weithin reichende Menge von Felstrümmern, zwischen denen kaum ein Mensch, viel weniger aber ein Pferd fortkommen konnte. Da, wo die beiden schritten, war die einzige gangbare Stelle und so konnten sie mit Sicherheit annehmen, dass auch die Indianer hier geritten seien.

Dann standen sie vor einer hohen, finsteren Halde tauben Gesteins. Es war der Schutt, den man aus der Mine geschafft und vor ihr aufgeworfen hatte. Wie hoch diese Halde war, konnte man nicht erkennen, da es indessen dunkel geworden war.

Die Trapper schnallten die Zügel lang und befestigten sie um zwei schwere Steinblöcke. Dann begannen sie die Halde emporzuklettern. Sie gaben sich dabei keine Mühe, Geräusch zu vermeiden, sondern sorgten ganz im Gegenteil dafür, dass das Knirschen des Schutts unter ihren Füßen zu hören war. Aber alle paar Schritte blieben sie stehen, um zu lauschen. Es galt ja, zu erfahren, ob jemand oben sei, der angerufen werden musste, bevor er sich seines Gewehrs bediente.

Während einer solchen Pause des Lauschens vernahmen sie das Geräusch eines rollenden Steinchens.

„Horch!", flüsterte Jemmy. „Es war also richtig, die Indianer da oben zu vermuten. Sie sind auf der Hut. Der Verwundete wird, wenn er überhaupt noch lebt, im Innern der Mine liegen. Der junge Indsman aber hält auf der Halde Wache. Rede ihn an, Davy!"

Davy folgte dieser Weisung, indem er mit vernehmlicher, aber nicht allzu lauter Stimme nach oben rief: „Tuinuthpuk, kewanawuitschki, nennetpa haïtsch – junger Krieger, schieße nicht, wir sind deine Freunde!"

Jetzt warteten sie auf Antwort. Es verging eine Weile, dann hörten sie die Frage: „Husihakard – wer kommt?" Das waren nur vier kurze Silben, aber sie verrieten, wer da oben stand; denn die beiden Worte entstammten der Mundart der wild umherschweifenden Komantschen.

„Waha tschat tabutäwo – zwei gute, weiße Männer", antwortete Davy.

„Minam mististschi – kommt herauf!", ertönte es nach einer Pause des Überlegens von oben herab.

Die beiden Trapper stiegen vollends empor. Als sie den oberen Rand der Halde erreichten, sahen sie trotz der Dunkelheit eine menschliche Gestalt, die aufrecht vor ihnen stand und das Gewehr im Anschlag hielt.

„Newarn, unmachkutschine – steht, sonst schieße ich!“, gebot der Komantsche.

Die beiden erkannten an der Gestalt, dass sie wirklich, wie erwartet, einen jungen Indianer vor sich hatten. Davy beruhigte ihn: „Mein junger roter Bruder braucht nicht zu schießen. Wir sind gekommen, ihm zu helfen.“

„Sind die weißen Männer allein?“

„Ja.“

„Haben sie die Fährte meines Pferdes verfolgt?“

„Wir sind unverhofft an den Ort des Kampfes gekommen und haben aus den Spuren gelesen, was geschehen ist. Dann folgten wir deiner Fährte und der eurer Feinde, um euch gegen sie zu beschützen.“

„Der weiße Mann sagt die Wahrheit?“

„Ich lüge nicht. Zum Zeichen, dass wir als deine Freunde kommen, werden wir jetzt alle unsere Waffen ablegen, um in Freundschaft mit dir zu reden. Dann magst du bestimmen, ob wir sie wieder an uns nehmen sollen oder nicht.“

Sie ließen diesen Worten sogleich die Tat folgen. Doch der Rote hielt das Gewehr noch immer auf sie gerichtet und sagte: „Die Bleichgesichter haben Honig auf den Lippen, aber Galle im Herzen. Sie legen die Waffen fort, um Vertrauen zu erwecken. Dann aber kommen ihre drei Gefährten nach, um den Tod heraufzubringen.“

„Du hältst uns also für zwei von denen, die euch verfolgt haben? Du täuschst dich.“

„So sagt mir, wo diese fünf Männer sind! Da ihr der Fährte gefolgt seid, müsst ihr das wissen.“

„Wir haben sie getroffen, als sie unten auf dem Felsen deine Spur suchten, die sie verloren hatten. Wir sprachen erst freundlich mit ihnen, um sie zu täuschen. Sie konnten die Fährte nicht wieder entdecken. Wir aber fanden sofort die Blutstropfen aus der Wunde deines Begleiters. Doch wir verschwiegen das und machten eine falsche Spur, auf der sie dann nach Westen geritten sind. Wir sagten ihnen, dass wir sie für Räuber und Mörder halten, und richteten unsere Gewehre auf sie, wie du das deinige jetzt auf uns richtest. Da mussten sie schmachvoll abziehen."

„Warum habt ihr sie nicht getötet?"

„Weil sie uns nichts getan hatten. Wir schießen nur dann einen Feind nieder, wenn wir dazu gezwungen sind."

„Ihr redet die Worte der guten Menschen. Mein Herz gebietet mir, euch Vertrauen zu schenken. Eine andere Stimme aber fordert mich auf, vorsichtig zu sein."

„Wir meinen es gut mit dir. Die Spuren verraten, dass dein Begleiter verwundet ist. Deshalb kamen wir hierher, um dir unsere Hilfe anzubieten. Ist sie dir nicht willkommen, so werden wir sofort wieder gehen, denn wir sind es nicht gewöhnt, jemand unseren Beistand aufzuzwingen."

Es verging eine kurze Zeit, ohne dass der Indianer antwortete. Er schien nachzudenken. Dann sagte er: „Ich brauche eure Hilfe nicht. Ihr könnt gehen."

„Gut, so werden wir dich verlassen und wünschen nur, dass du es nicht bereust. Wir legen hier für dich noch den Pfeifenkopf nieder, den ihr verlort und den wir gefunden haben."

Sie nahmen ihre Waffen wieder auf und begannen, an der Halde abwärts zu steigen. Sie waren noch nicht weit gekommen, so hielt Davy den Schritt an und fragte leise: „Hast du nichts gehört, alter Jemmy? Es war mir ganz so, als sei da drüben, rechts von uns, ein Stein hinabgekollert."

„Ich habe nichts vernommen."

„Aber ich, deutlich sogar. Wollen vorsichtig sein." Sie stiegen weiter. Als sie dann unten am Fuß der Halde ankamen, erhob sich plötzlich eine dunkle Gestalt hart vor ihnen vom Boden.

„Halt, Bursche!", rief Jemmy, das Gewehr anlegend. „Keinen Schritt von der Stelle, sonst schieße ich!"

„Warum will das Bleichgesicht schießen, da ich doch in freundlicher Absicht gekommen bin?", tönte es ihm entgegen.

Jemmy erkannte die Stimme des jungen Indianers, mit dem sie soeben gesprochen hatten. „Du bist es?“, fragte er. „Du bist zu gleicher Zeit mit uns herabgeklettert. Darum also hörte Davy den Stein! Dein Fuß hatte ihn aus seiner Lage gestoßen. Was willst du hier?“

„Ich wollte sehen, ob die Rede der weißen Männer wahr sei. Da ihr meiner Weisung gefolgt seid, ohne etwas gegen mich zu unternehmen, habt ihr die Probe bestanden. Ihr gehört nicht zu meinen Verfolgern und ich bitte euch, mit mir wieder emporzusteigen, um Tevua-schohe zu sehen, der mein Vater ist.“

„Tevua-schohe, der Feuerstern, der berühmte Häuptling der Komantschen, ist hier?“, fragte Davy erstaunt.

„Ja, aber er ist tot. Ich bin Schiba-bigk[1], sein jüngster Sohn, und werde sein Blut über seine Mörder bringen. Die Bleichgesichter mögen mir folgen.“

Er klomm voran und sie stiegen hinter ihm her, wieder die Halde hinauf. Oben schritt er auf die Felswand zu und trat in ein Loch im Gestein. Es war der Eingang zu der alten, verlassenen Silbermine.

Ein dünner Rauch kam ihnen entgegen. Als sie vielleicht dreißig Schritt weit in den Gang eingedrungen waren, sahen sie ein kleines Feuer brennen. Ein Häufchen mühsam zusammengesuchtes Holz lag daneben. Die Flamme hatte allein den Zweck, den Toten zu bescheinen, der in sitzende Stellung aufgerichtet war und mit dem Rücken an der Wand lehnte.

Eisenherz legte sein Gewehr weg und setzte sich dem Toten gegenüber nieder. Er schob ein Aststück in das Feuer, zog die Knie hoch und legte sein Kinn darauf. In dieser Stellung starrte er die Leiche wortlos an.

Die beiden Westmänner standen schweigend dabei. Sie kannten die indianischen Sitten und wussten, dass sie den trauernden Sohn durch Worte jetzt nur beleidigen würden. Die Gesichter beider Indianer waren unbemalt, ein siche-

[1] Eisenherz

res Zeichen, dass sie nicht in feindlicher Absicht unterwegs gewesen waren. Der Tote war ein schöner Mann gewesen, wie sich ja die Komantschen und Apatschen überhaupt durch körperliche Vorzüge vor vielen anderen Indianerstämmen auszeichnen. Selbst noch im Tod glänzte sein Gesicht wie helle Bronze. Seine Augen waren geschlossen und seine Lippen fest zusammengekniffen, denn er hatte einen qualvollen Tod gehabt. Der untere Teil seines indianischen Jagdhemds war geöffnet, sodass man die Stelle des entblößten Leibes sah, wo die feindliche Kugel eingedrungen war. Die Hände lagen zusammengekrampft auf den Oberschenkeln, ein weiterer Beweis der Schmerzen, die ihn in seinen letzten Augenblicken gepeinigt hatten.

Erst nach längerer Zeit ließen sich auch Jemmy und Davy nieder, und zwar leise, ganz leise, als befürchteten sie, den Ermordeten durch ein Geräusch in seiner Ruhe zu stören. Die Nähe eines Abgeschiedenen wirkt ja fast stets wie der Anblick eines Heiligtums: Ein Andachtsschauer erfasst den Sterblichen, sobald er den Hauch der Ewigkeit empfindet.

Da hob Schiba-bigk den Kopf, blickte die beiden an und sagte: „Ihr habt von Feuerstern, dem Häuptling der Komantschen, gehört? So wisst ihr, dass er ein tapferer Krieger war?"

„Ja", bestätigte Jemmy. „Wir haben den Häuptling sofort erkannt, als wir ihn hier sahen. Wir lernten ihn droben am Rio Boxo kennen, wo er uns beistand, als wir von einer Schar Pawnees überfallen wurden."

„Dann werdet ihr überzeugt sein, dass er in den ewigen Jagdgründen über viele Krieger gebieten wird. Aber Manitou hat ihn nicht im Kampf abgerufen. Der Häuptling der Komantschen ist ermordet worden."

„Wie ist das geschehen und wie seid ihr denn eigentlich hierher gekommen?"

„Wir waren tief im Land der Bleichgesichter. Die Krieger der Komantschen haben ihre Kriegsbeile vergraben und lebten in letzter Zeit in Frieden mit den Weißen. Sie brauchten sich nicht zu scheuen, in die Städte des bleichen Mannes zu gehen. Feuerstern jagte mit seinen Leuten an dem Fluss, der Rio Pecos genannt wird. Dort trafen sie auf weiße Männer, die nach der fernen Stadt wollten, deren Name Memphis ist. Da der Weg bis dahin von anderen roten Männern unsicher gemacht wird, baten sie Feuerstern, ihnen einen kundigen Führer mitzugeben. Er beschloss, sie selbst zu begleiten und mich mitzunehmen, damit ich die Städte und Häuser der Weißen sehen möge. Wir kamen glücklich in Memphis an und ritten dann allein zurück. Heute, als das letzte Drittel des Tages begann, begegneten uns die Mörder. Sie verlangten unsere Pferde. Als wir sie ihnen nicht gaben, schoss einer von ihnen Feuerstern in den Leib. Das Pferd des Häuptlings wurde scheu und rannte davon. Ich musste ihm folgen, weil er verwundet war, und konnte deshalb nicht mit den Bleichgesichtern kämpfen. Wenn ihr die Fährte gesehen habt, so werdet ihr wissen, was dann noch geschehen ist."

„Ja, du hast einen von ihnen getötet und ihm den Skalp genommen."

„So ist es. Die Kopfhaut hängt hier an meinem Gürtel. Aber ich werde auch die Skalpe der anderen noch erbeuten. Während der Nacht werde ich den Vater beklagen und den Totengesang der Häuptlinge anstimmen. Am Morgen begrabe ich ihn einstweilen zwischen diesem Gestein, um dann die Krieger der Komantschen zu holen, die dem Helden ein Grabmal errichten werden, seiner Tapferkeit und Würde angemessen. Sobald ich den Toten vor den Augen der Sonne verborgen habe, werde ich die Spur der Mörder aufsuchen, und ich sage euch: Schiba-bigk ist noch kein berühmter Krieger, aber er ist der Sohn eines berühmten Häuptlings, und wehe den Bleichgesichtern, auf deren Fußtapfen er seine Augen richtet! Sie sind verloren!"

Er stand auf, trat zu seinem toten Vater, legte ihm die Hand auf den Kopf und fuhr fort:

„Die Bleichgesichter schwören, ein Komantsche aber spricht ohne Schwur. Und so merkt euch meine Rede: Wenn der Grabhügel Feuersterns errichtet wird, sollen an seiner Spitze die sechs Skalpe seiner Mörder hängen. Eisenherz hat es gesagt und also wird es geschehen!“

5. Ein Spion

Um die Mittagszeit des folgenden Tages saß Helmers mit dem Juggle-Fred und dem Hobble-Frank wieder an einem Tisch vor dem Haus. Bob der Neger war nicht bei ihnen. Er steckte mit Herkules, dem schwarzen Diener des Farmers im Stall.

Die drei Männer, die seit gestern dicke Freunde geworden waren, unterhielten sich eifrig über das gestrige Erlebnis und dessen blutigen Ausgang. So war es denn kein Wunder, dass sie auch auf manches, was mit dem Tod zusammenhängt, endlich sogar auf Gespenster zu sprechen kamen.

Helmers und Fred erklärten entschieden, es sei unmöglich, dass die Seele eines Verstorbenen wiederkehre und sichtbar werde. Frank aber verteidigte den Gespensterglauben, und als die beiden anderen bei ihrem Zweifel blieben, rief er zornig aus: „Euch beiden kann eben nich geholfen werden! Wäre ich ein Gestorbener, so huckte ich euch zwei heut um die Mitternachtstunde off. Das würde euch schon eine andere und bessere Meinung beibringen!"

„Gib uns nur einen Beweis, einen einzigen!", lachte Fred. „Dann wollen wir dir glauben."

„Einen Beweis? Unsinn! Beweise beweisen gar nischt! Das Wort Gespenst is da, folglich geht es off dem Heuboden um. Das is so klar wie Seifenwasser. Der Moritzburger Schulmeister, dem ich meine Ausbildung zu verdanken habe, glaubte auch an Geister. Deshalb muss ich..."

Frank hielt inne, denn er sah einen Reiter kommen, der die Uniform eines Offiziers der Vereinigten-Staaten-Dragoner trug.

Er kam in scharfem Galopp von Süden her und hielt sein Pferd vor den drei Männern an.

„Good day, Gentlemen!", grüßte er. „Ich bin doch hier richtig bei der Farm, die Helmers' Home genannt wird?"

„Yes, Sir!", erwiderte Helmers. „Ich bin der Mann, dem dieses Haus gehört."

„Helmers selbst? Ich freue mich, Euch zu treffen, denn ich komme, um eine Erkundigung einzuziehen."

„Worüber?"

„Das lässt sich nicht so schnell sagen. Erlaubt mir, ein wenig bei euch niedersitzen zu dürfen!"

Der Offizier stieg ab und nahm bei ihnen Platz. Sie betrachteten ihn genau. Er war von starker, untersetzter Gestalt und trug einen dichten, schwarzen Vollbart. Sein Blick war scharf und stechend. Seine Lippen konnte man nicht sehen, da er den Schnurrbart gerade herabgekämmt hatte.

„Ich bin Captain Gordon Benyon und sozusagen als Aufklärer hier", begann er in leichtem Ton. „Wir halten bei Fort Sill und wollen in den Llano hinein."

„Weshalb?", fragte Helmers.

„Es ist der Bundesregierung berichtet worden, welche Anzahl von Untaten in letzter Zeit in den Plains verübt wurden. Das erfordert endlich einmal eine strenge Ahndung. Die Verbrechen stehen miteinander so offenbar in Zusammenhang, dass man annehmen muss, man habe es mit einer wohlorganisierten Bande zu tun. Gegen sie soll ein kräftiger, vernichtender Schlag geführt werden. Zwei Schwadronen Dragoner sind beordert, ihn auszuführen und die Plains von allem verdächtigen Gesindel zu säubern. Ich wurde vorausgesandt, Erkundigungen einzuziehen und mit den Anwohnern Beziehungen anzuknüpfen. Wir gehen natürlich von der Überzeugung aus, dass uns jeder ehrliche Mann unterstützen wird."

„Versteht sich von selbst, Captain Benyon! Es freut mich, dass Ihr bei mir vorgesprochen habt, und Ihr dürft überzeugt sein, dass ich Euch nach Kräften unterstützen werde. John Helmers ist als ein Mann bekannt, auf den sich jeder brave Kerl verlassen kann."

„Das habe ich gehört und darum komme ich zu Euch."

Helmers fasste zu dem Offizier volles Vertrauen. Er erzählte zunächst, was er von dem Trader gehört hatte, und berichtete dann weiter über den gestrigen Zweikampf und den Tod des Fremden.

Benyon hörte ihm aufmerksam zu. Seine Züge bewegten sich nicht, aber seine Augen funkelten. Helmers glaubte das der Teilnahme des Soldaten an seinem Kampfbericht zuschreiben zu müssen. Ein aufmerksamerer Beobachter aber hätte vielleicht bemerkt, dass dieses Aufglimmen der Augen nichts anderes war als das Funkeln des Zornes, des Hasses. Seine Faust ballte sich um den Griff des Säbels und einmal war es sogar, als knirschten seine Zähne leise. Sonst aber blieb er ruhig und gab sich alle Mühe, nichts als gespannte Aufmerksamkeit zu zeigen.

Als Helmers seine Erzählung beendet hatte, verbreitete er sich noch über die allgemeinen Zustände in dieser Gegend, über die Gefahren des Llano Estacado und schloss hieran die Erklärung, er halte es für äußerst schwierig, wenn zwei Schwadronen Kavallerie ihn durchreiten sollten. Es fehle an Futter und, was die Hauptsache sei, an Wasser. Wolle man das mitnehmen, so brauche man viele Lasttiere, die den Zug verzögern würden.

„Ihr mögt Recht haben", meinte der Offizier. „Mich geht es nichts an, denn das ist Sache des Befehlshabers. Aber sagt mir doch einmal, Sir, was es eigentlich für eine Bewandtnis mit dem Geist des Llano Estacado hat! Ich habe so viel über dieses unbegreifliche Wesen gehört, etwas Sicheres aber noch nie erfahren können."

„Da ergeht es Euch geradeso wie mir und allen anderen. Jedermann hört von dem Geist, aber niemand weiß etwas Genaues darüber. Meine Kenntnisse über ihn kann ich Euch in wenigen Worten mitteilen. Der Geist des Llano Estacado ist ein geheimnisvoller Reiter, den noch keiner in der Nähe gesehen hat. Richtiger gesagt: Jeder, der sein Angesicht zu sehen bekam, hat es sofort mit dem Tod bezahlen müssen und ist an einer Kugel gestorben, die ihn mitten in die Stirn traf. Auffälligerweise waren diese Toten stets Verbrecher, die den Llano Estacado unsicher machten.

Der Geist scheint demnach eine Person zu sein, die sich die Aufgabe gestellt hat, die im Llano Estacado begangenen Verbrechen zu bestrafen."

„Also ein Mensch?"

„Natürlich!"

„Aber wie fängt er es an, überall zugleich zu sein und stets unbemerkt zu bleiben? Er muss doch Speise und Trank für sich und Futter und Wasser für sein Tier haben! Woher nimmt er das?"

„Das eben ist es, was kein Mensch begreifen kann."

„Und wie fängt er es an, niemand zu begegnen?"

„Hm! Ihr fragt mich da wirklich zu viel, Sir. Er ist ja auch beobachtet worden, aber nur von weitem. Da sieht man ihn, wie vom Sturmwind getragen, vorübersausen. Oft sprühen Funken vor und hinter ihm her. Ich habe einen Bekannten, der ihn des Nachts traf. Der Mann behauptet, mit tausend Eiden beschwören zu können, dass der Kopf, die Schultern, die Ellbogen, der Gewehrlauf des Reiters und ebenso das Maul, die Ohren und der Schwanz des Pferdes mit kleinen Feuerflammen besetzt gewesen sind."

„Das ist Unsinn!"

„Man sollte es denken. Aber mein Bekannter ist ein wahrheitsliebender Mann, aus dessen Mund ich keine Lüge oder Aufschneiderei erwarten konnte."

Da ergriff der Hobble-Frank das Wort. Es wurde Englisch gesprochen, deshalb war seine Rede sachlich nüchtern und glatt wie die jedes anderen. Nur wenn er Deutsch sprach, begannen die bunten Raupen, die in seinem Kopf lebten, sich zu bewegen.

„Da haben wir es!", rief er aus. „Niemand will an die Natürlichkeit des Übernatürlichen glauben. Ich behaupte, der Geist des Llano Estacado ist kein Mensch, sondern ein gespensterhaftes Wesen, das von den Furien Griechenlands übrig geblieben ist und sich in den einsamen Llano Estacado zurückgezogen hat wie ein alter Auszügler in seine Dachkammer. Dass er Flammen und Funken sprüht, glaube ich gern. Wir sterblichen Menschen blasen den Tabakrauch in Massen aus dem Mund. Warum soll da ein Geist nicht Feuer speien können?"

„Aber kann ein Geist mit einem Gewehr schießen?", fragte Benyon, indem er dem Hobble-Frank einen verächtlichen Blick zuwarf.

„Warum denn nicht? Ich habe in einer Jahrmarktsbude eine Henne gesehen, die eine kleine Kanone abschoss. Was eine Henne vermag, das muss einem Geist doch erst recht möglich sein!"

„Ihr bedient Euch einer recht sonderbaren Beweisführung, Sir. Viel Klugheit und Scharfsinn verratet Ihr dabei nicht!"

Diese Worte mussten Frank beleidigen. Er entgegnete scharf: „Das ist freilich wahr. Aber ich habe meinen Grund dazu, nicht so gelehrt zu reden, wie ich eigentlich könnte. Ihr habt nämlich ein Gesicht, das mich befürchten lässt, Ihr würdet mich gar nicht verstehen, wenn ich geistreiche Redewendungen brächte."

„Sir!", brauste der Offizier auf. „Was fällt Euch ein, einen Kapitän der Vereinigten-Staaten-Dragoner derart anzurempeln?"

„Pshaw! Regt Euch nicht auf! Ihr selbst habt mit der Beleidigung begonnen und müsst nun meine Antwort ruhig einstecken. Wollt Ihr das nicht, nun, so bin ich bereit, die Sache mit einer guten Büchsenkugel auszugleichen."

Es war dem Offizier anzusehen, dass es ihn Mühe kostete, seinen Zorn zu beherrschen; doch gelang es ihm, in ruhigem Ton zu antworten: „Sollte mir Leid tun, Euch niederschießen zu müssen. Ich verstehe gar wohl, mit einem Gewehr umzugehen, bin aber kein Rowdy und schlage mich nur mit Offizieren. Übrigens wäre es eine Rücksichtslosigkeit gegen Mister Helmers, bei ihm Blut zu vergießen. Ich habe die Absicht, hier zu bleiben, bis meine Truppe eintrifft, und so liegt mir daran, in seinem Haus Frieden zu halten."

„Dafür bin ich Euch dankbar, Sir“, schaltete sich Helmers ein. „Wollt Ihr bei mir warten, so werde ich Euch eine Stube anweisen lassen, und Euer Pferd soll einen guten Platz im Stall finden.“

Er stand auf, der Offizier auch, und beide begaben sich mit dem Pferd zum Stall. Später kehrte der Wirt allein zurück und meldete den beiden anderen, dass Benyon in seiner Kammer geblieben sei, um sich dort auszuruhen. Helmers freute sich der Anwesenheit dieses Gastes und des Eintreffens der Dragoner. Frank aber sagte kopfschüttelnd, und zwar deutsch:

„Mir gefällt dieser Mann gar nich. Er hat etwas im Gesicht, was mein Zartgefühl verletzt. Seine Augen kommen mir vor wie zwei Fettaugen auf einer mageren Brühe. Sie gucken einen so tückisch an und es is nischt Gescheites dahinter. Ich möchte ihn nich auf die Probe stellen, ob er ein ehrlicher Kerl is. Ich glaube nich, dass er das Erkennungswort ‚Schiebebock‘ aussprechen könnte.“

„Schiebebock? Warum dieses Wort“, fragte der Juggle-Fred.

„Das weißt du also nich, trotz deiner epidemischen Vorbildung? Das Wort Schiebebock, das eigentlich Schubkarren bedeutet, hat damals, als die Hunnen zur Zeit des Kaisers Themistokles die Elbe erobern wollten, eine gewaltige Rolle gespielt. Die Hunnen führten nämlich ihre Ausrüstung off Schiebeböcken bei sich. Als sie nun über die Elbe wollten, gedachten sie unerkannt hinüberzukommen, und gaben sich für brasilianische Araber aus. Da aber stand der alte Feldmarschall Derfflinger am Wasser und ließ jeden das Wort Schiebebock aussprechen. Wer das nich fertig brachte, dem wurde einfach der Kopp abgesäbelt. Weil nun aber die Hunnen nich die nötigen Kehlkopfwerkzeuge besaßen, um das ‚Sch‘ behaglich aussprechen zu können, sagten sie alle ‚Siebebock‘ und verloren ihre Köppe.“

Die beiden Zuhörer guckten den Sprecher groß an. Sie wussten nicht, ob sie lachen oder heulen sollten. „Aber

Frank!", rief Fred endlich. „Wohin gerätst du denn eigentlich! Schiebebock! Du meinst wohl das Wort Schiboleth, das die Gileaditer den Kindern Ephraims abforderten, wie im Buch der Richter zu lesen ist?"

„Tacet! Oder weil du nich Hebräisch verstehst, will ich es deutlich sagen: Klappe deine Speiseöffnung zu! Ich will dich warnen, Fred. Wenn meine Worte nich mehr helfen, so schreite ich zur Tat. Bei der nächsten beleidigenden Sophonisbe schieße ich mich mit dir. Meine Kugel wird dich niederstrecken und dann wird es dir ergehen wie dem oberbayerischen Holzknecht, der abends tot nach Hause kam."

„Den kenne ich nicht."

„Das glaube ich, denn du kennst ja überhaupt nischt. Dieser Holzknecht war von einer Eiche, die er fällen wollte, erschlagen worden. Der Dorftischler machte ihm die Gedenktafel, strich sie hübsch mit grüner Farbe an, malte ihn und die Eiche druff und schrieb darunter:

Beglückt und ohne Sorgen
ging ich am frühen Morgen
off meine Arbeit aus.
Da traf mich eine Eiche,
und ach, als eine Leiche
kam abends ich betrübt nach Haus!"

Frank hatte sich in Eifer gesprochen und hätte seine Strafrede wohl noch nicht beendet, wenn er nicht unterbrochen worden wäre. Helmers deutete nämlich nach Norden, und als die beiden anderen ihre Blicke dorthin richteten, sahen sie einen Reiter kommen. Der Hobble-Frank erhob sich schnell von seinem Sitz. „Old Shatterhand!", rief er aus.

Der Juggle-Fred beschattete seine Augen mit der Hand, blickte scharf nach dem Nahenden aus und sagte voller Freude: „Also doch! Wie lange habe ich mich danach gesehnt, ihn kennen zu lernen!"

Er stand ebenso wie Helmers auf und begrüßte ehrerbietig den berühmten Westmann, der soeben von seinem prächtigen Rapphengst sprang. Der Jäger trat sogleich auf Helmers zu, streckte ihm die Hand entgegen und sagte in deutscher Sprache: „Ich darf annehmen, dass ich Ihnen angemeldet bin, Herr Helmers. Hoffentlich bin ich Ihnen nicht unwillkommen."

Helmers schüttelte ihm die Rechte und erwiderte: „Der Hobble-Frank hat mir freilich gesagt, dass Sie kommen werden, und diese Nachricht hat mir unendliche Freude bereitet. Ich stelle Ihnen mein Haus zur Verfügung. Machen Sie es sich bequem und bleiben Sie so lange wie möglich bei mir!"

„Nun, lange Zeit kann ich allerdings nicht verweilen. Ich muss über den Llano Estacado hinüber, um da drüben Winnetou zu treffen."

„Auch das hat mir Frank mitgeteilt und ich wollte, ich könnte mit Ihnen reiten, um den Häuptling der Apatschen zu sehen. Aber, sagen Sie einmal, Sir, woher Sie mich kennen! Sie haben mich sofort bei meinem Namen genannt."

„Meinen Sie etwa, dass ein besonderer Scharfsinn dazu gehört, Sie für den Besitzer von Helmers' Home zu halten? Sie tragen den Hausanzug und gleichen genau dem Bild, das man mir von Ihnen gemacht hat."

„So haben Sie sich nach mir erkundigt?"

„Gewiss. Im fernen Westen ist es ratsam, die Leute, die man aufsucht, möglichst vorher kennen zu lernen. Ich erfuhr, dass Sie ein Deutscher sind, und habe Sie infolgedessen gleich in unserer Muttersprache angeredet. Darf ich vielleicht erfahren, wer der andere Herr ist?"

„Man nennt mich gewöhnlich den Juggle-Fred", fiel der einstige Taschenspieler ein. „Ich bin ein einfacher Prärieläufer, Sir, und darf nicht annehmen, dass mein Name Ihnen bekannt ist."

„Warum nicht? Wer sich so lange Zeit wie ich im Westen herumgetrieben hat, der wird doch wohl vom Juggle-Fred gehört haben. Sie sind ein tüchtiger Fährtensucher und, was noch mehr ist, ein braver Mann. Hier ist meine Hand! Wollen gute Kameradschaft halten, solange es uns erlaubt ist, beisammen zu bleiben!“

Obgleich im fernen Westen keine Rangunterschiede gelten, ist man doch gewöhnt, hervorragenden Jägern mit besonderer Achtung zu begegnen. Auf dem glücklich lächelnden Gesicht Freds sprach sich der Stolz aus, den er empfand, von Old Shatterhand in dieser Weise ausgezeichnet zu werden. Er ergriff die dargebotene Hand, drückte sie herzlich und entgegnete: „Wenn Sie von Kameradschaft sprechen, so ist das eine Ehre für mich, die ich erst verdienen muss. Ich wollte, ich könnte recht lange bei Ihnen sein, um von Ihnen zu lernen. Auch ich will über den Llano Estacado. Wenn Sie mir erlauben wollten, mich Ihnen anzuschließen, wäre ich Ihnen dankbar.“

„Sehr gern, Sir. Durch den Llano Estacado reitet man am liebsten so zahlreich wie möglich. Natürlich setze ich voraus, dass nicht der eine auf den anderen warten muss. Wann wollen Sie aufbrechen?“

„Ich bin von einer Gesellschaft von diamond-boys als Führer geworben. Diese Leute werden sich heute hier einfinden.“

„So passt es gut, denn ich will morgen weiter. Da Sie von diamond-boys reden, darf ich wohl annehmen, dass Sie hinüber nach Arizona wollen?“

„Ganz recht!“

„Nun, so werden Sie wohl auch Winnetou sehen. Der Ort, wo ich mit ihm zusammentreffe, liegt in Ihrer Richtung.“

Indessen kam freudestrahlend der Neger Bob herbei, um Old Shatterhand zu begrüßen und dessen Pferd Hatatitla in seine Obhut zu nehmen. Dann setzte man sich nieder und Helmers ging ins Haus, um einen guten Imbiss für seine Gäste zu bestellen. Einen Trunk brachte er gleich selber mit und nun saßen die Männer beisammen, um die Ereignisse des gestrigen Tages zu besprechen, die ja vor allen Dingen erzählt werden mussten.

Der Dragoneroffizier hatte gesagt, dass er ausruhen wolle, tat es aber, als ihm die eine Giebelstube angewiesen worden war, keineswegs. Er hatte den Riegel vorgeschoben und schritt nachdenklich in dem Raum auf und ab. Dieser Raum lag nach Norden zu und so kam es, dass er die Ankunft Old Shatterhands bemerkt hatte. Er war ans Fenster getreten und betrachtete den Jäger.

‚Wer mag dieser Kerl sein und wohin wird er wollen?', fragte er sich. ‚Höchstwahrscheinlich hat er auch die Absicht, durch den Llano Estacado zu gehen. Das ist bedenklich. Er ist außerordentlich gut beritten und macht den Eindruck eines Westmanns. Wenn der auf die Fährte der deutschen Einwanderer gerät, so kann er uns leicht den ganzen Streich verderben. Schon vor dem Juggle-Fred muss man sich in Acht nehmen. Ein Glück, dass die Diamantenkäufer nicht nach Helmers' Home kommen. Da wird er auf ihre Ankunft so lange hier warten, bis er uns nicht mehr schaden kann. Ich muss versuchen, auch den neuen Ankömmling zu veranlassen, hier zu bleiben, bis wir unseren Plan ausgeführt haben. – Will nur hoffen, dass die beiden Burschen von gestern nicht zu bald hier sind und alles vereiteln!'

Benyon wartete noch eine Weile und ging dann hinab, um sich zu den Männern zu gesellen, die jetzt essend vor dem Haus saßen.

Dieser angebliche Dragoneroffizier war in Wirklichkeit ein verkleideter Llanogeier, und zwar kein anderer als jener Stewart, der gestern mit seinen Leuten die beiden Komantschen angegriffen und verfolgt hatte und dann mit Davy und Jemmy zusammengetroffen war.

Old Shatterhand war mittlerweile von den gestrigen Vorkommnissen genau unterrichtet und Helmers hatte soeben erwähnt, dass ein Offizier angekommen sei. Da tauchte Stewart unten auf und Helmers fuhr fort: „Da kommt ja der Captain. Er kann also selbst erzählen, in welcher Absicht er hier ist. Holla, Frau, noch einen Teller für den Offizier!"

Dieser Ruf galt der Hausfrau, die am Fenster erschienen war, um nach den Gästen zu sehen. Der Teller wurde gebracht und der Offizier setzte sich mit zum Essen nieder. Er erschrak nicht wenig, als er Old Shatterhands Namen hörte, gab sich aber alle Mühe, seinen Schreck zu meistern.

Er musterte den Westmann mit scharfem Blick. Der Jäger sah das wohl, tat aber so, als bemerkte er es nicht.

Der Offizier wiederholte den Bericht, den er bei seiner Ankunft gegeben hatte. Es entging ihm dabei, dass Old Shatterhand seinen Hut tiefer ins Gesicht zog und unter der Krempe hervor den Sprecher heimlich betrachtete. Als der Mann geendet hatte, fragte der Jäger harmlos: „Und wie sagt Ihr? Wo liegt Eure Truppe, Sir?"

„Bei Fort Sill."

„Dort habt Ihr Euern Erkundungsritt begonnen?"

„Ja."

„Ich war vor längeren Jahren einmal in Fort Sill, als Colonel Olmers dort kommandierte. Wie heißt der jetzige Kommandant?"

„Colonel Blaine."

„Kenne den Mann nicht. Ihr sagt, Eure Dragoner werden dieser Tage hier eintreffen? Wie schade, dass sie nicht bereits heute oder morgen kommen! Wir könnten mit ihnen durch den Llano Estacado reiten, was für unsere Sicherheit von großem Vorteil wäre."

„So wartet doch ihre Ankunft ab! Einen Tag könnt Ihr schließlich versäumen?"

„Einen Tag? Hm! Meint Ihr wirklich, dass es sich nur um einen Tag handeln würde? Da sind wir freilich sehr verschiedener Meinung!"

„Wieso?"

„Weil ich überzeugt bin, dass Eure Dragoner niemals hier ankommen. Ich weiß nämlich genau, das in oder bei Fort Sill keine Truppe steht, die den Auftrag hat, sich in den Llano Estacado zu begeben."

„Oho! Wollt Ihr mich Lügen strafen?“, brauste der angebliche Offizier auf.

„Ja, das will ich allerdings!“, entgegnete Old Shatterhand ebenso ruhig wie bisher.

„The devil! Wisst Ihr, dass dies eine Beleidigung ist, die nur mit Blut abgewaschen werden kann?“

„Ja, eigentlich müssten wir uns schlagen. Wenn Ihr nämlich wirklich ein Offizier der Vereinigten-Staaten-Dragoner wärt!“

„Mann!“, schrie Stewart, indem er eine seiner beiden Pistolen aus dem Gürtel riss. „Noch ein solches Wort und ich schieße Euch über den Haufen!“

Er hatte diese Drohung noch nicht ganz ausgesprochen, da stand Old Shatterhand schon vor ihm, riss ihm die Pistole aus der Hand und zugleich die andere aus dem Gürtel und sagte, diesmal aber in einem ganz anderen Ton: „Nicht so vorwitzig, Mann, sonst könntet Ihr es bereuen! Wenn ich Euch schone, so geschieht es, weil ich keinen unmittelbaren Schuldbeweis gegen Euch habe. Zunächst will ich Eure Schießdinger unschädlich machen.“

Damit schoss er beide Pistolen ab und fuhr fort:

„Und dann will ich Euch sagen, dass ich von Fort Sill komme und den Befehlshaber kenne. Der vorige hieß allerdings Blaine, ist aber vor drei Wochen abberufen und durch Major Owens ersetzt worden, was Ihr noch nicht zu wissen scheint. Ihr wollt vor nicht ganz einer Woche von Fort Sill weggeritten sein und müsstet somit Major Owens kennen. Da es nicht der Fall ist, so seid Ihr nicht dort gewesen und die Geschichte von Euern Dragonern und ihrem Zug in den Llano Estacado ist Schwindel!“

Stewart befand sich in größter Verlegenheit. Er versuchte das zu verbergen und sagte: „Nun gut, so will ich zugeben, dass meine Truppe nicht bei Fort Sill steht. Aber ist das hinreichend, die Sache für Schwindel zu halten? Ich bin zur Vorsicht genötigt und darf den eigentlichen Aufenthaltsort meiner Leute nicht verraten.“

„Schwatzt mir nicht solches Zeug vor! Übrigens sehe ich Euch jetzt nicht zum ersten Mal. Seid Ihr nicht einmal in Las Animas wegen eines Überfalls auf einen Bahnzug in Untersuchung gewesen? Es gelang Euch, mit Hilfe einiger Strolche ein Alibi beizubringen. Schuldig aber wart Ihr doch! Ihr wurdet zwar freigesprochen, entgingt indessen nur durch schleunige Flucht dem Richter Lynch."

„Das war ich nicht!"

„Leugnet es nicht! Euer Name war damals Stuart oder Stewart oder so ähnlich. Wie Ihr Euch jetzt nennt und welchen Zweck Eure gegenwärtige Verkleidung hat, das weiß ich nicht und will es auch nicht untersuchen. Hebt einmal Euern Schnurrbart hoch! Bin überzeugt, dass da ein kleines Hasenschärtchen zum Vorschein kommt."

„Wer berechtigt Euch, ein solches Verhör mit mir anzustellen?", fragte Stewart in ohnmächtigem Zorn.

„Ich selbst. Übrigens brauche ich Euern Mund gar nicht zu sehen. Man merkt es ja beim Sprechen und ich weiß, woran ich mit Euch bin. Hier habt Ihr Eure Waffen. Trollt Euch schleunigst von dannen und seid froh, für diesmal noch so leicht weggekommen zu sein! Hütet Euch aber, mir wieder in den Weg zu laufen!"

Er warf ihm die abgeschossenen Pistolen vor die Füße. Stewart hob sie auf, steckte sie ein und sagte: „Das, was Ihr gegen mich vorbringt, ist einfach lächerlich. Jedenfalls verwechselt Ihr mich mit einem anderen. Ich habe meine Papiere oben in der Stube und werde sie Euch herab bringen." Benyon ging.

„Welch ein Auftritt!", erregte sich Helmers. „Seid Ihr Eurer Sache wirklich gewiss, Sir?"

„Durchaus", erwiderte Old Shatterhand.

„Habe ich mir's nich gleich gedacht?", fiel der Hobble-Frank auf Deutsch ein. „Der Kerl hat ein ehrenbürgerrechtswidriges Gesicht. Ich habe ihm ooch schon meine Meinung beigebracht."

Man unterhielt sich noch kurze Zeit über den Vorfall

und kam dann wieder auf den Llano Estacado zu sprechen. Jeder wusste etwas Schreckliches davon zu erzählen und so hätte sich die Unterhaltung wohl noch lange hingezogen, wenn nicht schließlich der Neger Bob mit Helmers' Schwarzem erschienen wäre. Herkules erkundigte sich nämlich bei seinem Herrn:

„Massa Helmers fragen, wohin tun viel Pferde, wenn nachher kommen?"

„Welche Pferde?", fragte der Wirt.

„Pferde von Soldaten, die Offizier jetzt holen."

„Ah! Er ist fortgeritten?"

„Ja, sein fort. Haben vorher sagen, dass will holen viel Reiter nach Helmers' Home."

„Er hat sich also heimlich entfernt! Das beweist, dass er kein gutes Gewissen hat. Nach welcher Richtung ist er denn?"

„Haben legen Sattel auf Pferd, Pferd aus Stall ziehen, sich aufsetzen, um Stall herumreiten und dann fort, dahin." Beim letzten Wort deutete der Neger nach Norden.

„Das ist verdächtig. Man sollte dem Kerl nachreiten. Ich habe große Lust, ihn zu fragen, warum er ohne Abschied fort ist."

„Tut es immerhin!", lächelte Old Shatterhand. „Ihr würdet nicht weit nach Norden kommen!"

„Warum?"

„Weil diese Richtung jedenfalls nur eine Finte von ihm ist. Der Mann führt sicher nichts Gutes im Schild. Da er sich durchschaut sah, hielt er es für geraten, zu verschwinden, aber bestimmt nicht in der Richtung, wohin er eigentlich will. Das, was er vom Militär erzählte, war auch nur Schwindel."

„Das glaube ich nun selbst auch. Aber sagt mir wenigstens, in welcher Absicht er wohl zu mir gekommen ist!"

„Ich kann da auch nur Vermutungen hegen. Für mich steht so viel fest, dass er hierher gekommen ist, um sich über irgendetwas zu unterrichten, um irgendetwas zu erfahren. Was kann das sein? Euer Home ist für viele der Ausgangspunkt der Reise durch den Llano Estacado. Ich denke, dass er nachschauen wollte, ob es gegenwärtig hier bei Euch Leute gibt, die eine Reise durch die Plains unternehmen wollen."

„Hm!", brummte Helmers. „Ich weiß, Ihr haltet den Mann für einen Llanogeier."

„Allerdings."

„So hätten wir ihn nicht fortlassen, sondern unschädlich machen sollen. Aber das war ohne Beweise gegen ihn unmöglich. Er hat erfahren, dass Juggle-Fred die Diamantenkäufer erwartet. Vielleicht ist er jetzt fort, um die Vorbereitungen zu einem Überfall zu treffen."

„Das erscheint auch mir glaubhaft. Der Mann befindet sich nicht allein in dieser Gegend. Er hat jedenfalls noch andere bei sich, die irgendwo auf seine Rückkehr warten. Wir konnten ihm nichts tun. Ich durfte ihn nicht halten, obgleich ich ahnte, dass er sich fortschleichen werde. Nun aber, da er fort ist, werde ich mich wenigstens überzeugen, ob ich richtig vermute. Ich werde jetzt einmal seiner Spur folgen. Seit wann ist er weg?"

„Es sein eine Stunde und eine halbe vielleicht", überlegte der Neger, an den diese Frage gerichtet war.

„So muss man sich sputen. Habt ihr Lust, mitzureiten, Mesch'schurs?"

Helmers war von seiner Farm nicht abkömmlich. Hobble-Frank und Juggle-Fred aber erklärten sich mit Freude bereit, den Ritt mitzumachen, und bald saßen sie und Old Shatterhand zu Pferd und folgten der Spur des Verdächtigen.

Sie führte nur eine kurze Strecke nach Norden, dann bog sie über Osten nach Süden um und nahm endlich gar eine südwestliche Richtung an. Auf diese Weise war Stewart fast drei Viertel eines Kreises geritten, und zwar hatte dieser Kreis einen auffällig kleinen Durchmesser.

Old Shatterhand ritt voran, weit nach vorn gebeugt, um

die Fährte fest im Auge zu haben. Als er sich überzeugt hatte, dass sie von nun an eine schnurgerade Linie bildete, hielt er sein Pferd an und fragte: „Mister Fred, was sagen Sie zu dieser Fährte? Werden wir ihr trauen dürfen?"

„Jedenfalls, Sir!", meinte der Gefragte, der wohl merkte, dass Old Shatterhand ihn ein wenig prüfen wolle. „Von hier an bekennt der Kerl Farbe. Er reitet schnurstracks in den Llano Estacado und..."

Er hielt bedenklich inne.

„Nun, und..?"

„Es scheint, dass er es recht eilig hat. Der Bogen, den er um Helmers' Home geschlagen hat, ist sehr eng. Er hat sich nicht Zeit genommen, einen größeren Umweg zu machen. Auch ist er in gestrecktem Galopp geritten. Es muss ihn irgendetwas rasch vorwärtstreiben."

„Und was mag das sein?"

„Ja, wenn ich das sagen könnte, Sir. Da bin ich aber leider mit meinen Kenntnissen zu Ende. Vielleicht erraten Sie es leichter als ich."

„Aufs Erraten will ich mich nicht einlassen. Es ist besser, wir gehen sicher. Wir haben ja Zeit und können einige Stunden opfern. Folgen wir der Fährte möglichst schnell noch ein Stück!"

Sie setzten ihre Pferde nun auch in Galopp. Das konnten sie recht wohl, da die Spur ungemein deutlich war.

Es war bald zu sehen, dass Helmers' Home auf der Grenze des anbaufähigen Landes lag. Die Gegend veränderte rasch ihr Aussehen. Nördlich von der Niederlassung hatte es noch Wald gegeben. Südlich von ihr standen nur noch einzelne Bäume, die schließlich auch verschwanden. Das Gesträuch wurde dünner und seltener. Das Büffelgras hörte auf und an seine Stelle trat Mezquitegras, ein untrügliches Zeichen, dass der Boden an Dürftigkeit zunahm. Dann zeigte sich immer häufiger der nackte, trockene Sand, und die bisher wellenförmige Oberfläche der Steppe ging in die eintönige Ebene über.

Nun sah man Sand und überall Sand, nur zuweilen unterbrochen von einer Grasinsel. Über andere Stellen legten Beifußarten einen grauen Mantel.

Später traten stachlige Kakteen in den Vordergrund. Opuntien bildeten undurchdringliche Dickichte und zu mächtigen Säulen stiegen Cereusarten auf. Stewart hatte die mit Kaktus bewachsenen Stellen vermieden, da die Stacheln dieser Pflanzen den Pferden leicht gefährlich werden können. Er hatte seinem Tier nur zuweilen eine kurze Zeit zum Verschnaufen gegeben; dann war es, wie die tief eingegrabenen Tapfen zeigten, wieder gezwungen worden, in Galopp zu fallen.

So ging es weiter und weiter. Über zwei Stunden waren vergangen, seit die drei Reiter Helmers' Home verlassen hatten. Wenigstens fünfzehn englische Meilen hatten sie dabei zurückgelegt und doch wollte es ihnen nicht gelingen, den Vorsprung, den der Verfolgte hatte, einzuholen.

Da bemerkten sie einen dunklen Streifen, der sich von links her spitz in die sandige Ebene schob. Es war eine Erderhöhung, die aus fruchtbarerem Boden bestand, aber doch nur anspruchslose Mezquitesträucher trug. Die Spur zog sich nach dieser zungenartigen Ausbuchtung hin. Die drei Reiter mussten in zwei Minuten dort sein. Da hielt Old Shatterhand sein Pferd an, deutete vorwärts und warnte: „Vorsicht! Dort hinter den Sträuchern scheinen Menschen zu sein. Habt ihr nichts gesehen?"

„Nein", meinten Fred und Frank.

„Mir aber war es ganz so, als bewegte sich dort jemand oder etwas. Auch mein Pferd wittert etwas. Wollen uns links halten, um hinter das Mezquitegebüsch zu kommen, das uns Deckung bietet."

Sie schlugen einen Bogen und trieben ihre Pferde an, um die offene Strecke, wo sie deutlich gesehen werden konnten, möglichst hinter sich zu bringen. Als sie dann das Gebüsch erreichten, stieg Old Shatterhand ab.

„Bleibt hier zurück und haltet mein Pferd!", forderte er

die anderen auf. „Ich will umherspähen. Nehmt aber die Waffen zur Hand und seid vorsichtig! Sollte ich schießen müssen, so kommt schnell nach!"

Er bückte sich und schob sich zwischen die Büsche, hinter denen er verschwand. Noch waren kaum drei Minuten vergangen, so kehrte er zurück. Ein vergnügtes Lächeln spielte um seine Lippen.

„Der vermeintliche Offizier ist es nicht", berichtete er. „Auch sind es nicht Spießgesellen von ihm, die sich da jenseits der Sträucher befinden. Wir treffen hier vielmehr zwei alte gute Bekannte und in ihrer Gesellschaft einen jungen Indianer. Passt auf!"

Old Shatterhand steckte zwei Finger in den Mund und ließ einen lang gezogenen, trillernden Pfiff hören. Es ertönte keine Antwort.

„Sie sind zu sehr überrascht", meinte er. „Also noch einmal!"

Der Jäger wiederholte den Pfiff, und kaum war das geschehen, so erklang eine laute Stimme: „Hallo! Was ist denn da los? Dieser Pfiff in dem einsamen Llano Estacado! Sollte es möglich sein? Old Shatterhand, Old Shatterhand!"

„Ja, er ist's!", rief eine andere jubelnde Stimme. „Geh voran! Ich komme auch. Er ist's und der Hobble-Frank ist bei ihm. Und der Dritte, na, ich meine, den sollten wir auch kennen!"

Es prasselte in den Büschen und dann brachen die beiden Trapper hervor, Davy voran und Jemmy hinterher. Sie eilten auf Old Shatterhand zu und umarmten ihn, einer von vorn, der andere von hinten.

„Halt, Boys, drückt mich nicht tot!", wehrte der Jäger sie von sich ab. „Ich will mich wohl gern umärmeln lassen, aber einzeln, einzeln, nicht von zwei solchen Bären, wie ihr seid, zu gleicher Zeit!"

„Keine Sorge! Wir erdrücken Sie nicht!", meinte Jemmy. „Außerdem will ich jetzt zu meinem Hobble-Frank übergehen und Davy mag den Juggle-Fred an sein langes Gehäuse ziehen. Aber wie kommen Sie denn auf den Gedanken, zu pfeifen? Wussten Sie, dass wir da hinter dem Gebüsch steckten?“

„Jawohl. Ihr seid mir die richtigen Westmänner! Lasst euch beschleichen und beobachten, ohne das Geringste zu merken!“

Jetzt war auch Eisenherz, der junge Komantsche, herbeigekommen und trat zwischen den Sträuchern hervor. Er sah Old Shatterhand stehen und sagte ehrerbietig: „Ninanon ton, die Zerschmetternde Hand! Schiba-bigk, der Sohn der Komantschen, ist zu jung, einem so berühmten Krieger ins Antlitz schauen zu dürfen.“

Er wendete sich nach indianischer Sitte ab. Old Shatterhand aber trat rasch auf ihn zu, legte ihm die Hand auf die Schulter und sagte: „Ich habe von dir gehört. Du bist der Sohn meines Freundes Tevua-schohe, des Häuptlings der Komantschen, mit dem ich die Pfeife des Friedens rauchte. Er ist ein tapferer Krieger und ein Freund der Weißen. Wo hat er sein Zelt jetzt aufgeschlagen?“

„Sein Geist ist unterwegs nach den ewigen Jagdgründen, die er erst dann betreten darf, wenn Eisenherz seinen Mördern die Skalpe genommen hat.“

„Tot? Feuerstern ist tot? Ermordet?“, rief Old Shatterhand. „Sag von wem?“

„Schiba-bigk spricht nicht davon. Frage meine beiden weißen Freunde, die seine Leiche gesehen und heute früh mit begraben haben!“

Er zog sich wieder zwischen die Büsche zurück. Old Shatterhand wandte sich an Davy und Jemmy: „Es scheint, dass ihr uns Furchtbares zu erzählen habt. Hier brennt die Sonne. Suchen wir den Schatten auf, wo ich euch vorhin sitzen sah! Dort könnt ihr mir berichten, was geschehen ist.“

Die beiden Freunde schritten quer durch die Büsche. Die drei anderen führten die Pferde um das Gesträuch herum. Dort hatte sich der junge Komantsche bereits wieder niedergesetzt. Die Weißen taten desgleichen und Jemmy begann, das gestrige Erlebnis zu erzählen. Als er das Zusammentreffen mit dem jungen Komantschen berichtet hatte, fuhr er fort: „Heute Morgen haben wir dem Häuptling ein vorläufiges Grab bereitet, wo er liegen soll, bis seine Krieger kommen, ihm ein würdiges Mal zu errichten. Dann aber machten wir uns an die Verfolgung der Mörder."

„Ich dachte, ihr wolltet zu uns nach Helmers' Home?", bemerkte Old Shatterhand.

„Ja, aber wir wollten euch dabei einige wichtige Ergebnisse unserer Nachforschungen mitbringen; denn es scheint sich im Llano Estacado etwas vorzubereiten. So ritten wir zunächst mit Eisenherz den Mördern nach."

„Das kann ich nur loben. Ist es euch gelungen, der Fährte zu folgen?"

„Gewiss. Es hatte freilich seine Schwierigkeiten. Die Kerle waren südwärts geritten und hatten schließlich eine Art Postenkette gebildet, offenbar zu dem Zweck, ein dort befindliches Lager zu bewachen."

„Wer lagerte dort?"

„Das können wir nicht genau sagen. Vermutlich waren es Auswanderer. Wir sahen die Gleise von Ochsenwagen und die Spuren vieler Pferde und schätzen die Zahl der Menschen, die dort die Nacht zugebracht haben, auf ungefähr fünfzig."

„Sie waren nicht mehr da? In welcher Richtung sind sie abgezogen?"

„Nach Südwest."

„Also nach dem Llano Estacado? Mit Ochsenwagen? By Jove! Sie sind entweder von besonders tüchtigen Führern begleitet oder man hat die Absicht, sie in eine Falle zu locken. Was denken Sie, Jemmy?"

„Das Zweite."

„Weshalb?"

„Weil die fünf Mörder Feuersterns die Hände dabei im

Spiel haben. Auch die diamond-boys sind zu dieser Karawane gestoßen, die, nach den Spuren zu urteilen, bereits kurz nach Mitternacht aufgebrochen sein muss. Das ist auffällig. Man hat die Leute aus der Nähe von Helmers' Home schnell entfernen wollen."

„Hoffentlich seid ihr der Karawane gefolgt?"

„Nein, Sir. Wir hatten es nur mit den Mördern des Häuptlings zu tun. Die aber hatten sich, wie aus den Spuren zu ersehen war, nicht der Karawane angeschlossen, sondern waren gerade nach Westen geritten. Ihrer Fährte folgten wir. Übrigens fanden wir die Spur eines einzelnen Reiters, der noch am Abend aus der Gegend von Helmers' Home zu der Karawane gestoßen sein muss."

„So! Noch am Abend? Das ist jedenfalls jener ehrenwerte Mormonenmissionar Tobias Preisegott Burton gewesen. Die ganze Angelegenheit beginnt durchsichtiger zu werden. Weiter, Mister Jemmy! Wie wurde es mit eurer Fährte?"

„Die Kerle waren sehr schnell geritten und darum war die Spur gut lesbar. Dann aber machte uns der Umstand zu schaffen, dass einer der fünf sich von den anderen vier getrennt hatte. Seine Spur führte nach Norden. Wir mussten ihr eine Strecke folgen, um unserer Sache gewiss zu sein."

„Hm! Das gibt zu denken. Ich möchte vermuten, dass wir es hier mit dem Offizier zu tun haben."

„Offizier?", fragte Jemmy. „Es war kein Offizier dabei."

„Weiß schon! Aber vielleicht haben die Kerle eine Uniform bei sich gehabt. Wir werden schon noch Klarheit bekommen. Ihr habt mit diesen Leuten gesprochen. War nicht einer dabei von untersetzter Gestalt, das Gesicht von einem dunklen Vollbart eingerahmt?"

„Diese Beschreibung passt auf den Anführer Stewart."

„Er hatte den Schnurrbart abwärts gestrichen, als wolle er die Lippen verdecken? Habt ihr nicht vielleicht in Bezug auf seinen Mund irgendeine Beobachtung gemacht?"

„Gewiss! Stewart hatte eine kleine Hasenscharte. Man merkte es, wenn er sprach."

„Schön! Da haben wir den Burschen! Er ist nach Helmers' Home geritten, um zu erfahren, ob ihm und seinem Unternehmen von dort vielleicht Gefahr droht. Weiter!"

„Eigentlich möchte ich nicht weiter erzählen. Seine eigene Dummheit eingestehen zu müssen, ist keineswegs ein Vergnügen. Spinne lieber du die Geschichte fort, alter Davy!"

„Danke!", meinte der Lange. „Wer das gute Fleisch gegessen hat, der mag dann auch den harten Knochen beißen. Warum soll gerade ich da anfangen, wo die Dummheit beginnt?"

„Weil du eine so hübsche Art hast, auch das Mangelhafte als vortrefflich erscheinen zu lassen."

„Weiß schon! Ich bin stets derjenige, welcher... Aber da ich mit dir die Friedenspfeife geraucht habe, will ich gutmütig sein und es einmal versuchen. Wisst ihr, Mesch'schurs, die Sache ist nämlich die, dass uns später die Fährte verloren ging, und wir haben sie trotz alles Suchens auch nicht wieder gefunden."

„Unmöglich!", rief Old Shatterhand. „Davy und Jemmy hätten eine Fährte verloren? Wenn mir das ein anderer sagte, würde ich ihn Lügen strafen."

„Ich danke Ihnen für Ihre gute Meinung von uns, Sir! Aber da es Ihnen der Lange Davy selber sagt, so müssen Sie es glauben!"

„Allerdings. Und wie ist das nun zugegangen?"

„Auf die einfachste Weise von der Welt. Da vorn, wo das Mezquitegesträuch aufhört, beginnt felsiger Boden, der sich meilenweit nach Osten und Süden erstreckt. Diesen Boden sollten Sie sehen, um zu begreifen, dass einem da eine Fährte verloren gehen kann."

„Ich kenne ihn. Die Mexikaner, zu deren Gebiet diese Gegend früher gehörte, nennen diese Strecke el plano del diablo, die Teufelsplatte."

„Richtig! Sie kennen sie also. Nun, das beruhigt mich, denn da werden Sie uns nicht für Greenhorns halten, wenn ich Ihnen aufrichtig gestehe, dass die Spur für uns weggeblasen war."

„Hm! Aber vier Reiter bläst doch niemand weg!"

„Nein. Doch wenn die Pferde auf diesem eisenharten, glatten Stein keine Spur machen, so ist eben keine zu sehen, Sir. Unser Komantsche ist trotz seiner Jugend ein famoser Fährtenleser. Aber ich sage Ihnen, dass auch er am Ende seiner Weisheit war."

„So möchte ich wissen, ob es mir auch so gegangen wäre!"

„Ja, Sir! Sie und Winnetou würden selbst dann die Fährte entdecken, wenn die Kerle durch die Luft geritten wären! Und fast möchte man glauben, dass es so war. Ich sage Ihnen, es war nicht das kleinste zermahlene Steinbröckchen und nicht das armseligste Ritzchen zu sehen, das ein Hufeisen in den Fels geschnitten hätte. Natürlich haben wir getan, was jeder gute Westmann in diesem Fall unternommen hätte: Wir sind längs der Gesteinsgrenze hingeritten, um die Stelle zu finden, wo die Burschen vom festen Fels wieder auf sandigen Boden gekommen sind. Das ging so langsam, dass wir bis jetzt noch nicht ganz fertig sind, obgleich wir uns jedenfalls bereits nördlich von dem Punkt befinden, wo der eine die vier anderen verlassen hatte, um nach Helmers' Home zu reiten, wie Sie sagen. Übrigens sahen wir, als wir da drüben herüberkamen, einen einzelnen Reiter, der weit draußen südwärts galoppierte, und als wir dann dieses Gebüsch erreichten, bemerkten wir, dass er hier angehalten hatte."

Old Shatterhand horchte auf. Er schien eine kleine Weile lang nachzudenken, dann erhob er sich von seinem Platz, untersuchte die verschiedenen Hufeindrücke, die sich am Rand des Mezquitegebüsches befanden, und entfernte sich dabei eine Strecke von den anderen. Endlich hörten sie ihn rufen: „Mister Davy, sind Sie oder Jemmy auch hier gewesen, wo ich jetzt stehe?"

„Nein, Sir", antwortete der Gefragte.

„So kommt einmal alle her!"

Sie folgten seiner Aufforderung. Als sie zu ihm kamen, deutete er auf das Gebüsch und erklärte: „Hier seht ihr ganz deutlich, dass jemand in die Sträucher eingedrungen ist. Da ist ein Ästchen abgebrochen und die Bruchfläche ist noch nicht vertrocknet. Es ist also vor noch nicht langer Zeit geschehen. Folgt mir weiter, meine Herren!"

Er schob sich, jedes Zweiglein und jeden Zoll des Bodens genau betrachtend, immer tiefer in das dichte Gebüsch hinein, bis er vor einer sandigen Stelle stehen blieb. Sie war mehrere Schritt lang und breit und zeigte keine Spur von Pflanzenwuchs. Nicht der kleinste, ärmste Halm war da zu sehen. Hier kniete er nieder und es schien, als wolle er jedes Sandkörnchen einzeln untersuchen. Endlich erhob er sich mit einem Lächeln der Befriedigung und betrachtete auch die übrigen Seiten des Gebüschs rings um das Plätzchen. Dann deutete er auf eine Stelle und meinte: „Auch hier ist jemand in dieses Versteck hereingekommen. Ich wette, dass der Betreffende da draußen vor den Büschen auf dem felsigen Boden vom Pferd gestiegen ist. Und nun sagen Sie mir zweierlei, Mister Davy: Südlich von hier war es, wo sich der eine von den vier anderen trennte?"

„Südost, Sir."

„Schön! Hatte der Mann, den ihr dann von hier fortreiten saht, eine Uniform an?"

„Nein."

„So ist für mich Folgendes gewiss: Der Anführer der fünf ist, nachdem er die anderen verlassen hatte, hierher geritten, um sich die Uniform zu holen und als Offizier nach Helmers' Home zu gehen. Dann, als er sich dort heimlich entfernt hatte, ritt er wieder hierher, um die Uniform mit dem gewöhnlichen Anzug zu vertauschen."

„Was Sie nicht sagen! Halten Sie diesen Ort hier für einen Kleiderschrank?"

„Ja, wenigstens für ein Versteck, für eine Cache, wie bekanntlich der Biberjäger die Grube nennt, worin er seine

Felle verbirgt. Nehmt eure Messer heraus und grabt nach! Man sieht es dem Sand noch an, dass er vor kurzem erst sorgfältig geebnet wurde.“

Sofort warf sich der dienstfertige Hobble-Frank zu Boden und begann den Sand so eifrig gleich mit den bloßen Händen aufzuwühlen, als erwarte er alle Schätze von Golkonda zu finden. Das spornte die anderen an, seinem Beispiel zu folgen. Der Sand flog nach allen Seiten. Noch war Frank kaum einen Viertelmeter tief gekommen, so rief er:

„Ich hab's, Herr Shatterhand! Meine Finger sind off was Hartes gestoßen.“

„Nur weiter, weiter!“, mahnte Jemmy. „Das Harte kann auch Fels sein.“

„Ich grabe ja schon wie ein Maulwurf. Es is kein Fels, sondern Holz. Da habt Ihr's! Lauter dünne Stangen.“

„Das sind jedenfalls Kaktusstangen“, erklärte Old Shatterhand, „die so miteinander verbunden sind, dass sie eine breite Fläche und somit die Decke des Verstecks bilden.“

Diese Ansicht erwies sich als richtig. Die geraden Stängel wurden durch Flechtwerk so zusammengehalten, dass sie einen viereckigen Deckel darstellten, der ein tiefes Loch von oben völlig verschloss. Dieses Loch war reichlich zwei Ellen lang und breit und bis an den Rand mit allerlei Gegenständen gefüllt.

Das Erste, was man sah, waren ein Säbel und – eine Uniform, auf der ein altes, zusammengebrochenes Zeitungsblatt lag.

„Der Waffenrock des Offiziers und auch sein Raubritterschildknappensäbel!“, staunte Frank, indem er die Klinge aus der Scheide zog und damit durch die Luft schlug. „Wenn der Halunke da wäre, würde ich ihm...“

„Bitte, lieber Frank, das Papier!“, unterbrach ihn Old Shatterhand.

„Schon! Gleich! Ich kann ja meine Rede später halten, wenn wir diese Mördergrube ausgeräumt haben.“

Er gab Old Shatterhand das Zeitungsblatt. Der öffnete

es und fand darin einen mit Bleistift geschriebenen Zettel. Der Jäger las die Zeilen vor: „Venid pronto á nuestro escondite! Precaucion! Old Shatterhand está en casa de Helmers."

„Das heißt?", fragte Fred. „Nun, Frank, du bist ja Sprachkenner."

„Jawohl", entgegnete der Angeredete. „Es ist von Old Shatterhand und Helmers die Rede. Aber dieses Hebräisch is so mit indianischen Brocken verschimpfiert und von indogermanischen Trichinen durchfressen, dass sich mir gleich beim ersten Wort das Herz im Leib umdreht. Ich wasche meine Hände in Unschuld und beschäftige mich lieber mit der Uniform."

Er begann, die Taschen der Uniform angelegentlich zu untersuchen. Old Shatterhand übersetzte die spanischen Zeilen: „Kommt rasch nach unserem Versteck! Vorsicht! Old Shatterhand befindet sich bei Helmers."

Von einer Erklärung dieser Worte wurde zunächst abgesehen. Man wollte wissen, was alles sich in dem Loch befand. Es enthielt getragene, aber noch brauchbare Kleidungsstücke in verschiedenen Formen, Farben und Größen, Gewehre, Pistolen, Messer, Blei, blecherne Schachteln und Zündhütchen und endlich gar ein Fässchen, das noch halb voll Pulver war. Sämtliche Taschen der Anzüge waren leer. Auch einige Indianerkleider kamen schließlich noch zum Vorschein.

„Die Gewänder verbrennen wir", entschied Old Shatterhand. „Das andere ist gute Beute und jeder mag sich davon nehmen, was ihm beliebt. Das Übrige wird mit zu Helmers genommen. Ich bin überzeugt, dass die Llanogeier noch mehr solche Verstecke haben, in denen sie ihre Vorräte aufbewahren. Die Uniform gehörte wahrscheinlich einem Offizier und die Indianerkleider Eingeborenen, die von den Räubern ermordet wurden. Von allen diesen Fundgegenständen hat für mich nur der Zettel Wert. Was würdet Ihr aus dem Inhalt schließen, Mister Fred?"

„Zweierlei“, erwiderte der Gefragte. „Erstens, dass der Kerl eine Heidenangst vor Ihnen hat. Er wäre jedenfalls noch länger in Helmers' Home geblieben, wenn er nicht Sie dort getroffen hätte.“

„Und zweitens?“

„Zweitens sind noch Genossen hinter ihm, die er durch diesen Zettel warnt. Auch sie wollen in den Llano Estacado; auch sie kommen hierher, um die Grube zu öffnen. Er bestellt sie an einen Ort, den er mit dem Namen Versteck bezeichnet. Wie mir scheint, ist damit ein Versammlungsort gemeint.“

„Ihre Vermutung ist auch die meinige. Ihr erseht aus dem Stand der Dinge, dass ihr die verlorene Fährte nun nicht aufzusuchen braucht. Dieser Mann stößt ganz gewiss wieder zu seinen vier Gefährten. Um zu ihnen zu kommen, braucht ihr nur ihm zu folgen. Seine Spur wird von hier an sehr deutlich sein. Sie führt jedenfalls zu dem Versteck, wovon er in diesen Zeilen schreibt. Ihr könnt euch wohl denken, weshalb er die Leute dorthin beordert?“

„Natürlich! Er will mit ihnen über die Auswanderer herfallen.“

„Das vermute ich auch. Und zwar beabsichtigt er, das sehr bald zu tun, wie seine Eile beweist. Er muss ja befürchten, dass wir hinter seine Schliche kommen und sie ihm vereiteln. Deshalb wird er die Ausführung seines Vorhabens so viel wie möglich beschleunigen.“

„Dann müssen auch wir uns beeilen, Sir! Wäre es nicht das Allerklügste, wir ritten dem Kerl gleich jetzt nach? Er ist der Anführer, die Seele des Unternehmens. Wenn wir ihn erwischen, unterbleibt die Tat.“

„Schwerlich!“, meinte Old Shatterhand. „Er war der Wortführer unter fünf Genossen. Ob er aber wirklich das Oberhaupt aller Llanogeier ist, das wissen wir nicht. Mit ihm sind die anderen noch längst nicht unschädlich gemacht. Übrigens glaube ich nicht, dass wir ihn einholen könnten. Unsere Pferde sind müde und die Sonne neigt sich dem Untergang zu. Bevor wir ihn erreichen würden, ist es Nacht. Nein, lassen wir ihn für heute reiten. Seine Fährte ist morgen auch noch zu sehen. Ihr lagert hier an dieser Stelle, ihr alle, um diejenigen, an die dieser Zettel gerichtet war, festzunehmen, falls sie kommen. Ich reite allein nach Helmers' Home zurück, bringe den Fund zu Helmers und hole Bob. Zwei von euch mögen mir ihre Pferde leihen. Mit Tagesgrauen bin ich wieder hier. Dann brechen wir auf und ich denke, dass unser Ritt nicht vergeblich sein wird. Wir sind dann sieben Mann und ich hege die Überzeugung, dass wir es mit den Geiern recht wohl aufnehmen können."

Dieser Vorschlag fand allgemeinen Beifall. Jeder suchte sich von den vorgefundenen Waffen und der Munition aus, was ihm beliebte. Die Kleider wurden auf den Sandboden herausgeschafft und mit Hilfe dürrer Mezquitezweige verbrannt. Den Rest packte man auf Franks und Freds Pferd. Der Scheiterhaufen qualmte noch, als Old Shatterhand wegritt. Er versprach, für Lebensmittel und auch für einen kleinen Wasservorrat zu sorgen, und bemerkte im Davonreiten, nach Westen deutend:

„Mir scheint, von dorther kommt etwas, Sturm oder dergleichen. Das ist ein Wetterloch, das aber dem Llano Estacado leider niemals Regen bringt."

Damit trabte er nach Norden davon. Die anderen betrachteten, von ihm aufmerksam gemacht, den westlichen Himmel, wo sich über der Sonne ein leichtes Gewölk zeigte, rötlichgrau gefärbt und eine Art Ring bildend, in dessen Mitte sich goldener Lichtschimmer sammelte. Das sah gar nicht gefährlich aus und Old Shatterhands Worte wurden als eine Bemerkung hingenommen, die wohl keine weitere Bedeutung hatte. Nur der Komantsche hielt den Blick bedenklich auf das Wölkchen gerichtet und murmelte vor sich hin:

„Ekapuschtke-tupa, der Mund des Blitzes!"

6. Geisterstunde

Nach dem Aufbruch Old Shatterhands setzten sich die Männer wieder nieder und plauderten. Besonders das Erlebnis in Helmers' Home wurde ausführlich behandelt. Die Zeit verging wie im Flug und man achtete nicht auf den Himmel, der jetzt eine ganz andere Färbung angenommen hatte. Nur der Komantsche, der schweigend abseits saß, beobachtete diese Veränderung genau.

Der kleine Wolkenring hatte sich unten geöffnet und die Form eines Hufeisens angenommen, dessen Schenkel sich zusehends verlängerten, sodass sie zwei lang gestreckte, schmale Schichten bildeten, die fast den nördlichen Horizont erreichten. Zwischen ihnen sah man den reinen, klaren Himmel. Die eine, näher liegende Schicht senkte sich und da färbte sich der südliche Horizont mit einem staubigen Orangerot. Es sah aus, als wüte dort ein Sturm, der den Sand bis zum Himmel wirble.

Im Osten wurde es dunkel wie von schwerem Dunst und doch waren keine Wolken zu sehen. Da plötzlich sprang der Komantsche auf und schrie, die höchste Tugend des Indianers, die Selbstbeherrschung, ganz vergessend, indem er auf die schwarze Wand im Osten deutete:

„Pijänowit-natscho – der Geist des Llano Estacado!" Die anderen erschraken und sprangen gleichfalls auf. Sie bemerkten erst jetzt die Veränderung des Himmels. Ihre Blicke erstarrten vor Entsetzen.

Scheinbar wohl drei Manneshöhen über der Linie des Horizonts jagte ein Reiter dahin. Die schwarze Wand zeigte da, wo die Gestalt sich befand, einen runden, hell erleuchteten Fleck, der sich mit dem Reiter in gleicher Geschwindigkeit fortbewegte, sodass Mann und Pferd wie ein dunkler, beweglicher Schatten in lichtem Rahmen erschienen. Die Gestalten waren überlebensgroß. Alle Glieder des Reiters waren deutlich zu erkennen. Er hielt mit der Rechten die Zügel, sein Haupt war umwallt von langen Haaren und trug den Kopfschmuck eines Indianers. Das Gewehr auf seinem Rücken schlug auf und nieder. Mähnenhaar und Schweif des Pferdes wehten wie im Sturm. Das gespenstische Tier flog dahin, als werde es von der Hölle gehetzt.

Und das geschah am hellen Tag, eine volle Stunde vor Sonnenuntergang! Es machte einen unbeschreiblichen, grauenhaften Eindruck auf die Beschauer. Keiner von ihnen ließ einen Laut hören.

Die schwarze Wand brach im Süden fast schroff und senkrecht ab. Dieser Stelle jagte der Reiter zu. Er näherte sich ihr zusehends. Noch zehn Sprünge des Pferdes, noch fünf, noch drei, noch einer – das Tier schoss hinaus ins Leere und war mitsamt dem Reiter verschwunden. Auch der lichte Rahmen war nicht mehr zu sehen.

Die Männer standen noch immer wortlos beisammen. Bald blickten sie dorthin, wo die Erscheinung aufgetaucht war, bald sahen sie einander an. Da schüttelte sich Jemmy, als friere er, und sagte:

„Alle guten Geister! Wenn das nicht der Geist des Llano Estacado war, so will ich niemals wieder mein Gesicht waschen! Habe wirklich immer geglaubt, dass es ein Unsinn sei; jetzt aber wäre man ja geradezu verrückt, wenn man noch zweifeln wollte. Mir ist innerlich ganz gespensterhaft zumute. Wie ist denn dir ums Herz alter Davy?"

„Geradeso, als wäre ich ein alter Geldbeutel, worin auch nicht ein einziger armer Cent zu finden ist. Ich bin leer, ganz leer, nur Haut und Luft! Und seht nur, wie schnell sich der Himmel verändert! Das ist noch nie da gewesen!"

Die obere Kante der erwähnten schwarzen Wand färbte sich blutrot. Flammenbüschel zuckten auf und nieder. Der eine Schenkel des noch hoch am Himmel sichtbaren Hufeisens senkte sich nieder. Und je tiefer er herabstieg, desto breiter und dunkler wurde er. Im Süden wirbelte es wie ein vom Sturm gepeitschtes Meer von Staub und Rauch.

Es kam näher und näher. Über die Sonne legte sich ein

düsterer Vorhang, der von Sekunde zu Sekunde immer höher und breiter wurde. Der dunkle Wolkenstreifen schien jetzt förmlich vom Himmel zu fallen. Mit einem Male wurden die entsetzten Männer von einer ungewöhnlichen Kälte ergriffen. Ein schrilles Heulen ließ sich in der Ferne hören.

„Um Gottes willen, zu den Pferden!“, schrie Juggle-Fred. „Schnell! Sonst gehen sie durch! Reißt sie nieder! Sie müssen sich legen. Haltet sie fest, aber werft auch euch selbst platt auf die Erde!“

Alle fünf sprangen zu den drei Tieren, die angstvoll schnaubten und sich gar nicht weigerten, als sie niedergezerrt wurden. Sie lagen hart am Gebüsch und steckten die Köpfe unter die Zweige. Und kaum hatten sich auch die Männer hingeworfen, da brach es los. Das war ein Pfeifen, Stöhnen, Heulen, Sausen, Brausen, Krachen und Brüllen, das jeder Beschreibung spottet. Die Männer hatten das Gefühl, als werde eine zentnerschwere Decke plötzlich auf sie geworfen. Sie wurden mit solcher Gewalt an den Boden gedrückt, dass es ihnen unmöglich gewesen wäre, sich jetzt zu erheben, selbst wenn sie den Versuch hätten wagen wollen. Eiseskälte fuhr ihnen in die Glieder. Augen, Nase, Mund und Ohren waren plötzlich wie verstopft. Sie vermochten nicht zu atmen, sie waren dem Ersticken nahe. Und da strich es auf einmal wieder glühend heiß über sie hin und die heulenden Stimmen des Llano Estacado verklangen in der Ferne. Die Pferde sprangen auf und wieherten laut. Der jäh hereingebrochenen, tief dunklen und erstarrend kalten Nacht folgten heller Sonnenschein und belebende Wärme. Man konnte den Mund öffnen, man vermochte wieder zu atmen. Die fünf Gestalten begannen sich zu bewegen. Sie befreiten ihre Augen von dem beißenden Staub und sahen um sich. Sie waren von einer hohen Schicht kalten Sandes bedeckt. Das war die Decke, die der Tornado über sie geworfen hatte.

Ja, ein Tornado war es gewesen, einer jener mittelamerikanischen Zyklone, die mit ihrer Kraftentwicklung kaum anderswo ein Seitenstück finden. Die Zerstörungen, die solch ein Wirbelsturm anrichtet, sind furchtbar, fast unglaublich. Er erreicht eine Geschwindigkeit bis zu hundert Kilometer in der Stunde und ist meist von elektrischen Erscheinungen begleitet, die oft noch lange nachhalten. Selbst der Samum in der afrikanischen Wüste ist nicht von solcher Wucht und nur der entsetzliche Sand oder Schneesturm der wilden Gobi lässt sich mit der Macht eines Tornado vergleichen.

Die fünf Männer erhoben sich und schüttelten den Sand von ihren Gewändern. Das Gesträuch hatte dem Flugsand ein Hindernis geboten, sodass er wie eine zwei Ellen hohe Sandwehe aufgeschichtet lag.

„Gott sei Dank, dass es so gnädig vorübergegangen ist!“, meinte Jemmy. „Wehe denen, die sich während dieses Tornado im offenen Llano Estacado befanden! Sie sind verloren.“

„Nicht so unbedingt, wie Ihr meint“, entgegnete Fred. „Diese schrecklichen Stürme haben zum Glück oft nur eine Breite von einer halben englischen Meile. Umso größer aber ist ihre Gewalt. Dieser wütende Luftstrom hat uns nur mit seinen Seitenwellen überflutet. Befanden wir uns in seiner Mitte, wären wir mitsamt den Pferden wer weiß wie weit fortgerissen und irgendwo zerschellt worden.“

„Ganz richtig!“, nickte Davy. „Ich kenne das. Habe unten am Rio Conchos mal die Verwüstungen gesehen, die ein Tornado dort anrichtete. Er hatte durch einen Urwald sozusagen eine schnurgerade Straße gerissen. Baumriesen von einem Durchmesser bis zu zwei Meter waren entwurzelt worden und lagen wirr über- und durcheinander. Diese seltsame Lichtung, auf der kein einziger Baum sich stehend erhalten hatte, besaß eine so scharfe Seitenabgrenzung, dass rechts und links die Bäume nur ganz leicht verletzt waren. Der Yankee nennt diese Art Stürme Hurricane und gibt auch den von ihnen niedergeschmetterten Waldstrecken diesen Namen.“

„Schrecklich genug war's!“, meinte der Hobble-Frank. „Der Atem war mir so vollständig ausgegangen, dass meine Klarinette beinahe nur noch off dem letzten Loch pfiff. Wir haben in Sachsen doch ooch zuweilen Stürme gehabt, aber so wild und bösartig wie hier sind sie nich. So ein sächsischer Hauptorkan is gegen einen amerikanischen Tornado das reine Kinderspiel, das reine Mailüftchen, gerade zureichend, den heißen Kaffee kalt zu blasen. Und dazu hat mich Davys Maulesel halb tot getrampelt. Er wollte zuletzt nich mehr liegen bleiben und hielt meine edle Gestalt sonderbarerweise für...“

„Maultier, willst du wohl sagen“, unterbrach ihn Jemmy.

„Nee, Maulesel sage ich! Wer so off mir herumstampft, is der größte Esel, den es nur geben kann. Ich sollte Davy eigentlich auf Schadenersatz verklagen. Aber wer so einzig in der Welt dasteht wie ich, der is ja gar nich zu ersetzen.“

Die Sonne, die vorher völlig verdunkelt worden war, sandte jetzt wieder ihre Strahlen herab. Sie waren eigentümlich gefärbt, fast safrangelb. Der Horizont verschwamm in dieser Färbung und die Erde schien sich gegen ihn hin rundum zu erheben. Das hatte das Aussehen, als befänden sich die fünf Männer am tiefsten Punkt des Innern einer großen Hohlkugel.

Die drei Reittiere waren noch keineswegs beruhigt. Sie schnaubten ängstlich und stampften den Boden. Sie wollten fort und mussten fest angebunden werden. Es lag etwas in der Luft, wogegen sich die Lunge sträubte. Das waren nicht etwa mikroskopisch feine Sandteilchen, sondern es war etwas nicht zu Bezeichnendes.

Der Komantsche hatte seine Decke über den Sand gebreitet und sich darauf niedergestreckt. Seine Erregung bei der Erscheinung des Llanogeistes hatte er rasch wieder gezügelt und selbst jetzt, nach einem solchen Naturereignis, bewahrte er die schweigsame Zurückhaltung, die ein Charakterzug des Indianers ist.

Die vier Weißen setzten sich in seine Nähe und Jemmy

fragte ihn: „Hat mein junger roter Bruder bereits einmal so einen Sturm miterlebt?"

„Mehrere", erwiderte der Gefragte. „Eisenherz ist von dem Neait habechkaro[1] weit fortgerissen und dann im Sand begraben worden; aber die Krieger der Komantschen fanden ihn doch. Er hat ausgerissene Bäume gesehen, deren Stamm von sechs Männern kaum umspannt werden konnte."

„Aber den Geist des Llano Estacado sahst du wohl doch noch nicht?"

„Eisenherz ist auch ihm bereits begegnet, vor drei Wintern, als er mit seinem Vater durch den Llano Estacado ritt. Sie hörten einen Schuss. Als sie sich der Stelle näherten, wo er gefallen war, sahen sie den Geist auf einem schwarzen Pferd davonjagen. An dem Ort aber lag ein Bleichgesicht, in dessen Stirn sich das Loch der Kugel befand. Der Häuptling der Komantschen kannte diesen Toten, der ein gefürchteter Mörder gewesen war."

„Welches Aussehen hatte der Geist?"

„Er hatte den Kopf und den Leib des weißen Büffels, um dessen Hals sich die zottige Mähne sträubte. Es war ein schrecklicher Anblick. Dennoch aber ist er ein guter Geist, sonst würde er nicht die Gestalt dieses heiligen Tieres annehmen. Auch wissen die Komantschen genau, dass er nur böse Männer tötet, während alle guten unter seinem Schutz stehen. Eisenherz kennt zwei Komantschen, die sich im Llano Estacado verirrten und dem Verschmachten nahe waren. Der Geist kam des Nachts zu ihnen, gab ihnen Fleisch und Wasser und wies sie dann auf den rechten Weg."

„Sprach er auch mit ihnen?"

„Er redete mit ihnen in ihrer Sprache. Ein guter Geist spricht alle Sprachen, denn der Große Geist hat sie ihn gelehrt. Howgh!"

Eisenherz wendete sich ab. Mit dem ‚Howgh' deutete er

[1] Mordwind

an, dass er nun genug gesprochen habe und schweigen wolle.

Dagegen ergriff jetzt der Hobble-Frank wieder das Wort, indem er sich an Fred wandte: „Was sagst denn eigentlich du zu der Erscheinung? Am hellen Tag ein leibhaftiges Gespenst zu erblicken, das geht beinahe an Kopf und Kragen. Meine Gänsehaut is mir angeschwollen wie ein Luftballon!"

Der Angesprochene meinte lächelnd: „So groß braucht dein Entsetzen nicht zu sein. Die Erscheinung, die wir hatten, lässt sich vielleicht auf ganz natürliche Weise erklären. Denke doch nur an das Brockengespenst, dessen Entstehung der Brockenwirt Nehse so überzeugend nachgewiesen hat!"

„Das weiß ich natürlich ooch. Das Brockengespenst is eine harzreiche Lufterscheinung, halb Ozon und halb Sauerstoff, die sich in der Atmosphäre niederschlägt und dann vom Nebel in glühende Hagelkörner offgelöst wird. Hier aber im Llano Estacado haben wir es mit einem wirklichen Geist zu tun. Wir sahen ihn am Himmel hinreiten. Es war keine Luft, es war ooch kein Nebel, sondern es war die greifbare Gestalt eines übernatürlichen Wesens. Wie kann da eine optische Täuschung vorliegen?"

„Hm! Ich selbst habe früher als Taschenspieler künstliche Gespenster auftreten lassen."

„Davon magst du nur lieber schweigen, denn künstliche Gespenster herzustellen, das is die reine Schwindelhaftigkeiterei! Off welche Weise hast du das denn fertig gebracht?"

„Entweder durch eine schief liegende Glasscheibe oder durch die Camera obscura."

„Das kann ich ooch. Ich habe mir ja selber mal so eine Camera procura gebaut. Sie war mir so weit ooch ganz gut gelungen, aber leider habe ich vergessen, das Loch anzubringen, wo die Okularlinsen hineingeschüttet werden. Übrigens konnte ich von keinem Gemüsehändler diese Sorte von Linsen bekommen und so habe ich die Sache bis off weiteres einstweilen liegen gelassen."

Da brachen Fred, Jemmy und Davy in ein so schallendes Gelächter aus, dass der ernste Komantsche sich schnell umwandte und sie erstaunt ansah. Frank aber machte sein zornigstes Gesicht und rief:

„Silicium! Schweigt stille! Hört euer Hohngelächter nich sofort off, so richte ich unter euch Semmelbrüdern ein Blutbad an wie Mohammed der Zweite unter den Parisern! Ihr habt über meine Camera procura gar nischt zu lachen! Sie war ganz richtig konsterniert, aber ich als Forschtbeamter hatte keine Zeit, mir die Linsen selber zu züchten. Ich verlasse euch und schüttle den Staub von meinen Füßen. Euer Hohn erfordert Rache. Ich gehe, aber – manus manum lavendat, zu deutsch: Meine Hand wäscht euch schon noch die Köppe mit Lavendel. Ho-ho-ho-howgh!“

Frank warf ihnen das letzte Wort mit entrüsteter Gebärde zu und eilte dann fort, um hinter dem Gebüsch zu verschwinden und sie auf diese Art durch die Entziehung seines Anblicks nachdrücklich zu bestrafen.

Die anderen regten sich über das Strafgericht nicht sonderlich auf, denn sie kannten ja den kleinen Sonderling zur Genüge. Sie brachten die Rede wieder auf den Tornado und die vorhergehende Erscheinung des Llanogeistes. Die drei waren keineswegs ungebildete Männer; besonders besaß Fred mehr als gewöhnliche Kenntnisse. Sie waren also überzeugt, es nur mit einer optischen Erscheinung zu tun zu haben, aber sie verstanden es nicht, das wissenschaftlich zu erklären.

Darüber verging die Zeit und die Nacht brach an. Es wurde so dunkel, dass man nicht fünf Schritt weit zu sehen vermochte. Nun kam Frank wieder herbei. Er wollte in solcher Finsternis und an solchem Ort nicht allein sein. Aber seine Entrüstung war noch nicht ganz verraucht. Er sprach kein Wort und streckte sich auch nicht neben den anderen, sondern in gewisser Entfernung von ihnen aus, lauschte jedoch aufmerksam auf ihre Reden. Sie hörten es seinen Bewegungen an, dass er zuweilen auffuhr, um einen Einwand loszulassen, wenn einer etwas geäußert hatte, was er besser zu wissen und zu verstehen meinte. Aber er legte sich doch immer wieder hin. Die Lust zu schmollen war bei ihm doch noch größer als der Hang, mit seinen eingebildeten Kenntnissen zu prahlen.

Die Luft war mittlerweile rein geworden und ließ sich besser atmen als vorher. Eine leichte Brise hatte sich aus Südwest erhoben und war nach der Hitze des Tages von angenehmer Wirkung. Einige Sterne standen am Himmel, die den Lagernden die Zeit andeuteten.

Sie sprachen jetzt nicht mehr miteinander und gaben sich Mühe, einzuschlafen. Eine Störung durch irgendein feindliches Wesen war nicht wahrscheinlich und Old Shatterhand konnte jetzt noch nicht erwartet werden. Die Weißen schliefen auch wirklich ein. Nur der Komantsche starrte mit offenen Augen gegen den Himmel, obgleich er während der letzten Nacht keine Minute geschlafen hatte. Der Tod oder vielmehr die Ermordung seines Vaters beschäftigte seine junge, nach Rache lechzende Seele.

So verging Viertelstunde um Viertelstunde. Da plötzlich wurden die Schlafenden durch einen lauten Ausruf des Indianers geweckt. Sie fuhren in sitzende Stellung empor.

„Mabuni namachzo – seht dorthin!“, sagte er, nach Süden deutend.

Sie sahen trotz der Dunkelheit seinen ausgestreckten Arm und blickten in die angegebene Richtung. Dort am Horizont zeigte sich ein heller Fleck, geformt wie ein langer, schmaler Keil. Er machte gar nicht den Eindruck von etwas Außergewöhnlichem, erregte aber doch die Aufmerksamkeit der Männer.

„Hm!“, brummte Jemmy. „Wenn das im Osten wäre, würde ich glauben, wir hätten so lange geschlafen, dass dort der Tag zu grauen beginnt.“

„Nein“, meinte Davy. „Das Tagesgrauen ist anders. Die Grenzlinien dieser hellen Stelle sind zu scharf.“

„Eben weil es dunkle Nacht ist."

„Und weil es dunkle Nacht ist, kann der Morgen noch nicht grauen. Tag und Nacht fließen ineinander. Dort aber gibt es feste Umrisse."

„Es müsste ein Feuer sein!"

„Ein Feuer im Llano Estacado, wo es kein Holz gibt? Hm! Was sollte da brennen? Übrigens wird die helle Stelle immer größer. Und dabei dreht sich der Wind. Er kam erst aus Südwest. Jetzt kommt er gerade aus Westen und wird stärker und kälter. Was hat das zu bedeuten?"

„Ein Nordlicht ist's auf keinen Fall", erklärte Fred. „Und von Südlichtern hat man hier ja wohl noch nichts wahrgenommen."

Frank hatte bisher geschwiegen. Nun aber musste er reden, sonst hätte es ihm das Herz abgedrückt. „Diese lichte Stelle hat was zu bedeuten", sagte er. „Sie hängt jedenfalls mit dem Geist des Llano Estacado zusammen. Vorhin is er nach Süden geritten. Vielleicht hat er dort seinen Wigwam und sitzt bei seinem Lagerfeuer."

Die anderen hätten am liebsten wieder gelacht, sie beherrschten sich aber. Fred erkundigte sich: „Meinst du, dass sich ein Geist ein Lagerfeuer anbrennt?"

„Warum nich? Bei solch einem kalten Wind, wie er jetzt weht?"

Die Luft wurde allerdings schärfer. Sie folgte der Windrose immer weiter nach Norden. Und da unten im Süden stieg die Helligkeit immer höher. Es war, als ginge dort die Scheibe eines mächtig großen Gestirns auf. Sie bildete jetzt beinahe einen Halbkreis mit einem blutigroten Kern im Innern, der sich nach außen hell und heller färbte und dann von einer Bogenlinie eingeschlossen wurde, an der sich dunkle Wolkenmassen und sprühende Feuerballen durcheinander zu wälzen schienen.

Das Ganze gewährte einen schaurig-prachtvollen Anblick. Die fünf Männer standen staunend. Sie wagten kaum zu sprechen.

Der Wind kam jetzt genau aus Norden. Er hatte sich in Zeit von einer Viertelstunde um neunzig Grad gedreht. Doch gab es dabei kein Sausen und Brausen. Er strich vielmehr mit heimtückischer Stille der großartig erleuchteten Himmelsgegend zu. Und dabei war es eisig kalt.

„Das sollte Old Shatterhand sehen!", unterbrach der Juggle-Fred das Schweigen. „Leider kann er noch nicht zurück sein, denn es ist jetzt erst Mitternacht."

„Mitternacht!", stieß der Hobble-Frank hervor. „Das is die Geisterstunde. Da ereignet sich dort, wo es brennt, was Grausiges!"

„Was soll da außer dem Feuer Schreckliches sein?"

„Frag doch nich so verkehrt! Um Mitternacht öffnet sich der Orkus und die Gespenster steigen heraus. Da treiben sie eine ganze Stunde lang allerhand Unfug. Wie jedes Land und Volk seinen Charakter bat, so haben ooch die Gespenster jeder Gegend ihre besonderen Eigenheiten und Liebhabereien. In der einen Gegend drehen sie den Menschen den Hals um und in der anderen würgen sie die Leute an den Kreuzwegen ab. Wer aber weiß denn, was die hiesigen Geister für eine besondere Leidenschaft haben? Es können gerade die allergefährlichsten und allerschlimmsten sein, die es gibt. Darum wollen wir uns in Acht nehmen und – Herrgott, habe ich nich Recht gehabt? Guckt mal hin! Dort kommt er geritten!"

Frank rief die letzten Worte im Ton des Entsetzens aus. Und das, was jetzt geschah, konnte allerdings selbst dem furchtlosesten Menschen ein Grauen einjagen. Der Geist des Llano Estacado erschien abermals.

Wie bereits gesagt, bildete die fremdartige Lichterscheinung jetzt einen gewaltigen Halbkreis am südlichen Himmel. Da, wo der Bogen dieses Halbkreises links auf dem Horizont lag, tauchte jetzt plötzlich die Gestalt eines riesigen Reiters auf. Das Pferd war schwarz, der Reiter weiß. Er hatte die Gestalt eines Büffels. Man sah ganz deutlich den Kopf mit den beiden Hörnern, den Nacken mit der struppigen, halblangen Mähne, die hinterher flatterte, und den Leib, der sich schließlich mit dem Hinterteil des Pferdes vereinigte. Die Umrisse dieses Bildes waren von funkelnden Linien eingefasst.

Das Pferd befand sich in rasendem Galopp, und zwar bewegte es sich nicht etwa auf einer ebenen Linie, also auf dem Durchmesser dieses lodernden Halbkreises, sondern es stieg innerhalb des Kreisbogens empor und stürmte auf ihm weiter.

So jagte die Erscheinung am Himmel aufwärts bis zum höchsten Punkt und dann an der rechten Seite der glühenden Halbscheibe wieder herab bis zum Horizont. Dort verschwand sie so plötzlich, wie sie erschienen war.

Den Zuschauern war es trotz der kalten Luft, die sie umwehte, glühend heiß geworden. War da an Täuschung zu denken? Nein, das war Wirklichkeit. Selbst der bedächtige Komantsche ging aus sich heraus und rief ein ‚Uff' nach dem anderen.

Sie standen da und warteten, ob sich die Erscheinung vielleicht wiederholen werde – vergebens. Eine Zeit lang loderte der Halbbogen noch in gleicher Stärke fort, dann verlor der obere Saum an Schärfe und das Ganze an Licht.

Da ertönte hinter den Staunenden weicher Hufschlag im Sand. Reiter kamen, hielten bei ihnen an und sprangen von den Pferden. Es waren Old Shatterhand und Bob, die die Pferde Franks und Freds und zwei mit Wasserschläuchen beladene Gäule mit sich führten.

„Gott sei Dank, dass ihr noch lebt!", rief der Jäger aus. „Ich glaubte euch fast verloren und befürchtete, eure Leichen aus dem Sand graben zu müssen."

„So schlimm hat der Tornado uns denn doch nicht mitgespielt", entgegnete Fred. „Wir sind von ihm nur gestreift worden. Ihr müsst euch sehr beeilt haben. Wir konnten euch jetzt noch nicht erwarten."

„Ja, wir haben einen wahren Gewaltritt gemacht, denn wir hatten große Sorge um euch. Der Tornado ist hart an

Helmers' Home vorübergegangen. Wir sahen die Verwüstungen und mussten aus der Richtung, die das Unwetter nahm, mit Bestimmtheit vermuten, dass es auch euch getroffen habe. Glücklicherweise ist es ziemlich gnädig mit euch umgesprungen."

Fred berichtete in Kürze über das zweimalige Erscheinen des Geistes und fügte hinzu: „Was ich da berichte, Sir, haben zehn Augen gesehen. Aber begreifen und erklären kann ich es nicht. Es wird wohl keinen Menschen geben, der nachzuweisen vermag, ob wir es mit einem Trugbild oder einem wirklichen Wesen zu tun haben."

„O doch, diesen Menschen gibt es und der bin ich!", fiel der Hobble-Frank ein. „Von einem Betrug kann keine Rede sein. Der Geist is ein überirdisches Wesen, das durch die Luft reitet. Wir stehen in diesem Augenblick in der mitternächtigen Gespensterstunde, die der Yankee ghostlyhour nennt. Dieser Umstand erklärt die ganze Erscheinung und ist der sicherste Beweis, dass wir es mit einer abgeschiedenen Seele aus der jenseitigen Himmelsgegend zu tun haben. Ich glaube nich, dass es jemand wagen wird, mir zu widersprechen."

Er hatte sich geirrt, denn Old Shatterhand klopfte ihm auf die Schulter und meinte freundlich: „Was hätte man denn zu erwarten, wenn man einen Widerspruch wagte, lieber Frank?"

„Hm, das wäre verschieden, je nach der Persönlichkeit. Fred oder Jemmy zum Beispiel würde ich mit meinen Beweisen förmlich niederschmettern. Aber wenn Sie selbst mal eine kleine, bescheidene Frage tun, so bin ich ausnahmsweise bereit, Ihnen den gewünschten Aufschluss in möglichster Güte zu – zum Kuckuck, da geht die Geschichte schon wieder los!"

Der Lichtschein im Süden war immer tiefer gesunken und mehr und mehr erbleicht. Er schien ganz verschwinden zu wollen. Einige Minuten lang lag er nur noch wie ein blasser Schimmer auf dem Himmelsrand. Dann aber wurde er plötzlich wieder heller und lief wie an einer Funken sprühenden Lunte immer weiter nach Westen. Dort blieb er stehen und bildete sich mit ungeheurer Schnelligkeit zu einem Flammenmeer aus, das den halben Himmel erleuchtete.

„So eine Geisterstunde habe ich noch nich erlebt", rief Frank. „Diese Feuer sind übernatürlichen Ursprungs, denn..."

„Unsinn!", unterbrach ihn Old Shatterhand. „Die Sache ist sehr leicht zu erklären. Das dort ist ein ganz natürliches Feuer."

„Was sollte denn da brennen!"

„Verdorrter Kaktus. Es gibt bekanntlich im Llano Estacado meilenweite Strecken, die so dicht mit Kaktus bedeckt sind, dass kein Reiter hindurchkommen kann. Sind die Pflanzen vertrocknet, so genügt ein einziger Funke, um in wenigen Augenblicken ein wahres Feuermeer zu erzeugen."

„Das ist wahr", stimmte Fred bei, „und ich weiß, dass im Süden und Westen von hier bedeutende Kaktusstrecken liegen."

„Nun, so haben wir zunächst eine Erklärung für das Feuer, und die beiden vermeintlichen Gespenster werden wir auch bald beim Kragen nehmen!"

„Oho!", fiel der Hobble-Frank ein. „Vermeintliche Gespenster? Es waren wirkliche. Und wie kommen Sie auf den Gedanken, dass es zwei Geister waren?"

„Das schließe ich aus den Gestalten. Das erste Gespenst, das am Tag erschien, war vielleicht der so genannte Dragoneroffizier in anderer Vermummung. Nun, werden ja sehen. Wer das Zweite gewesen ist, kann ich freilich noch nicht sagen. Ich kenne niemand, der ein weißes Büffelfell trägt."

„Jetzt lassen Sie mich mal in Ruhe, Herr Shatterhand! Kein Mensch kann da oben am Himmel hin reiten, und das is doch geschehen, wie wir fünf mit deutlichen Augen gesehen haben."

„Ja, die Bilder haben sich in der Luft bewegt, die Originale aber sind unten auf der Erde geritten."

„Die Bilder? Na, jetzt hört alles und Verschiedenes off! Ich habe all mein Lebtag noch nich gehört, dass Bilder reiten können, noch dazu durch den sauren Stoff der Atmosphäre! Wie sollen denn diese Bilder entstanden sein?"

„Durch mehrere verschieden erwärmte Luftschichten, wie sie sich bei jedem Feuer bilden."

„So! Also Bilder entstehen durch Luftschichten? Das is mir was Neues. Bisher glaubte ich, sie könnten nur mit Hilfe des Bleistifts, des Malerpinsels oder der Fotografie hervorgerufen werden?"

„Nicht auch durch einen Spiegel?"

„Ja, das hatte ich vergessen."

„Nun, die Luft wirkt unter Umständen wie ein Spiegel."

„So! Ja, das leuchtet mir eher ein, denn in der Lehre von den Luftspiegelungen bin ich der bedeutendste unter den Meistern."

„Schön! Dann werden Sie auch zugeben, dass Ihre Geister nur Luftspiegelungen waren, geradeso wie..."

Old Shatterhand hielt inne. Seine Aufmerksamkeit wurde jetzt auf das Feuer gelenkt, das in dunkelroter Glut am Himmel stand und eine Decke durcheinander wogender Wolken über sich trug. Und höher noch als diese Wolken, aber diesseits des Feuers und frei schwebend im Luftraum entwickelte sich jetzt das verkehrte Bild einer ebenen, glühend rot erleuchteten Landschaft. Ganz links, da wo das Bild begann, kam ein Reiter aus dem Dunkel hervor, derselbe, den die Männer vorhin gesehen hatten, mit einem Büffelfell bekleidet, aber, wie gesagt, in verkehrter Stellung, mit dem Kopf nach unten.

„...geradeso wie diese dort!", fuhr Old Shatterhand fort, indem er auf die Spiegelung deutete.

Er hatte noch nicht ausgesprochen, da ließ sich ein zweiter Reiter sehen, der dem ersten nachjagte.

„Herrjemineh!", schrie der Hobble-Frank. „Das is doch der von heute Nachmittag, der beim Tormenado auftauchte!"

„So? Ist er es?", fragte Old Shatterhand. „Nun, so können Sie sich ja selbst davon überzeugen, dass es sich um zwei ganz verschiedene Erscheinungen handelt. Und da kommen noch mehr."

Hinter der letzterwähnten Gestalt folgten jetzt noch fünf oder sechs Reiter, alle im Galopp, aber verkehrt, mit den Köpfen nach unten.

„Jetzt wird mir's bald zu bunt!", meinte der Hobble-Frank. „Ich danke schön für solche ghostly-hours! Ich habe zwar von Gespenstern gehört, die durch die Nacht reiten und dabei ihren Kopp unterm Arm tragen, aber dass sie nun gleich gar alle auf den Köppen reiten, das is mir denn doch zu dumm."

„Das ist gar nichts so Schreckhaftes. Die vorigen Bilder wurden mehrfach gespiegelt, das hier aber nur einmal. Darum erscheint es verkehrt. Übrigens werden wir sofort die Bekanntschaft dieser Geister machen. Schnell auf die Pferde, Mesch'schurs! Gewiss ist der vorderste Reiter der so genannte Geist des Llano Estacado. Er wird von den anderen verfolgt, und da er ein braver Kerl ist, wollen wir uns seiner ein wenig annehmen."

„Sind Sie toll?", rief Frank. „Das wäre ja die reine Versündigung an der Geisterwelt. Bedenken Sie doch, was der unsterbliche Goethe sagte:

Der Mensch versuche die Götter nich
und begehre nimmer und nimmer zu schauen
die Geister mit ihren Kindern und Frauen!"

Aber die anderen hörten nicht auf ihn, sie gehorchten der Aufforderung Old Shatterhands.

„Nehmen wir auch die Packpferde mit?", fragte Davy.

„Ja, wir werden wohl schwerlich hierher zurückkehren."

Die zwei Packpferde, die Old Shatterhand und Bob mitgebracht hatten, wurden an den Leitzügeln geführt. Auch Frank stieg, wenngleich widerstrebend, auf. Der Trupp setzte sich in Bewegung und jagte in Windeseile über die Ebene dahin.

Sobald die Reiter ihren Standort verlassen hatten, verschwand für sie die Lufterscheinung. Nur noch das hochlodernde Feuer war zu sehen.

Voran ritt Old Shatterhand. Er nahm seine Richtung nicht gerade nach dem Feuerschein, sondern mehr westlich. Das hatte seinen guten Grund. Er musste ja sein Ziel berechnen. Und das war sehr schwierig, da die Spiegelung, die zudem nun verschwunden war, keinen sicheren Anhalt bot und die Reiter, die er suchte, sich mit großer Schnelligkeit fortbewegten.

In zehn Minuten wurden wohl drei englische Meilen zurückgelegt, aber noch immer war das Feuer sehr fern, dessen Helligkeit sich indessen zu verstärken schien.

Noch zehn Minuten vergingen. Da stieß Old Shatterhand einen Ruf aus und hob den Arm, um ein wenig nach rechts zu deuten. Von dort näherten sich zwei Punkte, voran ein heller, dem ein dunklerer folgte. Weiter zurück gab es noch mehr solch dunkler Punkte, die das Bestreben hatten, sich in gleicher Schnelligkeit mit den beiden anderen fortzubewegen. Das waren lauter Reiter.

Der Schein des Feuers fiel seitlich von hinten auf sie und ließ die zottige Gestalt des vordersten schon von weitem ziemlich deutlich erkennen. Old Shatterhand hielt sein Pferd an und sprang aus dem Sattel.

„Steigt ab!", rief er den anderen zu. „Da wir aus dem Dunkel kommen, hat man uns noch nicht gesehen, während wir sie gegen das Licht hin deutlich vor Augen haben. Unsere Pferde mögen sich legen. Aber sobald ich wieder aufsteige, tut ihr es auch!"

Die Gefährten gehorchten seiner Aufforderung. Old Shatterhand hatte wohlweislich eine etwas vertiefte Stelle gewählt, die im Schatten lag. Als sich die Pferde gelegt und die Reiter sich daneben niedergekauert hatten, war es für einen, der aus dem Feuerschein kam und in die Dunkelheit hineinritt, gar nicht möglich, sie eher zu sehen, als bis er bei ihnen anlangte.

Sie hingegen konnten das flache Gelände vor sich bequem überblicken. Der vorderste Reiter war vielleicht noch fünfhundert Schritt von ihnen entfernt. Halb so weit hinter ihm folgte der zweite und in gleicher Entfernung kamen dann die anderen sechs.

„Was tun wir mit ihnen, Sir? Schießen wir sie nieder?", fragte Davy.

„Nein, Sie haben uns nichts getan und ich vergieße Menschenblut nur dann, wenn ich zwingenden Anlass dazu habe. Nur mit dem ersten Verfolger möchte ich ein Wörtchen reden. Lasst mich vorerst meine Sache allein machen! Ihr habt dann nichts weiter zu tun, als die anderen davonzujagen."

Der Jäger machte den Lasso los, den er um die Hüften trug. Das eine Ende, woran sich ein Knoten befand, befestigte er am Sattelknopf seines ruhig lagernden Pferdes. Das andere Ende mit einem Ring formte er zu einer Schleife, groß genug, sich um den Körper eines Menschen zu legen. Den restlichen Teil des fünffach geflochtenen und wohl zwanzig Ellen langen Riemens wand er sich zwischen dem Daumen und Zeigefinger hindurch und über den Ellbogen weg in Schlingen, die er in die linke Hand nahm, während er die vorderste Schleife in der rechten behielt, sodass er den Ring mit Daumen und Zeigefinger fasste.

Das war so schnell gegangen, dass er mit dieser Vorbereitung noch vor dem Nahen des ersten Pferdes fertig war. Jetzt aber hörte man den Hufschlag. Das Tier war ein hoch gebauter Rappe. Der Reiter trug den Schädel eines weißen Büffels auf dem Kopf, von wo das zottige Fell weit über die Kruppe des Pferdes herunterhing. Sein Gesicht steckte so tief im Schädel, dass es nicht zu erkennen war.

Als er ungefähr noch zehn Schritt von der Vertiefung entfernt war, erhob sich Old Shatterhand. Der Reiter sah ihn augenblicklich, konnte aber sein Pferd nicht schnell genug anhalten, sodass es erst stand, als es sich kurz vor Old Shatterhand befand. „Halt! Wer bist du?“, fragte der Jäger.

„Der Geist des Llano“, erklang es dumpf unter dem Büffelschädel hervor. „Und du?“

„Old Shatterhand. Steige getrost ab! Wir beschützen dich!“

„Der Geist des Llano bedarf keines Schutzes. Ich danke euch!“

Damit trieb der Vermummte sein Pferd weiter. Die Wechselreden hatten nur einige Augenblicke in Anspruch genommen. Dennoch war inzwischen der zweite Reiter nahe herangekommen. Old Shatterhand stellte sich über den Leib seines liegenden Pferdes, den einen Fuß rechts und den anderen links vom Sattel, den Lasso in beiden Händen. Ein leichtes Schnalzen seiner Zunge und Hatatitla sprang mit einem Ruck empor. So standen Ross und Reiter da wie aus der Erde gewachsen.

Der andere erschrak vor der so plötzlich auftauchenden Gestalt. Auch er konnte sein Pferd nicht so schnell zügeln, wie er wollte. Er hatte es bedeutend weniger in der Gewalt als der Geist das seinige. Es schoss bis zu Old Shatterhand heran.

„Halt an, Rothaut!“, befahl der Jäger. „Wer bist du?“

„Verflucht! Old Shatterhand!“, entfuhr es dem Mann. „Hol Euch der Teufel!“ Er gab seinem Pferd die Sporen um zu fliehen.

„Ihr bleibt, sage ich!“, gebot ihm der Jäger. „Ich möchte mir Euer Indianergesicht doch etwas näher ansehen. Wer weiß, was dahinter steckt!“

„Später, wenn es mir besser passt!“

Damit schoss der Unbekannte fort. Aber Old Shatterhand war sofort hinter ihm her.

Als der Reiter die letzten Worte höhnisch gerufen hatte, war der junge Komantsche von der Erde aufgesprungen.

„Uff!“, rief er aus. „Das ist die Stimme eines Bleichgesichts und ich kenne den Mann. Auch Eisenherz hat mit diesem Mann zu reden.“

Er hob sein Gewehr, legte an und zielte, doch ließ er es sogleich wieder sinken, indem er sagte: „Old Shatterhand hat ihn schon!“

Der Flüchtling war kaum zehn Pferdesprünge weit gekommen, so wirbelte Old Shatterhand, der ihm auf den Fersen war, die Schleife des Lassos vier-, fünfmal um den Kopf herum und schleuderte sie dann nach dem Reiter. Der Riemen lief leicht von den Schlingen ab, die Old Shatterhand locker in der linken Hand hielt, und die Schleife fiel dem Fliehenden genau um die Brust. Sofort hielt der Verfolger sein Pferd an. Da der Lasso am Sattel befestigt war, straffte sich der Riemen schnell, die Schlinge zog sich um den Reiter zusammen und er wurde vom Pferd gerissen.

Im Nu sprang Old Shatterhand ab und eilte zu ihm hin. Der am Boden Liegende machte vergebliche Anstrengungen, sich zu befreien.

Inzwischen waren die übrigen sechs Reiter, sämtlich als Indianer verkleidet, ebenfalls herbeigekommen und deshalb hatten die Gefährten Old Shatterhands ihre Pferde aufspringen lassen und waren schnell aufgesessen. Die sechs Männer erschraken nicht wenig über diese Begegnung. Sie bogen zur Seite ab, um vorüberzukommen. Da aber sahen sie, dass der zweite Reiter, unzweifelhaft ihr Anführer, durch den Lasso vom Pferd gerissen wurde. Sie stoben sofort auseinander und in verschiedenen Richtungen davon. Man ließ sie ungehindert fort und begab sich zu ihrem am Boden liegenden Spießgesellen.

Der Mann war inzwischen von Old Shatterhand entwaffnet worden. Nun sagte der Jäger zu ihm: „Wollt Ihr mir sagen, wer Ihr seid? Und wozu der Mummenschanz? Ihr werdet doch nicht im Ernst glauben, dass Euch Old Shatterhand für einen Indianerhäuptling hält? Wem habt Ihr diese schönen Adlerfedern nun wieder abgenommen?“

Der Gefragte antwortete nicht.

„Auch diesen Gefallen wollt Ihr mir nicht tun? Ihr

scheint Euch nicht recht sicher zu fühlen. Werden Euch also einmal ins Gesicht schauen!"

Er fasste den überrumpelten mit kräftigen Armen, hob ihn empor und stellte ihn so auf die Füße, dass sein Gesicht gegen den Feuerschein gerichtet war. Dann packte er ihn am Schopf seines langen Haares und riss es ihm samt dem Federputz mit einem Ruck vom Kopf.

„Zounds!", rief Juggle-Fred. „Das ist ja der Dragoneroffizier! Was zum Henker will der Bursche nun wieder in der Indianermaske? Freut mich, Euch so bald wieder zu sehen! Euer Kleiderschrank da hinten zwischen den Büschen ist entdeckt und ausgeräumt worden, Sir. Ihr hattet ihn schlecht verwahrt. Auch Eure Uniform wurde gefunden. Was meint Ihr dazu? Und was wird man jetzt wohl mit Euch machen?"

„Nichts könnt ihr mir tun!", stieß der Mann wütend hervor. „Wer von euch will mir nachweisen, dass ihm von mir das Geringste geschehen ist?"

„Ja, darauf verlasst Ihr Euch. Ausgeführt habt Ihr gegen uns noch nichts. Die Pläne aber, die Ihr hegtet, waren schlimm und infolgedessen könnten wir Euch nach dem Gesetz der Prärie schon ein wenig scharf vornehmen. Aber wir sind keine Henker und lassen Euch also laufen."

„Das müsst ihr, denn ihr könnt mir nichts beweisen."

„Oh, beweisen könnten wir Euch schon einiges. Doch ist das gar nicht nötig. Ich sage also, dass wir Euch laufen lassen, nämlich wir Weißen. Da aber steht ein Roter, der eine Rechnung mit Euch auszugleichen hat. Schaut ihn Euch einmal an!"

Der Komantsche trat vor. Der Mann sah ihn an und erklärte: „Diesen Kerl kenne ich nicht."

„Lüge nicht, Halunke!", rief Davy. „Kennst du etwa auch mich und diesen Dicken Jemmy nicht? Habt ihr nicht die beiden Komantschen grundlos überfallen, den einen getötet und den anderen dann verfolgt, bis es uns gelang, euch von der Fährte abzubringen? Mach es kurz und gestehe deine Schuld ein!"

„Ich weiß von keiner Schuld!“, knirschte der Gefangene. Da legte ihm Old Shatterhand die Hand schwer auf die Schulter und sagte: „Ihr seht, wie es steht, und ich nehme an, dass man mich Euch als einen Mann geschildert hat, mit dem nicht zu scherzen ist. Was habt Ihr mit den Auswanderern vor, die Euer angeblicher Mormone Tobias Preisegott Burton durch den Llano führen soll? Wo befinden sich diese Leute jetzt und warum habt Ihr den Kaktus angebrannt? Wenn Ihr mir diese Fragen der Wahrheit gemäß beantwortet, habt Ihr ein mildes Urteil zu erwarten.“

„Ich weiß nicht, was Ihr wollt. Ich kenne diesen Indianer nicht, auch nicht diese beiden Kerle da, am allerwenigsten aber einen Mann, der Tobias Preisegott Burton heißt. Von Auswanderern ist mir auch nichts bekannt.“

„Weshalb verfolgtet Ihr den Geist des Llano Estacado?“

„Geist? Lächerlich! Der Bursche ist ein Halunke, der vorhin einen unserer Männer aus unserer Mitte heraus erschossen hat, gerade in die Stirn.“

„Weiter habt Ihr uns nichts zu sagen?“

„Nein.“

„So bin ich mit Euch fertig. Eure Pläne werden zunichte gemacht werden, denn wir nehmen die Auswanderer unter unseren Schutz. Ihr leugnet also nur zu Euerm eigenen Schaden. Jetzt mag mein junger roter Bruder sagen, wessen er diesen Mann anzuklagen hat.“

„Dieses Bleichgesicht hat den Häuptling Feuerstern, meinen Vater, in den Leib geschossen, woran der Häuptling gestorben ist. Howgh!“

„Ich glaube dir. Darum gehört der Mörder von diesem Augenblick an dir. Tue mit ihm, was dir gefällt!“

„Donnerwetter!“, rief der Gefangene. „Das ist kein großes Heldenstück von Euch. Ich bin vom Lasso zusammengeschnürt. Da wird es dem Halunken freilich ein Leichtes sein, mich auszulöschen!“

Der Komantsche hob den Arm zu einer verächtlichen Bewegung. „Eisenherz nimmt keinen Skalp geschenkt. Er wird den Mörder richten, aber er wird dabei so handeln, wie es sich für einen tapferen Krieger geziemt. Meine Brüder mögen eine kleine Zeit verweilen!"

Er eilte fort, in das Dunkel der Nacht hinein, und kehrte bald darauf mit dem Pferd Stewarts zurück. Es war nach kurzem Lauf stehen geblieben und die scharfen Sinne des Indianers hatten ihm gesagt, wo es zu finden sei.

Jetzt legte Eisenherz alle seine Waffen ab und behielt nur das Messer. Hierauf bestieg er sein Pferd und forderte die anderen auf: „Meine Brüder mögen diesen Mann losbinden und ihm auch sein Messer geben. Dann mag er sich auf sein Pferd setzen und davon reiten, wohin es ihm beliebt. Eisenherz wird ihm folgen und mit ihm kämpfen. Die Waffen sind gleich: Messer gegen Messer. Ist Eisenherz nach einer Stunde noch nicht zurück, so liegt er tot im Sand des Llano Estacado."

Nach dem ungeschriebenen Gesetz der Savanne musste man ihm den Willen tun. Stewart erhielt sein Messer, wurde vom Lasso befreit und sprang in den Sattel. Er jagte mit den Worten davon: „Hallo! Die Dummen werden nicht alle. Meinen Plänen könnt ihr nun nichts anhaben. Wir sehen uns wieder und dann gnade euch allen Gott!"

Eisenherz stieß den schrillen Kampfruf der Komantschen aus und schoss auf seinem Pferd wie ein Pfeil hinter ihm drein.

Die anderen blieben still zurück. Zwar wurden, als sie sich niedergelegt hatten, einige Bemerkungen laut, aber das Furchtbare bedrückte jeden so, dass man bald schwieg.

Eine Viertelstunde verging und noch eine. Das Feuer nahm an Stärke zu. Da hörten die Wartenden den Hufschlag zweier galoppierender Pferde. Der Komantsche kehrte zurück, das Pferd seines Feindes am Zügel führend. An seinem Gürtel hing ein frischer Skalp. Er selbst war unverwundet.

„Einen der Mörder hat Eisenherz seinem Vater nachgesandt", sagte er gleichmütig, indem er zu den Männern trat. „Die anderen werden bald folgen. Howgh!"

Das war der blutige Schluss dieser ghostly-hour.

7. Argwohn

Da, wo die südöstlichste Ecke von New Mexico in das Gebiet von Texas hereinstößt, befindet sich einer der gefährlichsten Winkel des fernen Westens. Dort berühren sich die Streifgebiete der Komantschen und Apatschen, ein Umstand, der die immer währende Unsicherheit der Gegend zur natürlichen Folge hat.

Es kann zwischen diesen beiden Stämmen, solange sie überhaupt noch bestehen, niemals zu einem aufrichtigen, dauernden Frieden kommen. Der gegenseitige Hass ist zu tief eingewurzelt, und selbst in Zeiten, wo der Tomahawk des Krieges vergraben liegt, glimmt das verderbliche Feuer unter der Asche fort und kann bei der geringsten Veranlassung von neuem blutigrot aufflammen.

Die stets nur auf kurze Zeit ruhende Feindschaft fordert die meisten Opfer begreiflicherweise da, wo die beiden Gebiete aneinander stoßen oder vielmehr ineinander laufen. Die Grenze bildet ja keine gerade Linie. Sie ist überhaupt nie genau bestimmt worden. Deshalb kommen gegenseitige Anschuldigungen wegen Grenzverletzung sehr häufig vor und dann gehen gewöhnlich, um einen Ausdruck des Fürsten von Bismarck anzuwenden, die Flinten von selber los.

‚The shears' nennt der Westmann diese gefährliche Gegend, eine sehr zutreffende Bezeichnung. Die Grenzlinien sind beweglich. Sie öffnen und schließen sich wie Scherenklingen und derjenige, der zwischen sie gerät, kann sich seines Glückes rühmen, wenn er heiler Haut davonkommt. Der Weiße, der sich dort sehen lässt, ist entweder ein kühner oder ein sehr unvorsichtiger Mann. In beiden Fällen kreist der Geier des Todes beständig über seinem Haupt.

Nördlich von dem Punkt, wo der von den Apache Mountains kommende Toyah Creek in den Rio Pecos mündet, bildete damals der Pecos die Grenze zwischen dem Gebiet der Komantschen und dem der Apatschen. Westlich davon steigt das Land zu den Salt Plaine Mountains, zur Sierra Guadelupe und zur Sierra Blanca empor, während im Osten die Staked Plains liegen – der berüchtigte Llano Estacado.

Aber der Llano beginnt nicht sofort am Ufer des Pecos. Er ist vielmehr durch eine Bergkette von ihm getrennt, die entweder als einfacher Höhenzug, oft aber auch in mehrfachen Zügen mit ihm nach Südosten streicht. Diese Höhen schließen Längstäler ein, die meist ein trostloses Aussehen haben und von engen, schluchtartigen Quertälern durchschnitten werden, die sich nach dem Llano öffnen.

Die Nähe des Flusses hat da, wo die Bodenverhältnisse es gestatten, einen zuweilen sogar üppigen Pflanzenwuchs zur Folge. Das Wort Wüste ist auch hier, ebenso wie bei der Gobi und Sahara, nicht streng zu nehmen. Da, wo der westliche Rand des Llano Estacado sich zu den erwähnten Bergen erhebt, kommen verschiedene kleine Wasserläufe herab, die zwar meist im Sand versiegen, aber auf ihrem Weg doch so viel Feuchtigkeit verbreiten und den angrenzenden Boden so durchtränken, dass an ihren Ufern Sträucher und sogar Bäume recht gut zu gedeihen vermögen. Diese grünen Stellen ragen gleich Halbinseln oder Landzungen in das Sandmeer des Llano hinein und bilden zwischen sich breitere oder schmälere, tiefere oder seichtere Busen, worin Gras und Kräuter Nahrung finden.

Es ging sogar die Sage, dass es in der Mitte des Llano eine starke Quelle köstlichen Trinkwassers gebe, die tief aus dem Erdinnern emporsteige und eine kleine, seeartige Fläche bilde, deren Ufer mit schattengebendem Baum- und Buschwerk eingefasst sei. Alte Jäger hatten davon gesprochen, die Quelle und den See aber niemals selbst gesehen. Gelehrte Leute, die davon gehört hatten, waren der Ansicht gewesen, dass das Vorhandensein von Wasser mitten im Llano keineswegs als eine Unmöglichkeit zu bezeichnen sei.

Am Ufer des Toyah Creek saßen vier Männer, deren Aussehen nicht eben sehr Vertrauen erweckend war. Ihre Kopf- und Barthaare waren wirr und struppig. Ihre Anzüge befanden sich in einem Zustand, den jeder Flickschneider für hoffnungslos erklärt hätte, und ihre braunen Hände und die vom Wetter gegerbten Gesichter schienen monatelang mit keinem Tropfen Wasser in Berührung gekommen zu sein. Desto besser aber waren die vier bewaffnet, denn jeder von ihnen hatte einen Hinterlader neben sich liegen und außer dem Messer zwei Revolver im Gürtel stecken.

Drei von ihnen waren ganz gewiss Yankees. Ihre langen, hageren Gestalten, ihre nach vorn gebeugten, schmalbrüstigen Oberkörper und ihre scharfgeschnittenen Gesichtszüge bewiesen das. Aber welchem Volk der vierte angehörte, das war schwerer zu bestimmen.

Der Mann hatte eine untersetzte, breitschultrige Gestalt, außergewöhnlich große, breite Hände und ein ebenso in die Breite gehendes Gesicht mit großen, weit abstehenden Ohren. Wer nur einen kurzen, oberflächlichen Blick in sein Gesicht warf, der konnte ihn leicht für einen Neger halten, denn es war schwarz oder vielmehr körnig blauschwarz, aber nur bis in die Gegend der Augen. Er pflegte den Hut tief hereinzuziehen. Sobald er ihn aber in den Nacken schob, konnte man sehen, daß die Gesichtshaut bis über die Nasenwurzel herab weiß war. Der Mann war jedenfalls durch eine Pulverentladung verbrannt worden.

Trotz dieser Entstellung hatte das Gesicht nichts Abstoßendes. Wer den Mann genauer betrachtete, kam gewiss zu der Überzeugung, einen guten Kerl vor sich zu haben. Ebenso war es mit den drei anderen. Wer ihnen in ihrem jetzigen Aufzug in einer zivilisierten Gegend begegnete, der wäre ihnen gewiss weit ausgewichen, bei näherer Bekanntschaft aber musste diese Scheu verschwinden.

Die vier Pferde weideten im Gras, das reichlich zwischen den grünen Büschen stand. Man sah es ihnen an, dass sie sehr heruntergekommen waren. Das Sattel- und Zaumzeug war alt und an vielen Stellen nur notdürftig ausgebessert.

Ihre Herren hatten gegessen. Den herumliegenden Knochen nach war anzunehmen, dass sie sich ein Racoon[1] an dem kleinen Feuer gebraten hatten, dessen Reste nur noch wenig glimmten. Während sie sich nun unterhielten, musterten sie die Gegend öfters mit scharfen Blicken. Sie befanden sich eben in den shears, wo die größte Aufmerksamkeit geboten ist.

„Nun wird es Zeit, uns zu entscheiden“, begann der Yankee, der der Älteste von ihnen zu sein schien. „Reiten wir durch den Llano, so kommen wir eher ans Ziel, laufen aber mancherlei Gefahren und haben an diesem alten Coon hier für Tage unser letztes Fleisch gegessen. Reiten wir am Rio Pecos hinab, so brauchen wir weder Hunger noch Durst zu leiden, machen aber einen Umweg von etwa einer Woche. Was ist deine Meinung, Blount?“

Blount, der neben ihm saß, strich sich nachdenklich den Bart und entgegnete dann: „Wenn ich alles genau abwäge, so möchte ich vorschlagen, dass wir durch den Llano reiten, und ich denke, du wirst mir Recht geben, Porter.“

„So lass uns deine Gründe hören!“

„Eine Woche ist eine lange Zeit, die ich nicht gern versäumen möchte. Am Rio Pecos hinab haben wir die Apatschen und Komantschen zu fürchten, in den Plains die Llanogeier. Das hebt sich gegenseitig auf. Wir brauchen ja auch nicht die ganze Breite der Plains zu durchmessen. Halten wir uns nach Osten, etwa gegen den Rio Concho hin, so kommen wir auf die Karawanenstraße, die von Fort Leaton nach Fort Mason führt, und haben weder eine schlimme Begegnung noch Hunger oder Durst zu erwarten. Das ist meine Meinung. Was sagst du dazu, Falser?“

„Ich stimme dir bei“, nickte Falser, der dritte Yankee. „Überhaupt bin ich der Ansicht, dass der Llano Estacado

[1] Waschbär

nicht halb so gefährlich ist, wie es scheint. Wer ihn einmal durchquert hat, der schildert, um sich nur recht rühmen zu können, die Gefahren so, als sei er die reine Hölle. Ich bin mit Vergnügen bereit, ihn kennen zu lernen."

„Eben weil du ihn noch nicht kennst!", meinte Porter, der erste Yankee.

„Hast etwa du schon seine Bekanntschaft gemacht?"

„Nein. Aber ich hörte Leute, an deren Wahrheitsliebe nicht zu zweifeln ist, in einer Weise vom Llano reden, dass mich ein Schauer überlief. Jetzt, da wir uns an seiner Grenze befinden, sehe ich erst ein, welches Wagnis wir unternehmen wollen. Keiner von uns kennt den Llano. Wenn wir uns verirren, wenn uns das Wasser ausgeht, wenn..."

„Wenn, wenn und abermals wenn!", unterbrach ihn Blount. „Wer so viele Wenns hat, der mag besser überhaupt nichts unternehmen. Du bist doch sonst ein mutiger Kerl. Fürchtest du dich etwa jetzt?"

„Fürchten? Fällt mir nicht ein. Zwischen Vorsicht und Furcht ist ein Unterschied und ich glaube nicht, dass ihr mich jemals ängstlich gesehen habt. Wir sind vier Personen. Dem, was die Mehrheit beschließt, wird Folge geleistet. Bevor man einen Beschluss fasst, muss man überlegen. Zwei haben ihre Meinung abgegeben. Sie sind entschlossen, durch den Llano zu gehen. Jetzt sage du, New-Moon[1], ob du dich ihnen anschließen willst oder nicht!"

Diese Aufforderung war an den Mann mit dem Pulvergesicht gerichtet. Er legte die Hand grüßend an die Hutkrempe wie ein Soldat, der vor seinem Offizier steht, und antwortete: „Zu Befehl, Mister Porter! Ich reite überallhin mit, und wenn's in des Teufels Küche wäre."

„Das ist nichts gesagt. Ich will eine bestimmte Antwort. Den Rio Pecos hinab oder durch den Llano?"

„Dann bitte durch den Llano, wenn's beliebt. Ich möchte mir diese alte Sandgrube doch gar zu gern einmal betrachten."

[1] Neumond

„Sandgrube? Täusche dich nicht, alter Mondonkel! Bildest du dir etwa ein, hüben hineinspringen und dann gleich drüben wieder heraussteigen zu können? Das Ding ist etwas größer, als du es dir vorzustellen scheinst. Du kannst vier oder fünf Tage lang reiten, bevor du dieses Sandfass hinter dir hast. Und gerade, wenn wir den südlichen Teil durchschneiden, ist es wahrscheinlich, dass wir auf Indianer treffen."

„Mögen sie kommen! Ich habe noch nie einem Roten etwas zu Leide getan und brauche diese Leute also nicht zu fürchten. Und würden sie sich feindselig gegen uns verhalten, nun, so haben wir unsere guten Waffen. Vier kräftige Kerle, die so viel Pulver gerochen haben wie wir, nehmen es gut und gern mit zwanzig und auch noch mehr Indianern auf."

„Das ist richtig. Was aber das Pulverriechen betrifft, so bist du uns um eine Pferdelänge voraus. Es muss ja ein ganzes Pulverfass vor deinem Gesicht in die Luft geflogen sein!"

„Stimmt beinah."

„Wie ist das geschehen? Du hast es uns noch nicht erzählt. Ist eine Heimlichkeit dabei?"

„Gar nicht. Aber ich spreche nicht gern über die Sache. Es ging mir damals hart ans Leben. Wenigstens war es auf mein Augenlicht abgesehen, und wenn mein alter Freund, der Juggle-Fred, nicht gewesen wäre, so wäre ich jetzt geblendet oder gar tot."

„Wie? Du kennst den Fred? Habe viel von diesem Mann gehört."

„Wir waren gute Kameraden und haben manchen Streich miteinander ausgeführt, wobei es anderen Leuten angst und bange geworden wäre. Möchte ihn gern einmal wieder sehen! Habe ihm viel zu verdanken von damals, als er den Plan des Stealing-Fox[1] zunichte machte."

„Stealing-Fox?", fragte Porter überrascht. „So bist du auch mit diesem berüchtigten Burschen zusammengetroffen?"

[1] Stehlender Fuchs

„Leider! Lernte ihn sogar genauer kennen, als mir lieb sein konnte. Der Kerl hieß Henry Fox, wenigstens nannte er sich so. Ob es sein wirklicher Name war, weiß ich nicht, denn es ist zu vermuten, dass er sich verschiedener Namen bedient hat. Wo er auftauchte, war kein Mensch seines Pferdes, seiner Biberfallen, überhaupt seines Eigentums sicher, und niemals gelang es, ihm das Handwerk zu legen, denn er entwickelte eine Schlauheit, die ihresgleichen suchte. Er verschwand stets so schnell, wie er gekommen war. Sollte ich ihm einmal begegnen, so würde ich – horcht!"

New-Moon unterbrach seine Rede, richtete sich halb auf und lauschte zur Seite, flussaufwärts. Die in der Nähe befindlichen Pferde spitzten die Ohren. Man hörte Huftritte nahen.

Die vier Männer sprangen auf und nahmen ihre Gewehre schussbereit in die Hände.

„Sollten es Rote sein?", flüsterte Blount.

„Nein, es sind nur zwei Weiße", berichtigte New-Moon, der in Deckung hinter einem Busch nach den Nahenden auslugte. „Mexikanisch gekleidet. Sie halten an und betrachten unsere Fährte, der sie bis hierher gefolgt zu sein scheinen."

Porter trat zu ihm, um die beiden auch zu sehen. Sie saßen auf ihren Pferden, weit herabgebeugt, um die Spuren im Gras zu betrachten. Ihre Kleidung und Ausrüstung war in der Tat die der Mexikaner: weite Schlitzhosen, bunte Westen, kurze, weite, mit Silberschnüren verzierte Jacken, flatternde rote Halstücher, ebensolche Schärpen, woraus die Griffe der Messer und Pistolen hervorblickten, breitkrempige Sombreros und, nicht zu vergessen, ungeheure Sporen an den Fersen. Ihre Pferde befanden sich, wie es schien, in einem vortrefflichen Zustand, was an diesem Ort wohl befremden konnte.

„Die sind nicht zu fürchten", meinte Porter leise. „Mexikanische Caballeros, die wir willkommen heißen können."

Er trat hinter dem Busch hervor und rief den beiden zu: „Hier sind diejenigen, die ihr sucht, Mesch'schurs! Hoffentlich hängt ihr nicht in schlimmer Absicht an unserer Fährte!“

Die Mexikaner erschraken sichtlich, als sie sich so plötzlich angeredet hörten und die lange Gestalt des Yankee erblickten. Sie rissen schnell die Gewehre von den Sattelknöpfen.

„Lasst das sein!“, wehrte Porter ab. „Wir sind ehrliche Leute, von denen ihr nichts zu fürchten habt.“

„Wie viele Personen?“, fragte der eine.

„Vier. Eure Gewehre würden euch nichts nützen, falls wir Lust hätten, euch feindlich zu empfangen. Kommt also getrost herbei!“

Die Fremden wechselten einige leise Worte miteinander und trieben dann ihre Pferde langsam herbei. Erst als sie die drei anderen Yankees betrachtet und den Ort misstrauisch gemustert hatten, stiegen sie ab.

„Ihr seid verteufelt vorsichtig, Mesch'schurs“, meinte Porter. „Sehen wir aus wie Räuber?“

„Nun“, begann der eine lachend, „viel Staat macht ihr mit euern Anzügen nicht. Und was eure Pferde betrifft, so sind sie wohl schwerlich für eine Zirkusvorstellung geeignet. Caramba, seht ihr herabgekommen aus, Señores!“

„Könnt ihr es in dieser Gegend anders verlangen? Man muss bis zur nächsten Ansiedlung fast eine Woche reiten. Wenn man so lange unterwegs ist wie wir, so ist man freilich nicht in der geeigneten Verfassung, der Frau Präsidentin in Washington einen Besuch zu machen. Aber wenn ihr uns trotzdem die Hände reichen wollt, so sollt ihr uns willkommen sein.

„Eine Begegnung mit ehrlichen Leuten ist immer angenehm, zumal in dieser gefährlichen Gegend. Wir schlagen also gern ein. Wollen euch zunächst unsere Namen nennen! Wir sind Brüder und heißen Pellejo. Ruft mich Carlos und meinen Bruder Emilio!“

Die Yankees nannten ihre Namen auch und gaben den Angekommenen die Hand. Porter erkundigte sich weiter: „Wir kommen aus dem alten Kalifornien herüber und wollen nach Dallas, Señores. Vielleicht dürfen wir erfahren, welche Angelegenheit euch so nahe an den Llano treibt?"

„Dem wollen wir uns nicht nur nähern, sondern wir müssen ihn durchreiten. Wir sind in einer Estanzia nahe bei San Diego als Oberhirten angestellt und wurden vom Estanziero beauftragt, drüben in Greenville Gelder einzutreiben. Eine gefährliche Sache, nicht wahr? Darum reiten wir zu zweien."

„Gefährlich wird es erst auf dem Rückweg, wenn ihr das Geld bei euch habt. Es ist eine heikle Aufgabe, anderer Leute Geld durch den Llano zu schleppen. Das, was wir uns in Kalifornien gespart haben und jetzt bei uns tragen, ist unser Eigentum. Wir haben also keine Verantwortung und sind insofern besser daran als ihr. Trotzdem haben wir vier es uns überlegt, ob es nicht geratener sei, einen Umweg zu machen. Ihr aber wollt euch zu zweien über die Plains wagen. Das ist kühn."

„Nicht allzu sehr, Señor", entgegnete Carlos. „Kennt Ihr den Llano?"

„Keiner von uns hat ihn schon einmal durchquert."

„Dann verstehe ich Eure Scheu. Wer ihn nicht kennt, der mag davon lassen. Wir beide aber haben ihn bereits wohl über zwanzigmal durchritten und sind so vertraut mit ihm, dass von einer Gefahr eigentlich nicht die Rede sein kann."

„Ah, das ist etwas anderes! Nach Greenville wollt ihr? Das liegt ja fast in unserer Richtung! Also könnten wir uns euch anschließen, wenn ihr nichts dagegen hättet."

Als Porter vorhin unvorsichtigerweise das Geld erwähnte, das er und seine Gefährten mit sich führten, hatten die beiden Mexikaner einen schnellen Blick miteinander gewechselt. Jetzt antwortete Carlos fast allzu rasch: „Wir haben nicht das Mindeste dagegen. Ihr seid uns im Gegenteil sehr willkommen, denn je zahlreicher wir sind, desto besser sind wir Gefahren gegenüber gewappnet."

„Dann gut, Señor! Wir reiten mit und ihr werdet es nicht bereuen. Wie aber steht es da nun mit euerm heutigen Tagesritt?"

„Wir wollten noch bis zum Rio Pecos hinab, vielleicht gar bis zum Anfang des Yuaf-kai,"

„Was ist das?"

„Das Wort ist aus der Sprache der Utahs und bedeutet so viel wie Singendes Tal. Man erzählt, dass sich in diesem Tal nächtlicherweile oft überirdische, ganz unerklärliche Stimmen hören lassen. Wir beide aber haben, obgleich wir oft hindurchgeritten sind, doch nie etwas davon vernommen. Ihr hattet euch hier wohl schon zur Abendrast gelagert?"

„Nein. Das wäre ja die unverzeihlichste Zeitverschwendung. Auch wir wollten den Pecos erreichen und vielleicht seinem Lauf folgen, um den Llano zu umgehen. Da wir aber euch getroffen haben und ihr uns mitnehmen wollt, werden wir also nun die Wüste durchqueren. Meint ihr, dass wir da auf Indianer stoßen?"

„Schwerlich. Ein solches Zusammentreffen haben wir hier mehr zu fürchten als in den Plains. Da wir bisher keinen Roten sahen, haben wir später erst recht keine solche Begegnung zu erwarten. Die Kerle schwärmen jetzt nicht, da zwischen ihnen erst kürzlich die Kriegsbeile vergraben wurden."

„Das hört man gern. Aber wie steht es mit den so genannten Llanogeiern? Sie sollen noch weit gefährlicher sein als die Indianer."

„Pah! Das lasst euch nicht weismachen! Ihr wisst nun, wie oft wir im Llano waren, aber es ist uns noch nie geglückt, einen dieser Geier zu sehen, die ja nur in der Fantasie dummer und furchtsamer Menschen leben."

„Und der so genannte Geist des Llano Estacado?"

„Ist auch ein Hirngespinst, das seinesgleichen sucht. Kindermärchen! Der Llano ist eine Wüste wie jede andere auch. Es gibt da viel Sand und kein Wasser. Der Boden ist so unfruchtbar, dass nicht einmal Gespenster darauf wachsen. Und was den Wassermangel betrifft, so ist ihm leicht abzuhelfen, denn es gibt Kaktuspflanzen genug, die einen trinkbaren Saft besitzen. Also ist keine Veranlassung vorhanden, sich vor den Plains zu fürchten."

„Habe mir das Gegenteil sagen lassen. Aber da Ihr die Gegend kennt, glaube ich natürlich Euern Worten. Wenn Ihr Euch nicht etwa ein Weilchen hier niederlassen wollt, so sind wir bereit, gleich aufzubrechen."

„Am besten ist's, wir reiten weiter. Hoffentlich halten es eure Pferde aus?"

„Sie sind weit besser, als sie aussehen. Ihretwegen brauchen wir nicht zu säumen."

Das Aussehen der beiden Mexikaner war allerdings nicht geeignet, Misstrauen zu erwecken. Dennoch musste es als eine Unvorsichtigkeit bezeichnet werden, dass die Yankees sich so schnell und ohne alle Prüfung entschlossen, mit ihnen zu reiten. Nur einer von den vieren schien nicht ganz so vertrauensselig zu sein, nämlich New-Moon.

Diesen Beinamen hatte er erhalten, weil sein rundes Gesicht an den Mond erinnerte. Vielleicht war er erfahrener und auch scharfsinniger als seine drei Gefährten. Er ritt, als die Reiter sich nun flussabwärts in Bewegung gesetzt hatten, hinter den anderen her und hielt seinen Blick beobachtend auf die Mexikaner gerichtet. Einen offenbaren Grund, ihnen zu misstrauen, fand er nicht, aber ein unbestimmtes Gefühl sagte ihm, dass ihnen gegenüber Vorsicht geboten sei.

So ging es am rechten Ufer des Toyah hinab. Von der Nähe des Llano Estacado war nichts zu spüren. Gras, Sträucher und Bäume gab es genug. Ja, gegen Abend traten die Bäume sogar so eng zusammen, dass sie einen Wald bildeten, durch den der Fluss seine Wasser in den Rio Pecos sandte.

Der Toyah Creek führte viel Erde und Sand mit sich, die er im Rio Pecos ablagerte. Eine regelrechte Barre zog sich infolgedessen quer und schief abwärts über den Pecos, der zurzeit sehr wenig Wasser hatte. Diese Barre wurde nur an einigen schmalen Stellen, die dem Wasser den Durchfluss gestatteten, unterbrochen. Sie bildete eine Furt, auf der man den Übergang unschwer bewerkstelligen konnte, da nur die erwähnten schmalen Stellen zu überschwimmen waren.

Es war noch nicht spät am Nachmittag und so wurde beschlossen, den Übergang noch heute zu unternehmen und dann das Nachtlager drüben im Yuaf-kai aufzuschlagen. Die Pferde schwammen ausgezeichnet und so kamen die Männer wohlbehalten, wenn auch mit durchnässten Beinkleidern, hinüber. Von da aus wurde nach Norden geritten und die Stelle berührt, wo jetzt die Texas-Pacific-Bahn über den Rio Pecos geht. Dann hielt die kleine Gesellschaft auf einen Höhenstrich zu, dessen Fuß mit grünem Gebüsch bestanden war, während die Kuppen nackt und kahl erschienen. Dort öffnete sich eine enge Schlucht, worin ein schmales, seichtes Wasser floss. In diese Schlucht lenkten die beiden Mexikaner hinein. Sie war tief eingeschnitten, stieg aber nicht steil an, und das Wasser hatte wenig Fall. Der Boden war grasig und zu beiden Seiten hatten sich Beifußarten am Felsen angesiedelt, ein sicheres Zeichen, dass man sich einer pflanzenfeindlichen Region nähere. Später traten die Seitenwände des Tales weiter zurück, die Sohle war mit lockerem Geröll bedeckt und nur in unmittelbarer Nähe des Wassers gab es noch einen spärlichen Rasen.

„Wäre es nicht besser gewesen, unten im Tal des Pecos zu übernachten?“, fragte Blount. „Dort hatten wir Futter für die Pferde und auch dürres Holz und Gezweig zu einem Feuer. Hier in der Schlucht aber scheint es dergleichen immer weniger zu geben, je weiter wir hineinkommen.“

„Wartet es nur ab, Señor“ beruhigte Carlos Pellejo. „Weiter oben ist eine Stelle, die sich vortrefflich zum Lagern eignet. In einer Viertelstunde sind wir dort.“

Nach der angegebenen Zeit wurde das Tal plötzlich breiter und bildete einen beinahe kreisrunden Kessel, der einen Durchmesser von vielleicht dreihundert Metern hatte. Es war von steilen Felswänden umschlossen, die keinen Ausgang offen zu lassen schienen. Bald aber sahen die Yankees, dass es gerade ihnen gegenüber eine schmale, tiefe Ritze gab, durch die man wohl weiter gelangen konnte.

Hier in diesem Kessel entsprang der Bach. Die Stelle, wo der Quell aus der Erde trat, lag tiefer als die Umgebung und so bildete das Wasser einen kleinen Weiher, der von einer dichten Hecke eingefasst wurde. Jenseits dieses Teiches, in der Nähe des Felsenhintergrunds, erblickte man eine fremdartige Pflanzengruppe. Dort standen zwei bis fünf Meter hohe Gebilde, die riesigen Kronleuchtern glichen. Sie schienen weder Zweige noch Blätter zu haben, und ihre steil empor gerichteten Arme trugen zahlreiche feigenartige Knollen. Das war eine Ansiedlung des Säulenkaktus, dessen feigenähnliche Früchte gegessen werden können. Emilio Pellejo deutete dorthin und sagte: „ Da pflücken wir den Nachtisch zu unserem Abendmahl und am Weiher gibt es genug Gras und grüne Blätter für unsere Pferde. Kommt, Señores!“

Er setzte sein Pferd in Trab und ritt auf das Wasser zu, die anderen folgten ihm. Sie befanden sich ungefähr noch sechs Pferdelängen von den Büschen, da tönte ihnen ein lautes „Halt!“ entgegen. Sofort zügelten sie ihre Pferde. „Wer da?“, fragte Porter, indem er angestrengt nach der Stelle des Gebüsches blickte, woher der Ruf erklungen war.

„Weiße Jäger“, lautete die Antwort. „Wer seid ihr?“

„Reisende.“ – „Woher kommt ihr?“ – „Aus Kalifornien.“ – „Wohin wollt ihr?“ – „Hinüber nach Texas, nach Dallas.“ – „Über den Llano?“ – „Ja.“ – „Wollen es mit euch versuchen, Mesch’schurs.“

Die Büsche teilten sich. Zwei Gewehrläufe waren zu sehen und dann traten die beiden hervor, denen die Gewehre gehörten. Der eine war ein vollbärtiger, breitschultriger Mann und der andere ein blonder, bartloser Jüngling, der wohl noch nicht zwanzig Jahre zählte. Die Ähnlichkeit der beiden ließ vermuten, dass sie Vater und Sohn seien. Sie waren ganz in Leder gekleidet und trugen breitkrempige Biberhüte auf den Köpfen. „The devil!“, staunte Porter. „Wie viele Truppen habt ihr denn da am Wasser liegen?“ – „Keine, Sir.“ – „So seid ihr allein?“ – „Ja.“ – „Und wagt es, sechs gut bewaffneten Männern mit angeschlagenen Gewehren entgegenzutreten?“ – „Pshaw!“, entgegnete der Ältere. „Wir haben Doppelläufe. Vier von euch hätten wir mit den Gewehren aus dem Sattel genommen und für die beiden Letzten hätten die Revolver ausgereicht. Haltet also Frieden und kommt ans Wasser!“ Die sechs Reiter taten das und stiegen am Ufer des Weihers ab. Hier weideten die Pferde der zwei Fremden, denn es gab da einen frischgrünen Rasen. Eine Stelle, wo Asche lag, deutete an, dass hier ein Feuer gebrannt hatte. Dort ließen sich die beiden nieder.

Sie sahen nicht aus, als seien sie Neulinge im fernen Westen. Der Vater machte den Eindruck eines erfahrenen, mutigen Jägers und auf dem jugendlichen Gesicht seines Sohnes lag ein so ruhiger, bedachtsamer Ernst, dass man sogleich vermutete, er sei trotz seiner Jugend bereits in einer guten Schule gewesen. Sie wurden von den anderen halb neugierig, halb misstrauisch gemustert. Dann setzte man sich zu den beiden hin und zog den Proviant hervor, der aus gedörrtem Fleisch bestand.

„Wollt ihr uns wohl sagen, Sir, wie lange ihr schon hier seid?“, fragte Porter, der damit die Führung des Gesprächs übernahm.

„Seit gestern Abend“, erwiderte der ältere Jäger.

„Schon? Das hat ja den Anschein, als wolltet ihr lange hier verweilen.“

„Ist auch der Fall.“

„Aber, Sir, diese Gegend ist gefährlich! Sie ist zum Aufschlagen eines Wigwams nicht geeignet.“

„Uns gefällt sie, Sir. Wir haben droben in den Bergen ein Stelldichein. Diejenigen, die wir erwarten, kommen über den Llano und durch dieses Tal. Da wir zu früh eingetroffen waren, wurde uns die Zeit lang und wir ritten unseren Freunden bis hierher entgegen.“

„Wann werden sie kommen?“

„In zwei oder drei Tagen.“

„Wenn ihr so lange warten wollt, könnt ihr inzwischen leicht die Bekanntschaft der Apatschen und Komantschen machen!“

„Tut nichts. Wir leben mit ihnen im Frieden. Auch haben wir einen bei uns, der eine ganze Schar Indianer aufwiegt.“

„Also seid ihr doch nicht allein, sondern zu dreien! Wo ist der Mann?“

„Er ritt fort, um sich in der Umgebung umzusehen, wird aber bald wiederkommen.“

„Er soll so viel wert sein wie eine ganze Schar Indsmen, sagt Ihr? Da müsste er ein hervorragender Jäger sein, etwa wie Old Shatterhand. Kennt Ihr den?“

„Ja. Doch er ist es nicht.“

„Wer denn?“

„Werdet es sehen, wenn er kommt. Er mag sich euch selbst vorstellen. Mein Name ist Baumann und dieser junge Mann ist Martin, mein Sohn.“

„Danke, Sir! Da ihr uns eure Namen nennt, sollt ihr auch die unsrigen erfahren. Ich heiße Porter, Blount und Falser sind diese beiden und das dunkle Mondgesicht hier wird New-Moon genannt. Die zwei Mexikaner trafen heute Mittag auf uns. Sie kommen von einer Estanzia aus der Gegend von San Diego und wollen über den Llano, um Gelder einzukassieren für ihren Herrn, dessen Ober-Vaqueros sie sind. Sie heißen Carlos und Emilio Pellejo.“

Sooft er einen Namen nannte, deutete er auf dessen Träger, den Baumann dann genau betrachtete. Am längsten blieb der Blick des Jägers auf den beiden Mexikanern haften. Seine Brauen zogen sich zusammen und sein Bart zuckte leise. Dann wendete er sich zu Carlos: „In der Gegend von San Diego liegt eure Estanzia? Darf man erfahren, wie sie heißt?"

„Estanzia del Cuchillo."

„Und der Besitzer?"

„Heißt Señor – Señor Montano."

Er hielt, bevor er den Namen seines angeblichen Herrn nannte, inne, als müsse er sich darauf erst besinnen. Baumann fragte, ohne sein Misstrauen jetzt schon in Worten auszudrücken, weiter: „Und ihr seid die obersten Vaqueros oder Peons von Señor Montano?"

„Ja."

„Hat er noch weitere solche Oberbeamte?"

„Nein. Wir sind die einzigen."

Jetzt zog Baumann seinen Revolver aus dem Gürtel, als wolle er damit nur spielen, und sagte, während auch sein Sohn zu dem seinen griff: „Ich denke, dass ihr lügt, Leute!"

Da sprangen die beiden Mexikaner auf und rissen ihre Messer aus dem Gürtel. „Das widerruft Ihr auf der Stelle, Señor!", rief Carlos drohend.

Baumann blieb ruhig sitzen, richtete aber den Lauf der kleinen, so gefährlichen Schusswaffe auf den Sprecher und sagte: „Tretet mir nicht etwa einen Schritt näher, Señor Pellejo! Meine Kugel würde Euch sonst treffen und die meines Sohnes Euern Bruder. Sobald ihr etwa nach euern Pistolen greift oder sonst eine verdächtige Bewegung macht, werdet ihr ohne Sang und Klang aus dieser Welt befördert. Ich heiße Baumann, der Name wird euch unbekannt sein. Die Sioux nennen mich Matopoka, die Komantschen Vila-yalo, die Apatschen Schoschinsisk, die spanisch sprechenden Jäger El cazador del oso und die englisch Redenden Bearhunter, was alles dasselbe bedeutet, nämlich: der

Bärenjäger. Vielleicht erinnert ihr euch jetzt, einmal etwas von mir gehört zu haben."

„Wie? Was? Der Bärenjäger seid Ihr, Sir?", rief New-Moon. „Ich meine nämlich den Deutschen, der droben in der Nähe der Schwarzen Berge einen Store hatte und nebenbei den Grizzlys das Leben so sauer machte?"

„Ja, der bin ich, Sir."

„Dann habe ich freilich viel von Euch gehört. Wart Ihr nicht von den Sioux gefangen und hinauf zu den Geisern am Yellowstone geschleppt worden?"

„Das widerfuhr mir allerdings. Aber Old Shatterhand und Winnetou haben mich wieder geholt. Mein Sohn hier war bei ihnen."

„Das hat man mir erzählt. Es freut mich, Euch getroffen zu haben, und ich hoffe, dass sich die kleine Unstimmigkeit zwischen Euch und diesen Señores ausgleichen lassen wird. Könnt Ihr denn Euern Vorwurf beweisen?"

„Ja. Ein Estanziero schickt nicht gerade seine beiden Oberbeamten in den Llano. Darauf könnt Ihr Euch verlassen. Einen von ihnen braucht er stets auf der Estanzia. Soll der andere wirklich Geld eintreiben, so gibt er ihm einen oder wahrscheinlich mehrere Vaqueros mit. Überdies haben wir uns gerade jetzt einige Wochen lang in der Gegend zwischen El Paso und Albuquerque aufgehalten. Wir sind in jeder Estanzia und Hazienda eingekehrt, haben aber gerade bei San Diego weder eine Estanzia del Cuchillo noch einen Estanziero namens Montano gefunden."

„So seid Ihr an unserer Besitzung vorübergeritten", erklärte Emilio.

„Das glaube ich nicht. Und selbst wenn es so wäre, hätte ich von ihr und ihrem Herrn gehört. Steckt eure Messer ein und setzt euch ruhig nieder! Ich lasse mir nicht drohen. Ich will euch nicht von meinem Lagerplatz treiben, da ihr mit Männern gekommen seid, die ich für ehrliche Leute halte. Wie Ihr euch betragt, so werdet ihr behandelt. Am Rand des Llano kann man nicht vorsichtig genug sein und jeder weiß, dass man da die Weißen mehr zu fürchten hat als die Roten."

„Haltet Ihr uns vielleicht für Llanogeier?"

„Diese Frage werde ich euch beantworten, wenn wir uns trennen. Dann habe ich euch kennen gelernt, während sich mein Urteil jetzt nur auf Vermutungen stützen kann. Seid ihr brave Leute, was ich allerdings wünschen möchte, so werden wir gewiss als Freunde scheiden."

Die beiden Mexikaner blickten einander fragend an. Zur Förderung ihrer geheimen Absichten war es geraten, sich versöhnlich zu zeigen. Darum meinte Carlos: „Eure letzten Worte machen das Vorhergehende wieder gut. Da wir ehrliche Leute sind, können wir uns mit der Überzeugung beruhigen, dass Ihr bald einsehen werdet, wie unrecht Ihr uns beurteilt habt."

Carlos setzte sich wieder und sein Bruder tat das Gleiche. Baumann schickte seinen Sohn nach der Kaktusgruppe, um von den feigenähnlichen Früchten zu holen, die als Nachtisch gegessen werden sollten.

Während man aß, wurde es Nacht und die Männer zündeten ein kleines Feuer an. Material dazu war genug vorhanden. Und nun sollten sie etwas von den Wundern des Singenden Tales erleben.

Der Talkessel war, wie gesagt, durch hohe Felswände von der Ebene abgeschlossen. Die Luftströmungen, die draußen ihre volle Macht entfalten konnten, fanden auf drei Seiten den Zugang verschlossen. Nur von der vierten Seite, woher die Yankees und die Mexikaner gekommen waren, konnte eine atmosphärische Strömung in den Kessel treten, was aber nur dann möglich war, wenn der Wind genau aus dieser Richtung blies und stark genug war, sich nicht im unteren Teil des Tales zu verfangen.

Nun tat sich jetzt seit Eintritt der abendlichen Dunkelheit eine Luftbewegung kund, die aus der erwähnten Richtung kam. Sie stieg an den Felswänden empor und nur ein verschwindend kleiner Teil konnte durch die enge Spalte

Abzug finden, die gegen den Llano hin den Ausgang aus dem Tal bildete. Diese Luftströmung kam nicht stoßweise, sondern gleichmäßig. Sie wurde deutlich empfunden und wirkte doch nicht bewegend auf die Flamme des Feuers. Sie veranlasste keinen hörbaren Ton, am allerwenigsten das Pfeifen und Heulen des Sturms, und dennoch wurde sie vom Ohr vernommen. Dabei atmeten die Lungen ganz anders als vorher, ob schwerer oder leichter, das war eigentümlicherweise nicht zu sagen.

Die Kaktusfeigen waren verzehrt und der Sohn des Bärenjägers ging, um neue zu holen. Kaum hatte er die Sträucher hinter sich, so hörten die anderen seine Stimme: „Was ist das? Kommt einmal her, Mesch'schurs! So etwas habe ich noch nie gesehen!"

Sie folgten seiner Aufforderung. Als sie zwischen dem Wasser und dem Gebüsch hindurch waren, bot sich ihnen ein überraschender Anblick dar. Der ganze Talkessel lag in tiefem Dunkel, denn der Schein des kleinen Feuers drang nicht durch die Büsche. Dort aber, wo die Kakteen standen, sah man zahlreiche Flammenbüschel, die in eigentümlich bleichem, farblosem Licht erglänzten. Jeder dieser Pflanzenkandelaber trug mehrere solcher Büschel. Jeder Leuchtarm schien ein solches Flämmchen auf seiner Spitze zu haben. Es war eine wunderbare, fast geisterhafte Erscheinung.

„Was mag das sein?", fragte Porter.

„Auch ich habe es noch nie gesehen!", entgegnete Falser. „Man möchte sich beinahe fürchten."

Da ließ sich hinter ihnen eine tiefe, klare Stimme hören: „Das ist Kisniri-bisarzhe-ko, die Flämmchen des Großen Geistes, die er anbrennt, wenn er seine Kinder warnen will."

„Cáspita! Wer ist da hinter uns?", rief Emilio Pellejo erschrocken. „Stecken wir etwa in einem Hinterhalt?"

„Nein", beruhigte der Bärenjäger. „Es ist mein Gefährte, den wir erwarteten. Er ist, wie das so in seiner Art liegt, unbemerkt herangekommen."

Sie blickten zurück. Richtig, da hielt innerhalb der Sträucher, gerade neben dem Feuer, ein Reiter. Wie hatte er, noch dazu zu Pferd, in das Innere des Gebüschkreises kommen können, ohne gehört zu werden? Er saß auf einem prachtvollen Rappen, der auf indianische Weise aufgeschirrt und gesattelt war. Indianisch war auch der Anzug des Mannes, indianisch sein Gesicht, das keine Spur von Bart zeigte. Dafür hing ihm eine Fülle langen, schwarzen Haares weit über den Rücken herab. In der Hand hielt er eine zweiläufige Büchse, deren Holzteile mit silbernen Nägeln beschlagen waren.

Die Yankees und die Mexikaner ließen Ausrufe des Erstaunens, der Bewunderung hören. „Wer ist dieser Indianer?“, fragte Porter. „Sind noch andere hier?“

„Nein, er ist allein“, entgegnete Baumann. „Es ist Winnetou, der Häuptling der Apatschen.“

„Winnetou, Winnetou!“, ertönte es aus aller Mund.

Der Apatsche stieg vom Pferd, ohne die bewundernd auf ihn gerichteten Blicke zu beachten, trat aus dem Gebüsch heraus, deutete auf die Flämmchen und sagte: „Weil die Bleichgesichter sich in diesem abgeschlossenen Tal befanden, haben sie nicht bemerkt, was draußen vorgegangen ist. Damit sie es erfahren, sendet ihnen der große Manitou dieses feurige Totem. Winnetou weiß nicht, ob sie es lesen können.“

„Was ist denn geschehen?“, fragte Blount.

„Der Nakate n'yul iltschi[1] ist über den Llano gegangen. Winnetou sah ihn im Norden. Wehe denen, die ihm begegnet sind! Der Tod hat sie gefressen!“

„Ein Tornado, ein Hurricane?“, fragte der Bärenjäger. „Welche Richtung nahm er?“

„Gerade im Osten von hier erhob sich der Sand in die Luft, sodass es dort finster wurde wie mitten in der Nacht. Die Sonne umarmte die Finsternis mit Strahlen roten Blutes. Die Nacht rückte schnell nach Nordosten vor, wo Winnetou sie dann verschwinden sah.“

[1] Verheerender Sturm, Tornado

„So ging der Tornado gerade von Süd nach Nord?"
„Mein Bruder sagt es."
„God bless my soul! Er wird doch nicht unsere Freunde getroffen haben!"
„Winnetous Ahnungen sind schwarz wie das Angesicht des Sturmes. Unsere Freunde sind klug und erfahren und Old Shatterhand kennt die Bedeutung jedes Lufthauchs. Aber der Nakate n'yul iltschi kommt plötzlich und sendet keinen Boten voraus, der ihn ankündigt. Kein Pferd ist schnell genug, ihm zu entgehen. Old Shatterhand muss ungefähr heute den Llano erreicht haben und die Hufe seines Rosses haben den Sand gerade in der Gegend berührt, wohin der Geier des Windes flog. Vielleicht liegt der Blutsbruder Winnetous mit seinen Genossen unter den Wogen des Sandes begraben."
„Das wäre schrecklich. Wir müssen hin, und zwar augenblicklich! Steigen wir schnell zu Pferd!"
Winnetou machte eine abwehrende Handbewegung. „Mein Bruder mag sich nicht übereilen! Hat Old Shatterhand sich mitten im Pfad des Sturmes befunden, so ist er tot und unsere Hilfe kommt zu spät. Befand er sich aber zur Seite dieses Pfades, so blieb er unverletzt und es droht ihm nur die Gefahr des Verirrens, da der Sturm das Gesicht des Llano gänzlich verändert. Wir müssen Old Shatterhand entgegen, doch nicht jetzt bei Nacht, denn auch uns blickt der Llano mit anderen Augen an und nur das Tageslicht darf unser Führer sein. Wer einen Verirrten finden will, muss darauf achten, sich nicht selbst zu verirren. Darum mögen sich meine Brüder wieder an das Feuer setzen. Das erste Licht des Morgens wird unseren Aufbruch sehen."
Er streckte sich am Feuer aus und die anderen taten ebenso. Sie ließen dabei unwillkürlich einen Abstand zwischen sich und ihm, eine Folge der Ehrerbietung für den berühmten Häuptling. Diese Ehrerbietung war auch der Grund, dass sie sich eine Zeit lang schweigend verhielten.

Endlich aber siegte bei New-Moon das Verlangen, etwas über die erwarteten Gefährten des Apatschen zu vernehmen. Er wendete sich an Baumann: „Wie ich höre, ist es Old Shatterhand, mit dem Ihr zusammentreffen wollt, Sir?"

„Ja, er ist es, aber nicht er allein. Es wollten noch andere mit ihm kommen."

„Wer sind diese Leute?"

„Der Dicke Jemmy und der Lange Davy, deren Namen Ihr wohl schon gehört habt."

„Freilich kenne ich die beiden Westmänner, wenn auch nur aus den Erzählungen und Berichten anderer. Hat Old Shatterhand sonst noch Begleiter?"

„Ja. Es sind noch zwei bei ihm, die Ihr vielleicht auch kennt, da Ihr von Old Shatterhands Zug ins Yellowstone-Gebiet gehört habt, nämlich der Hobble-Frank und der Neger Bob. Winnetou hatte uns seinerzeit, als er sich am Yellowstone River von uns trennte, eingeladen, später einmal gemeinsam die Weidegründe der Apatschen aufzusuchen. Ich bin dieser Aufforderung mit meinem Sohn eher gefolgt als die anderen, nachdem ich drüben an der Sierra Verde[1] einiges zu tun hatte. Old Shatterhand kommt nun mit den anderen nach, und wie Ihr gehört habt, sind wir über Zeit und Richtung seines Rittes unterrichtet."

„Schade, jammerschade, dass wir sechs schon morgen früh unseren Weg fortsetzen. Ich hätte Eure Freunde so gern kennen gelernt."

„Das ist nicht gut möglich, da Ihr hinüber nach Dallas wollt. Übrigens brechen wir ja auch mit dem frühesten Morgen auf. Aber", fuhr Baumann fort, „sagt mir doch einmal, Sir, wie Ihr zu Euerm schwarzen Gesicht und infolgedessen zu Euerm Namen gekommen seid."

„Beides habe ich einem der größten Schufte zu verdanken, den es im fernen Westen gegeben hat und vielleicht noch gibt, nämlich dem Stealing-Fox."

[1] Gemeint ist die Sierra Madre, das Gebirge zwischen Sonora und Chihuahua in Nordmexiko

„Diesem Schurken? Ah! Habe übrigens lange Zeit nichts von dem Kerl gehört. Möchte ihm einmal begegnen."

„Habt auch Ihr schon mit ihm zu schaffen gehabt?", fragte New-Moon.

„Er mit mir. Er stahl einmal meine Kasse und brachte mich um alle meine Ersparnisse. Der Dieb nannte sich Weller. Aber ich konnte aus Verschiedenem, was ich später erfuhr, schließen, dass er der berüchtigte Stealing-Fox gewesen sei. Ich konnte nie auf seine Fährte kommen, habe jedoch erst kürzlich drüben in New Mexico gehört, dass er noch leben soll. Er hat sich Tobias Preisegott Burton genannt und unter der Maske eines frommen Missionars der Mormonen eine Reisegesellschaft in den Llano locken wollen. Einer dieser Leute hat ihn aber erkannt und zur Rede gestellt, worauf er schleunigst verschwunden ist."

„'s death!", rief New-Moon. „Wäre ich dabei gewesen. Möchte gar zu gern Abrechnung mit ihm halten!"

„War es denn auf Euer Leben abgesehen?"

„Auf mein Leben und mein Eigentum. Das war nämlich droben in Colorado am Timpas Creek. Ich kam aus Arizona herüber, wo ich als Goldgräber an den Navajo Springs ein ziemlich gutes Geschäft gemacht hatte, und trug ein hübsches Päckchen Banknoten bei mir, in die ich den Goldstaub und die Nuggets umgewechselt hatte. Unterwegs stieß ein Fallensteller zu mir, der geradeso wie ich nach Fort Aubrey wollte, das am Arkansas liegt. Das Aussehen und Auftreten dieses Mannes waren durchaus Vertrauen erweckend, und da man nicht gern so allein durch den Wilden Westen reitet, war mir seine Gesellschaft ganz willkommen."

„Ihr sagtet es ihm wohl, dass Ihr Geld bei Euch hättet?", erkundigte sich Baumann..

„Fiel mir nicht ein. Aber der Kerl mochte es erraten haben, denn ich ertappte ihn einmal des Nachts dabei, dass er vorsichtig meine Taschen untersuchte, wobei ich glücklicherweise erwachte. Er machte die Ausrede, ich hätte im

Schlaf so gestöhnt, dass er auf den Gedanken gekommen sei, mir den Rock aufzuknöpfen, damit ich leichter atmen könne. Natürlich glaubte ich ihm nicht recht und war von nun an auf meiner Hut. Was das heißt, könnt Ihr Euch denken."

„Gewiss! Man befindet sich mit einem Spitzbuben ganz allein in der Wildnis. Man will und muss schlafen und soll doch alle Aufmerksamkeit darauf richten, nicht zu Schaden zu kommen. Das ist die schwierige Aufgabe. Ein Messerstich, eine Kugel – und Leben und Eigentum sind weg!"

„Hm, der Kerl war allerdings im Grunde genommen ein Feigling. Stehlen und betrügen, ja; aber Blut zu vergießen, dazu fehlte ihm der Mut. Am Timpas Creek machten wir Rast. Es war ein heißer Tag, nur der Wind wehte stark und machte die Hitze erträglich. Ich rauche leidenschaftlich und hatte mir die Pfeife neu gestopft, wisst Ihr, eine kurze Pfeife mit einem großen Veinedkopf[1], der einen Viertelbeutel Tabak fasste. Ich hatte einen so großen Kopf gewählt, um nicht immer stopfen zu müssen. Als ich anbrennen wollte, sagte der Mann, er habe die Stimme eines Turkey[2] im Gebüsch gehört. Ich legte sofort die Pfeife weg, griff zum Gewehr und machte mich davon, um den Vogel vielleicht vor den Schuss zu bringen. Aber ich fand keine Spur von ihm, traf indes dafür auf ein Opossum, das ich schoss. Als ich damit zurückkam, war wohl eine halbe Stunde vergangen. Der Kerl machte sich sogleich daran, das Tier aufzubrechen und abzuhäuten. Ich aber griff zu meiner Pfeife, um den Tabak in Brand zu stecken. Das wollte mir wegen des Windes nicht gelingen. Ich legte mich also lang nieder, mit dem Gesicht gegen die Erde, zog den Hut gegen die Windseite vor und schlug Feuer auf den Schwamm. Diesmal gelang es. Ich drückte den Schwamm auf den Tabak, tat einige Züge und – ein Zischen, ein Knall, Feuer schlug mir ins Gesicht und um den Kopf. Zu gleicher

[1] Englisch: veined = geadert [2] Truthahn

Zeit packte mich der Kerl von hinten im Genick, drückte mir den Kopf nieder und fuhr mir mit der anderen Hand unter die Brust und in die Tasche. Ich war so erschrocken, dass es ihm gelang, mir das Pocketbook[1] zu entreißen. Doch ich erwischte seinen Arm und hielt ihn fest. Ich war stärker als er, aber für den Augenblick geblendet. Er hielt das Buch fest. Ich erfasste es auch. Er zog hin und ich her. Es zerriss, denn es war aufgegangen. Wir kamen auseinander. Er hatte die eine Hälfte und ich die andere. Da sprang ich auf und zog das Messer. Glücklicherweise hatte ich, als mir der Feuerstrahl ins Gesicht zuckte, die Augen für eine Sekunde geschlossen gehabt, sonst wäre ich sofort erblindet. Die Lider waren aber doch verletzt. Ich konnte sie nur ganz wenig öffnen. Doch das genügte, den Kerl zu sehen. Ich drang mit dem Messer auf ihn ein. Das gab ihm den Mut, sein Gewehr vom Boden aufzuraffen und auf mich anzulegen. Ein stechender Schmerz zog mir die Augen zu, ich war verloren. Der Schuss fiel, oder vielmehr ein Schuss fiel, aber zu meinem Erstaunen wurde ich nicht getroffen. Ich wischte mir die Augen, riss sie mit Anstrengung auf – ich sah den Kerl nicht. Dagegen ertönte von jenseits des Wassers drüben eine Stimme, die ein gebieterisches ‚Halt, Mörder!' rief. Darauf hörte ich den Hufschlag eines sich schnell entfernenden Pferdes. Der Halunke war zu seinem Gaul gesprungen, um mit der halben Brieftasche, worin sich auch ziemlich die Hälfte meines Geldes befand, zu entfliehen."

„Sonderbar!", sagte Baumann. „Er ist also gestört worden?"

„Ja", nickte New-Moon. „Ein bekannter Westläufer, der Juggle-Fred, hatte sich in der Nähe befunden und, als ich das Opossum erlegte, meinen Schuss gehört. Er war jenseits des Flüsschens dem Schall nachgegangen und hatte uns gerade in dem Augenblick entdeckt, als der Strolch auf mich anlegte. Fred schoss auf ihn und traf ihn in den

[1] Brieftasche, Taschenbuch

Arm, worauf der Spitzbube die Büchse fallen ließ und zu seinem Tier rannte, um schleunigst fortzujagen. Der Juggle-Fred holte sein Pferd und kam zu mir herüber. Sein rechtzeitiges Erscheinen hat mir das Leben gerettet. Von einer Verfolgung des Diebes konnte keine Rede sein, denn ich konnte nicht fort und Fred durfte mich nicht verlassen, denn mein Gesicht musste Tag und Nacht mit Wasser gekühlt werden. Über eine Woche lagerten wir dort am Timpas Creek. Ich hatte große Schmerzen auszustehen und eine bedeutende Summe verloren, war aber froh, wenigstens das Augenlicht gerettet zu haben."

„Wie hatte sich denn der Kerl bei Euch genannt?"

„Henry Fox. Später erfuhr ich in Fort Aubrey, dass ich es mit dem berüchtigten Stealing-Fox zu tun gehabt hatte."

„Vermutlich hatte er während Eurer Abwesenheit den Pfeifenkopf mit Pulver gefüllt."

„Ja. Und, um mich zu täuschen, nur obenauf ein wenig Tabak getan. Um Zeit dazu zu bekommen, machte er mir weis, einen Turkey gehört zu haben. Er wusste, dass ich sofort nach dem Vogel suchen würde, da ich ein besserer Jäger war als er. Er war ein langer, hagerer Mensch und hatte Gesichtszüge, die ich nie vergessen werde. Ich weiß, dass ich ihn sofort erkenne, falls ich ihm einmal begegnen sollte!"

Die beiden Mexikaner waren der Erzählung New-Moons mit gespannter Aufmerksamkeit gefolgt. Sie hatten sich dabei oft bedeutungsvoll angesehen, unbemerkt, wie sie meinten. Doch es gab einen, der sie genau beobachtete – Winnetou.

Er saß da, die Augen scheinbar gleichgültig auf die schimmernde Wasserfläche des Weihers gerichtet. Von Zeit zu Zeit aber schoss unter seinen langen, dichten Wimpern ein scharfer Blick auf die Mexikaner. Der Apatsche misstraute ihnen. Das war gewiss.

Der Sohn des Bärenjägers hatte vorhin Kaktusfeigen holen wollen, war jedoch durch den Anblick der wunderbaren Lichtbüschel davon abgelenkt worden. Das war den Mexikanern lieb. Sie strebten danach, heimlich einige Worte miteinander sprechen zu können, und das war nur dann möglich, wenn sie sich vom Feuer entfernten. Deshalb stand Emilio Pellejo jetzt auf und sagte: „Wir wollten noch Kaktusfrüchte haben, sie sind aber nicht geholt worden. Gehst du mit, Carlos?“

„Gewiss“, entgegnete der Gefragte, indem er sich schnell erhob. „Komm!“

Der Bärenjäger wollte Einspruch erheben. Er erriet, dass die beiden nur die Absicht verfolgten, sich heimlich zu verständigen. Das wollte er vereiteln. Schon schwebte das Wort auf seinen Lippen, da sah er eine gebieterische Handbewegung des Apatschen, die ihm Schweigen befahl.

Die Brüder entfernten sich. Kaum jedoch hatten sich die Büsche hinter ihnen geschlossen, sagte Winnetou leise: „Diese weißen Männer haben keine ehrlichen Augen und ihre Gedanken trachten nach Bösem. Winnetou wird erfahren, was sie wollen.“

Lautlos huschte er nach der entgegengesetzten Seite durch die Büsche.

„Traut auch er ihnen nicht?“, fragte Porter. „Ich wette, dass es ehrliche Leute sind.“

„Du würdest die Wette wahrscheinlich verlieren“, antwortete New-Moon. „Sie haben mir gleich vom ersten Augenblick an nicht gefallen.“

„Darauf gebe ich nichts. Misstrauen darf man einem Menschen erst dann, wenn man Beweise hat, dass er es verdient.“

„Diese zwei Männer verdienen es“, erklärte der Bärenjäger. „Kein Estanziero schickt seine zwei Oberknechte zugleich fort. Und betrachtet ihre Pferde, Sir! Sehen sie aus, als ob sie einen Marsch von San Diego aus bis hierher hinter sich hätten? Das sind, wenn ich richtig schätze, wenigstens dreihundert englische Meilen. Pferde, die eine solche Strecke durch eine fast gänzlich wilde Gegend zurückgelegt haben, sehen anders aus. Ich vermute, dass diese Tiere gar nicht weit von hier ihre ständige Unterkunft haben, und möchte tausend Dollars wetten, dass diese beiden Kerle nichts sind als Zubringer für die Geier des Llano Estacado"

„Dash it all!", rief Porter überrascht. „Meint Ihr das wirklich, Sir? Da wären wir freilich in eine vortreffliche Gesellschaft geraten. Diese Leute sollen uns durch den Llano führen. Möglich ist es ja, dass sie unser Vertrauen nicht verdienen."

Da ließ sich auch einmal die Stimme Martin Baumanns hören, der sich in Anbetracht seiner Jugend bisher schweigsam verhalten hatte: „Sie verdienen es wirklich nicht, Mister Porter. Ich bin bereit, es ihnen ins Gesicht zu sagen."

„So? Welchen Grund habt denn Ihr, so schlimm von ihnen zu denken, junger Mann?"

„Habt Ihr nicht die Blicke bemerkt, die sie sich zuwarfen, als von dem Stealing-Fox erzählt wurde?"

„Nein. Ich habe auf die Erzählung gehört und nicht auf die Leute gesehen."

„Nun, dafür habe ich sie umso schärfer beobachtet, da mein Vater misstrauisch gegen sie war. Das konnte ich leicht und unbemerkt tun, weil sie so einem jungen, unerfahrenen Burschen, wie ich ihrer Meinung nach bin, nicht die geringste Aufmerksamkeit schenkten. Ich sah da Blicke hin und her wandern, aus denen zu schließen ist, dass sie den Stealing-Fox wohl kennen."

„Das ist beachtlich. Hm! Dieser Fuchs soll sich jetzt hier aufhalten, um Leute in den Llano zu locken. Die Kerle sollen ihn kennen. Daraus könnte man sich freilich einen Reim machen, wenn er auch nicht allzu schön klingen würde. Mir scheint, es sind Dinge im Anzug, die für uns böse werden können. Die gespenstischen Flammen dort auf den Kakteen sind mir auch nicht recht geheuer. Ich bin nicht abergläubisch, aber solche Erscheinungen kommen nicht von ungefähr. Sie haben stets etwas zu bedeuten."

„Und das wäre?"

„Dass sich die Atmosphäre in elektrischer Spannung befindet."

„Elektrisch? Spannung? Das verstehe ich nicht. Das ist mir zu gelehrt. Ich weiß zwar, dass man sich elektrisieren lassen kann; aber Feuer, Flammen, noch dazu auf Kaktuspflanzen? Wollt Ihr das gar der Elektrizität in die Schuhe schieben?"

„Allerdings, Mister Porter. Ist der Blitz etwa nicht auch eine feurige Erscheinung?"

„Jedenfalls, und was für eine!"

„Nun, die Ursache des Blitzes ist die Elektrizität, wie man wohl nicht zu erklären braucht. Was die Flämmchen betrifft, die wir vorhin sahen, so werden sie von Seeleuten häufig an den Masten, Rahen und Stengen der Schiffe bemerkt. Man sieht sie an Kirchturmspitzen, an den Wipfeln der Bäume, an den Spitzen der Blitzableiter. Man nennt diese Lichtbüschel Sankt-Elmsfeuer oder auch Kastor und Pollux. Sie entstehen durch ausströmende Elektrizität. Ihr habt doch wohl vom Geist des Llano Estacado gehört?"

„Mehr als mir lieb ist."

„Hat man Euch auch erzählt, dass des Nachts die Gestalt dieses geheimnisvollen Wesens zuweilen wie mit feurigen Flammen verbrämt erscheint?"

„Ja, aber ich glaube es nicht."

„Ihr könnt es getrost glauben. Ich befand mich einmal droben in Montana auf einer weiten Ebene, und zwar des Nachts. Es wetterleuchtete rundum, kam aber nicht zum Gewitter. Da erschienen plötzlich an den Ohrenspitzen meines Pferdes kleine Flämmchen. Ich streckte die Hände aus, und siehe da, an meinen Fingerspitzen zeigten sich ähnliche Flämmchen, wobei ich ein ganz merkwürdiges Gefühl in den Fingern hatte. Ebenso ist es mit dem Avenging-ghost. Wenn er durch den Llano reitet, bildet sein Körper den höchsten Punkt der Ebene. Ist es Nacht und ist dabei eine bedeutende elektrische Spannung vorhanden, so zeigt sich das Sankt-Elmsfeuer an seinem Körper."

„Ihr glaubt also an den Geist des Llano Estacado?“
„Ja.“
„Und haltet ihn für einen Menschen?“
„Für was denn sonst?“
„Hm! Ich habe viel über ihn gehört, mir aber keine Mühe gegeben, darüber nachzudenken. Nun jedoch, da ich den Llano vor mir habe, möchte ich freilich gern wissen, was ich von diesem Geist halten soll. Es ist ja sogar möglich, dass er einem während des Rittes erscheint. Was soll man da tun?“
„Wenn er mir begegnete, würde ich ihm die Hand geben und ihn als einen braven Kerl begrüßen. Es ist nämlich…“
Baumann wurde unterbrochen. Winnetou kehrte zurück. Er kam eilig, aber geräuschlos wie eine Schlange, herbeigehuscht und setzte sich an seinen Platz.
Vorhin, während die Mexikaner langsam durch die Dunkelheit zu den Kaktusstauden schritten, hatte er sich, auf Händen und Füßen kriechend, erst eine kleine Strecke von ihnen entfernt und war dann, sich wieder aufrichtend, in eiligem Lauf nach der Pflanzengruppe gerannt. Infolge seiner weichen Mokassins und infolge der großen Übung, die er besaß, waren seine Schritte nicht zu hören gewesen. Er kam noch vor den Mexikanern ans Ziel und versteckte sich so zwischen den hohen Pflanzenkandelabern, dass er nicht zu sehen war. Zudem war es so dunkel, dass die beiden die Kaktusfeigen mit Hilfe des Tastsinns sammeln mussten. Die Flammenbüschel an den Leuchtarmen waren nämlich jetzt verschwunden.
Eben als sich Winnetou versteckt hatte, kamen die Brüder herbei. Sie sprachen miteinander. Winnetou konnte jedes Wort hören. Jedenfalls hatten sie schon unterwegs miteinander verhandelt, denn was sie sich jetzt noch sagten, war die Fortsetzung eines bereits begonnenen Gesprächs.
„Diesem so genannten Bärenjäger werde ich seine Be-

leidigungen heimzahlen", drohte Carlos. „Allerdings werden wir schwerere Arbeit haben, als wir erst dachten. Das Erscheinen des Apatschen gibt der Sache eine ganz andere Wendung."

„Leider! Denn der lässt sich durch falsch gesteckte Stangen nicht in die Irre führen."

„Das Klügste ist, wir lassen die Kerle einschlafen und machen sie nachher kalt."

„Denkst du, dass das möglich ist? Wir werden mit Misstrauen betrachtet. Die Burschen passen also auf. Ich glaube nicht, dass einer von uns beiden die Wache bekommen wird."

„Da gebe ich dir freilich Recht; sie werden sich hüten. Wollen aber dennoch sehen, ob es nicht zu ermöglichen ist! Vorher lässt sich nichts bestimmen. Gelingt es uns, sie sicher zu machen, so dürfen wir nur mit den Messern arbeiten, still und geräuschlos, mitten ins Herz stoßen."

„Und wenn dieser Plan nicht auszuführen ist?"

„Das wäre dumm. Denke dir, sieben Pferde, dabei das prächtige Tier des Apatschen, dazu sämtliche Waffen und alles Geld! Nur wir beide hätten zu teilen. Das wäre ein Streich! Gelingt er aber nicht, so müssen wir eben die Kameraden zu Hilfe rufen. Wir suchen irgendeinen Vorwand, uns von dem Trupp zu trennen. Winnetou reitet mit den beiden Baumanns seinem Freund Old Shatterhand entgegen und die Yankees werden sich ihnen anschließen, weil sie in uns ihre Führer verloren haben. Wir reiten voran bis zu unserem murdering pool[1], wo wir sicher einen unserer Posten finden, der die Kameraden herbeiholt. Dann bekommen wir die Kerle ganz sicher, auch Old Shatterhand und alle, die bei ihm sind. Jetzt aber dürfen wir uns nicht länger verweilen, sonst wird ihr Argwohn noch größer. Mein Hut ist voller Früchte."

„Der meinige auch."

„So komm!"

[1] Mordbecken

Sie gingen, aber noch vor ihnen huschte Winnetou fort. Jedes Geräusch vermeidend, schlug er einen Bogen, erreichte glücklich das Feuer, setzte sich, wie bereits erwähnt, daran nieder, und so konnten die beiden Schurken gar nicht auf den Gedanken kommen, belauscht worden zu sein. Sie begannen die Kaktusfeigen zu verteilen. Alle nahmen sie davon, nur Winnetou nicht. Er wies die Früchte mit den Worten zurück: „Der Häuptling der Apatschen genießt nichts, was von der Pflanze des Sumach kommt."

„Sumach?", fragte Emilio Pellejo verwundert. „Kennt Ihr denn die Kaktusfeigen nicht, dass Ihr sie mit dem Giftsumach verwechselt?"

„Winnetou gibt diesen Früchten den Namen des Sumach, weil sie giftig sind."

„Giftig? Warum sollen diese essbaren Früchte jetzt plötzlich schädlich sein?"

„Weil sie sich in Händen befanden, die Unglück und Tod zu geben pflegen." Winnetou sagte diese Worte, die eine schwere Beleidigung enthielten, so ruhig, als handle es sich um einen allgemeinen Ausspruch.

„Ascuas!", rief Emilio. „Sollen wir uns das gefallen lassen? Ich verlange, dass diese Worte zurückgenommen werden."

„Pshaw!" Der Apatsche machte eine wegwerfende Armbewegung. Es lag in dem Wort ebenso wie in der Bewegung ein solcher Ausdruck des Selbstbewusstseins, dass die beiden es für geraten hielten, abermals nachzugeben. Selbst wenn ihnen der Häuptling ganz allein gegenüber gesessen hätte, wären sie nicht geneigt gewesen, sich in einen offenen Kampf mit ihm einzulassen. Hier nun waren noch andere zugegen, die sich jedenfalls auf die Seite des Apatschen stellen würden. Aus diesem Grund meinte Carlos in beruhigendem Ton zu seinem Bruder: „Sei still! Wozu Uneinigkeit! Die Worte eines Indianers darf man nicht auf die Goldwaage legen."

„Hast Recht. Wollen um des Friedens willen annehmen, dass sie nicht gesprochen wurden!"

Winnetou sagte nichts dazu. Er legte sich lang ins Gras, schloss die Augen und gab sich den Anschein, als beabsichtige er zu schlafen.

Dieser kurze Streit hatte, obgleich er nun beigelegt schien, einen beunruhigenden Eindruck auf die anderen gemacht. Wenn Winnetou solche Worte sprach, so hatte er sicherlich Böses von den beiden erlauscht. Was mochten sie vorhaben? Er sagte nichts davon. Das war ein Beweis, dass wenigstens für den Augenblick nichts Feindseliges zu erwarten sei. Der bereits vorhandene Verdacht hatte sich aber doch vergrößert und die natürliche Folge davon war, dass niemand Neigung zeigte, wieder ein Gespräch anzuknüpfen. Es trat ein Schweigen ein, das ebenso beredt war, als wenn man sich über den Argwohn ausgesprochen hätte.

Der Bärenjäger und sein Sohn folgten dem Beispiel Winnetous, indem sie sich auch niederlegten, und die anderen taten das Gleiche. Nach kurzer Zeit schienen alle zu schlafen. Das war aber keineswegs der Fall. Die beiden Mexikaner blieben ihres Mordplans wegen und die anderen Weißen infolge ihres Misstrauens wach.

So verging wohl über eine halbe Stunde. Die Männer hätten, selbst wenn unter ihnen die Entfremdung nicht eingetreten wäre, doch nicht zu schlafen vermocht. Die Spannung in der Atmosphäre war fühlbar gewachsen. Es ging ein leises, kaum hörbares Knistern durch die Büsche. Ein sanfter Wind hatte sich erhoben, der nach und nach stärker wurde und die Zweige bewegte, sodass sie sich gegenseitig berührten. Dabei schienen kleine, kaum sichtbare Fünkchen von Astspitze zu Astspitze zu springen.

Und jetzt richteten sich plötzlich alle Männer auf. Es war ein Ton erklungen, ein ganz eigenartiger Ton, wie von einer Glocke, die hoch über ihnen angeschlagen wurde. Er hielt wohl eine halbe Minute an, senkte sich, ständig anschwellend, auf die Büsche nieder und verklang dann über dem Wasser.

„Was war das?“, fragte New-Moon. „Es gibt doch hier keine Kirchen mit Glocken! Wenn ich nicht wüsste, dass...“

Der Trapper hielt inne. Ein zweiter Ton erklang, höher als der erste. Er schien aus einer mächtigen Posaune zu kommen, schwoll langsam an, wieder ab und verhauchte in einem Diminuendo, das selbst ein Posaunenvirtuose nicht fertig gebracht hätte.

„Das ist Yuaf-kai-umpare, die Stimme des Singenden Tales“, erklärte der Häuptling der Apatschen.

„Das ist's, also das!“, sagte der Bärenjäger. „Horcht!“

Es ging wie ein leiser Seufzer durch die Luft. Dieser Seufzer wurde zum bestimmten Ton von besonderer Reinheit. Er hatte die Klangfarbe der achtfüßigen Prinzipalpfeife einer Orgel, dauerte eine Weile an, und dann wuchs über ihm ein zweiter, sanfterer Ton, der noch anhielt, als der erste schon nicht mehr zu hören war. Diese Schallerscheinung war ganz sonderbarer Art. Es konnte einem dabei grauen und doch war sie von einer Erhabenheit, die das Gemüt ergriff. Es war, als erprobe ein unsichtbarer Bläser sein

Instrument, freilich ein Instrument, das in keinem Orchester vorkommt.

Still lauschten die Männer, ob sich das Wunder wiederholen werde. Und wirklich! Es strich ein fühlbarer Luftzug über und durch das Buschwerk und brachte in rascher Folge eine ganze Reihe von Tönen getragen, die in der gleichen Reinheit wie vorher aufeinander abgestimmt waren. Die tieferen hielten jeweils länger an und bildeten mit den höheren, schneller verklingenden eine Harmoniefolge, die stets aus denselben Tönen der natürlichen Tonleiter bestand, aber in den verschiedensten Umkehrungen des Dreiklangs, Sept- und Nonakkords.

Es gab nichts, was man mit diesen Klängen vergleichen konnte. Kein bekanntes Instrument konnte Töne von dieser Erhabenheit erzeugen, zu denen sich andere gesellten, die der zartesten Kehle, den sanftesten Lippen zu entstammen schienen.

Bald klang es im tiefsten Majestoso, wie aus einer sechzehn- oder gar zweiunddreißigfüßigen Orgelpfeife. Darüber hinweg schwebte es hoch, mild und klar wie eine Vox humana oder Aeoline und zwischen diesen beiden wechselten in verschiedener Höhe und ergreifendem Ausdruck die Stimmen des Kornett, der Posaune, der Gambe, des Akkordeon miteinander ab. Bald tönte es offen und hell, bald in leisem Gedackt.[1] Und doch sind alle diese Kunstbezeichnungen nicht im Stande, einen Begriff von der Natur, Farbe und Wirkung dieser Töne zu geben, die das Tal erfüllten und, wie zu einem tiefen, schmalen Strom vereint, hoch darüber hinfluteten.

Die Lauschenden wagten nicht zu sprechen. Selbst die beiden hinterhältigen Mexikaner fühlten sich gepackt von dieser Sphärenmusik unter der mächtigen Domkuppel des nächtlichen Himmels, den die umstehenden, gerade aufragenden Felsen zu tragen schienen. Auch das roheste Gemüt hätte sich eines heiligen Schauders nicht zu erwehren vermocht.

[1] Majestoso, Vox humana, Aeoline, Gedackt = verschiedene Orgelstimmen

Und dazu trat jetzt noch eine andere Erscheinung, die nicht mit dem Ohr, sondern mit dem Auge wahrgenommen wurde.

Es war, als sei der Himmel höher, entfernter geworden. Die wenigen Sterne, die dort oben standen, erschienen kleiner als sonst. Und an diesem Himmel, da, wo er südwärts scheinbar auf dem Felsen ruhte, erhob sich plötzlich eine hellgelb strahlende Scheibe von der Größe des Vollmonds. Ihr Umfang war zunächst scharf abgegrenzt und schien aus der Sternenwelt hervorzuwachsen und in schnurgerader Richtung und immer zunehmender Geschwindigkeit gerade auf das Tal zuzukommen.

Dabei vergrößerte sie sich ständig, und immer deutlicher war es zu sehen, dass es nicht eine flache Scheibe, sondern eine volle Kugel war.

Ihre Umrisse verloren mehr und mehr an Schärfe. Es brachen blitzförmige, zuckende Strahlen hervor und es bildete sich ein Schweif, der bei weitem heller und lebhafter leuchtete als der eines Kometen.

Die Kugel selbst war nun nicht mehr gelb wie zuvor. Sie schien vielmehr aus flüssigem Feuer zu bestehen, dessen bewegte Glut in allen möglichen Farben funkelte und sprühte. Man sah, dass sie sich um ihre eigene Achse drehte. Wenigstens gaben ihr die wirbelnden Farben diesen Anschein. Ihre Schnelligkeit nahm furchterweckend zu. Dann war es, als hielte sie einige Augenblicke lang im Flug inne, gerade hoch über der Mitte des Tales. Jetzt tat es einen Krach, als würden mehrere Kanonen zu gleicher Zeit abgeschossen. Die Kugel zerplatzte in unzählige Stücke, die im Niederfallen ihr Licht verloren. Der Schweif war noch einige Sekunden lang zu sehen. In dem kleinen Weiher klatschte es und das Wasser spritzte hoch auf, als sei etwas Schweres aus großer Höhe hineingeworfen worden. Die Männer wurden mit Wasser bespritzt.

Jetzt war der Himmel wieder dunkel wie zuvor. Man sah die Sterne wieder wie verschwindend kleine Punkte und ein voller, gewaltiger Ton, der aus mehreren übereinander liegenden Oktaven bestand, brauste unisono über die Köpfe der erschrockenen Männer hin.

Nur Winnetou hatte auch jetzt seine gewohnte Ruhe beibehalten. Es gab eben kein Ereignis, das ihm die Fassung rauben konnte. „Ku-assinih, die Feuerkugel", sagte er. „Der große Manitou hat sie vom Himmel geworfen und auf die Erde geschmettert."

„Eine Feuerkugel?", fragte Blount. „Ja, es sah aus wie eine Kugel. Aber habt Ihr den Schwanz bemerkt? Es war ein Drache; es war der böse Geist, der um Mitternacht sein Wesen treibt."

„Schi-ischklo – ich lache darüber!", erwiderte der Apatsche verächtlich, indem er sich von dem abergläubischen Mann abwandte.

„Ja, er war es!", stimmte Porter seinem Gefährten bei. „Ich habe ihn noch nie gesehen, aber ich hörte andere von ihm erzählen. Meine Großmutter hat ihn in die Feueresse des Nachbars fahren sehen, der dem Teufel für Geld seine Seele verschrieb."

„Lasst Euch nicht auslachen, Sir!", mischte sich der Bärenjäger ein. „Wir leben doch nicht mehr im dunklen Mittelalter, wo man noch an Drachen oder Gespenster glaubte oder wo vielmehr den Dummen dieser Glaube beigebracht wurde, damit die Schlauen ihre Ernte dabei fanden."

„Was es damals gegeben hat, gibt es auch jetzt noch! Oder wollt Ihr klüger sein als ich?", fragte Porter scharf.

„By Jove! Ich bilde mir auf meine Klugheit gar nichts ein. Früher hielt man alle die Erscheinungen, die man sich nicht zu erklären vermochte, für Teufelswerk. Jetzt aber ist, gottlob, die Wissenschaft so weit fortgeschritten, dass sie des Teufels und seiner berühmten Großmutter entbehren kann."

„Ach so! Ihr gehört wohl auch zu diesen Aufgeklärten und so genannten Gelehrten?"

„Ich bin nicht gelehrt. Aber dass eine Feuerkugel kein Teufel ist, das weiß ich."

„Nun was ist sie denn sonst?"

„Nichts als ein Teil eines brennenden, entweder im Entstehen oder im Vergehen begriffenen Himmelskörpers, der auf seiner Bahn der Erde so nahe gekommen ist, dass er von ihr angezogen und auf sie herabgerissen wird."

„Ein Himmelskörper? Also ein Stern? Wer hat Euch denn das weisgemacht?"

„Weisgemacht? Niemand! Aber erzählt hat es mir kein Geringerer als Old Shatterhand. Wenn wir des Abends am Lagerfeuer saßen, haben wir uns oft über solche scheinbar unerklärliche Dinge und Erscheinungen unterhalten und er hatte für alles eine natürliche Deutung. Habt Ihr denn nicht gehört, dass hier etwas ins Wasser fiel?"

„Gehört, gesehen und auch gefühlt. Wir sind ja alle nass geworden."

„Also ist, wenn Eure Ansicht richtig wäre, der Teufel hier in den Teich gestürzt, und da wir versäumt haben, ihn herauszuziehen, so ist er jedenfalls ertrunken."

„Der ersäuft natürlich nicht. Er ist gleich in die Hölle hinuntergefahren."

„Dann kann er sich dort am Feuer trocknen, nachdem er hier nass geworden ist, damit er sich nicht gar erkältet und einen Schnupfen bekommt. Nein, Sir! Könnten wir das Wasser des Weihers ablassen, so würden wir ein Loch im Boden sehen, worin der Aerolith steckt, ein Stück Eisen des Meteors, aus dem die Feuerkugel bestand."

„Ein Stück Eisen? Hm! Das hätte uns ja erschlagen können!"

„Allerdings. Es ist ein Glück für uns, dass es ins Wasser fiel."

„Hm. Hat Euch Old Shatterhand vielleicht auch die Töne erklärt, die wir vorhin hörten?"

„Vom Yuaf-kai haben wir nicht gesprochen. Aber ich entsinne mich, dass er von dem bekannten Sackbut-Pass sprach, der droben in den Rattlesnake-Bergen liegt. Wenn der Wind in gerader Richtung durch die enge, tief eingeschnittene Schlucht bläst, so sind Töne wie von einer Posaune zu hören. Der Hohlweg ist das Instrument und der Wind der Musikant."

„Windig genug klingt diese Erklärung freilich, aber ich will auch da nicht mit Euch streiten. Glaubt Ihr, was Ihr wollt, und ich denke auch, was mir beliebt".

„Der Bärenjäger hat Recht", bestätigte Winnetou. „Es gibt mehrere Täler, in denen solche Töne klingen und der Häuptling der Apatschen hat auch schon Eisenstücke gesehen, die der Große Geist vom Himmel warf. Der gute Manitou hat jedem Stern seine Bahn gegeben, und wenn die Feuerkugel die ihrige verlässt, so muss sie zerschellen. Ich werde versuchen, die Spur des Eisens im Wasser zu entdecken."

Er hatte das mit eigentümlich erhobener Stimme gesprochen. Dann entfernte er sich, indem er am Wasser hinschritt und im Dunkel der Nacht verschwand.

Die anderen setzten sich wieder und warteten auf seine Rückkehr. Keiner sagte ein Wort. Nur Martin Baumann flüsterte seinem Vater leise zu: „Was hat Winnetou? Er sprach so betont laut, als sollte noch jemand außer uns seine Worte hören. Dass er nach dem Eisen suchen will, war jedenfalls nur eine Finte."

„Gewiss!", meinte der Bärenjäger. „Ich wette, es befindet sich jemand, der uns belauscht, hier in der Nähe. Wie ich den Apatschen kenne, hat er ihn bemerkt und ist gegangen, ihn festzunehmen. Warten wir es ab!"

Die Männer brauchten nicht lange zu warten. Schon nach wenigen Minuten entstand nahe hinter ihnen in den Büschen ein Geräusch, als breche ein Tier durch die Sträucher. Ein kurzer, ängstlicher Ruf folgte und gleich darauf brachte Winnetou aus den Büschen einen Indianer herausgezogen.

Welch ein Blick gehörte dazu, in dunkler Nacht einen im Buschwerk verborgenen Lauscher zu entdecken! Und nur einem Mann wie Winnetou konnte es gelingen, ihn zu beschleichen und auch so zu fassen, dass Widerstand unmöglich war.

Die beiden wurden von den anderen umringt. Der Gefangene war nur mit einem Messer bewaffnet gewesen, das Winnetou ihm entrissen hatte. Seine Gestalt war klein und schmächtig, sein Gesicht wegen der Dunkelheit nicht deutlich zu erkennen.

Winnetous Augen aber waren an die Nacht gewöhnt. Er sah, wen er vor sich hatte. „Warum ist mein junger roter Bruder nicht offen zu uns gekommen?", fragte er. „Wir hätten ihn freundlich empfangen."

Der Gefangene antwortete nicht. Darum fuhr der Apatsche fort: „Mein Bruder ist selbst schuld daran, dass er gefangen wurde. Doch es soll ihm nichts geschehen. Hier gebe ich ihm sein Messer wieder. Er mag zu den Seinigen zurückkehren und ihnen sagen, dass sie uns willkommen sind und bei uns rasten können."

„Uff!", rief der Gefangene erstaunt, indem er sein Messer zurücknahm. „Woher weißt du, dass sich unsere Krieger in der Nähe befinden?"

„Winnetou müsste ein Knabe sein, wenn er sich das nicht sagte."

„Winnetou, der Häuptling der Apatschen?", klang es verwundert. „Und du gibst mir mein Messer zurück? Hältst du mich für einen Apatschen?"

„Nein. Mein junger Bruder trägt nicht die Farben des Krieges; aber ich vermute, dass er ein Sohn der Komantschen ist. Haben deine Krieger den Tomahawk gegen die Apatschen ausgegraben?"

„Nein. Die Spitzen der Kriegspfeile sind in die Erde gesteckt, doch es herrscht keine Freundschaft zwischen euch und uns."

„Winnetou ist bereit, hier ein Feuer anzuzünden und die Pfeife des Friedens mit euch zu rauchen. Er fragt nicht, weshalb deine Brüder in das Singende Tal gekommen sind.

Sie wissen, dass jeder, der es betritt, hier am Wasser lagert. Deshalb haben sie abwärts von hier Halt gemacht und dich ausgesandt um nachzuforschen, ob sich jemand hier befindet. Ist es so?"

„Ja", bestätigte der Komantsche.

„Wenn du wieder einmal unter den Büschen liegst, um fremde Krieger zu belauschen, so lass die Lider auf den Augen liegen, denn deine Augen haben dich mir verraten! Wie groß ist die Zahl deiner Brüder?"

„Zweimal zehn."

„So geh zu ihnen und sage ihnen, dass Winnetou und acht Bleichgesichter sie erwarten und als Freunde behandeln werden! Dass dich der Apatsche ergriffen hat, kannst du ihnen verschweigen. Er wird es nicht erwähnen."

„Die Güte des großen Häuptlings erfreut mein Herz. Ich werde nichts verschweigen, sondern die Wahrheit sagen, damit meine Brüder überzeugt sind, dass sie freundlich von euch empfangen werden. Von dem Auge Winnetous entdeckt zu werden, ist keine Schande. Aber ich werde des Rates gedenken, den er mir gegeben hat."

Der Kreis öffnete sich und der Komantsche eilte davon. Die Weißen, und zwar besonders die beiden Mexikaner, waren der Ansicht, dass es doch gewagt sei, einer Schar von zwanzig Komantschen so ohne weiteres die Annäherung zu gestatten. Der Apatsche aber erklärte sehr entschieden: „Winnetou weiß, was er tut. Wenn die Krieger der Komantschen zum Singenden Tal reiten, so kann ihr Ritt nicht einem Kampf gegen die Apatschen gelten. Jenseits dieses Tals liegt das Grab eines ihrer größten Häuptlinge. Sie werden es besuchen wollen, um den jährlichen Totengesang dort anzustimmen. Wir aber werden ein Feuer anzünden, damit wir ihre Gesichter deutlich sehen. Um ganz sicher zu sein, empfangen wir sie nicht hier, sondern draußen vor dem Gebüsch."

Das Feuer wurde von neuem angebrannt. Währenddessen zog Winnetou den Bärenjäger und Martin hinaus vor die Sträucher und unterrichtete sie leise: „Die beiden Bleichgesichter sind nicht das, wofür sie sich ausgeben. Sie gehören zu den Geiern des Llano Estacado und wollen uns hier ermorden. Winnetou vermutet, dass die Komantschen in den Llano wollen. Die beiden dürfen das nicht wissen. Deshalb hat er erzählt, dass jenseits dieses Tales ein Grab sei, was aber nicht wahr ist."

Er konnte nicht weitersprechen, weil jetzt auch die anderen kamen, die ein so großes Feuer angefacht hatten, dass der Schein selbst durch die Büsche drang und das Gelände jenseits zur Genüge erleuchtete. Natürlich hatten sie ihre Waffen bei sich für den Fall, dass sich die Komantschen entgegen der Überzeugung Winnetous nicht friedlich verhalten sollten.

Bald vernahm man den Hufschlag von Pferden. Die Erwarteten nahten. Sie blieben in kurzer Entfernung stehen. Ihr Anführer stieg vom Pferd und kam langsam herbeigeschritten. Winnetou ging ihm entgegen und bot ihm die Hand. „Die Krieger der Komantschen sind uns willkommen", empfing er ihn. „Winnetou fragt nicht, was sie hier wollen. Er weiß, dass sie das Grab ihres Häuptlings besuchen werden, um dann friedlich zu ihren Wigwams zurückzukehren."

Das hatte er laut gesagt, leise aber fügte er schnell hinzu: „Mein Bruder mag das bestätigen. Winnetou spricht dann heimlich mit ihm!"

Infolgedessen antwortete der geistesgegenwärtige Komantsche: „Meine Hand drückt mit Freuden die Winnetous, der der größte Krieger der Apatschen und doch stets ein Häuptling des Friedens ist. Wir sind bereit, das Kalumet mit ihm zu rauchen, denn wir befinden uns nicht auf dem Pfad des Krieges und wollen nur die Medizin des toten Häuptlings verehren."

„Winnetou glaubt dieser Versicherung seines Bruders und lädt ihn und seine Krieger ein, mit zum Feuer der Friedenspfeife zu kommen."

Die beiden Häuptlinge hatten sich die Hände gedrückt. Das genügte einstweilen als Beweis, dass die Komantschen nichts Böses beabsichtigten. Ihr Anführer ließ sich von Winnetou zum Feuer geleiten und seine Leute folgten.

Sie verteilten sich zunächst rings auf dem Grasrand des kleinen Weihers, um ihre Pferde da anzupflocken, dass sie weiden und trinken konnten. Dann traten auch die Männer einzeln zum Feuer.

Dort ging es nun ziemlich eng zu, da der freie Raum zwischen den Büschen und dem Wasser nicht breit war.

Man musste sich Schulter an Schulter niedersetzen, um einen Kreis zu bilden, in dessen Mitte Winnetou und der Anführer der Komantschen Platz nahmen.

Einer der Komantschen hatte sich länger als die anderen mit seinem Pferd beschäftigen müssen. Er kam nun auch herbei. Bevor er sich niedersetzte, blickte er rundum. Als sein Blick die Brüder Pellejo traf, zuckte es blitzartig über sein dunkles Gesicht, und er rief: „Uff! Husihakard tsari ordiétza ihkard – welche Hunde sitzen da!“

Da der Kreis noch nicht geordnet und jeder noch mit sich beschäftigt war, wurde dieser Ausruf nicht von allen gehört. Der Anführer der Komantschen aber hatte ihn vernommen. Er richtete sich rasch auf und fragte den Mann: „Unoso mabuni husihakard – wen siehst du?“

„Ojet, pijänovit, wuapo-u-sap – sie, die Geier des Llano Estacado.“

„Ordiétza hak – wo sind sie?“

„Eh, ojet yutaïvo - dort sitzen sie.“ Bei diesen Worten deutete er auf die beiden Mexikaner.

Da diese Fragen und Antworten laut und in zorniger Betroffenheit ausgesprochen wurden, hatten sie die Aufmerksamkeit aller Anwesenden erregt. Bei den Worten ‚pijänavit wuapa-u-sap – die Geier des Llano Estacado‘ waren die Komantschen wieder aufgesprungen. Sie griffen drohend zu ihren Messern. Die Lage sah gar nicht mehr so friedlich aus wie vorher.

Die Weißen hatten die Worte nicht verstanden, weil sie der Komantschenmundart nicht mächtig waren. Da sie aber die drohenden Mienen der Roten sahen, erhoben auch sie sich und griffen zu ihren Waffen.

Nur Winnetou blieb ruhig sitzen und sagte gebieterisch: „Meine Brüder mögen sich nicht erregen! Sehen die roten Männer zwei ihrer Feinde unter uns, so versichere ich, dass wir mit diesen Männern nichts zu schaffen haben. Es soll ihretwegen kein einziger Tropfen Blut unter uns vergossen werden. Was hat der Krieger der Komantschen gegen sie vorzubringen?"

Er sprach in dem in jener Gegend gebräuchlichen Gemisch aus spanischen, englischen und indianischen Worten. Der Komantsche erwiderte in der gleichen Mundart, die alle verstanden: „Ich jagte droben in den Apache Mountains und bemerkte dabei die Fährte zweier Reiter, der ich folgte. Später sah ich sie unter den Bäumen sitzen und kroch zu ihnen hin, um ihre Worte zu hören. Sie sprachen vom Llano Estacado, durch den in einigen Tagen ein großer Zug weißer Männer kommen werde. Die Geier des Llano wollen sich versammeln, um diesen Zug zu überfallen. Ich merkte aus den Worten der beiden Männer, dass sie zu den Geiern gehören, und fragte meine Seele, ob ich sie töten solle. Die Klugheit gebot mir, sie leben zu lassen, denn nur dadurch war es möglich, zu..."

Er wollte etwas sagen, was Winnetou die Mexikaner nicht wissen lassen mochte. Deshalb fiel er dem Sprechenden schnell in die Rede: „Winnetou weiß, was sein Bruder weiter sagen will, und hat genug gehört. Hast du die Männer jetzt so genau erkannt, dass kein Irrtum möglich ist?"

„Sie sind es!"

„Was sagen die beiden Bleichgesichter zu dieser Anschuldigung?"

„Dass sie eine dumme Lüge ist", verteidigte sich Carlas Pellejo. „Wir sind gar nicht in den Apache-Bergen gewesen."

„Sie sind es“, beharrte der Anführer der Komantschen, „denn wir haben...“

„Mein Bruder mag mich sprechen lassen“, unterbrach ihn Winnetou rasch, um eine weitere Übereilung zu verhüten.

Der Komantsche aber ärgerte sich über die Unterbrechung, die gegen die indianische Höflichkeit verstieß. Er war nicht klug genug, den Grund zu erkennen, und rief zornig: „Warum soll ich nicht sprechen? Wer Mörder bei sich duldet, ist selbst verdächtig! Hat der Häuptling der Apatschen uns etwa herbeigelockt, um Verrat an uns zu üben?“

Da legte Winnetou alle seine Waffen ab, stand auf und sagte: „Hat mein Bruder jemals gehört, dass Winnetou ein Verräter sei? Das Wort des Apatschen ist wie der Fels, auf dem man sicher steht. Mein Bruder mag mich begleiten und seine Waffen behalten. Howgh!“

Er verließ den Kreis und schritt langsam durch die Büsche hinaus ins Freie. Der Komantsche besann sich einen Augenblick und folgte ihm dann. Draußen nahm Winnetou ihn beim Arm, führte ihn eine kurze Strecke beiseite, blieb dann stehen und sagte:

„Mein Bruder hat mich nicht verstanden. Winnetou lagerte bereits hier, als die Weißen kamen. Er beobachtete sie und erfuhr, dass die beiden Männer Wüstengeier sind. Er stimmt also den Kriegern der Komantschen bei. Aber warum sollen diese giftigen Schlangen erfahren, dass sie durchschaut worden sind? Dann müssten wir sie töten und es ist doch klüger, wenn wir sie einstweilen noch leben lassen. Sie mögen glauben, dass die Komantschen zum Grab ihres Häuptlings wollen. Mir aber mag mein Bruder sagen, warum er ihnen gefolgt ist.“

Der Komantsche fühlte sich beschämt. „Feuerstern, der Häuptling der Komantschen“, begann er, „ritt mit Eisenherz, seinem Sohn, nach Osten zu den Wohnungen der Weißen. Sie kehren durch den Llano zurück und werden jetzt mitten in der Wüste sein. Sie müssen dabei auf den Zug der Weißen stoßen und von den Geiern angefallen werden. Deshalb machten wir uns schnell auf, ihnen entgegenzureiten und sie zu beschützen. Die beiden Bleichgesichter ließen wir leben, um durch ihre Fährte zu den Geiern geführt zu werden. Am Toyah Creek vereinigte sich ihre Spur mit der von vier anderen Weißen, die wir für ihresgleichen halten mussten. Jetzt treffen wir auf Winnetou. Was gedenkt der Häuptling der Apatschen zu tun?"

„Ich werde mit euch reiten, denn auch ich erwarte Freunde, die durch den Llano kommen und von dem Streich nichts ahnen, den die Geier beabsichtigen. Die Verbrecher haben ihr Lager in dem murdering pool. Da ich aber nicht weiß, wo dieser Ort liegt, so werde ich die beiden Mexikaner entkommen lassen, damit sie, ohne es zu wissen, meine Führer sind."

„Wer sind die Männer, die du erwartest?"

„Old Shatterhand und noch einige Bleichgesichter."

„Old Shatterhand, der berühmte Krieger der Weißen? Wenn du erlaubst, werden wir mit dir reiten."

„Winnetou bittet dich sogar darum. Es scheint, dass sich die stets zerstreute Schar der Geier diesmal zu einem großen Unternehmen versammelt. Das muss man benutzen, um sie mit einem einzigen Schlag zu vernichten. Ich denke...!"

Er hielt inne, denn aus den Büschen erscholl ein lautes Schreien und Rufen. Einige Schüsse krachten und rascher Hufschlag war jenseits des Lagerplatzes zu hören. Sofort sprangen die beiden zurück. Durch die Büsche dringend, erblickten sie ein belebtes Bild. Die Komantschen standen im Begriff, in Eile fortzureiten. Von den Mexikanern war nichts zu sehen. New-Moon, Porter, Blount und Falser standen da, als wüssten sie nicht, was sie unternehmen sollten. Der Bärenjäger aber war mit seinem Sohn ruhig am Feuer sitzen geblieben und rief Winnetou zu: „Die Kerle sind fort!"

„Wie war das möglich?“, fragte der Apatsche.

„Sie sprangen so plötzlich davon und auf ihre Pferde, dass sie durch die Büsche waren, ehe man nur zum Gewehr langen konnte, um sie niederzuschießen. Anscheinend hatten sie schon vor der Ankunft der Komantschen Verdacht gewittert, denn ihre Pferde waren bereits losgepflockt.“

„Lasst sie fort! Sie reiten in ihr Verderben und mit ihnen alle ihre Genossen. Die Krieger der Komantschen mögen von den Pferden steigen und hier bleiben. Bei Tagesgrauen aber werden sie das Singende Tal verlassen, um auf die menschlichen Raubtiere des Llano Estacado Jagd zu machen.“

9. *Die Maske fällt*

„My darling, my darling,
My love child much dear,
My joy and my smile,
My pain and my tear!“

so klang das alte, liebe Tennessee-Wiegenlied in die stille Morgenluft hinaus. Die Zweige der nahen Mandel- und Lorbeerbäume schienen sich dazu im Takt zu neigen und Hunderte von Kolibris zuckten wie farbige Funken um die alte Negerin, die allein am Wasser saß.

Die Sonne hatte sich soeben über den niedrigen Horizont erhoben und ihre Strahlen strichen wie glänzende Strähnen über das klare Gewässer dahin. Ein Königsgeier zog hoch oben in der Luft seine Kreise. Unten am Ufer naschten mehrere Pferde wie gesättigte Feinschmecker von besonders saftigen Grashalmen und auf der Spitze einer Sumpfzypresse saß die Drossel Mockingbird, lauschte mit schief gehaltenem Köpfchen dem Gesang der Negerin und ahmte, als das Lied zu Ende war, die letzten Worte der Strophe mit einem laut schallenden ‚Mittir – mittir – mittir‘ nach.

Über dem Gefieder niedriger Palmen, die sich im Wasser spiegelten, breiteten hohe Weihrauchkiefern und Pappeln ihre schützenden Wipfel aus, unter denen riesige, bunt schillernde Libellen nach Fliegen und anderen kleinen Insekten jagten, und hinter dem nahe am Wasser stehenden Häuschen zankte sich eine Schar von Zwergpapageien um die goldenen Körner des Maises.

Von außen konnte man nicht sehen, woraus das Häuschen erbaut war, denn sowohl seine vier Seiten als auch das Dach wurden völlig überdeckt von dem dichten Gerank der weißen, rotfädigen Passionsblume, deren gelbe, süße, dem Hühnerei gleichenden Früchte lebhaft aus der Fülle der gelappten Blätter hervorleuchteten. Das alles machte den Eindruck der Tropen. Man hätte meinen können, sich in einem Tal von Südmexiko oder des mittleren Bolivien zu befinden, und doch lag dieser kleine See mit seiner Passiflorenhütte und seinem südlich-üppigen Pflanzenwuchs nirgend anderswo als – inmitten des gefürchteten Llano Estacado. Er war das geheimnisvolle Wasser, wovon so viele gesprochen hatten, ohne es jemals gesehen zu haben.

„My heart-leaf, my heart-leaf.
My life and my star,
My hope and my delight,
My sorrow, my care!"

sang die Schwarze weiter.

‚Mikkehr – mikkehr – mikkehr", ahmte der Spottvogel die beiden letzten Worte nach.

Aber die Sängerin achtete nicht darauf. Sie hatte die Augen auf eine alte Fotografie gerichtet, die sie in beiden Händen hielt und zwischen den einzelnen Versen küssend an ihren welken Mund führte.

Viele, viele Tränen waren auf das Bild gefallen und ebenso viele Küsse hatten es so verwischt, dass nur ein sehr scharfes Auge noch zu erkennen vermochte, wen oder was das Bild vorgestellt hatte, nämlich eine Negerin mit einem schwarzen Knaben im Arm. Der Kopf des kleinen Kindes fehlte ganz. Er war weg geküsst und von den Tränen weggewaschen worden.

„Du sein mein gut, lieb Bob", sagte sie zärtlich. „Mein Little Bob, mein Small Bob. Ich deine Mutter. Missus gut und freundlich gewesen, haben machen lassen ihr Bild, und als Fotograf kommen, haben auch machen lassen Bild von Sanna und ihr klein Bob. Dann als Missus sterben, Massa haben verkaufen Bob. Oh, Massa sein ein schlimm Massa! Sanna haben viel geweint, als haben Massa sagen, Massa will verkaufen my darling – Sanna haben viel bitten um lieb, klein Bob, Massa aber sagen: ‚Wozu braucht dummes Niggerweib klein Bob?‘ Schlimm Massa sein geritten fort auf Pferd und haben mitgenommen my darling! Mutter Sanna nur noch haben Bild von Bob. Es haben behalten, als selbst verkauft werden; es haben auch behalten, als gut Massa Bloody-Fox sie haben bringen hierher, und es werden behalten ferner, bis alt Sanna sterben und nicht wieder sehen Bob, der wohl sein worden indessen ein groß, stark Neger und auch nicht haben vergessen sein brav, lieb Mutter Sanna. Oh, my darling, my darling, my joy and my…“ Sie hielt inne und hob lauschend den Kopf, dessen schneeweißes, wolliges Haar seltsam gegen die dunkle Farbe des Gesichts abstach. Das Geräusch eines Kommenden ließ sie aufhorchen. Sie sprang auf, steckte die Fotografie in die Tasche ihres Kalikorocks und rief: „O Jessus, Jessus, wie Sanna sich freuen! Fox kommen endlich wieder. Gut Bloody-Fox wieder da. Ihm gleich geben Fleisch und backen Kuchen von Mais!“

Sie eilte nach dem Häuschen, hatte es aber noch nicht erreicht, als der Genannte unter den Bäumen erschien. Er sah blass und ermattet aus. Sein Pferd schwitzte und hatte einen müden, stolpernden Gang. Beide mussten ungewöhnlich angegriffen sein.

„Welcome, Massa!“, empfing ihn die Alte. „Sanna gleich bringen Essen. Sanna schnell machen!“

„Nein, Sanna“, wehrte er ab, indem er sich aus dem Sattel schwang. „Fülle die Schläuche, alle! Das ist das Notwendigste, was jetzt geschehen muss.“

„Warum Schläuche? Für wen? Warum Massa Fox nicht essen? Er doch haben müssen ein sehr groß Hunger!“

„Allerdings habe ich den. Aber ich werde mir selbst nehmen, was ich brauche. Du hast keine Zeit dazu. Du musst die Schläuche füllen, mit denen ich dann augenblicklich wieder aufbrechen werde.“

„Jessus, Jessus! Schon wieder fort? Warum alt Sanna stets allein lassen mitten in groß, weit Estacado?“

„Weil sonst ein ganzer Zug fremder Einwanderer verschmachten muss. Diese Leute sind von den ‚Geiern' irregeführt worden."

„Warum haben Massa Fox sie nicht besser führen?"

„Ich konnte nicht an sie, denn sie werden von so zahlreichen ‚Geiern' umschwärmt, dass ich es nicht wagen konnte, mich zu nähern."

„So werden ‚Geier' töten die arm, gut Einwanderer!"

„Nein. Es kommen kühne und starke Jäger von Norden her, auf deren Hilfe ich mit Sicherheit rechne. Aber was nützt diese Hilfe, wenn kein Wasser vorhanden ist! Die Leute würden verschmachten, wenn sie auch aus den Fängen der ‚Geier' befreit wären. Also Wasser, Wasser, Wasser, Sanna, und zwar schnell! Ich belade sämtliche Pferde mit den Schläuchen. Nur den Rappen hier muss ich zurücklassen. Er ist zu ermüdet."

Fox ging zu dem Häuschen und trat durch die von den Passifloren eng umrahmte Tür. Das Innere bestand aus einem einzigen Raum. Die vier Wände waren aus Schilf und aus dem feinen Schlamm des kleinen Sees errichtet und mit langem trockenem Rohr gedeckt. Über einem aus Erde gebauten Herd öffnete sich der ebenso aus Schilf und Schlamm bestehende Rauchfang, worunter ein eiserner Kessel hing. In jeder der drei anderen Wände gab es ein kleines Fenster, das von dem Blumengerank freigehalten wurde.

Unter dem Dach hingen Stücke geräucherten Fleisches und an den Wänden alle Arten von Waffen, die im Westen zu sehen sind. Der Fußboden war mit Fellen belegt. Die zwei Bettstellen bestanden aus an Pfählen befestigten Riemen, worüber Bärenfelle gebreitet waren. Den größten Schmuck der Stube bildete das dickzottige Fell eines weißen Büffels, woran der Schädel gelassen worden war. Es hing der Tür gegenüber und zu beiden Seiten davon steckten wohl über zwanzig Messer in der Wand, in deren Horn- oder Holzgriffe verschiedene Zeichen eingeschnitten waren.

Ein Tisch, zwei Stühle und eine Leiter, die bis zur Decke reichte, bildeten den ganzen Hausrat des Passiflorenhäuschens.

Bloody-Fox trat zu dem Fell, strich mit der Hand daran herab und murmelte: „Die Maske des ‚Geistes‘, daneben die Messer der Mörder, die von seiner Kugel fielen – sechsundzwanzig schon. Wann aber werde ich den entdecken, der mehr als sie alle den Tod verdient? Vielleicht nie! Pshaw, noch hoffe ich, denn der Bösewicht pflegt von seinem Gewissen immer wieder zur Stätte des Verbrechens zurückgetrieben zu werden. Jetzt muss ich einen Bissen essen und dann kurze Zeit ruhen.“

Er langte sich ein Stück Räucherfleisch herab, verzehrte es hastig, warf sich auf das eine Lager und schloss die Augen, freilich nicht, um zu schlafen. Was für Bilder mochten an der Seele dieses noch so jungen Mannes vorüberziehen?

Nach Verlauf einer halben Stunde kam die Negerin Sanna herein und meldete ihm, dass die Schläuche gefüllt seien. Fox sprang vom Lager und hob eines der am Boden liegenden Felle auf. Darunter gab es eine kleine verdeckte Vertiefung, aus der er ein mit Blech ausgeschlagenes Kistchen nahm. Es enthielt Munition, womit er den an seinem Gürtel hängenden Beutel füllte. Dann stieg er auf der Leiter nochmals zur Decke empor, um sich mit Fleisch zu versehen. Hierauf schritt er hinaus an den See, an dessen Ufer acht große, mit Wasser gefüllte Lederschläuche lagen, von denen je zwei durch einen breiten Ledergurt und mehrere Riemen verbunden waren. Mit dem Inhalt dieser Schläuche hatte Bloody-Fox schon manchen verirrten Reisenden vom Tod des Verschmachtens errettet.

Fünf Pferde waren es, die sich am kleinen See befunden hatten. Eins davon bekam den Reitsattel aufgelegt, den Fox dem ermüdeten Rappen abnahm. Die anderen mussten die Schläuche tragen, und zwar in der Weise, dass ihnen der Gurt auf den Rücken zu liegen kam, sodass rechts und links je ein Schlauch herabhing. Diese ganze Vorrichtung wurde dann mittels der Riemen am Pferd befestigt. Die Pferde wurden nach Art einer so genannten Tropa aneinander gehängt, das eine mit dem Zügel an den Schwanzriemen des anderen, sodass das Reitpferd das vorderste war. Dann stieg Bloody-Fox in den Sattel.

Die Negerin hatte mit kundiger Hand geholfen. Es war heute nicht zum ersten Mal. Jetzt sagte sie: „Massa Fox kaum da, schon gleich wieder in Gefahr. Was werden aus alt, arm Sanna, wenn Massa Fox mal werden schießen tot und nicht wiederkommen?"

„Ich komme wieder, Sanna", beruhigte er sie. „Mein Leben steht unter einem mächtigen Schutz. Wäre das nicht der Fall, so lebte ich längst nicht mehr, das glaube mir!"

„Aber Sanna stets so ganz allein! Gar niemand haben, mit dem sie reden, als nur Pferd und Papageien und Bild von Little-Bob."

„Nun vielleicht bringe ich diesmal bei meiner Wiederkehr Gesellschaft mit. Ich treffe mit Männern zusammen, denen ich mein Heim gern zeigen werde, obgleich ich es bisher geheim gehalten habe. Es ist auch ein Neger dabei, der Bob heißt, geradeso wie dein Darling-Boy."

„Neger Bob? O Jessus, Jessus! Haben er wohl eine Mutter, die Susanna heißen, aber Sanna genannt werden!"

„Das weiß ich nicht."

„Sein er verkaufen aus Tennessee nach Kentucky?"

„Ich habe ihn nicht gefragt."

„Am End es sein mein Little Boy?"

„Wie kannst du denken, dass gerade dieser dein Bob sei! Mache dir nicht solche Gedanken! Aber wie schon gesagt, vielleicht bringe ich ihn mit und dann kannst du mit ihm selbst sprechen. Lebe wohl, Sanna. Pflege den Rappen gut!"

„Leben Wohl, Massa! O Jessus, Jessus, nun Sanna wieder allein! Bringen mit Neger Bob, bringen mit!"

Er nickte ihr freundlich zu und setzte dann die Pferdekette in Bewegung, mit der er schnell unter den Bäumen verschwand.

Die Sumpfzypressen, Kiefern und Pappeln am Wasser waren alter Wuchs. Die Mandel- und Lorbeerbäume aber hatte Bloody-Fox gepflanzt, ebenso das Wäldchen von Kastanien, Mandeln und Orangen, durch das er jetzt ritt. Dann folgte ein Streifen dichter, schnell wachsender Sträucher, die bestimmt waren, Wind und Sand von der kleinen Oase abzuhalten. Der junge Mann hatte vom See her schmale Gräben gezogen, um dieses Buschwerk zu bewässern, das, wo die Feuchtigkeit des Bodens aufhörte, schnell in kriechende Kaktusarten überging, bis dann die kahle, pflanzenlose Sandfläche des Llano folgte.

Hier, wo er die notwendige Schnelligkeit entfalten konnte, setzte Fox seine Tropa in Galopp, sodass sie bald als dunkler Punkt in der Ferne verschwand. –

Einen halben Tagesritt im Nordwesten der Passiflorenhütte bewegte sich um die Mittagszeit des gleichen Tages ein ansehnlicher Reitertrupp in nordöstlicher Richtung durch den Llano Estacado. Voran ritt Winnetou mit dem Häuptling der Komantschen, hinter ihnen der Bärenjäger mit Martin, seinem Sohn. Dann folgten nebeneinander New-Moon, Porter, Blount und Falser, und den Zug beschlossen die Krieger der Komantschen.

Sie ritten schweigend dahin. Die Augen der weißen Jäger und der Komantschen-Krieger schweiften suchend nach links und rechts oder forschend über die vor ihnen liegende Sandfläche. Meist aber waren sie auf die beiden Anführer, besonders auf Winnetou gerichtet, der so im Sattel saß, dass er zur Seite tief vom Pferd herabhing und die Fährte, der sie folgten, genau beobachten konnte. Das war die Spur der Brüder Pellejo, von der sie sich zum murdering pool leiten lassen wollten.

Da hielt Winnetou plötzlich seinen Iltschi an und sprang aus dem Sattel. Dem Boden, der aus leichtem Sand bestand, waren hier weit mehr Spuren eingedrückt als bisher.

Es sah aus, als hätten da mehrere Reiter ein Ringelrennen abgehalten. Und auch Fußspuren waren zu erkennen. Die

Reiter, die hier gewesen waren, hatten den Sattel verlassen, um irgendeine Fährte genau in Augenschein zu nehmen.

Während die anderen hielten, untersuchte Winnetou jeden Schrittbreit der aufgewühlten Stelle. Dann ging er langsam und vornüber gebeugt eine Strecke nach rechts hin. Als er zurückkehrte, sagte er zum Häuptling der Komantschen, sodass es alle hören konnten: „Hier sind die beiden Bleichgesichter auf eine Fährte gestoßen und abgestiegen, um sie zu lesen. Die Spur stammt von fünf Pferden, die zusammengebunden waren, eins hinter dem anderen. Hätten mehrere Reiter auf den Pferden gesessen, so wären die Tiere wohl nicht hintereinander gefesselt gewesen. Also war es eine Tropa von fünf Tieren mit nur einem Reiter, der auf dem vordersten saß. Dieser Reiter ist mit seinem Zug vor drei Stunden hier vorübergekommen. Die beiden Mexikaner sind vor zwei Stunden auf seine Spur gestoßen und ihr gefolgt. Meine Brüder werden sehen, dass die Kanten der Spuren teils noch scharf, teils schon eingefallen sind."

Der Häuptling der Komantschen, der ebenfalls vom Pferd gestiegen war, um die Fährte zu untersuchen, stimmte Winnetou bei.

Nun sprang auch Baumann, der Bärenjäger, ab. Tief zur Erde gebückt, schritt er langsam rund um den Platz und dann auch nach rechts hin, und zwar weiter, als Winnetou gekommen war. Dort kauerte er sich nieder, als wolle er eine Stelle genauer betrachten. Dann winkte er Winnetou zu sich und deutete in den Sand: „Der Reiter ist hier abgestiegen. Warum mag er das getan haben?"

Winnetou blickte der Fährte nach rechts hin nach und überlegte: „Der Mann ist ein Bleichgesicht, wie ich an seinen Füßen sehe, offenbar ein junger Mann. Er hat Wasser verloren, wie man neben der Spur an der Erde sieht. Von hier an hat dieser Verlust nicht mehr stattgefunden. Also ist er hier abgestiegen, um das Fass oder den Schlauch, den er bei sich führte und der auslief, zu verschließen."

„Meint mein roter Bruder, dass es nur ein Fass oder Schlauch war?"

„Nur einer war es, der auslief, aber er hat deren acht bei sich gehabt, vier Pferde waren mit je zwei Schläuchen beladen, das vorderste war sein Reitpferd."

„Wozu so viel Wasser? Für sich und sein Pferd braucht er es nicht."

„Nein. Er muss nach einem Ort geritten sein, wo viele es brauchen. Entweder ist er ein Geier, der die anderen Räuber und ihre Tiere im Llano tränken soll, oder er ist ein ehrlicher Mann, der andere ehrliche Leute laben will. Er muss wissen, dass solche Leute im Llano sind. Wer können sie sein?"

„Vielleicht der Zug der Weißen, der überfallen werden soll!"

„Mein Bruder hat wohl das Richtige erraten. Wir wollen wieder aufsitzen und den beiden Fährten, die hier in eine zusammenlaufen, schnell folgen."

Sie stiegen wieder auf ihre Pferde und ritten in beschleunigter Gangart den vereinigten Spuren nach, die nun nicht mehr nach Nordost, sondern genau nach Norden führten.

Es gab nichts als Sand und immer wieder Sand, worin sich die Fährte scharf ausprägte. Nur hier und da gelangten die Reiter an eine Stelle, wo der nackte Fels zutage trat. Meist aber machte der Llano den Eindruck, als sei er der Boden eines vor Jahrhunderten ausgetrockneten Sees. Zuweilen erblickten sie links oder rechts von sich in der Ferne graubräunliche Streifen. Das waren Kaktusstrecken, durch die niemand reiten konnte. So ging es immer weiter.

Die Spuren wurden immer frischer, ein sicheres Zeichen, dass man den Verfolgten immer näher kam. Als der Nachmittag fast vergangen war, erreichte der Trupp eine Stelle, wo sich die Spuren abermals vervielfachten, doch nicht, weil neue dazugekommen waren, sondern weil hier angehalten worden war. Winnetou stieg ab, um den Platz zu untersuchen. Er ging eine Strecke weit nach Norden und dann, als er zurückgekehrt war, ebenso weit nach Osten und sagte, als er wieder bei den anderen eintraf: „Der Mann mit dem Wasser ist nach Nordosten geritten. Die beiden Mexikaner haben hier überlegt, ob sie ihm folgen sollen, sind aber nach Sonnenaufgang geritten. Wem folgen wir?"

„Der Häuptling der Apatschen wird das am besten bestimmen können", entschied der Anführer der Komantschen.

„So will Winnetou seine Meinung sagen. Diejenigen, zu denen das Bleichgesicht will, befinden sich im Nordosten. Er ist offenbar ein guter Mensch, der hier nur helfen will. Wir könnten ihm folgen, um ihn zu warnen. Da aber die Mexikaner so scharf von seiner Fährte abgebogen sind, muss sich der murdering pool hier in der Nähe befinden. Sie sind hingeritten, um die ‚Geier' zu treffen und sie zu benachrichtigen, dass sie die Spur des Mannes mit dem Wasser gesehen haben. Man wird ihm nacheilen, um sein Rettungswerk zu verhindern. Wir wollen ebenfalls zum murdering pool reiten und müssen somit der Fährte der beiden Mexikaner folgen. Ist das meinem roten Bruder recht?"

Der Komantsche nickte zustimmend und Winnetou lenkte nach Osten ein. Hätte er sein Pferd und die seiner Gefährten angestrengt, so wäre es ihm wohl gelungen, die Mexikaner schnell einzuholen. Doch das lag nicht in seiner Absicht. Je eher er die beiden erreichte, desto weniger durfte er hoffen, zu erfahren, wo sich der murdering pool befand. Deshalb hielt er sich ständig in gleichem Abstand hinter den Verfolgten. –

Etwas mehr als einen vollen Tagesritt nordöstlich von dem Passiflorenhäuschen bewegte sich ein langer Tross durch den tiefen Sand des Llano. Er bestand aus zwölf Ochsenwagen, die in gewissen Abständen hintereinander fuhren und von bewaffneten Reitern begleitet wurden.

Sämtliche Wagen waren stark gebaut und jeder mit sechs

oder acht Ochsen bespannt, die ihre schweren Lasten nur langsam vorwärts schleppten. Die Tiere waren müde und erschöpft. Auch den Pferden sah man es an, dass sie ihre Reiter kaum noch zu tragen vermochten. Die Zungen hingen ihnen aus den Mäulern, ihre Weichen schlugen und ihre Beine zitterten.

Die Wagenführer gingen ermattet neben den stolpernden Stieren her. Sie senkten die Köpfe und schienen kaum die Kraft zu besitzen, ihre riesigen Peitschen zu schwingen, um die Zugtiere zu einer letzten Anstrengung anzutreiben. Menschen und Tiere machten den Eindruck einer Karawane, die dem Verschmachten nahe ist. Der großsprecherische Advokat Leader, der sich mit seinen Begleitern dem Zug angeschlossen hatte, war ebenfalls recht kleinlaut und bescheiden geworden.

Nur das Pferd des voranreitenden Führers zeigte eine Frische der Bewegungen, die auf keine Ermattung schließen ließ. Der Reiter aber saß geradeso schwer nach vorn gebeugt wie die anderen im Sattel, als habe er ebenso wie sie unter dem entsetzlichen Wassermangel zu leiden. Wenn jedoch eine der Frauen oder eines der Kinder in den Wagen einen Klageruf ertönen ließ, so richtete er sich unwillkürlich auf und um seinen lippenlosen Mund spielte ein Lächeln teuflischer Befriedigung.

Dieser Mann trug einen dunklen Lederanzug und einen breitkrempigen Hut, wozu sein ehrwürdiges Gesicht und seine Brille nicht recht passen wollten. Es war kein anderer als Tobias Preisegott Burton, der angebliche Missionar der Mormonen. Er hatte sich der Karawane als Führer angeboten und war nun redlich bemüht, die ihm Anvertrauten dem sicheren Verderben entgegenzuführen.

Soeben gab der vorderste Reiter seinem Pferd die Sporen, dass es ihn in einer verzweifelten Anstrengung an Burtons Seite brachte. „Es kann nicht länger so fortgehen", sagte er. „Wir Menschen haben seit vorgestern keinen einzigen Schluck bekommen, weil wir den Rest des Wassers für unsere Tiere aufheben mussten. Und das ist seit gestern früh nun auch zu Ende, da die letzten beiden Fässer unbegreiflicherweise ausgelaufen sind."

„Das macht die Hitze", erklärte Burton. „Die Fassdauben schlossen nicht mehr, weil sie von der Hitze zusammengezogen wurden."

„Nein, das ist es nicht. Ich habe die Fässer untersucht. Solange noch Wasser im Fass ist, schließen die Dauben fest. Sie sind angebohrt worden, sodass das Wasser während der Nacht leise und unbemerkt auströpfeln konnte. Wir haben einen Menschen unter uns, der uns verderben will."

„Unmöglich! Wer heimlich das Wasser auslaufen lässt, muss doch selbst verschmachten."

„Das habe ich mir auch gesagt und dennoch ist es so. Ich habe es für mich behalten, um die allgemeine Sorge nicht zu vergrößern. Ich habe ferner jeden Einzelnen heimlich beobachtet, aber nichts gefunden, woraus ich schließen könnte, wer der Täter ist. Unsere Tiere werden verschmachten. Sie können kaum mehr vorwärts. Die Frauen klagen, die Kinder schreien nach Wasser – vergeblich, denn es ist kein einziger Tropfen mehr vorhanden. Schaut in die Höhe! Dort oben schweben die Geier, als wüssten sie, dass wir ihnen bald zur Beute fallen werden. Seid Ihr auch gewiss, dass wir uns auf dem richtigen Weg befinden?"

Burton selbst war es gewesen, der während der Nacht die beiden Fässer angebohrt hatte. Dabei hatte er getrunken und auch seinem Pferd zu saufen gegeben. Ferner hatte er die große Blechkapsel gefüllt, die, sorgfältig in ein Fell gebunden, hinter seinem Sattel angeschnallt war, um nach Einbruch der Dunkelheit sich und das Pferd heimlich erquicken zu können.

„Natürlich!", entgegnete er, indem er auf die Stangen deutete, die in gewisser Entfernung voneinander im Sand steckten. „Da seht Ihr ja unsere Wegweiser, auf die wir uns mit Sicherheit verlassen können."

„Mit Sicherheit? Wir alle haben gehört, dass diese Stangen von den ‚Geiern' des Llano zuweilen ausgezogen und in einer Richtung eingesteckt werden, die den Reisenden zum Tod des Verschmachtens führt."

„Ja, das ist früher vorgekommen; jetzt aber geschieht es nicht mehr, da man diesen Halunken das Handwerk gelegt hat. Übrigens kenne ich die Gegend genau und weiß, dass wir richtig sind."

„Ihr sagtet heute früh, wir befänden uns mitten im größten Schrecken des Llano. Warum hat man die Stangen gerade durch diese Gegend gesteckt? Anderwärts kämen wir gewiss an eines der großen Kaktusfelder, deren Früchte so viel Feuchtigkeit enthalten, dass wir uns und unsere Tiere laben könnten."

„Das wäre ein zu bedeutender Umweg. Um Euch zu beruhigen, will ich Euch die Versicherung geben, dass wir, wenn wir uns etwas mehr beeilen, am Abend ein solches Feld erreichen werden. Morgen kommen wir dann an eine Quelle, die all unserer Not ein Ende macht."

„Wenn wir uns mehr beeilen! Ihr seht ja, dass die Tiere unmöglich schneller vorwärts können!"

„So wollen wir halten, damit sie sich ausruhen."

„Nein, nein, das dürfen wir nicht. Halten wir einmal an, so sind die Tiere dann nicht weiterzubringen. Wenn sie sich einmal gelegt haben, stehen sie sicherlich nicht wieder auf. Wir müssen sie immer antreiben, dass sie weiterwanken, bis wir den Kaktus erreichen, den Ihr erwähntet."

„Ganz wie Ihr wollt, Sir! Ich schmachte nicht weniger als Ihr, doch sehe ich zu meinem Trost, dass kurz vor uns noch andere den gleichen Weg geritten sind. Seht Euch die Spuren an, auf die wir heute früh gestoßen sind! Das ist ein starker Reitertrupp, der sich schwerlich in diese Richtung wagen würde, wenn die Leute nicht wüssten, dass es die richtige ist. Wir haben gar nichts zu befürchten. Morgen um diese Zeit ist alles vorüber."

Mit diesen Worten hatte Burton Recht, denn seiner Meinung nach sollte noch vor der angegebenen Zeit der beabsichtigte Angriff geschehen. Dass der erwähnte Reitertrupp aus seinen Genossen bestand, die die Stangen in eine falsche Richtung gesteckt hatten, das sagte er freilich nicht. Er lachte heimlich in sich hinein, als der andere sich durch diese zweideutigen Worte beruhigt zeigte. –

Zwischen dem Passiflorenhäuschen und dem murdering pool erstreckte sich ein mehrere Stunden langes und fast ebenso breites, undurchdringliches Kaktusfeld. Kein Pferd, kein Reiter konnte da hindurch. Das war der Grund, weshalb Bloody-Fox diese Richtung niemals eingeschlagen hatte und auch niemals an das Becken gekommen war. Er jagte jetzt am westlichen Rand dieses Feldes nach Norden. Wäre er dann am nördlichen Rand nach Osten eingebogen, so hätte er unbedingt die Bodenvertiefung entdecken müssen, die bereits so vielen verderblich geworden war. Aber er wusste diejenigen, die er retten wollte, im Nordosten von sich und so schlug er, als der Kaktus hinter ihm lag, diese Richtung ein.

Die Sonne brannte glühend hernieder. Fox fühlte ihre Wärme belästigend durch seinen Anzug dringen. Seine Pferde schwitzten, aber er gönnte ihnen keine Ruhe. Unausgesetzt den Rand des Gesichtsfeldes musternd, ritt er weiter.

Jetzt tauchten da, wo sich im Nordosten der Himmel mit der Erde zu vereinigen schien, eine Anzahl zerstreuter dunkler Punkte auf. Das mussten die Auswanderer sein!

Er trieb sein Pferd durch die Sporen und die ihm folgenden Packtiere durch laute Zurufe an, dass sie im Sturm mit ihm über die Ebene flogen.

Zwar bemerkte Fox bereits nach kurzer Zeit, dass er nur Reiter, aber keine Wagen vor sich hatte, aber er glaubte, dass diese Leute den Vortrab der Auswanderer bildeten, und hielt infolgedessen gerade auf sie zu.

Erst als er ihnen ziemlich nahe gekommen war, fiel ihm

nicht nur die bedeutende Anzahl dieser Reiter, sondern auch ihr Verhalten auf. Sie hatten nun auch ihn bemerkt. Anstatt aber sein Nahen ruhig zu erwarten, teilten sie sich in drei Trupps. Der eine Trupp blieb halten, die beiden anderen ritten nach rechts und nach links ab, Bloody-Fox entgegen, als wollten sie ihn einkreisen und ihm die Rückkehr abschneiden. Er richtete sich hoch im Sattel auf und überblickte die Lage.

„Heavens!", rief er aus. „Es sind über dreißig Personen. So stark kann doch keine Vorhut von Auswanderern sein! Sie haben einige Lastpferde bei sich, die mit Stangen beladen sind. The devil! Das sind Llanogeier und ich bin ihnen gerade in die Fänge geritten! Sie wollen mich fassen. Mit so vielen kann ich es nicht aufnehmen. Ich muss flüchten."

Bloody-Fox wendete und jagte zurück. Aber er konnte mit seinen aneinander hängenden Pferden nicht die gewünschte Schnelligkeit entwickeln, zumal die Tiere bereits ziemlich ermüdet waren. Die Verfolger kamen ihm zusehends näher. Er trieb zwar sein Pferd so viel wie möglich an, es wurde aber durch die Lastpferde gehindert. Diese begannen sich zu sträuben. Sie zerrten an den Zügeln und Riemen und schlugen hinten und vorn aus. Das gab einen Aufenthalt, der verhängnisvoll werden konnte, denn die vordersten Verfolger befanden sich schon fast in Schussweite. Da riss der Schwanzriemen des Reitpferds, woran der Zügel des ersten Lasttiers befestigt war, und die vier Pferde mit den Wasserschläuchen brachen seitwärts aus.

„Sie sind verloren und das Wasser dazu!", knirschte Fox. „Aber die Bezahlung nehme ich mir sofort." Er beruhigte sein Pferd und brachte es zum Stehen. Die Doppelbüchse anlegend, zielte er. Ein Schuss, noch einer, und die beiden vordersten Verfolger stürzten von ihren Pferden.

„So nun vorwärts! Jetzt kommen sie mir wohl nicht wieder nahe. Ich kann nun für die Schmachtenden nichts anderes tun, als dass ich Old Shatterhand zu finden suche und ihn auf ihre Fährte bringe."

Während Fox diese Worte zornig vor sich hinmurmelte, galoppierte er in nördlicher Richtung davon. Die Geier folgten ihm noch eine Strecke unter wütendem Geschrei. Als sie jedoch einsahen, dass sein Pferd jetzt den ihrigen überlegen sei, kehrten sie um, nach der Stelle, wo die beiden Erschossenen lagen. –

Und abermals ungefähr einen Tagesritt von dem Passiflorenhäuschen entfernt, aber in nordwestlicher Richtung davon, gab es endlich noch einen Reitertrupp, der sich nach Süden bewegte. Er folgte einer tief in den weichen Sand getretenen Fährte, und zwar der Spur der Wüstengeier, die vor der Karawane herritten, um die Pfähle auszureißen und in der Richtung zum murdering pool wieder in den Sand zu stecken.

Voran ritt Old Shatterhand. Er hatte Eisenherz, den jungen Komantschen, neben sich. Ihnen folgte der Hobble-Frank mit dem Dicken Jemmy. Den Schluss bildeten Davy, Fred und Bob.

Die beiden Ersten verhielten sich schweigend und ließen die Fährte und den fernen Punkt, wohin sie zeigte, kaum aus dem Auge.

Umso weniger still waren die anderen und Frank war der Lauteste von ihnen. Das Gespräch bewegte sich um einen Gegenstand, über den sein Nebenmann eine andere Meinung geäußert zu haben schien, denn der kleine Sachse erging sich in folgender Belehrung: „In wissenschaftlichen Angelegenheiten bist du stets off dem Holzweg oder gar off dem Knüppeldamm. So eine Meinung wie die deinige is doch geradezu unerhört! Die Leuchtkugel, die wir gesehen haben, soll aus dem Firmament gekommen sein! Als ob das Firmament nischt weiter zu tun hätte, als deine dunklen Seelenzustände mit glühenden Kugeln und Raketen zu bestrahlen!“ – „So sage uns doch deine Erklärung!“, forderte ihn Jemmy lachend auf. – „Fällt mir gar nich ein!“ – „Warum nicht?“ – „Weil ich dich dadurch abermals um einige Grade nach Celsius gescheiter machen würde, ohne dass du es dankbar anerkennst." – „Oder weil du selbst keine Erklärung weißt!" – „Oho! Wenn du so von mir denkst, will ich dich doch lieber aufklären. So eine Leuchtkugel verdankt ihre Entstehung einer schwefelhaften Vermählung zwischen dem Phosphor und den Feuerschwämmen, die zuweilen..."

Er wurde von einem Ausruf Old Shatterhands unterbrochen. Der Jäger deutete mit ausgestreckter Hand nach Süden und sagte: „Dort kommt ein einzelner Mann! So ganz allein hier zu reiten, dazu gehört eine große Kühnheit und eine besondere Kenntnis des Llano Estacado."

„Wer mag es sein?", fragte Fred. „Er scheint auf uns zuzuhalten."

Old Shatterhand zügelte sein Pferd, zog sein Fernrohr aus der Satteltasche, richtete es auf den Reiter, der in gestrecktem Galopp näher kam, ließ es dann wieder sinken und meinte: „Es dürfte Bloody-Fox sein, von dem ihr mir erzählt habt. Erwarten wir ihn hier!"

Nach kurzer Zeit erkannte Fox die einzelnen Personen der Schar. Er schwenkte den Arm zum Gruß und rief bereits von weitem: „Welch ein Glück, dass ich euch treffe, Mesch'schurs! Ich muss um schnelle Hilfe bitten."

„Für wen?", fragte Old Shatterhand.

„Für einen Zug von Auswanderern, meist Deutschen, die höchstwahrscheinlich noch heute Nacht von den ‚Geiern' überfallen werden sollen." Bei diesen Worten war er herangekommen, hielt sein Pferd an und reichte als erstem Old Shatterhand die Hand. „Ich gehe wohl nicht fehl", fuhr er fort, „wenn ich annehme, Old Shatterhand vor mir zu haben. Freue mich, Sir, Euch kennen zu lernen. Ich bin Bloody-Fox."

„Endlich habe ich Gelegenheit, auch Euch einmal die Hand zu schütteln", erwiderte der Jäger den Gruß. „Habe schon viel von Euch gehört. Und was den Auswandererzug angeht, so ist es jedenfalls der gleiche, den wir suchen. Wo ist er?"

„Im Südosten von hier. Er scheint gerade auf das große Kaktusfeld zuzuhalten."

„Das kenne ich nicht."

„Es ist das größte des ganzen Llano. Ich habe über dreißig ‚Geier' gezählt und zwei von ihnen erschossen. Sie haben die Stangen ausgezogen und stecken sie in der Richtung nach dem Kaktus wieder ein. Dort ist kein Durchkommen. Daraus kann man mit Sicherheit schließen, dass die Auswanderer da ausgelöscht werden sollen."

„Wie weit haben wir zu reiten, um die Leute einzuholen?"

„Im Galopp über drei Stunden."

„Well, dann vorwärts! Wollen keine Zeit verlieren. Sprechen können wir auch während des Reitens."

Nun jagte die kleine Schar wie im Sturm über die Ebene dahin. Bloody-Fox hielt sich an Old Shatterhands Seite und erzählte ihm sein Zusammentreffen mit den ‚Geiern' und den Verlust seiner vier Pferde. Der Jäger sah ihn von der Seite an und sagte mit einem bezeichnenden Lächeln: „Fünf Pferde habt Ihr, Fox? Hm! Hier mitten im Llano? Ist auch das dabei, auf dem kürzlich der Avenging-ghost an uns vorüberritt?"

„Das ist das sechste, Sir", nickte Fox.

„Dachte es mir!"

„Ich habe Vertrauen zu Euch, Mister Shatterhand. Das Geheimnis ist ja doch nicht mehr zu halten, da Ihr nun auf alle Fälle mein Geisternest zu sehen bekommt. Auch werde ich es wohl nicht mehr nötig haben, Versteck zu spielen, weil es uns nun hoffentlich gelingen wird, die ganze Bande bis auf den letzten Mann auszurotten. Es fehlt mir nur noch einer: der Anführer von damals, als ich allein von allen übrig blieb."

„Wer weiß, wo seine Gebeine bleichen! Fox, Ihr seid trotz Eurer Jugend ein wahrer Held. Ich habe Achtung vor Euch. Später mögt Ihr uns einmal alles ausführlich erzählen. Schon jetzt aber weiß ich, was für ein Mann Ihr seid und mit welchen Gefahren Ihr siegreich gerungen habt. Da Ihr so viele Pferde besitzt und so nach Belieben kommen und verschwinden konntet, müsst Ihr inmitten des Llano Estacado einen Platz haben, wo es Wasser, Bäume, Gras und Früchte gibt."

„Den habe ich allerdings. Ich wohne an einem kleinen See jenseits des großen Kaktusfeldes."

„Ah, an einem See? Also hat die Überlieferung keine Unwahrheit gesagt! Bitte beschreibt mir doch einmal den Platz!"

Bloody-Fox tat das und Old Shatterhand beschloss, dieses Geheimnis noch zu hüten. Eben als die Sonne unterging, erreichte man die Wagenfährte, der man nun gerade nach Süden folgte. Das war nicht schwer, da bald die dünne Sichel des Mondes erschien, die genügend Helligkeit verbreitete. Dann, als man ungefähr noch eine Stunde geritten war, hielt Old Shatterhand plötzlich seinen Rappen an und deutete nach vorn. „Da sind die Auswanderer", erklärte er. „Man sieht ihre Wagenburg. Bleibt hier zurück, ich werde mich einmal anschleichen und Nachricht bringen."

Er stieg vom Pferd und huschte fort. Es währte wohl eine halbe Stunde, bis er zurückkehrte. Dann meldete er: „Zwölf große Ochsenwagen sind zu einem Viereck zusammengeschoben, in dessen Mitte die Leute sitzen. Sie haben weder etwas zu essen und zu trinken noch Brennstoff zu einem Feuer. Ihr Führer hat sie verraten, sonst müssten sie mit alle dem versorgt sein. Die Ochsen liegen stöhnend am Boden. Sie sind dem Verschmachten nahe und können morgen früh jedenfalls nicht auf. Das wenige Wasser, das wir bei uns haben, reicht nicht einmal für die Menschen aus. Um die Tiere zu retten, müssen wir ihnen unbedingt Regen schaffen."

„Regen?", fragte Hobble-Frank. „Meinen Sie etwa, dass Sie es hier mitten im Llano regnen lassen können?"

„Jawohl!"

„Wie? Was? Das geht mir doch fast über die Hutschnur. Sie sind zwar ein großartiger Mann, aber dass Sie so nach Belieben Wolken hersäuseln können, das habe ich Ihnen nun doch nich zugetraut. Wer is denn Ihr Wolkenschieber?"

„Die Elektrizität. Ich habe keine Zeit, Ihnen das jetzt zu erklären. Um Wasser zu machen, brauche ich Feuer, eine möglichst große, brennende Fläche. Bloody-Fox spricht von einem ausgedehnten Kaktusfeld, das nahe von hier im Süden liegt. So darf ich hoffen, Ihnen in kurzer Zeit einen gehörigen Platzregen zu verschaffen. Jetzt aber kommt!"

Old Shatterhand stieg wieder auf und ritt auf die Wagenburg zu. Die anderen folgten ihm neugierig.

Man hatte die Wagen so zusammengeschoben, dass kein Reiter hindurch konnte. Doch das Nahen der Retter hatte man vernommen. Die Männer stiegen vor der Wagenburg von ihren Pferden. Sie hörten, dass im Innern jemand rief: „Horcht! Es kommen Menschen, Herrgott, sollten sie Hilfe bringen? Oder sind es Räuber?"

„Wir sind keine Räuber. Wir bringen euch vor allen Dingen Wasser", erwiderte Old Shatterhand laut. „Kommt und lasst uns ein!"

„Zounds!", rief eine andere Stimme unwillig. „Sollte etwa gar... wartet ihr anderen, ich werde nachsehen!"

Der Mann kam herbei, lehnte sich über die Deichsel herüber und fragte: „Wer seid ihr, Fremde?"

„Man nennt mich Old Shatterhand und hier sind meine Gefährten, lauter ehrliche Leute."

„Old Shat... hol Euch der Teufel!" Der Mann, der die Retter mit dieser Verwünschung empfing, anstatt ihnen entgegenzujauchzen, war der ehrenwerte Anführer.

„Ach, Ihr seid es, Mister Tobias Preisegott Burton", sagte Juggle-Fred spöttisch. „Freut mich außerordentlich, Euch hier zu treffen!"

Aber Burton war schon fort. Er erkannte, dass er keinen Augenblick länger bleiben dürfe. Deshalb huschte er nach der entgegengesetzten Seite, wo sein Pferd stand, zog schnell eine Deichsel aus dem Wagen, um sich einen Ausgang aus dem Wagenviereck zu schaffen, warf sich in den Sattel und jagte davon. Hinter sich hörte er die frohlockenden Rufe der Leute, die er dem Verderben geweiht hatte. „Wartet nur!“, knirschte er. „Ich kehre bald zurück und dann sollen mit euch auch eure Helfer verloren sein.“

Burton brauchte nicht weit zu reiten. Nach einer kleinen Viertelstunde stieß er auf seine Genossen, die ‚Pfahlmänner‘. Sie zeigten sich keineswegs enttäuscht darüber, dass Old Shatterhand zu den Auswanderern gestoßen war. Vielmehr freuten sie sich darüber, weil dadurch die erhoffte Beute vermehrt wurde. Dass ihr Anschlag misslingen könne, hielten sie gar nicht für möglich, wenngleich sie nun allerdings ihre Opfer nicht ohne Kampf überwältigen konnten.

Die beiden Mexikaner befanden sich auch schon bei dieser Schar. Sie hatten im murdering pool nur einen einzelnen Posten gefunden und waren von ihm hierher geführt worden. Eifrig hatten sie ihr Erlebnis im Singenden Tal erzählt, ohne zu ahnen, dass sich Winnetou und die Komantschen an ihre Fährte geheftet hatten.

Der Apatsche war mit seinem Trupp nach dem murdering pool gekommen, hatte ihn aber leer gefunden. Dieses Mordbecken bestand aus einer schroffen und ziemlich tiefen Bodensenkung, auf deren Grund stets eine trübe Wasserlache stand. Vielleicht stammte diese Feuchtigkeit von dem nicht allzu weit entfernten See im ‚Geisternest‘. Jedenfalls bildete das Wasser, wenn es auch trübe war, hier inmitten des öden Llano eine große Kostbarkeit, sodass die Pfahlmänner diesen Ort als Treffpunkt benutzten. Sooft sie sich über die Plains zerstreuten, immer kehrten sie wieder hierher zurück, wo stets einer von ihnen bleiben musste, um den Nachrichtendienst zu versehen.

Heute war dieser Mann mit den Mexikanern fortgeritten und deshalb hatte Winnetou den Platz leer gefunden. Sein scharfes Auge sagte ihm aber bald, wohin er sich wenden müsse. Er folgte der Fährte dieser drei Männer und entdeckte nach Einbruch des Abends den Platz, wo die Wüstengeier lagerten.

Seine Leute mussten anhalten. Der Apatsche legte sich auf die Erde und kroch lautlos auf die Gruppe der Räuber zu. Die Strolche hatten sich großen Teils als Indsmen verkleidet. Er sah Burton, den verräterischen Anführer, kommen und sich ihnen zugesellen. Leider durfte er sich nicht so weit an die Pfahlmänner wagen, dass er ihre Worte verstehen konnte. Aber es gelang ihm wenigstens, die Schar zu zählen. Dann kehrte er um.

„Dreißig und fünf ‚Geier'", berichtete er. „Morgen um diese Zeit wird ihr Fleisch von den wirklichen Geiern gefressen werden."

„Was haben sie vor?", fragte New-Moon.

„Sie lauern auf Beute und diese Beute befindet sich im Norden von hier, denn die Mexikaner ritten nach dieser Richtung und eben jetzt kam von dorther der Bote, der nach den Gesten, die ich beobachten konnte, offenbar meldete, dass der Mord beginnen kann. Meine Brüder werden jetzt mit mir nach Norden aufbrechen, wo wir sicher die Leute treffen, die getötet und beraubt werden sollen." Er stieg wieder auf und ritt zunächst einen ziemlich weiten Bogen, damit er und die Seinigen nicht bemerkt werden konnten. Dann bog er wieder in die beabsichtigte Richtung ein.

Nach kurzer Zeit sahen sie im Dunkel die Wagenburg vor sich. Jetzt standen Posten davor. Old Shatterhand hatte Vorsichtsmaßnahmen getroffen. Als die Nahenden laut angerufen wurden, antwortete Winnetou: „Die weißen Männer brauchen keine Angst zu haben. Hier ist Winnetou, der Häuptling der Apatschen, der ihnen Hilfe bringt."

Seine wohllautende Stimme war deutlich zu vernehmen. Kaum war das letzte Wort verklungen, so hörte man im Innern der Wagenburg den Hobble-Frank freudig rufen:

„Winnetou? Da sei Viktoria getrommelt und gepfiffen, denn wo der Apatsche is, da muss ooch der Bärenjäger und sein Martin sein! Lasst mich raus, ich muss alle beide umärmeln!"

Er kam über einen Wagen geklettert, blieb aber erstaunt stehen, als er die Schar der Komantschen erblickte.

„Zum Kuckuck, was is denn das?", fragte er. „Das is mir doch recht verdächtig. Kommen Sie mal raus, Herr Shatterhand, und sehen Sie sich mal die Geister an, die allhier zu Pferde nachtwandeln!"

Aber schon hing Martin Baumann an seinem Hals und dann schlang auch der Bärenjäger die Arme um ihn. Ebenso begrüßte Winnetou den alten Bekannten erfreut und sagte: „So muss mein Bruder Old Shatterhand hier sein. Hat er meine Stimme nicht gehört?"

„O doch! Hier bin ich!", rief der Genannte, der mit Hilfe einiger Gefährten schnell zwei Wagen auseinandergeschoben hatte und nun heraustrat, um den roten Freund zu begrüßen. Die anderen folgten: Jemmy, Davy und der Juggle-Fred. Das gab ein reges Fragen und Antworten, ein Drücken und Schütteln der Hände, aber ohne allen Lärm, wie es die Lage mit sich brachte. Ernst und traurig stand der junge Eisenherz bei seinen Komantschen, die erstaunt waren, ihn hier zu finden. Er erzählte ihnen von der Ermordung ihres Häuptlings, seines Vaters. Sie hörten ihn schweigend an, aber in ihrem Innern war den ‚Geiern' der Tod geschworen.

Nachdem die Begrüßung vorüber war, entwickelte sich ein zwar stilles, aber sehr geschäftiges Treiben in der Wagenburg und um sie her. Sie wurde erweitert, damit auch die Komantschen im Innern Platz finden konnten. Die Pfahlmänner sollten nicht schon von weitem sehen, dass sie es jetzt mit einer solchen Zahl von Gegnern zu tun hätten. Auch die Pferde wurden hineingeschafft. Die Komantschen verteilten ihr Fleisch und auch das Wasser, das sie in ausgehöhlten Flaschenkürbissen mit sich führten, unter die Auswanderer, denn Old Shatterhand versprach, dass man bald größeren Vorrat haben werde. Dennoch reichte es nicht aus, den Durst der armen Leute völlig zu stillen.

Es gab bei diesem Zusammentreffen noch einzelne unerwartete Auftritte, wie zum Beispiel den Augenblick, als New-Moon den Juggle-Fred erkannte, der ihn damals aus der Mörderhand des Stealing-Fox errettete. Bald jedoch herrschte tiefe Stille um die Wagenburg. Zwar schlief keiner, aber die Männer, die einander so viel zu erzählen hatten, sprachen nur im Flüsterton, sodass außerhalb der Wagenburg kein Laut zu hören war.

Old Shatterhand hatte den Oberbefehl übernommen. Er saß neben Bloody-Fox, um sich die Gegend, wo sie sich jetzt befanden, genau beschreiben zu lassen. Es sollte womöglich keiner der ‚Geier' entkommen, damit ihrem Treiben ein für alle Mal ein Ende gemacht werde.

Ganz besonders fesselte es Old Shatterhand zu hören, dass neben der großen südlichen Kaktusstrecke ostwärts noch eine zweite liege, die zwar weit schmaler, aber noch viel länger als die erste sei. Fox sagte, dass sich zwischen beiden ein ziemlich schmaler Sandstreifen südwärts ziehe, auf dem man zu seinem Geisternest gelangen könne. Der Eingang sei aber ein Zickzackpfad, sodass jeder Ortsunkundige meinen müsse, hier sei kein Durchkommen. Deshalb habe bisher noch niemand gewagt, weiter einzudringen.

„Gut!", erklärte Old Shatterhand. „So kann kein einziger dieser Halunken entkommen. Sollten sie unsere Überzahl doch zu früh bemerken oder sollten sie nach dem ersten Angriff fliehen, so jagen wir sie zwischen die beiden Kaktusstrecken hinein und brennen den Kaktus an. Dadurch erhalten wir zugleich Wasser für die Zugtiere."

„Aber dann werden die ‚Geier' meinen See erreichen und von da aus entkommen!"

„Nein, Fox, denn Ihr werdet sofort mit zehn Komantschen dorthin aufbrechen, um die Kerle, die wir getrieben bringen, in Empfang zu nehmen. Ihr kommt bequem zurecht, denn ich wette, dass der Angriff erst gegen Morgen erfolgt!"

Dieser Plan wurde sofort ausgeführt. Man öffnete die Wagenschanze noch einmal, um Fox mit den Komantschen hindurch zu lassen. Dann herrschte tiefe Ruhe rundumher.

Die Posten standen weit außerhalb der Wagenburg und hatten den Befehl, sich beim Nahen der Feinde schnell und still, zwischen den Rädern hindurchkriechend, in das Innere zurückzuziehen. Dort standen die gesattelten Pferde zur augenblicklichen Verfolgung der Fliehenden bereit und jeder Reiter hatte seine bestimmte Weisung erhalten.

So verging die Nacht. Im Osten erwachte ein leiser Dämmerschein und die Umrisse der Wagen und sonstigen Gegenstände traten deutlicher hervor. Es gab keine Spur von Morgennebel. Langsam wurde es heller und nun sah man die Pfahlmänner zu Pferd südwärts halten, wenig über tausend Schritt entfernt.

Sie glaubten ihre Zeit gekommen und setzten ihre Tiere in Bewegung. Im Galopp kamen sie heran, um die Wagenburg im Sturm zu nehmen. Die Posten hatten sich zurückgezogen und alle Männer standen an der Seite der Wagenburg, woher der Angriff erfolgte. Jetzt waren die ‚Geier' nur noch hundert, noch achtzig, noch fünfzig Schritt entfernt.

„Feuer!", rief Old Shatterhand. Über dreißig Schüsse krachten. Die Schar der Angreifer bildete augenblicklich einen wirren Haufen. Tote und Verwundete stürzten von den Pferden. Die herrenlos gewordenen Tiere rannten weiter. Die anderen wurden von ihren Reitern, so weit sie gar nicht oder nur leicht verwundet waren, zurückgerissen. Ihrer waren freilich kaum noch über zehn.

„Hurra, hurra! Old Shatterhand und Winnetou!", schrie der Hobble-Frank.

Als die ‚Geier' nun auch den Namen des Apatschen hörten und die Höhe ihrer Verluste sahen, kehrten sie rasch um und jagten fliehend nach Süden.

„Hinaus! Und jeder an seinen Platz!“, gebot Old Shatterhand.

Zwei Wagen wurden schnell entfernt, sodass alle hindurch konnten. Die Auswanderer rannten gemäß der vorher erhaltenen Weisung auf die Toten und Verwundeten zu. Alle anderen traten die Verfolgung der Flüchtigen an, womit sie es aber nicht allzu eilig hatten. Nur Davy und Jemmy entwickelten die ganze Schnelligkeit ihrer Pferde, indem sie gegen Südwesten sprengten, wo sie die Kaktusfläche in Brand stecken sollten.

Ein Teil der Verfolger, mit Winnetou an der Spitze, ritt ostwärts, um dann nach Süden einzulenken und den Fliehenden den Weg dorthin zu verlegen, damit sie gezwungen seien, zwischen die beiden Kaktusfelder einzubiegen. Old Shatterhand und die anderen eilten im Trab nach Süden, hinter den Wüstenräubern her.

Die Verbrecher waren voller Wut, ihren Anschlag derart missglückt zu sehen. Sie jagten still dahin, ohne miteinander zu sprechen. Nur Flüche wurden ausgestoßen. Erst als sie den murdering pool erreichten, hielten sie an.

„Was nun?“, fragte Burton, der keuchend auf dem Pferd saß. „Hier können wir nicht bleiben, denn die Hunde sind hinter uns her.“

„Natürlich!“, stimmte Carlos Pellejo bei, der ebenso wie sein Bruder unverwundet geblieben war. „Geradeaus durch den Kaktus können wir auch nicht. Also rechts ab! Kommt!“

Sie schlugen die angegebene Richtung ein, sahen da aber bald von fern dicken Rauch aufsteigen. „Hell and damnation!“, fluchte Burton. „Dort sind sie uns zuvorgekommen. Sie haben den Kaktus angebrannt. Zurück!“

Sofort jagten die ‚Geier‘ wieder zurück, am murdering pool vorüber und nach Osten zu. Nach kaum zehn Minuten erblickten sie links von sich Old Shatterhand, der mit seiner Schar schräg auf sie zuritt. Das erfüllte Sie mit Schreck. Sie spornten ihre Pferde auf das Äußerste an, um vorüberzukommen, was ihnen auch zu gelingen schien.

Dann wollten die Banditen seitwärts ausbrechen. Bald aber erkannten sie, dass dies unmöglich sei, denn sie sahen nun auch die andere Hälfte der Verfolger, die weit draußen hielt und ihnen den Weg verlegte.

„Heut ist der Teufel los!“, schrie Emilio. „Wir müssen nun doch zwischen den Kaktus hinein!“

„Gibt es denn da einen Ausweg und nicht etwa eine Sackgasse?“, fragte Carlos.

„Weiß es nicht. Bin all mein Lebtag nicht dort hineingekommen. Es bleibt uns aber nichts anderes übrig.“

„Dann nur schnell, damit das Feuer nicht flinker ist als wir!“

So jagten sie schließlich südwärts, gerade dahin, wohin sie Old Shatterhand haben wollte. Und nun gab auch er seinem Pferd die Sporen. Links von ihm kam Winnetou mit seiner Schar, rechts Davy und Jemmy, die ihre Aufgabe gelöst hatten, herbei, und so galoppierten alle hinter den ‚Geiern‘ drein, zwischen die Kaktusfelder hinein, dem fernen ‚Geisternest‘ zu.

Carlos Pellejo hatte Recht gehabt, vor dem Feuer zu warnen. Es kam herbei, erst langsam, dann aber immer schneller und schneller. Jahrelang hatten die papierdürren Kaktusreste dagelegen, von Zeit zu Zeit neue Pflanzen treibend. Das gab einen Stoff wie Zunder. Die Flammen leckten erst leise um sich her. Dann begannen sie zu laufen, zu springen und schlugen schließlich haushoch empor. Bald stand die ganze breite Fläche in hellem, lückenlosem Feuer, dessen Prasseln von weitem wie ein ferner Donner klang. Die aufsteigende Hitze erzeugte einen Luftstrom, der immer stärker wurde und sich gar zum Wind erhob. Je mehr das Feuer um sich griff, je weiter es nach Süden vorschritt und da eine Fläche von mehreren Quadratmeilen bedeckte, desto sichtlicher trat das ein, was Old Shatterhand erwartet hatte. Der Himmel verlor sein Blau, wurde erst fahlgelb, dann grau, dunkler und dunkler, und wirklich, da zogen sich schwere Massen zusammen, die nicht mehr nur aus Rauch bestanden. Der jetzt sehr starke Wind ballte sie zu dichten Wolken, die nach und nach den ganzen Himmel zu bedecken schienen. Die Luft war glühend heiß; der Sand schien zu brennen. Droben begannen Blitze durch die Wolken zu zucken. Einzelne Tropfen fielen, dann mehr und immer mehr. Und jetzt regnete es wirklich, stärker, immer stärker, bis es schließlich buchstäblich goss wie bei einem tropischen Gewitter. Die Auswanderer hatten die schwer verwundeten Mordbuben einfach erschossen, die Habseligkeiten der Toten an sich genommen und dann die erbeuteten Pferde zusammengetrieben. Nun sollten sie bis zur Rückkehr ihrer Freunde warten, aber ohne Wasser. Da sahen sie das Feuer. Sie bemerkten die Wolkenbildung und fühlten die fallenden Tropfen. Endlich standen sie im erquickenden Regen, im Gewitterguss und holten alle verfügbaren Gefäße herbei, um sie sich füllen zu lassen. Die fast verschmachteten Ochsen bekamen wieder Leben. Sie brüllten vor Freude; sie wälzten sich im Regen; sie erhielten zu saufen; sie waren gerettet, und mit ihnen das Hab und Gut ihrer Herren, die ohne diese Tiere nicht mit den Wagen weitergekonnt hätten. –

Kurz nach Anbruch des Tages war Bloody-Fox mit seinen zehn Komantschen bei der Passiflorenhütte angekommen. Sanna erschrak nicht über die Indianer. Sie freute sich, einmal Menschen zu sehen, fragte aber ihren jungen Herrn sogleich nach dem Neger Bob. Er vertröstete sie auf später und begab sich in die Hütte. Als er wieder heraustrat, hatte er das weiße Büffelfell übergehängt.

„Pijänowit natscho – der Geist des Llano!“, rief Eisenherz, der sich mit bei dieser Abteilung der Komantschen befand. Auch die anderen starrten diese Lösung des oft besprochenen Rätsels an, sagten aber nichts. Bloody-Fox stieg wieder auf und ritt mit ihnen weiter, indem er die Oase verließ und draußen an der südöstlichen Ecke des Kaktusbusches Stellung nahm. Sein Auge blickte forschend nach Norden. Jetzt erhob sich da oben eine finstere Wand, gegen die von unten her helle Flammen zuckten. „Das Feuer bringt die ‚Geier' getrieben", sagte er zu Eisenherz. „Vielleicht findet mein roter Bruder darunter einen der Mörder seines Vaters."

Beide hielten ihre Gewehre schussbereit. Die Wolkenwand näherte sich. Noch vor ihr kam die Glut. Die Luft wurde von Minute zu Minute drückender. Ganz heran konnte das Feuer nicht. Es musste an der Kaktusgrenze stehen bleiben.

„Uff!", rief der Indianer nach Norden deutend. „Sie kommen!"

Ja, sie kamen, die ‚Geier'. Aber es waren nur noch drei. Die anderen waren unterwegs von ihren Verfolgern ausgelöscht worden. Ihre Pferde trieften von Schweiß. Sie selbst konnten sich kaum noch im Sattel halten. Eine Strecke hinter ihnen sah man Old Shatterhand und Winnetou, denen die anderen alle folgten. So kam die wilde Jagd näher. Die beiden Letztgenannten trieben jedoch ihre Pferde nicht mehr an. Sie wollten die drei letzten ‚Geier' für Bloody-Fox und seine Komantschen übrig lassen. Der erste war Burton, den beiden anderen weit voran. Er sah die Bäume, ein Wunder im Llano, und hielt gerade auf sie zu. Fox lenkte auf ihn ein. Als der Mormone ihn erblickte, schrie er auf vor Entsetzen und schlug auf sein Tier ein, dass es seine letzte Kraft anstrengte, die Bäume zu erreichen. Jetzt kamen die beiden anderen heran. Sie mussten nahe an Eisenherz vorüber. Er erkannte sie, die bei der Ermordung seines Vaters beteiligt gewesen waren. Sofort riss er das Gewehr hoch. Zwei Schüsse, und sie stürzten von den Pferden. Er ritt zu ihnen hin, um ihnen die Skalpe zu nehmen.

Indessen jagte Bloody-Fox den Anführer Burton, den Schlimmsten von allen, vor sich her, auf die Bäume zu und zwischen ihnen hin bis vor die Hütte. Dieser Ritt war so wild, dass Fox dabei sein weißes Büffelfell verlor. Vor der Hütte brach das Pferd des Räubers zusammen und

Burton flog aus dem Sattel. Im nächsten Augenblick stand Fox neben ihm, riss das Messer aus dem Gürtel und holte aus, um ihm den Todesstoß zu versetzen. Aber er fuhr wieder empor und stieß einen Schrei des Entsetzens aus. Beim Sturz hatte sich Burtons langes schwarzes Haar vom Schädel gelöst. Es zeigte sich, dass er eine Perücke getragen hatte, und seine natürlichen, kurz geschorenen und rotblonden Haare wurden sichtbar. Sein Gesicht war durch die Anstrengung des Rittes verzerrt und aufgedunsen und seine Augen blickten starr und gläsern zu dem jungen Mann auf – er hatte den Hals gebrochen. Bloody-Fox aber hatte in dem Toten den Mörder seiner Eltern, den Stealing-Fox, erkannt. Er hatte bei jenem Überfall dessen Namen rufen hören und das war das Einzige gewesen, was von seinem Gedächtnis festgehalten worden war.

Jetzt kamen auch die anderen herbeigestürmt, während Fox sein Pferd bestieg und zurückritt, sein Büffelfell aufzunehmen und es wieder über Kopf und Schultern zu hängen. Sie alle, außer Old Shatterhand, waren ungemein erstaunt, als sie Bloody-Fox nunmehr in dem weißen Fell erblickten.

„Der Geist – der Geist des Llano – Bloody-Fox ist es – also er, er ist's gewesen!“, so erschallten die Rufe durcheinander.

Fox achtete nicht darauf. Er deutete auf Burtons Leiche und sagte: „Da ist er, der Mörder! Darum kam er mir verdächtig vor! Nun ist er tot und ich werde nie erfahren, wer meine Eltern waren!“

Auch New-Moon sah den Toten und rief: „Der Stealing-Fox! Endlich ist er unschädlich gemacht! Schade, dass der Halunke den Hals gebrochen hat. Nun muss ich ihm meine Kugel für immer schuldig bleiben!“

„Wohl ihm, dass er tot ist!“, erklärte Old Shatterhand ernst. „Mit ihm sind alle ‚Geier‘ ausgelöscht und nun wird es lange Zeit Ruhe geben im Llano. Und sollten noch einer oder einige auftauchen, so wird es von hier aus leicht sein, gegen sie Jagd zu machen. Eine solche Oase konnte niemand hier vermuten."

Bob war natürlich auch da. Er achtete aber weder auf den Toten noch auf den entschleierten Geist des Estacado. Sein Blick war auf die Negerin gefallen und der ihrige auf ihn. Sie eilte zu ihm hin und fragte hastig: „Sein du etwa Neger Bob?" Und als er nickte, fuhr sie fort: „Heißen deine Mutter Sanna? Haben du schon einmal sehen dieses Bild mit Sanna und ihr klein Smiling-Bob?"

Sie hielt ihm die alte Fotografie entgegen. Er warf einen Blick darauf und flog mit einem Jubelruf vom Pferd. Sie hielten sich umschlungen und vermochten ihrem Entzücken nur durch unzusammenhängende Laute Ausdruck zu verleihen. –

Es ist nur weniges hinzuzufügen. Die ‚Geier' waren besiegt und eine Abteilung der Komantschen ritt fort, die Auswanderer herbeizuholen. Die Leute sollten sich hier am Passiflorensee erholen und dann durch den Llano geleitet werden. Das Feuer erlosch allmählich, als es keine Nahrung mehr fand, und die weite Kaktusfläche lag in Asche tot.

Desto regeres Leben herrschte im und am ‚Geisternest'. Bloody-Fox war der Held des Tages. Er musste seinen seltsamen Lebenslauf ausführlich erzählen. Sein Bericht enthielt fast nur düstere Begebenheiten. Dennoch sprach er den festen Entschluss aus, für immer hier zu bleiben, um den Llano von ‚Geiern' rein zu halten. Sanna und Bob erklärten, ihn nicht verlassen zu wollen.

Seine Erzählung war für die Westmänner so spannend, dass selbst der sonst so redselige Hobble-Frank ihn nicht ein einziges Mal unterbrach. Als dann aber der kleine Sachse mit Jemmy, Davy und Fred einen Rundgang um den See machte, fragte ihn Juggle-Fred:

„Nun, Frank, jetzt sind wir im Geisterland angelangt. Behauptest du noch immer, dass der Geist des Llano Estacado wirklich ein Gespenst sei?"

„Schweig still!“, wehrte der Gefragte ab. „Habe ich mich hier mal geirrt, so gibt’s doch anderswo Gespenster genug, und was kein Verstand der Verständigen sieht, das sieht jeder Sachse, sobald’s nur geschieht.“

„Ja, Sachsen und besonders Moritzburg, das ist das höchste der Gefühle!“, lachte Fred.

„Bleib mir mit deinen Gefühlen hübsch hinter der Front, alter Gaukler! Du kennst mich noch lange nich. Meine Persönlichkeit reißt jeden endlich doch zur Hochachtung hin. Nich wahr, Jemmy?“

„Allerdings!“, nickte der Dicke mit einem kleinen Lächeln.

„Da hörst du’s! Und eigentlich habt ihr mir ja alles zu verdanken, denn wenn ich nich da droben bei Helmers’ Home mit Bloody-Fox zusammengetroffen wäre, hättet ihr den Geist des Llano niemals entdeckt. Diese Anerkennung muss ich unbedingt schon jetzt verlangen. Späteren Geschlechtern bleibt’s dann vorbehalten, mich und den Geist in Eisen zu gießen oder in Marmor zu hauen, damit mein Name hier ebenso in goldenen Lettern strahlt wie droben im Nationalpark, wo hoffentlich bald die Welt mein Denkmal bestaunt!“

KARL MAY[s] GESAMMELTE WERKE

1 Durch die Wüste
2 Durchs wilde Kurdistan
3 Von Bagdad nach Stambul
4 In den Schluchten des Balkan
5 Durch das Land der Skipetaren
6 Der Schut
7 Winnetou I
8 Winnetou II
9 Winnetou III
10 Sand des Verderbens
11 Am Stillen Ozean
12 Am Rio de la Plata
13 In den Kordilleren
14 Old Surehand I
15 Old Surehand II
16 Menschenjäger
17 Der Mahdi
18 Im Sudan
19 Kapitän Kaiman
20 Die Felsenburg
21 Krüger Bei
22 Satan und Ischariot
23 Auf fremden Pfaden
24 Weihnacht
25 Am Jenseits
26 Der Löwe der Blutrache
27 Bei den Trümmern von Babylon
28 Im Reiche des silbernen Löwen
29 Das versteinerte Gebet
30 Und Friede auf Erden
31 Ardistan
32 Der Mir von Dschinnistan
33 Winnetous Erben
34 »ICH«
35 Unter Geiern
36 Der Schatz im Silbersee
37 Der Ölprinz
38 Halbblut
39 Das Vermächtnis des Inka
40 Der blaurote Methusalem
41 Die Sklavenkarawane
42 Der alte Dessauer
43 Aus dunklem Tann
44 Der Waldschwarze
45 Zepter und Hammer
46 Die Juweleninsel
47 Professor Vitzliputzli
48 Das Zauberwasser
49 Lichte Höhen
50 In Mekka (von Franz Kandolf)
51 Schloss Rodriganda
52 Die Pyramide des Sonnengottes
53 Benito Juarez
54 Trapper Geierschnabel
55 Der sterbende Kaiser
56 Der Weg nach Waterloo
57 Das Geheimnis des Marabut
58 Der Spion von Ortry
59 Die Herren von Greifenklau
60 Allah il Allah!
61 Der Derwisch
62 Im Tal des Todes
63 Zobeljäger und Kosak
64 Das Buschgespenst
65 Der Fremde aus Indien
66 Der Peitschenmüller
67 Der Silberbauer
68 Der Wurzelsepp
69 Ritter und Rebellen
70 Der Waldläufer
71 Old Firehand
72 Schacht und Hütte
73 Der Habicht
74 Der verlorene Sohn
75 Sklaven der Schande
76 Der Eremit
77 Die Kinder des Herzogs
78 Das Rätsel von Miramare
79 Old Shatterhand in der Heimat
80 Auf der See gefangen
81 Abdahn Effendi
82 In fernen Zonen
83 Am Marterpfahl
84 Der Bowie-Pater
85 Von Ehefrauen und Ehrenmännern
86 Meine dankbaren Leser
87 Das Buch der Liebe
88 Deadly dust
89 Im fernen Westen
90 Verschwörung in Wien
91 Briefwechsel mit F. E. Fehsenfeld I
92 Briefwechsel mit F. E. Fehsenfeld II
93 Briefwechsel mit Sascha Schneider
94 Briefwechsel mit Joseph Kürschner
95 Briefwechsel mit seinen ‚Kindern' I
96 Briefwechsel mit seinen ‚Kindern' II

Die Reihe wird fortgesetzt

KARL-MAY-VERLAG
BAMBERG·RADEBEUL
www.karl-may.de